张桂光 著
广东省人民政府文史研究馆 编

熒暉閣業稿

广东人民出版社
·广州·

图书在版编目（CIP）数据

荧晖阁丛稿 / 张桂光著；广东省人民政府文史研究馆编. —广州：广东人民出版社，2022.12

（馆员文库）

ISBN 978-7-218-15986-7

Ⅰ. ①荧… Ⅱ. ①张… ②广… Ⅲ. ①社会科学—文集 Ⅳ. ①C53

中国版本图书馆 CIP 数据核字（2022）第 175162 号

YINGHUIGE CONGGAO
荧晖阁丛稿
张桂光 著 广东省人民政府文史研究馆 编　　　　　　　　版权所有 翻印必究

出　版　人：肖风华

书名题签：陈永正
责任编辑：唐金英　陈其伟
装帧设计：书窗设计
责任技编：周星奎

出版发行：广东人民出版社
地　　址：广州市越秀区大沙头四马路 10 号（邮政编码：510199）
电　　话：（020）85716809（总编室）
传　　真：（020）83289585
网　　址：http://www.gdpph.com
印　　刷：广州市豪威彩色印务有限公司
开　　本：787mm×1092mm　1/16
印　　张：44.25　　插　页：9　　字　数：900 千
版　　次：2022 年 12 月第 1 版
印　　次：2022 年 12 月第 1 次印刷
定　　价：98.00 元

如发现印装质量问题，影响阅读，请与出版社（020—83716848）联系调换。
售书热线：（020）85716826

《馆员文库》编委会

主　　任：杨汉卿
副 主 任：庄福伍　周　高　杨　敏
　　　　　黎泽林　陈小敏　麦淑萍
委　　员：张　磊　黄天骥　陈永正
　　　　　徐真华　杨兴锋　田　丰
　　　　　郑楚宣　黄淼章　刘昭瑞
　　　　　张国雄
编辑人员：谭　劲　赵桂珍　符文申
　　　　　温洁芳　李飞光

《馆员文库》总序

文化艺术的传承是人类智慧和民族精神的传承；是"成孝敬，厚人伦，美教化，移风俗"的必要途径；是陶冶道德情操，抒发美好理想，丰富人们生活，推动社会进步的重要领域；是一项益于今人、惠及后世的经久不衰的事业。

优秀的文化艺术作品记载历史，展现未来，静憩在书本之中，发力于现实之间，弘扬主流价值观和核心价值体系。观今宜鉴古，无古不成今。对文化艺术研究成果的整理、总结与利用，是国运昌隆、社会稳定的表现，是为党和政府决策提供参考、借鉴的要务，是保存民族记忆、推动社会发展的大事。

广东省人民政府文史研究馆，以文化传承为核心，以弘扬民族精神和时代精神为己任，汇聚群贤编史修志，著书立说，文研艺创，齐心描绘祖国辉煌灿烂的历史画卷，共同谱写文化发展的生动篇章，不断挖掘中华文化开拓创新、博采众长的精神内涵。

广东省人民政府文史研究馆馆员享有盛誉、造诣深厚，在投身改革开放和现代化建设的伟大实践中，留下了大量的著述和研究成果，是独特艺术魅力与社会进步思想的完美结合，是文化艺术研究者对时代、生活的深刻思考和感悟。正是通过这些作品的表达和学术成果的积累，馆员将自己渊博的理论知识、丰富的实践经验传给后人，使优秀传统文化不断延伸和发展。

为了使这笔珍贵的学术成果得以保存并充分发挥作用，让经典涵养道德，让智慧启迪人生，我们将馆员的文史、艺术等各类研究成果精华编纂成《馆员文库》，不定期地持续出版，以飨读者。《馆员文库》是人生哲理的文库：从不同角度反映馆员专家对历史和现实的认识与研究,蕴含着宝贵的人生经验,有利于我们冷静地观察和反思各种历史文化现象,从中获取解决现实问题的智慧和力量。《馆员文库》是文化基因的文库:深入挖掘历史文化资源,力求探索优秀传统文化基因,展现中华民族解放思想、实事求是、与时俱进、开拓创新的精神风貌,增添人民群众全面建设小康社会的精神力量。《馆员文库》是道德标尺的文库:与中华民族传统美德相承接,与社会主义市场经济相适应,与社会主义法律规范相协调的社会主义思想道德体系,让文化艺术成为价值标尺上最明晰深刻的衡量尺度和践行坐标。

在《馆员文库》付梓之际,我们期冀敬老崇文之风历久弥新,优秀传统文化精华薪火相传,文史阵地翰墨飘香。

广东省人民政府文史研究馆

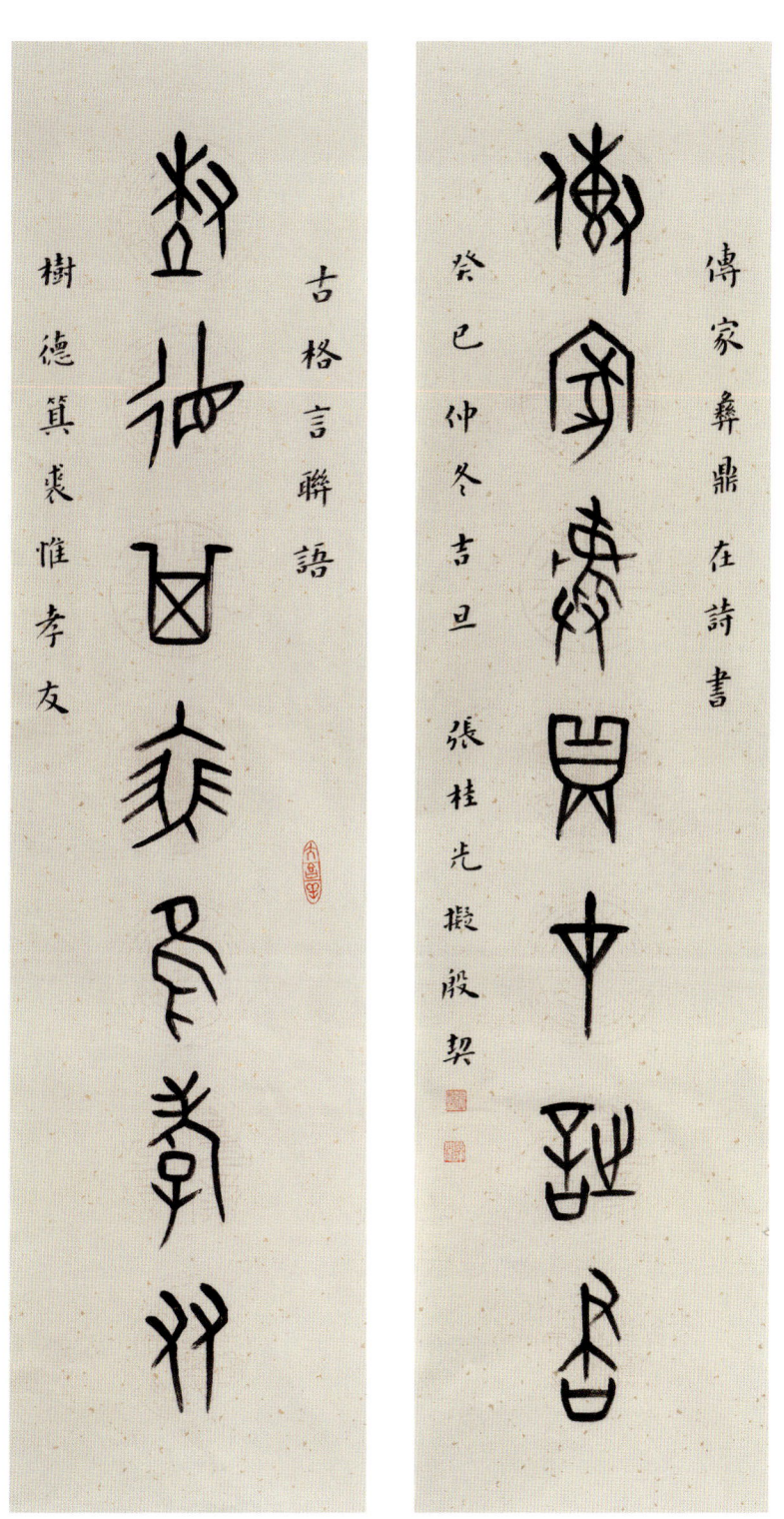

古格言甲骨文对联　136cm×34cm×2　2013年

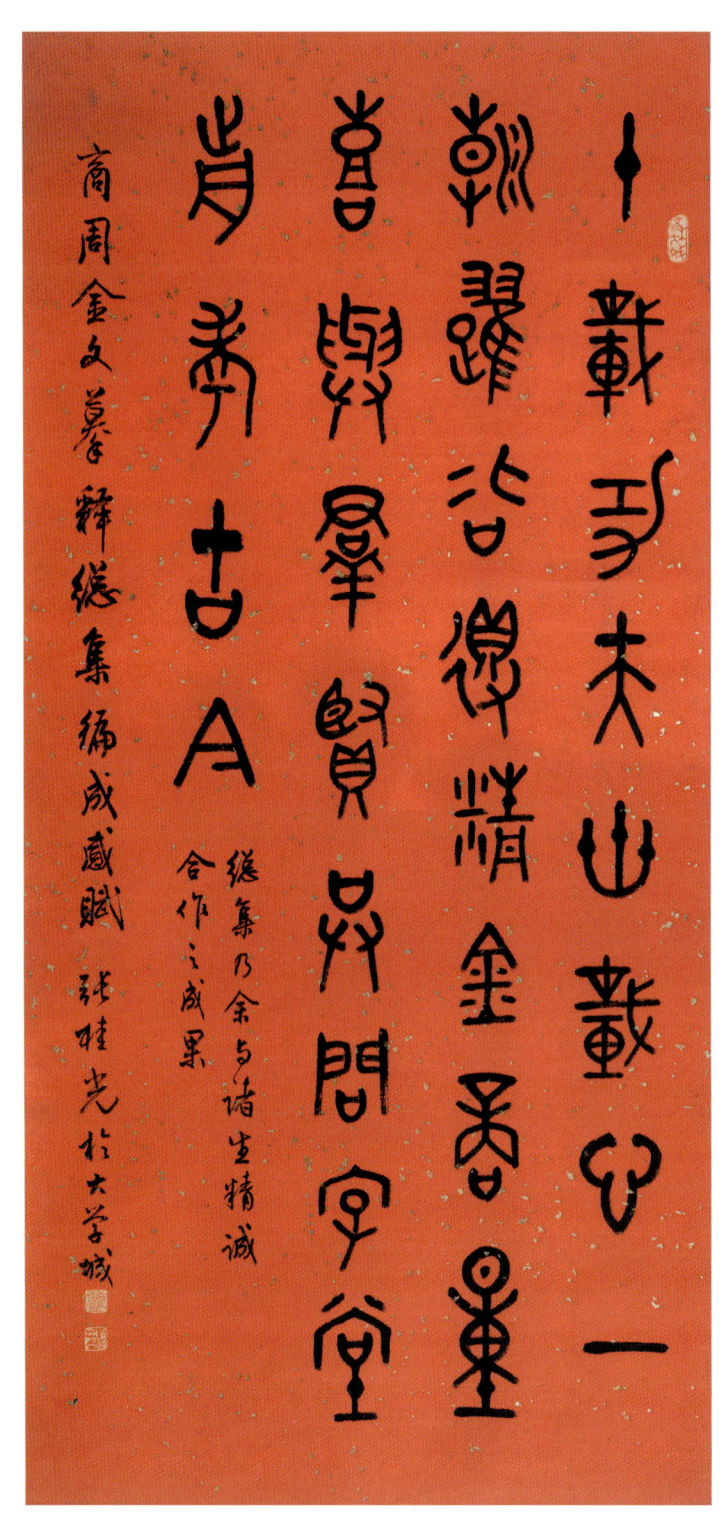

《商周金文摹释总集》编成感赋金文中堂　130.9cm×63.2cm　2013年

《唯冀·不争》楚简文字对联　136cm×34cm×2　2009年

佳日怱怱清賞結侶過鵝城忽陽撐映高樹溪處處度鶯三月朱華暎水十里紅樓連岸煙景畫中明如此好山色坡老可曾經泗洲塔朝雲墓六如高亭浩然歌嘯御雲起萬峰青洲上留且碧西堅堊東征故址往事逐江聲屹三朱棉燦火長引征程

水調歌頭 重遊惠州西湖 張桂光於雲游齋館

重游惠州西湖秦隸中堂　152cm×83cm　2011年

皇

惟永壽二年青龍在涒歎霜月之靈皇極之日魯相河南京韓君追惟大古華胄生皇雄顏
育孔寶俱制元道百王不改聖孔子近聖為漢定道自天王以下至于初學莫不鹽思嘆印師鏡
顏氏聖舅家居魯親里并官聖妃左安樂里聖族之親禮所宜異復顏氏并官氏邑中繇發以
尊孔心念聖歷世禮樂之音符鐘磬瑟鼓雷洗觴觚爵鹿柤梪橾禁離敗瑉聖興食犍上于沙屯君殫以
造立禮器樂之音符鐘磬遲泰項伯不尊聖書族倍之禮 德宜飭宅廟更作二興朝車威熹
宣抒玄汙以水洮浤其德不煩備而不憙連上彊合紫臺稽遵道畔下循飭聖宅廟更作二興朝車威熹
土仁開君承天畫敬伯承育之尊孔大制元之意俱上連 共之中和下紀傳億載其 文曰
獲麟來吐著二陰出識制仁之語乾元之孝三祖紫之官思乃 共立表石閥九頭載其 文曰
三韓吐圖古舊懸勒伯之義以侯以來以穆之官思乃 共立表石閥九頭載其 文曰
胡輦堂用二阴出識制仁之語乾元之意 上連 共立表石閥九頭載其 文曰
禮器外代天雨降謝百朝國威熹神靈祐誠
南伎皇代刊字 勑 與姓舉蒙慶出誠乃 復授
韓明府名勑節石表銘乾運長期蕩蕩怜盛復授鳩 涑
頻川長社玄君真二百故會稽安相魯薦世起千 赫赫故囹窮報聲會嘗妙高
河東大陽西門儉元節二百故樂安相魯薦季公千 相史魯薄周乾伯德三百
                                           相主魯薛陶元方三百
                                          不見之水解工與廉福
                                          敬 天意復不爭賈深
                                          天代復聖二族連越絕思循造禮樂四注
                                          一三授至前乃備以言教後制百王
                                          二皇三所授至前乃備以言教後制百王
                                          復永享年壽上極華紫

临《礼器碑》立轴 360cm×150cm 2015年

孤声秋肃澹忘机,敢邀春温上客衣。端蓬海荼芘沈百戟,金风箫瑟吞千寂。陶然大涤汹满壶,梦溪空云菖蒲空,练起恙锥漏。冥冬抱看重斗正寒天。

鲁迅先生诗
戊寅 张鹏飞

鲁迅诗章草立轴　66.5cm×33cm　1998年

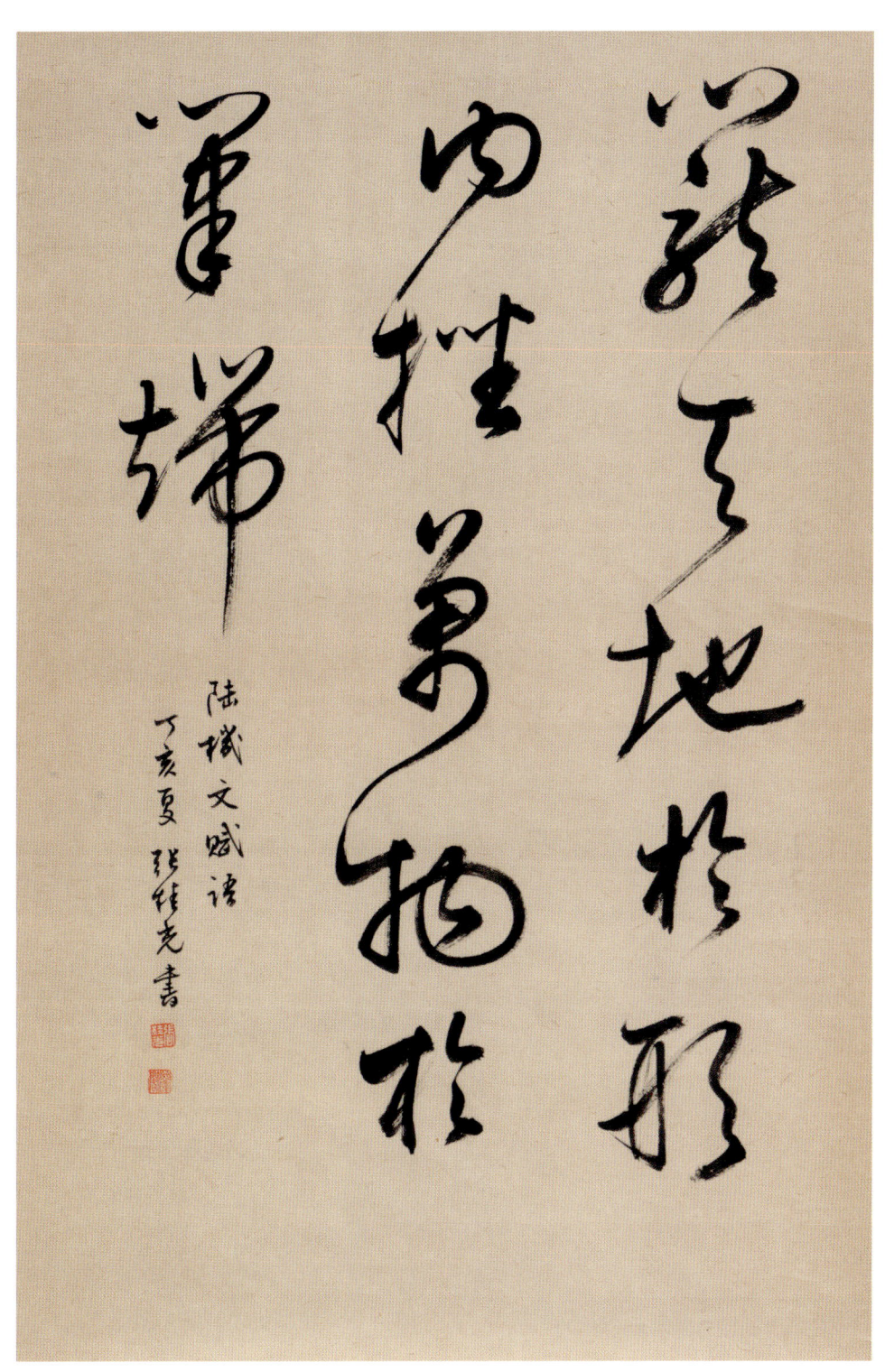

陆机文赋语草书斗方　60cm×30cm　2007年

泱泱中华莘莘勤珍高韵造字化被万民山川日月鸟兽虫鱼波字形会意熟墨草神甲骨钟鼎由质而文简帛篆隶推陈出新章草行楷续组缤纷北碑南帖别采苏陈书为心画字如其人晋韵唐法各缘胚因右军俊朗笔意纷纶颜筋柳骨兀见先生书言言道著性情身爱苍茫布阵逸如间云舒卷形舍智妙韵同臻光风霁月朗、乾坤欣逢盛世邦睦为群于斯国粹流播四邻同仁志士聚首问津勉哉吴子弘以传新
间埕书颂见庚寅秋为迎亚运朗诵活动所撰书颂项
读来尚觉上口因录一过以兹备忘 壬辰仲冬 张继光识

书法颂行草立轴　66cm×33cm　2012年

歌人騷客共華堂演藝風流訪此疆澗水環山盤玉帶晚涼落日走群羊維回恪守殊方俗經濟爭標四海強預祝來年同躍起嶺南哈蜜共高翔 哈蜜采風 張桂光

哈密采风楷书团扇　33cm×37cm　2013年

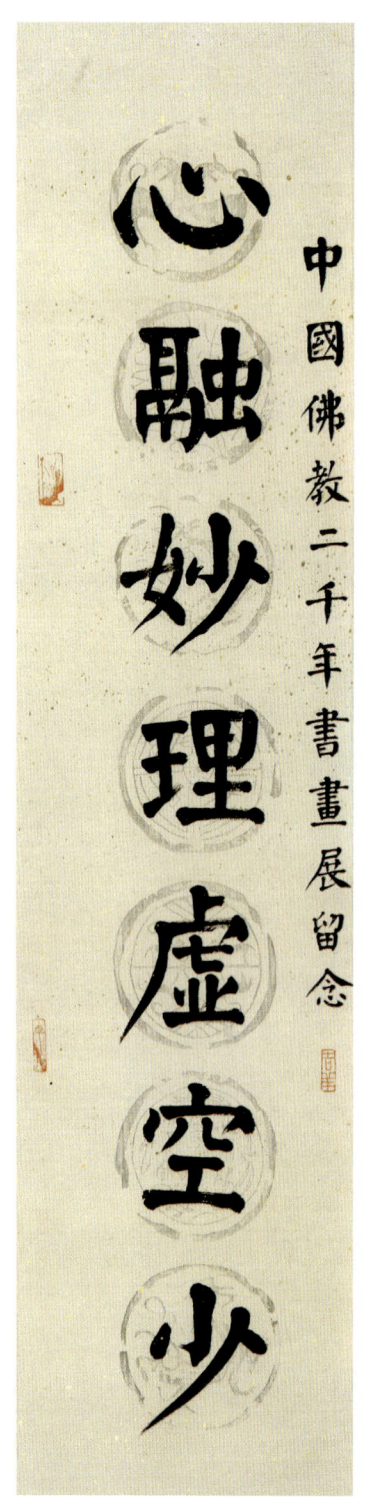
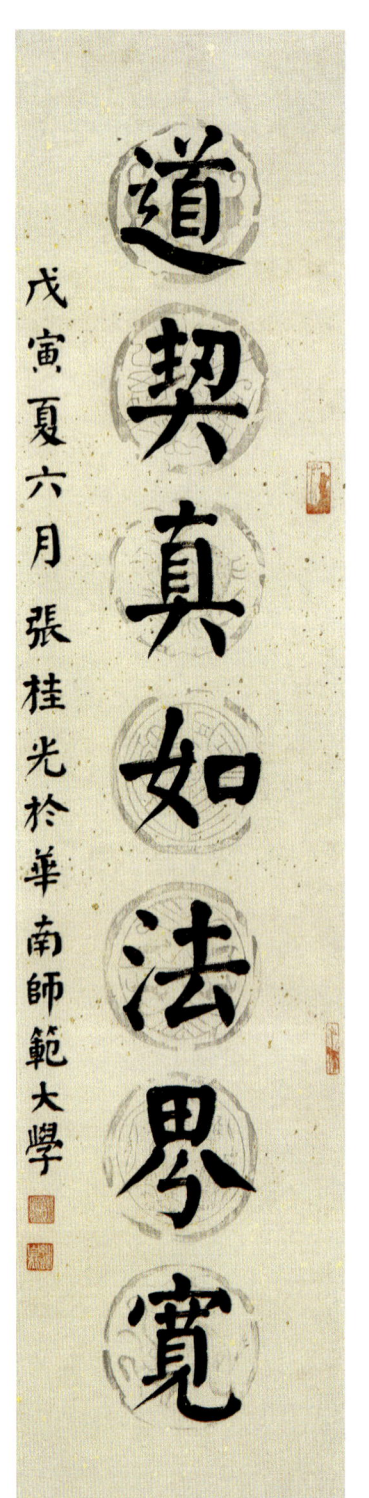

《心融·道契》联　136cm×34cm×2　1998 年

明是非
（19cm×19cm）
创作时间：1984年

桂光
（2cm×1.3cm）
创作时间：1963年

苍山如海
（2.5cm×0.7cm）
创作时间：1964年

古为今用
（2.2cm×2.2cm）
创作时间：1973年

一心为人民
（1.6cm×1.6cm）
创作时间：1964年

知进退
（19cm×19cm）
创作时间：1984年

文艺为工农兵
（3cm×3cm）
创作时间：1965年

人民公社好
（3.3cm×3.3cm）
创作时间：1965年

序

陈永正

在2018年的一次同学聚会上，我曾对桂光兄说："你已年届七十，该编一本文集了。"桂兄说，文章多已发表，不必多此一举。我说，桂兄，社会上的人多把你看成是书法家，没关注你的学者身份、学术成就，学者声名还是要的。五十年代，杨树达先生被教育部立为部聘教授，杨先生称为"浮名"，陈寅恪先生特意修书一封，言明"浮名亦儒宗所应具"，在社会上有一定的名誉，有利于"弘宣我华夏民族之文化"。我与初生兄七十岁时都出丛稿了，你也应该出一本自选集，将你的主要学术成就作系统的展示，让世人知晓。

两年后，桂光学兄将厚厚的一叠书稿亲自送来泚斋，并索序言。我与桂兄相识六十余年，先后于分春馆及容、商二老门下两度同学，对桂兄为人、学问、书艺都有较深的了解，是作序的最佳人选，也是义不容辞的责任。桂兄经常讲一句话："做一日和尚撞一日钟。"我理解这句话的意思是，做一日学者就做好一日学者本分的工作，做一日书法家就做好一日书法家应该做的事情。他做事总是尽职尽责，是一个好老师，一个好学者。

桂兄的主要成就在古文字研究方面，丛稿在古文字学理论的阐发、古文奇字的考释、古文字及其相关问题的探讨方面，均有独到心得。研究生学习期间的作业《释"󰀀"》即为师友所赞赏，并为《金文编》第四版所采用；硕士论文《古文字中的形体讹变》即被容、商二老及张政烺等前辈誉为"近年来古文字研究的一项新成就"，已被多种通论性的学术著作所采纳；对古文字形符特征和演变的考察，厘清了许多似是而非的问题，是古文字学领域里一项富建设性的成果；对义近形旁通用条件的探讨，举证确凿，对甲骨学界久已流行的"人卪旁通用说"的批判，已为多数学者所接受。对甲骨文倒文现象的探讨及对󰀀、󰀀、󰀀、󰀀、󰀀、󰀀等十余字的释定（1988）亦已为学界普遍接受（刘钊先生1996年即以《甲骨文中的倒书》为题作了相似的论述）。桂兄在古文奇字的考释方面，功夫尤为独到：辨󰀀与󰀀（见）之异并释定为"望"；辨󰀀与󰀀（往）之异而判定为󰀀的省文；辨󰀀与󰀀（龙）之异而释定为"嬴"；释󰀀为逐（1986，裘锡圭先生1996年发文所释同此）；分西周金文以往被统释为启的󰀀、󰀀、󰀀为三字，并分别释定为启、肇、肇等，均为学界所接受。而桂兄最沾沾自喜的，是对楚简󰀀字的释定。此字一般都从北大李家浩先生释"弁"，桂兄1992年撰文指出󰀀与󰀀、辛（弁）有别，以释史为妥。文章发表后，一直无人响应，到1998年郭店楚简公布，辛出现十六次，十五次都只能读史不能读弁，桂兄所释终为地下材料所证明而为学界普遍接受。

此外，读"司母戊"为"母后戊"已得胡厚宣先生认可，因属翻大公案，未易被学界接纳，但接受的人已越来越多，相信终能达成共识；疑三报二示为上甲微弟、成汤叔父的考论，虽未足为推翻《史记》所载之确证，然所疑有据，推论谨严，价值不可轻视。

古文字研究之外，桂兄用力最多、成就最著的，应该是书法了。书作方面，桂兄各体皆能。纵观全国书坛，把一种字体写得较好较精或个人面目强烈的名家不少，但像桂兄这样篆、隶、楷、行、草众体兼擅，各种书体都能达到较高水平的，并不多见；书论方面，对当今书坛最为关注的书法与写字的关系、书法教育与写字教育的关系、书法的实用性与艺术性的关系、文化素养与书法创作的关系以及临摹与创作的关系、入帖与出帖的关系、继承与创新的关系等问题，都有很好的阐释。对如何在传统继承基础上实现守正创新，怎样提高书法家的道德修养、肩负好书法家的社会责任，批判丑书乱书、正确开展书法教育等方面都提出了独特的意见和建议，对书坛正本清源、扭转乱象有重要的现实意义。

丛稿所涉及的，还有语言学、历史学、方术学、文学等方面的问题，虽无太多时间投入，但其成就亦不容小觑。如指出方言描写用字重音轻义现象，"是放弃汉字超方言的优长，将口头语言分歧引入书面记录中，使不同方言的书面语言回复到近乎口头语言那种难以交流的状态"，即颇能切中要害；认为三易是三种不同筮法，周易为蓍筮，连山类枚卜，归藏类火珠林，信能成就一家之说；桂光亦能诗词，我与桂兄1961年11月初见于分春馆。后来常听朱老师对别人讲，最近收了两个天赋极高的学生，一个叫吴九如，画山水，画花鸟，十分出色；一个叫张桂光，初中生，写的诗词已能合律，书法也有天分，以后一定很有前途。多年后，我对桂兄说，你性格太直，没有真正诗人的天赋，说话及写文章缺少含蓄蕴藉，不必花时间去写诗词，把更多精力投入你的学问好了。你的诗，在一般人看来还是不错的，但我认为你只是一个会写诗的人，而不是诗人。当然，你的诗也有佳句，如《春尽日过西塘怀分春师》"白日西倾那忍泪，残红半落欲沉灰"，《吉林古文字年会怀于省吾前辈》"绝忆来迟交并世，海城宿草已芊芊"及《生查子·和汕斋》等，有真情实感，故能动人。还有如《和汕斋学兄五十九岁自寿诗》《题冼玉清先生琅玕馆修史图》等亦见功力，其他的大多是应酬之作，只能算是合格而已。桂兄听了，居然说，好，听你的，我也有自知之明。

1978年，我与桂兄同时考上容、商二老的研究生，再度同窗，四个同学共处一室。桂兄酷爱古文字，加上受陈抗学兄苦读的感染，学习特别用功，每天上午8点半至11点半，下午2点半到5点半，必端坐书桌前看书、做笔记。晚上7点半又开始研习，往往11点多还不肯休息，我睡眠不好，真受不了，只好提出抗议，要求10点准时熄灯，桂兄三人虽然心有不满，但也无可奈何。

1980年9月，我们开始了访学之旅，每到一单位，我们都出示预先准备好的容、商二老介绍信（实际上是我与桂兄抄写，容、商二老签名的），所到之处都能得到热情接待并提供方便，不少博物馆都带我们入仓库看甲骨、铜器，桂兄每摩挲不能释手，并认真记录。记得在洛阳博物馆，副馆长蔡运章取出一件铜盨向我们请教，大家七嘴八舌帮他们解决了一些问题，但对其中一个𠂤字大家都不认识，桂兄敏感地将它与上面的㸚字联系起来，认为是𥷚（许）字的析书，大家才恍然大悟，均表赞同，全铭读起来也文从字顺。可惜有人提出，此器尚未公开，不宜抄录，故资料未能保存下来，桂兄心中颇为不满。也不知什么缘故，后来一直未见此铭文发表，不然，《金文编》又可增一新字形了。

我们一起登过华山，也一起游过泰山。那时管理未规范，我们可以攀上经石峪，与金刚经亲密接触。我摸着寿字，叫大家过来沾沾光，桂兄马上响应，一起同享寿福，抗兄站在一旁冷笑，以为迷信。

桂兄的毕业论文《古文字中的形体讹变》，是导师、答辩委员以至同学都一致公认最好的。毕业典礼后，容、商二老在南园酒家宴请我们，商老亲自将鱼头夹与桂兄，桂兄想推辞，我在旁小声说，一定要吃，独占鳌头，大吉大利。桂兄勉为其难，还是认真的将它吃了。

八十年代，我与桂兄一起参加过多次中国古文字研究会的年会，当时不少老先生还在，也都积极发表自己的观点，桂兄思维敏锐，常能发现问题，有不同看法，会提出来跟我和唐钰明商量，但怕人微言轻，不敢直面与老先生商榷，我和唐兄常执桂兄之手肘往上托，主持人见桂兄举手，请他发表意见，桂兄只好硬着头皮上台，发言翔实有理，经过多次论辩，也就慢慢崭露头角了。

我当省书协主席十年，当时就有"三驾马车"的讲法，我当主席主要抓大方向，一般事情基本不理。专职副主席王楚材管具体事务，桂兄思维严密而又计划周详，负责出点子、订计划。桂兄与楚材敲定后征得我同意然后实施，十年来取得很多成绩，广东书坛局面团结和谐，桂兄功不可没。

我的书法见解，早年与桂兄有较大差异，我力主创新，桂兄强调继承，但到后来，我的观点已慢慢同桂兄接近，最终认识到，创新要靠天赋及长期修养的，只能是少数人的事，对大多数人来说，不宜妄谈创新，能继承就可以了。观点就越来越趋向一致了。

张桂光先生是一位古文字学家，《荧晖阁丛稿》的结集出版，也许会对青年学者有所启示：一位治古典之学的专家，应具备训诂、考据、词章等多方面的知识，专门之学才能做得更深更透，才可能有杰出的成就。

二〇二二年八月，陈永正于中山大学沚斋

（以上内容由杨惠荣据录音整理，经陈永正先生审订）

目　录

学术论文 ……………………………………………………………… (1)
 一、语言文字部分 …………………………………………………… (3)
  古文字中的形体讹变 ………………………………………………… (3)
   附硕士学位论文答辩及答辩委员会评语 ……………………… (25)
  古文字义近形旁通用条件的探讨 …………………………………… (31)
  甲骨文形符系统特征的探讨 ………………………………………… (45)
  金文形符系统特征的探讨 …………………………………………… (63)
  战国文字形符系统特征的探讨 ……………………………………… (71)
  对"×丅×丿"释读的一点看法 ……………………………………… (80)
   （一）关于"丿"字 …………………………………………… (80)
   （二）关于"丅"字 …………………………………………… (81)
  古文字考释四则 ……………………………………………………… (83)
   （一）释"𡉚" ………………………………………………… (83)
   （二）释"𢎃""𣱵" …………………………………………… (84)
   （三）释"𩰬" ………………………………………………… (84)
   （四）释"𩵋" ………………………………………………… (85)
  古文字考释六则 ……………………………………………………… (87)
   （一）释"𢆉""𢆏""𢆌""衡" …………………………… (87)
   （二）释"𩰤""𩰥" ………………………………………… (88)
   （三）释"𣏌" ………………………………………………… (89)
   （四）释"𦥑""𣪊" ………………………………………… (89)
   （五）释"𣂚" ………………………………………………… (90)
   （六）释"珇""琢""瑵""瓚""瑧""琪" ……………… (90)
  古文字考释十四则 …………………………………………………… (91)
   （一）释"𤓷""𤓳" ………………………………………… (91)

（二）释"☲" ……………………………………………………（92）
　　（三）释"☲" ……………………………………………………（93）
　　（四）释"☲""☲" ………………………………………………（93）
　　（五）释"☲" ……………………………………………………（94）
　　（六）释"☲""☲" ………………………………………………（95）
　　（七）释"☲""☲""☲" …………………………………………（96）
　　（八）释"☲" ……………………………………………………（97）
　　（九）释"☲" ……………………………………………………（97）
　　（十）释"☲""☲" ………………………………………………（98）
　　（十一）释"☲""☲" ……………………………………………（98）
　　（十二）释"☲" …………………………………………………（99）
　　（十三）释"☲" …………………………………………………（99）
　　（十四）释"☲""☲" ……………………………………………（100）
读《甲骨文字诂林》札记三则 ………………………………………（102）
　　（一）说"东、柬"，附说"燎"异构 …………………………（102）
　　（二）说"夹、挟" ………………………………………………（103）
　　（三）说"子帚×子" ……………………………………………（104）
甲骨文"☲"字形义再释 ……………………………………………（106）
《〈金文编〉校补》《〈金文编〉订补》略议 ………………………（112）
金文语词考释二则 ……………………………………………………（119）
　　（一）说"元子" …………………………………………………（119）
　　（二）说"宗子""宗妇" …………………………………………（122）
金文札记二则 …………………………………………………………（124）
　　（一）释☲申王襄、叶玉森说 …………………………………（124）
　　（二）说"☲" ……………………………………………………（125）
金文札记两则 …………………………………………………………（127）
　　（一）说"☲""☲" ………………………………………………（127）
　　（二）说"☲""☲" ………………………………………………（127）
金文札记三则 …………………………………………………………（130）
　　（一）释"☲" ……………………………………………………（130）
　　（二）《亚覃尊》试释 ……………………………………………（131）

（三）《奢虎簋》献疑 …… (133)
金文同义词辨析三则 …… (136)
　　（一）岁—年—祀 …… (136)
　　（二）人—民 …… (138)
　　（三）父—考 …… (141)
"母后戊"方鼎及其他 …… (144)
沫司徒疑簋及其相关问题 …… (149)
周金文所见"井侯"考 …… (155)
札记八则 …… (158)
　　（一）作册般鼋 …… (158)
　　（二）小子𧽙卣与小子𠕋簋 …… (158)
　　（三）大盂鼎 …… (158)
　　（四）保员簋 …… (159)
　　（五）貉子卣 …… (160)
　　（六）乖伯鼎 …… (160)
　　（七）说"叔" …… (161)
　　（八）井侯簋与麦四器 …… (162)
我的甲骨文研究成果梳理 …… (163)
楚简文字考释二则 …… (165)
　　（一）释"𢆉""𡔷" …… (165)
　　（二）释"𤔲""𤔲""𤔲" …… (167)
《郭店楚墓竹简·老子》释注商榷 …… (169)
《郭店楚墓竹简》释注续商榷 …… (173)
《战国楚竹书·孔子诗论》文字考释 …… (180)
《上博简（二）》《子羔》篇释读札记 …… (185)
《柬大王泊旱》编联与释读略说 …… (191)
新世纪古文字研究中几个应该引起注意的问题 …… (195)
文字考释应该强调定论还是鼓励争鸣 …… (201)
商周"帝""天"观念考索 …… (206)
花园庄东地卜甲刻辞行款略说 …… (211)
甲金文中的重益符号与商周的闰月问题 …… (222)
卜辞祭祀对象名号解读二题 …… (226)
　　（一）𢆉为"盘庚"合文补说 …… (226)

（二）说卜辞的祭祀对象"㞢" …………………………………（229）
读卜辞三札 ………………………………………………………（233）
　　（一）"毓""后"辨 …………………………………………（233）
　　（二）说"⿰⺼它" ……………………………………………（234）
　　（三）说"庙号" ……………………………………………（236）
殷先公世次别议 …………………………………………………（238）
"受""䧹"类卜辞否定句中宾语对"不""弗"选择的考察 ……（243）
商周金文在汉字发展史上的承传作用 …………………………（253）
商周金文词汇分类的模糊性和语法功能的灵活性 ……………（265）
商周金文量词特点概论 …………………………………………（276）
商周金文句子成分的调整与演化 ………………………………（286）
卜事三题 …………………………………………………………（301）
　　（一）卜、筮、八卦 …………………………………………（301）
　　（二）卜筮并用与卜筮不相袭 ………………………………（303）
　　（三）卜筮不过三与一事多卜 ………………………………（304）
楚竹书《周易》卦序略议 ………………………………………（307）
俗文字学与传统文字学、现代汉字学接轨略说 ………………（313）
方言描写的用字问题略议 ………………………………………（318）

二、书法部分 ……………………………………………………（325）

清新雅健　岭表书风
　　——读《岭南书法史》 ……………………………………（325）
广东古文字学者的书法 …………………………………………（327）
康有为的篆学理论及其对当今书坛的启示 ……………………（330）
容师希白先生书法略论 …………………………………………（334）
篆书专题学术主持人语 …………………………………………（340）
篆书发展史综述 …………………………………………………（342）
专精一体　博览百家 ……………………………………………（352）
近现代岭南书法的传承 …………………………………………（354）
写好字是书法教育的基本要求 …………………………………（362）
愿百花齐放的书法走进千家万户 ………………………………（367）
评所谓的"艺术书法" ……………………………………………（372）

序　跋 ……………………………………………………………（381）

《中国方术大辞典》序（局部） …………………………………（383）

《九体书法大字典》自序 …………………………………………………… (388)
《中国相人术大辞典》前言 ………………………………………………… (389)
《中国解梦辞典》序 ………………………………………………………… (391)
《周易占卜辞典》序 ………………………………………………………… (392)
《蓝广浩书画集》序 ………………………………………………………… (394)
"南海十三人书法展"序 …………………………………………………… (395)
《朱庸斋书法集》序 ………………………………………………………… (395)
《文心雕龙书法集》序 ……………………………………………………… (396)
《岭南书论》前言 …………………………………………………………… (397)
《海珠宝鼎铭篆刻集》序 …………………………………………………… (398)
《陈永正手录诗文选》序 …………………………………………………… (398)
《广东书坛四十年》前言 …………………………………………………… (401)
《梁启超的书法艺术》序 …………………………………………………… (403)
《罗叔重印存》序 …………………………………………………………… (404)
《沚斋丛稿》序 ……………………………………………………………… (406)
《李曲斋作品集》序 ………………………………………………………… (408)
《荧晖阁诗词钞》自序 ……………………………………………………… (410)
《诗注要义》序 ……………………………………………………………… (411)
《岳雪楼集宋拓晋唐小楷》序 ……………………………………………… (414)
《李曲斋百年诞辰纪念文集》序 …………………………………………… (416)
《分春馆用印存》序 ………………………………………………………… (417)
重刊《岳雪楼书画录》序 …………………………………………………… (418)
《莞香墨韵》序 ……………………………………………………………… (419)
重刊岳雪楼藏《宋拓九成宫醴泉铭》序 …………………………………… (420)
《沚斋书联》序 ……………………………………………………………… (420)
《温汝适墓志铭》拓本序 …………………………………………………… (422)
《程扬甲骨文印谱》序 ……………………………………………………… (423)
《侯过书法作品选集》序 …………………………………………………… (424)
朱师致魏佐浩书跋 …………………………………………………………… (425)
李劲堃山水小品跋语 ………………………………………………………… (426)
商师锡永先生篆书"大同篇"跋 …………………………………………… (426)
甲骨书法临作自跋 …………………………………………………………… (427)
董其昌草书卷跋 ……………………………………………………………… (427)
朱彝尊隶书联跋 ……………………………………………………………… (428)

朱九江行书立轴跋 ……………………………………………（428）

高剑父书跋 ……………………………………………………（429）

商师甲骨书作跋 ………………………………………………（429）

容师希白临孟簋铭跋 …………………………………………（430）

《北京南海会馆观海堂苏帖》跋 ……………………………（430）

《四山摩崖刻经》跋 …………………………………………（431）

吴子玉《临文征明赤壁图》跋 ………………………………（431）

吴子玉《秋溪访旧图》跋 ……………………………………（432）

莱子侯刻石跋 …………………………………………………（432）

篆书梅关铭跋 …………………………………………………（433）

陈初生"人民万岁鼎"铭拓跋 ………………………………（433）

李劲堃《春山听泉图》跋 ……………………………………（434）

《舍命救孤图》跋 ……………………………………………（434）

《太守出行图》跋 ……………………………………………（435）

《孔子问礼图》跋 ……………………………………………（435）

白爽《六祖坛经图像印存》跋 ………………………………（436）

陈永正书作跋语五则 …………………………………………（436）

南越陶瓦文字跋 ………………………………………………（438）

李志东书跋 ……………………………………………………（438）

骆墨樵临祝枝山草书长卷跋 …………………………………（439）

《黎二樵自书诗册》跋 ………………………………………（439）

题李劲堃《夜雨初晴图卷》 …………………………………（440）

题李劲堃《毛泽东长征诗意图卷》 …………………………（440）

题黎雄才《松风放筏图》 ……………………………………（441）

陈乔森山水画跋 ………………………………………………（441）

容老临《毛公旅鼎》跋 ………………………………………（442）

邹鲁行书陆游梅花诗四屏跋 …………………………………（442）

容希白先生临十年陈侯午敦跋 ………………………………（443）

林望藏罗振玉甲骨联跋 ………………………………………（443）

容希白先生赠静山联跋 ………………………………………（444）

吴静山《愚斋夜读图》跋 ……………………………………（444）

王秋湄章草联跋 ………………………………………………（445）

罗振玉甲骨联跋 ………………………………………………（445）

《书法雅言》《书法约言》跋 ………………………………（446）

《愚斋藏珍》跋 (446)
区潜云书作跋 (448)
李曲斋草书长卷跋 (448)
朱师《溪山红叶图》跋 (449)
招子庸《芦蟹图》跋 (449)
罗惇曧书画扇跋 (450)
《古文字与出土文献丛考》读后 (450)
出版《容庚藏帖论帖合集》推荐意见 (451)

访 谈 (453)

普及书法不遗余力 (455)

唯冀千霜寿　不争一日长
　　——访我校文学院教授、广东省书法家协会主席张桂光 (460)

岭南书坛回顾与展望 (463)
书法创新不是颠覆传统 (471)
书法的艺术价值与收藏价值 (474)
简化字应纳入书法大家庭 (477)
书法的价值在于文字 (480)
谈书法家的文人化 (484)
复兴岭南书法的传统文脉 (487)
书坛领军人关键在德 (490)
广东书法家访谈 (493)
流行书风未必值得流行 (495)
当今书坛"流行病" (499)

莫以丑怪为个性
　　——谈书法创作的传承与创新 (504)

书画同源已异流 (507)
小孩子就是要老老实实临帖 (511)
守望岭南书法　回归艺术本真 (514)
书法需要文化滋养 (517)
重寻岭南墨妙　书坛正本清源 (519)
要用文化来养书法 (522)
书法守正才能出新 (525)
岭南书法重学问敢创新 (527)

归来致敬传统　出发守正创新 …………………………………………（530）
　　临摹是学习书法的不二法门 …………………………………………（532）

书学随想 ……………………………………………………………………（537）

书坛旧忆 ……………………………………………………………………（555）

书　信 ………………………………………………………………………（577）
　　致张政烺书 ……………………………………………………………（579）
　　致费新我书 ……………………………………………………………（579）
　　致胡厚宣书 ……………………………………………………………（580）
　　致胡振宇书 ……………………………………………………………（580）
　　致胡振宇书 ……………………………………………………………（581）
　　致何乐士书 ……………………………………………………………（581）
　　致刘斯奋书 ……………………………………………………………（582）
　　致陈永正书 ……………………………………………………………（582）
　　致张旭光书 ……………………………………………………………（583）
　　致陈永正书 ……………………………………………………………（583）
　　致张荣庆书 ……………………………………………………………（584）
　　致陈巨锁书 ……………………………………………………………（584）
　　致王学岭书 ……………………………………………………………（585）
　　致宁志刚书 ……………………………………………………………（585）
　　致张在忠书 ……………………………………………………………（586）

诗词（附铭、联） ……………………………………………………………（587）
　　临帖有感 ………………………………………………………………（589）
　　减字木兰花　越秀远眺 ………………………………………………（589）
　　高阳台　麓湖春游 ……………………………………………………（589）
　　赏　菊 …………………………………………………………………（589）
　　生查子　和泚斋韵并效其体 …………………………………………（589）
　　　　附泚斋原玉 ………………………………………………………（590）
　　琶江口农场六首 ………………………………………………………（590）
　　　　堤　树 ……………………………………………………………（590）
　　　　经　旬 ……………………………………………………………（590）

夜　潮 …………………………………………………………（590）
　　　晨渡二首 ………………………………………………………（590）
　　　竹　林 …………………………………………………………（591）
游白云山 ……………………………………………………………（591）
咏　菊 ………………………………………………………………（591）
人月圆　闻飞船登月 ………………………………………………（591）
尖山生产队六首 ……………………………………………………（591）
　　　育　苗 …………………………………………………………（591）
　　　望　雨 …………………………………………………………（592）
　　　白撞雨 …………………………………………………………（592）
　　　放牛戏作 ………………………………………………………（592）
　　　龙舟水 …………………………………………………………（592）
　　　新晴怀广州友人 ………………………………………………（592）
江边茅舍 ……………………………………………………………（592）
桥下人家 ……………………………………………………………（593）
少女犁田 ……………………………………………………………（593）
清平乐　咏鹰爪花 …………………………………………………（593）
浣溪沙　游流花湖 …………………………………………………（593）
和番禺友人 …………………………………………………………（593）
　　　附番禺友人原玉 ………………………………………………（593）
菩萨蛮 ………………………………………………………………（594）
抛球乐 ………………………………………………………………（594）
见帆思归 ……………………………………………………………（594）
夜雨怀家 ……………………………………………………………（594）
觅　路 ………………………………………………………………（594）
偶　成 ………………………………………………………………（594）
寓惠四年一无所成 …………………………………………………（595）
生查子 ………………………………………………………………（595）
浪淘沙　送友人惠州返穗 …………………………………………（595）
菩萨蛮　思归穗垣 …………………………………………………（595）
别友人 ………………………………………………………………（595）
园中桃花已谢有作 …………………………………………………（595）
小饮书房 ……………………………………………………………（596）
忆故友 ………………………………………………………………（596）

怀旧友	(596)
思故人	(596)
浪淘沙　吊屈原	(596)
浪淘沙　荔枝湾	(596)
浪淘沙	(597)
散步	(597)
忆花	(597)
村行口占	(597)
谒金门　侍庸斋师游北秀湖	(597)
怀友人	(597)
水调歌头　重游惠州西湖	(598)
"文革"后省实同学首聚赠健钦兄	(598)
广州师院书画摄影展观后作	(598)
赏菊寄怀	(598)
浣溪沙　春尽日过西塘怀分春师	(599)
望江南　红棉	(599)
望江南　集雅斋	(599)
黄河	(599)
望江南　周原访古	(599)
望江南　秦俑馆	(599)
蓓蕾剧院落成志贺二首	(600)
长岛古文字会上作	(600)
香港书法函授班广州结业礼即兴	(600)
赠澳门业余进修中心	(600)
游香港宋王台	(601)
吉林古文字年会怀于省吾前辈	(601)
望江南　访揭阳	(601)
望江南　南澳岛	(601)
望江南　谒韩文公祠	(601)
望江南　游礜石	(601)
黄山夜读	(601)
望江南　虎门	(602)
西安事变六十周年	(602)
韶州采风	(602)

水调歌头　喜迎香港回归 ……………………………………………………（602）

论书二首 ………………………………………………………………………（602）

开平古风一首 …………………………………………………………………（602）

澳门回归雅集 …………………………………………………………………（603）

石牌旧忆 ………………………………………………………………………（603）

入疆首日行车有感 ……………………………………………………………（603）

浣溪沙　敦煌石窟 ……………………………………………………………（603）

克拉玛依河感赋 ………………………………………………………………（603）

鸣沙山滑沙 ……………………………………………………………………（603）

哈密采风 ………………………………………………………………………（604）

望江南　广韶高速路开通 ……………………………………………………（604）

浣溪沙　赠中文系诸生 ………………………………………………………（604）

和泚斋学兄五十九岁自寿诗 …………………………………………………（604）

　　附泚斋原玉 ………………………………………………………………（604）

重过容老故居 …………………………………………………………………（605）

赴中书协会兼与中华书局约谈金文摹释总集定稿事飞机上俯见雪有作 ……（605）

题泚斋丛稿后 …………………………………………………………………（605）

云南磨盘山古杜鹃约无斋泚斋同赋 …………………………………………（605）

　　附泚斋磨盘山千年杜鹃和桂兄 …………………………………………（606）

　　附无斋磨盘山和桂兄 ……………………………………………………（606）

望江南　登磨盘山鸡冠岭绝顶 ………………………………………………（606）

　　附泚斋望江南和桂兄 ……………………………………………………（606）

　　附无斋望江南和桂兄 ……………………………………………………（606）

商周金文摹释总集编成感赋 …………………………………………………（606）

书法颂 …………………………………………………………………………（607）

题冼玉清先生琅玕馆修史图 …………………………………………………（607）

题永锵兄桃夭图 ………………………………………………………………（607）

题永锵兄白驹图 ………………………………………………………………（607）

题永锵兄西樵山图 ……………………………………………………………（608）

题永锵兄水仙图 ………………………………………………………………（608）

京华喜晤陈抗砚兄和泚斋韵 …………………………………………………（608）

　　附泚斋原玉 ………………………………………………………………（608）

题吴子玉灵岩秋色图和泚斋学兄 ……………………………………………（608）

朱庸斋莫仲予诗书画联展 ……………………………………………………（609）

鸡翅岭莞香	(609)
题坤云轩主摹富春山居图步沚斋韵	(609)
端砚铭	(609)
荧晖琴铭	(609)
论书联	(610)
贺香港书法家协会成立联	(610)
九一届学生毕业晚会联	(610)
粤台书法联展联	(610)
赠日本化学代表团联	(610)
教师村奠基联	(610)
广东人民广播电台健康台开播联	(611)
新华书店成立五十五周年志庆联	(611)
纪念人民政协成立五十周年联	(611)
澳门回归联	(611)
广东实验中学七十五华诞志庆联	(611)
民进广东省委成立二十周年志庆联	(611)
抗震救灾联	(612)
纪念中国书协成立三十周年联	(612)
旅港南海商会成立百年志庆联	(612)
南海魁星阁联	(612)
容老诞辰一百二十周年集始平公碑字为联以作纪念	(612)
题寺院联	(612)
书室联	(613)
寝室联	(613)
为某君题画联	(613)
侯马盟书集联（五对）	(613)
牛橛造像题记集联	(614)
挽朱庸斋师联	(614)
挽吴三立师联	(614)
挽秦咢生先生联	(614)
挽杨和明先生联	(614)
挽李曲斋师联	(614)
挽先人联	(615)
南海展旗楼牌坊联	(615)

展旗楼二楼联 ………………………………………………………… (615)
　　河南省平舆县太任故乡公园牌坊联 …………………………………… (615)
　　百花古寺重光联 ………………………………………………………… (615)

授课稿 ……………………………………………………………………… (617)
　　国学修养与书法 ………………………………………………………… (619)
　　"汉字与书法艺术"系列讲座 …………………………………………… (625)
　　书法与传统文化 ………………………………………………………… (666)
　　商周青铜器铭文浅谈 …………………………………………………… (669)

附　录　引书简称表 ………………………………………………………… (687)
后　记 ………………………………………………………………………… (690)

学术论文

一、语言文字部分

古文字中的形体讹变

甲骨、铜器、古陶、玺印、货币、简帛等文字的大量发现,使人们对古文字的研究,改变了从前定一专于《说文》的局面,可以用较古的材料去推测文字的起源,考察古文字的结构和发展变化的规律,从而取得了长足的进步。

不过还应指出,多数人的研究,往往都偏重于规律性比较明显的、较具普遍性的方面,诸如文字演变过程中的简化、声化、规范化的总趋势以及围绕这一总趋势发生的一些正常演变现象和变化规律,前人是有不少精辟的分析和论述了。但是,在文字演变过程中发生的一些特殊现象,一些乍看似乎属于偶然的、个别的、无规则的,但集中起来加以研究,却可发现某种倾向性的现象,则还未得到人们应有的重视,比如古文字中的形体讹变,就是其中的一种。

所谓古文字中的形体讹变,指的是古文字演变过程中,由于使用文字的人误解了字形与原义的关系,而将它的某些部件误写成与它意义不同的其他部件,以致造成字形结构上的错误的现象。它与将一个字完全误写成另一个字(如《谏簋》的 ❂ 写成 ❂ 之类)的那种"写错字"不同,它发生错误的仅是字中的某些部件,就一个字的整体来说,并不同别的字相混淆,因此可以作为这个字的异体存在。

讹变字实际上就是发生了讹误变化的异体字。值得注意的是,虽然讹变都从偶然的讹误开始,但讹变形体除极个别的仅只昙花一现之外,大多数都反复出现多次,有的作为与正体并行的异体存在,有的还取代了正体的位置,使原来的正体反而变为异体甚至归于消灭。这些讹变形体所以能够"积非成是",显然有着复杂的原因,探讨这些原因,对于古文字研究来说是很有必要的。本文即拟通过对甲骨文、金文、各种类型的战国文字以及小篆等古文字形体的讹变的研究,从讹变的历史及讹变现象的分类两方面探索古文字形体讹变的原因和条例,并在此基础上,阐明古文字形体讹变对于进一步认识古文字结构和演变的规律、考释古文字和订正前人考释之失、通读文献材料和校勘古籍等方面的意义和作用。

（一）古文字形体讹变的历史情况

就目前所见，真正能记录汉语的、形成体系的文字，最早的就属甲骨文了。因此，本文的探讨就从甲骨文开始，遗留在商周铜器中的一些时代较早而又与后世文字形态有某些相似的图形，则用作研究分析的参考。甲骨文到小篆的形体讹变，可分四个时期，现叙述如下。

1. **殷商时期**

一件实物可从不同的角度去描写，一个意思可变换不同的偏旁去表达，甲骨文中所表现出的早期文字形式自由的特点，已成为人们论述文字形体发展时所必然提到的问题。但还应指出，甲骨文中所表现出的早期文字的另一特点——会意字主要是靠部件间的图画式的结合来表意的，这同样不能忽视。

试看下列几组甲骨文字：

(1) ✦（女，《铁》164.1），✦（卂，《前》5.30.2 讯字所从）。
(2) ✦（好，《佚》506），✦（毓，《粹》237）。
(3) ✦（毓的异体，《京津》2064），✦（仔，《珠》524）。
(4) ✦（卿，《前》1.36.3），✦（既，《乙》2093，以或体 ✦《甲》3758 可繁作 ✦，《前》4.22.8 例之，✦ 当亦可繁作 ✦）。
(5) ✦（㠱，《后》1.21.10），✦（印，《后》2.5.14）。
(6) ✦（伐，《后》1.22.1），✦（戍，《后》2.13.5）。

同组的文字，构件基本相同，部件按不同的方向、位置结合，便反映出不同的意思，结合的方向、位置变了，意思就要改变。✦字的 ✦、✦ 易位就要变成 ✦，✦字的 ✦ 写高了就要变成 ✦。所以，尽管"好"字可以写成 ✦（《佚》506），也可以写成 ✦（《林》1.23.6），但 ✦ 一定面向 ✦；"毓"字可写作 ✦（《后》1.20.11）、✦（《甲》842）、✦（《甲》414）、✦（《粹》294）、✦（《粹》237）、✦（《京都》2064）等形，但 ✦（或 ✦）一定在 ✦（或 ✦）的臀下；"既"字可有 ✦（《乙》2093）、✦（《甲》3758）、✦（《前》4.22.8）等写法，但表示口的 ✦ 一定与食器 ✦ 相背；① "伐"字可写作 ✦（《后》

---

① 《甲骨文编》既字条下有 ✦（《戬》22.10）一文，似与 ✦ 的原则不符，但细审原片（见附图），✦ 与右旁的 ✦ 显属异行异字（距离远，且与"贞不既"的行款不相协调），把二者拉在一起是不合适的。✦ 的左下方倒有与 ✦ 上部相似的痕迹，字当补足作 ✦，✦ 是误合两字的部件所成，并非一个字。

1.22.1），也可写作 ✦（《京都》340），但戈一定砍在脖子上，结合是十分牢固的，字义完全可以从字形中直观地表现出来。从 ✦（繁体当作 ✦）与 ✦ 同旁而义别，✦ 与 ✦ 异旁而义同的现象就可看出，它所强调的并不是"偏旁"，而是表意部分（如 ✦、✦ 等）的图画般的组合方式。可以想象，文字越接近于原始阶段，其抽象性、符号性越弱，直观性、图绘性越强。特别是假借、形声出现以前，人们使用和认识文字，主要的是依赖于直观的形象，讹误现象是比较少的。

不过，甲骨文通行的时代假借字已广泛使用，形声字亦已产生。假借字的形体和形声字声符的形体都与字义关系脱节，形声字的形符也只代表一个与它所构成的字相近的意思，字形与字义的关系比较松散。随着假借、形声字的增加，文字的符号性越来越强，图绘性越来越弱，这是必然的趋势。一些字的原义逐渐隐晦，写刻时发生误差的机会就大了，✦（易）写成 ✦，把倾斜的盘（✦）写成莫名其妙的 ✦ 就是很好的说明。①

另外，甲骨文还因刀刻的关系，难于表达的圆弧曲线往往写成方折，圆形的太阳（如 ✦ 字所从）与方形的量器（如 ✦ 字所从）便看不出多大的差别；加上甲骨文分行布白已十分讲究，方块形式已基本定型，代表城邑的 口 与代表钉头的 口 都被局限在小小的方块中并与其他部件相结合，它们的形状就不会有很大的不同。甲骨文中形近部件日益增多是很自然的。

本义变得不明了的字和形近的部件的增多，使形体讹变有了孳生的温床，讹变现象便在甲骨文的一些形近部件中发生了。②

（1）✦（大，像人正立）、✦（交，像交胫之人）与 ✦（矢，像箭矢）、✦（矢，亦像箭矢形）。

✦（《粹》258）、✦（《明藏》575），以人立于旗下会意，③ 讹作 ✦（《甲》2374）。

✦（《铁》46.3）、✦（《佚》372），以人在帐篷中间会意，④ 讹作 ✦（《甲》2292）。

（2）✦（或作 ✦，像地穴或表区域）与 ✦（表人之口）。

✦（《甲》256），或作 ✦（《菁》4.1），以足抵区域会意，⑤ 讹作 ✦（《佚》665）。

✦（《乙》980），或作 ✦（《珠》470），以把"自"从区域提去会意，讹作 ✦（《甲》2288）。

---

① 有关 ✦ 字形构的解释，详见拙文《古文字考释四则·释"✦"、"✦"》，《华南师院学报》1982年第4期。
② 讹体是发生错误变化的形体，它的出现自然在正体之后，但因为讹体一般只以异体的身份存在，即使后来取代正体地位的那些讹变字中，在被确定为正体以前是与正体并行的，就是在被确认为正体以后，原来的正体还会作为异体继续存在。本文所选择的正体与讹体字例，主要是从它的表意典型性出发，所以，所选字例，并不一定正体在讹体的时代之前。
③ 梁东汉：《汉字的结构及其流变》，第106页。
④ 刘节：《寿县所出楚器考释》。
⑤ 杨树达：《积微居金文说》，第20页。

(3) ▢（人的口）、▢（城邑、太阳或钉头、量器等）。

▢（《甲》1378），以口上有须会意，讹作▢（《甲》2546）。

▢（《甲》2247），以足向城邑会意，① 讹作▢《续》1.3.2、▢《余》3.1、▢《燕》686 等字所从）。

(4) ▢（《乙》7705）手持的当是棍，▢（《甲》1833）手持的当是敲盘的用具，▢（《乙》1277）手持的当是鞭，▢（《甲》752）手持的当是匙，▢（《前》5.10.6）手持的当是取物的叉竿，原先大概都有所区别，但在甲骨文中不少已经讹混，如"鼓"字所从，就有▢、▢、▢、▢、▢等形；另一些如太阳（▢所从）、城邑（▢所从）、人头（▢所从）、地平面（▢所从）、圆鼎口（▢所从）、钉头（丁字作▢）都写作▢，田地（▢）、箅子（▢所从）、鬼头（▢所从）都写作▢等；也许在当时的人看来还有细致的差别，但起码也为后世的讹变埋下了种子。

此外，如▢（内）、▢（丙）、▢（竖放的盘）、▢（舟），▢（匕）、▢（刀）等旁的讹混也时有出现。但总的来说，由于甲骨文中的象形、会意字仍占着相当大的比重，直观表意的图画形式尚未从根本上被动摇，所以，讹变现象还不太严重。

商末金文结字与同期的甲骨文大体相同。铭文不长，讹变的字也不多。

2. **西周时期**

西周的文字主要是金文。金文大部分是范铸的，陶范比甲骨易刻，书写面积也较大，方、圆、肥、瘦都较易表现，描绘加工也更有余地，因此，对于甲骨文中因雕刻困难及书写面积局限所造成的易讹混的部件，比如圆鼎口（▢《员盉》所从）、太阳（▢《散氏盘》所从）、钉头（●《师旂鼎》）都可以较清楚地区别开来了，这本来是可以减少一些部件的讹混的。但由于西周时原义不明的字更多，长期讹混的一些部件更加正讹难分了。形近部件形式上的区别对纠正讹误的意义已经不大，它可能使以讹传讹的形体定型下来（如▢《明公簋》、▢《禽簋》、▢《盂鼎》、▢《趞鼎》等）；也可能使原只属易混的部件成为货真价实的讹变（如▢《京津》2690 之作▢《克鼎》）。甲骨文中易生讹误的现象，西周金文中大多都有所反映。

与殷商铜器铭文相比，西周铭文所记内容更加广泛，篇幅也日渐增长。有限的文字要适应记录语言的日益增长的要求，除了新造部分形声字外，必然更多地依赖于字义的引申和同音字的假借。因引申义、假借义用多了而使原义反而不明了的字更多，书写时按当时通行的字义或按书写者的理解去变化字形的现象便发生了。比如▢（《乙》7661），是"湔"的本字，以盘中洗脚会意，后借为前进字，并渐为借义所专，因为▢与前进义无涉，与它形近的▢却被人们联想到了，止在盘上的▢便变成了止舟为前的▢

---

① 杨树达：《积微居小学述林》，第 49 页。

(《追簋》)了；又如🖼(《铁》145.1)，陈永正同志考证为往返覆穴之形，① 因为金文多用其引申义，且西周离穴居时代已远，构字的含义已不明了，《舀鼎》的🖼便把覆穴变成了倒置的物体，表往返的🖼也变成使物反覆的手了；另一些如🖼(《邺》3下34.9)写成🖼(《师旂鼎》)、🖼(《后》2.24.2)写成🖼(《召伯簋》)、🖼(《京津》636)若🖼(《舀壶》)写成🖼(《伯家父簋》)、🖼(《京津》2837)写成🖼(《改盨》)，等等，都是因不明了字的原义而任意变化字形的结果。

另外，文字形体的细微变异是经常发生的。金文自身的发展，也会产生新的形近部件：

(1) 🖼、🖼。

甲骨文"卩"作🖼，"人"作🖼，一跪一立，区别甚明。但西周金文中，表现人体的部件如🖼、🖼、🖼等，都逐渐不作跪踞状了，🖼写成🖼，与🖼便十分形近。比如🖼(《前》7.31.1)之讹作🖼(《小盂鼎》)、🖼(《甲》2124)之讹作🖼(《默钟》)② 等，显然是因这种原因造成的。

(2) 🖼、🖼。

在西周金文中，表现人体的部件不仅有跪踞状逐渐消失的趋势，而且有加写脚趾(🖼)的习惯，比如🖼(《令簋》)之作🖼(《守宫鸟尊》)、🖼(《续》3.31.5)之作🖼(《扬簋》)若🖼(《虢季子白盘》) 等，其脚部(🖼)便与跪踞状已消失的"女"(🖼)字十分相似了。🖼讹为🖼的现象，西周中期以后(延续到春秋战国)十分常见。如🖼(允，《不期簋》)、🖼(期，《不期簋》)、🖼(执，《不期簋》)、🖼(讯，《兮甲盘》)、🖼(靜，《毛公鼎》)、🖼(艺，《毛公鼎》)、🖼(夙，《师西簋》)、🖼(扬，《师西簋》)、🖼(长，《长由盉》) 等便是。

(3) 🖼、🖼。

甲骨文"鼎"作🖼，"贝"作🖼，一有腿而笔画连接，一无脚而笔画中分，区别显然。但西周金文🖼渐变成🖼、🖼等形，就与"鼎"之作🖼、🖼者颇近了。"贝"有讹为"鼎"的，如🖼(《䍙盨》)、🖼(《同簋》)，"鼎"也有讹为"贝"的，如🖼(《史颂鼎》)。因"鼎"讹为"贝"符合简化原则，所以春秋以后出现更多，后世沿用的不少；"贝"讹为"鼎"的，则多属偶然，小篆以后不见沿用。

(4) 🖼、🖼、🖼。

甲骨文"止"作🖼，"又"作🖼，"中"作🖼，三者区别明显。而西周金文"止"作

---

① 陈永正：《释🖼》，《古文字研究》第四辑。
② 甲骨文有🖼字，但那是🖼的异文，虽与后来的西周金文中的🖼字形同，但不是一个字。说详拙文《古文字考释四则·释"🖼"》，《华南师院学报》1982年第4期。

㞢，草率时作㞢若乂，而"又"也有作彐若ㄕ等形的，与㞢便容易混淆了。如🖼（《孟鼎》）写作🖼（《克鼎》）、🖼（《孟鼎》）写作🖼（《趞簋》趞字所从）、🖼（《小臣𧽙簋》）写作🖼（《𦤲鼎》）、🖼（《𠭯征甗》）写作🖼（《𠭯征爵》）等就是由此造成的。

此外，跪踞状的消失使🖼（或作🖼，《𠭯伯簋》期字所从）与🖼（金文作🖼，《默钟》猷字所从）也发生了混淆（如🖼写成🖼《克鼎》）；空廓的填实使凵（变成⊥）与⊙（变成⊥）形近，起码为后来的讹变（如《洹子孟姜壶》之变🖼为🖼）造成条件；而书写的随意，又使🖼与🖼（如🖼讹作🖼《师望簋》），🖼与🖼（如🖼讹作🖼《君夫簋》）、🖼与🖼（如🖼讹作🖼《师害簋》）等都时有讹混，这些都是甲骨文中所少见的。总的说来，西周金文的讹误比殷商甲骨文、金文是增多了。

3. 春秋战国时期

春秋战国是我国社会由奴隶制向封建制过渡的时期，政治、经济、文化的剧烈变化，给文字的发展造成深刻的影响，使文字也进入了大发展大变革的阶段。简化、草率的字体大量流行，字形变化十分显著，地区间文字异形的现象非常突出。形体讹变的加剧是不难想见的。

随着奴隶制的衰落，教育由贵族垄断转向平民普及，文字进一步从奴隶主贵族手中解脱出来，使用文字的阶层扩大了。文字修养较低的人，对字义与字形的关系理解更差，他们往往不是用理解的，而是用硬记的办法去使用文字形体，自然容易造成混乱；加上文化的发达，生产力的提高，商品交换的发展，使文字的应用日益广泛，字越来越不够用，文字修养高的人都不得不求助于假借，文字修养低的人就更不用说了，其结果必然是假借字的大增加，人们对字形的理解更加混乱是显而易见的。

另外，在竹、帛等材料上书写当然要比范铸简便得多，书写的简捷，文字应用的广泛与频繁，便导致人们书写的草率，易讹混的范围更宽了。一些本来形不十分相近，义不十分相干的部件，如酉、言、畐（🖼《侯马》92∶2，又作🖼《侯马》198∶13，若🖼《侯马》200∶10）；畐、酉、百、百（🖼《侯马》156∶19，又作🖼《侯马》156∶4，若🖼《侯马》3∶17、🖼《侯马》194∶4）；口、白、其、古（🖼《陈侯因𧽘敦》，又作🖼《侯马》1∶101，若🖼《侯马》156∶7、🖼《王孙钟》）；人、弓（犀字🖼《郘公鼎》，伐字🖼《侯马》179∶15，尼字🖼《侯马》16∶30，但字🖼《侯马》16∶9）；鱼、卤（🖼又作🖼《陶文录》4.1下）；日、肉（祭又作🖼《蔡侯盘》）；等等，都被讹混起来了。

除此之外，如本像双手将人从井中救起来的🖼（《铁》171∶3）字变作🖼（《石鼓文》），跪在井中的腿成了山峰；本是龙的象形的🖼（《燕》646）字变作🖼（《古征》11.4），龙嘴成了一块肉；本从"鼎"声的🖼（《宎鼎》）字变作🖼（《冲子鼎》）若🖼（《望山楚简》），声符"鼎"变成了不表意也不标音的"贝"或"目"；本从"氏"声的🖼（《侯马》152∶5）字变作🖼（67∶20），声符"氏"变成了莫名其妙的"昏"；本像人俯首吐舌捧尊就饮的🔲（《乙》3285）字变作🔲（《中山王方壶》），像倒舌形的🔲变成了声符"今"；类似现象当尚不少。造成这种种纷繁复杂的变化的原因，将在第二部分详加探讨，但这些现象本身，已足说明春秋战国文字讹变的激烈程度。

还有，春秋战国时期，诸侯割据，各自为政，使得各国文化自由发展，文字有浓厚的地方特色。形体讹变与地方特色相结合，花样自然就更多了。

4. 秦初小篆时期

小篆实际上是以战国时的秦国文字作基础，对六国文字作统一规范而成的。六国文字中的讹体，除了不统一的被删去外，较统一的多被定型下来并取得合法地位。此外，在统一规范的过程中，因符号整齐化而进一步割裂残存图画式结构形体和因"匡正"文字而以字形附会通行字义（往往不是字的本义）所造成的讹变现象非常突出，因为在本文的第二部分的分析均以小篆中得到定型的讹体为基础，有关字例在此就不详列了。

通过上述追溯，有三点是很清楚的：第一，一个字的本义变得不明了以及与它的构件形似的偏旁的存在，是古文字形体发生讹变的基本因素；第二，这个基本因素的存在是随着符号的简化与抽象、字义引申、同音假借的增多而日益普遍的；第三，讹变现象殷商已有，西周更甚，春秋战国最烈，秦初的"书同文"则起了集其大成和使讹变定型的作用。

（二）古文字形体讹变的分类研究

上文已经指出，一个字的本义变得不明了以及与它的构件形似的偏旁的存在，是古文字形体发生讹变的基本因素。但是，具备这个因素的，不一定就会讹变；而发生讹变的，有的仅只昙花一现，有的却能世代相沿；同一偏旁可能变出几种不同的形式，如从🔲的字，可以变为🔲（吉），也可以变为🔲（🔲），还可以变为🔲（🔲）；不同的偏旁也可以变为相同的形式，如🔲的🔲、🔲的🔲、🔲的🔲都可变成🔲（🔲、🔲、🔲），情形也是十分复杂的。将复杂的讹变现象进行分类当然不会轻而易举，因为讹变都从偶然的讹误开始，偶然的讹误总是无定则的，讹变现象也就多少掺有不易捉摸的成分；不过，我们应该看到，讹变虽都从偶然的讹误开始，但大多数讹体都不是昙花一现，而是反复出现多次的，这就表明它们具有一定的倾向性，其背后必有某些因素在支配。通过对各种讹体进行分析比较，把它们按支配其变化的因素不同而归纳为若干类型，应该是可能的。根据本人分析比较的结果，可分八种类型。

1. 因简省造成的讹变

简化是汉字发展的总趋势。随着社会的发展，人们的交往日益频繁，文字的应用也日益广泛，人们对文字的简化提出越来越高的要求是很自然的。把图画式的符号线条化，删简字中重复的或不重要的部分，替换繁复的偏旁，等等，都是汉字简化的重要手段。一般来说，🧿简作🧿，🧿简作🧿，🧿简作🧿，🧿变作🧿，都不会影响人们对字义的理解，因而不会造成讹变。但是，有些字的偏旁省去某些笔画以后，却会跟另一些偏旁相混淆，这种简省，就会造成讹变，影响人们从本来的意义上去认识这些字了。比如：

🧿，甲骨文作🧿（《佚》11），西周金文与石鼓文、说文籀文大体相同，字从○从鼎，是圆的本字，○即示鼎口的圆状。[①] 后或省从贝，如🧿（《辅伯鼎》）所从，小篆沿讹作🧿，贝无圆像，字就失了会意的意思了。（参见表一）

🧿，甲骨文多借鼎为贞，作🧿（《拾》5.10）、🧿（《铁》114.3）等形，亦有增意符"卜"作🧿（《铁》25.1）若🧿（《周甲》13），变成从卜鼎声的形声字的。西周金文相沿作🧿（《宨鼎》），多与鼎混用。春秋以后或省作🧿（《冲子鼎》），小篆沿讹作🧿，声符"鼎"变成了"贝"，原来的形声结构便看不出来了。（参见表一）

表一

时期 字例	殷商	西周	春秋战国	秦
员	🧿 《中大》1号 🧿 《佚》11	🧿 《员父尊》 🧿 《戊方鼎》	🧿 《石鼓文》 🧿 《辅伯鼎》， 娟字所从	🧿
贞	🧿 《铁》114.3 🧿 《拾》5.10 🧿 《铁》45.2 🧿 《周甲》13	🧿 《散盘》 🧿 《谌鼎》	🧿 《冲子鼎》 🧿 《蔡侯盘》	🧿

此外，如本义为鼎上刻记铭文的🧿（《䚡鼎》）之变为🧿（《侯马》184：5）、🧿（小篆）；本像两手举鼎的🧿（《甲》3365）之变为🧿（《䚡鼎》）若🧿（《孙叔师父壶》）、🧿（小篆）等，都属这一类。

另外，春秋战国时以 = 为标志省去字中不重要部分的现象十分普遍，如🧿（《兮甲盘》）省作🧿（《信阳楚简》）、🧿（《师望鼎》）省作🧿（《望山楚简》）、🧿（《虢季子白盘》）省作🧿（《古征》10.1）、🧿（《禹邗王壶》）省作🧿（东周《左师壶》）、🧿（《井人

[①] 林义光：《文源》。

钟》)省作🔲（《侯马》156：24）等，使用久了，原形渐晦，在写全形时也会发生讹变的。从贝折声的🔲（《井人钟》，在铭中借为哲）变成难作解释的🔲，① 就与它的省体🔲（《侯马》156：24）、🔲（《古文字类编》第 222 页）的长期使用而使原形隐晦有关。

2. 因偏旁同化造成的讹变

主要靠"画成其物"造字的时代所遗留下来的种类繁多的形符，使汉字显得十分臃肿庞杂。因此，早在甲骨文时代，人们便开始了对已有形符的合并、同化。一般说来，意义相近或类属相同的偏旁的同化，是不会造成讹变的，比如 '、' 同化为 🔲（如 🔲 之作 🔲），🔲 同化为 🔲（如 🔲 之作 🔲），🔲 同化为 🔲（如 🔲 之作 🔲），都不会影响人们对字义的理解。这种办法，既使汉字的形符种类减少，又使具体字的偏旁简化，自然是个好办法。但是，若把这个办法用滥了，同化时只求形近而不顾及字的意义的话，就会有造成讹变的可能。

试以 🔲 旁为例。《说文》："🔲，裹也，象人曲形，有所包裹。"但小篆的 🔲 实际上同化了金文中的 🔲、🔲、🔲 等偏旁，除 🔲（《孟鼎》）、🔲（《番菊生壶》）等从 🔲 的字外，原从 🔲、从 🔲 的字都属讹变。

🔲，金文作 🔲（《鄎右军矛》），从车、🔲（旬的本字）声，小篆讹作 🔲，声符已看不出来，形构就不好解释了（参看表二），金文中以 🔲 为声的字还有 🔲（《箓簋》）、🔲（《敔鼎》）、🔲（《伯旬鼎》）等，偏旁同化后分别作 🔲、🔲、🔲 等形，声符也都看不出来了。

🔲，甲骨文作 🔲（《坊间》4.282），本义未明，但所从的 🔲 不是人曲形是显而易见的，偏旁同化后作 🔲，就是讹变了。（参看表二）

表二

时期 字例	殷商	西周	春秋战国	秦
军			🔲 《鄎右军矛》 🔲 《中山王大鼎》 🔲 《庚壶》	🔲

---

① 有关"质"字形构的解释，详见拙文《古文字考释四则·释"质"》，《华南师院学报》1982 年第 4 期。

(续表)

时期 字例	殷商	西周	春秋战国	秦
冢	《坊间》4.28.2	《趠簋》 《舀壶》	《侯马》67：29 《侯马》67：1	

此外，执锤打石的 ▨（《段簋》）与拿匙取物的 ▨（《前》1.35.6）、▨（《甲》752）都变从 ▨（段、𣪘、毁）；▨（《京津》2084）、▨（《前》8.11.3）、▨（《乙》1160 㚔字所从）都变从 ▨（𡩇、戒、𠦜）等，都是偏旁同化造成的。

另外，罕用部件为形似的常用偏旁所同化的字，如 ▨（《掇》1.435）之作 ▨（从 ▨ 声看不出来了）、▨（《颂鼎》）之作 ▨（本像带形的 ▨ 也少为人知了）等，当亦不少。

3. 因汉字表音化趋势影响造成的讹变

从甲骨文演变到小篆的一千多年中，形声字所占的比例从百分之二十提高到百分之八十以上，这一现象不仅反映出形声结构所占的优势日益增强，而且表明汉字本身具有很强的表音趋向。甲骨文以后新出现的大部分是形声字，原有的不少表意字，也或加注声符（如 ▨《存》下 736 之作 ▨《拾》7.9），或另造新字（如 ▨《前》1.326 之作 ▨），向着标音的道路发展。在这一趋势的影响下，一些本义已不很明了的表意字，遇上与它音近而又与它的某些部件形似的偏旁时，就有将这些形符误认为声符的可能。如加注声符或另造新字，声符都是有意识地外加进去的，它与原来的形体无关，也没有误解的成分，当然谈不上讹变。但将形符变为声符那类，不仅声符是由形符变来的，而且这种变化是在字的本义变得不明了，而这个字又遇上了与它音近又与它的构件形似的偏旁的情况下，误将表意字理解为形声字所造成的，这样的变化就属讹变了，比如：

▨，金文作 ▨（《般甗》），像以手持棍打击戴羊角帽的人（于省吾说）①，会欺侮之意。因为字与"矛"音近（矛、敄古音同在幽部，矛属明母，敄属微母，声韵均可通），▨ 又与 ▨（金文矛字）形似，戴羊角帽的人便讹为声符"矛"了。（参见表三）

▨，甲骨文作 ▨（《菁》4.1）若 ▨（《乙》2482），像人俯首吐舌捧尊就饮之形（董作宾说）②。因为字与"今"音近（今、饮古音同在侵部），而 ▨ 又与 ▨（今）形似，

---

① 于省吾：《甲骨文字释林》，第 16 页。
② 董作宾：《殷历谱》下编卷 8 "旬谱"，第 9 页上。

像倒舌形的 ∧ 便讹为声符 "今" 了。(参见表三)

表三

时期 字例	殷商	西周	春秋战国	秦
秋	(图) 《般甗》	(图) 《毛公鼎》	(图) 《郘公簋》	(图)
饮	(图) 《菁》4.1 (图) 《乙》2482		(图) 《鲁元匜》 (图) 《中山王方壶》	(图)

此外，(图)（《前》6.21.2）之变从矢声（(图)）、(图)（《小盂鼎》）之变从由声（(图)）、(图)（《齐侯匜》）之变从亡声（(图)）、(图)（《令簋》）之变从王声（(图)）等，也当属此类。

4. 因割裂图画式结构造成的讹变

如前所述，汉字越向前发展，它的图绘性越弱，符号性越强，行款布白越讲究，方块结构的要求也日益严格，把图画式结构的文字割裂成可以整齐排列的独立部件去适应方块形式的现象日渐普遍。一般说来，忠实于原义的，像机器零件的拆卸那样的割裂是不会造成讹变的，比如(图)之作(图)、(图)之作(图)，我们从割裂后的形体中尚可理解字的原义。但随着文字符号性的增强和本义不明了的字增多，仅仅根据形体近似而置字义于不顾的割裂现象势必越来越多，因此而造成的字形讹变现象就有增无已了。比如：

(图)，甲骨文作(图)（《甲》205），像人举手而踑足，乃像诺时巽顺之状（罗振玉说）①。金文或增口作(图)（《扬簋》），人形已不明显，春秋战国时有写作(图)（《郘公匜》郘字所从）的，走样更甚，小篆割裂时便误把两手讹成(图)，把带长发的人形(图)讹成(图)了。(参见表四)

(图)，金文作(图)（《伯卫父盉》，蠃字所从）、(图)（《庚蠃卣》，蠃字所从），均像螺蠃之形。小篆割裂为(图)，把螺壳讹为(图)，虫嘴变成(图)，虫身变作(图)，便看不出原来的样子，致使许慎有"兽名"之误了。(参见表四)

---
① 罗振玉：《增订殷墟书契考释》，第56页。

表四

时期 字例	殷商	西周	春秋战国	秦
若	《甲》205 《佚》745	《盂鼎》 《扬簋》	《郘公匜》郘字所从 《信阳楚简》	
赢		《伯卫父盉》赢字所从 《庚赢卣》赢字所从	《鄦子匜》	

此外，如 ✻（《前》1.6.6）之作 ❋、▯（《菁》7.1）之作 ▯、▯（《甲》1147）之作 ▯、▯（《甲》944）之作 ▯、▯（《穆公鼎》）之作 ▯、▯（《乙》7810反）之作 ▯、▯（《甲》568）之作 ▯等，都属此类。这类割裂，以秦初作文字规范时最多。

5. 因一个字内相邻部件的笔画相交形成与别的偏旁相似的形象造成的讹变

在书写过程中，一个字内相邻部件的某些笔画交接在一起是常有的事，这在通常情况下也不会给字的形构带来什么影响。但有时这些相交的笔画却会构成一个与别的偏旁相似的形体，若这个字的本义正巧不太明了时，就有派生出第三种部件的可能了。比如：

▯，甲骨文作 ▯（《铁》171.3），是用双手把陷阱的人拯救出来的形象，是拯的本字。书写时，▯的腿（∧）很容易与阱（∪）相连而成 ▯形，与山字形近，春秋时已写作 ▯（《石鼓文》），小篆沿讹作 ▯，跪着的腿便讹为山峰了。（参见表五）

▯，甲骨文作 ▯（《乙》7782反），周初金文作 ▯（《井侯簋》），均像鱼在器皿之上，本不从白（于省吾说）①。在传写过程中，鱼尾 ▯ 与器皿 ▯ 每相交成 ▯形，如 ▯（《颂簋》）、▯（《颂鼎》），春秋时已有 ▯（《鲁侯壶》）的写法了，小篆沿讹作 ▯。（参见表五）

---

① 于省吾：《甲骨文字释林》，第52页。

表五

时期 字例	殷商	西周	春秋战国	秦
丞	《铁》171.3		《石鼓文》	
鲁	《乙》7782 反 《燕》723	《颂鼎》 《井侯簋》	《鲁侯壶》	

此外，如 皇（《令簋》）之作皇、是（《毛公旅鼎》）之作是、（《前》5.33.1）之作、之作、（《铁》2.4）之作（《毛公鼎》）若、（《散氏盘》）之作等，也属此类。

6. 因装饰性笔画造成的讹变

随着文化的进步，文字的结构也日趋整齐，特别到了春秋战国以后，受当时长足进步的装饰艺术的影响，文字就不单讲究整齐匀称，而且追求装点美观了。有的多加圆点，有的故作波折，有的为了适应此时铜器上的修长字体而多加日、凵等符号以补空白，甚至还有外附鸟形以作装饰，使文字更具艺术性的。当然，外附的鸟形与字的笔画并无有机的联系，它不掺入字形本体的结构，不会造成字义上的分歧，自然不会造成讹变。但多加圆点，特别是多加日、凵等符号的，则有可能渗入到字的形构中，用之既久，就很容易因虚实笔混淆而发生讹误了。尽管由此造成的讹误在小篆统一时大多被订正，但被定型下来的也有。比如：

禹，甲骨文作（《前》3.30.5）像蝎之形。后加饰画作（《明藏》190），早期金文同。后更加饰作（《召壶》），进一步匀称化作（《仲叀父簋》）、（《秦公簋》），虫身变成"兽足蹂地"的了。（参见表六）禹、禺等字理同。

易，甲骨文作（《前》7.14.1）从日在丅上，像日初升之形（李孝定说）①。金文亦作（《易鼎》）。后增饰画作（《宅簋》）若（《𤸫叔鼎》），因彡与彡形近，春秋战国金文便写作（《嘉子易伯匜》），小篆就成了"从日一勿"的了。（参见表六）

---

① 李孝定：《甲骨文字集释》卷9"易"字条下。

表六

时期 字例	殷商	西周	春秋战国	秦
万	《前》3.30.5 《明藏》190	《曶壶》 《虢季子白盘》	《秦公簋》	
易	《甲》456 《前》7.14.1	《易鼎》 《宅簋》	《嘉子易伯臣》 《不易戈》 《故宫》	

此外，如 ▢（《禽簋》）之作 ▢、▢（《库》397）之作 ▢、▢（《邀鼎》）之作 ▢、▢ 之作 ▢ 等，都与装饰笔画有关。

7. 以文字形体附会变化了的字义造成的讹变

文字的细微演化经常发生，特别是字义的引申、同音字的假借的现象天天增多，使一些会意字的本义变得越来越不明了，甚至被引申义、假借义占了上风的现象也越来越多。在种类繁多的偏旁中，碰上与一个字的某些构件形似，而其意义又可与该字的假借义或引申义联系得上的偏旁，是不难的；人们间或把某些字的引申义或假借义误认为本义也是可能的。若遇到上面这种情况，将一个字的某些部件改换为与该字的引申义或假借义联系得上的形近偏旁，以附会这个引申义或假借义的现象就会发生，而在统一规范文字时，为使本义已变得不明了的会意字"恢复"其会意功能，用字形附会通行字义的现象就更为严重了，比如：

▢，甲骨文作 ▢（《佚》549）、▢（《佚》605）、▢（《粹》1027）等形，从 ▢ 桑声。作为声符的桑在甲骨文中已颇多变异，《粹》1027 的一形就已很诡异，金文变化更多，如 ▢（《盂鼎》）、▢（《余冉钲》）等字所从，均已无复桑字之形，而《余冉钲》之 ▢ 形更与犬形相近，▢ 便有类 ▢ 字了，古文的 ▢、▢（均见《古文四声韵》2.17）等以及小篆的 ▢，都是以字形附会哭丧之义所变成的。（参见表七）

▢，金文作 ▢（《乙亥簋》）、▢（《竞卣》）等形，本义未明，但上出诸形以至战国古玺的 ▢（《古玺》3.6）、楚简的 ▢（《信阳楚简》）都不从音是十分清楚的。秦篆"从音从十"的章，是附会"乐竟为一章"的意思变来的。（参见表七）

表七

时期 字例	殷商	西周	春秋战国	秦
丧	《前》6.53.7 《粹》1027	《毛公鼎》	《余冉钲》	
章		《乙亥簋》 《竞卣》	《信阳楚简》 《古玺》3.6	

此外，如 ▨（《前》1.36.3）之作 ▨、▨（《乙》7661）之作 ▨、▨（《易鼎》）若 ▨（《鄀伯匜》）之作 ▨、▨（《京津》1242）之作 ▨、▨（《甲》268）之作 ▨ 等，也属此类。

8. 因时代写刻条件、习惯的影响造成的讹变

甲骨文中因圆弧线条不易表达和书写面积狭小而造成的混淆、讹误，在第一部分中已有论述，在此不作详谈。这里要指出的是，肥笔在甲骨文中多用空廓表示，而金文又多将甲骨文的空廓填实，这种做法有时也会造成讹变。比如 屯，甲骨文作 ▨（《甲》2993），像两骨对合之形，金文误将两骨对合的空隙当作表肥笔的空廓，填实作 ▨（《善鼎》），就丝毫看不出两骨对合的样子了。逐渐演化，便成了"从中贯一"的 屯 了。前面提过的 ▨ 与 ▨ 在金文中的讹误也属此类。

此外，金文将 ▨ 写成 ▨，便与 ▨ 形近，将 ▨ 写成 ▨ 若 ▨，便与 ▨ 相似；▨ 之讹为 ▨，▨ 之讹为 ▨，都是受时代写刻习惯影响造成的。（参见表八）

表八

时期 字例	殷商	西周	春秋战国	秦
屯	《甲》2993 《甲》2815	《师奎父簋》 《善鼎》 《不期簋》	《秦公簋》	

（续表）

时期 字例	殷商	西周	春秋战国	秦
祝	《佚》47 《前》4.8.7 《河》906 《续》6.11.6	《大祝禽鼎》 《小盂鼎》 《长由盉》	《石鼓文》	
奔		《盂鼎》 《克鼎》	《石鼓文》	

当然，以上种种，只是对讹变情形的大致分类，而且它实际上是以偏旁为单位，一个字的讹变，往往是几种类型的联合（如皇字的讹变，就包含了第三、四、五等三类），所以，分析时还要将几种类型结合起来看。

从上面的分析不难看出，尽管讹变现象纷繁复杂，但由于大多数讹变形体都反映着一定的倾向性，因而也就给我们留下研究、掌握它的线索，对讹变现象进行分类是完全可能的。对上述类型再作分析，还不难看出，复杂的讹变现象也是在汉字简化、声化、规范化这一发展总趋势的影响下发生的，是受这一总趋势制约的。第一类的简省和第二类的偏旁同化，实际上都是简化汉字的手段；第三类是声化趋势影响造成的；第四类的割裂图画结构，第五类的将相邻笔画连成偏旁，第六类的加饰笔以求匀称，第七类的使字形重新获得会意功能，以及第八类的按时代写刻条件及习惯对字形进行改造等，实际上都是围绕规范化进行的。当然，与汉字发展总趋势相违的讹变现象也有，但为数很少，而且是个别作者的偶然笔误，往往仅只昙花一现。

（三）研究古文字形体讹变的现实意义

对古文字形体讹变的历史追溯和分类探讨，加深了我们对它的认识，这种认识，至少有三个方面的现实意义，即进一步认识古文字的结构和演变规律、考释古文字或订正前人考释之失、通读文献材料和校勘古籍，兹依次述之。

1. 有助于进一步认识古文字的结构和演变的规律

过去，人们往往把讹变看作是孤立的、个别的现象，很少将它们集中起来加以研究，理不出它变化的条件，因此，对它在整个汉字发展过程中的地位和作用没有足够的重视。通过上述分析，我们可以看到，讹变现象在从甲骨文到小篆的整个发展过程中都有发生，且在各个发展阶段中广为流行的讹变字亦颇不少；它的变化有自己的条例，又与汉字简化、声化、规范化的发展趋势紧密联系，它绝不是孤立的、个别的现象，而应是整个古文字发展过程中的一个不可忽视的部分。

由偶然的讹误开始的，乍看起来似乎纷繁混乱的讹变现象，其背后都有简化、声化、规范化的规律在支配，这就更加雄辩地证明了简化、声化、规范化是整个古文字发展过程中不可移易的趋势。讹变虽然受简化、声化、规范化的支配，但它是与正常演变不同的、错误了的变化，它的这种变化的特殊性，为古文字发展过程造成了新的、具体的特点，从而丰富了古文字演变的内容和规律。讹变虽是发生了讹误的变化，但是，在反复的淘汰中有资格得到幸存、取得人们承认的讹变形体，一般来说，都是符合简化、声化、规范化总趋势的要求的。讹变实际上以特殊的方式推动古文字朝简化、声化、规范化的方向前进。另外，不少讹变形体取得了合法地位这一事实，说明"积非成是"是汉字发展过程中的一个突出现象，文字作为一个符号，只要利于交际，便于使用，在结构上有些错误的变化也是允许的，可以得到人们承认的，而且讹变使得字义与字形更加脱离，使得文字更加符号化，也就更有利于文字向着更高级的阶段发展。所以，研究古文字发展演变的历史时，讹变现象是不能忽视的，任何关于古文字演变的规律，如果抛开了讹变现象的话，总是不够完美的。

此外，对古文字形体讹变的研究，还有助于人们对古文字结构规律的进一步认识，因为出土古文字中存在着大量的讹体，如果我们在研究古文字的结构规律时对这些讹体没有正确的认识，甚至把讹体当作正体去处理，必然会影响到结论的可靠性。

比如，关于古文字义近形旁的通用问题，前人早有论及，但人们对它的理解和运用，往往都有失之过滥的毛病：

关于亻、卩通用，这在甲骨学界是久已流行的了，但多数人引为例证的 ﹝字﹞与﹝字﹞、﹝字﹞与﹝字﹞，在甲骨文中却不是一个字，﹝字﹞才是"兄"字，﹝字﹞是"祝"字初文；﹝字﹞才是"见"字，﹝字﹞则是 ﹝字﹞（望）字的异文。﹝字﹞变成﹝字﹞，﹝字﹞变成﹝字﹞，都是西周金文跪踞状逐渐消失过程中发生的讹变（说详下文），都不能作为亻、卩通用的例证。至于﹝字﹞与﹝字﹞、﹝字﹞与﹝字﹞，因为缺乏完整的文例，未能判断是否一字。从现有甲骨材料看，亻与卩的使用区别明显，通用的情况即使有也是个别的。

关于亻、廾通用，人们经常用作例证的﹝字﹞、﹝字﹞、﹝字﹞等字实际上是从廾，不从亻；﹝字﹞、﹝字﹞、﹝字﹞、﹝字﹞等字，前面已经提过，所从的中都是 ﹝字﹞的讹变；﹝字﹞字所从的﹝字﹞（两手反缚在身后）与﹝字﹞（两手交叉在胸前）也是有区别的，这些都不足作亻、廾通用的例证。因为亻本身是男、女通用的符号，所以不排除㇏、㇁通用的可能，像﨎与𠂤、𠂉与𠂇、㇕与㇖等通用例都间或有之，但因为从㇁的字一般都有较强的性别观念，所以㇁与㇏通用的范围是极其狭窄的，并不如一般人理解的那么广泛。考释古文字时，注意这种通用现象是必要的，但用滥了，把通用的范围扩大了，就要出错误。

2. 有利于进一步考释古文字、订正前人考释之失

关于对古文字的考释，唐兰在《古文字学导论》中总结的"比较法"和"偏旁分析法"本都是科学的、精密的方法，之所以会遇到一些窒碍，而不得不依靠历史的考证，很重要的一点就是受到古文字中的形体讹变的干扰。如果了解古文字形体讹变的历史情况，了解到哪一阶段容易发生哪种类型的讹变，哪些阶段不容易发生哪种类型的讹变，这对于进一步考释古文字、订正前人考释之失，是有帮助的。下面试举几例以作说明。

（1）第一部分中讲过，在甲骨文中，不少会意字是靠主要部件的图画般的组合方式来表意的，主要部分的组合方式不改变，即使某些构件改换也不会发生改变字义的讹误，主要部分的组合方式变动了，即使字的构件不变，也会影响字义的表达，发生讹误的，比如：

𠂤，《甲骨文编》收作保。考保下所收，基本都㇏、㇁并排的，独有《京津》2064和《乙》1654两文，㇁在㇏之臀下，表现出明显的区别。这一形体亦见于《粹》401片，郭老据文义释为"后"字，可能因为没有解释，后来的字书未予采纳。试看甲骨文𠃌（《戬》3.8）、𠃌（《粹》237）、𠃌（《前》1.30.5）诸文，虽或从㇏或从㇁，或从㠯或从㇁，但人们都一致承认它们是"毓"（即育字的初文）字，并确认为"像产子之形"，考其共同点，正是㇁在臀下。现在𠂤字亦㇁在臀下，当然同样应该释为"毓"。从文例看，"庚子卜，王，上甲，妣甲，𠂤妣癸"（《前》1.38.3，《甲骨文编》误收作匕已巳合文）、"于𠂤且祟，又匄"（《粹》401）、"至于多𠂤"（《佚》76），诸例中的𠂤释为"毓"正好合适。人们对𠂤字是注意到了，对𠂤却忽视了。

𢧠，有的学者以为是"伐"字的异文，但试细作观察便可看出，甲骨文𢧠字像戈砍人头（在手之上），𢧠则戈在人下，二者是绝不相混的，金文𢧠写作𢧠（《录卣》）乃属偏旁同化的讹变，不注意㇒与㇗这两种组合方式的区别，是很容易造成错误的。《甲骨文编》将𢧠（娥，《乙》8896）隶定作娥，也属此类。

还有，《甲骨文编》把𠬞的异文𠬞（《甲》2432）与𠬞（艮，《乙》4925）并收为"艮"（岛邦男已予纠正①）；把𠬞的繁文𠬞（《京津》438）与𠬞（卿，《前》1.36.3）

---

① 岛邦男编：《殷墟卜辞综类》，第57页。

并收为"卿"（康殷已指其误①），把表示去势豕的 🐗（豷，《前》8.5.4）与表牡豕的 🐗（豭，《乙》1558）混而为豭（闻一多已指其误②）；以及收 🐗（《库》1945）与 🐗（《前》4.33.6）作 🐗，将 🐗（《佚》850）与 🐗（《铁》76.3）并收为"併"等，都属此类错误。

（2）在甲骨文中，🐗 与 🐗 的使用有别，一些从 🐗 的字后有变从 🐗 的，那多是西周金文中跪跽状逐渐消失所造成的讹变，在甲骨文中是很少混用的，这在考释时也要特别小心。比如：

🐗，《甲骨文编》收作"兄"字，实际应是"祝"字初文。"祝"字在甲骨文及早期金文（如 🐗《太祝禽鼎》）中均从 🐗。"祝"字作 🐗（《小盂鼎》），当是西周金文跪跽状逐渐消失过程中的产物，在甲骨文中是没有这种讹体的。尽管张日升已看出甲骨文"🐗 为训长之兄，而 🐗 则为祭"，但他又以为二字可以"互通"。③ 今从文例看，除《后》1.7.10 兄辛合文及《掇》1.423 "丁巳贞，于来丁丑 🐗、🐗 丁，若"等一二例误 🐗 为兄外，其余都泾渭分明，🐗 用为"兄"，🐗 用如"祝"，并不相通，《后》1.7.10 及《掇》1.423 等一二例，只能算作笔误，不能作 🐗、🐗 互通的佐证，🐗、🐗 二字形既有别，音不相近，义不相干，是没有互通之理由，《甲骨文编》释 🐗 为兄是错误的。

🐗 前人都与 🐗 一起释为"见"。我认为甲骨文中 🐗、🐗 有别，🐗 是"见"字，🐗 则似是 🐗 字的异文，以释"望"为妥。④ 西周金文中"见"字确有作 🐗 的，但那是"望"均统一从 🐗、而 🐗 的跪跽状逐渐消失后的产物，如《默钟》《乖伯簋》等，都已经是西周晚期铜器了。

此外，🐗（《甲》717）与 🐗（只作贞人名）有区别，🐗（《粹》380 "王其又母戊一 🐗，此受又"；《掇》408 "……巳三 🐗"，《粹》387 "其 🐗"等，均作人牲）与 🐗（《宁沪》1.94 "弜 🐗"、《存》2.765 "甲申贞，其 🐗"等均作动词）不相同，🐗（《前》4.18.3，卜辞屡言多鬼梦，鬼均作 🐗，无作 🐗 者）与 🐗（《甲》3343，卜辞鬼方之鬼均作 🐗，无作 🐗 者）有分工，🐗（《铁》182.3，卜辞"来 🐗"习语屡见，或作 🐗，但无作 🐗 者）与 🐗（《续》5.2.4 与《存》2.450 均作"🐗 册"，似是人名）不同字，《甲骨文编》都把它们完全混同起来，也是欠妥的。

（3）讹变都受简化、声化、规范化趋势制约，偶然出现违背这种趋势的现象是可能的，但如果不是偶然一现，而是反复出现多次的话，就要多加小心了。比如：

🐗 或作 🐗、🐗 等形，前人多以为与 🐗 为一字，均读为"往"。实际上 🐗 与 🐗 并不是一

---

① 康殷：《文字源流浅说》，第 70 页。
② 闻一多：《释为、释豕》，《考古》第六期，第 188—194 页。
③ 周法高主编：《金文诂林》卷 1 "祝"字条下。
④ 说详拙文《古文字考释四则·释"🐗"》，《华南师院学报》1982 年第 4 期。

个字。⿱字从⿱□□声。□与□相比，不但笔画少，而且都是便于刀刻的直线条，将□误为□还可以理解，若将□字的□写作□，则与简化、声化都完全相违，六七十字都这样写，是不合常理的。从文例看，确可证为"往"字的"往来""往伐""往兽""往逐"等辞例，"往"字均作□，无一作□的；其余文例，亦多不相似。□与□应该不是一个字。那么□当释什么字呢？从□字或作□（《后》2.14.6）、□（《燕》630），□字或作□（《中大》35）、□（《乙》9057），□字或作□（《后》2.42.9）、□（《前》4.52.2）等形看，将□省作□也是可能的。试比较□与□二字的文例，也颇为相似：

贞□羌，得
　　（《珠》613）
贞□羌，不其得
　　（《前》4.50.8）
乎自般取□自亳
　　（《存》1.186）
……乙未□□□□自灸，围……
　　（《后》下 41.1）

……□羌，得
　　（《天》92）
贞、□羌、不其……贞、□羌……
　　（《合》135）
……□己巳□（羌五）人，五月在亳
　　（《续》5.30.1）
……旬亡囚……□□□自……灸，暈六人，八月
　　（《燕》124）

因此我怀疑，□当是□的省体。至于□的本义，或可解作脚镣，即后世桎梏的"桎"字。

以上所述，仅是说明研究古文字形体讹变对考订古文字的作用的几例。其他如□本是□（鞭）的讹体，前人却误释为"爱"或"曶"①；彐与ヨ形近，止与又相似，本是金文中的现象，甲骨文彐、ヨ、止则并不形似，人们却误认□为□的讹体；小篆的廴旁如廷、建等字所从的，在金文中都作□，与□本不形近，人们却误释□（《蔡建鼎》）与□（《毛公鼎》）为"建"（建字应作□《蔡侯钟》）等，当尚不少，不烦详论。

3. 有助于通读文献材料和校勘古籍

现在的文献材料，包括出土文物上的和传世典籍中的，都存在着不少的疑文滞句及注释错误，这些疑滞现象及错误的产生，往往都与古文字形体的讹变有关，研究古文字形体的讹变对于通读文献材料及校勘古籍，是有帮助的。

---

① 吴大澂《说文古籀补》释"爱"，郭沫若《大系·考释》释"曶"。

比如《周易》中的"屯"这一卦名，前人多据《说文》作"难也"理解，而按照这种理解，是很难对卦辞及卦序作出顺畅解释的。实际上，《说文》的解释，是根据对 屯 这一讹变了的形体的分析，并错误地理解了《周易·象传》中的"屯，刚柔始交而难生"这句话得来的。考"屯"字甲骨文作 屯，是聚合在一起的一对牛胛骨的形象，在甲骨刻辞中多用如"对"。从 屯 这一形构中，引出"对""配对""聚合"等意思并不难，而要引出"难也"的意思就不容易了。而联系卦辞和卦序看，将"屯"解释为"配对"也比"难也"顺畅得多。试看乾、坤、屯、蒙……的顺序，"蒙者，萌也，物之稚也"，蒙所指的就是事物的萌芽状态，乾坤相交而万物萌生，乾坤相交配对了，才能孕育出万物的萌芽，处于乾、坤与蒙之间的"屯"，解作相交配对，是再合适不过的了。所谓"刚柔始交而难生"，刚柔相交是主要的，"难生"是指相交以后，产生以前所经历的痛苦阶段，特别是动物的分娩、植物的破土而出的一刹，是刚柔相交配对产生萌芽，而不是"难"产生萌芽，释"屯"为"难"是不妥的。

又如《周礼·春官·司尊彝》的"祼，用鸡彝、鸟彝，皆有舟"的"舟"，人们都承认"舟"为"承盘"，但何以称"舟"，则历来讲法不一。李孝定认为"皆有舟"当作"皆有凡"，指出"舟"为字误是正确的，但认"舟"为"凡"则似欠审慎。李先生认为"凡与舟异物而二者古文仅毫厘之别"，却又将"盘"字所从之 凡、"前"字所从之 凡、"受"字所从之 舟，都统称为"凡"，可见他对这"毫厘之别"还是不甚明了的，这就是他未能确切读破这个"舟"字的原因。① 考甲骨文，盘（ 凡 ）、凡（ 凡 ）、舟（ 舟 ）是有区别的。凡（竖放的盘，增 表明可作乐器敲打而已），一边短而直（盘底），一边长而弯（盘面），是圈足浅腹盘的形象；凡（繁体作 凡，见《前》7.42.3 前字所从；凡，见《前》6.35.5 前字所从），两边等长而作异向微弯，是高脚深腹盘的形象；舟，两边等长而作同向弯曲，是舟的形象。三者实际上是形近而有别，在甲骨文中已是大部分用而偶有讹混，西周以后发生误认、讹变等现象就不奇怪了。从 凡 变作 舟（《史颂盘》）、凡 变作 舟（《追簋》）看，凡、凡 二者都有误为"舟"的可能，但从器制的功用看，作承盘的当然以圈足浅腹的盘比高脚深腹的"凡"更合适了。所以，我认为"皆有舟"的"舟"，当读为"盘"而不应该读作"凡"。虽然，凡 与 凡 类属相同，可以按大类合而为一，而实际上"凡"字亦早为"最括也"的借义所专，它的原义也早同化到"盘"字中去了，但它们的关系是"凡"同化到"盘"中去的，"凡"自可称为"盘"，"盘"却是不可称为"凡"的。

再如西周《散氏盘》的 字，因为这个字未能准确释读，就使得"我既付散氏田器，有爽，实余有散氏心贼，则 千罚千，传弃之"及"我既付散氏湿田、墙田，余

---

① 本段所引李孝定说，见《甲骨文字集释》卷 8 盘字条下和卷 13 "凡"字条下。

又爽鱻（变），"▨千罚千"，两段誓词一直未能得到合乎情理的解释。而了解到▨是▨字因⌒与丨这两个相邻笔画相交形成与⌒相似的形体而造成的讹变后，释▨为"鞭"，铭文读来就顺畅得多了。①

此外，俞樾读"绍闻衣德言"（《尚书·康诰》）的"衣"以及"愚依人也"（《周书·官人》）的"依"为"旅"；②于省吾读"氾山其木可以为棺可以为车"（《管子·乘马》）的"氾"和"凡回于天地之间"（《墨子·辞过》）的"凡"为"盘"；③商师锡永先生读"色斯举矣"（《论语·乡党》）的"色"为"危"，④都使疑文滞句得以通读，是十分正确的。而前人未能解决这些问题，主要是不知"旅"之讹体▨与"衣"形近，不知古时盘（▨）、凡（▨）、舟（▨）形近易讹，"色"与"危"亦形近易混的缘故。

总之，研究古文字中的形体讹变，对于文字学理论、对于古文字的考释、对于文献材料的通读和古籍校勘都是十分重要的，对它进行深入的探讨，对文字及文献的研究都将会有更大的补益。

（原载中华书局1986年出版的《古文字研究》第十五辑。本文写于1981年，是我的硕士学位论文。因为部分内容1982年在《华南师院学报》上发表了，后去西安开会时，把这部分内容删了）

---

① 说详拙文《古文字考释四则·释"▨"》，《华南师院学报》1982年第4期。
② 俞樾等：《古书疑义举例五种》，第130页。
③ 于省吾：《双剑誃诸子新证》，第5页。
④ 商承祚：《色斯举矣……新论》，《中山大学学报·哲学社会科学版》1963年第3期。

附硕士学位论文答辩及答辩委员会评语

（一）个人陈述

各位导师：

我在这里向大家报告我的学位论文的有关情况。准备先谈谈论文的选题和写作意图，然后再简单介绍一下文章的主要内容。

在前人的考释文章中，经常提到"讹变"这个词，而且凡是前人指为讹变的，往往都是字形发生了不太好解释的变化的地方。我认为，这些地方实际上是考释古文字的一个难点，应该引起我们的重视。特别是有些讹变字，作为发生了讹误变化的形体，却能取代正体的位置，使原来的正体反而变为异体甚至归于消灭，这中间的道理更是值得我们认真探讨。但是，长期以来，尽管人们提到讹变的不少，但从理论上对它进行总结的却不多。比较早注意到这个问题的，大概要算唐兰了。他在《古文字学导论》中的"字形的混淆和错误"一节，谈的实际上就是讹变问题。在这部书里，唐先生把字形的混淆和错误看作是字形演变的规律的组成部分，并且指出："混淆和错误是例外的，但我们不能因例外而忽置，不然，在研究的进行里，将会时时感到窒碍的。"这是十分正确的。但是，由于这一问题不是全书的重点，所以唐先生除了举出几个易混偏旁外，没有进行更深入的论述。唐先生之外，黄约斋、蒋善国、高景成、康殷等先生在谈文字发展时，对讹变现象虽也略有提及，但都比较简单、零碎，详细论述这个问题的文章，实际上还是很欠缺的。因此，我选择《古文字中的形体讹变》作为我的学位论文的研究课题。希望能从讹变的历史及讹变现象的分类两方面探索古文字形体讹变的原因和条例，并在此基础上，阐明研究古文字形体讹变对于进一步认识古文字结构和演变的规律、考释古文字和订正前人考释之失、通读文献材料和校勘古籍等方面的意义和作用。这就是我选题和写作的意图。

下面再简单介绍一下文章的主要内容。因为讹变这个词，虽然人们经常提到，但人们对这一概念的理解不太一致，常常有些字，一些人认为它是讹变，而另一些人则认为它不是讹变，比如󰀀变为󰀁，郭老及多数学者都认为只是字形的简捷化，而唐兰却把它看作是讹变；又如󰀂变为󰀃，一般人都认为是用新造形声字代替象形字，而康殷却认为󰀃是󰀂的讹变；再如󰀄变为󰀅，多数人都认为󰀅下的󰀆是󰀄的异体󰀇下的󰀈的讹变，而有的学者却认为是亻、󰀉旁的通用；等等。讲法很不一致，为了在研究问题时能在同一意义下使用这个概念，所以文章的开头就先把讹变的定义明确下来。我这里所讲的讹变，是指古文字演变过程中，由于使用文字的人不理解字形与原义的关系而将它的某些部件误写成与它意义不同的其他部件，以致造成字形结构上的错误的现象。我所指的讹变字，实际上就是发生了讹误变化的异体字。文中对讹变与一般正常演变、讹变与一般的写错字、讹变与一般异体字的界线的划分，目的就是进一步明确这个定义。根据这个定义，󰀁字与󰀃字都没有将某些部件误写成其他意义不同的部件的现象，应该不算讹变。而󰀅的󰀆是由󰀇的󰀈变来的，󰀉字的󰀊是交叉的两手，脚板变成了两手，一个人变成四只手，就应是讹变了。在明确了定义之后，文章主要分三个部分来论述。

第一部分是谈古文字形体讹变的历史情况，包括什么时候已有讹变、什么时候讹变最厉害等问题。唐兰和高景成都有提及，我是用具体实例对他们的提法进行验证，而更重要的，还是想通过这些实例，探求古文字发生形体讹变的主要原因。因此，我把古文字使用的时代分为四个时期，每一时期都从文字应用和文字书写条件两方面进行考察。通过具体的实例分析，得出了三点结论，就是论文第18页讲到的三点：1. 一个字的本义变得不明了以及与它的构件形似的偏旁的存在，是古文字形体发生讹变的基本因素；2. 这个基本因素的存在是随着符号的简化、抽象，字义引申、同音假借的增多而日益普遍的；3. 讹变现象殷商已有，西周更甚，春秋战国最盛，秦初的"书同文"则起了集其大成和使讹变定型化的作用。这是文章的第一部分。

文章的第二部分谈的是古文字形体讹变的分类研究。因为讹变都从偶然的讹误开始，偶然的讹误总是无定则的，讹变现象也就多少掺有不易捉摸的成分，所以，人们往往把它看作是孤立的、个别的现象，很少将它们集中起来加以研究，更谈不上理出它变化的条例了。我通过对大量讹变形体的观察，发现讹变虽都从偶然的讹误开始，但大多数讹体都不是昙花一现，而是反复出现的，这就表明它们具有一定的倾向性，其背后应有某些因素在支配。通过对多种讹变现象进行分析比较，把它们按支配其变化的因素不同而归纳为若干类型，应该是可能的，于是着手分析比较，归纳出八种类型。

第一种类型是因简省造成的讹变，主要是指一些偏旁省去某些笔画后与别的偏旁相混淆的情况。第二种类型是因偏旁同化造成的讹变，主要是指只求形近而不顾及字的意义的同化现象。第三种类型是因汉字表音化趋势影响造成的讹变。第四种类型是因割裂图画式结构造成的讹变。第五种类型是因一个字内相邻部件的笔画相交形成与别的偏旁相似的形象造成的讹变。第六种类型是因装饰性笔画造成的讹变。第七种类型是以文字形体附会变化了的字义造成的讹变。第八种类型是因时代写刻条件、习惯的影响造成的讹变。再通过进一步的分析，我还发现，第一、二类是属简化的手段，第三类是声化所为，第四、五、六、七、八类实际上是围绕规范化进行的，所以复杂的讹变现象，也是在汉字简化、声化、规范化这一发展总趋势的影响下发生的，是受这一总趋势制约的。这样，我们就不但归纳出讹变现象的条例，而且找到了讹变这一文字流变过程中的特殊现象与文字演变的总趋势之间的关系，加深了我们对讹变在整个汉字发展过程中的地位和作用的认识，这是文章的第二部分。

文章的第三部分是在上述基础上，阐明研究古文字形体讹变的现实意义。主要从三个方面谈。

第一，有助于进一步认识文字的结构和演变规律。上述研究成果，我认为可补充对文字演变规律的认识的有以下几点：1. 由偶然的讹误开始的，乍看似乎纷繁混乱的讹变现象的背后都有简化、声化、规范化的规律在支配，这就更雄辩地证明了这一规律在整个古文字发展过程中是不可移易的趋势；2. 讹变虽受这一总趋势的支配，但它是与正常演变不同的、错误了的变化。它的这种变化的特殊性又为古文字发展过程造成了新的具体特点，从而丰富了古文字演变的内容和规律；3. 讹变虽是发生了讹误的变化，但大多都是符合汉字发展总趋势要求的，所以它实际上是以特殊的方式，推动古文字朝着简化、声化、规范化的方向前进；4. 不少讹变形体取代了合法地位这一事实，说明"积非成是""约定俗成"确是汉字发展过程中的一个突出现象；5. 讹变使得字义与字形更加脱离，使得文字更加符号化，有利于文字向着更高级的阶段发展。所以，研究古文字发展规律，讹变现象是不可忽视的。

关于讹变研究对认识汉字结构规律的意义，主要是以义近形旁通用为例的。前人对本来区别明显的彳、亍旁和亻、彳旁得出通用的结论，主要是误将讹变当通用造成的。由于规律总结的错误，就造成了不少字的考释错误了。所以，研究讹变是十分重要的。

第二，有助于进一步考释古文字和订正前人考释之失。这里提出订正的主要是下列几个字：

一个是子在人下的 字，亦即"后"字。这个字也见于殷契粹编 401 片。郭老据文义释为后字，可能因为没有解释，后来的几本字书都没有采纳。孙海波的甲骨文编和高明的古文字类编收作"仔"字或匕巳合文，岛邦男的《殷虚卜辞综类》则收为保字。实际上，这个字与 并排的"仔"，和人反手负子的 都有别。而与甲骨文中毓字所共有的以子在臀下会意的特征相符，应释为毓。

一个是口下人跪形的 ，很多人在具体辞例中都承认它是用如祝，但都是把它释为兄，以为借兄为祝。其实，兄、祝二字音不相近，义不相干，是没有互通之理的。从文例看，除了一二例误 为兄外， 、 二形用法区别明显，偶然误 为兄是可能的，说二者相通是没有道理的。

再一个是目下人立形的 字，甲骨文望字多从臣（竖目），但也有从横目的（见论文 46 页）。所以，我认为甲骨文望、见之别，不在目的竖与横，而在人的立与跪，立者为望，跪者为见。前人将横目下人立形的 🄐 字释为见是不对的。这可从文例和早期金文见字形体中得到证明。此外，还有一系列从 🄐 从人本有区别的字（见论文 48 页）。《甲骨文编》都将它们混同起来，也是错误的。

还有一个是 🄐 字，前人把它读为 🄐（往）。其实，🄐 字从 🄐 🄐 声，🄐 与 🄐 相比，不但笔画少，而且都是便于刀刻的直线条，将 🄐 写成 🄐 尚可理解，若将 🄐 字的 🄐 写成 🄐，既无美化作用，又与简化、声化原则相违。六七十例都这样写是不合常理的。从文例看，二者也不相同，所以它们不应是一个字。而 🄐 下的 🄐，与《殷虚书契后编》2.42.9 的执字的左旁倒很相像。甲骨文中 🄐 的省变形体，将它省成 🄐 是可能的。而且 🄐、🄐 二字的文例也很相似，因此，我怀疑 🄐 就是 🄐 的省体，即后来桎梏的"桎"字。

这是研究讹变对考释古文字的意义。

第三，有助于通读文献材料和校勘古籍。

《易经》中的"屯"这一卦名，前人多据《说文》作"难也"解，但我总觉得不顺畅。其实，屯在甲骨文中是聚合在一起的一对牛胛骨的形象，可作配对解。"难也"乃是根据小篆讹变了的形体的分析，并错误地理解了"屯，刚柔始交而难生"的话得来的。从卦序看，乾、坤、屯、蒙……，蒙是指事物的萌芽状态。乾坤相交配对，才能孕育出万物的萌芽，处于乾、坤与蒙之间的屯，解做相交配对就比解做"难也"顺畅得多了。

《周礼·春官·司尊彝》的"祼用鸡彝、鸟彝，皆有舟"的舟，人们都承认是"承盘"，但何以称舟呢？讲法不一。李孝定认为是"凡"字之误，考甲骨文"凡"字两边等长而作异向微弯，是高脚深腹的盘，似不宜于作承盘。甲骨文中另有一边短而直、一边长而弯的 🄐 字，乃是圈足浅盘的形象，才合承盘的功用。甲骨文中 🄐、🄐、🄐 都形近而有别，分用而偶有相混，到西周时误盘为舟是可能的，所以，舟直定为盘就顶合适了。

《散氏盘》的"🄐 千罚千"的 🄐 字，前人读为爰或眔都不很妥当。这个字实际是 🄐 字两个相邻笔画相交形成与别的偏旁相似的形体造成的讹变，释为鞭就顺畅了。

这些都说明对讹变的研究，对通读文献材料和校勘古籍是十分有帮助的。

（二）答辩委员会评语

本文探讨了前人尚未系统研究过的古文字中的形体讹变现象，从纵横两方面作了深入、全面的分析，并将它归纳为八种类型（亦即引起讹变的八个因素），从而丰富了关于文字发展规律的理论，对释读古文字、通读和校勘古籍也很有参考价值。文中颇多独立见解，如批判甲骨学界久已流行的"人卩（亻、㔾）旁通用说"，对若干古文字作新的解释，均有相当的说服力。这是近年来古文字研究中的一项新成就。

本文征引的古文字材料也略有差错，对成说的取舍也偶有不当之处。

作者具备独立进行研究的能力。

答辩委员会主席签名：商承祚
1981.10.13

本文所讨论的是前人尚未系统论述过的古文字中的形体讹变现象，而这现象又往往是一般研究者所忽略了的。作者从纵横两方面对这一纷繁复杂的现象作了系统、全面的分析，并将它归纳为八种类型（实际上也指出引起讹变的八个因素），从而丰富了关于文字发展规律的理论，并对若干古文字作了新的解释或论断，纠正了前人的一些误点。本论文从选题到论证，都颇有创造性，对古文字形体演变的研究，也作出一定的贡献。

本文征引古文字资料，基本上准确，但也略有差错；如第22页引望山竹简䇂，认为是望之省。第24页将𠂇看作是"拿匙取物"等。行文论证，除一般性的分析归纳外，颇多大胆创新陈述己见之处，如辨罒与网、弓与㔾之别，说𠃍、𠃎、丿之异。释散氏盘𡘳之为鞭，均颇精当。而对尚无充分把握的问题，则但质其疑，而不遽下断语；如疑茻为草之省，即是。作者既有创新精神，又能谨慎从事，具有实事求是的科学态度。

论文结构完整，层次分明，行文也较流畅。唯有些句子过于冗长，文字也还有待于进一步加工润色。

商承祚
1981.10.30

对汉字发展过程中的形体讹变，过去的学者大多就字论字，未做系统的研究。本文吸取前人研究的成果，归纳出八种讹变的成因类型，有助于进一步认识汉字形体演变的特异规律，对释读古文字、通读铭文和校勘古籍等很有参考价值。作者通过对形体相近的字和偏旁的分辨，以及对讹变轨迹的探讨，对前人捉摸不准的弓与㔾、罒与网、𡘳等字提出了较合理的解释，有相当的说服力。

作者主要从图形表意的角度探索象形、会意造字的本意，并以此作为分析形体讹变的出发点。因后人对同一构形所表之意的理解往往不尽相同，作者对成说的取舍也不一定恰当，因此，本文也不可避免地出现一些不足之处，如"皇""年""易"的解说，皆有可商。此外，所引铜器明公簋，实非簋乃尊。

容庚
1981. 11. 12

古文字演变过程中，由于使用文字的人误解了字形与原义的关系，以致造成字形结构上的错误，使字形发生了讹变，失去了文字发展变化的规律，成为探索汉字源流的阻碍。作者先考查了形体讹变的历史情况，选择了精当的材料，归纳出讹变的八种类型，把纷繁的讹变现象整理得条贯分明，并论述了讹变发生的原因、所受的制约以及研究这一问题的现实意义，是近年来古文字研究中的一项新成就。

作者批判甲骨学界久已流行的"彳、㫃旁通用说"，对 𝕬、𝕭、𝕮 等字（见43—48页）重新确认其形义，颇见精彩。

作者具备独立研究工作的能力。

管燮初同志同意这一意见。

张政烺
1981. 11. 3

古文字义近形旁通用条件的探讨

古文字的义近形旁通用问题，前人已多有论述。人们喜欢把它运用于古文字考释工作中，并以它为依据，认出了不少古文字。义近形旁通用的问题，已经越来越引起人们的注意了。

但是，并不是所有的义近形旁都可以随意通用的。汉字无论古今，每一个形旁都有其特定的含义。如果有两个可以随便通用的形旁存在的话，已苦于形符过分繁杂的古人早就将它们合并了。在商周时代那样成熟的文字系统仍然将它们区别的形旁，一般来说，都有其区别的理由，是不能随意通用的。就拿"心"与"言"来说，虽然警又作憼（《中山王方壶》）、誓又作悊（《陶文录》）、誇又作悖（《说文》），但请、诗、调、诣、讨、谈、论、诀、謓却不能写作情、恃、惆、惜、忖、惔、怆、快、慎。"言为心声"，二者确有共通之处，反映在文字结构上，两个形旁自然有通用的机会；但是，言终究是言，心终究是心，区别它们的界线毕竟是明显的，反映在文字结构上，两个形旁自然也有其不能通用的地方（事实上，不通用的情形还占大多数），绝对的、无条件的通用的形旁，实际上是不存在的。

另外，各类形旁的义近关系亦非一成不变的。比如木与禾，同为植物，义近，木可作家具，禾不可，义又不近了；牛与羊，同为家畜，义近，牛可耕田，羊不可，义又不近了。若联系到这样一个事实，则义近形旁通用的相对性和有条件性就更加明显了。

虽然，有关形旁通用的提法，都是就放宽了的含义来说的，任何形旁的通用，都只是相对的、有条件的。我们研究古文字义近形旁通用问题的时候，特别是要用它去辨识古文字或者确定某些异形字为同字时，这个条件是万万不可忽略的，不然的话，就一定会造成滥用形旁通用原理的现象，不仅给古文字考释工作造成混乱，而且会导致对古文字结构和演变规律认识的错误。因此，明确义近形旁通用的意义，弄清通用的原因和条件，是十分重要的。本文即拟通过对甲骨文、金文、各种类型的春秋战国文字以及小篆等古文字形体的分析，就上述问题作一些初步的探讨，以期正确认识、准确运用形旁通用原理，使古文字研究工作沿着更科学的道路发展。

（一）义近形旁通用定义的说明

所谓义近形旁通用，指的应该是这样一种现象：由于某些形旁的意义相近，它们在一些字中可以互易，而互易之后，不仅字义与字音不会发生任何改变，而且于字形结构上亦能按同样的角度作出合理的解释。只有符合这一定义的，我们才能承认它为义近形旁通用。

形旁的讹变不属于通用的范畴。虽然有些讹变形旁的意义也相近，形旁讹变以后，字义与字音也不会发生改变，但是，在字形结构上已无法从原来角度上作合理解释了。

比如：🏺（员，《佚》11）字，从〇从鼎，为圆的本字，〇即示鼎口的圆状。变为 𪔅 后，音、义虽未变，但贝无圆象，就失去会意的作用了。

又如：𦥑（望，《臣辰盉》）字，变为 𤴓（《无更鼎》）后，音、义虽未变，但望月的眼（臣）变成标音的亡（𠃊），字的组成成分都发生变化，当然就不能再从原先角度上去会意了。

因此，形旁讹变与形旁通用有本质的不同，两者不能相互混淆。前人每将 𠁁 与 𦣞、𣥂 与 𣥅 作为人、女旁通用的例证，以 𣅼 与 𣍯 作为日、月旁通用的例证，以 𨸏 与 𨺅 作为自、阜旁通用的例证，等等，都是不妥当的。

实际上，𣥂 乃 𠁁 之变，𣥅 乃 𦣞 之变，它们所从的 屮，都是 止（趾）的讹变。我们知道，亻的"丿"和 𠂉 的"𠀾"都代表人的手，而 屮 的"𠂇"代表的也是人的手（像两手交叉），如果 𣥂 中的 屮 不是讹变而来，岂不是一个人可以有三四只手了吗？以它们作人、女旁通用的例证，显然是不恰当的。

春为万物生长的季节，所从的 屯（屯）为声符，𣎳 和 日 则寓春和日暖、万物滋生之意，若改日为月，便会失去这方面的含义，只能算讹变，不能算通用。这与表日期的期字之可从日（朞）可从月（期）是不同的，日、月均可作计算日期的单位，对"期"字来说，日与月是可作通用理解的。

遣字甲骨文作 𠭯（《甲》2288），以把"𠂤"从区域提去会意。𠂤 为师字初文，代表军队，𨛭、𨸏、𠂤、𨺅 等字均从之取意，并无《说文》所说的"小阜也"的意思，与表土山的"阜"字无涉。金文增加"辵"符，从自未变（作 𨛭 若 𨺅），《说文》作 𨛭，以形近误自为自，并解为声符，这自然不能算作通用，而只能称之为讹变。

造字时因取意角度不同而采用不同的形旁的现象，也不属形旁通用范畴。虽然因取意角度不同而采用不同形旁所造成的异体字，在字义与字音方面也不发生变化，但由于它们取意角度不一样，在字形结构上就不可能按同样的角度作出合理的解释，也就不能称之为形旁通用。

比如：㺇又作㝅，前者以善事老人会意，后者以赡养老人会意，从"子"时不能按从"食"的角度去理解，从"食"时也不能按从"子"角度去理解，自然不能承认子、食是形旁通用的。

又如：䊆又作䤊，前者取意于䀁之用，后者取意于䀁之质，从"米"时不能按从"金"的角度去理解，从"金"时也不能按从"米"的角度去理解，自然也不能承认米、金是形旁通用的。

再如：盍又作鍂，前者取意于匜的类属，后者取意于匜的质地，金和皿或者可以联合起来使意思表达得更全面（作䥇），但从"皿"时却不能按从"金"的角度去理解，从"金"时也不能按从"皿"的角度去理解，当然也是不能承认金、皿是形旁通用的。

因此，尽管缾又可作瓶、盉又可作䀇、甖又可作䀇、铺又可作䈗、絬又可作帢、鼙又可作鞄、饎又可作䉛、飪又可作䏚，而我们同样不能把缶与瓦、皿与瓦、皿与木、衣与糸、糸与巾、鼓与革、食与米、食与肉称作形旁通用。

此外，一个字的不同写法作形旁，也不能称作形旁通用。

比如：首与𦣻本是同一个字的不同写法，《说文》："首，𦣻同，古文𦣻也。"因此，首与𦣻并不属于不同的形旁，禮与礼之间并不存在形旁通用的问题，称它为首与𦣻通用即属多余，以它为首与页通用的例证就更没道理了。

又如：从与𠈌在甲骨文中本是同一个字的不同写法（《甲》2858 辞云"有𠈌雨"，用与从同，《甲骨文编》收𠈌为《说文》训众立也，读鱼音切的𠈌字，误），两人相随是从，三人相随也是从，所以众字作𠈌（《后》下 351）又作从（《乙》1986），旅字作𣃓（《佚》735）又作𣃘（《粹》10），人们并未将从与𠈌看作不同的形旁，二者只有更简省与更形象的区别，而无从表"随行也"之义、读"疾容切"之音与𠈌表"众立也"之义、读"鱼音切"之音的不同，似亦不宜以形旁通用视之。如果在两字发生分化以后仍然混用的，那才出现形旁是否通用的问题，分化以前不过是同旁异体而已。䒑（《京津》4057）与茻（《甲》2034）不称草、茻通用，林（《铁》227.3）与森（《拾》7.5）不称林、森通用，㗊（《铁》185）与㗊（《粹》974）不称吅、品通用，道理是一样的。

至于以𧺆又作𧺆而证口与辵通用，据𧺆又作𧺆而证口与止通用，等等，则纯属误会，更不可靠。

𧺆为遣字初文，口代表区域，在意义上与表行动的辵毫无相通之处；𧺆中的辵纯系附形足义，并无取代口的意思，𧺆是附形足义后，出于结构平衡的需要而省去口；𧺆则是出于同样的需要而省去止，实不存在以辵代口或者以口代止的问题，是无论如何也搭不上形旁通用的界的。据此而释𧺆为退、释𧺆为各、释𧺆为出、释𧺆为进、释𧺆为前，等等，都是靠不住的。

能够通用的形旁必须是：1. 意义相近；2. 在字中互易后，字的音、义不变；3. 互易后，在字形结构方面能从同样的角度作出合理的解释。缺少任何一项，都不得称作形旁通用。

（二）义近形旁通用原因的考察

汉字的每一偏旁都有各自的特点和功用，不同的偏旁，不但形体不同，而且意义和音读都有区别，按理说，改换任何一个字的偏旁，都会给这个字的意义甚至读音带来影响。为什么一些字的形旁变换后，不但字的音、义不变，而且能于字形结构方面按同样的角度作出合理的解释呢？这确实是一个很值得我们认真探究的问题。

根据对各类古文字形体的综合分析，造成古文字形旁通用的原因，考究起来主要有：

第一，含义较广的字，形旁的选择余地较大，会造成义近形旁通用。

比如春字，是万物生长的季节，甲骨文以"屯"为声符，而以春和日暖、万物滋生表意。因为草、木的生长都可表示欣欣向荣之象，反映在字形上，就会有 ✱（《乙》5319）、✱（《箐》10.7）、✱（《粹》1151）、✱（《铁》227.3）等形体，发生屮、木形旁的通用了。逐字在甲骨文中所见的豕、犬、兔、鹿等形旁的通用，亦属此类。

第二，形声字的义符只表达一个与它所构成的字相近的意思，对一些义近的偏旁的选择有较大余地，会造成义近形旁的通用。

比如：✱（《乙》2818）与 ✱（《前》645.8）都是镬字的原始形声字，因为镬非鼎亦非鬲，但又与鼎、鬲都相类似，既然未有代表这一类器物的统一义符，自然也就可以作"从鼎隻（获）声"的 ✱，也可以作"从鬲隻（获）声"的 ✱ 了，于是发生鼎、鬲旁的通用。✱（《召伯簋》献字所从）又作 ✱（《虢季子白盘》献字所从）、✱（《鼄鼎》）又作 ✱（《仲㓚父鬲》）等，都属此类。

第三，出于简化或表意合理化的需要，对部分形旁进行调整（包括分化与合并）是常有的事，在新旧交替阶段就会有义近形旁通用的现象。

繁复、罕用的形旁为义近的简易、常用形旁同化的，如：✱（✱）与 ✱（✱）之同化为 ✱（✱、✱）、✱（✱）与 ✱（✱）之同化为 ✱（✱、✱）等，新旧交替时就有通用现象发生。（春秋以后 ✱ 亦同化为土，如：✱ 之作 ✱、✱ 之作 ✱、✱ 之作 ✱，新旧交替时也有两体并存现象，但 ✱ 与土同皿与金的关系一样，不属义近形旁通用。）

为表意更加具体而发生形旁分化的，如与行走速度有关的字从辵旁字中分化出来变从走、与言语有关的字从口旁字中分化出来变从言、表丝织物的字从幺旁字中分化出来变从糸（形容细微的或与制丝动作有关的字仍从幺）等，在新旧交替时也会发生通用现象。

为义符更符合事物发展而改造形旁的，如：▨（粘，古以木为之，故从木）改为▨（后来以金属为之，故从金）、▨（镁，古时以贝为通用货币，故从贝）改为▨（后来废贝行钱，故从金）、▨（古人以其像龟，故从龟）改为▨（后来分类水平提高，归入虫类）等，在新旧交替时也会发生通用现象。

第四，书写者统一意识不强，以个人的思想观念、理解角度、爱好习惯对形旁随意改造，也是造成义近形旁通用的重要因素。

"姓"字本作▨（《诅楚文》），那是母权时代知母不知父，因生以为姓的历史观念的遗留，到了春秋战国时代，因为久已子传父姓，便有人改女旁为人旁，写作▨（《齐镈》）。

祈祷的"祈"字，有人偏重在内心的祝愿，便从心作▨（《陶文录》），有人偏重在以言禀神，便从言作▨（《陶文录》）。

此外，如：▨（《侯马》194∶12）之作▨（《侯马》156∶19）若▨（《侯马》156∶25）、▨（《信阳楚简》）之作▨（《望山楚简》）、▨（《吴王光鉴》）之作▨（《南疆钲》）、▨（《楚帛书》）之作▨（《汗简》）等，都属这类。

从整个古文字发展的历史看，形旁的通用在殷商较为普遍，西周似乎由于周初的文字改革而有所制约，春秋战国时期，形旁通用在大动荡大分化中不仅死灰复燃，而且剧烈膨胀，直至秦初书同文字才有所制约，发展的总趋势是呈波浪式前进的。

（三）古文字义近形旁通用条件的探讨

在古文字发展过程中，由于上面提到的种种原因，确实导致过不少义近形旁的通用。但是，正如前面所指出的，即使意义最相近的形旁，都只有在特定的条件下才能通用，离开了这特定的条件，通用也就不可能了。实际上，这特定的条件，可以称得上是义近形旁通用的前提，我们要在古文字考释和研究工作中正确地运用义近形旁通用的原理，对这特定条件的认识和掌握是必不可少的。下面即就前人认为可以通用的若干形旁，作一些具体的考察，以探讨其通用的条件和规律。

1. 代表人的几种形体的考察

（1）人与卩不通用。

人（亻）是侧立形，为常规之人；卩（㔾）是跪跽状，为特殊情形的人，或表示奴隶身份，或表示卑者侍尊者的行为，或表示须跪坐状做的事，与常规的人字区别明显。

殷商未见通用例，西周由于文字符号化、线条化，跪跽状逐渐消失，㔾与亻形渐难区别，部分字变从人，如：罵之作𦊱、楊之作𢕌之类，这应属于讹变①，而不能视作通用。其余卩旁字，战国以后已变得与人形相去甚远（如：即、令、卻等字所从），以至其含义都被误解为"符节也"，就更没有通用的可能了。

因此，人与卩一般是不通用的。

（2）人与大不通用。

大（大）为正立人形，人（亻）为侧立人形，两者在表意功能上往往有表站立与表行进的区别。

除了商代甲骨文中 𠦪（《甲》783）有作 𠂉（《京津》4535）外，少见通用。从竹与从、夭与矢、亏与天等字的区别看，两者一般也是不通用的。

（3）女与人的通用及其条件。

人本身是男、女共用的符号，所以有通用的可能：

	毓	妻	媚	姓	嫉
从女	《佚》89	《菁》6	《乙》509	《诅楚文》	《说文》
从人	《前》1.30.5	《前》6.47.7	《京津》2081	《齐镈》	《说文》

从女改从人，有简省之便，但女旁是为与人旁相区别而产生的，一般都有较强的性别观念，所以还是不通用的情形为多；通用主要集中在殷商时期，后世渐少，改从人后大多未取得正统的地位；人旁比女旁笔画简、含义广，只有女旁改从人，没有人旁改从女的。至于佚字，从《说文》"佚，妎也"的意义看，当以嫉为正体，佚为或体更为合理。

（4）女与卩的通用及其条件。

卩与女都作跪跽状，呈听候吩咐的姿势，有关服务性质的或主要强调跪坐姿势表意的女旁字有改从卩的可能，但强调性别的字则少见通用。

	从女	从卩
宾	《前》7.20.2	《铁》261.1
娝	《铁》113.3	《铁》272.2

---

① 详拙作《古文字中的形体讹变》。

(续表)

	从女	从卩
光	《乙》1469	《粹》238
夙	《乙》7193	《乙》1170
宾	《乙》3297	《乙》3274
安	《甲》288	《京津》1716
嬴	《嬴氏鼎》	《嬴季卣》

女、卩旁通用多见于殷商时期，西周中期以后，随着跪跽状的消失，卩旁字除部分混入人旁外，大部分变得看不出人形了。卩本为跪跽状的人的形、义都日渐晦隐，与女旁通用的现象不再发生。

2. 有关人体器官的几种形体的考察

（1）首与页不通用。

首与页虽然都表示人的头，但首是指孤立的人头，除了独体指一般的人头外，作形旁的大抵都指断下来的头；页则是与人体相连的头，一般是指活人的头面组织或头部的动作。

首与页的含义是迥然不同的，殷商时全不相混，西周时有把页旁改从首的，如颜之作 （《卫鼎》乙），但不多见。《康鼎》的 与《 侯簋》的 ，因为字体草率，不敢断定它从首还是从页。战国文字除了与独体首字同义的头字作 （《玺文》）外，亦未见页、首通用的确证。顶、颜、颊等字的籀文所从，《说文》"旧作 "，钮树玉改从百，是没有道理的。

首与页一般是不通用的，页旁偶作首，称作讹变似更合适一些，如"頠"金文均作 ，《说文》作 ，收入首部，似应视作讹变。

（2）止与足不通用。

止与足虽然都与脚有关，但止旁多表示一般的行动意向，足旁则多为与具体的足有关的组织与动作情状，他们的表意是有分工的。

出土古文字材料未见止与足通用的例，见于《说文》的 与 、企与 、跟与跟都是很值得研究的。疋实际上是䟠之讹,甲骨文正字作𤴓,与足同形,不能说是足、止通用。䟎与跟,我很怀疑原本两个字,前者为跟进之跟,后者为脚跟之跟,也不见得就是足、止通用。我还怀疑《说文》对踵、蹱两字的释义有淆乱,释蹱为跟(脚跟),释踵为追,似更合理一些。另外,歫为拒的本字,距为鸡距字,对于《说文》都严格区分开来的踵与蹱、歫与距等字。我们决不能把它们混同起来而解释为止与足通用,如果古书上有踵与蹱、歫与距混用的话,我们还是将它看作同音通假稳妥一些。

(3) 骨与肉的通用及其条件。

骨是指身体的骨质部分,肉是指身体的肉质部分,原有本质的不同,是不会通用的。但由于人体组织大都骨肉相连,讲到人体组织的某一部分时,往往是既包括骨又包括肉,分不清指肉还是指骨的,创造这种类型的字时,就会发生骨、肉通用了。

	体	膀	肌	骶
从肉	𦡀《睡虎地简》	𦜴《说文》	𦙶《说文》	𦙾《玺文》
从骨	體《说文》	髈《说文》	骩《汗简》	骶《说文》

不过,骨与肉通用的字,所见均为战国以后的例。殷商及西周时期,有关身体组织的,多为象形、指事字,其作为形声者,有从身的𧖈(腹,《续》5.6.1),从骨从肉者均未见。甲骨文中的骨旁字与肉旁字,一般都是从牲体上剔出的骨与切下来的肉取意的,其用于人体组织者,大抵在春秋战国以后。肉旁字之从身旁分化出来,如𧖈之作𦡀(《侯马》1:52)、䠶(《中山王方壶》)之作𦡀(《睡虎地简》,秦隶不受小篆规范的形体,往往是战国文字的反映)等,都是时间很后的事情,用于人体组织的骨旁字的确立,大抵更在肉旁之后。

另外,骨、肉旁通用的字,即使在战国以后也是不多的。表人体纯松软组织的肉旁字不与骨相通,如表"土藏也"的脾,是不能改从骨的;表人体纯坚硬组织的骨旁字也不与肉通,如骨骼的骼字,也不能改从肉。脾与髀、胳与骼、胲与骸等字,音、义均有别,决不能将它们混同起来而用作骨旁与肉旁通的例证。

3. 有关人体器官及其相关动作的几种形体的考察

(1) 目与见的通用及其条件。

目主要用于人体有关眼目的组织以及与眼目有关的一些动作,见则主要是用于与看有关的动作。

见部中指有关会晤行为的字不会与目相通,目部中表示与目有关的人体组织以及表示目的情状的字也不与见通用。𥃭与𥄎、𥄳与𥅂,《甲骨文编》与《金文编》均作同字异体处理，实际上，󰀀指的是眼眉，󰀀则是󰀀的异体字，乃指女人的妩媚，与󰀀不是一个字，把󰀀与󰀀作为目、见旁通用例，显然是不妥的。

目部与见部中有关视觉动作的字有通用的可能，不过在出土古文字材料中未见实例，见于《说文》的，亦只睹与覩、际与视两字而已，至于瞭与覞、睨与覞、瞰与覞等，音义虽相近，但是否同字，亦无充分证据。可见，目、见虽有通用的可能，但用起来亦不会太随便。

（2）口与言的通用及其条件。

口部字包括的面很广，而言部字则仅限于与语言有关的字。口部中有关人体组织的和表器皿的以及国名、地名专用的字当然不会与言旁通用，但口部中有关发声的字则有与言旁通用的可能。

	谋	信	譜	喷	吟	谟
从口	《说文》古文	《说文》古文	《说文》	《说文》	《说文》	《说文》古文
从言	《说文》古文	《说文》	《说文》	《说文》	《说文》	《说文》

口、言部通用的字，所见亦多为战国以后的例。殷商时期，言旁构字能力尚弱，言旁字不多，未见口、言通用实例。西周时言旁字增多，但通用实例仍然未见。后世从言的詠、讯等字，商周时均从口（作󰀀、󰀀）不从言，看来小篆中的一些言旁字在商周时可能有从口的形体，但小篆中的口旁字，在商周时一般不会从言。同一字而口、言相互间的通用情形，一般多在战国以后。

（3）心与言的通用及其条件。

言为心声，两者有通用的可能：

	谋	警	誓（祈）	悖	謿（诉）
从心	《中山王大鼎》	《中山王方壶》	《陶文录》	《说文》	《说文》
从言	《说文》古文	《说文》	《伯祈簋》	《说文》	《说文》

但是，言是溢于言表的，心为心理的活动，商周时期区分明显，一般不通用，以上

通用例，多由于战国以后人们改字比较随便造成。思维成分较重的言旁字有改从心的可能，但强调心理活动的心旁字一般不会改从言的。

（4）止与辵的通用及其条件。

辵是在止的基础上附形足义而产生的形旁，不少辵旁字就是从止旁字中与行走有关的字里面分化出来的，两者有通用的可能，这是比较容易理解的：

	从止	从辵
遘	![字形] 《甲》1190	![字形] 《甲》2101
过	![字形] 《过伯爵》	![字形] 《过伯簋》
从	![字形] 《作从彝卣》	![字形] 《作从彝盘》
迈	![字形] 《史颂匜》	![字形] 《叔向簋》
通	![字形] 《侯马》96∶9	![字形] 《侯马》179∶20

不过，止、辵旁几经调整，情形比较复杂。

商代辵旁的使用比较严格，像遇于行道的遘，自然可从止又可从辵，但与道路无关的，像追逐于野的追和逐，表示抽象的行动意向的武和夆等，就只能从止不得从辵的。&、&、&、&、&等字，在殷墟甲骨文是从不与辵相混的。

到了西周，这两个形旁的使用似乎作了一些调整，表行走的一律从辵，表抽象行动意向的字才从止。追、逐、进一律改从辵，作 & （《矢方彝》）、& （《逐簋》）、& （《召卣》），在新旧交替的时期，通用的机会自然会增加了。但分化定型后，辵表行走，止表抽象动意，分工明确，通用又逐渐减少。

另外，止旁的含义颇广，其位置在上（&）、在下（&），放置是横（&）、是倒（&），都可表达不同的意思，能够与辵旁通用的，一般都在下。《说文》近字古文作&，很值得怀疑。《郘公钑钟》旂字作&，与此颇为形近，《说文》&字很可能是&字之误。《礼记·祭法》的"相近于坎坛"，郑注谓："相近当为禳祈，声之误也。"祈祈为近是早有先例的，不过郑注的"声之误也"改为"形之误也"似更合适一些。

4. 有关动物的几种形体的考察

（1）性别类字的不通用。

甲骨文的字书多将 ⚬、⚬、⚬、⚬、⚬ 统收作牡，将 ⚬、⚬、⚬、⚬、⚬ 统收作牝，结果造成一种错觉，似乎所有动物的形体在性别类字中均可通用，影响至广。实际上，牡、牪、犰、犰、麈、牝、羖、犰、犰、骓皆不同字。卜辞云："辛巳贞：其秦生于妣庚、妣丙，牡、牪、白犰；贞：〔其〕秦生于〔妣〕庚、妣丙，〔牝〕、羖、犰。"（《粹》396）"贞：来庚戌虫于示壬妾妣庚，牝、羖、犰。"（《佚》99）

牡、牪、犰连言，牝、羖、犰连言，显然是代表公牛、公羊、公豕与母牛、母羊、母豕，牛、羊、豕在此无一通用，足证杨树达先生释牪为羒、释犰为驱、释麈为麠、释羖为牂、释犰为羓、释骓为骝，等等，① 都是十分正确的。

（2）有关"牢"一类字的不通用。

甲骨文有 ⚬、⚬、⚬ 等字，旧皆据《说文》"牢，闲养牛马圈也"的解说释为牢，并以此作为牛、羊、马通用的例证。考卜辞，寓与牢、宰的用法不同。与牢、宰用法相近者，有骓字。骓、牢、宰的用法，颇与《周礼·充人》"掌系祭祀之牲牷，祀五帝，则系于牢"的讲法相合。从骓字形及"更駉罖大骓，亡灾"（《佚》970）、"更小骓用"（《福》29）的辞例看，骓为专门系马之闲，应该是可信的。那么，牢为专门系牛之闲，宰为专门系羊之闲，这种讲法应该也是可以成立的。骓、牢、宰，均有大小，大牢与小牢之别，显然不在牲类的多寡（旧以牛羊豕为大牢，羊豕为小牢，② 不足据），而在同一牲类数量的差别。随着祭祀用牲的简化，骓、牢、宰有并为一字的可能，但在卜辞中，它们是相区别的，牛、羊、马在此是不能通用的。

至于寓字，从"王畜马在兹寓……母戊，王受……"（《宁》1.521）"……畜马在兹寓……"（《粹》1551）看，畜于寓者似乎比系于骓而直接供祭祀用者活动范围要大些，似以释"駉"为宜。《说文》："駉，牧马苑也，从马同声。"段注以为"义盖同闲"。畜于寓可以放牧，与畜于骓为备祭是不同的。

（3）沉埋类字的通用及其条件。

甲骨文沉字作 ⚬ 若 ⚬，埋字作 ⚬、⚬ 若 ⚬，所沉多为牛、羊，所埋于牛、羊之外尚有犬。从"丙申卜，⚬二宰，燎一牢"（《摭续》95）与"燎于河一宰，⚬二宰"（《前》1.32.5）等卜辞看，沉、埋字的义符不必与所沉或所埋的牲类相对应，⚬与⚬、⚬与⚬若⚬的用法无异，为同字异体无疑，牛、羊在沉字中当可通用，牛、羊、犬在埋字中亦当可通用。

但是，沉、埋字中通用的，只能限于沉、埋所用牲类的范围，鹿、麋、麠等并无作

---

① 杨树达：《积微居甲文说》，卷上，第9—10页。
② 李孝定：《甲骨文字集释》，第315页。

牺牲习惯，更不见于沉、埋类卜辞的动物，是不能与之通用的。甲骨文中的🔲、🔲、🔲等形体，一般都用为狩猎的方法，罗振玉释阱是对的，《甲骨文编》收为🔲字异体，就不对了。

（4）逐兽类字的通用及其条件。

逐是指追逐野兽的行动，所逐并不限于何种野兽，见于卜辞的，就有逐豕、逐兕、逐鹿、逐麋、逐麂、逐兔、逐🔲等多种类型，应该说，所有代表这些动物的形体在逐字中都是通用的。🔲、🔲、🔲、🔲等之为逐字，前人已多有论述了，这里想补充一下的，是《甲骨文编》收入《附录》的🔲（《存》1.1916）字亦当为逐字异文。

🔲及其省体🔲均屡见于卜辞：

  戊子卜，宾贞：王逐🔲于沚，亡灾？之日王往逐🔲于沚，允亡灾，隻（获）🔲八。　（《存》2.116）

  癸未卜，贞：翌戊子王往逐🔲。　（《佚》389）

可见🔲为可逐之野生动物，大抵其形近鸟，但不能高飞，疑即孔雀之属，🔲即示雀屏，其为孔雀之最大特征，故可代表整体。🔲字不仅构字方式与逐字同，其用也与逐字无异：

  辛未贞：王其🔲于🔲？于壬🔲。　（《存》1.196）

🔲为可逐之野生动物，🔲作为田猎方式亦与🔲同，故字当与🔲、🔲、🔲、🔲等一起释为逐。以🔲逐兕的形体未见，如有，亦当释"逐"无疑。

5. 其他

除了上面所举的这些外，可通用的义近形旁还有不少，比如：

武器类的，有刀与戈的通用，如🔲（《侯马》194：12）又作🔲（《侯马》156：25）；我与戌的通用，如🔲（《师旂鼎》）又作🔲（《仲义父鼎》）；戍与戌、戈的通用，如🔲（《癲簋》）又作🔲（《叔向簋》）、🔲（《郑公华钟》）、🔲（《蔡侯盘》）等。

器皿类的，有皀与鬲的通用，如🔲（🔲异文，《合集》29706）又作🔲（《甲》668）；缶与皿的通用，如🔲又作🔲（均见《说文》）等。

植物类的，有中与木的通用，如🔲（《甲》2034）又作🔲（《存》1938）；禾与米的通用，如🔲（《曾子匜》）又作🔲（《陈公子甗》）等。

这里不打算一一详举了，下面只想就一般人较滥用的彳与辵通用和前人较少谈到的自与厂通用问题再谈一点意见。

（1）彳与辵的通用及其条件。

部分辵旁字是由彳旁的基础上发展起来的，自然有通用的机会。

	遘	迨	通	远	遼
从彳	《存》1194	《河》675	《粹》1193	《番生簋》	《饔遼父鼎》
从辵	《师友》1.132	《邺》初下33.8	《京津》3616	《猒簋》	《单伯鬲》

从表中可以看到，通用的字，或者是辵旁之外的部分已有行动意向，如遘之表相遇，合之表会合，省去表行动的止也足以表意的；或者是与行动不直接发生关系的，如道路的畅通、路途的遥远、可供驰骋的原野等，省去止旁也不会有太大的影响的；此外通用的很少。如後（《侯马》203：1）之作𢓡（《侯马》3：29）、徨（《吴王光鉴》）之作𢓡（《侯马》67：29）、𢓊（《小臣遞簋》）之作𢓡（《散盘》）、得（《说文》）之作𢓊（《说文》古文）等，是原已有表行动的夊与止，书写者不明义构而误加止符所造成的，似不宜看作通用；至于德之作德（均见《王孙钟》），因为德字不是表行动的，变彳为辵，只能看作是讹变。

𧾷（《菁》6.1），旧释"俘"，《古文字类编》以为"不确。此从彳与走通，当释为'趌'，《玉篇》同'赴'"。① 其实，俘为虏子于道之意，与走无关，从文例看，"昔甲辰，方正于牧，俘人十又五人；五日戊申，方亦正，俘人十又六人，六月在……"（《菁》5），字当释为俘无疑，俘之从人，乃由彳讹变而来，《类编》释趌，显然是滥用形旁通用而导致错误的。

（2）阜与厂的通用及其条件。

阜为土山，厂为崖岸，都处于高出周围的位置，对于登高与下落一类字来说，这是可以通用的两个形旁，降（《后》下11.14）又作降（《乙》5206）、降（《蔡侯盘》）又作降（《中山王方壶》）是其证。

降以两止自高阜下来会意，是降字的正体。降字以两止自崖岸下来，义与降同，《甲骨文编》附在厂部之后，隶定作厈，谓"说文所无，疑降之异文"。辞云"乎帝厈食，受佑"，从文义上看，字释降最为顺畅。

---

① 高明：《古文字类编》，第97页。

〿为两止向高阜攀登之形，为陟正体。〿字各家释读颇异，或径隶作厣，或读作宠，或隶作厝而读作布，莫衷一是。实际上，以两止由田登岸，登陟之义最为明了，《说文》陟字古文𨖍，𠂆当为厂之讹，⊙当为田之讹；𨖍实即〿之讹。与降又作㫃配合观之，〿字当释陟字无疑。铭云："辞礼敬，则贤人至；陟爱深，则贤人亲。"陟字可作重用、提拔解，诸葛亮《前出师表》"陟罚臧否，不宜异同"的陟字即其意。

当然，厂旁字中有部分原从石取义的，甲骨文作𠂆，与阜不会通用；阜旁字中有部分从土取义的，或者从土堆之阻拦行进方面取义的，都不会与厂旁通用，但有关陟降类型的字，则有通用的可能。

应该指出，古人对义近形旁通用的利用，一般都是有意识的，或者出于同化的需要，如豙之作㒸，豦与㺇之同化为㺇；或者出于表意明确化的需要，如𡥉之作𡥈、睹之作覩。与这两项需要都不相符的义近形旁通用字，起码在现有的商周甲骨文与青铜器铭文中都是不存在的。《汉书·贾谊传》的"今匈奴嫚姆侵掠至不敬也"，以姆代侮，实际是由上字（嫚）的影响而导致写别字的，将它理解为侮字的异体，是毫不足信的。

就现有的出土古文字材料看，还没有一组义近形旁通用字后来分化为两个字的（《中山王大鼎》的"唯傅姆是从"的姆当亦受前面的"傅"字的影响致误，与嫚姆之姆作姆同），《说文》都将它们区别开来的形旁义近字，在出土甲骨文字材料中，还未见同属一个字的。因此，典籍中出现的一些形旁义近字的通用，更多的可能是出于传抄的错误，我们把它理解为古人的写别字或者叫做同音通假字似乎比断定它为义近形旁通用的异体字更稳当一些。如果忽视义近形旁通用的条件，把通用现象看得过滥，甚至将所有形旁义近而在典籍中又曾有通用的字都一概以义近形旁通用律之，把任与妊、倡与娼、逃与跳、迳与径、楼与缕都视为一字异体的做法，不仅不符合事实，而且对我们考释古文字和认识汉字结构规律都是极为不利的。

（本文曾于1986年中国古文字研究会第六届年会上宣读，原载中华书局1992年出版的《古文字研究》第十九辑）

甲骨文形符系统特征的探讨

甲骨发现至今，已有九十年历史。因为任何文字资料的研究都以识字为前提，所以，早期的甲骨研究，注意力一般都集中在文字考释方面，无论认字抑或总结甲骨文字特点所取得的成绩，都颇令人鼓舞。但是，在文字疏通之后，人们很快就被甲骨记录的丰富内容所吸引。注意力几乎都转移到它上面去了。甲骨学者旋即在语言学、历史学等方面取得惊人的成就，甲骨研究在学术界的地位迅速提高，而对甲骨文字本身，研究者或者未暇顾及，或者受"易识的字都已认出了，不易识的多是人名地名等等后世失传的死字，将来也许永远不会再认识"的思想影响而鼓不起研究的劲头，事实上已经有所削弱。尽管学者们结合语言学、历史学等方面的研究，对若干甲骨文字的认识或重新认识有不少重要发现，但总体看来，文字考释的工作，用于省吾的话说，仍是"较诸罗、王时代虽有所发展，但进度有限"①。未识的字仍占着相当大的比重，其中不常用的冷僻字虽然为数颇多，但属于常用字的亦复不少，而在那些"已识"的字中，实际上也还有相当部分存在着这样或那样的问题，很难说都能经得起进一步深入的检验和推敲。这些问题不解决好，商代语言学、历史学等方面的研究不但难以进一步深入，就是已有研究成果的可靠性也要打一个很大的折扣。这是应该引起我们的足够重视的。

诚然，甲骨文字的考释与研究，如果只停留在与金文、小篆的形体比照或者简单的偏旁分析等旧有手段上，是很难有太大的作为了。因为它们都仅仅从各代文字之间的共性、继承性方面着眼，而很少深入到各代文字本身独具的个性，即与别的时代的文字的差异性方面，所能捕捉的往往都是一些关系比较清楚、隐藏不会太深的东西，通过普查式的工作，是不难把它发掘出来的，这类事情，前人确实已经做得差不多，真的有点山穷水尽的味道了。甲骨文字的考释与研究要取得新的突破，就必须深入到甲骨文这一独立的文字体系内部，考察它与别的时代的文字体系的差异，发掘它本身所独具的个性，在对它有更深刻认识的基础上，求得考释与研究水平的更进一步的提高。

前辈学者对甲骨文的特点已作过不少总结，我们今天所要进行的工作，都得以他们

---

① 于省吾：《甲骨文字释林》，中华书局1979年版，序。

研究的成果为基础，这是毫无疑问的。不过，他们所得的结论，一般都是在考释文字的过程中顺带归纳出来的，往往缺乏系统与深入，而且大多侧重在形体的考察方面，这是很不够的。事实上，作为记录汉语的符号，除了它自身形态的变化（如图画变线条、圆转变方折以及简化、规范等）之外，还要受汉语发展的影响而不断发生新的变化。每一时代的语音、词汇甚至科学水平、思想观念的发展变化，都有可能给汉字的结构造成重要的影响，形成该一时代汉字在形、音、义等方面的许多新特点，构成该一断代平面的独具特色的结构体系。深入到每一断代的平面系统中去，分别从形符系统、声符系统、意义系统等方面进行系统、细致的考察，可望会有一些新的发现。本文即是抱着这样的一种希望，先从甲骨文的形符入手进行考察，以期对它的系统有一个初步的了解，并为以后对甲骨文声符系统、意义系统的进一步考察作好准备。本文的考察拟从"表示同一意义的形符的多体性""部分形符的近似性和近似形符的区别性""组合偏旁增减变换的随意性和组合方式的规定性"三方面进行，兹述之如下。

（一）表示同一意义的形符的多体性

文字的创制，出由众手，不同的人，其观察事物的角度会有不同，描写事物的详略会有差异，表示同一意义的符号可能有多种不同的变体，这是十分自然的。虽然甲骨文的成熟体系已足表明它并非文字初制时代的产物，但毕竟去古未远，文字尚处于未定型的阶段，这是客观事实。早期文字的形符多体性特征的遗留，应该说还是比较突出的。具体的表现，主要有如下几个方面。

1. 观察角度与侧重点不同造成多体的

同一事物，如果观察的角度不同，所得的印象就会有差异，记录这一印象的符号就会有区别，这是很自然的。比如：

龟，其俯视形可作⋦（《后》1.19.2）、⋦（《前》7.5.2），侧视可作⋰（《乙》6670）、⋰（《甲》984）。

奚，其正视形可作⋰（《甲》783）、⋰（《乙》1216反），侧视形可作⋰（《京津》4535）、⋰（《戬》49.3）。

身，其正视形可作⋰（《乙》4540，《甲骨文编》收入《附录》上101，字像正面人形而特大其腹，与侧面人形而特大其腹的⋰字取意正同，当中B形符号乃作与"交"字相区别之标志，辞云"壬戌卜，古贞：御疾⋰妣癸？御疾⋰于妣癸"，与《乙》6344"贞：御疾⋰于父乙"辞例也相合），侧视形可作⋰（《乙》687）、⋰（《乙》6344，此形《甲骨文编》收入《附录》上23，《甲骨文字集释》及《殷墟卜辞综类》均收作

"身")。

骨，其正视形可作 🨀（《林》2.32.12），左侧视形可作 🨁（《后》2.33.10），右侧视形可作 🨂（《林》1.18.14）。《甲骨文编》🨀 隶作囚，🨁 与 🨂 则收入《附录》下15，正视形、侧视形乃从曾毅公说。① 🨀 在卜辞中多借为祸，而在骨臼刻辞中则多用本义；🨁 与 🨂 都只用于骨臼刻辞。"旻示四屯㞢一 🨀""帚杞示七屯又一 🨁""利示三屯㞢一 🨂"，都用为屯的零余数，而作为一对牛胛骨之称的"屯"，其甲骨字形 🨃，即为 🨁 与 🨂 这一对左右胛骨配合而成，🨀、🨁、🨂 三形确当释骨。

有时观察角度不一定不同，只是由于事物处在运动状态之中，观察者所捕捉的时机不同，取得的印象亦会有差异，记录它的符号也会有区别。比如：

象，最大的特征是它的长鼻子，这也是它整个躯体最灵活的部分，经常处在运动状态中，在它鼻子下垂时，可以描写为 🨄（《乙》960），但当它的鼻子往上卷时，就会描写成 🨅（《乙》8423）了。

凤，一般都会抓住它最大特征的凤冠去描写，但由于飞翔时翅膀的伸张与静止时的形态差别很大，描写时就会有较大的差异，静止时可以写作 🨆（《甲》637），飞翔时则要写成 🨇（《后》2.39.10）。

伐，有 🨈（《林》2.5.9，《甲骨文编》收入《附录》上130）、🨉（《后》1.22.1）、🨊（《佚》378，《甲骨文编》收入《附录》上60）三类形体。前者为砍伐字，后者为征伐字，两不相混，中者则可两用。前后两者描写的分别是行刑与出征的预备动作，各不相同，不能相通；中者描写的则是前后两者共有的目的动作，故能两用。究其原因，即在观察时捕捉的时机不同。

有时并非观察位置不同，亦非捕捉时机有异，而是由于事物本身具有多方面的特征，描写的侧重点不同，也会造成记录符号的区别。比如：

天，本义为人的头顶，强调其形状的可以写成 🨋（《前》4.15.2），强调其位置的可以写成 🨌（《京津》2963）。

元，本义为人的头，强调其形状的可以写成 🨍（《前》4.26.2，《甲骨文编》收入兄字条下，误），强调其位置的可以写成 🨎（《甲》752）。

梦，强调其睡着仍张口讲话的可以写成 🨏（《甲》1128，《甲骨文编》录作䑗，《殷墟卜辞综类》释梦），强调其睡着仍舞手弄脚的可以写成 🨐（《铁》113.4），强调其睡着仍有所见的可以写成 🨑（《林》2.29.9）或 🨒（《乙》1428），兼表后两项的可以写成 🨓（《后》2.3.18）。

母，强调其发型特征的可写作 🨔（《粹》340），强调其胸部特征或乳子功能的可写

---

① 曾毅公：《甲骨叕存》，第6页18片释文。

作 ☒（《甲》2902），两特征兼表的可写作 ☒（《后》1.6.13，《甲骨文编》并收 ☒、☒ 两形为"每"，误）。

2. 描写的详略不同造成多体的

汉字起源于图画，就是发展到甲骨文这样一个比较高级的阶段，其象形成分也还是相当重的。对于这样的一种文字，从实用角度出发，当然希望它结体尽可能的简明扼要；但从表意角度出发，却又希望它的描写尽可能的明确具体。在这样一对矛盾的作用下，不少字都可能会产生描写详略迥异的形体，这是不难想见的。比如：

㫃，旗字初文，仅就旗字的偏旁而言，即有 ☒（《后》2.38.1）、☒（《甲》366）、☒（《粹》258）、☒（《甲》948）、☒（《乙》5311）、☒（《后》2.42.6）等形，☒ 最简练，☒ 与 ☒ 则更形象。

无，舞字初文，有无字乃其借义。有 ☒（《前》7.35.2）、☒（《铁》120.3）、☒（《拾》11.15）、☒（《河》877）、☒（《甲》2858）、☒（《甲》2858）等多种形体，☒ 最简练，☒ 与 ☒ 则更形象。

东，橐字初文，方位词乃其借义。有 ☒（《甲》272）、☒（《拾》11.18）、☒（《前》6.26.1）、☒（《师友》2.56）、☒（《前》1.45.3）、☒（《燕》403）等形。☒ 字《甲骨文编》收作束，辞云"甲申卜，宾贞，勿于☒方告"，☒ 方即东方。东、束可能是一字所分化，但将☒与☒、☒、☒、☒等字相混，则必误无疑。☒与☒《甲骨文编》均收入《附录》上65，现释为东，不仅因为已显出一个两头用绳扎紧的无底袋的形象，而且《甲骨文编·附录》上130所收 ☒（《乙》4733）、☒（《乙》7248）、☒（《佚》848）诸形（卜辞中用法相同，当为从戌从东、东亦声的会意兼声字，疑即后世"戮"字）亦可作为旁证。☒ 最简练，☒ 以点标明所指，☒、☒、☒ 则较形象。

虎，其象形文有 ☒（《佚》109）、☒（《燕》643）、☒（《乙》30）、☒（《菁》10.13）等多种形体，后两形显然是前两形的单线勾勒，后者求简练，前者求形象。

蠃，蠃字初文，《说文》以"兽名"为说，误。其象形文有 ☒（《甲》1632）、☒（《前》5.38.3）、☒（《后》2.6.14）、☒（《拾》3.7）、☒（《乙》6412）、☒（《乙》6700）等多种形体。《甲骨文编》将前三形收入龙字条下，后三形收入《附录》上110；《殷虚卜辞综类》则统释为龙，并误。以第二形为例，向上隆起之圆形物为螺壳，由螺壳向外张开的为虫嘴，长长的条状物为虫身，与金文《蠃氏鼎》蠃字所从之 ☒ 及《庚蠃卣》蠃字所从之 ☒ 取象正同。☒ 则是它的单线条勾勒，▽ 为螺壳，☒ 为虫嘴，☒ 为虫身，亦甚显然。前、后两者虽有形象与简练之别，但都以释蠃为妥。

此外，如 ☒（《甲》2621）之又作 ☒（《甲》1111）、☒（《佚》75）；☒（《京津》1216反）之又作 ☒（《乙》1283，《甲骨文编》隶作媄，乃误 ☒ 为女所致）以及 ☒（《存》2.391）之又作 ☒（《存》2.478）、☒（《铁》95.4）；☒（《甲》1159）之又作

〿（《佚》659），等等，都属此类。一些常用字（特别是干支字）的简化造成的这种差异尤其突出，比如𬀩（《粹》1426）、𬀩（《邺》3下43.7，《甲骨文编》隶作㷉，此释庚）之作𬀩（《甲》2274）、𬀩（《甲》568）、𬀩（《铁》16.4）；𬀩（甲1861）之作𬀩（《戬》2.7）、𬀩（《佚》137）；𬀩（《林》1.16.8）、𬀩（《存》2.714）之作𬀩（《后》1.31.10）、𬀩（《燕》24），等等，变化之大，使人难以一下辨认。

3. 书写形式自由造成多体的

早期文字一般都有规范程度较低、书写形式比较自由的特点。这在甲骨文中仍有较多的反映。一个形体往往既可正写，又可反写，既可横写，又可竖写甚至倒写，这在后世文字中是比较少见的。有关例子，比如𬀩（《甲》2948反）之反写作𬀩（《乙》7171），𬀩（《铁》53.1）之竖写作𬀩（《佚》113），𬀩（《铁》159.3）之倒写作𬀩（《后》1.26.5），等等，前人已经举过不少了。其中横写竖写混作的情形不多，考释时引起混乱的也少；正写反写混作的最为普遍，但较易识别，前人论述也多，考释时引起混乱的亦甚罕见，这里不准备多作说明。至于倒写，前人虽有论及，但尚未引起足够的重视，以至考释文字时往往会出现疏漏，这里想略加陈述。

甲骨文某些字形的倒写、倒刻（或称倒文）是前人早就觉察到的，比如：𬀩（《后》1.26.5）、𬀩（《河》808）、𬀩（《甲》2344）、𬀩（《粹》1515A）、𬀩（《甲》2417）、𬀩（《乙》4055）、𬀩（《珠》355）、𬀩（《师友》1.117）、𬀩（《燕》478）、𬀩（《前》6.8.3）等字，在《甲骨文编》中都明确注上"倒书"或"倒刻"字样；另有一些字，比如𬀩（《甲》3588）、𬀩（《佚》791）、𬀩（《乙》5919）、𬀩（《甲》2913、《京津》1885、《后》2.5.3、《库》1516）、𬀩（《京津》4048）、𬀩（《掇续》330）、𬀩（《铁》233.1）、𬀩（《乙》6320）、𬀩（《乙》3000）等，《甲骨文编》虽未注明"倒书"或"倒刻"字样，但已与它们的正书字形一起收录，表明对它们已作"倒书"或"倒刻"字认识了。

明确某一形体之是否倒书是十分重要的，否则，将𬀩字爪旁的倒写误解为"又"，把𬀩字草旁的倒写误解为"竹"，不仅影响文字结构规律的研究，而且势必给文字考释造成影响。以《甲骨文编》收字的情况看，对倒书的认识还是不够彻底的。同样的形体，在一个地方将它作倒书处理，在另一个地方却将它按正书处理的现象时有发生，比如将侯字倒文𬀩（《甲》841）误入"至"字条下，将屯字倒文𬀩（《掇》1.498）收入《附录》上70，等等，便是很好的说明。而将一些常用字的倒文当作未识字收入《附录》或另行隶定作正编《新附》的，也并非个别。比如：

𬀩（《乙》4703）、𬀩（《乙》8065反）、𬀩（《京津》4828）、𬀩（《明》1985）、𬀩（《铁》89.4），《甲骨文编》收入《附录》上130，实际上都是𬀩的倒文，应列入"帚"字条下。

✿（《铁》164.1）、✿（《甲》1629）、✿（《甲》2757）、✿（《乙》4645）、✿（《粹》1590）、✿（《陈》81），《甲骨文编》收入《附录》上57，实际上都是✿的倒文，应列入"至"字条下。

✿（《甲》3104）、✿（同上）、✿（《甲》2827），《甲骨文编》收入《附录》上125，实际上都是✿的倒文，应列入"归"字条下。

✿（《乙》4475）、✿（《双》2），《甲骨文编》收入《附录》上76，实际上都是✿的倒文，应列入"旁"字条下。

✿（《明》1496），《甲骨文编》收入《附录》上64，实际上是✿的倒文，应列入"壹"字条下。

✿（《前》1.28.7），《甲骨文编》收入《附录》上51，实际上是✿的倒文，应列入"司"字条下。

✿（《拾》14.3）、✿（《前》6.28.7）、✿（《后》2.14.3）、✿（《后》2.29.3）、✿（《后》2.29.3）、✿（《京津》2258）、✿（《京津》2259）、✿（《库》605）、✿（《燕》625）、✿（《京都》3167），《甲骨文编》卷三隶作"貢"，实际上是✿的倒文，应列入"得"字条下。

✿（《甲》2329）、✿（《甲》2903），《甲骨文编》卷三隶作"棐"，实际上是✿的倒文，应列入同卷"叔"字条下。

上面这些，应该说都是《甲骨文编》的疏漏。另外有几个字，我以为也应从倒文角度去理解，现简述于下。

✿（《佚》658，《甲骨文编》收入卷七"录"字条下）、✿（《清晖》115）、✿（《乙》813、2737、7961，《续》6.13.7，《甲骨文编》均收入《附录》上5）等，似是✿（《后》1.26.15）之倒文，疑当释"帝"。"贞：燎于咸，✿？贞：勿燎于咸，✿"（《合》200）与"燎于土方，帝"（《存》1.595）辞例相近，"贞：王其归，✿于✿母"（《乙》7961）与"戊戌卜帝于黄（✿）"（《林》1.11.6）辞例相似，以"禘"解✿字各辞，无不顺畅。

✿（《乙》6393、7204，《前》6.24.2），《甲骨文编》均收入卷二《新附》"正"字条下，✿（《乙》6503、7150，《前》6.24.3，《珠》282，《甲骨文编》所收同上）等，似是✿（《乙》478）之倒文，疑当释"各"。✿字最常见的用法是"✿✿✿"这一方国名（或人名?），它在《乙》8339、8459两辞中却作"✿✿✿"，✿与✿之间存在倒文关系是可以肯定的，问题是✿偶然倒写作✿而与"各"字相混，抑或✿作为✿的特殊用法而用倒写形式以示区别。我认为应该是后者，一些反复出现的倒书，可能具有"倒文别义"的作用，如"帝"字的倒文都用为"禘"，"各"字的倒文多借为专名用字，等等。

此外，🝀（《甲》2437、《库》1285、《陈》80）疑亦🝁的倒文，并当释"各"；🝂（《存》2.743、《河》841、《坊间》2.230）、🝃（《甲》3113）、🝄（《佚》497、《陈》31、《京都》417）、🝅（《甲》2115）等，疑为🝆的倒文，当释为"盟"；🝇（《铁》89.4）疑🝈的倒文，当释为"它"；《甲骨文编·附录》所收的🝉（《粹》1469）与🝊（《甲》2825）、🝋（《甲》3916）与🝌（《续》3.42.2）、🝍（《乙》55）与🝎（《乙》889）等，似亦有倒文关系。

当然，文字考释工作中，倒文原则也不能用得过滥。在甲骨文中，也有不少字形放置的方向角度异常讲究，一经倒转，即会变成另一个字的，比如倒大（大）为屰（屰）、倒又（又）为爪（爪）、倒止（止）为夂（夂）等，如果用滥了，也是会出现问题的。

4. 刻写习惯不同造成多体的

甲骨十分坚硬，要用刀刻去表现肥笔或者圆弧曲线很困难，一些写刻者采取了用勾空廓甚至单线代替肥笔，用方折线代替弧曲线的做法，造成了与按原状进行写刻的形体之间的差异，以至造成某些形符的多体现象的，也在所多见。比如：

丁，有填实作 ■（《甲》2329）者，亦有勾空廓作 ○（《乙》9083）、□（《甲》630）的。

王，有填实作 王（《甲》3358）、王（《乙》8688）者，亦有勾空廓作 王（《乙》7755）、王（《佚》104），甚至单线条替代作 王（《前》5.15.5）的。

午，有填实作 午（《佚》518 背）、午（《后》2.38.8）者，亦有勾空廓作 午（《铁》77.1）、午（《佚》59），甚至单线条替代作 午（《粹》163）、午（《佚》38）的。

阜，有填实作 阜（《甲》3936）者，亦有勾空廓作 阜（《菁》3.1）、阜（《甲》3370）、阜（《佚》67），甚至单线条替代作 阜（《甲》2327）的。

日，有以圆弧线刻成 ☉（《师友》2.206）者，亦有以方折线刻成 ⊡（《粹》17）、◇（《后》2.3.18）、▫（《佚》180.2）的。

鼎，有以圆弧线刻成 鼎（《续》5.16.4）者，亦有以方折线刻成 鼎（《前》8.1.7）的。

子，有填实作 子（《前》7.39.2）者，有以圆弧线勾空廓作 子（《甲》2262）者，亦有以方折线勾空廓作 子（《存》2734）的。

这些现象如不随时留意，也会给文字考释工作造成影响，比如 🝏（《前》4.26.2）过去被误释为兄，[①] 就是不明其为🝐之方折线勾空廓之异体所致，这是我们不得不注意的。

[①] 孙海波：《甲骨文编》，卷8 第14页。

（二）部分形符的近似性和近似形符的区别性

　　这里所说的形符近似性，是指甲骨文中存在的某些形符的形体相近似的现象。造成它们形体近似的原因是多方面的，有的是由于客观事物本身就相近似，因而造成记录它们的符号的形体近似；有的是客观事物本来并不相似，但由于事物无论繁简大小，都得局限在一个面积相仿的小方块内，靠着简单的线条勾勒来表现，因而缩小了它们之间的差别，造成形体近似；有的是客观事物本来亦不相似，但由于本文第一部分提到的种种原因，使某些形符产生了多种变体，这些变体往往会发生交叉现象，因而造成某些本体及多数变体均不相近的形符的个别变体相同或近似。兹分别说明如下：

1. 客观事物本来就相近似的

　　世间形近事物甚多，记录它们的符号亦势必近似，这是十分简单的道理。在造字只有象形手段的时期，曾经出现过不少这类文字形体，也是不难想象的。但随着文字符号化的增强和造字手段的提高，这类文字必定越来越少。不仅因为一事一形会使文字体系不堪其繁，而且要在有限的方块内用简练的线条将众多形近事物的形象区别开来，也确实不易。到了甲骨文时代，人们已经懂得用特殊标志区别 ᄇ（龙，《前》4.52.3）与 ᄀ（犬，《甲》1023），用声符区别 䏁（狼，《前》6.48.4）与 ᄀ（狐，《林》1.7.13）。单靠象形符号去区别形近事物的字是不多见了。像 ᄈ（鹿，《甲》3821）与 ᄇ（麇，《前》4.47.7）、ᄏ（戍，《京津》3071）与 ᄆ（戊，《京津》1303）、ᄎ（禾，《拾》2.9）与 ᄎ（来，《佚》897）、ᄎ（黍，《铁》72.2），ᄎ（艮，《后》1.21.10）与 ᄎ（印，《后》2.5.14）等，虽仍不乏其例，但更多的，像 ᄈ（鹿，《甲》1395）与 ᄈ（麇，《师友》1.166）、ᄞ（山，《佚》67）与 ᄞ（丘，《前》1.19.2）、ᄒ（酉，《燕》4）与 ᄒ（畐，《前》4.23.8）等，则都是在描写形体本来就相近的客观事物时，掺入了别的造字手段，第一组是利用了可标声的 ᄉ，第二组是采用了人为的省体区别法，第三组则是附上了特殊的区别标志。

2. 表现手段局限造成形体近似的

　　有些事物在它们的客观实体比较上并不相似，但当将它们局限在细小的方块内，靠着铜刀在坚硬的甲骨上冲刺出来的简单的横直线条去描写时，它们之间的很多差别即被忽略或舍弃，呈现出来的，往往是一组形近事物的形象。不但很难表现出圆形的太阳（如《诚》162 ᄇ 字所从）与方形的量器（如《京津》2690 ᄇ 字所从）的差别，而且也很难反映出代表城邑的 ᄆ（如《福》36 ᄅ 字所从）与代表钉头的 ᄆ（丁，《存》2748）的不同，因表现手段的局限而造成形体近似的现象在甲骨文中十分常见。比如：

　　兕与马。兕即一般所说的犀牛，其客观实体与马有明显区别，但一经刻入甲骨，两者的形象就变得相当近似。兕字的 ▯（《前》7.34.1）、▯（《京津》4030）、▯（《甲》3584）诸形，与马字之作 ▯（《铁》2.2）、▯（《粹》135）、▯（《明藏》760）者，乍看确难分辨，早期学者将它们一概收为"马"字，是不足为怪的。

黾与龟。黾即青蛙，其客观实体与龟有明显区别，但一经刻入甲骨，两者的形象亦变得相当近似，▯（《掇》2.409）、▯（《师友》2.118）、▯（《前》4.56.2）与 ▯（《前》7.5.2）、▯（《后》1.19.2）的区别，不细心分析确实不易分辨开来，《甲骨文编》就因此将它们混为一字。

火与山。两者的客观实体从体积到形、质都有明显区别，但一经刻入甲骨，其形象就变得相当近似，像 ▯（《后》2.9.1）一类形体尚有一种向上燃烧的动感，与平底、线条硬直的 ▯（《宁沪》1.90）形还有一些差别，若像《宁沪》2.29 焚字所从的 ▯ 那样，一律以横直线条刻出，那就简直与山字无别了，难怪有些人对这两个字索性不加区别，一概收为"火"。以至《甲骨文编》这样一本大型字书都竟然找不到"山"字条目了。

蠃与龙。蠃属小东西，与龙的形象自不可同日而语，但两者一经刻入甲骨，差异马上减少，形象也就变得近似起来。▯（《甲》1632）与 ▯（《前》6.46.2 拢字所从）、▯（《乙》6412）与 ▯（《甲》2418）确有那么点相像，以至不少学者至今仍不加区别。

3. 变体交叉造成形体近似的

有些事物在它们的客观实体比较上并不相似，记录它们的标准文字形体也很不相同，但各自经过若干不同形式的变化之后，却会在变体之间发生交叉，出现相互近似甚至完全相同的形体，这在甲骨文中也不少见。比如：

▯（《乙》2307 ▯字所从）为刖刑的刑具，▯（《甲》3936）、▯（《菁》3.1）为土山，两者本来很不相同，怎么也扯不到一块的。但 ▯ 有时可用单线条表现而写作 ▯（《前》6.55.5 ▯字所从），更可省作 ▯（《前》7.9.4 ▯字所从）。而 ▯ 与 ▯ 用单线条表现时也可写作 ▯（《乙》5384），两个区别颇大的形符经过各自的变化之后，便发生变体交叉，出现相互近似的形体，不加审察，极易混淆，《甲骨文编》释 ▯（刖）为陵，即属上此大当。

▯（午，《佚》426）为舂米的棒槌，▯（系，《乙》105）为丝束，两者本来亦不相同，也是应该扯不到一块的。但 ▯ 可用勾空廓的方法写成 ▯（《佚》59），更可从减少笔画起止，方便写刻着眼写成 ▯（《菁》10.8），而 ▯ 出于简化目的则可去掉两头的"束余之绪"而写成 ▯（《粹》816）。两个本来区别颇大的形符，经过各自的变化之后，也发生了变体交叉，出现相互近似甚至完全相同的形体，考释文字时，如果碰到 ▯ 时，对其应隶作午抑或隶作么，往往都令人颇费踌躇，《甲骨文编》正文的《新附》隶定时即显得有点混乱。

✦（伐，《粹》17）字以戈加颈上会砍伐之意，与 ✦（方，《存》2.755，构字本义未明）字相去甚远，本来也是拉不到一起来的。但"伐"字有时省去戈柄，只剩下戈头加颈而成 ✦（《续》3.11.3），"方"字亦可省去周围短画写成 ✦（《京津》5281），原先区别颇大的两个形符，经过各自的变化之后，也发生了变体交叉，出现相互近似的形体。

当然，有时不一定两个形符都发生变化，一个形符经过若干变化后出现与另一个形符相似的现象也是有的。比如 ✦（未，《燕》165）字省去中间斜出的分枝而成 ✦（《佚》17），即与 ✦（木，《珠》890）相近似；✦将中间斜出的分枝拉平而成 ✦（《佚》383背），即与 ✦（朱，《珠》121）相近似；✦（帝，《邺》初下41.3）、✦（同上）倒写而成 ✦（《乙》7961）、✦（《佚》658），即与 ✦（录，《粹》987）、✦（录，《粹》501）相近似；✦（皿，《前》2.37.8 ✦所从）省去圈足，留下主体即成 ✦（《前》2.37.6 ✦所从），即与 ✦（坎，《乙》3558 ✦所从）相近似；✦（寅，《戬》49.3）省去两旁的✦作 ✦（《林》1.15.6）即与 ✦（黄，《珠》4）相近似，再省作 ✦（《菁》5.1）则与 ✦（矢，《掇》1.204）、✦（交，《甲》806）相近似。再省作 ✦（《甲》2326）便与 ✦（大，《拾》7.13）相近似。类似的例子还有很多，也都可以划入变体交叉造成形似的范畴。

有形近就易混淆，要避免混淆就要研究区别，不仅古人造字时如此，我们今天考释古文字时也是如此。试析甲骨文的近似形符，我们不但可以看到古人对区别近似形符研究的重视，而且可以看到他们在这方面有极高的观察能力、抽象能力和表现能力。尽管他们在具体使用过程中有某些近似形符的混同，但从大多数形体反映出来的主流看，近似形符之间的区别虽然有时十分细微，却是清楚而且明确的。我们要避免在甲骨文考释工作中出现淆乱，应该很好地研究甲骨文近似形符的区别性，决不可把古人对个别近似形旁的偶尔混同看作"偏旁通用"，这是十分重要的。

甲骨文近似形符的区别主要表现为客观区别性和主观区别性两大类型。

所谓客观区别性，是说尽管这些近似形符的区别符号是人们主观决定的，但在决定这些符号时，所根据的乃是客观事物本身表现出来的实际差别，主观因素起的不过是对客观事物表现出来的多种区别特征进行比较、决定去取的作用而已。比如：

马与兕之间有很多区别特征，作为文字形体是不可能也没必要——加以表现的，甲骨文抓的主要是两个方面的特征：一是马有鬃，兕无之，这一种特征为主；二是兕角突出，眼以上的部位长，眼以下的部位短，马则反之，这一特征为辅。前面所举字例均可说明这一特征，这里就不再举例了。

龙与蠃之间亦有很多区别特征，甲骨文抓的，主要是一个特征：蠃为小虫，躯体细小，无论单线复线，一律均以向内卷曲写之；龙为威猛的庞然大物，其躯体无论单线复线，一律都翻腾起伏、以向外翻转出之。前面举过的例子亦足说明这一特征，这里也不作举例了。

龟（俯视）与鼋之间的区别特征也很多，甲骨文抓的，主要是两点：一是龟有尾，鼋无之；一是龟之足短而直，鼋之足长且曲，如 ✲（龟，《前》7.5.2）与 ✲（鼋，《前》4.56.2）。与龟俯视形相似而背无文者，如 ✲（《乙》2908 ✲ 所从）则疑为鳖字。

龟（侧视）与鼍之间的区别特征，甲骨文抓的主要也是两点：鼍有触须，龟无之；鼍有翅膀，龟无之。✲（鼍，《甲》3642）顶之 ✲ 为触须，背上之 ✲ 即翅膀，与 ✲（《甲》984）有明显区别。

女与丮。女为女子，丮为俘虏，两者的区别特征亦可表现为多个方面，甲骨文抓的主要是两手放置情形的区别，女是两手交叉在前，如 ✲（《菁》7.1）；丮是两手反缚在后，如 ✲（《前》5.3.3 讯字所从）。在前在后，主要参照跪坐的方向，两手放置与跪坐方向同者为前，异者为后。

黄与莫。黄为腰间所佩之玉，莫则是两手搭拉在腹前以示饥饿的人形，两者本来无共通处。但由于黄字要以正面人形为参照物才能表现，描写起来就与莫字有些相近了。甲骨文所抓的区别特征是：黄字的圆圈（佩玉）在两手之下（腰间），如 ✲（《京津》636）、✲（《珠》4）；莫字的圆圈（两手搭拉腹前相交所成）在两手（实际是两手相交后余出的部分）之上，如 ✲（《乙》7124）、✲（《乙》6698）。黄字偶然有作 ✲（《拾》1.4，黄牛）者，应为讹误。

交与矢。交为交胫人之象形，矢为箭矢之象形，两者的区别也是多方面的，问题是所用线条极简，只能抓最突出的部分。甲骨文主要是抓住这样的一个特征：箭杆较长，容易与两手相混的箭嘴尽量靠前，容易与交胫相混的箭尾尽量靠后，✲（矢，《掇》1.204）与 ✲（交，《甲》80）就可以区别开来了，作为辅助手段，还有将交字的两手稍垂作 ✲（《甲》806）或两腿放松作 ✲（《掇》2.66）的。不过作为合体字的构件，甲骨文中交与矢已多混同，✲（族，《明藏》575）、✲（侯，《佚》372）等本从交的字，已经出现了从矢的讹体了，如 ✲（族，《甲》2374）、✲（《甲》2292）等。

凡与舟、盘。凡为高脚深腹盘，舟是船，盘是一般的圈足浅盘，客观实物都有明显区别。刻入甲骨后，凡与舟很相近，盘在有些字中要竖放，形象也变得与前二者相近，以至甲骨文中都时有混淆。细心观察，古人造字是有区别的：凡字一般两边等长而作异向微弯，呈 ✲（《续》5.3.1）状，舟字一般两边等长而作同向弯曲，呈 ✲（《宁沪》1.183）状；竖放的盘则作一边短而直（盘底），一边长而弯（盘面），呈 ✲（《拾》2.14 ✲ 字所从）状。

此外，如 ✲（豕，《粹》947）与 ✲（犬，《戬》41.6）之别在前者大腹垂尾，后者长身翘尾；✲（心，《乙》703）与 ✲（贝，《前》5.10.2）、✲（贝，《甲》777）之别在前者上大下小连成一体，后者则由两扇形接合而成；⚆（角，《前》4.35.3）与⚇（心，《乙》703）之别在前者窄长而上小下大，后者近乎等边三角形，上大下小而圆润自然；☽（月，《宁沪》1.427）与☾（肉，《乙》188）之别在前者外框之延伸可抱成圆形，后者外框的延伸则呈平行之状；𠀎（王，《乙》7064）与𡗜（立，《甲》1603）之别在前者上画平直，后者两手斜出；𡗜（立，《甲》1603）与𡗞（奎之省体，《前》4.50.8𡗞字所从）之别在前者两脚挺直，后者则呈弧形（当然，后者实际上是手铐的主体，而不是站立的两脚），等等，也都是以客观事物间的差异特征为依据确定区别标志的，都属近似形符客观区别性的范畴。

至于近似形符的主观区别性，是指造字时对近似形符的区别，不是从客观事物自身表现出来的差异中寻找，而是按照社会的习惯观念与思维方式，以人们的主观意志另行确定一种区别的标志。从现有材料分析看，这类标志一般都用在客观事物近似程度较高、而表现的线条又极简练的形体上面，其所加标志一般都极简单，或加点，或调整放置角度，或改变笔画形态，等等，不达成一定的默契，是无法得到准确的理解的。因此，这种近似形符的主观区别性，是以社会的约定俗成为基础的，它与主观随意性相排斥，而具有某种社会的规定性。因此，对它的研究，切忌随意臆测，这里不过想通过认真的形体分析，探求这种社会规定性的某些具体表现而已。

未与木、朱。木为树木，作 ✳（《甲》600）、✳（《燕》598）、✳（《明藏》442）等形；朱为株的本字，作 ✳（《珠》121）；未本义未明，从字形看，亦当与树木有关，其繁体作 ✳（《燕》165）、✳（《佚》70）、✳（《甲》3358反），其简体作 ✳（《佚》71）、✳（《前》7.20.3）、✳（《甲》182）者与木相近，作 ✳（《佚》256），✳（《后》1.12.8）者与朱相似，前辈学者对它们的确定，主要是据其处在干支字的位置上。而在前人确定的这些形体中，我们却可以发现一个共同特征，即未字无论繁简，其最上两笔均作上曲的弧形或方折形，与木、朱之作直笔上斜形成了明显的区别，绝少相混的。未字描写的也许是客观实体的形象，但木、朱并非不具有这一形象，把最上两笔的曲与直作为未与木、朱的区别标志，是人为的规定。

酉与畐。大抵是形制相近而又有别、作用不同的两种盛酒器。酉字的 ✳（《后》1.26.15）、✳（《乙》6718）、✳（《燕》4）与畐字的 ✳（《甲》3070）、✳（《师友》2.203）、✳（《前》4.23.8）等形体比较，这两种盛酒器的区别在甲骨文的写刻条件下似觉已难表现，只好在用作畐时加上一些笔画作标志以示区别，这种标志反映的，就是主观的区别性了。

匕与人、刀。甲骨文人字为人的侧视形，作 ✳（《甲》79），刀字亦刀之象形，作 ✳（《甲》3092），匕字多用为妣，取象未明，其形象的书写表现形式大抵介乎 ✳ 与 ✳ 之间，三字都只有两笔，形状又相似，很易相混，✳（牝，《后》1.25.1）的匕像刀，✳

(牝,《余》4.2)的匕像人,都属混同。⾏(牝,《粹》163)、⾏(牡,《甲》2489)、⾏(犲,《续》2.24.4)是有意识用倒书作为匕与刀、人区别的标志,⾏(匕,《甲》355)、⾏(匕,《撷续》113)以及⾏(牝,《戩》23.10)、⾏(牡,《甲》875)、⾏(狄,《宁沪》1.282)所从之⾏,则是在⾏之手上加点作区别标志;⾏(匕,《铁》80.2)、⾏(匕,《后》1.7.13),亦在⾏之周围加点作区别标志(此形旧释"介",以为"像人著介形",以八代表介胄)。疑当释匕,卜辞所言"多⾏"应即多妣)。这些,都是人为的区别,都是近似形符主观区别性的反映。

此外,如三(气,《前》7.36.2)与三(三,《前》6.2.3)以缩短中横为别;⾏(夕,《金》594)与⾏(月,出处同上,早期甲骨文以⾏为夕,以⾏为月,后期反是)以中间多加一竖为别;⾏(百,《林》1.8.13)与⾏(白,《甲》817)以中间多加一个折角为别;⾏(尤,《铁》81.1)与⾏(又,《甲》689)以最上一笔多加一点为别,等等,其区别的标志都是人为的、外加的,也都是近似形符主观区别性的反映。

近似形符的区别,属于主观性的也好,属于客观性的也好,都是客观存在的,只是有些已被我们所发现、所掌握,有些则还未被我们所发现、所掌握罢了。随着我们研究的不断深入,掌握的有关区别特征越来越多,对甲骨文的认识也将越来越清楚。将⾏(《佚》652)与⾏(《后》2.23.17)、⾏(《乙》1144)与⾏(《乙》4502)、⾏(《后》2.27.12)与⾏(《京都》775)、⾏(《乙》5086)与⾏(《京都》924)、⾏(《甲》2416 ⾏字所从)与⾏(《佚》422 ⾏字所从)、⾏(《甲》777)与⾏(《前》6.26.7)、⾏(《拾》12.3)与⾏(《前》4.16.7)、⾏(《乙》7549)与⾏(《前》7.4.2)、⾏(《京都》264)与⾏(《拾》7.13)、⾏(《粹》60)与⾏(《乙》6503)视为一字的混乱现象已经日渐减少,并且一定会越来越少。

(三)组合形符增减变换的随意性和组合方式的规定性

甲骨文既处在文字尚未定型的阶段,一字多形现象之普遍存在是十分自然的,不但一个形符可以有多种不同的写法,而且一个字内形符的组合情形,也允许有比较灵活的变化。这种变化,可以是相同形符的增减,也可以是相关形符的增减,甚至是不同形符的变换,款式还是比较多样的,而且增多增少、换这换那,有时还比较随意。

1. 相同形符增减的随意性

人符的增减,从字以人的前后相随会意,两人相随是从,三人甚至更多的人相随也是从,所以增减就较随便了,"有⾏雨"(《存》1.109)可以写作"有⾏雨"(《甲》2858);⾏(《后》2.35.1)可以写作⾏(《乙》1986);⾏(《佚》735)可以写作⾏(《粹》10),甚至可以以一人举旗行进去表示而写作⾏(《甲》2647)。

交符的增减，族字以交胫而立之人聚于旗下会意，族内之人不能尽画，只能写出代表，而代表则可多可少，因此可以写作⿱（《明藏》575），也可以写作⿱（《铁》93.1）。

木符的增减，春字以"屯"为声，而以春和日暖、万物滋生表意。代表万物滋生的树木可多可少，所以可以写作⿱（《铁》227.3），也可以写作⿱（《拾》7.5）或者⿱（《七》W.9）。

口符的增减，丧字以"桑"为声符，而以众口哀号表意。这个"众口"也是可多可少的，因此可以写作⿱（《粹》1027），也可以写作⿱（《戬》10.5）、⿱（《甲》907）或者⿱（《佚》549）、⿱（《佚》605）。

还有⿱（《甲》2034）之作⿱（《京津》4608）、⿱（《铁》2.4）之作⿱（《前》5.10.1）、⿱（《乙》1877）之作⿱（《前》7.26.3）、⿱（《前》5.17.5）之作⿱（《后》2.38.1）、⿱（《乙》4701）之作⿱（《乙》5382）等，都属此类。

2. 相关形符增减的随意性

遘，初文作⿱（《粹》728），像两鱼相遇，有的为进一步强调相遇的动作，增表动象的止而写成⿱（《甲》2409）；有的为强调其引申为人之遇于行道而增彳符写成⿱（《甲》2187）；有的兼取上述意思而综合写成⿱（《明藏》519）。

莫，暮的本字，一般写作⿱（《京都》2074）、⿱（《存》1.938），有的为取"日暮鸟投林"之意，增加鸟符作⿱（《辅仁》85）、⿱（《金》413），此两字《甲骨文编》隶作蔿，唐兰先生释莫，以"癸丑卜，行贞，翌甲寅毓祖乙岁，朝彤？兹用；贞⿱彤"（《库》1025）、"⿱出夕入，遘雨"（《屯南》2383）的辞例看，释莫是正确的。

执，像两手被手铐紧锁之形，一般作⿱（《前》5.36.4），也有加上头枷作⿱（《续》3.36.2）的，或者脖子上系上绳索作⿱（《邺》3下44.10）的，还有用力按下其头作⿱（《前》6.29.5）的。

还有⿱（《河》675）之作⿱（《邺》初下33.8）、⿱（《京津》3135）之作⿱（《库》1051）、⿱（《甲》366）之作⿱（《明藏》616）等，也属此类。

3. 义近形符变换的随意性

族，以人立旗下会意，最常见的形体是⿱（《甲》366），这个交胫站立之人，可以简化作一般的正立人形作⿱（《粹》1149），亦可以稍繁以示形象的⿱（《甲》2431）。

即，像跪坐的人就食之形。一般的写法是⿱（《甲》717）。有突出其张口就食而以⿱代⿱作⿱（《合集》29706）的，有将皀换为鬲作⿱（《甲》608），还有将皀换为鼎作⿱（《京津》4364）的。

逐，追逐野兽的行动。因为所逐不限于何种野兽，所以既可写作⿱（《甲》3339），也可写作⿱（《后》2.33.1），还可以写作⿱（《拾》6.8）、⿱（《铁》45.3）、⿱（《存》

1.1916）等。此外，🔣（《前》6.48.1）及其或体🔣（《佚》993）、🔣（《京都》366A）、🔣（《掇》1.244）等与🔣（《甲》2270）、🔣（《天》60）大抵亦属此类关系，并疑当释"离"。

炆，投人于火上，焚烧以祈雨的一种祭祀。🔣、🔣都可以是代表人体的形符，因此，既可以从交写作🔣（《粹》654），亦可以从文写作🔣（《前》6.21.5）、🔣（《甲》637），后两形《甲骨文编》隶作炆，按辞例，当并释为炆。另外，大字亦代表人形，因要用于"赤"字，故别。

还有🔣（《后》2.3.8）之作🔣（《库》1025）、🔣（《前》4.23.5）之作🔣（《前》6.16.1）、🔣（《珠》383）之作🔣（《燕》29，《甲骨文编》收入《附录》上1，从文例与字形分析看都应与卷二🔣为一字）、🔣（《乙》64）之作🔣（《佚》188，《甲骨文编》收入《附录》上70，🔣似为"窗"之大略描写，与🔣同意，以释"明"为是）、🔣（《戬》12.7）之作🔣（《存》2.45）、🔣（《菁》3.1）之作🔣（《粹》15）等，也当属此类。

4. 以不同取意角度变换形符的随意性

阱，为挖阱陷鹿与麋一类动物的一种狩猎方法，其描写鹿、麋即将陷落的可以从井写作🔣（《前》6.3.5）、🔣（《林》2.14.16），描写其已经陷落的则可以从🔣写作🔣（《前》6.41.4）、🔣（《前》6.41.1）。

妈，妇人分娩，生得男为妈，生得女为不妈，强调男婴为母亲所生，可以从女作🔣（《甲》3000，🔣即力，亦即犁，因为男子所专用，故成为男子之象征），若强调所生婴孩为男性，则可从子作🔣（《林》1.23.18）。

疾，有🔣（《乙》2203，"有疾齿"）、🔣（《乙》64，"疾目，不丧明"）两形，前者以人躺床上冒汗会意，后者以人着箭矢会意，原先或许有兵伤与生病之别，但甲骨文已混用，把它理解为从不同取意角度变换形符也可说得过去。另外，🔣（《乙》32）之作🔣（《乙》60）、🔣（《乙》64）之作🔣（《后》2.20.16）等也当属此类。

应该指出的是，第3、4两项形符变换，都是有条件的，分析甲骨文字时，既要看到有这种变换的可能性，又要注意到变换的条件性，不可将它用得过滥，有关义近形符变换的条件问题，拙作《古文字义近形旁通用条件的探讨》一文已作过论述，这里不再重复了。

除了组合形符增减变换的随意性之外，甲骨文中还有形符组合方式的规定性与之相制约。

由图画发展而来的文字，越接近于原始阶段，其直观性、图绘性也越强，人们对文字的使用和认识，更多的是依赖于直观的形象，而不是记诵构字的偏旁。因此，在早期文字中，人们的偏旁意识一般不会很强，某些形符的增减变换并不一定显得十分重要，怎样才能用直观的形象使人易于理解它所表达的内容才是最关键的。正是这一关键的制约，才使早期汉字不致变得过分庞杂和混乱，也正是这一制约在甲骨文中的遗留，才使我们今天对它的重新认识能有可靠的依据。了解这一制约的具体情形，即了解早期文字的形符组合方式的规定性，对我们的甲骨文字研究来说，是有重要意义的。

甲骨文形符组合方式的规定性，首先表现为会意字的图画式结合，表现为形符组合的方向、位置的严格安排。比如：

"好"字。由女与子两个形符组成，女旁可以在左，如⿰（《林》1.23.6），也可以在右，如⿰（《佚》506），但女字一定得面向子，否则，表达的就可能是另一种感情了。

"既"字。取意是饮食完毕，其表达方式主要是口与食器相背，只要不违反这一原则，从"旡"作⿰（《甲》3758）或者从"欠"作⿰（《乙》2093），甚至带两个"旡"作⿰（《前》4.22.8）都无伤大雅，但如果违反这一原则，将⿰写成⿰（《合集》29706）就成"即"字，将⿰写成⿰（《前》1.36.3）就成"飨"字，意思就完全相反了。

"𠬝"字。为降服的"服"的本字，一般写作⿰（《后》1.21.10），是从后面将跪着的人的头往下按，取逼其降服之意。如果按头的手从前面来，写成⿰（《后》2.5.14），就变成往前额打印的"印"字了。

"及"字。一般写作⿰（《甲》209），是以一人前行，一人在后用手捉拿，会追及之意的。如果把往前行的人形转过身来，或者将后面伸来的手写到前面，写成⿰（《后》2.35.1），就会变成"反"字了。

"丞"字。是拯救的"拯"的本字，一般写作⿰（《铁》171.3），是用双手把陷在阱中的人拯救出来的形象，如果离开陷阱（⊔）便反映不出拯救的意思，如果将救援的双手从上拉改为由下向上托起而写成⿰（《京津》1110），就会变为承受与奉承的"承"字了。

"毓"字。是生育的"育"的本字，⿰（《前》2.24.3）、⿰（《林》1.21.1）、⿰（《粹》237）、⿰（《前》1.30.5）、⿰（《京津》2064）均为妇人产子之形象，组合的最重要因素是子在臀下，只要符合这一原则，从母或从女、从人，从子或从倒子，都没有多大问题；如果违反了这一原则，把⿰的⿰向左上移便会变成⿰（好，《粹》1229），把⿰的⿰与⿰拉平便会变成⿰（仔，《珠》524）。

"伐"字，以戈加人颈会砍伐之意。一般写作⿰（《后》1.22.1），或省作⿰（《续》3.11.3），也有写作⿰（《京都》3053）的，但无论怎样变化，戈都一定要砍在人的脖子上，稍为将人写低一点，如写作⿰（《后》2.13.5）就变成"戍"字了。

"宿"字。以人躺席上会意，一般写作⿰（《甲》921），或增房子作⿰（《粹》970），其要求是人的整体与席子要同一水平方向并且很接近的位置上，如果人与席子处在两个相交的平面上，那就不一定是住宿，而可能是在席子上工作了。比如🔳（《乙》3472）、🔳（《乙》7193）诸形，都是跪坐席上的形象，可能与祭祀或迎迓之事有关，《甲骨文编》以为"像人宿于席上"，实在是一种误会，因此，各类字书把🔳、🔳并释为宿字异体是错误的。

"叙"字。为以手持木于示前作祭之象，一般写作🔳（《前》6.9.7），或增又作🔳（《明藏》650），也有省又作🔳（《河》472）的，以手持木之意，大抵在将它扶正、树直，所以，木是不能平放的。平放写成🔳（《京都》1869）若🔳（《余》12.2），便为木柴积累之形，为另一种祭祀方法了（🔳与🔳诸形，以辞例析之，疑为燎字异构）。扶木之手也不能改向下，如写成🔳（《甲》2774），则上半便成两手拔木之形，整个字也就变成"拔"字了。

此外，🔳（《后》2.21.4）与🔳（《乙》8756）、🔳（《清晖》82）与🔳（《续》5.5.6）、🔳（《宁沪》3.86）与🔳（《后》2.432）和🔳（《存》78）、🔳（《铁》128.2）与🔳（《铁》14.1）、🔳（《后》2.11.9）与🔳（《甲》436）、🔳（《续》1.40.6）与🔳（《前》6.61.2）等字之间的区别，也是很值得我们研究的。

甲骨文形符组合方式的规定性，还表现为当时的某些思想观念和习惯意识影响给文字造成的一些规范要求。比如：

🔳（《前》1.32.6）、🔳（《乙》3558）、🔳（《续》2.18.8）、🔳（《后》2.4.4）、🔳（《珠》34）、🔳（《铁》59.3）等形体与🔳（《铁》107.3）、🔳（《乙》2235）、🔳（《前》6.41.4）、🔳（《乙》8716）等形体，从字形结构上看，都是动物或人陷入坑中的形象，看不出很大的不同，但从卜辞的用法上看，前一组与后一组却有明显区别，前者多为用牲之法，一般释为"埋"；后者则是狩猎方法或人不小心陷入坑中之意，一般将从鹿、麋、麂者释为"阱"，而将从人者释为"陷"。为什么🔳与🔳可以并释为"逐"，🔳与🔳不可以并释为"埋"或者并释为"阱"呢？我们今天的考释是从辞例上推测出来的，而在使用这些文字的当时，则是表现为习惯意识的影响。从卜辞中我们可以看到，用于沉、埋的牺牲一般都限于牛、羊、豕、犬，鹿、麋、麂等是从不用作沉埋的牺牲的，因此，沉、埋字只能从牛、或羊、豕、犬，而不能用鹿、麋、麂。这一"规定"，很可能与某种信仰有关，但起码可以反映出当时的一种社会习惯，这是没有问题的。至于有关人的几个字，站着的人（🔳）与跪着的人（🔳）往往反映出两种不同的身份，🔳与反缚双手的🔳之陷入坑中，自然不是偶然的陷落，而是被埋的牺牲了，这些字形也可以说是当时某些习惯观念的反映吧。

"追""逐""途"三字，殷墟甲骨文一律从止作🔳（《铁》97.4）与🔳（《甲》3339）、🔳（《乙》3401），未见从辵的。为什么遣字可以从止作🔳（《甲》2409），也可以从辵作🔳（《明藏》519），而且金文除"途"字未见外，"追""逐"也都可以从辵，

而写作 ⽟（《矢方鼎》）与 ⽟（《逐鼎》），甚至周原甲骨的"追"字都可以写成 ⽟（《周甲》47），唯独殷墟甲骨不行呢？这里面也反映出，商人的"追""逐""途"等观念，与周人以及周以后各代有不尽相同的地方。对当时的文字构成是有着某种规定性的。

有关这方面的问题，目前认识还不多。因为我们今天的思想观念、习惯意识与商代已有很大的不同，那些在当时的人看来很平常、很自然的思想观念和习惯意识的影响给文字造成的规范要求，我们并不那么容易发现和了解。但只要我们作认真深入的研究，通过进一步的字形分析、辞例比较，并与考古学、历史学的研究相结合，相信将来是会发现一些问题，取得更深入的了解和认识的。

（本文曾于1988年中国古文字研究会第七届年会上宣读，原载中华书局2000年出版的《古文字研究》第二十辑）

金文形符系统特征的探讨

　　金文是和甲骨文一脉相承的。金文的形符一般都由甲骨文因袭而来，但随着历史的发展，它们都不可避免地会发生一些新的变化，产生一些新的特点，并在整体形象和构成方式等方面形成自己独特的系统。深入考察这一系统的变化和特征，对于进一步认识文字结构和演变规律、提高古文字考释与研究水平，将会有积极的作用。本文即拟在《甲骨文形符系统特征的探讨》一文的基础上，通过金文与甲骨文的形符系统比较，求得对金文形符系统特征的初步认识。兹述之如下。

（一）表示同一意义的形符多体现象仍然存在，但统一趋势已十分明显

1. 甲骨文中因观察角度与侧重点不同造成的多体现象，在金文中已渐趋消失

　　因观察角度与侧重点不同造成的多体，外形上往往有较大的差异，让其并存只能增加认记的负担，所以金文中对这类异体的删除是比较坚决的。比如奚之作㸔、身之作㠯、骨之作吕、象之作㐭①、伐之作㐬、天之作㝬②、元之作㐱等，都比较一致，表现出明显的统一趋势。

2. 甲骨文中因书写形式自由造成的多体现象，在金文中仍然存在，但已大大减少

　　金文的书写形式仍然是十分自由的。横写与竖写互作，正书与反书、倒书并行的现象也还存在。不过，横写与竖写互作，一般多限于车、舟、目等几个有由横写为基本形态转变为竖写为基本形态过程的形符，不仅例子不多，而且往往时代都比较早；而父写作㐱（《兮吉父簋》）、友写作㠯（《友簋》）、乍写作㐬（《伯矩卣》）一类倒书例，在大量的铭文中实际上也属难逢难遇的个别现象；至于较常出现的反书，虽然散见于多类形

---

　　① 金文象字除了㐭之外，见于为字所从的，还有其他一些形体，但从对象描写的角度看，并不区别。
　　② 金文天字除了㝬之外，尚有㝬、㝬等形体，但㝬是西周中期以后对肥笔改造的结果，㝬是春秋战国时字上多加饰画的习惯所致，均与㝬一脉相承，而与甲骨文之㝬取意有别。

符，但从下表（统计仅以《甲骨文编》和《金文编》所收的独体字为限）的比较中，我们不难看出，金文中反书出现的频率确比甲骨文的低得多，统一的趋势也是十分明显的。

字例	甲骨文		金文	
	正	反	正	反
![]	7	11	39	3
![]	19	4	72	7
![]	9	14	49	3
![]	44	22	114	3

3. 和甲骨文一样，金文因描写详略和写刻习惯不同而造成多体的现象也十分普遍，不同的是，金文中的这种多体现象，大多有一定的阶段性或地域性

应该指出，对于甲骨文中因写刻习惯与描写详略不同所造成的多体现象，金文是有所克服的。因受甲骨契刻难于表现肥笔及弧曲线条所导致的多体现象的影响而造成的 吉 写作 吉（《散簋》）、正 写作 足（《卫簋》）一类情形已得到有效的控制；"广"继承 ㄚ（《乙》5311）删除 ㄐ、ㄐ、ㄏ 而统一于 广（《休盘》），"无"继承 ㄓ（《拾》11.15）删除 ㄔ、ㄒ、ㄒ、ㄓ 而统一于 㐬（《无忧卣》），"东"继承 束（《甲》272）删除 束、束、束、束 而统一于 束（《明公尊》），"虎"继承 虎（《菁》10.13）删除 虎、虎、虎 而统一于 虎（《大师虘簋》），等等，都是这方面极好的说明。

但是，统一之后又会有新的分化。金文通行时间长、流布地域广，不同时期、不同的地域会有很多不同的习惯和要求，文字受这些不同的习惯和要求的影响，不发生新的变化、不产生新的分歧，是不符合事物发展规律的。从 ㄏ 到 ㄏ，变化不可谓不大；从 ㄓ 到 ㄓ、ㄓ，变体不可谓不多。而 ㄏ 行于商末至春秋前期，ㄏ 行于春秋后期，ㄏ 行于战国；ㄓ 为西周至战国多数地区的通行形式，ㄓ 为齐、鲁、薛、铸地区的通行形式，ㄓ 为中山的通行形式，却又有明确的时间与地域界限。从商末到战国这历史长河与中央到四夷这一广大地域的整体看，金文因写刻习惯不同而造成多体的现象是十分普遍的，但从某一时段、某一区域的局部上看，统一的程度又是相当高的。显然，金文已经处在文字发展的较成熟阶段，变化已经有较高程度的自觉意识支配，不再是杂乱无章的了。有关金文的时代、地域特征，张振林《试论铜器铭文形式上的时代标记》一文已有详细论述，这里就从略了。

（二）旧的近似形符得到有意识的改造，但新的近似形符也在不知不觉中产生

1. 旧的近似形符的改造

金文对旧的近似形符的改造，主要从扩大近似形符的主观区别及同化近似形符两方面进行。扩大近似形符的主观区别的做法是：

（1）加强主观选择。不少近似形符都有多种形体，选择差别最大的，删除差别少的，是扩大近似形符区别性的最简单易行的办法。比如羸、龙两字，甲骨文的 ◇（《甲》1632）与 ◇（《前》6.46.2）、◇（《乙》6412）与 ◇（《甲》2418）均以尾巴内卷与翻腾起伏为别，仅仅如此，区别尚不太明显，金文有意识地选取羸的复线形式 ◇（《伯卫父盉》"羸"字所从）和龙的单线形式 ◇（《昶仲无龙鬲》），差别就突出了。矢字删除与 ◇（交）相近的 ◇ 而选择了 ◇，望字删除与 ◇（见）相近的 ◇ 而选择了 ◇，等等，即属此类。

（2）夸张区别特征。再近似的形符之间都是有区别的，不过区别的特征不明显罢了。抓住近似形符的区别特征，加以主观的夸张，是扩大近似形符区别的又一简单易行的办法。比如"心""贝"两字，甲骨文 ◇（《乙》703）与 ◇（《甲》777）之别，仅在前者上大下小连成一体而后者由两扇形接合而成，很易混淆。金文着意夸大 ◇ 的上大部分而成 ◇（《墙盘》），差别也就突出来了。将两长画夹一短画的 ≡（气）的两长画夸张为转向延伸的 ◇（《洹子孟姜壶》）以扩大与三画齐平的 ≡（三）的区别，将牛尾涤器 ◇（聿）的短毛夸张为向两边竖起的 ◇（《中山王方壶》"尽"字所从）① 以扩大与笔毛下垂的 ◇（聿）的区别，即属此类。

（3）增加区别符号。这类做法甲骨文中已经使用，不过金文的区别符号更加明确，使用范围更大而已。比如鬲、鬶两字，虽然 ◇（《吕王鬲》）为独体，◇（《矢簋》）由下鬲上锅组成，但两者仍易混淆，右旁加上区别标志 ◇ 作 ◇（《鬶攸比鼎》），区别就明显了。◇（火）旁加点作 ◇ 而与 ◇（山）相区别，◇（叶）旁加 ◇ 作 ◇（《录尊》）而与 ◇（古）相区别，工（壬）中加点作 ◇（《竞簋》）而与 工（工）相区别，等等，即属此类。

（4）规定区别方向。直至小篆为止，左右两字都是靠方向区别的，不过，这种方

---

① 尽字甲骨文中作 ◇（《前》1.44.6）、◇（《后》2.13.10），金文作 ◇（《中山王方壶》），均以手持牛尾涤器洗涤器皿会皿内物尽之意，所持涤器与《中山王兆域图》◇ 字所从之 ◇ 形同，当即《说文》之 ◇，《说文》以为笔饰，误。

向区别是客观事物本身存在的，不是主观规定的。从主观上对某些近似形符的放置方向作出规定，也是扩大近似形符间的区别的有效措施之一。不过，甲骨、金文中正书与反书每多不别，采用这种做法的还不多。金文中人多作 ⟨图⟩（左向），匕多作 ⟨图⟩（右向），作偏旁时尤少例外，应该算是这种做法的一例了。

近似形符的同化，是既使汉字的形符种类得到精简，又使形符近似所引起的混乱得以控制的好办法。同化一般有两种类型：

（1）直接的同化。即不需附加任何标记的同化，主要见于合体字的偏旁。比如 ⟨图⟩（牧，《牧公簋》）之作 ⟨图⟩（《柳鼎》），牧牛的鞭子 ⟨图⟩（或作 ⟨图⟩）同化为击物的棍子；甲骨文 ⟨图⟩（告，《甲》692）所从之 ⟨图⟩（或作 ⟨图⟩、⟨图⟩）与 ⟨图⟩（牛，《甲》2916）有别，金文牛作 ⟨图⟩（《舀鼎》），告作 ⟨图⟩（《舀鼎》），均同化为 ⟨图⟩，等等，都是直接的同化。⟨图⟩（簋，《颂簋》）手持的当为取物的匕，⟨图⟩（段，《段簋》）手持的当为打石的锤，而都同化为 ⟨图⟩，当亦属此类。

（2）有标记的同化，即一种形符同化为另一种形符时，需要附加某种标记的，主要见于独体出现的形符。甲骨文中 ⟨图⟩（鸡）之作 ⟨图⟩ 是加声符 ⟨图⟩（奚）而同化为 ⟨图⟩（隹），金文中 ⟨图⟩（罴，《沈子它簋》）之作 ⟨图⟩（《墙盘》）① 是加区别符号 ⟨图⟩ 而同化为 ⟨图⟩（能），都属有标记的同化。

2. 新的近似形符的产生

金文在改造旧的近似形符方面确实做出了不少成绩，但在金文自身的发展中，一些新的近似形符也在不知不觉中产生了。

甲骨文中，叶作 ⟨图⟩（《续》3.26.3）、古作 ⟨图⟩（《甲》1839），区别显然。金文有条件将瘦笔变为肥笔，将空廓填实，叶写成 ⟨图⟩（《遇甗》），古写成 ⟨图⟩（《盂鼎》），两者就变得十分近似，需要在叶旁增加 ⟨图⟩ 符作 ⟨图⟩（《录尊》）以示区别了。

甲骨文中，人作 ⟨图⟩（《甲》2940）、子作 ⟨图⟩（《前》7.14.2），区别显然。金文中有突出人的形象描写而作 ⟨图⟩ 的，也有将 ⟨图⟩ 的空廓填实而作 ⟨图⟩ 的，两者就十分近似了。不少字书将 ⟨图⟩（旅，《甲》2647）之形象描写的 ⟨图⟩（《旅簋》）与 ⟨图⟩（《仲游父鼎》）一起收作"游"，就是被这一形近现象迷惑了。②

此外，金文自身的发展还使得 ⟨图⟩ 与 ⟨图⟩、⟨图⟩ 与 ⟨图⟩、⟨图⟩ 与 ⟨图⟩、⟨图⟩ 与 ⟨图⟩ 等本来并不近似的形符变得易于混淆，因为拙文《古文字中的形体讹变》已有论述，这里就从略了。

---

① ⟨图⟩（《沈子它簋》）与 ⟨图⟩（《墙盘》），唐兰并释为魌，一读为庀，一读为批。与《说文》罴字古文 ⟨图⟩ 对比观之，当以释罴为妥。

② 金文 ⟨图⟩、⟨图⟩、⟨图⟩、⟨图⟩ 均为独字铭，⟨图⟩卣铭为"冉△"，⟨图⟩爵铭为"△父己"，⟨图⟩鼎铭为"日戊△"，字形从扩从人，与甲骨文旅字或体 ⟨图⟩ 同，文例亦以释为旅为妥。

（三）组合形符增减变换的随意性仍然存在，
但已有所控制，并且一般都表现出较强的主观意识

1. 相同形符增减的随意性已大大减少

甲骨文中相同形符增减的随意性较大的一些字，在金文中都有较明显的统一倾向。❀（《番生簋》）之从犮，❀（《舀鼎》）之从州，❀（《栾书缶》）之从草、❀（《毛公鼎》）之从品，都比较一致。甲骨文中最为混乱的草与艸，在金文中除了❀（《楚簋》）、❀（《夆莫父卣》）、❀（《曾姬无卹壶》）三例外，都分用整然。尽管❀（《毛公鼎》）又作❀（《燮簋》）、❀（《此簋》）又作❀（《伯晨鼎》）等现象仍然存在，但总的来说，这种随意性已得到较大程度的控制了。

2. 相关形符增减的随意性仍然存在，但有明显的主观意识影响

金文中，❀没有甲骨文那种增加鸟符的写法，❀也没有甲骨文那种头上带枷或者颈上加索的形体，应该说对相关形符的增减还是有所控制的。不过，从金文整体分析看，使用文字的人（尤其是战国时代）以主观意识影响文字构成的做法是相当普遍的，影响所及，形符增减变换的随意性也就增大了。

❀（哲，《师望鼎》）是从心折声的形声字，❀（《克鼎》）与❀（《墙盘》）于从心折声之外尚添一目，即示心明还要眼亮之意。

❀（威，《前》6.26.7，金文作❀、❀、❀），以女持戈（或戌、戊，均兵器）会意，与❀（义，《甲》3445）之以兵器上加毛饰的取意一样，原都只有仪仗之义，而无威慑之意（威慑义商周均以"鬼执仗"的❀为之），蔡侯盘威字作❀，女子头上加爪执之，显然其时❀、❀混用，在字的形构上也要给威字赋予威慑的意义了。

此外，❀（铸）或作❀，或作❀、❀、❀、❀；❀（眉）或作❀、❀，或作❀、❀、❀、❀；❀（盨）或作❀、❀，或作❀、❀，其增繁与简省都在不同程度上反映出书写者的主观意识。

顺带提一下，形符增减的随意性是有一定限度的，当一些字的简省涉及关键部位或增加导致字义的改变的时候，它就可能变成另一个字了。比如❀字，中间的指事符号是表达字义的关键部位，是不能省的，没有这个指事符号的❀（《犷妇鼎》）就只能是犷，即斨的初文，不少人把它释为"中"，是不恰当的。又比如❀（《癞钟》）字，所有辞例都用如"爽"，与"丧"义迥别，❀的加入，从驱走颓丧之气角度理解也好，从走路爽快角度理解也好，都使"丧"字字义有所改变，而与"爽"字字义相合，应为从走丧声的形声字，乃"爽"字异构，一些字书将它隶于"丧"字条下，也是不恰当的。

3. 义近形符的变换既有节制，亦有发展，并多受主观意识影响

甲骨文中义近形符变换的随意性，在周初金文中如何受到制约，到春秋战国又如何

复兴发展，这在拙作《古文字义近形旁通用条件的探讨》中已作过分析，在此不再详述。这里想着重谈一下的，是有关义近形符变换方面常被误解的以及未充分利用的一些问题。

长期以来，人们都把 ᔨ、ᔥ、ᔦ 甚至 ᔧ 看作是义近可通的形符，其实，在《甲骨文编》与《金文编》所收字中，除了"启"字之外，商及西周均无上述四形通用之例。至于启字，《金文编》所录，虽有从又、从攴、从戈三种形体，而考其文例，则各不相同：从又者自成一系；从攴者与"肇"字相仿（春秋战国器例外）；从戈者与"肇"字相同。① 显然，从口与从聿还未成为区别它们的标志，从又与从攴或从戈才是区别它们的关键。𠬠（《叔氏钟》）、𢻻（《攸簋》，当释肇）、𢼳（《虢叔钟》，当释肇）应该分属又、攴、戈三部，商及西周时期，三部是不相通的。春秋战国时期一些从又的字改从攴，如𠬠之作𢻻（《中山王大鼎》）、𢻻（《墙盘》）之作𢼳（《驫羌钟》），从攴的字改从戈，如𢼳（《秦王钟》）之作𢼳（《中山王大鼎》）等，原因何在，尚有待进一步的研究。

此外，𢼳（《师寰簋》）、𢼳（《多友鼎》）均与驱字古文𢼳同形，各家每从文例判定其"义与驱同"，其为驱字异体无疑，但各种字书都还将它们隶于音、义俱别的"殴"字条下，就是误解了攴与殳的关系造成的，应予改正。

上述两例是误解通用而错释的，另有一些是不明通用而漏释的，比如：

𦾔（《鄂君启节》），诸家或释茂，或释哉，或隶作𦾔而读为哉，实为栽字异体。铭云："王处于𦾔郢之游宫。"《金文编》谓"愨固墓楚简𦾔郢又作栽郢"，𦾔与栽的关系似有通假字与异体字两种可能，而从构字原理看，在栽种行为上，草与木是可以通用的，释为栽字异体，正合道理。

𢼳（《孟哉父壶》），诸家均隶作𢼳，无说。实为"哉"字异体。口、言两形符在与说话有关的字中是可以通用的，𢼳 又作 𢼳（均见《儳匜》），𢼳（《邾公牼钟》）又作 𢼳（《中山王方壶》）即其例。《说文》"哉，言之间也"，改从口为从言，义更明确，𢼳为哉字异体，应该是可信的。

4. 以不同取意角度变换形符的随意性更加突出

金文中，书者主观意识的反映甚为强烈，以不同取意角度变换形符的做法十分随便，由此而造成的一字多形现象十分普遍。比如：

---

① 金文 𠬠 除作人名外，均作"广启某身"形式："广启厥孙子于下"（《番生簋》）、"广启朕身"（《通录钟》），"广启禹身"（《叔向簋》）。"用广启士父身"（《士父钟》），而此类文例均无从攴、从戈作者。金文 𢻻 文例多作"肇帅井……"形式："望肇帅井皇考"（《师望鼎》）、"余小子司朕皇考，肇帅井先文祖"（《叔向簋》）、"余小子肇帅井朕皇祖考懿德"（《单伯钟》）、"梁其肇帅井皇祖考"（《辅伯鼎》），此类文例全无从又、从攴。《虢叔钟》𢼳字句云："旅敢𢼳帅井皇考威仪。"与肇字文例同。至于𢼳字，唐兰在考释《攸簋》时就已作过"启（肇）乍（作）䋊"的处理，其字当与"肇"为一系，也是没有问题的。

�，甲骨文作◯（《粹》577）若◯（《前》5.39.3），像以手持杖打麦之意，义为福、祝福。金文除保留◯（《师𩛥鼎》）、◯（《师嫠簋》）两体之外，尚有多种变体：强调多财多福者从贝作◯（《克鼎》）；强调居室田产者从里作◯（《善夫克鼎》）；强调多子多福者从子作◯（《墙盘》）。

造，本作◯（《颂鼎》），为从宀告声之形声字，舟置宀内，即取屋内造舟之意。金文中变体亦甚多：强调造之行动者从辵作◯（《颂簋》）若◯（《元戟》）；突出加工的原料者从金作◯（《曹公子戈》）；突出所造为戈者从戈作◯（《高密戈》）；还有描写制造过程而从穴从火的◯（《公孙造戈》）；等等。

此外，如◯（登，《复公子簋》）为从癶◯（灯字初文）① 声的形声字，强调登高用足，故从癶，其或体◯（《班簋》）则强调登为向高处攀登的行为，故从阜；◯（附，《中山王方壶》）强调为臣附于君而从臣；◯（贤，《中山王方壶》）强调为贤良臣子而从子；等等。反映主观意识影响的字在金文中是随处可见的。

（四）甲骨文中形符间的图画组合方式日渐减弱，偏旁意识日益增强

文字是由图画发展而来的，所以早期文字一般都有较浓的图绘色彩。但随着文字的发展，它又必然是图绘性越来越弱，符号性越来越强的。金文的◯（女，《齐侯盘》）只作为代表女人的符号，已无复◯（《铁》164.1）那种妇人跽坐的形象；◯（好，《蔡侯盘》）只作为代表女人的符号与代表小孩的符号的组合，已不必像◯（《佚》506）或◯（《林》1.26.3）那样女字一定要面向子；◯（毓，《邵仲钟》）也只作为女、㐬的组合，而无需像◯（《前》2.24.3）那样子必定要在母的臀下了。甲骨文向金文的发展，正好反映了图绘性减弱、符号性增强这一文字演变的规律。

文字构成跳出了图画式的直观表达的框框，表现的手段必定更加丰富，表现对象必然更加广泛、深入、细腻。金文中一些新生偏旁的日渐形成，偏旁分工的日渐精细，形声字的日益增多，都是偏旁意识增强和文字进步的极好说明。

一些偏旁的分化，比如穴旁之从宀旁分化出来，变动不会很大，但起码表意更加细腻、准确了。窥字甲骨文作◯（《铁》44.3），从宀从望，屋中外望，有窥视之意，但

---

① 甲骨文◯（《前》5.2.3）、◯（《甲》353）诸形及金文之◯（《𠦪父丁觯》）、◯（《邓孟壶》）、◯（《邓公簋》）等并当释灯，因与豆形近，故加◯以示区别。邓公簋是借◯（灯）为邓，登是从癶◯（灯）声。

不很明显；金文作🅰（《伯窥父盨》），从穴从见，穴中窥视之意，明白如画。① 至于走旁之从彳旁分化出来，言旁之从口旁分化出来，音旁又从言旁分化出来，还有心旁、金旁的形成等，以及由这些新分化出来、新形成起来的偏旁产生出来的大量形声字，其进步意义就更不用说了。

（本文曾于1990年中国古文字研究会第八届年会上宣读，原载艺文印书馆2003年出版的《中国文字》新二十九期）

---

① 甲骨文🅰，诸家多隶作寬，金文🅱，诸家多隶作寬，以《古文四声韵》所录《王存乂切韵》窥字古文🅲例之，则🅰、🅱均当释窥。

战国文字形符系统特征的探讨

战国文字是由殷商甲骨文、西周和春秋金文发展而来的。尽管受时间、地域、品类等不同因素的影响，战国文字的形体与商、周的甲骨文、金文之间表现出较大的差异，其内部也表现出很多国别间的分歧，但各国文字既能在频繁的政治、经济活动中广泛交流，并且都由较统一的西周金文发展而来，在秦统一后不久又能很快地统一到秦篆中去，说明无论从纵的（战国文字与商、周的甲骨文、金文比较）抑或横的（战国文字中各国文字间比较）方面看，它们共通的东西还是主要的。抓住共通的东西这个纲，深入挖掘表现它们之间的差异的一些特征，对于进一步认识文字结构和演变规律，提高古文字考释与研究水平来说，是十分重要的。近年已有不少学者从事这方面的工作，并且作出了许多有益的贡献，本文只是在他们研究的基础上，顺着拙作《甲骨文形符系统特征的探讨》《金文形符系统特征的探讨》的思路，做一些归纳整理，并补充一点看法而已。

（一）表示同一意义的形符多体现象的复活

甲骨文的形符多体现象在西周金文中本已在很大程度上得到了克服，但到了战国，却又死灰复燃，并有了新的发展。

1. 诸侯割据造成的形符多体现象

诸侯割据的局面，使各国的政治、经济、文化都得到自由的发展，文字的演变蒙上地方色彩，各国文字间出现异形现象是很自然的。比如"市"字有 ᐩ（秦）、ᐩ（楚）、ᐩ（齐）、ᐩ（燕）、ᐩ（晋）的分歧，"者"旁有 ᐩ（秦）、ᐩ（楚）、ᐩ（齐）、ᐩ（燕）、ᐩ（晋）的差异，"隹"三晋写作 ᐩ，楚人写作 ᐩ，燕人把"中"字写作 ᐩ，等等，① 已多见前人论述。

---

① 字例引自裘锡圭《文字学概要》。

这种异形现象，确实会给我们的考释工作带来很大的麻烦。好在近年学者们的深入研究已经识出了不少奇异的形体，而且就整体来说，像上面这样典型的异形现象尚属少数，一般都以"马"字作 ◯（齐）又作 ◯（楚）、◯（燕）、◯（晋），"皇"字作 ◯（齐）又作 ◯（蔡）、◯（徐）、◯（郦）一类大同小异的为多，对文字的考释工作不会造成太大的干扰。

此外，品类繁多也是战国文字区别于前代文字的一大特点。不同的品类，由于写刻条件的不同，也会造成形体差异的。比如玺印经营范围小，一般收得较紧，线条以直笔居多，如犬之作 ◯、◯，宀之作 ◯，皿之作 ◯、◯ 等；简帛手写随意，一般较开放，多见弧曲线条，如犬之作 ◯、◯，宀之作 ◯，皿之作 ◯、◯ 等；金文由于制作时间充裕，伸展范围又大，既可以吸收简帛，又可以效法玺印，更可以别出心裁，如犬之作 ◯，皿之作 ◯ 等。不过，它也如诸侯割据造成的形符多体现象一样，大多有迹可循，且前人已多论述，这里就从略了。

2. 简化方式不同造成的形符多体现象

战国时期政治、经济、文化的剧烈变革使文字的应用日益广泛与频繁，对文字的简化也提出了越来越高的要求，而简化的方式本身就是多种多样的：

◯（《侯马》156：20）之作 ◯（《中山王大鼎》）、◯（《玺汇》5207），◯（《玺汇》1020）之作 ◯（《玺汇》0965），◯（《玺汇》5427）之作 ◯（《玺汇》4661）、◯（《玺汇》4660）、◯（《玺汇》5487）、◯（《玺汇》5283）、◯（《玺汇》0236）① 等，是个别笔画的简化。

◯（《禺邗王壶》）之作 ◯（东周《左师壶》）、◯（《玺文》②）之作 ◯（《玺汇》2647）、◯（《侯马》1：104）之作 ◯（《上乐鼎》）、◯（《玺汇》4922）之作 ◯（《玺汇》4999）、◯（《说文》古文）之作 ◯（《玺汇》0363），③ 是借助省体符号的简化。

◯（《江陵楚简》）之作 ◯（《信阳楚简》）、◯（《禺邗王壶》）之作 ◯（《铸客鼎》）、◯（《陈公子甗》）之作 ◯（《玺汇》1097）等，是不借助任何标志的截除式简化。

◯（《王孙钟》）之作 ◯（《玺汇》4663）、◯（《子作弄鸟》）之作 ◯（《十六年喜

---

① 《古玺汇编》于4660、4661、4662均释为"言身"两字，实际应是从言身声的一个形声字，即今日的信字，当以列为单字玺为妥。◯字◯旁实由身简化而来，《说文》"人言为信"的信字所从之人，当由 ◯ 变化而来。

② 引自徐中舒《汉语古文字字形表》。

③ 《汗简》中之二"山"部下收华岳碑岳字古文作 ◯，与 ◯ 形近，◯ 亦当释岳。

令戟》凤字所从)、🔲(《栾书缶》)之作🔲(《酓忎鼎》铜字所从)、🔲(《侯马》67：1)之作🔲(《中山》东库7)等，是保留轮廓式的简化。

由于使用文字的人多，而简化方式又无法统一规划，大家亦乐得各施各法：🔲(《王孙钟》)仅用保留轮廓方式的，就有🔲(《寿春鼎》)、🔲(《玺汇》4256)、🔲(《玺汇》4548)、🔲(《玺汇》4547)、🔲(《玺汇》4684)、🔲(《玺汇》4685)、🔲(《玺汇》4686)等多种写法，此外还有借助省体符号的🔲(《玺汇》4549)、🔲(《玺汇》4688)以及截除式的🔲(《玺汇》3517)等，🔲(《侯马》185：9)亦有保留轮廓的🔲(《玺汇》0064)、🔲(《玺汇》0030)、🔲(《玺汇》0028)，借助省体符号的🔲(《玺汇》0293)、🔲(《玺汇》3811)，截除式的🔲(《玺汇》0048)等多种形体；🔲(《王孙钟》)同样是借用省体符号，既可省作🔲(《玺汇》4300)，又可省作🔲(《玺汇》4324)，这样一来，形符多体就是理所当然的了。

古玺中有一个🔲(《玺汇》2698)字，一般都理解为身字的简体，我很怀疑它与🔲(《玺汇》2702)、🔲(《玺汇》4640)等字都是"信"字的异体，属于于省吾所讲的附画因声指事字一类。因为这类形体(就《玺汇》所收的言)基本都用为"信"，而与🔲(《玺汇》4496)、🔲(《玺汇》0905)一类作"修身"或作私名用者不同。大抵先是借身为信🔲(《玺汇》2699字即这种用法之遗留)，后来有加意符"言"或"心"作🔲(《玺汇》4662)若🔲(《玺汇》3345)的，也有在身字基础上加注标志的，而这个标志则可以是加的，如🔲(《玺汇》2702)、🔲(《玺汇》2700)；也可以是减的，如🔲(《玺汇》2698)、🔲(《玺汇》2697)，甚至是加减并施的，如🔲(《玺汇》4640)、🔲(《玺汇》4642)。加标志的指事好理解，至于减体作标志的指事，我认为《说文》虋字古文🔲、子字篆文🔲、孑字篆文🔲就是很好的例证。

3. 饰笔造成的形符多体现象

战国文字除了简化之外，还有喜欢装饰的习惯。像🔲(《中山王大鼎》)、🔲(《中山王方壶》)的圈，🔲(《中山王大鼎》)、🔲(《玺汇》0510)的点，是纯为美观的；🔲(《中山王大鼎》)的八、🔲(《中山王大鼎》)的八是为求对称与平衡的；🔲(《玺汇》1859)与🔲(《中山王大鼎》)的 = 是填补空白的，这些现象都会造成形符多体。不过，它们似乎都有比较明显的规律，注意到了，就不会给考释带来太大的麻烦。需要小心的，是饰笔与其他同形符号的辨析。比如 = ，有时表示重文，有时表示合文，有时表示省体，有时表示重益含义。《中山王方壶》的🔲、🔲两字，右下的两短横是重文抑或装饰，就一直有争议；而 ▧（《陈璋壶》）、▧（《召伯簋》）中的"="有表示重益含义的作用，也不可视为一般的饰笔；① ▧（《玺汇》0575）的"·"与 ▧（《仰天湖楚简》）、▧（《望山楚简》）、▧（《中山》西库349）中的"丶""丿""▧"可能有区别王与玉这两个形近义符的作用；安字长期都有加点的（如 ▧《乙》4251、▧《侯马》198：12）和不加点的（如 ▧ 拾10.17 ▧《冘方鼎》）两种形体，加点所处的位置并不见得有装饰作用，很可能是另有含义的，也不宜作一般饰笔看待（《中山王方壶》祥字作 ▧，亦当为附画因声指事符号而非饰画，不应在羊字下重出）。

当然，我们还要注意的另一种倾向是，不要把饰笔当成实笔。比如 ▧（《中山》东库35），又或作 ▧（《中山》东库36）、▧（《中山》西库17）、▧（《中山》东库33）、▧（《中山》东库17），字当隶定作痆。由于卩旁加了饰笔，变成 ▧、▧，便使人困惑了。而只要联系《中山王方壶》的 ▧、▧ 二字，当不难认出 ▧、▧ 两形，该两形若能识出，则其他之形亦迎刃而解了。这个痆字，分析其音义，疑即痕字。从义方面讲，印与痕自有一定的联系；从音方面讲，印为影母真部字，痕为匣母文部字，声韵均相近，以印作痕的声符也是可能的。

4. 其他原因造成的形符多体现象

由于使用文字的阶层的扩大，文字应用的频繁，加上写刻方法的简便，写起字来自然就没有金文那样庄重了。以心字为例，仅《侯马》就有 ▧（3:6）、▧（195:1）、▧（1:29）、▧（98:15）、▧（15:3）等多种形体。写刻时，线条的曲直（如 ▧▧▧▧、▧▧、▧▧、▧▧）、笔画的聚散（如 ▧▧、▧▧▧▧、▧▧▧、▧▧、▧▧）、连断（▧▧▧、▧▧、▧▧、▧▧）、伸缩（▧▧、▧▧、▧▧）都会造成很多异体。▧ 与 ▧ 似乎相差很远，其实都不过是 ▧ 的略微改造，把它的竖笔以外的部分往里缩，再把线条拉直，便成为 ▧，把它的 ▧ 以右的部分断开，并把竖笔伸长，便成为 ▧。古人在经意不经意之间的一点不规范动作，有时都会给我们的考释带来很大的麻烦，比如《中山》东库17 的 ▧ 字，即古玺常见的 ▧ 字，只因中竖收笔稍促，使牛旁近乎生字，便令人困惑了。所以我们考释战国文字时，还得考虑上述种种因素。

（二）新出现的近似形符及其区别标志

近似形符的存在，对学习和使用文字的人来说，都是不利的因素，甲骨文的不少近似形符在金文中已得到很好的改造，虽然金文中也新产生了一些近似形符，但从整体看

---

① 详拙文《古文字重益符号探讨》。

来，已在很大程度上受到控制了。而到了战国，书写的随意与简化的激进趋势，却为近似形符的产生创造了新的条件，尤其是只有方寸之地供布置的玺印文字，就更易产生近似形符了。不过，古玺大都精心经营，多近而不混，细心观察还是可以找出它们的区别标志的。下面仅就几组近似形符的辨析，谈一点粗浅的看法：

1. 隹和尹

西周金文中，隹作 ▨（《趞鼎》），尹作 ▨（《颂鼎》），形体相差甚远。但古玺中隹旁每喜将竖笔以右之横笔缩掉，并将线条拉直作 ▨（《玺汇》0929 犫字所从），更省做 ▨（《玺汇》3064 犫字所从）、▨（《玺汇》0478 痛字所从）、▨（《玺汇》3801 痛字所从）、▨（《玺汇》3264 犫字所从）等形；而尹部又每喜将竖笔以左之横笔缩掉，将竖笔拉齐作 ▨（《玺汇》1300），更规范为 ▨（《玺汇》4666 君字所从）、▨（《玺汇》3263 君字所从）等形。上列隹旁的后面两个形体与尹旁的后面两个形体就相当近似了，以致《古玺文编》竟将 ▨（《玺汇》3264）、▨（《玺汇》1483）隶定作羣而与众多的犫字相分离。其实，只要细心分析，我们便不难发现，尹旁作上列后两形那样边角齐平状的，其上横画多取平势，其取弧势者，下横画亦必取弧势与之相称，遍检《古玺汇编》，无一例外。▨作上锐下平状，▨作上弧下平状，均与尹旁异，所从当为隹旁无疑（更不用说后一形多加之横画更为尹旁所绝无这一因素了），吴振武订正其为犫字，至确。（《玺汇》0671、0672、1311 的 ▨ 字并当释犨。）

2. 焦和鱼

金文焦作 ▨（《郔侯簋》），鱼作 ▨（《番生簋》），形体并不相近。但古玺中隹旁既喜有上面提到的变化，焦字便每作 ▨（《玺汇》2077 鄡字所从）、▨（2076 鄡字所从）等形；而鱼旁亦因规整的关系多作 ▨（《玺汇》3246 鱿字所从）、▨（3006 鱿字所从）、▨（1821 鱿字所从）等状，两者就变得十分近似，以致《古玺文编》释字时，每有鱼、焦混淆的现象。其实，稍加分析我们便不难发现，焦旁上部简单，横画无断开，中间无斜笔，也可以无竖笔；鱼旁上部复杂，中间必有竖笔接斜出之笔，是十分清楚的。根据这一原则，▨（《玺汇》2489、2477、2478、2485、2487、2480、2486）、▨（2479）并当释鱙，▨（《玺汇》0254）则当释樵；▨（《玺汇》3227）当释为鄡，▨（《玺汇》2081）当释为鄡，而 ▨（《玺汇》2079、2076、2075、2080）、▨（《玺汇》2077）在焦旁之外再加声符小，则亦当释为鄡；▨（《玺汇》1688）当释为譙，▨（《玺汇》1419）、▨（《玺汇》2250）当释为譙，应该是没有问题的。但 ▨（《玺汇》1091、1800）、▨（《玺汇》2078、2074）所从之 ▨，究竟是因为鱼、焦易混，加声符"小"以示区别而不再计较其下所从为鱼为焦均一律释焦，即将上出两文分别释为譙与鄡呢？还是"小"这一符号乃受🔲旁干扰而误衍，两字仍应分别释为谧与鄹呢？抑或另有其字，当分别隶作谧与鄹呢？则尚待考察。

3. 厶、勹和厷

厶旁古玺作🔲（《玺汇》4656），勹旁古玺作🔲（《玺汇》1015 狗字所从），厶旁的柄较短，下部之钩向内屈得深，钩内无点；勹旁的柄长，下部的钩向内屈得浅，且钩内有点，这种区别，从🔲（《玺汇》2470）、🔲（《玺汇》1998）、🔲（《玺汇》3599）等字之所从与🔲（《中山王大鼎》）、🔲（《江陵楚简》）、🔲（《江陵楚简》）等字所从的比较中亦可看清。古玺中另有一与厶、勹近似的偏旁，作🔲、🔲、🔲。其从水者，有当厶而释汹的，有当勹而释汋的，其从🔲者，则或收入附录，或释为阴。联系《古文四声韵》所录崔希裕纂古之"肱"字隶古定的"厷"与云台碑"弘"字古文🔲看，我以为🔲、🔲、🔲并当释厷（《玺汇》，肱字初文）、🔲（《玺汇》1010）、🔲（《玺汇》3002）、🔲（《玺汇》1011）、🔲（《玺汇》1632、2074）、🔲（《玺汇》2745）诸文并当释浤，亦即《玉篇》训"海水腾涌貌"的浤字；🔲（《玺汇》3162）、🔲（《玺汇》1322）、🔲（《玺汇》3163、3161、3164、3138、0067、0068、0104）诸文，则应是从厷勹声（或双重标音）的形声字，以形音合观，当以释"宏"为妥。古文字从勹之字后世从宀的早有先例：军字金文作🔲（《中山王大鼎》），从车勹声，西汉早期隶书变作🔲（《马王堆·老子》甲26、《银雀山·孙子》129、《孙膑》1），声符勹即变成宀；勹为喻母三等真部字，宏为匣母蒸部字，声韵俱相近，以勹作宏字的声符也是讲得过去的。

4. 又和丑

古玺又旁多作🔲，又或作🔲，表示手指的横向笔画都比较平顺调和，丑则作🔲，表示手指的上面两个横向笔画都有短促锋利的斜出之笔，细心观察自然不难辨明，但稍为粗心则也会出错。《古文字类编》与《汉语古文字字形表》均将古玺的🔲与古陶的🔲收作疢，即属粗心之过。《古玺文编》隶定作疛，至确。而以声韵推之，则当为《说文》训"小腹病，从疒，肘省声"的疛字。丑、肘古韵同在幽部，肘属知母（上古归端），丑属彻母（上古归透），声亦相近。

此外，五和正之别在横笔的平（🔲）与曲（🔲、🔲、🔲），左和右之别在从工（🔲）与从口（🔲），还有鸟和乌、豕和犬、月和肉的差异，也是需要认真加以辨析的。

（三）组合形符增减变换的随意性

组合形符增减变换的随意性也同表示同一意义的形符多体现象一样，在殷商时期十分普遍，在西周时期有所制约，而到了战国时期，则猛然复活，并且剧烈膨胀。与殷商不同的是，这一期的增减变换大多表现出对表意合理化的追求。虽然由于各人的思想观念、理解角度、爱好习惯的不同而产生很多的差异，但都有较强的主观意识，这一点是共通的。

1. **组合形符的增减**

上（《玺汇》4130）、下（《玺汇》4400）、（《玺汇》0257）、（《玺汇》0367）等字本义主要是指方位的，但与这些方位有关的动作之引申义的使用也极普遍，于是便有人增加表行动意向的形符，造成（《玺汇》2828）、（《玺汇》0619）、（《玺汇》4055）等异体。

言旁、口旁与心旁的关系极为密切。所谓言为心声，一些心旁字在书写者看来表意尚未能尽兴，便有增加言旁的可能。比如（《玺汇》2461）之作（《玺汇》1546）、（《禺邗王壶》）之作（《玺汇》3811）、（《侯马》203：10）之作（《侯马》194：12）、（《诅楚文》）之作（《陈侯因𬱖敦》）、（《玺汇》1976）之作（《玺汇》3835）等，即其例。此外，山、阜、土亦有类似的关系，所以（《阿武戈》）又作（《玺汇》0313）、（《平阿右戈》），（《侯马》195：7）又作（《平阳戈》）、（《成阳戈》），具有类似关系的还有日与月、金与皿等。

（《不易戈》）为了表明质地而加金作（《成阳戈》），（《陈侯午敦》）为表明祭物之盛而加豆作（《陶文录》），（《齐侯壶》）为更明确气功观念而加火作（《行气玉铭》），（《楚帛书》）因不明形构而再加广作（《陶文录》），等等，都有较强的主观意识。

当然，也有一些是纯粹因为装饰或某种习惯手势而增繁的。比如（《侯马》92：12）之作（《楚帛书》）、（《栾书缶》）之作（《中山王大鼎》）、（《蔡侯残钟》）之作（《中山王大鼎》）、（《侯马》3：11）之作（《侯马》77：10）等。这种情形最容易给我们的考释工作造成混乱，比如（克）就很容易与（皮）相混，《中山王大鼎》"今"字作，究竟该理解为今字异体抑或借含为今呢？即颇费踌躇。

组合形符的减省，如（《侯马》200：17）之作（《侯马》16：38）、（《侯马》156：18）、（《侯马》200：54），（《侯马》185：7）之作（《侯马》67：49）、（《侯马》67：51），（《王孙钟》）之作（《舍肯鼎》）、（《侯马》67：37），（《哀成叔鼎》）之作（《孝子鼎》），（《曹公子戈》）之作（《中山王方壶》）等，则主要为简便。

2. **组合形符的变换**

一种是义近形旁的通用，比如犬、豕，同为田猎所逐之物，所以（《逐簋》）又作🔲（《玺汇》0263）；① 刀、戈有同类功用，所以🔲（《侯马》194：12）又作🔲（《侯马》156：25），言为心声，所以🔲（《玺汇》4662）又作🔲（《玺汇》3345）；心口相应，所以🔲（《哀成叔鼎》）又作🔲（《中山王兆域图》），而以足、辵义近推之，则🔲（《玺汇》3080）亦当释践。这方面的问题，拙文《古文字义近形旁通用条件的探讨》曾作阐述，此从略。

一种是形近偏旁的讹混，比如🔲（《侯马》92：2）之作🔲（《侯马》198：13）、🔲（《侯马》195：6），🔲（《侯马》156：19）之作🔲（《侯马》156：4）、🔲（《侯马》3：17）、🔲（《侯马》194：4），🔲（《玺汇》3236）之作🔲（《玺汇》0255），🔲（《侯马》1：4）之作🔲（《侯马》156：17），而🔲（《玺汇》1802、3269、2576）亦当为🔲（《玺汇》2007）之讹体，并当释謿……这方面问题，拙文《古文字中的形体讹变》亦曾作探讨，此从略。

一种是以不同取意角度变换形符，比如附字为强调臣附于君而作🔲（《中山王方壶》）；贤字为强调贤良臣子而从子作🔲（《中山王方壶》）；诛字为强调诛杀义而从戈作🔲（《中山王方壶》）；狭字为更加形象而从门作🔲（《中山王兆域图》）；奋字为强调奋力而从支作🔲（《中山王大鼎》）等，大多都表现出较强的主观意识。此外，糸与束（如🔲《陈纯釜》又作🔲《中山王方壶》）、攴与戈（如🔲《㽙篙钟》又作🔲《中山王方壶》）、章与土（如🔲《陶文录》又作🔲《诅楚文》）、金与皿（如🔲《曾子弹伯父匜》又作🔲《陈伯元匜》）、车与马（🔲《盗壶》之作🔲右驭车饰）等，也都在一定条件下可以互相变换。

一种是形符位置的变换。有左右变换的，如🔲（《姑冯句鑃》）之作🔲（《其龙句鑃》）、🔲（《玺汇》2478）之作🔲（《玺汇》2479）；有上下变换的，如🔲（《中山王方壶》）之作🔲（《玺汇》1907）、🔲（《玺汇》2415）之作🔲（《玺汇》0005）；有内外变换的，如🔲（《盗壶》）之作🔲（《中山王方壶》）、🔲（《吴王光鉴》）之作🔲（《智君子鉴》）；而更多的则是左右结构与上下结构的变换，如🔲（《楚帛书》）之作🔲（《玺汇》4449）、🔲（《曾子簠》）之作🔲（《楚帛书》）、🔲（《玺汇》2811）之作🔲（《玺汇》3422）、🔲（《玺汇》3554）之作🔲（《玺汇》2177），🔲（《玺文》"牛鼻"）之作🔲（《玺汇》2555）、🔲（《鄂君启节》）之作🔲（《玺汇》1165）等。此外，如胡之作🔲（《玺汇》1302）、胙之作🔲（《玺汇》2160）、🔲（《玺汇》2036）、焌之作🔲（《望山楚简》）、若之作🔲（同上）等，当尚不少。

---

① 甲骨文中，逐字犬、豕通用，西周金文则统一从豕，玺文从犬者，当即甲骨文写法的遗留。

另有一种情况比较特殊，即某一形符从意义上来讲是外加的，但从位置上来讲却属于变换。比如 ▨（《玺汇》1379）之作 ▨（《玺汇》0970），心旁的加入在强调乐在心头，而它从位置上取代的只是乐器的支架的组成部分，心与小之间并不存在上面提到的可变换的形符的那些关系。再如 ▨（《玺汇》1630）之作 ▨（《玺汇》1369），邑旁的加进，主要是表明其为地名（或指姓氏），与被它取代的禾之间并无意义上的联系。还有 ▨（《诅楚文》）之作 ▨（《䧹羌钟》），土旁的加进，主要是表明城墙为土筑物，与被它取代的声符丁之间，亦无意义上的联系。

此外，还有借用笔画的，如 ▨（《玺汇》2806）之作 ▨（《玺汇》2010）、▨（《玺汇》4345）之作 ▨（《玺汇》4268）；借用偏旁的，如 ▨（《侯马》92∶1）之作 ▨（《侯马》92∶5）、▨（《中山王方壶》）之作 ▨（《玺汇》2262）；异字相借的，如"至于"作 ▨（《侯马》185∶9）、▨（《玺汇》3219）为"君子"、▨（《侯马》5562）为"中昜（阳）"、▨（《侯马》156∶23）为邯郸等，前人亦已多有论及，这里也从略。

（本文曾于1992年中国古文字研究会第九届年会上宣读）

对"×T×𰀀"释读的一点看法

以"×T×𰀀"为基本形式的骨臼刻辞，前人已作过不少论述，这里想在前人论述的基础上谈一点看法。

（一）关于"𰀀"字

前人对"𰀀"字的注释，可称"五花八门"，但自董作宾指出"于（省吾）释为屯，今按于释可从，但借屯为对，一屯即一对"之后，可以讲是渐趋统一了。不过，对董说的"借屯为对"，我还想谈一点不同的意见。

我以为𰀀是"屯"字，又是今日的"对"字的本字，"屯"与"对"原是一个字。

释𰀀为屯，于老已从字形的沿革和从𰀀之字的解释方面作了详细的阐述。下面仅就𰀀与"对"的关系作点说明。

曾毅公已指出：作为𰀀的零余的）是甲骨的侧视形，我认为，𰀀就是左右胛骨对合的侧视形。杀一头牛有一对肩胛骨，胛骨的存放自然就以对为单位了。而一对胛骨的呈𰀀形聚合，对骨面的保护、两骨聚合的稳当和便于放置等方面都是有利的，𰀀字正是这一形状的写实，中间一点是用东西把它们捆起来的标志（𰀀、𰀀等形则是书写契刻时的稍变而已）。这一左一右、头尾对合的形构，实际上已反映出"对"的基本意思，所以从字的形构反映出来的意义看，𰀀为对的本字是不难理解的。

从文例看，骨臼刻辞的𰀀释为"对"固然文从义顺，就是卜辞中以用𰀀、戕𰀀、伐的𰀀为一对男女奴隶，以"侯𰀀"为侯的夫妇，以"𰀀小臣"为一对小臣（左右小臣或小臣夫妇），也能顺理成章。

𰀀既是屯，又是对，怎样将二者联系起来呢？这里有一个引申、分化、假借的问题。

屯之训"对"，于典籍无征，但于《易》似微有透露。前人对易卦次序间的关系早有论述，试看乾、坤、屯、蒙……的顺序，蒙者，萌也，所谓"物之稚也"指的就是事物的萌芽状态，乾坤相交而万物萌生，乾坤相交而配对了，才能孕育出万物的萌芽，处于乾、坤与蒙之间的屯，自当有相交配对的意思。后世之解屯为难者，实从"屯，刚柔始交而难生"来，其实这句话里，刚柔的相交是主要的，难生是指相交以后萌生以前所经历的痛苦时刻，即动物的分娩、植物的破土而出的一刹。是刚柔的相交配对产生萌芽，而不是"难"产生萌芽，所以，我认为《易》的屯，是配对的意思，用的正是屯字的本义。

✦本来是聚合在一起的一对胛骨的形象，侧重在"一对"的角度，可引出"对"的意义；侧重在"聚合"的角度，则又可引出屯聚的意义。由于引申义的不同，读音很容易也随之分化（对、屯二字阴阳对转，音可相通，故可理解为一音的分化），✦（屯）这一形体便要担负表达"屯""对"两个意义和读音的任务。当屯聚义已用得十分广泛的时候，为了避免混乱，"对"的意义便借同音的"对"字（本义未详，在卜辞为地名）的形体来表示，屯便为屯聚义所专用，✦字也就分化为"对"和"屯"两字了。由此看来，不是骨臼刻辞上"借屯为对"，而倒是后世"借对为屯"了。

（二）关于"T"字

诸家都释T为示，但对它在骨臼刻辞上的意义的训解分歧，则有六七种之多，董作宾读示为致，以T、✦的刻辞为"贡纳骨版的记载"，看来正为越来越多的人所接受。但骨臼刻辞的示者有王、后、帚、子等身分，以示为贡纳，于帚、子的身份还是可以说得过去的，于王、后这样的身份却很难作出令人信服的解释，商王是天下的最高统治者，它还向谁贡纳呢？而且，牛肩胛骨并不是稀罕之物，一次所示少的一屯，多的亦不过廿屯，解作贡纳也是不合适的。

虽然郭老以示为卜后检封的省视的说法是错误的（因为陈梦家已考证此类刻辞在占卜以前），但我们不应因此而否定他读示为视的正确性。示与视音既相同，典籍中亦每通用，比之读祀、舍、致来是更加直截了当的。

当然，我们读示为视，指的不是卜后检封时的省视，而是胛骨进入占卜领域前的审查，视有审视、省察的意思，我们可以理解为审定、选择。大量的胛骨之中自然有优劣之别，在进入占卜领域之前作一番审定、选择，是很有必要的，这个审定、选择（这里面可能还有宗教仪式的性质，包含着赋予某种神灵的意思）的过程，就是骨臼刻辞上的"示"。"己丑乞自缶五屯，俴示三屯，岳"记的是己丑日从缶处乞来的五屯中，俴"示"了三屯，卜室经收人是岳；甲桥刻辞上有"我氐千，帚井示百，㱿"记的是"我"征集回来的一千块龟腹甲中，妇井"示"了一百块，卜室经收人是㱿。这五与三、千与百的数字对比，正表明了示有审定、选择的意思。

以殷人对占卜的重视，由王、后、帚、子等人亲自担任（有时也由史官代理）对甲骨的审定工作是可能的，以示为审定，合于示者身分。

从时间上看，示的工作在占卜前一个月内进行（这点可以从完整的卜骨的骨臼刻辞与同骨卜辞的时日比较看出），以示为审定也是合适的。

综上所述，当释为屯，本义是对，骨臼刻辞上的，指的是一对牛肩胛骨；T当释为示，骨臼刻辞上借为视，是审定、选择的意思。"×T×"记的是官员名×者审定、选择的牛肩胛骨×对的意思。

（本文为研究生时作业，曾提交1979年中国古文字研究会第二届年会）

古文字考释四则

（一）释"👁"

"👁"字甲骨文中屡见，前人多与"👁"字一起释为"见"。实际上，甲骨文中👁与👁有别，👁是"见"字，👁则是"👁"的异文，以释"望"为妥。"望"字甲骨文多从竖目作👁（《铁》222.1）、👁（《存》702）、👁（《粹》1108）、👁（《后》1.10.3）等形，但也有从横目作👁的（见《明藏》499、《缀》334、《京津》4386、《佚》654、《七》X28、《屯南》135、2234等）。所以我认为，甲骨文"望""见"之别，不在目的竖（👁）与横（👁），而在人的立（👁，立可看远）与跪（👁，跪则近睇），作竖目形的后来所以能够占了上风，不过因变横目为竖目，使远望的意义更加明确罢了。再说，👁、👁二字的辞例，相似的很少，可确证为"见"字的"其来见王""不其来见王""印启，不见云"等，"见"字都作👁不作👁。在稍觉相似的"👁方"与"👁方"诸例中，作"👁方"的几乎前面都带"乎"或"令"，作"👁方"的则无一带"乎"或"令"的。而"👁""👁"二字的辞例，却有很多相似的地方，比如：

辛巳卜，古贞：乎👁方？六月。

辛巳卜，古贞：勿乎👁方？

（《存》2.45）

贞：👁人五千，乎👁舌方？

（《续》1.13.5）

贞：乎👁舌方？（《戬》12.7）

贞：勿乎👁舌方？（《戬》12.4）

贞：勿👁人乎👁□方？（《前》5.20.7）

庚寅卜，殻贞：勿👁人三千乎👁舌？（《师友》1.63）

勿乎🔲🔲？（《京津》2219）　　　　贞：🔲人叀王自🔲🔲？

贞：乎🔲🔲？（《林》2.7.9）　　　贞：勿……王自🔲🔲？（《佚》726）

可见，释🔲为"望"，会更合适一些。实际上，西周早期铜器如《沈子簋》《燕侯鼎》《贤簋》《乍册魑卣》等，"见"字都作🔲（当然不排斥偶然的讹误，如《珥鼎》作🔲）；作🔲的多是西周"望"均统一从🔲而🔲的跪踞状逐渐消失后的产物，如《猷钟》《乖伯簋》等，都是西周晚期的铜器。

（二）释"🔲""🔲"

"🔲"（《河》562）与"🔲"（《甲》2944），《甲骨文编》均收入《附录》，我认为这两个字都应该释为"易"。"易"字甲骨文多作🔲形，前人有以为"像云开见日""乍晴乍阴之意"的，有认为是🔲形的简化的，似乎都不大妥帖。试比较🔲（《粹》178）与🔲（《佚》33）、🔲（《乙》4867）与🔲（《福》2）、🔲（《佚》662）与🔲（《铁》24.3）等字的偏旁，再联系《金文编·附录》46 所收的与《附录》57 所收的、🔲、🔲等图形的🔲与🔲看，🔲字的🔲与🔲字的🔲以及🔲的🔲都当是同一的东西，即竖放的盘（🔲）。🔲正是盘中盛水自上向下倾注的形象，会易予之意。而《河》562的🔲、《甲》2944 的🔲也正是盘中盛水向下倾注的形象，自然也应该释为"易"了。

（三）释"🔲"

"🔲"字见于西周《散氏盘》，出现在盘铭的两段誓词中："我既付散氏田器，有爽，实余有散氏心贼，则🔲千罚千，传弃之。""我既付散氏湿田、墙田，余又爽变，🔲千罚千。"

这个字过去的人多释为"爰"或"寽"，读作"锾"或"锊"，都认为是指金的重量单位。从文义上看，"🔲"字应与"罚"字一样作动词用，"锾千罚千"或"锊千罚千"都不顺当。《两周金文辞大系·考释》释为"㬎"，读作"隐"，"隐千罚千"乍看起来似乎也文从字顺，但详细分析起来，铭文所记田地的疆界范围十分清楚，且誓词中明言"既付"，交接手续也十分完备，所谓"爽变"，就是毁约，牵涉的就是"侵害"而不是"隐瞒"的问题了，读"🔲"为"㬎"，同样欠妥帖。若从字形上细看，释"🔲"为"㬎"也不很适合。

我认为这个字应释为"鞭"。"鞭"字在金文中无论独体或作偏旁都作手执长鞭形，与《说文》鞭字古文"🔲"同：

🔲（《九年卫鼎》），鞭字，像手执长鞭，在铭文中用为名词，作"鞭子"解；

🔲（《儵匜》），亦鞭字，"像手执鞭鞭人的背"（唐兰说），在铭文中用为动词，作"鞭打"解；

🔲（《盂鼎》）、🔲（《禹鼎》）、🔲（《不期簋》）、🔲（《令鼎》）、🔲（《师衮簋》）、🔲（《驭八卣》）、🔲（《大鼎》），均为驭字，像人执鞭策马状，各铭都作"驭马"解。

从上举诸例中可以看到，"鞭"字的变体本来就很多，试将"🔲"字的"🔲"的右上角突出部分去掉，便与上列🔲字形体十分相似了。这突出的部分，有可能是制范时的笔误，也可能是出土时去锈者误解字形而剔损，或者是因🔲字的⌒与丨这两个相邻笔画相交形成与🔲相似的形体而造成的讹变。总之，鉴于《散氏盘》字体的草率（有金文中的行书之称）以及字势稍带右下倾斜等因素，把"🔲"写成"🔲"是可能的，从字形上分析，我认为它就是"鞭"字。

释"🔲"为"鞭"，盘铭的"鞭千罚千"与《儵匜》的"鞭汝千黜鞋汝""鞭汝千黜鞋汝"以及"鞭汝五百罚汝三百寽"等辞例就十分相合了。再联系上下文，在交接完毕后，矢人方面在证人的监督下立下"如有毁约，愿受鞭千罚千的刑罚"之类的誓词，是合乎情理的。

（四）释"🔲"

"🔲"字见于西周的《井人钟》，前人多据文义推定为"哲"字。

《说文》："哲，知也，从口折声。悊，哲或从心。"《金文编》所收"哲"字，除🔲（《井人钟》）从"贝"、🔲（《番生簋》）从"言"外，其余也都正是从"心"取意的。从"言"与从"口"、从"心"的意义也相近（实际上从"言"的是借"誓"为"哲"），从"贝"取"知也"的意义，就十分费解了，所以我认为，🔲不是"哲"字，而与🔲一样是"哲"的假借字，它本身则是"质"的本字。

"哲"字古玺多作🔲（见《古玺》2.4），所从之"折"作🔲，与"质"字的省体🔲（《古玺》6.9）及🔲（《侯马》156：23）所从全同，则"🔲"字所从亦当为

"折"，而从音韵角度看，质、哲同属照母，韵部亦相近（折在月部 at，与质部 et 近），把"䝿"字所从的"折"理解为声符是很合适的，因此，䝿应该是"从贝折声"的形声字，"䝿"字的形构符合这一原则，自然也应该是"质"字了。既然《侯马盟书》的"敢不率从此盟㪿之言"可以借"哲"为"质"，《国语·齐语》的"聪慧质仁"可以借"质"为"哲"，则《井人钟》借"质"为"哲"也是无可非议的。

知"质"为从贝折声的形声字，则《说文》"质，以物相赘，从所，阙"的"阙"，就可以得到补正了。原来，春秋战国时以 = 为标志省去字中不重要部分的现象十分普遍，如䝿（则，《兮甲盘》）省作䝿（《信阳楚简》）、䝿（圣，《师望鼎》）省作䝿（《望山楚简》）、䝿（为，《禹邗王壶》）省作䝿（东周《左师壶》）等，使用久了，原形渐晦，在写全形时就有发生差错的可能了。以"役象助劳"会意的䝿变成使人误解为"母猴也"的䝿是其中的一例。"从贝折声"的䝿因省体䝿的长期使用和"质"字声音的变化而使原字形构隐晦，以至误省体符号为重文符号，变成难作解说的䝿，也是其中的一例。

（原载《华南师院学报·社会科学版》1982 年第 4 期）

古文字考释六则

（一）释"🔶""🔶""🔶""🔶"

"🔶"（或作🔶）字甲骨文屡见，对它的考释，除了早期较多歧见外，近年已基本统一释幸（幸），谓像手铐之形，无多大争议了。但从🔶的一些字，如🔶（或作🔶①）、🔶、🔶等的释定，则至今仍颇见分歧，一般只依样隶定为䇂、𦥯、𥁊，至于它们在卜辞中的用法，则多连🔶也一并读"执"。这种笼统读法自然是不能令人满意的，比如"己卯卜，古贞：……幸䇂彡自宁"（《合集》136正）一辞，幸与䇂显然各有用意，实在是不宜混淆的。

其实，🔶王襄释幸已得字形，叶玉森释梏已得字义，只是前者说义未明，后者释形未安，故未被采纳而已。朱德熙、裘锡圭指出"幸像梏形，即梏之表意初文"，就将这对矛盾统一起来了，这是很有见地的。② 虽然幸、梏在构形方面有象形与形声之别，但字义方面则同表手铐之意，字音方面，梏属溪纽、觉韵，幸属溪纽、鱼韵，③ 两字声纽相同，韵部鱼觉旁对转，是音亦相近，"幸"为象形初文，"梏"为后起形声字，应该是可信的。考诸文例，《左传》成公十六年"执而梏之"、襄公六年"子荡怒，以弓梏华弱于朝"的梏与"王其幸舌方"（《合集》632）、"方幸井方"（《合集》6796）的幸的用法是一脉相承的。卜辞"幸"字例近二百而典籍一例全无，原因即在"梏"字的取代。

对于🔶、🔶、🔶等字，朱芳圃分别释为桎、柙、奉，实已得其要领，可惜未能理顺幸梏二字的关系，甚至将🔶附会为告，以至在字形上无法作出合理的解释，未能引起人们的重视。其实，准幸梏关系之例，释从止从幸的🔶为脚镣的会意字，为"桎"字之

---

① 🔶为🔶字简体，说详拙作《古文字中的形体讹变》，《古文字研究》第十五辑。
② 朱德熙、裘锡圭：《平山中山王墓铜器铭文的初步研究》，《文物》1979年第1期。
③ 幸（幸）字通常读箑，此依《说文》"一曰读若瓠"。

表意初文，应该也是可信的。而文例方面，《山海经·海内西经》"帝乃梏之疏属之山，桎其右足"的桎、《周礼·秋官·大司寇》"桎梏而坐诸嘉石"、《汉书·刑法志》"中罪桎梏"的"桎梏"或"梏桎"，与"䇂〿"（《合集》568）、"䇂自㚔圉"（《英》540）的䇂及"幸䇂㠯自宁"（《合集》136）、"䇅幸䇂"（《合集》846、847）的幸䇂的用法也是一脉相承的。"幸多臣䇂羌"（《合集》627）理解为手械多臣足械羌当然要比理解为执多臣执羌合理的。

朱芳圃释䇂为枷，于义已自得之。但以䇂上之曰为人首则大误。考卜辞䇂字用法与䇀、䇅相近，其为刑具，辞中用为动词，可无疑问。而䇂之为用，以执字繁文䪍（《合集》22593）、䪎（《合集》5941）、䪏（5939）等形观之，械颈之意已明白如画，䇀上之曰乃枷之象形亦甚显然。《汉书·司马迁传》："魏其，大将也，衣赭关三木。"颜师古注："三木，在颈及手足。"卜辞所见之械手的䇀、械足的䇅、械颈的䇂三大刑具，正与《汉书》所载三木相合。

朱芳圃释㚔为㭘，至确。李孝定先生以为于字形难可征信，实乃囿于偏旁分析、形旁通用、声旁通假一类条例，未考虑到汉字声化发展趋势导致后起形声字取代表意初文的因素。① 其实，㭘之或体作栱，从木共声，与从木告声的梏、从木至声的桎、从木加声的枷正成一系列，是分别为㚔、䇀、䇂、䇅四个表意初文而造的后起形声字，本义分别为四种刑具，② 卜辞均作名词动用，与《汉书·刑法志》"凡囚，上罪梏㭘而桎，中罪梏桎，下罪梏"及《隋书·刑法志》"凡死罪枷而㭘，流罪枷而梏，徒罪枷，鞭罪桎，待罪散以待断"可相印证。

甲骨尚有一䪐（《合集》5922、5923、5924）字，诸家并谓与㚔同字。其实，㚔为从幸从又、又亦声的会意兼声字，䪐字构形原理可能与此相同，䇅与又音既有别，义更相反，㚔、䪐决非同字是显然而易见的。䪐的字义可能与释放或挣脱桎梏有关，以辟字金文作䪑（《盂鼎》）例之，颇疑为训分开、割裂的"擘"字初文，但苦于文辞残缺，未敢妄断。

（二）释"䈰""䈱"

"䈰"字见《合集》730、3110—3119、1701—1703，《英》132、133，《甲骨文编》

---

① 汉字有强烈的表音趋向，不仅新造字绝大多数是形声字，而且一些象形字或会意字也被新造形声字所代替，这是前辈学者早就证明了的。比如䇋为䄀所代替，䇌为䇍所代替，即为其例。

② 㭘字字书除《说文》所言"两手同械"外，尚有两手同械之刑具的义项。《隋书·刑法志》："狱成将杀者，书其姓名及罪于㭘，杀之市。"即其例。

收入《附录》，《类纂》录而不释。字从甘桑声，似当释香。香、桑古音同在阳部，虽然香属晓纽、桑属心纽，声纽不同，但从宣属心纽而从宣得声的喧、萱等字均属晓纽、询、绚同从旬声而分属晓、心二纽等情形看，两部当有一定联系，以桑作香的声符，似能说得过去。另，〇字见《合集》3108、3109，《甲骨文编》收入《附录》，《类纂》隶作昚，无说。按此字从来从甘会意，并当释"香"，卜辞"子香"为人名。又，《类纂》以〇与〇为同字，考二字构字部件不同，文例又异，似非同字。

（三）释"〇"

"〇"字见《合集》106，《甲骨文编》收入《附录》，《类纂》将它与〇一起释"竞"。考〇与〇有从人与从大之别。虽然古文字人与大同像人形，但一侧立，一正立，它们在表意功能方面似有明确分工，通常是不通用的。① 〇字两人先后之别，〇是反映不出来的，释〇为竞，显然不妥。字似像两人携手同行，表伴侣之意，当即《说文》训"并行也，从二夫，读若伴"的〇。"戊子卜，王贞：来〇〇？十一月"（《合集》106正）、"戊子……来〇〇？十一月"（106反）之"〇〇"当读"伴〇"。《甲骨文编》卷十〇字条下所录〇诸文，则依《类纂》释为"并"。

（四）释"〇""〇"

"〇"字见《包山楚简》第134简，刘彬徽等所作释文以为"吟"字。按简文畬字屡见，所从之今多作〇，与此字之所从颇异，疑〇字所从之〇当释为"勺"。

考金文勺字多作〇（《勺簋》），亦有作〇（《王孙钟》旬字所从）者，与简文今旁之作〇者颇相近。简文勺旁为与勹旁相别，或以长笔突过撇笔写作〇（如93简军字所从），或外加标记作〇（如183简旬字所从），或两者兼施作〇（如129简勺字），而〇则属多加一笔以求区别的一种写法。

〇字从口勺声，当隶作昀，简文"昀〇之〇客不为其断"之昀则当读为询，作询问或了解到解。根据口与言作形旁义近可通，旬从勺得声，作声旁可以通假的原理，颇疑昀询一字。

《包山楚简》第15简反面有一〇字，似为〇之繁文，可隶作昫；同简之正面又有

---

① 见拙作《古文字义近形旁通用条件探讨》，《古文字研究》第十九辑。

一〇字,则当为〇之简写,可隶作㕣。简文"邵行之大夫㓚执其倌人"与"邵行之大夫盘勋㕣执仆之倌登虞"之㓚若㕣,亦并当读询。

知〇为匀字,则《包山楚简》23 简之〇自当与《玺汇》2238 之〇一样释为郇字。至于一般释为阴的〇字,实际上只是郇字增加声符云的双声符繁文,一般释为佥的〇,则是〇的简写,并当释郇,其地即距鲁不远的郇阳,即今郇阳、郧县一带。

(五) 释"㓞"

"㓞"字见《包山楚简》第 2 及 165、166、168 等简,说者或释剞,或释份,本人疑即《说文》训"锐利也,从刀炎声"的剡字。字之左旁从大从八,大上之八当为锐上的指事符号,其右从刀,正好会"锐利也"之意。㓞字讹作〇,除了与〇字讹作〇相类似的轨迹外,尚有一个声化的因素:〇与炎形近,㓞与炎音通。㓞字在简文中均为地名,其地或即《汉书·地理志》所载会稽郡二十六县之一的剡县,在今浙江省嵊县西南位置。

(六) 释"㻽""㻽""㻽""賓""璞""珤"

"㻽""㻽"字见《包山楚简》,"㻽""賓"字见《望山楚简》,"璞""珤"字见《马王堆帛书》。说者或释保,或释葆,或隶定作㻽、㻽、㻽、賓。按字当释为宝。古文字中宝字变体甚多,最常见者为从實缶声作〇(《卫簋》),但有省贝作〇(《宰甾簋》)者,有省玉作〇(《虢季氏簋》)者,甚至有玉贝俱省而作〇(《周愙鼎》)者,春秋战国器更出现以保为声符而作〇(《齐紫姬盘》)、〇(《邾叔钟》)者。上出楚、汉简帛诸文,或从玉保省声,或从玉葆省声,或从實保省声,或从贝保声,或从宀保声,均与前述宝字构形相符。再看《古文四声韵》所录宝字的九个异体,不从玉即从贝,不从玉、贝即从宀,而保字九文均无从玉贝宀者,亦可作一佐证。〇、〇可与《古文四声韵》之〇、〇对号,"道者,万物之注也,善人之藻也"及"我恒有三珤"的文例也可作一佐证。战国秦汉宝字改用保作声符,可能与缶字声变、表音功能减弱有关。

(原载吉林大学出版社 1996 年出版的《于省吾教授百年诞辰纪念文集》)

古文字考释十四则

随着古文字出土材料的日渐丰富和研究成果的日益扩大,利用古文字材料研究语言学、历史学和其他科学的人越来越多。但是,学问之道,以识字为先,正确释读出土材料上的文字,乃是使用这些材料的前提。这方面虽然前人已经做了大量的工作,但不认识的字仍然为数颇众,前人认出的字而被后来的研究证明是错误了的现象也还存在,需要我们做的事情还有很多。有感于此,本人近年的研究,主要侧重于文字结构规律的探讨与文字考释方面,这里考释的文字,有些是新近认识的,有些是在前些年的文章中提出过结论现再加以补充论证的,在此一并写出,希望能向专家学者求教,请大家批评指正。

(一) 释"𡆥""𡇓"

𡆥(《宁沪》1.521),旧皆据《说文》"牢,闲养牛马圈也"而与𢆉、𢆊诸形并释为牢。考卜辞言𡆥(牢)若𡇓(宰)者皆为牺牲:

丁巳贞:庚申燎于𢆉二小宰、宜大牢? (《粹》68)
贞:燎于土三小宰、卯二牛、沉十牛? (《前》1.24.3)
庚寅卜,贞:其大宰? (《佚》308)
辛丑,子卜,贞:用小牢龙母? (《乙》4507)

言𡆥(寫)者则为畜马之所:

王畜马在兹寫……母戊,王受…… (《宁沪》1.521)
……兹寫…… (《宁沪》1.522)
……畜马在兹寫…… (《粹》1551)

……卜，王其作俥楙于寫……　　　　　　　（《京津》4831）

寫与牢、宰之用法判然有别，其非一字是显而易见的。

卜辞与牢、宰用法相近者另有一 ▨（駥）字：

叀駠罙大駥，亡灾？　　　　　　　　　　（《佚》970）
叀小駥用？　　　　　　　　　　　　　　（《福》29）
叀并駥，亡灾？　　　　　　　　　　　　（《通》730）

駥、大駥、小駥与牢、大牢、小牢、宰、大宰、小宰都是牺牲的单位词，这是没有疑问的。

《周礼·地官·充人》："掌系祭祀之牲拴。祀五帝，则系于牢。"古人于大祭祀之用牲十分讲究，每先选定别系而养，从字形上分析，駥与牢、宰为系牲以供祭祀的所在，正好合适；从用法上看，虽然駥、牢、宰均有大、中、小等不同规格，但每种规格都应有固定牲数，可以用为牺牲的单位名称，駥与牢、宰在卜辞中用为牺牲单位词也是顺理成章的。因此我认为，駥当为从马从牢、牢亦声的会意兼声字，本义为系马以供祭祀之所，卜辞用为马牲单位词。随着文字抽象能力的增强和祭祀用牲制度的简化，駥与宰（系羊之所）即在与牢字混同中逐渐消亡。

寫为畜马之所，在辞例中是十分明确的。畜马之寫理应比系马之駥大，并极可能是为駥提供牺牲的所在。《周礼·地官·牧人》："掌牧六牲而阜蕃其物，以共祭祀之牲拴……凡祭祀，共其牺牲，以授充人系之。凡牲不系者，共奉之。"卜辞的寫，应该就是这种牧人的牧马场所，其字以释駉最为得宜。《说文》："駉，牧马苑也。"这个从马冋声的形声字，其声符 冋 即由寫字所从之 冂 受声化趋势影响所渐变而成。

（二）释"▨"

▨（《存》1916），前人无释，《甲骨文编》收入《附录》。本人以为字当释逐。

逐字在甲骨文中均指追逐兽类的行动，所逐并不限于何兽。从辞例上看，即有逐豕、逐兕、逐鹿、逐麋、逐麑、逐兔、逐▨ 等多种类型。从字构上看，亦有 ▨、▨、▨、▨ 等多种形体。应该说，凡是被逐之兽，在逐字的构成偏旁方面都是可以通用的。

▨字所从之 ▨ 及其简体 ▨ 均屡见于卜辞：

戊子卜，宾贞：王逐⚌于沚，亡灾？之日，王往逐⚌于沚，允亡灾，获⚌八。
(《存》2.116)

癸未卜，㲋贞：多子获⚌？ (《乙》3746)

癸未卜，贞：翌戊子王往逐✳？ (《佚》389)

……亡灾……往逐……允……⚌…… (《京津》1478)

可见⚌为被逐兽类之一种，大抵其形近鸟，但不能高飞，疑即孔雀之属。✳即示雀屏，其为孔雀类动物之最大特征，故又可作整体之代表。以从止从会意之⚌字，其构成方式与逐、㲋、逐等字相同，其用也与一般逐字无异：

辛未贞：王其⚌于茶；于壬⚌…… (《存》1.1916)

字当释逐无疑。

（三）释"陟"

陟（《中山王方壶》），诸家释读颇异，或隶作陡，或隶作陡，或读作宠，或读作布，又或读作愿，莫衷一是。其实，以两止由田登岸，登陟之义最为明了，由字形分析，当以释陟为妥。《说文解字》陟字古文作𨽰，所从之𠂆当为厂之讹，所从之日当为田之讹，𨽰实即陟之讹。与降（降，《前》7.38.1）又作降（《乙》5296）配合观之，陟字当为陟字应该是可信的。铭云："辞礼敬，则贤人至；陟爱深，则贤人亲；作敛中，则庶民附。"陟字可作重用、提拔解，诸葛亮《前出师表》"陟罚臧否，不宜异同"的陟字即其意。

（四）释"龙""龙"

龙（《前》5.38.3），又作龙（《甲》1632）、龙（《后》2.6.14）、龙（《拾》3.7）、龙（《乙》6412）、龙（《乙》6700）等形，《甲骨文编》将前三形（复线）收入龙字条下，后三形（单线）收入《附录》；《综类》则统释为龙。本人认为，两书并误，当以释赢为妥。

殷先人名号赢甲，赢字是单复线并作的：

于㕣甲御？	（《乙》3252）
贞：㞢于㕣甲？	（《师友》1.3）
癸卯，子卜，御㕣甲？	（《乙》4507）
甲申卜，衍又㕣甲？	（《佚》907）

《综类》将㕣与㕣视为同字异体是对的，它的错误，只在于将上述诸形与㣻（《前》6.46.2，拢字所从）、㣻（《甲》2418）一起并释为龙。

㕣与㣻、㕣与㣻从外形上看虽十分相近，但细加观察，我们便不难发现：㕣、㕣尾巴内卷，㣻与㣻尾巴外扬，它们之间的区别特征是十分明确的。至于用法，《综类》根据辞例排比实际上已将同释龙字的㕣、㣻分为两组，区别也是明显的，它们是形、义各殊的两个字是毫无疑问的。

释㕣、㕣为蠃（当即蠃字古文，《说文》以"兽名"为说，误），主要是根据字形分析及与金文的形体比较。㕣字向上隆起的圆形物为螺壳，由螺壳向外张开的为虫嘴，长长的条状物为虫身，与金文《蠃氏鼎》蠃字所从之㣻及《庚蠃卣》蠃字所从之㣻取象正同；㕣则是㕣的单线条勾勒，▽为螺壳，㇀为虫嘴，㇂为虫身，也是十分形象的，因此都当释蠃。

卜辞常见之蠃甲当为殷先人名号；祭祀对象之单言蠃者，则可能是蠃甲之省称，也可能是指蠃神；而疾身、疾齿、疾目、疾膝、疾肘之言蠃、不其蠃者，蠃用为动词，可能是以蠃治病的一种手段；王肱蠃、王骨蠃则可能是指肱、骨之病状，其形如蠃。

（五）释"帝"

帝（《佚》658），又作帝（《清晖》115）、帝（《乙》813、2737、7961，《续》6.13.7），前人或释为录，《甲骨文编》收第一形为"录"，其余入于《附录》，本人认为是帝字的倒文，当释帝或禘。

从字形上看，帝字甲骨文作帝，其形构颇多异说。联系殷人的生殖崇拜，本人认为，上像女性生殖器之形，下为架起这一生殖神的支架的讲法，是比较合理的。将帝倒看，合于这一结构，所以帝是帝字的倒文，应该可信。从文例上看：

| 贞：燎于咸。帝？ | |
| 贞：勿燎于咸，帝？ | （《合》200） |

乙未……贞：王其归，[字]于[字]母？

贞……勿[字]于[字]…… （《乙》7961）

贞……勿[字]于…… （《乙》813）

……土于……成[字]……若？ （《续》6.13.7）

翌乙……王比……[字][字]…… （《佚》658）

周[字]我…… （《乙》2732）

第一辞与"燎于土、方，帝"（《存》1.595）辞例相近，第二辞与"戊戌卜，帝于黄（[字]）"（《林》1.11.6）辞例相似，[字]与帝并当释禘，其余各辞之[字]字，以禘释之，亦无不顺畅。

卜辞倒文现象多见，如[字]之作[字]（《乙》4703），[字]之作[字]（《甲》2827），[字]之作[字]（《乙》4475），[字]之作[字]（《明》1496），[字]之作[字]（《乙》6393）等，一些反复出现的倒文，似都有特殊用法，如[字]多用作专名，[字]均用为禘等，它们似有"倒文别义"的作用。

（六）释"[字]""[字]"

[字]（《戬》18.8），又作[字]（《甲》66），甲骨文中屡见，旧皆释叙。1976年陕西出土《冬簋》上有[字]字，铭云："凡百又卅又五[字]。"各家虽囿于成说释[字]为叙，但认为依文例当读为款，却是比较一致的。从字形上看，陈初生《金文常用字典》已指出"款之异文作款，与叙仅从又从欠之异"，[字]与款形亦相近，因此，释[字]为款似更合适。

[字]字用以手树木于示前会意，揣其初衷，当指祭品之款类。古人祭祀，形式多样，大的祭祀，往往祭物繁多，必须分类排列方得秩序井然，而于面对神主的每一类祭品之前树一木桩作为标记，就是很自然的。这大抵就是[字]字形构的来源，而每类称为一款，则是[字]字的本义。

卜辞"款"字多用作祭名，且多与酓祭对言：

乙亥卜，行贞：王宾小乙，酓，亡尤？在十一月。

乙亥卜，行贞：王宾，款，亡尤？

丁丑卜，行贞：王宾父丁，酓，亡尤？

丁丑卜，行贞，王宾，㪉，亡尤？在十一月。
己卯卜，行贞：王宾兄己，叠，亡尤？
己卯卜，行贞，王宾，㪉，亡尤？

（《缀》30）

壬寅卜，行贞：王宾大庚☒妣壬，叠，亡尤？
壬寅卜，行贞：王宾，㪉，亡尤？

（《缀》24）

甲辰卜，行贞：王宾戈甲，叠，亡尤？
……辰卜，行贞：王宾，㪉，亡尤？在十一月。

（《合集》40950）

㪉祭与叠祭都比较频繁，且用牲数量不大，想非大型祭祀。㪉祭似为独㪉之祭，叠祭似为混合（不同牲类或同一牲类之公母混合）之祭。

卜辞另有一☒（河472）字，辞例亦与☒无异：

癸巳卜，行贞：王宾，☒，亡尤？在自㝱。　（《河》472）
贞：王宾，☒，亡尤？　（《珠》374）
贞：……宾……☒……尤？　（《林》1.18.5）

当为☒字简体，树木于示前，已足见意。

（七）释"☒""☒""☒"

☒（《京都》1269）、☒（《余》12.2），卜辞屡见，旧皆视为与☒同字，或隶作柰，或释为叙，细审，则以释燎为妥。

前文已经指出，☒为☒字简体，以树木于示前会意。所树之木作为一类祭品的标记，自然是不能平放的，平放作☒、☒状，则成木柴积垒之形，与燎字取意相仿了。考诸辞例，亦甚了然。

㪉祭卜辞百余条，辞例多作上述形式，☒祭卜辞近二十条，却无一作上述形式的；而比较☒祭与☒（燎）的卜辞，却有很多相似的地方：

贞：勿⚅于祖乙？十月。	（《河》288）
勿⚅于高妣己？	（《珠》1）
丁酉卜，旅贞：其⚅西子（邑?）？六月。	（《库》1179）
贞：⚅于西邑？	（《缀》18）
其⚅于盟室，叀小宰？	（《金》466）
其⚅于丧，叀大牢？	（《粹》470）
……卜，贞：⚅四小宰？	（《林》1.18.13）
丙辰卜，争贞：⚅三宰？	（《后》1.23.14）

以燎释⚅祭各辞，无不顺畅，⚅应该就是⚅字的繁体，其关系与⚅又作⚅是一样的。

⚅（《林》1.10.9）字按字形分析，当是从宀燎声的形声字，当与⚅（《佚》395）字一样释为寮。⚅字卜辞仅一见，辞云："……贞：翌日酻……⚅卅……卯四宰？"当是读寮为燎。

（八）释"⚅"

⚅（籀文），又作⚅、⚅（爵文）、⚅、⚅（觚文）、⚅（《冉旅卣》）、⚅（《亚若癸方彝》）、⚅（《父己爵》）、⚅（《长日戊鼎》），由于⚅与⚅（子）形近，所以各家都将它与⚅（《仲游父鼎》）一起释为游。

其实，⚅为⚅（人）字的形象描写，乃侧面人形，与以上下摆动不定的小手为特征的⚅字有明确区别，⚅当为从⚅从人的会意字，与甲骨文的⚅（《甲》2647）、金文的⚅（《伯晨鼎》）同构。⚅（辞云"贞：王⚅不遘"）、⚅（铭云"⚅弓⚅矢"）之释旅，各家均无异议，⚅字释旅也应该是没有问题的。从文义看，前五形为独字铭，金文"旅爵""旅簋"最为常见，释旅自无问题；而"冉⚅""⚅父己""日戊⚅"诸铭，亦以释旅为妥。因此，上出诸形，都当释旅。

（九）释"⚅"

⚅（《鄂君启节》），诸家或释茂，或释哉，或隶作𢦏而读为哉。我认为是栽字异体。铭云："王处于蓏郢之游宫。"《金文编》谓"恕固墓楚简蓏郢又作栽郢"，蓏与栽的关系似有通假字与异体字两种可能，而从构字原理看，在栽种行为上，草与木是可以通用的，释为栽字异体，正合道理。至于左下所增人旁，既是附形足义，又有使字形平衡的作用，这在两周文字中也是常见现象，因此，字当径释为栽。

（十）释"㸚""㸚"

㸚（《沈子它簋》），旧多释能，在"乃沈子其夙怀多公㸚福"中则读能为宏；㸚（《墙盘》），一般多隶作敱，在"广㸚楚荆"中则或读为笞，或读为惩，或读能而训顺，或读能而训亲善，颇见分歧。

唐兰抓住㸚与㹜（能）的形体差别，改隶㸚为貔（即貊），读"貔福"为"庇福"；将㸚隶作敱，谓为貊字异体，在"广㸚楚荆"中则读貊为批。唐先生的意见，确实较好地解决了铭文的释读问题，但从字形分析，㸚、㸚二字，并当以释罴为妥。

㸚与㹜形似而有别，其为物也应与能相似而稍异。能为熊之象形，㸚即当为与熊相似之动物，释罴是近于情理的。考罴字《说文》古文作㸚，正由能、攴两符构成，与㸚只有偏旁位置安排上的差别，这种位置移动在两周文字中是十分常见的，《墙盘》的㸚，应该就是《说文》古文的㸚，字当释罴也是没有问题的。

罴之作㸚，乃属象形；罴之作㸚，则是出于减少汉字形符的需要，增加区别符号攴而将㸚同化为㸚，这与甲骨文㸚（鸡）之作㸚，增加声符攴而同化为㸚（隹）的道理是一样的。

（十一）释"㝎""㝎"

㝎（《铁》44.3），诸家多隶作宽，无说；于省吾则隶作宽，以为即《说文》之覔字，读如蒙。㝎（《伯窥父盨》），诸家多隶作宽，无说。

考《古文四声韵》所录《王存乂切韵》窥字古文作㝎，从穴从见，与㝎字形构无异，㝎字穴中窥视之意，已明白如画，字当释窥应该是没有疑问的。至于㝎字，从宀从望（甲骨文㝎，旧释见，本人曾作《释㝎》一文，考定其为望字，与见之作㝎者不同）。屋中外望，亦有窥望之意，联系到甲骨文中宀旁尚未从穴旁中分化出来，像突、寥（小篆作㝎从穴）等后世从穴的字，在甲骨文中尚从宀作㝎（《拾》5.7）、㝎

(《前》4.31.5）这一现象，我认为❋就是后来的❋，同样应释为窥，卜辞所言❋日，解作窥日也是十分合适的。

（十二）释"❋"

❋（《前》6.26.7），诸家均隶作妭，无说，我认为字当释威。

考金文威字作❋（《叔向簋》)、❋（《虢叔钟》)、❋（《邾公华钟》）诸形，均以女持械（戈、戌、戊均兵器）会意，与❋（义，甲骨文及西周金文均用为仪，见《甲》3445）之以兵器上加毛饰的取意一样，原都只有威风之义（金文多威仪连用），而无威慑之意（威慑义商周均以"鬼执杖"的❋为之），❋字的构成与此意正同，因此亦以释威为宜。

（十三）释"❋"

❋（《师害簋》），又作❋（《克钟》），前人或释智，或释昌，或隶作舀而读扣，或隶作舀而读扣，莫衷一是。我则认为是舀字的异体。

❋字金文中出现十多次，但均用作人名，很难从文例上加以考证。而用作偏旁的，则见于《散氏盘》，其形作❋，诸家均据文义释为道，向无异议。

《说文》以道为"从辵、首"的会意字，但以道、首同隶幽韵，道属定母，首为上古归入端组的审母三等字这种关系看，释为"从辵首声"的形声字似更合适，而作为道字异体的这个❋，也应该是一个"从辵、❋声"的形声字，❋字的声读，应该是与道字相同或者相近的。

《侯马盟书》道字异体有作❋（《侯马》18：1）者，其为"从辵、舀声"（道、舀同隶幽部，道属定母，舀为上古归入端组的喻母四等字）的形声字当无疑问。❋、❋同可作道字的声旁，它们在声韵上可以相通，这是不言而喻的。从形构上讲，甲骨文、金文的❋代表的范围相当广泛，可以代表口（如❋），可以代表器皿（如❋），还可以代表陷坑（如❋），由❋（《猷钟》）可作❋（《续》2.16.4)，❋（《伯春盉》）可作❋（《京津》4265），而❋（《甲》639）亦可作❋（《甲》256），❋（《戬》9.4）亦可作❋（《铁》107.3）的情形看，❋与❋的关系也是相当密切的。从字义上说，❋、㕯均有伸手进凹陷的器皿或处所取物的含义，其本义均可理解为"掏"。

既然臼、㕯在形、音、义方面都有这么密切的关系，那么，判定其为同字异体就不难理解了。因此我认为，臼当释舀，本义为掏，后世常用的"用瓢取物"的义项，只是它的引申义。

（十四）释"啓""啓"

啓（《虢叔钟》）、啓（《攸簋》），旧皆认为是啓字异体，并释为启。

考甲骨文，启字作啓（《后》1.30.5），或省作启（《甲》1687），右旁一律从又，数百例中均无从攴或从戈作者。金文中沿袭甲骨字形而作启的，除作人名外，其辞例亦均自成系统：

  广启厥孙子于下。   （《番生簋》）

  广启癭身。   （《癭钟》）

  广启朕身。   （《通录钟》）

  广启禹身。   （《叔向簋》）

  广启士父身。   （《士父钟》）

凡属此类文例者，启字右旁亦一律从又，绝无从攴或从戈的。从字形上看，启与啓、啓有从又与从戈、从攴之别；从文例上看，启与啓、啓亦毫不相混，啓、啓与启不是同一个字是显而易见的。

啓字文例与启字相异，却与肇字相同：

  旅敢啓帅井皇考威仪。 （《虢叔钟》）

  望肇帅井皇考。   （《师望鼎》）

  余小子司朕皇考，肇帅井先文祖。（《叔向簋》）

  余小子肇帅井朕祖考懿德。 （《单伯钟》）

  梁其肇帅井皇祖考。   （《梁其钟》）

凡属此类文例者，不管从口从聿，其右上均一律从戈，绝无从又或从攴的。𝌆与𝌆的字形下同上异而文例各别，𝌆与𝌆的字形下异上同而文例相同，显然，在西周时期从口与从聿还未成为区别它们的标志，从又与从戈才是区别它们的关键，因此，𝌆当与𝌆一起释为肇，是合于情理的。

既然𝌆与𝌆、𝌆与𝌆都各自成一系统，那么，𝌆与𝌆、𝌆亦当自成系统，就是近乎情理的推论了。𝌆与𝌆为一字，这早已为前辈学者证明了，所以各类金文字书都是将𝌆收入肇字条下的。至于𝌆字，唐兰在考释《攸簋》时即已作过读肇的处理了〔唐先生的释文为"启（肇）乍（作）䅊"〕，考诸文例，𝌆与𝌆、𝌆也确是自成系统的：

斐𝌆作宝旅鼎。　　　　　　　　　（《斐鼎》）
芮伯𝌆作𝌆公尊彝。　　　　　　　（《芮伯壶》）
詠𝌆作旅鼎。　　　　　　　　　　（《詠鼎》）
𝌆作䅊。　　　　　　　　　　　　（《攸簋》）
杉其𝌆作其皇考白明父宝簋。　　　（《杉其簋》）
叔𝌆𝌆作南宫宝尊。　　　　　　　（《叔𝌆鼎》）

𝌆当释为肇也是没有问题的。

当然，以上分析仅属西周的情形，春秋战国以后一些从又的字改从攴，如𝌆（《士父钟》）之作𝌆（《中山王大鼎》）、𝌆（《墙盘》）之作𝌆（《䶮羌钟》）等，上述格局就被打破了，其原因何在，则尚赖进一步的研究。

（本文曾在广东省中国语言学会1991年年会上宣读，原载科学出版社1998年出版的《胡厚宣先生纪念文集》）

读《甲骨文字诂林》札记三则

（一）说"东、束"，附说"燎"异构

"东"字甲骨文作 ◇（《合集》7084）、◇（《合集》11466）、◇（《合集》28115）等形，徐中舒、丁山以为本古"橐"字，像实物囊中而括其两端，音借为东方之东，学者多从之，其说至确。甲骨文另有 ◇（《合集》893）字，诸家释"束"，林义光以为"东"与"束"古本同字，后世声转分化为二，学者亦多认同，其说亦确不可易。唯姚孝遂先生谓甲、金文"东"与"束"均"判然有别，从不相混"，则似嫌武断。

若论金文，"东""束"二字确实判然有别，然论甲骨，倘谓"东""束"二字亦从不相混，便与事实不符了。于省吾曾经指出："甲骨文东与束每互作，例如东方之东也作束（《师友》2.56）。"于先生所引卜辞原辞为"甲申卜，宾贞：勿于束方告？"，辞中的"束方"即东方，殆无疑义。即就姚先生主编之《殷墟甲骨刻辞类纂》而言，"东"字条下所收，亦不乏◇形作者，以"西方束向"（《合集》28190）与"令束会于……"（《合集》36518）的辞例论之，所收亦当不误，怎么能说"东""束"二字"判然有别，从不相混"呢？

至于于省吾释◇（《合集》9430）、◇（《合集》9425）为"橐"，谓与"束字作◇或◇，从不相混"，则亦有可商。我于1988年古文字年会上曾释◇、◇为"东"，谓"不仅因为字形已显出一个两头用绳扎紧的无底袋的形象，而且《甲骨文编·附录》上130所收 ◇（《乙》4733）、◇（《乙》7248）、◇（《佚》848）诸形（卜辞用法相同，当为从戍从东、东亦声的会意兼形声字，疑即后世'戳'字）亦可作为旁证"。◇、◇、◇在形构上原理共通，作偏旁时可相通用，应该都是事实。至于辞例，◇、◇二字均多残辞，其完整者如"乞自◇"（《合集》9430）、"乞自◇"（《合集》9425）、"◇屮氐◇于自归"（《合集》23705）、"◇屮氐◇于禀归"（《英》1996）等，则未可证其为"橐"，亦未可证其为"东"，但"贞：涉帝于◇"（《合集》15950）一辞，却与卜辞习见之"帝于东"

"帝于西"相类，释"东"也是合适的。如果⊗、⊗与⊗为同字，那它们与同样与⊗为同字的⊗就是同字异体，不是不能相混的。

《甲骨文字诂林》（包括同系的《殷墟甲骨刻辞摹释总集》及《殷墟甲骨刻辞类纂》）所释"束"字，确有不该混同而混同者。⊗、⊗、⊗、⊗一类形体与⊗的区别是显而易见的，此不详论。而作 ⊗（《合集》30381）、⊗（《合集》30484）、⊗（《合集》29700）、⊗（《合集》27590）诸形者，却是不可不辨的。考常规⊗字，中部所围均呈圆形，而上举前三例均从方作；⊗字斜出之四短画，两下与两上绝不相连，而上举后三例则两下斜笔与两上斜笔相连而呈交叉之状。有如此明显区别特征的形体，确实不宜轻易混同的。考诸辞例：

癸酉卜，其⊗三示？　　　　　　　　　（《合集》30381）
又岁壬⊗示……　　　　　　　　　　　（《合集》30484）
壬子卜，其⊗司鱼？兹用。　　　　　　（《合集》29700）
于既……母戊⊗……罘……　　　　　　（《合集》27590）

各辞均用为祭名，与⊗、⊗、⊗、⊗诸辞确不相类。考诸祭名用字，⊗、⊗诸形，倒与像木柴交加累积表燎柴以祭的 ⊗（《合集》34185）、⊗（《合集》9560）、⊗（《合集》25370）有其共通之处，而以"燎"字读上出诸辞，实亦文从字顺。是⊗、⊗、⊗、⊗当即"燎"字异构，不应与"束"字混同。

（二）说"夹、挟"

甲骨文⊗（《合集》24239）、⊗（《合集》4665）二形屡见，诸家均并释"夹"，以⊗与《说文》"从大侠二人"之意合，定为正体，以"侠二人或侠一人，意同"而定⊗为省体。考诸卜辞，两字辞例各成系统，恐非一字。

⊗字卜辞虽均用为地名，未明字之本旨，但其形构（乃二人从左右扶持之象）实已得典籍中"使吾二婢子夹我"（《礼记·檀弓下》）一类用例所印证；而金文辞例每多"召夹"连言，所取"夹辅"之义亦可由"左右扶持之象"的构形中直接引出。可以看出，⊗字的字形与字义由古及今的发展延续，脉络都是相当分明的。释⊗为"夹"，当无可怀疑。

⊗字不见于甲骨之外的其他材料。其于甲骨刻辞之用例，与"夹"字判然有别，自非一字。唯从形构上看，与⊗字亦当有密切的联系。颇疑字当释"挟"，其构字方式则近乎于省吾所谓"附画因声指事字"一类。它以"夹"字为基础，省去其中"大"字左旁的人（可理解为增加一个负的标志），便变二人左右扶持之形为腋下挟持一人之象了。《国语·齐语》："时雨既至，挟其枪、刈、耨、镈，以旦暮从事于田野。"韦昭注："在掖曰挟。"佥字形构，正可与之相合，其所挟为人而非他物者，则是由于仍因夹字以为音符的缘故。由于从美化、规整角度考虑，佥形极不利于规整、平衡，所以，随着汉字方块化规范要求的提高，佥字便被从手、夹声的形声字所代替了。

（三）说"子帚×子"

甲骨卜辞有"子帚×子"之语：

己亥卜，王：余弗其子帚妊子？　　　　　（《合集》21065）
戊子……贞：余子帚嫀[子]？　　　　　　（《合集》20000）

其第一"子"字为动词，后一"子"字为名词，学者多无异议。而动词"子"的具体含义，就各持己见，出现分歧了。

陈世辉、汤余惠以为："这条卜辞（按，指21065）的意思是，商王武丁是否应该让妇妊把她刚刚生下的孩子养育成人。"并谓："古人出于某种迷信观念，如果认为初生的婴儿将不利于家门，便可以弃之不养。"

屈万里谓："子，作动词用，谓爱养之。"

饶宗颐参用《尚书·皋陶谟》"启呱呱而泣。予弗子，惟荒度土功"伪孔传"不暇子名之"的说法，"视子字为动词，训作'名子'，意思是为儿子命名"，又谓"第一个动词之'子'，亦可读为'字'，言'字'，则名在其中矣"。

细察三家之言，窃以为陈、汤之说殊不近理，古代虽有弃婴之事，但决不会十分流行，而"子"字的类似用法，卜辞中实非少见：

戊辰卜，争贞：勿毒妇嫀子子？　　　　　（《合集》2783、2784）
戊辰卜，王贞：妇鼠娩，余子？　　　　　（《合集》14115）
贞：妇鼠娩，余弗其子？四月　　　　　　（《合集》14116）
乙巳卜，自贞：王其弗子辟？　　　　　　（《合集》20608）

"子"的对象，都是武丁与诸妇所生之子女，贵为王子、公主，是否应该养育成人都这么没有保障，道理上怎能说得过去呢？

屈氏之说与陈、汤二氏近，但卜问爱不爱自然要比养不养近理一些，而且"子"

字在旧籍中亦确有作"爱养"解的用例，只是对象均非亲子而已。或非己子而爱养如己子的：

《诗·周颂·时迈》："时迈其邪，昊天其子之。"郑玄注："天其子爱之。"
《战国策·秦策一》："子元元。"高诱注："子，爱也。"
《礼记·中庸》："子庶民也。"郑玄注："子犹爱也。"孔颖达疏："子，爱也，言爱民如子。"

或非己子收养为己子的：

《史记·卫康叔世家》："陈女女弟亦幸于庄公，而生子完，完母死，庄公令夫人齐女子之，立为太子。"司马贞《索隐》："子之，谓养之为子也。"
《汉书·宣帝纪》："封贺所子弟子侍中中郎将彭祖为阳都侯。"颜师古注："所子者，言养弟子以为子。"
《资治通鉴》宋明帝泰始七年："生男则杀其母，使宠姬子之。"

亲子而子养之，是天经地义、不必多提的正常现象，商王对己子还要卜问是否应该像对待己子一样爱养，同样是不近情理的。

至于饶氏之说，实出于对"不暇子名之"一语的误解，史籍中未见明确将子解作"命名"的用例，即如饶氏所引《史记·夏本纪》《正义》之语，张守正在作了"禹辛日娶，至甲四日，往理水，及生启，不入门，我不得名子，以故能成水土之功"的解释后，显然心里还不踏实，才又作了"一云过门不入，不得有子爱之心"。这说明，解"不暇子名之"为"不暇为儿子命名"实无充分之证据。

按古汉语词类活用惯例，一个名词活用为动词之后，就表示一种与该名词所表示的人或事物有关的动作行为，名词"子"活用为动词之后，所表示的动作行为一定与这个名词"子"有关，所以我认为，"子名之"不应是"为子命名"，而应是"以子名之"，当属"授爵"一类行为。禹所说的"予弗子"是指禹没有举行给启授予"子"的名衔的庆典，而不是指没有给启命名。武丁卜辞之"子帚×子"也不是卜问该不该为儿子命名，而是要不要授予"子"的名衔。卜辞所见诸子，诸家多承认其为武丁之子（实包括儿子和女儿），从上引卜辞看，诸子自然是武丁之子，但并非武丁之子均可获称"子"的名衔。

（原载中华书局1998年出版的《李新魁教授纪念文集》）

甲骨文"𦉢"字形义再释

裘锡圭《甲骨文中的见与视》① 一文转引了我在《华南师院学报》1982年第4期上发表的《古文字考释四则》中有关甲骨文"𦉢"字的部分论述，并用了三分之一的篇幅，对拙见及姚孝遂有关按语②的得失作了详细的评述。读后很有启益，由此诱发了我对拙见的反思与进一步探讨。我发现，裘先生的批评，有的是由于所据《甲骨文字诂林》在引述拙文时删节不当③、未见拙文全貌所引起的误会，这里想略加补充说明；而对进一步探讨之所得，也想在这里陈述出来，以就正于裘先生及从事甲骨文字研究的同道们。

（一）旧说的重述与补证

我在《古文字考释四则》一文中提出的主要观点是："甲骨文中𦉢与𥃩有别，𥃩是'见'字，𦉢则是'朢'的异文，以释'望'为妥。"④ 裘先生对这一观点的前半部分，即分甲骨文之"𦉢""𥃩"为二字的看法，予以了充分的肯定；但对这一观点的后半部分，即释𦉢为望的看法，则表示"难以成立"。

拙文的论述是由甲骨文"望"字"也有从横目作𦉢的"切入的，裘先生的批评也从这一关键处入手："甲骨文'朢'字写作从横目者极少，而且其人形下端已经加'土'，跟'𦉢'的区别仍是很明显的。如找不到'𦉢''朢'用例相同的确证，仅仅

---

① 《甲骨文发现一百周年学术研讨会论文集》。本文所引裘锡圭的有关论述，无特别注明者，皆出此文，以下不再说明。

② 主要指《甲骨文字诂林》中姚孝遂为"𦉢""𥃩"两字所加按语，见该书第608、609、611页。

③ 《甲骨文字诂林》可能由于规模宏大，参与人多，引述错漏及删节不当之处时有发生，比如对拙文的引述，将极关紧要的"望"字从横目的例证及"𦉢""朢"文例比较删去，即属删节欠当。

④ 《华南师院学报》1982年第4期。本文所引拙见，无特别说明者，皆出此文。

根据这种'䂘'字是不能证明二者为一字的。"裘先生的批评不是没有道理的。确实，如果"从横目形者极少"，则由此而引出的"甲骨文'望''见'之别，不在目的竖（㫃）与横（㗱），而在人的立（亻，立可看远）与跪（卩，跪则近睇）"的结论就缺乏有力的支持；如果没有"㗱""䂘"用例相同的确证，释"㗱"为"望"也确实难以令人信服。这是我当年撰写文章的时候就已经意识到的一个问题。因此，拙文的写作，也特别注意搜集这两个方面的证据，遗憾的是，《甲骨文字诂林》在摘引拙文的时候，恰恰将这最关键的两种证据给莫名其妙地删掉了。这一删，肯定会动摇读者对拙文所提论点的信心，而对裘先生之评价拙文，亦肯定会造成一定的影响。考虑到敝校学报发行面不广，古文字学界的朋友看到的不多，所以，这里还是对有关证据重述一下。

关于"望"字之从横目作者，拙文所提到的，即有《明藏》449、《缀》334、《京津》4386、《佚》654、《七》X28、《屯南》135、2234 七个出处，其中《缀》334 有两例，《屯南》135 有三例，合共十例（如果加上《合集》26993、32897、32968 等原先未引的例证，就更不止此数了），以"例不十，法不立"的要求衡量，其"法"亦当可立而有余了。如果不是《甲骨文字诂林》轻率地将上述例证删掉的话，相信裘先生是不会以"极少"视之的。

关于"㗱""䂘"的用例问题，拙文亦曾举《存》2.45、《戬》12.7、12.4 等五组十一条卜辞为证，这里亦不妨重录一遍：

辛巳卜，古贞：乎㗱方？六月。 辛巳卜，古贞：勿乎㗱方？ 《存》2.45 贞：乎㗱舌，戋？ 《存》1.552		贞：乎䂘舌方？　　　　　　　《戬》12.7 贞：勿乎䂘舌方？　　　　　　《戬》12.4	
贞：登人五千，乎㗱舌方。 《续》1.13.5		庚寅卜，殼贞：勿㘽人三千乎䂘舌？《师友》1.63 贞：勿登人乎䂘□方？　　　　《前》5.20.7	
贞：乎㗱重？ 《林》2.7.9 勿乎㗱重？ 《京津》2219		贞：登人叀王自䂘重？ 贞：勿……王自䂘重？　　　　《佚》726	

这种辞例对比，或者未必算得上裘先生所讲的"'㗱'、'䂘'用例相同的确证"，但用来说明"㗱""䂘"的用例有很多相同或相似的地方（如果需要的话，还可以增加《合集》6175 的"贞：登人乎㗱舌"及 7337 的"己巳卜，殼贞：登人乎㗱……"与《前》5.20.7 一辞作对比，增加 7384 的"贞：乎登㗱重"与 6192 的"贞：勿乎㗱䂘舌方"的对比，等等），应该是没有问题的。如果不是《甲骨文字诂林》摘引时把这些文例删去的话，相信裘先生亦不会轻易断言"释'㗱'为'望'，却难以成立"吧。

事实上，赵诚虽未分""""为"见""望"二字，但对它们在卜辞中的用法分别进行独立的考察之后，所得之客观结论也是大致相同的：

> ……卜辞作为动词用得比较广泛，其中有一种用意表示观察、监视，应是本义的引申。如：'贞：登人五千乎（呼）见舌方'（《续》1.13.5），见就是看，用作观察、监视之义……是很自然的引申。
>
> 卜辞的壆作为动词，有观察、监视之义，应是本义的引申。如："贞：乎（呼）壆舌方。"（《戬》12.7）壆本是远望，用为观察、监视之义，和目、见、䁨一样，都是很自然的引申。①

尽管姚孝遂先生力排鄙说，一再强调""""有别，也还是不得不承认："卜辞恒言'见某方'，谓监视敌方之动静，与'壆某方'同意。"②

可以说，"甲骨文'望''见'之别，不在目的竖与横，而在人的立与跪"以及""""有相同用例，都是有足够的证据支撑的。

至于裘先生提出的""字"人形下端已经加'土'，跟''的区别仍是很明显的"的问题，我以为，如果人形下加"土"的""与不加"土"的""之间同样"明显"的区别不足以影响""与""为一字的话，则人形下加"土"的""与不加"土"的""为一字也不应因此而受到质疑。所以，我认为""字还是以释"望"为妥。

（二）"望"字在卜辞中的用义探讨

关于"望"字在卜辞中的用义之讨论，一般多集中于上列军事卜辞之考察，而各家之说解，亦歧见纷呈。

于省吾以为："常见的'乎壆舌方'和'易乎壆舌方'，是就能否远望舌方言之；屡见的'其见方'和'不见方'，是就能否见到方国言之。"③ 这里所说的"能否远望舌方"与"能否见到方国"，都很有些令人费解，所以，在于先生主编的《甲骨文字诂林》中，于氏弟子姚孝遂所作按语亦不取其说，此不详论。

裘锡圭释""为"视"，以为"当与《左传》'视师'之'视'义近，有为了准

---

① 赵诚：《甲骨文行为动词探索（一）》，载《古文字研究》第十七辑。
② 《甲骨文字诂林》第609页姚孝遂按语。
③ 于省吾：《甲骨文字释林·释遘》。

备战斗而观察敌军情之意"。考裘先生所引《左传》共两例：

> 晋侯逆秦师，使韩简视师，复曰："师少于我，斗士倍我。"（僖公十五年）
> 夏六月，晋荀瑶伐齐，高无丕帅师御之。知伯视齐师，马骇，遂驱之，曰："齐人知余旗，其谓余畏而反也。"及垒而还。（哀公二十三年）

僖公十五年视秦师者韩简，哀公二十三年视齐师者知伯，"视"这一行为的施事者都是个人（顶多带上一个小分队而已，都属规模较小的行动），以"为了准备战斗而观察敌军情"解之，自然是顺当的。而卜辞"登人五千，乎𡆥舌方"之"𡆥"若仍以此为解，商王居然聚集五千人（规模比《合集》6168所载"登人三千乎伐舌方"这样一次征伐舌方的大行动之全部兵力还要大），老远跑到舌方去为准备战斗而观察敌军情，于情理上总觉得有些不合。

赵诚、姚孝遂的"监视"说①似乎要合理一些。《礼记·王制》："天子使其大夫为三监，监于方伯之国。"郑玄注："使佐方伯领诸侯监临而督察之也。"这种监临督察确实需要有一定的武力作后盾。带领三五千人前往驻扎，虽然多了点（因为"伐舌方"也不过三五千人而已），却还勉强说得过去。但遇上《合集》7218（即《佚》726）的"贞：登人叀王自𨑴"一类辞例，要商王亲自前往监视，就不太好解释了。而尤其不好解释的，是《合集》6193的"贞：乎𡆥舌，𢦏"一类卜辞。

"𢦏"字甲骨文屡见，旧多与"戈"混而为一。管燮初首辨其异，② 其后学者亦续多辨证。"𢦏"字多见于战事卜辞的"征""伐""臺"等动词之后，张政烺谓："臺和𢦏是征伐过程中的两个步骤，臺是前奏，𢦏是结果。"③ 陈炜湛谓："颇有征伐而获胜之意。"④ 夏渌亦谓："用于战争卜辞中，表示'克敌制胜'的含义。"⑤ 尽管在"𢦏"字应当释为今日的什么字的问题上众说纷纭，至今未能断定，但它指的是征伐的结果，有"克敌制胜"的意思，学者们的看法却是比较一致的了。这样看来，"贞：乎𡆥舌，𢦏"的"𡆥"，就绝对不是"监视"那么简单。因为"监视"并不产生"𢦏"的结果，产生"𢦏"的结果的，只能是"征""伐"一类行动，而"𡆥""𡆦"的上引辞例，形式上确又与"征""伐"类的一些卜辞极其相似：

---

① 赵诚：《甲骨文行为动词探索（一）》、《甲骨文字诂林》第609页姚孝遂按语。
② 管燮初：《殷虚甲骨刻辞的语法研究》，第13—14页。
③ 张政烺：《释𢦏》，载《古文字研究》第六辑。
④ 陈炜湛：《甲骨文同义词研究》，载《古文字学论集》初编。
⑤ 夏渌：《释戠》，载《古文字研究》第四辑。

贞：乎伐舌方？	（《合集》6242）
贞：勿乎伐舌方？	（《合集》6168）
贞：🈚人三千乎伐舌方，受业又？	（《合集》6168）
🈚人三千伐䚽，𢦏？	（《合集》6835）
贞：乎征舌方？	（《合集》6310）
贞：勿乎征舌方？	（《合集》6310）
贞：🈚……征土……受……	（《合集》6408）
丁酉卜，令㚔征🈚，𢦏？	（《合集》6561）

因此，我认为"望"（包括"🈚""🈚"）字在上引辞例中的含义，当与"征""伐"一类动词相近，都是王者"正不正者也"的军事行动，而更确切的含义，则当与"望"字的望远及居高临下的意思相结合，乃指王者居高临下以"正不正者"为目的的远征，与"征""伐"相比，似多了几分所向披靡的气势。

在与军事有关的卜辞中，尚见"🈚业自（师）"之语：

丙午卜，㱿贞：乎自往🈚业自？	（《合集》17055）
丙午卜，㱿贞：勿乎自往🈚业自？	（《合集》5805）

裘先生读作"视业师"，以为当与《尚书·文侯之命》所记王命"父義和，其归视尔师，宁尔邦"中的"视尔师"意近。若仅从辞例看，这种解释亦无不可，但联系上面的字形与辞例分析，我认为仍以读"望业师"为妥，"望"字的用义，亦当由"正不正者也"之义引出，作"整顿"解。

至于"🈚于河"（《合集》8327、12246）、"贞：乎往🈚于河"（《英》1165）一类辞例中的"🈚"，则显为祭名，以《广雅·释天》"望，祭也"王念孙疏证"望者，遥祭之名"的意义解之，最为贴切。

此外，"🈚"在卜辞中尚有作地名用字者，亦有见于未能卒读的残辞中，此不详述了。

（三）金文及楚简"🈚"字形义探讨

我在《古文字考释四则》一文中曾经指出："西周早期铜器如《沈子簋》《燕侯鼎》《贤簋》《作册䢉卣》等，'见'字都作🈚（当然不排斥偶然的讹误，如《珥鼎》作🈚）；作🈚的多是西周'望'均统一从𦣞，而𦣞的跪跽状逐渐消失后的产物，如《㝬钟》《乖伯簋》等，都是西周晚期的铜器。"我现在仍然认为这种看法是对的。

首先，商周金文中，从文例与字形的综合分析上可确证其为"望"字的四十余例，均从竖目（ɠ）作"❂"若"❃"等形，而无一从横目（▱）作者；从横目之字，则无从"ᄀ"之例，其从"ɣ"若从"ᄀ"作者，亦无一文例与"望"字相同或相近的，但以"见"字读之，则各例均无不文从字顺，前人将它们一并释"见"，不是没有道理的。

其次，商周金文中，横目之下从"ɣ"与从"ᄀ"之字，不惟文例相通，而且从"ɣ"之字多见于早期，从"ᄀ"之字多见于晚期，表现出明显的时代特征。如果我们只承认从"ɣ"的是"见"字，而把从"ᄀ"的释为"望"字或"视"字，我们将难于解释周人何以早期喜欢用"见"字，而晚期却喜欢用"望"或"视"字，小篆又将本读"望"或"视"的字，改读为"见"等一连串现象。如果我们把"❀"理解为"❁"字所从之"ɣ"的跪跽状逐渐消失而与"ᄀ"旁混同所致，乃文字形体演变所形成的同一个字在不同时代的不同特征，理由就好说得多了。

再有，小篆"见"字从"人"作"❂"，是众所周知的事实，金文"❀"字上有"❁"字跪跽状逐渐消失的线索可寻，下有小篆从"人"的坚强后继，由❃（《见尊》）而❄（《见甗》）而❅（《作册魖卣》）而❅（同上）而❆（《默钟》）而❂（小篆），其脉络之分明，流传之有序，确实是能够顺理成章的。

当然，我们并不反对将《郭店楚简》中的《老子》丙组第五号简之"❇之不足❈"的"❇"释为"视""❈"释为"见"，因为这同样是无可争议的事实。但是，在没有充分证据证明楚简中的"❇""❈"之别与甲骨文中的"❀""❁"之别有一脉相承的关系以前，我们都不可轻易根据楚简中"❇""❈"的用法来论定甲骨文的"❀""❁"二字，这和我们不能根据汉隶中"得"（得）、"碍"（碍）① 的用法区别来论定甲骨文之"得"字当释"得"而"碍"字当释"碍"的道理是一样的。联系到《郭店楚简》中独具特色的 ❉（山谷的谷字所从）、❊（欲望的欲字所从）之别及 ❋（足）、❌（疏）之别②在商周古文字中均不带普遍性的事实以及我们上文所作的分析，我更有理由认为，《郭店楚简》中的❇、❈之别，仅仅是一种特定的时代与地域内的短期的局部的行为，与甲骨文的"❀"与"❁"的区别并无联系。

（原载《中国文字》1999年新二十五期）

---

① 汉《石门颂》。
② 《郭店楚墓竹简》。

《〈金文编〉校补》《〈金文编〉订补》略议

容师希白《金文编》问世以来，给金文的研究与教学带来了极大的方便，并已成为海内外古文字学者案头必备之书。它的几经修订与日臻完善，除倾注了容老的毕生精力及参与修订、摹补的马国权、张振林两先生的心血外，还贯注着众多专家学者的努力，特别是于省吾、唐兰、徐中舒、郭沫若、陈梦家等友好的关怀与支持。可以说，离了对广大研究者的学术成果及批评意见的吸收，《金文编》要取得今日的成功是不可能的。

四版《金文编》的成绩是有目共睹的。但是，我们亦要看到，由于修订三版《金文编》时容老年事已高，难免有考虑不周的地方；四版《金文编》出版于容老逝世以后，协助修订的马、张二先生对容老思想的把握也难免有欠准的时候，四版《金文编》无可避免地会存在这样那样的问题，它要进一步完善、发展，广大研究者的关怀与支持仍然是不可少的。事实上，它出版以后，主动予以关怀者真颇不少，像赵诚的《后继有人——〈金文编〉终于出版》①，文霏的《新版〈金文编〉评介》②，林澐的《新版〈金文编〉正文部分释字商榷》③，高景成的《读1985年版〈金文编〉初记》④，刘钊的《〈金文编〉附录存疑字考释》⑤，黄光武的《容庚〈金文编〉诸版序言漫议》⑥，陈汉平的《〈金文编〉订补》⑦及董莲池的《〈金文编〉校补》⑧等论著，从各种不同角度指出过四版《金文编》存在的若干问题。诸如：

将容老"自序"改称为"容序"显然考虑欠周，弃"自序"原迹而用工楷重抄恐

---

① 《中国语文研究》第8期。
② 《考古》1986年第11期。
③ 1990年古文字学会年会论文。
④ 1990年古文字学会年会论文。
⑤ 1990年古文字学会年会论文。
⑥ 《中山大学学报》1999年第4期。
⑦ 中国社会科学出版社1993年版。以下简称《订补》。
⑧ 东北师大出版社1995年版。以下简称《校补》。

亦非容老原意。

三版释㡭为"福"、释王为"玉"、释䱷为"期"均本不误，四版改释为"祉"、"王""䒑"反误；三版分祼、禮为二字本不误，四版合二为一反误。

容老"析有从禾作䅔者，朱有从穴作䆋者，则应在禾、穴两部互见"① 的意见未见实施，二字字头漏立；本应释"枋"的𣐚字仅收入"方"字条下，而木部未见。

容老主张"举常见之字，隶定以为埻的，其余异体，不必一一隶定"，② 㦰、逌、𢓡、辝等字从字形分析到文例用法均可证为威、逸、疑、辞的异体，却仍硬隶定作㦰、逌、𢓡、辝而另立字头。

将𠧪字上半误断为𠔽，下半误连下字作䵼；将䒑字误断为二，又将形符艹误连声符"堂"的上半摹成䒑，使声符"堂"仅余下半𡳾而无法解释；以福之繁文𥛱为从"富"；以从言旗省声之䇂为"从广从言"；以从周或省声之䚂（疑"沃"本字）为㦰。

误认𢆶之⌒（终）为穴；误认䜌之吅（叩）为从；误认㫃之𠂆（𠂆）为白；误认丰之屮为屯；误认㠯之𢆶（幺）为言；误认辥之千（身）为隹；误认宀之丁（主）为示；误认棗之𠧪（棗）为奉；误认𠂇（旨）为若；误认炎（䂞之简体）为炎；不识䰠见《说文》馭字古文而误释为"殹"；不辨文例而以𡥉为"小子"二字合文。

还有"竫"字见《说文》"立"部而谓"说文所无"，䢦字已入正编"遹"字条下而《附录》重出，0815 有号无字，等等，都是极有参考价值的意见，对日后《金文编》的修订，肯定大有裨益。相信容老泉下有知，也会感谢他们的。

不过，上列四版《金文编》的种种问题，在全书所占的比例应该还是比较小的，怎么也犯不着花数十万言去校订。因此，对于洋洋三十万六千言的《校补》和五十三万言的《订补》那样的皇皇巨制，我还是有些另外的看法。试想，一部收字三千七百七十一个（包括重文在内亦不过二万四千二百六十个）的金文字典，竟要用八十余万字去"校补""订补"，通体还能有"完肤"吗？"此书集萃金文，超佚前代""观其书即可见其功力之深"③"资料益臻完备，考释更见精审""成为一部更有权威性的唯一金文形体大典"④，等等，岂不顿成空话？

顾名思义，"校订"就是校勘订正，若无标准唯一、确凿无疑的依据，是不足以称

---

① 容庚：《校补三版〈金文编〉说明》，《容庚先生百年诞辰纪念文集》。
② 容庚：《校补三版〈金文编〉说明》。
③ 陈汉平：《金文编订补·序》。
④ 董莲池：《金文编校补·自序》。

作校订的。所以容老的校补大旨十分明确："实属承讹，在所当改；别有依据，不敢妄改；义可两存，一仍旧贯。有新义、别义则补，有新器、奇字则补。"① 细察《订补》《校补》两书，名副其实的"校""订"分量就很不够，有文字学价值而又真正够得上"校""订"标准的实很有限。

《订补》全书五十三万字，《正编》的订补加上补遗，合共才十四万多字，占全书27%而已；《附录》的订补加上补遗，合共六万余字，占全书13%弱；而只能算作《附录》的《订补》作者论文竟有三十二万余字，占全书60%强。一部以"《金文编》订补"为名的书籍，塞进的私货居然占了60%，本身已有"羊头狗肉"之嫌了。而《金文编·附录》所收，本属"图形文字之未可识者"及"形声之未识者，偏旁难于隶定者，考释犹待商榷者"，"订补"者据己意所作的"释文或疑释"，用为订补的依据也实未够格。就是正编的"订补"，也起码有两大类内容是不能列入"订补"范畴的：一是"一，字头宜出古文作弌""贏，字头宜出古文作𠃉、𠃊，籀文作䨮""丁，字头宜出篆文下"之类，显然有违《金文编》的体例，这种企图改变《金文编》体例以便扩充"订补"字数的做法，绝对不是"订补"；一是"𢦏、栽？𢦒？𢦔？菉？莿？棘？……""疑𢦏、𢦒皆为栽字异体""又疑𢦏字为𢦔或菉、棘字异体"之类，一字而有六种疑释，自己都拿不定主意，又怎么能做"订正"别人的依据呢？值得注意的是，这两类内容在《订补》一书中竟占着颇大的比重：卷一订补共四十七条，"字头宜出"类占了十七条，疑或存疑类占了九条；卷四订补共六十二条，"字头宜出"类占了三十三条，疑或存疑类占了九条。《订补》的"含金量"于此即可见一斑。

《校补》没有像《订补》那样附录私人论文，但大多未能论定的《金文编·附录》校订亦占有七万四千多字的篇幅，占全书的24%强。而正编的校补，存疑的，未足证《金文编》确误、只见有他家别说便拿来校订的，甚至对诸家别说尚未拿定主意、只好数家兼录以候选于读者的等等名不符实的"校补"内容为数不少（这类内容大多非关紧要，有些还是注语中涉及的引文或器目之类，所校的字一般都在其以正文出现之条目下作过校正，在注语中一再重校，实有为扩充字数而作之嫌）。

通观两书提出校订的问题，多属学术界尚有争议者。其所依据，并非容老所未知晓，只是容老认为己说更优、或己说"别有所据"、与彼说"义可两存"而未予采纳而已。其中两书看法矛盾者亦不乏其例。比如𢦏字，《订补》与《校补》就有释"栽"与释"戚"的不同，𦵹字两家亦有释"蘦"与释"搢"的差异，𩣡字《校补》谓当释"騥"，《订补》则以为《金文编》释"驭"不误，还与石鼓文"驭"之作𩢲、𩡣,鲡

---

① 容庚：《校补三版〈金文编〉说明》。

之作[字]者联系起来，推定[字]、[字]二字并当释"驭"。究竟该用《校补》去校《订补》呢？还是用《订补》去订《校补》？实在令人茫然。事实上，四版《金文编》不误而"校""订"者反误的情形亦不鲜见：

《秦公簋》[字]字，就字形论，释"天"不误。只是拿新出《秦公钟》铭文相较，才发现它可能是"立"字之误。这是一个有研究意义的特殊现象，我们应该将它客观地反映给读者。《金文编》释"天"而加注"《秦公簋》畯疐在天。《秦公钟》作在立"的处理是恰当的。如果径释此字为"立"，显然不妥；如按《校补》所言将此文"删除"，放弃了这一有特殊意义的材料，剥夺了研究者考察这一现象的机会，也不是科学的态度。《小盂鼎》"王[字]周庙"之误"各"为"右"、《蔡侯盘》"祇盟尝[字]"之讹"啻"作"[字]"，都宜客观反映，《订补》谓前者当删，《校补》谓后者当径释作"啻"，均嫌考虑欠周。《校补》谓：《邵大叔斧》之"[字]车"当读"贰车"。我以为未必正确，即使正确，也只能说"騹"乃"贰"之讹，而不能按《校补》所言径入"贰"字条下。

[字]（《班簋》），《订补》《校补》并谓即《说文》"隥"字，应在阜部增立隥字字头。其实，从文例看，"[字]于厂湶"（《散盘》）的[字]与"[字]于大服"的[字]，同用如"登"；从字形看，[字]、[字]并像以手持灯，为"灯"字初文。[字]、[字]并从豋得声，同取登陟义，从癶意在强调登高用足；从阝意在强调登高之向上，乃一字异体，并当释"登"。①至于《说文》"隥"字，则是在"登"字的基础上产生的后起形声字，义为石级，别体有磴、墱等形，与表登陟义的[字]不是一回事。《广韵·嶝韵》："隥，梯隥。"《集韵·隥韵》："隥，《说文》：'仰也。'或从石。"段玉裁《说文解字注》："登陟之道曰隥，亦作磴。"阜部中字，作动词用者每与手、脚相关（如降字楚简又作[字]），作形容词用的每与山相关（如陵又作峻），作名词用者每与土、石相关（如阬又作坑），[字]与隥虽同从阜，但前者之取义，当与陟、降、陨为一类，乃与止、癶相联系；后者之取义，则与阯、隒为一类，乃与土、石相联系，两字所从之阜，取意角度并不相同，不当视为同字。

[字]（《散盘》），《订补》以为"此非道字，当隶作䢔"。从文例看，《散盘》"封于乌[字]内"的[字]显与下文之"封于量道""封于原道""封于周道以东""封于履道以南""封于□□道以西""自根木道左""井邑封道以东""封于同道"八个"道"字一

---

① 张桂光：《金文形符系统特征探讨》，1990年古文字学会年会论文。

系，其当读"道"，可无疑问。至于字形分析，本人于《古文字考释十四则》① 一文中，曾与《侯马盟书》道字异体 ✦ 相比较，认 ✦、✦ 为同字，并当释舀，✦ 字即为从辵舀声的形声字。✦ 又作 ✦，丩 与 ✦ 关系密切已为古文字界之共识，✦、✦ 均可理解为伸手进凹陷的器皿或处所取物的形象，其隶作舀，实即《说文》训"捾也"的捾（后世作掏）字的初文，作"道"字声符正好合适。《订补》隶 ✦ 作舀乃清人旧说，近世学者多表怀疑，纷纷改释。近年释"舀"回潮，主要是曾侯乙墓出土漆盒有自名为"匫"者，李学勤、裘锡圭等权威学者都认为即《说文·匚部》训为"古器"的"匫"字，四版《金文编》改释"舀"亦正以此为据。其实，典籍对"匫"之为器，除"古器也"的解释外，于其形制并无描述，怎能证明所出匫器就一定是匫而不是字形更近、同样训"古器也"的匜呢？《集韵·豪韵》："匜，《说文》：'古器也。'籀作匫。"《正字通·匚部》："匫，同匜，见《六书统》。"读匫为匜，理由不也一样充分吗？

✦（《散盘》），《订补》以为释鞭不妥，当改入爰字条下。释 ✦ 为爰，亦先贤旧说。改释为鞭，实出本人研究生时的作业，因得容老认可而为四版《金文编》所采用。从"✦千罚千"的文例看，其字当与"罚"一样作动词用，若读爰，不知《订补》要对"爰千罚千"作何解释，若依旧说读爰为锾（金之重量单位），则"锾千罚千"实难顺当。而释 ✦ 为鞭，则"鞭千罚千"与《儳匜》的"鞭汝五百罚汝三百寽"一类辞例便能相合。所谓"余又爽变，鞭千罚千"就是在交接完毕之后，矢人方面在证人的监督下立下"如有毁约，愿受鞭千罚千的处罚"的誓词，也就显得合乎情理了。至于字形，以 ✦ 为 ✦ 的讹变，也是合于道理的。②

✦（《戍簋》），《订补》与《校补》均不满足于"叔"这样一种客观隶定，以为字当释叔。✦ 字甲骨习见，释叔亦先贤旧说。我在《古文字考释十四则》一文中曾经指出：释叔欠妥，字当释款。从"孚戎兵：盾、矛、戈、弓、箙、矢、裨、胄，凡百又三十又五 ✦"的文例看，其字确当释款；从字形看，乃以手树木于示前会意。揣其初衷，当指祭品之款类。古人祭祀，形式多样，大的祭祀，祭物繁多，须分类排列方得秩序井然，在面对神主的每类祭品前树一木桩作标志就很自然了。✦ 字即其形象的描写，每类称一款，于义亦正相合。③《金文编》隶作"叔"尚属无得无失，若径释叔，那就失误无疑了。

---

① 张桂光：《古文字考释十四则》，1991 年广东语言学会论文；后收入《胡厚宣先生纪念文集》。
② 张桂光：《古文字考释四则》，《华南师院学报》1982 年第 4 期。
③ 张桂光：《古文字考释十四则》。

☐（《我鼎》），《校补》以为与☐一字，并当释叔。前辈学者于形近字每每疏于辨析，喜欢将☐、☐、☐、☐、☐、☐、☐、☐、☐混为一谈。本人在《甲骨文形符系统特征的探讨》等文中，除释☐为"祓"外，即将上列诸形分为叔、燎两系。☐、☐、☐、☐、☐等尽管字有繁简，均以树木于示前会意，并当释叔。其所树之木，作为一类祭品的标记，只宜竖立，不宜平放，若平放作☐、☐状者，则成木柴积垒之形，而非树木以作标记，所示也成燎祭而非叔类了。因此，不仅☐、☐、☐、☐当释为燎，而且☐、☐、☐、☐也当释燎，这不仅是字形显示清楚，而且是文例亦证明了的。①《我鼎》☐字当与☐、☐、☐成一系统，而"祉礿，☐二女，咸"的文例，读☐为燎也文从字顺。四版《金文编》对☐字的用法虽未作进一步的考究，但分☐、☐为二字各自独立隶定还是正确的，《订补》与《校补》要合二而一，反倒是错误的。

类似问题尚有一些。比如☐、☐与☐、☐字形及辞例均有明显区别，分列自然优于混合；☐从水从☐省，释"没"不误，《校补》释汋，实不辨☐、☐之别所致；☐隶定作聅不误，疑与珥为一字异构，《校补》释"联"缺乏理据……因为篇幅所限，这里就不详列了。不过，总的说来，上列情形尚属"别有他据"，持论也还平实。而两书作者别出心裁的一些解释，多涉及方法的错误，这里亦想举两三例略加评析：

☐（《戠簋》），字仅一见，铭只"戠作宝簋"四字，无法从辞例推知其字义，亦不解其为形声抑或会意，隶定作戠，注明《说文》所无，是最稳当的。《校补》仅据从辛之字偶有从丵的形体及从丵之字偶有从辛的形体便推定戠即后来的戠（扑）字，理由是极不充分的。因为"辛"变"丵"现象的存在，最多只能为其可能性提供理由，而不能为其必然性提供依据，就像我们不能据此证明"早期的梓就是后来的朴"一样，没有戠、戠用例相同的确证，要论定两者为一字也是不可能的。这里想指出的是，《校补》为证实由辛变丵的发展规律时采取的方法是错误的。对"宰"字，只提甲骨文作☐、西周写作☐、春秋或作☐，而不提从辛（十八例）与从丵（三例）的比例以及战国秦汉以后都从辛这一事实；对"业"字，只提古文作☐、篆文作☐，而不提金文之作☐、☐、☐；对"对"字，竟置甲骨文☐（五例）及金文的☐（七十余例）于不顾，说是甲骨作☐（不知所据）、西周作☐（"对"字金文九十余例仅此一例从辛）或

---

① 张桂光：《古文字考释十四则》。

作 🗚、🗚、🗚。取舍之随心所欲，着实惊人！

🗚（《蔡侯盘》），此字诸家并读威，径入威字条下，可无疑问。然《校补》隶定作毁，以为从勿得声，则大谬。🗚之释爪，向无异议。① 《校补》为证其"未必'爪'字"，竟改摹作🗚，并谓"金文'爪'旁无一例'爪'朝上作者"。且不说所摹朝上之爪乃误连女旁上出之笔所致，就是金文爪旁之朝上作者，若《弭伯自为簋（甗）》"为"字之所从（🗚、🗚），亦均其典型，实不鲜见；为证其为勿字，《校补》又以🗚为之说。且不说🗚当否释匋尚有争议，就是释匋诸家，亦未认🗚为勿字。从裘锡圭对🗚字所作"有些漆盒自铭为'匫'，这显然是《说文・匚部》训为'古器'的'匫'字"②的表述看，🗚还是隶作爪的。事实上，《金文编》所收"勿"字凡十六例，无一似爪作者，🗚字凡十二文，爪朝上者亦未一见。《校补》为证🗚之为勿尽管煞费苦心，然实难如愿。再说，从勿得声之字未见读影母者，要证"威"字从勿得声，实非易事。

🗚（《默钟》），《校补》以为释"孿"不可靠，其理由是籀文"孿"所从二🗚分列两旁，而此字二🗚借人头系连，是从絲不从丝，因此字当释"㚇"，铭中读作"蛮"。其实，古、籀文辗转传抄，已多失真，割裂字形以就整齐是常有的事，金文🗚《说文》籀文作🗚，金文🗚《说文》古文作🗚，金文🗚籀文孌所从作🗚均其例。就像不能否认🗚与🗚为一字一样，在没有更多证据以前，我们不能否认🗚与🗚为一字。考字不能无所凭依去孤立分析，人们释🗚为"孿"，就是因为有🗚字相比照，不释为"㚇"，就是因为"㚇"字并无从籀文🗚的依据。"㚇"字在金文中也未见用例，后世从縊得声的字，如娈、栾、鑾、蛮等，金文均但以🗚为之，蛮字之见于《墙盘》《虢季子白盘》及《秦公簋（镈）》者均无例外，这些因素都是不得不考虑的。

对《校补》与《订补》发这么多议论，并不是反对给先师提批评意见，只是希望批评更实事求是一些，不要将几千字的文章即可解决的问题硬扩充成几十万字的巨制，本来只合平等商榷的问题，不要硬作居高临下的"校""订"。事实上，两书都大量引用林澐《新版〈金文编〉正文部分释字商榷》一文的观点，而真有文字学价值的校订，能超出林先生文章范围的实在不多。

（原载中华书局 2002 年出版的《古文字研究》第二十四辑）

---

① 🗚字从爪之由，拙作《金文形符系统特征探讨》曾有论述。详见 1990 年中国古文字学会年会论文。

② 裘锡圭：《谈谈随县曾侯乙墓的文字资料》，《随县曾侯乙墓发掘演示文稿论文汇编》。

金文语词考释二则

（一）说"元子"

"元子"一词，传世文献多见，涉及古汉语的词典大多立有"元子"条目。而对其词义的解释，虽有"天子和诸侯的嫡长子"[①] 与"天子之嫡子"[②]、"嫡长子曰元子"[③] 等的不同，要皆大同小异，似与"嫡"字有不解之缘。各书虽同有"后亦泛指长子"一类的补充说明，但补充的书证，也都是汉碑或隋唐墓志，似乎先秦时代就只有"嫡长子"或"嫡子"的含义了。

笔者对十三经中"元子"一词的用例作了认真的考察，认为"嫡长子"或"嫡子"的解释似未能贯通所有的用例：

①用敬保元子钊，弘济于艰难。　　　　　　　（《尚书·顾命》）
②王曰：叔父，建尔元子，俾侯于鲁。　　　　（《诗经·鲁颂·閟宫》）
③天子之元子，犹士也。　　　　　　　　　　（《仪礼·士冠礼》）
④天子之元子，士也。　　　　　　　　　　　（《礼记·郊特牲》）
⑤王若曰：猷，殷王元子。　　　　　　　　　（《尚书·微子之命》）
⑥微子启，帝乙之元子也。　　　　　　　　　（《左传·哀公九年》）
⑦若帝乙之元子，归妹而有吉禄。　　　　　　（《左传·哀公九年》）
⑧呜呼，皇天上帝，改厥元子兹大国殷之命。　（《尚书·召诰》）
⑨呜呼，有王虽小，元子哉！　　　　　　　　（《尚书·召诰》）

---

① 《辞源》《辞海》《汉语大词典》。
② 《中文大辞典》。
③ 旧版《辞海》。

先看各例"元子"的身份。例①是成王临终的嘱托,"元子钊"即后来的康王,是成王的嫡长子;例②是成王对周公讲的话,这个"元子"即后来的鲁君伯禽,是周公的嫡长子。两例"元子"的身份都与《辞源》《辞海》及《汉语大词典》的释义相符;例③与例④未指具体人物,"元子"是否指"嫡长子"或"嫡子"还不好判断,理解可以比较灵活;例⑤⑥⑦的"元子"指的都是帝乙之子——"微子启",他是纣王的庶兄,说是"长子"可以,说是"嫡子"就不合适了;例⑧与例⑨同出《尚书·召诰》,"元子"之命而可以改易的,这个"元子"似与"太子""世子"一类含义更近而与"嫡长"一类的含义有隔,因为"太子""世子"可以废嫡立庶、废长立幼,而"嫡长"的位置则是客观的、确定的,不是主观可以随意改变的。因此,以"嫡长子"或"嫡子"解"元子",于⑤⑥⑦⑧⑨诸例都是难于贯通的。

再联系汉人的训诂。例①孔传谓"用奉我言,敬安太子钊",是以"太子"释"元子";例②毛传谓"元,首",郑笺谓"我立女首子使为君于鲁",是以"首子"释"元子";例③郑注谓"元子,世子也",是以"世子"释"元子";例④郑注谓"储君副王犹云士也",是以"储君副王"释"元子";例⑤孔传谓"微子,帝乙元子",蔡沈集传谓"元子,长子也",是以"长子"释"元子";至于例⑥⑦实际上只是例⑤的引用;例⑧孔传谓"叹皇天改其大子此大国殷之命",亦以"大子"释"元子";例⑨按孔传所谓的"召公叹曰,有成王虽少,而大为天所子",亦仅指天之子,未言嫡长。可见,各例的训诂,都属随文释义,当中没有一种固定的诂训,没有一种可以贯通九条文例的解释,也没有一种解释明确指出"元子"为"嫡长子"或"嫡子"的,《辞源》《汉语大词典》等关于"嫡长子"的解说,实不知所据。

"元"字的训诂,释"首"释"长"都能顺理成章,释"嫡"则嫌缺乏理据,所以后出的几本古文字字典,如陈初生的《金文常用字典》、何琳仪的《战国古文字字典》及王文耀的《简明金文词典》都只以"长"释"元",以"元子"为"长子"。但考诸金文用例,以"长子"释"元子"也仍然难以贯通:

⑩余迷斯于之孙,余兹佫之元子。　　　　　　　　(侜儿钟)

⑪郲王义楚之元子□。　　　　　　　　　　　　　(徐王义楚之元子剑)

⑫郲頷君之孙、利之元子次□。　　　　　　　　　(次□缶)

⑬余郲王旨后之孙、足剌次留之元子而。　　　　　(之乘辰钟)

⑭用媵阙元子孟妃乘。　　　　　　　　　　　　　(番匊生壶)

⑮叟可忌作阙元子仲姞媵镈。　　　　　　　　　　(叟可忌豆)

例⑩⑪⑫⑬之"元子"作"长子"解,自无不可,但⑭与⑮两例之"元子"显属女性，可见"元子"之"子"并非男性专用，它与甲金文及先秦旧籍中的很多"子"字的用法一样，是兼指男女的，"元子"并不专指一般意义的"长子"。如果例⑭的"元子孟妃"的"元子"理解为"长女"还可以说得过去的话，则例⑮的"元子仲姑"的"元子"却是"长子"或"长女"都无法说得过去的。例⑮"元子"之"元"应作"善也""善之长也"解：

《易·干·文言》："元者，善之长也。"
《书·舜典》："柔远能迩，惇德允元。"孔传："元，善之长也。"
《左传·文公十八年》："高辛氏有才子八人……天下之民，谓之八元。"杜预注："元，善也。"

由此可见，金文"元子"之"元"，在有些文例当中只能释为"善"，而在有些文例中，虽旧多以"长"为训，但训"善"亦能贯通文例，无论训"善"抑或训"长"，均与以往颇为强调的"嫡"没有必然联系。"子"前加训善之"元"，与金文常见的"皇祖文武""皇祖剌考""圣祖考"中的祖、考前面的皇、文、剌、圣一样，是"子"字前的美称，类似的用法还有"淑""嘉""孝"，"孙"字之前还有"圣""顺"等：

⑯郳王庚之恖（淑）子沇儿。　　　　　　　　　（沇儿镈）
⑰嘉子孟嬴䣄丕自作行缶。　　　　　　　　　（孟嬴䣄丕缶）
⑱䣂孝子台（以）庚寅之日命铸飤鼎鬲。　　　（䣂孝子鼎）
⑲䏦孝子鼎。　　　　　　　　　　　　　　　（䏦孝子鼎）
⑳左孝子之壶。　　　　　　　　　　　　　　（左孝子壶）
㉑己孝子之壶。　　　　　　　　　　　　　　（己孝子壶）
㉒毓文王、王姒圣孙。　　　　　　　　　　　（班簋）
㉓福余顺孙。　　　　　　　　　　　　　　　（胡钟）

此外，亲属称谓前冠以"元"的尚有孙、女、妹、配等：

其乍（祚）福元孙。　　　　　　　　　　　　（叔夷镈）
丕（丕）乍（作）元女。　　　　　　　　　　（晋公盦）
乍（作）其元妹叔嬴为心媵䤾簋。　　　　　　（鄩伯受簋）
台（以）作厥元配季姜之祥器。　　　　　　　（陈逆簠）

这类"元"字过去多以"嫡长"为解，现在看来，也应该属美称一类。

（二）说"宗子""宗妇"

"宗子""宗妇"亦多见于传世文献，涉及古汉语的词典，一般也都立有"宗子""宗妇"条目，对两词的释义，前者虽有"嫡长子""大宗子"的不同，后者也有"嫡长妇""大宗长妇""宗子之妻"的差异，但都异少同多，相去不远。只有陈初生编纂的《金文常用字典》与王文耀编著的《简明金文词典》释"宗妇"为"嫡长女"，表现出明显的差别。

从训诂角度看，"妇"一般指已婚女子，《诗经·卫风·氓》："三岁为妇，靡室劳矣。"郑注："有舅姑曰妇"，"有舅姑"就是我们今天讲的"有婆家"，"宗妇"显然是已嫁女子在夫家的称谓，这个"宗"当指夫家的宗，与娘家无涉。因此，以"嫡长女"释"宗妇"是欠妥的。

再从上述金文字（词）典所引金文文例看，"宗妇"也不能用"嫡长女"解释：

㉔王子剌公之宗妇䣄嫢为宗彝鬻彝。　　　　　　　（䣄嫢鼎）

㉕整辥尔容，宗妇楚邦。　　　　　　　　　　　　（晋公盦）

例㉔是䣄氏女嫁作王子剌公之宗妇，宗是王子剌公的宗，妇是王子剌公宗主之妇；例㉕是晋公女嫁作楚邦之宗妇，宗是楚邦之宗，妇是楚君之妇。两例中的"宗妇"均与"嫡长女"之义无涉。金文文例也表明，解"宗妇"为"嫡长女"是欠妥的。

各类词典于"宗妇"释义的不同表述，所据均为《礼记·内则》："适子、庶子，只事宗子宗妇。"孔颖达疏："宗妇，谓大宗子之妇。"拿"嫡长妇""大宗长妇""宗子之妻"进行比较，笔者认为，还是"宗子之妻"比较客观。宗有大小，大宗与小宗里面又有很多不同的等级层次，每一独立的等级层次都可以称一宗，一宗之内，自有一宗之宗子，也有一宗之宗妇，似不必拘泥于宗的大小，并不一定要"大宗长妇"才称"宗妇"。至于以"嫡长妇"为解，则完全受以"宗子"为"嫡长子"的解释之影响所致。事实上，以"嫡长子"解"宗子"也同样是欠贴切的。

西周金文中，"宗子"仅见一例，其与"百姓"对称：

㉖余其用各我宗子雩（与）百生（姓）。　　　　　（善鼎）

这个"宗子"理解为一宗之主要比理解为一宗的嫡长子顺畅得多。试比较各词典对"宗子"与"宗主"的释义：

【宗子】①嫡长子。古代宗法制度，嫡长子继承大宗，为族人兄弟所共尊，故称宗子。

【宗主】①嫡长子。古代宗法制度，嫡长子是一宗之主，故称宗主。

（以上见于《辞源》）

【宗子】古代宗法制度称大宗之嫡长子。

【宗主】指宗子，一姓的继承人。

（以上见《汉语大词典》）

【宗子】嫡长子也，一曰大宗子。

【宗主】一宗之主，指宗子而言。

（以上见《中文大辞典》）

我们不难发现，各词典对两词的解释大致相同，"宗子"与"宗主"应该是一回事。而比较各词典的解释，笔者以为《中文大辞典》对"宗主"的释文最简单明了。"宗子"义同"宗主"，是一宗之主，他一般由嫡长子继承，在继任前是宗子的嫡长子，而继任以后，就成为一宗之主，不再称嫡长子了。因此，以"嫡长子"解释"宗子"或"宗主"都是不准确的。

金文中有"宗君"一词，当与"宗子""宗主"同义：

㉗雕生奉扬朕宗君其休。　　　　　　　　　　　（雕生簋）

此外，《辞源》和《汉语大词典》于"宗子""宗妇"均收有另一义项：释"宗子"为"皇族子弟"，释"宗妇"为"同族人之妇"。作"同族人之妇"解的"宗妇"，目前发现的金文尚未见到；作"皇族子弟"解的"宗子"，金文作"宗小子"：

㉘王𩒨（诰）宗小子于京室。　　　　　　　　　（何尊）
㉙王弗望（忘）厥旧宗小子。　　　　　　　　　（盠尊）

（原载安徽大学出版社 2008 年出版的《古文字学论稿》）

金文札记二则

（一）释㒿申王襄、叶玉森说

㒿字卜辞及彝铭并见，诸家据文义推定其当读作翌若昱，作翌祭或翌日解，无异议。而对字的形义分析，则各家颇见分歧。有认为"象毛发鬙鬙之形"而释"鬙"的，① 有认为"肖虫翼或鸟翼形"而释"翼"或"羽"的，② 有认为"本象刀形""古读昱如刀""翌从羽乃刀形之讹变"的，③ 近年则以象羽翼形、释字为"羽"之说最占优势。笔者则认为王襄、叶玉森释"翼"更为合理。

《甲骨文编》所收"羽"字，实有㣫（铁60.4）、㣯（福20）两类形体，㣫字形体确像羽毛，释"羽"当无疑问。至于㒿字，所像当为羽翼而非羽毛，说它是"翼"字的象形初文似乎更加合理一些。而从音韵上分析，"翼"与"翌""昱"同为以纽职部字，其用为翌祭与昱日字，都要比匣纽鱼部的"羽"字更为顺畅自然，这也许就是翌祭与昱日字都只见用㒿而未见用㣫的主要原因。唐兰仅据金文先借异为翼，后乃有㒿、㒿之制而断言"翼不当有象形字"④，其理由是欠充分的。《甲骨文编》附录为数众多的飞禽、走兽、虫鱼及其他水生动物以至各类器物的象形字，大多未被商周金文所继承，这些象形字的消失，大多应该不是物种的消亡，而是被后造形声字所代替。翼的象形初文㒿到西周逐渐消失，为新的假借字、形声字代替的可能性是存在的。

一期卜辞翌祭与昱日字皆假㒿为之，一期偏晚，主要是二期卜辞开始出现从日㒿声的㫑（乙58）字，以"癸未卜，行贞：㒿甲申㫑于大甲，亡㞢?"（22764）；"甲申卜，

---

① 王国维：《戬寿堂所藏殷虚文字考释》，第27—28页。
② 释"翼"者，见王襄：《古文流变臆说》，第21—22页，叶玉森：《殷虚书契前编考释》，卷一第10页；释"羽"者，见唐兰：《殷虚文字记》，第9—10页，李孝定：《殷墟文字集释》，第1236页。
③ 于省吾：《骈枝》，第20页，释昱。
④ 唐兰：《殷虚文字记》。

臥贞：🔲乙酉🔲于小乙，亡𡆥？"（23126）及"乙亥卜，行贞：王宾祖乙，🔲，亡尤？"（22898）等辞例看，昱日字仍假🔲为之，翌祭字则多用🔲，🔲应是为翌祭义所造的专用字。三期卜辞开始出现从立🔲声的🔲（京津4423）字，从辞例看，都取昱日义，它应该是为昱日义所造的专用字。值得注意的是，就目前所见辞例，🔲下未有不与"日"相连者，联系昱日字金文两见均从日从立从🔲：🔲（小盂鼎）、🔲（麦尊）的情形看，卜辞之🔲（甲2074）与其下之日，当合作一字理解还是拆作两字分析还是值得推敲的。

🔲自一至五期均有翌、昱两用，那是假🔲为翌若昱；🔲则主要用指翌祭，但亦有作昱日义用者，当是翌祭的专用字而偶或借作它用；🔲若🔲则只取昱日义而未见作它用者，当为昱日义的专用字，这就是笔者对这三字关系的理解。

🔲是"翼"的象形初文，这一符号在西周以后逐渐消失。起初是借"異"为之，如盂鼎的"天異（翼）临子"，后加形符"飞"若"羽"而成为形声字：🔲（秦公镈）🔲（中山王𩰬壶）、🔲（曾侯乙墓竹简），这就是笔者对"翼"字演变过程的理解。

（二）说"🔲"

🔲字金文屡见，作🔲（矢簋）、🔲（戈父辛鼎）、🔲（小盂鼎）、🔲（毛公鼎）、🔲（多友鼎）、🔲（麦盉）、🔲（麦鼎）、🔲（△比簋）、🔲（△攸比鼎）、🔲（△比盨）等形，《金文编》收入"鬲"字条下，说者或释作"甗"而读"献"①，或以为像挹鬯的玉具而读"瓒"②，近年则以于省吾释"斝"之说③影响较大，从者最众。

释"瓒"一说，主要着眼于辞例用义，但字形分析上看，是最不可取的；释"鬲""甗""斝"三说，都注意到字形与"鬲"的相似，却未注意到其下部之用"🔲"与"鬲"字表呈袋状的三条腿的🔲之间的明显差异，《金文编》将它混同于"鬲"固然不妥，🔲之上小下大与🔲之上大下小的明显区别表明唐兰释"献"之说也欠妥。于氏释"斝"，看到了字与"鬲"相近而有别，于字形上看确较诸说为优。

但从字义分析，🔲字用义，大抵有表宴飨与赏赐物两项：

宾即位，🔲宾。（小盂鼎2839·周早）

王各庙，🔲王邦宾。（小盂鼎2839·周早）

---

① 唐兰：《西周铜器铭文分代史征》。
② 陈梦家：《西周铜器断代》。
③ 于省吾：《双剑誃吉金文选》。

用㑁侯逆迡䢐王令。	（麦尊 6015·周早）
用㑁井侯出入䢐令。	（麦方彝 9893·周早）
井侯征，㑁于麦宫。	（麦方彝 9893·周早）
井侯征，㑁于麦。	（麦方鼎·周早）
易女㑁章三、毂一、宗彝一。	（卯簋）
易女秬鬯一卣，圭㑁、夷邑三百人。	（师询鼎·周晚）
使尹氏受釐敔圭㑁贝五十朋。	（敔簋）
易女秬鬯一卣，鄩圭㑁宝。	（毛公鼎 2841·周晚）

前六例即取宴飨义，后四例即取赏赐物义。于说对前一用义称"《说文》'秦名土釜曰䰞'引申有宴飨之义"确能理顺；但于后一义，就难作解释了。

笔者以为㑁字当释爨。《说文》："爨，齐谓之炊爨。"《玉篇》："爨，灶也。"是烧火做饭曰爨，灶亦曰爨，而㑁字即像灶上置甑之形，下半乃正面带烧火口的灶壁，与鼎、鬲类之三足支撑者明显有别，属不同的炊煮方式，上下两构件间的斜笔示灶顶有斜口以置炊器，上为炊煮器具。从字形上分析，这一形象于表灶上炊煮之义已甚明确。从字义上分析，以爨读上举辞例，于第一义以爨引申出宴飨义，自不比䰞远；于第二义，爨为清纽元部字，与从纽元部的瓒字旁纽叠韵，读爨为瓒也是理由充分的。

（原载中西书局 2012 年出版的《出土文献》第二辑）

金文札记两则

（一）说"㐰""㐱"

㐰、㐱分别见于《汉金文录》卷四著录之熨斗与镬，容庚释作"千万"合文，并分别定名为"千万熨斗"与"千万镬"①。容庚《金文续编》及孙慰祖、徐吉甫《秦汉金文汇编》以及徐正考《汉代铜器铭文研究》《汉代铜器铭文文字编》均依容说释为"千万"合文，无异议。

考"千"字汉代金文多见，一般作千或千，亦或作千，字的主干所穿过的横画没有超过一的，就是"千万"合文，汉代金文中亦不止一见，如㐱（千万钩）、㐰（日利千万钩）等，"千"字主干穿过的横画，也都是只有一画的，与上举熨斗与镬上所见之㐰、㐱显然有别，㐰与㐱应该不是"千"字。

汉代金文中与㐰、㐱形体相近的，有年（橐泉宫行灯）、年（东阿宫钫）、年（永始乘舆鼎）等字的上半，而这几个字一般释"年"，诸家均无异议。值得注意的是，熨斗与镬的铭文中所谓"千"字的竖笔与"万"字的斜出之笔是连贯而下的，如果去掉"万"字右边的弧笔，剩下的年、年就与上出诸"年"字形体十分接近了，因此我认为，㐰与㐱都应是"万年"的兼体合文，其中"万"字的斜出之笔与"年"字共用，熨斗应定名为"万年熨斗"，镬应定名为"万年镬"。

（二）说"凵""凷"

凵、凷二字金文数见，《金文编》一并收入"古"字条下，郭沫若、于省吾、唐

---

① 本则所引汉代金文，除"东阿宫钫"出自《考古》1963年第2期外，其余均见《汉金文录》，"千万钩""日利千万钩子"见卷六，"橐泉宫行灯"见卷三，"永始乘舆鼎"见卷一。

兰诸家所释略同。① 由于有"师雍父戍在㠯自"（遇甗）、"秜从师雍父戍在㕯自"（秜卣）与"爰从师雍父戍在㠯自之年"（爰尊）的比照，㠯与㕯为一字，诸家多无异议，但㠯与有明确词例证为"古"字的㕯在形体上的明显差异，则令不少学者对㠯、㕯之是否可与㕯一起释"古"产生怀疑，不同的释读也因之产生。陈梦家之释"由"②与徐中舒之释"协"③是较具代表性的两种说法。二氏所释，大抵都由金文之㠯与甲骨文之㠯为一字的想法而来，陈梦家释"由"乃从孙诒让之说④，徐中舒释"协"，则受杨树达启发而来⑤。

甲骨文之㠯，一般亦多从郭沫若释"古"，读卜辞常见之"㠯王事"为"监王事"，作"勤劳王事"解⑥；而于省吾则认为，卜辞"古"字作㕯，为从丗（冊）声之字，"释㠯为古，于初文递嬗之迹不相衔也"，因改从孙诒让释"由"，又谓"古文甾由二字形音并近，盖初本同字"，因读"㠯王事"为"甾（载）王事"，作"行王事"解⑦；杨树达则谓㠯字从十从口，当释作《说文》"协"之或体"叶"，而以《周礼·太史》"与群执事读礼书而协事"之意解"叶王事"⑧。比较三家，笔者认为杨说最优。

"十"字甲骨作丨，金文作丨，其例至夥，因此，㠯与㠯一样同为从十从口的"叶"字，可顺理成章；至于㕯字，其出现均在西周中期以后，本人在《金文形符系统特征探讨》一文中曾经指出，它是因为㠯、㕯形近而加丰以示区别所形成的，与㠯亦当同字。因此，《汉语古文字字形表》将㠯、㠯、㕯一起收入"协"字条下，是十分正确的，它之所以未能为多数学者所接受，大抵跟㠯与㕯的区别确实不像㠯与㕯的区别大，而㠯与㕯在西周金文中都是人名或地名，未能明了它的实际字义有关。若联系东周金文，此一问题或者可以得到解决。

春秋金文有㗊（晋公墓）、㗊（秦公钟）二文，学者一般隶作"䚻"与"䚻"而无说。只有杨树达在《晋公墓跋》中指出"䚻字不识，䚻燮盖当为和燮之义"⑨；马承源在"晋公䚻墓"的考释中指出"䚻字《说文》所无，秦公钟'䚻燮百邦'，䚻即柔，

---

① 诸家所释，分别见郭沫若《两周金文辞大系》、于省吾《双剑誃吉金文选》、唐兰《西周金文分代史征》。
② 陈梦家：《西周铜器断代》。
③ 徐中舒主编：《汉语古文字字形表》。
④ 孙诒让：《契文举例》。
⑤ 杨树达：《积微居甲文说》及《卜辞求义》。
⑥ 郭沫若：《甲骨文研究》。
⑦ 于省吾：《双剑誃殷契骈枝续编》。
⑧ 杨树达：《卜辞求义》。
⑨ 杨树达：《积微居甲文说》。

智当与柔义相近"①；张亚初则在《〈殷周金文集成〉引得》中将🔣、🔣与🔣一起释作"䦈（固）"②。

笔者对张亚初之以"䦈（固）"释🔣虽不敢苟同，但对其视🔣、🔣、🔣为一字则甚表赞同。若结合两器铭辞：

  余唯小子，敢帅井先王，秉德䲣䲣，䚯燮万邦。 （晋公盦10342）
  以倉（答）扬皇卿，䚯亲百黹。   （晋公盦10342）
  䵼䵼文武，镇静不廷，䚯燮百邦，于秦执事，作盄和钟，毕名曰䚯邦。

               （秦公钟270）

"䚯燮百邦"不仅可与秦公钟"䚯燮百邦"相比照，还可与晋公盦铭中之"和燮百蛮"相比照，表明杨树达以"和燮"释"䚯燮"之正确。如果我们承认🔣、🔣之为"叶"，则不但晋公盦"叶燮万邦""叶亲百黹"自然文从字顺，就是秦公钟之将"和钟"定名"叶邦"，也是词调理顺的。

（原载巴蜀书社2010年出版的《纪念徐中舒先生诞辰110周年国际学术研讨会论文集》）

---

① 马承源：《商周青铜器铭文选》。
② 张亚初：《殷周金文集成引得》释文。

金文札记三则

（一）释"䉵"

1961年山西省侯马市上马村13号墓出土《庚儿鼎》两件，铭文均被收入《殷周金文集成》，编号分别为2715、2716（见图一）。两鼎铭文的内容、行款大致相同，字形则大体相同而微有差异。全铭二十九字作三行排列，兹按原铭行款略作释文如下：

隹正月初吉丁亥，郐王之子
庚儿自乍饮繁。用征用
行，用和用䉵，眉寿无疆。

《集成》2715　　　《集成》2716

图一

关于铭文的释定，除第三行第五字外，各家均无太大分歧。而第三行第五的这个字，一器作䉵，一器作䉵，《金文编》作未识字收入附录下，编号为141；《殷周金文集成释文》隶作䉵，无说；《殷周金文集成引得》隶作䉵，读作荼。从字形看，其为从䰜之字可无疑问，而居中的丫若丫，与采之作采若采者确实相去甚远，释䉵似不可靠。再说，鬻字不见于《说文》，如读菜，则"用和用菜"亦颇令人费解。因此，释🅻若🅻为"鬻"显然欠妥。

🅻若🅻字形体颇与《麦方鼎》🅻字上部相似。🅻字的释定，就笔者所见，主要有孙诒让首倡的释"堵"读"诸"与郭沫若首倡的释"寮"读"寮"两种说法。两说均有多家相从，工具书亦莫衷一是：三版《金文编》作未识字收入附录下，只隶定而无说（四版加注"疑者字从土，义为诸"，未知是否容老意思）；《殷周金文集成释文》从孙说释"诸"；《殷周金文集成引得》从郭说释"寮"。从字形上讲，金文"寮"与"者"字上部的形体本来就相似，释"寮"与"者"都不能说没有一点依据，但从文义看，读"用飨多诸友"解作"用来宴享许多朋友"之以"多诸"修饰"友"，似不如读"用飨多寮友"解作"用来宴享众寮友"之以"多"修饰"寮友"顺畅，因此，🅻似当以释"寮"读作"寮"或"僚"为是。

🅻既释"寮"，则🅻若🅻自应隶作鬻，应是从鬲寮声的形声字。铭文"用和用鬻"，循声以求，似可读作"用和用调"。"寮"为来母宵部字，"调"为定母幽部字，来与定为旁纽，宵与幽为旁转，声韵俱近，自可相通。鬻很可能就是"调和"的"调"的本字，广州话"撩匀"即有"调匀"的意思，是否已透露了两字相通的信息？如果上述推测不误，则"用和用鬻"于此铭确是最顺的。

（二）《亚覃尊》试释

《亚覃尊》，1972年安阳殷墟西区墓葬出土，共两器，一器铭文八字，一器铭文十字，最早发表于《考古学报》1979年第1期，后被收入《殷周金文集成》，编号分别为5911、5949（见图二）。

《集成》5911

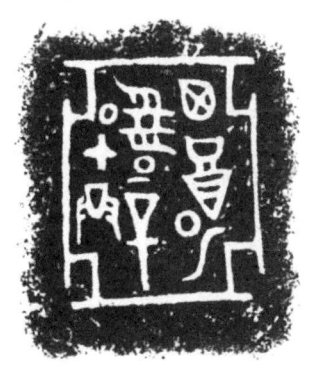
《集成》5949

图二

虽然两器铭文都不长，但由于行款排布欠规则，以致各家的释读亦颇见分歧。这里仅将《殷周金文集成释文》《殷周金文集成引得》《金文引得》[①] 三家释文列出，作为讨论的基础。三家对5911的释文分别为：

亚覃乙受日辛共甲　　　　　　　　　　　（集成释文）
亚覃，乙丁辛甲共受　　　　　　　　　　（集成引得）
亚｛覃乙丁辛甲共受｝　　　　　　　　　 （金文引得）

对5949的释文分别为：

亚覃日乙受日辛共日甲　　　　　　　　　（集成释文）
亚覃，丁乙受丁辛丁甲　　　　　　　　　（集成引得）
亚｛覃日乙受日辛日甲共｝　　　　　　　 （金文引得）

《金文总集》[②] 虽未作释文，但其称《亚共尊》，且两器均作七字计，即表明其对铭文之认识与上述三家相异。

甲、金文中"日"与"丁"都有写作〇的，所以各家的分歧首先就表现在这个〇之释"日"抑或释"丁"上。《总集》将两器均作七字计，显然是将这个〇视为非文字符号，这种无视这么多个〇字存在的观点，我们不取。如果仅就5911言，释"日"释"丁"均似无不可，只是释"丁"可让乙、丁、辛、甲四日名整齐排列，似比释"日"之甲、乙与"日辛"间出现不平衡的情形略显优胜，两家《引得》都释〇为丁，自有一定的道理；如果仅就5949言，丁乙、丁辛、丁甲实属不辞，远不如日乙、日辛、日甲之合理，《集成释文》与《金文引得》同释〇为日，也是有它的理由的。

但是，据出土报道，两器同出一墓，形制、大小全同，铭文大同而小异，[③] 理应联系起来考察，而不宜割裂开来孤立对待。既然5949的〇只能释作"日"，则5911的〇也应该按"日"字加以释定。那么怎样解释甲、乙与"日辛"之间的不平衡呢？笔者认为，这里的日字与甲、乙、辛之间有一种共名对私名的兼摄关系，"乙日辛甲"实即"日乙日辛日甲"的省略。5911的"乙日辛甲"为一整体，5949的"日辛"居中，"日甲"居其左上，"日乙"居其右下，三者亦成一整体，两器之乙、辛、甲的位置编排亦

[①] 中国社会科学院考古研究所：《殷周金文集成释文》，香港中文大学2001年版，以下简称《集成释文》；张亚初：《殷周金文集成引得》，中华书局2001年版，以下简称《集成引得》；华东师大中日文字研究应用中心：《金文引得（殷商西周卷）》，广西教育出版社2001年版，以下简称《金文引得》。
[②] 严一萍：《金文总集》，台湾艺文印书馆1983年版。
[③] 《考古学报》1979年第1期。

大致相类，5911 起兼摄作用的"日"字居于全铭之上位也是合乎情理的。因此，两铭应释定为：

亚覃，日辛、甲、乙受共。　　　　　　　　（5911）

亚覃，日辛、日甲、日乙受共。　　　　　　（5949）

两尊的含义完全一样。

（三）《奢虎簋》献疑

《奢虎簋》见于《周金文存》《贞松堂集古遗文》及《小校经阁金文拓本》《三代吉金文存》等书，《殷周金文集成》亦有收录，编号为 4539（见图三）。作器者"奢虎"的虎字，或释"虍"①，或释"虎"②，这里暂依罗振玉释"虎"③。

《集成》4539

图三

《奢虎簋》器、盖同铭，均十三字（又重文一）作三行排列。铭文不长，但有几个字结构颇为奇特，比如：

、二字分别居于盖、器之铭首，《金文编》收在"畺"字条下。考"畺"下所收各文，除《旅虎簋》（图四）字之外，无一泉旁似此两文之有横画截断的，、与畺应该不是一个字，《愙斋集古录》《奇觚室吉金文述》《贞松堂集古遗文》释为

---

① 见《集成引得》。
② 见《集成释文》。
③ 见《贞松堂集古遗文》

熊而以▨、▨、▨为未识字，《集成释文》与《集成引得》释▨为鲁而隶▨、▨作谭，都是有一定道理的。试比较▨、▨与▨（师酉簋）三文，▨实介乎▨与▨之间，两者的影子都似隐约存在，这是很值得我们注意的。

▨，器、盖铭文之第二字均作此形。《金文编》收入"山"字条下。考山字各文，均以两边低中间高为特点，独此字两边高中间低表现出明显的差异，《贞松堂集古遗文》及《三代吉金文存释文》均以未识字视之，看来是不无道理的。金文中与山字近似而又两边高中间低的形体，仅见于《旅虎簋》之第二字，其字作▨，《说文古籀补》及《金文编》均作未识字收入附录。试比较▨、▨两形，其关系之密切也是显而易见的。

▨，器、盖铭文之第二行第一字，《金文编》收入"铸"字条下。考"铸"下所收68文，作这种模样的除此簋及《旅虎簋》之▨外，就只有《铸叔簋》出现过一次。此字释"铸"当无疑问，但这一特殊写法在这两器中如此相似却是值得回味的。

耐人寻味的是，《奢虎簋》与《旅虎簋》除了上面提到的三个结构奇特的字出奇相似外，两器之字数及行款布白也都完全相同，就是其、宝、永、用等常见字的结构与位置以及▨字的写法、子字的重文、子子孙的反书等都堪称惟妙惟肖，处处让人感受到里面存在着一种模仿的气息。

此外，若拿《集成》收录的拓片与《周金文存》（见图五）的比较，还可发现某些变化。整体线条明显变粗、变滑、变均匀，其中尤以第二行第一字"铸"字变化最为明显：旧拓（包括《周金》《三代》《总集》）铸字所从之▨，左细右粗相当突出，而右竖虽粗却抖曲乏力，不像铸造时铜水冲出的线条，底部所从的"火"，末笔遇垫片而止，呈跛脚之状；而新拓▨旁之左右竖笔粗细对比已不如旧拓明显，底部所从的"火"之跛脚形态亦已得到纠正。如果笔者对这一变化的观察无误，则旧拓的疑点是早有暴露然后才会有改造之举，这应是自然的推理；而改造后之浮滑线条与《旅虎簋》线条之沉实也显然不是一回事，内中是否有诈？确是值得怀疑的。

《旅虎簋》在《愙斋集古录》及《奇觚室吉金文述》等书均有著录，《愙斋》是在1918年出版，但其成书则当在吴大澂去世（1902年）以前，《奇觚》出版亦在1902年，比最早著录《奢虎簋》之《周金文存》的出版时间（1916年）起码早十四个年头，《奢虎簋》可能是仿《旅虎簋》而来的推想，不是没有根据的。

《集成》4540《旅虎簋》

图四 图五

（原载中华书局 2008 年出版的《古文字研究》第二十七辑）

金文同义词辨析三则

　　同义词，指的是意义相同或相近的词。同义词的存在是汉语词汇丰富性与精密性的重要标志。虽然"同义词"这一术语在现代语言学中才开始出现，但同义语词的存在，却是很久很久以前的事情。汉语中的多语词同义现象不仅传世的先秦文献及殷商甲骨、商周金文都有，而且对它的考察与运用，也早已是文字训诂之学的重要研究内容。不过，几千年的相关研究，大多未跳出传世文献的范围，对出土文献的同义词研究，至今仍显薄弱。为此，笔者近期对商周金文同义词作专门探讨，现据相关文献①先对三组单音同义词作些辨析，以就教于同好。

（一）岁—年—祀

　　这是一组时间单位同义词。《尔雅·释天》云："载，岁也。夏曰岁，商曰祀，周曰年，唐虞曰载。"② 商周甲骨、金文均未见"载"作记时单位的用例，岁、祀、年则于殷商甲骨与商周金文并见，所记时间单位是一样的。在辨析这组同义词时，人们一般都据《尔雅》的记载，仅将它们的区别理解为使用时间上的不同，而很少注意到它们还有词义侧重的差异。

　　词义侧重方面，祀侧重于纪年；岁、年则用于计时，这种区别在殷商甲骨及商末金文表现得最为突出。"祀"用于纪年的如：

辛酉，王田鸡麓，获大霖虎，在十月唯王三祀彡日。　（《合集》37848）
在二月，遘祖乙肜，唯王九祀。　（《合集》37852）
在正月，遘于妣丙肜日，大乙奭。唯王二祀。　（二祀邲其卣·商晚）
在四月，唯王四祀翌日。　（四祀邲其卣·商晚）

---

① 郭沫若主编，胡厚宣总编辑：《甲骨文合集》，中华书局1979—1983年版，第3页。
② 中国社会科学院考古研究所编：《殷周金文集成》，中华书局1984—1994年版，第2608页。

唯王十祀又五肜日。　　　　　　　　　　　　（小臣艅尊·商晚）

"岁""年"用作计时单位的如：

……戌卜，出贞：自今十年又五王燰……　　（《合集》24610）
辛未卜……自今三岁……女执……　　　　　（《合集》20796）
王易小臣缶湡责五年。　　　　　　　　　　　（小臣缶鼎·商晚）

另外，其称今岁、来岁、今来岁者，绝不用"祀"，一般也不用"年"：

癸卯卜，贞：今岁受年？　　　　　　　　　　（《合集》9648）
甲子卜，来岁受年？八月。　　　　　　　　　（《合集》9659）
丙寅卜，㱿贞：今来岁我不其受年？　　　　　（《合集》641）

其有"岁""祀"并见一辞者，分别更觉显然：

癸丑卜，贞：今岁受禾？弘吉。在八月，唯王八祀。（《合集》31849）

到了周代金文，在纪年这一用法上，"祀""岁""年"开始混同。承商称"祀"者，从周初一直延续到春秋战国，大抵都和殷商甲骨与商末金文一样，用纪王年：

唯王五祀。　　　　　　　　　　　　　　　　（何尊·周早）
唯王廿又三祀。　　　　　　　　　　　　　　（大盂鼎·周早）
唯王五十又六祀。　　　　　　　　　　　　　（楚王酓章钟·春秋）
唯廿又再祀。　　　　　　　　　　　　　　　（屬羌钟·战国）

不过，两周金文纪年主要还是用"年"，有用大事为纪者，只见于西周：

唯王大禽于宗周，徂䈞莽京年。　　　　　　　（士上卣·周早）
王命善夫克舍命于成周遹正八师之年。　　　　（小克鼎·周晚）

有用王年为纪者，这种用法行于两周并延续到以后：

唯十又九年，王在斥……　　　　　　　　　　（作册睘卣·周早）

唯王元年六月既望乙亥。	（舀鼎·周中）
唯王廿又三年九月。	（善夫克鼎·周晚）
唯戌十有九年。	（者沪钟·春秋）

"岁"字用作纪年，只行于春秋战国，而且仅限于大事为纪形式：

国差立事岁。	（国差䱧·春秋）
陈喜再立事岁。	（陈喜壶·战国）
鄎客臧嘉问王于栽郢之岁。	（鄎客问量·战国）
大司马邵阳败晋师于襄陵之岁。	（鄂君启节·战国）

至于两周计时单位，则与殷商一样，用"岁"用"年"，但不用"祀"：

三年静东国。	（班簋·周中）
害万年子子孙孙宝。	（害鼎·周早）
岁罷（一）返。	（鄂君启节·战国）
百岁之外，以之大行。	（敬事天王钟·春秋）
用征用行，万岁用尚。	（甫人盨·春秋）

指具体某一年的，也只用"岁"：

昔僅岁，匡众厥臣廿夫寇舀禾十秭。	（舀鼎·周中）
来岁弗赏，则付卅秭。	（舀鼎·周中）

由上可知，"岁""祀""年"这组词虽用法有别，但确是一组并时使用的同义词。"祀"与"岁""年"的主要区别是"祀"只用于纪年，从殷商甲骨及商末金文一直延续到春秋战国，"岁""年"在殷商甲骨及商末金文只用于计时，及至两周金文才用于纪年。"祀"字纪时作用日渐减弱，"年"字纪时作用日渐增强，是西周已经形成的趋势，不过越往后这种趋势越明显而已。用于纪年的"岁""年"，其主要区别在于，"岁"字仅限于大事为纪形式，只行于春秋战国；"年"既有用大事为纪者，也有用王年为纪者，前者只见于西周，后者行于两周并延续到以后。

（二）人—民

这是一组人类社会成员统称的同义词。《诗·大雅·生民》"厥初生民"的"民"，就是我们今日讲的人。《左传》成公十三年"民受天地之中以生",孔颖达疏:"民者人也,言人受此天地中和之气以得生育。"① 这是"人""民"同义的很好说明。"人"字商周甲金文并见,"民"字则不见于殷商甲金文字而始见于西周金文。就目前所见出土材料看,"人"与"民"之构成同义词,其出现当在西周以后。

西周金文中"人"与"民"都属人类社会成员的统称,但具体的含义与用法,则略有区别。

首先是概念的外延不同。"人"的外延大,凡区别于动物的所有人类社会成员,不论贵贱、尊卑、贤愚都可包括在内:

  夙夕召我一人烝四方。   (大盂鼎·周早)
  王用弗忘圣人之后。   (师望鼎·周中)
  命女司成周里人。   (鹬簋·周中)
  俘人万三千八十一人。   (小盂鼎·周早)

第一例为周王自称,第二例亦属较高层次,第三例属平民百姓,第四例为敌俘,足见其外延之广。

而"民"的外延较小,仅指人类社会成员中被统治、被役使的阶层:

  余其宅兹中国,自之辥民。   (何尊·周早)
  辟厥匿,匍有四方,畯正厥民。   (大盂鼎·周早)
  雩我其遹省先王受民受疆土。   (大盂鼎·周早)
  唯民亡徣哉,彝昧天命,故亡。   (班簋·周中)

由于"人"的外延大,所以可以分等类:

  司五邑佃人事。   (柞钟·周晚)
  天君赏厥征人斤贝。   (征人鼎·周早)
  赐臣三品:州人、重人、鄘人。   (井侯簋·周早)

而民的外延小,全被视为低下愚昧的阶层。因而涉及等类的语词只有"庶""下",涉及地域的只有浑称的"四方":

---

① 阮元校刻:《十三经注疏》,中华书局1980年版,第1911页。

亦多虐庶民。　　　　　　　　　　　　　　　　（牧簋·周中）
下民无智。　　　　　　　　　　　　　　　　　（鱼鼎匕·战国）
䍙四方民亡不康静。　　　　　　　　　　　　　（师询簋·周晚）

"人"可以数计，因而可与具体数位搭配：

赐在宜王人十又七姓。　　　　　　　　　　　　（宜侯夨簋·周早）
夺孚人四百。　　　　　　　　　　　　　　　　（敔簋·周早）

而"民"则是被统治阶层的整体概念，因而，涉及数字的亦只有虚指的"百""万"，这在两周金文也都是一样的：

惠于万民。　　　　　　　　　　　　　　　　　（大克鼎·周晚）
百民是奠。　　　　　　　　　　　　　　　　　（曾子斿鼎·春秋）

社会成员中含有不同等类层次的人群，一般用"人"，不用"民"：

邻邦难亲，仇人在旁。　　　　　　　　　　　　（中山王䵼鼎·战国）
吴人并越，越人修教备恁。　　　　　　　　　　（中山王䵼鼎·战国）

仇人、吴人、越人虽包括所有阶层，实际主角还是统治者，所以称"人"不称"民"。

《诗·大雅·假乐》："宜民宜人，受禄于天。"朱熹注："民，庶民也；人，在位者也。"金文"民""人"对举时，亦用这一区别义：

故辞礼敬则贤人至，陟爱深则贤人亲，作敛中则庶民附。
　　　　　　　　　　　　　　　　　　　　　　（中山王䵼鼎·战国）

"人""民"连用，或作"民人"，或作"人民"，所见均春秋以后铭文，其义大抵还是"人"与"民"意义之联合，与后来指"平民""百姓"之偏于"民"者略异：

和粲民人。　　　　　　　　　　　　　　　　　（王孙遗者钟·春秋）
与鄩之民人都鄙。　　　　　　　　　　　　　　（䣄镈·春秋）
其人民都邑谨宴舞。　　　　　　　　　　　　　（洹子孟姜壶·春秋）

（三）父—考

这是一组表示父辈称谓的同义词。《释名·释丧制》："父死曰考"，商周铜器多为纪念先人而作，"父""考"均多死称，其为同义，可无疑问。不过，"父"字商周甲骨、金文并见，"考"字则不见于殷商甲骨、金文而始见于西周金文。"父"与"考"之构成同义词，当也始于西周金文。

殷商甲骨、金文对父辈（包括父亲及伯叔父）均称"父"，未见称"考"者：

丁亥卜，屮岁于二示：父丙父戊？　　　　　　　　（《合集》22098）
祖日乙，大父日癸，大父日癸，仲父日癸，父日癸，父日辛，父日己。
　　　　　　　　　　　　　　　　　　　　　　　（《集成》11403·商晚）
尸作父己尊彝。　　　　　　　　　　　　　　　　（尸作父己卣·商晚）

西周金文有继承商代这一用法，以"父"指称父亲或父辈的：

天父乙。　　　　　　　　　　　　　　　　　　　（天父乙簋·周早）
传作父戊宝尊彝。　　　　　　　　　　　　　　　（传尊·周早）

有按周人旧有传统称父为"考"的，如：

衣祀于王不显考文王。　　　　　　　　　　　　　（天亡簋·周早）
沫伯疑作厥考宝旅障彝。　　　　　　　　　　　　（沫伯疑卣·周早）

与"父死曰考"的传统讲法不同的是，父辈之称"父"称"考"，均可生称：

余或至（致）我考我母令。　　　　　　　　　　　（雕生簋·周晚）
用召卿事辟王，用召诸考诸兄。　　　　　　　　　（伯公父簠·周晚）
以宴宾客，以乐我诸父。　　　　　　　　　　　　（配儿钩鑃·春秋）

只是商周器多为纪念先人而制，所以死称数量特大而已。
死称之称"父"者，多接日名：

用作父乙宝彝。　　　　　　　　　　　　　　　　（卿鼎·周早）

用作父戊宝尊彝。	(攸簋·周早)
用作父庚尊彝。	(玞鼎·周早)
作父丙宝尊彝。	(高卣盖·周早)

接私名者极罕见：

义仲作厥父周季尊彝。	(义仲方鼎·周早)

西周早期铭文仍以称"父"为多，西周中期以后以"父"称者渐减，以"考"称者渐占优势。称"考"有不带私名者：

禽作文考宝鼎。	(禽鼎·周早)
用追（孝）于厥皇考。	(伯梡簋·周中)
其用追孝于朕敌（嫡）考。	(章叔㝬簋·周晚)
用享于朕剌考。	(无叀鼎·周晚)

若称"考"而带日名者，一般得兼带"父"称或于日名前插入"日"字，又或于日名后加"公"字：

萆作文考父丁尊彝。	(萆卣·周早)
禽作文考父辛宝鼎。	(禽鼎·周早)
文考日癸：乃沈子壹作父癸旅尊彝。	(壹卣·周早)
用作文考日乙宝尊彝。	(秱卣·周中)
用作文考乙公宝尊彝。	(录鼎·周中)
用作文考辛公宝尊彝。	(繁卣·周中)

直接与日名相接者，极罕见：

用作文考癸宝尊彝。	(作册睘卣·周早)
癸罢作考戊。	(癸参爵·周早)
参作甲考宗彝。	(参卣盖·周中)

又，两周金文"父"与"考"均与"母"相对：

用追孝于其父母。	（郜遣钟·春秋）
或至我考我母令。	（召伯簋·周晚）
师趛作文考圣公、文母圣姬尊彝。	（师趛簋·周中）

"父"之与"母"相对，与传世文献无异，"考"之与"母"相对，则颇与传世文献之以"考""妣"为对者不同。传世文献与"考"相对的"妣"，甲、金文都只与"祖"相对：

己卯卜，贞：王宾祖乙奭妣已，叠日，亡尤？	（《合集》36239）
我乍御祭祖乙、妣乙、祖乙、妣癸。	（我方尊·周早）
用乍大御于厥祖妣、父母、多申（神）。	（作册益卣·周早）
用享于其皇祖、皇妣、皇母、皇考。	（叔尸钟·春秋）
台（以）享台（以）養（孝）于大宗、皇祖、皇妣、皇考、皇母。	（陈逆簠·战国）

（原载《华南师范大学学报》2008年第4期）

"母后戊"方鼎及其他

（一）方鼎铭文的释读

1939年河南安阳武官村出土的大方鼎，过去习惯称之为"司母戊"鼎。该鼎通高133、器口长110、宽78厘米，重875公斤。它不仅是我国已出土的青铜器中最大的一件，而且在世界青铜文化中也属仅见。有关青铜文化的论著，几乎没有不提到这个方鼎的。但是，由于对方鼎上面的铭文（见图一）的释读存在着分歧，以致对这一方鼎的定名，至今仍未能取得一致的意见。

对于方鼎铭文的释读，就目前所见，主要有"司母戊"①、"后母戊"②、"姤戊"③三种意见，我则认为应以读作"母后戊"为宜。

"司母戊"是最早流行的读法，由于对"司"字的含义长期来解释不清，铭文的含义一直未能明了，当然是不能令人满意的。

"后母戊"与"姤戊"都是在1976年河南安阳殷墟五号墓出土后，学者们联系该墓所出器物上的"妇好""司母辛"等铭文、墓主的身份，并结合殷墟卜辞的内容和古文字形体正反每无区别的规律提出来的。读"司"为"后"，明确了器主的王后身份，使得一系列问题能够迎刃而解，这无疑是铭文释读上的一大进步，这种读法在近年来一直占有较大的优势。

然而，新近也有同志试图否定以"司"为"后"的释读方法，提出了读"司"为"嗣"的主张，以"司"为法定王位继承人，而以"司母"为法定王位继承人的生身母。④这种解释仅就"司母戊""司母辛"的铭文而言，确实也顺理成章，但对与"司母辛"方鼎一起出土于安阳殷墟五号墓的石牛上的铭刻"司辛"（见图二）以及武丁卜

---

① 1976年以前几乎所有刊物都读"司母戊"。
② 《安阳殷墟五号墓座谈纪要》（以下引文简称《纪要》），《考古》1977年第5期，王宇信的发言。
③ 《纪要》，唐兰的发言。
④ 尹盛平：《"帝司"与"司母"考》，中国古文字研究会第五届年会论文。

辞中出现的"司戊""司癸"等名号,似乎就很难说得通了。若把这些名号中的"司"都读为"嗣",岂不是在孝己之前更有早死而号辛、号戊、号癸的几位武丁的法定王位继承人?这是遍检传世文献与殷代甲骨文、金文都无法找到说明的。

究竟"司"应该读"司"还是读"后"?我认为不能光局限于金文的范围。对殷金文来说,在文字形体与辞例方面与殷墟甲骨文的比较比与西周金文的比较更为重要。在甲骨文中,过去被释为"司"字的,本来就有左向(形如司)与右向(形如后)两种写法,而且就《甲骨文编》所收的字例言,还是左、右向参半的。试看下列三组卜辞。

丁酉卜,兄贞:其品司在兹?八月 贞:其品司于王出? （《簠·人》8） ……庞司它妇好? （《乙》2274） 癸卯卜,来癸其酚于司癸 （《乙》4507）	丁酉卜,兄贞:其品后在兹? 贞:其品后于王出? （《后》2.10.1） 贞:隹庞后它妇好 （《乙》7143） 庚寅卜,㕚,王品后癸…… （《甲》241）

《簠·人》8和《乙》2274的"司"与《后》2.10.1和《乙》7143的"后"显然是一个字,《乙》4507的"司癸"与《甲》241的"后癸"也显然是一个人,我们有什么理由一定要把它读为"司"而不读为"后"呢?

"司辛""司戊""司癸"与武丁法定配偶"妣辛""妣戊""妣癸"之庙号的切合绝不是偶然的。只有读"司"为"后"才能使这一现象得到合理的解释,也只有读"司"为"后"才能使石牛的主人与其他器物相一致,王宇信关于"妇好死后,其庙号为辛,武丁祭祀她时称'后辛',石牛应是武丁为妇好所作"的解释,① 是至为合理的。

知"司"当读为"后",是商王法定配偶之称,则"后辛""后戊""后癸"就是表明国母身份的崇高称号了。这样崇高的称号,无论在什么情况下都是不宜割裂开来的,她们的儿子祭祀她们时,更没有必要分割这一称号而将表亲称的"母"字插入其中,因此,"后母戊"与"后母辛"一类读法,是考虑欠周详的。

既然"后辛""后戊"一类崇高称谓不宜割裂,那么,王后的儿子制器纪念他的母亲时,这个表亲称的"母"字就只能放在那崇高的称号之前,如后世的王子称国王为"父王",称王后为"母后"那样,称作"母后戊"与"母后辛"了。

再联系铭文布局看,如果说"母后戊"方鼎行款不清,还有引起误读的可能的话,那么,"母后辛"方鼎、兕觥、方形器的铭文(分别见图三、四、五),就都是母字占一行居右,后、辛二字连作一行居左,明白显示出"母后辛"的排列顺序。"母后戊"方鼎虽然"后"字占地稍宽,但母字居右,后、戊二字居左还是清楚的。

此外,铭文的布局,无论从字的大小与间隔距离看,都明显是三个字的位置,因此,"妣戊"与"妣辛"的读法尽管在文义上说得过去,但从铭文的布局分析,就不能

---

① 《纪要》,王宇信的发言。

图一　　图二　　图三　　图四　　图五

成立了。

因此，我认为方鼎铭文应作"母后戊"，方鼎也应定名为"母后戊方鼎"。至于它的制作时代，正如杜迺松所指出的，它与"母后辛"方鼎的字体如此接近，而且在武丁时也有配偶叫妣戊的，它的年代应提到殷墟前期，即武丁时期。① 这个方鼎是武丁的王后庙号为戊者的儿子为纪念其母所作的铜器。

（二）关于"后""母后""后母"

"后"指的自然是王后。但卜辞及殷金文中的"后"与典籍中所见的"后"字用法却有不同。典籍中的"后"可以是历代帝王正妻之称，而卜辞及殷金文中的"后"，则仅作为时王法定配偶的专有称谓。

在殷代的甲骨文、金文中，除了"后"之外，妻、妾、母、奭等也都是商王配偶的称谓。不过，妻、妾、母、奭用作商王配偶称谓时，一般多带夫名，作"祖某△妣某"形式出现，如"示壬妻妣庚"（《乙》1916）、"示壬妻妣［庚］"（《续》1.6.1）、"示壬母妣庚"（《甲》460）、"示壬奭妣庚"（《后》1.6＋1.8），等等，这表明它们多用于先王配偶，其中奭与母还未见不带夫名的，就更表明它们与时王配偶搭不上边了。"后"字则从未见带夫名、从未见作"祖某后妣某"形式出现，是众多商王配偶称谓中唯一不与先王并列的，其配偶关系显然只是对时王而言。

可以作时王配偶称谓的还有妻、妾两称，但二者都可以是时王的非法定配偶，甚至是非王配偶，如"奴妻姆告曰：土方侵我田十人"（《菁》6）与"丁亥卜，亘贞：子商妾盂娩，不其嘉"（《粹》1239）的妻与妾就都是非王配偶。而"后"字，就目前所见，武丁时的"后辛""后戊""后癸"以及康丁时的"后辛"，都与后来卜辞所载武丁的法定配偶妣辛、妣戊、妣癸及康丁的法定配偶妣辛完全符合，"后"显然是商王法定配偶的专用字。

"后"可作生称，如"贞：后亡福"（《乙》2830），"乎后"（《乙》6273）；也可作死号，如"癸卯卜，来癸其酚于后癸"（《乙》4507）、"贞：隹庞后它妇好"（《乙》7143）。但先王的配偶以及时王的非法定配偶却都是不可以称"后"的，这就是商人"后"字用法的独特地方。

既然"后"是时王法定配偶的专有称谓，那么，凡有"后某"出现的，就都应该

---

① 《纪要》，杜迺松的发言。

是该"后"的丈夫在世时的遗物。《清晖》177 有"三后"之称，卜辞中有三个法定配偶并且有机会在自己在位期间祭祀三个已故法定配偶的，就只有在位时间最长的武丁。因此，我认为《清晖》177 也应该是武丁时期的遗物，而不是过去所认为的"祖甲卜辞"。①

"后"为时王法定配偶的专有称谓，则"母后"就只能是王子对其身为王后的母亲的称呼。只有丈夫在位的商王法定配偶才能称"后"，一旦丈夫去世、儿子即位，"后"的称号也随之转到儿子的配偶身上了。因此，"母后"不可能出自时王之口，时王之母是不得称"后"的，作为时王占卜记录的卜辞，就只有"后某""母某"，而未见"母后某"，能够称"后"为母的，就只能是王子。称武丁的配偶"后戊""后辛"为母的，当然是武丁之子祖己、祖庚、祖甲等中的一人，但其母既仍称"后"，则其所处的时代，就只能是他们尚为王子的武丁时期，因此，唐兰关于"如果释成司母辛或后母辛，这个墓就必须属于祖庚祖甲时代了"的担心就似属多余，由此担心而引起牵强的读"母后辛"为"姤辛"就更没有必要了。

"后"为时王法定配偶的专有称谓，则"后母"自当为"后"之母，亦即时王的岳母。卜辞中的"后母大室"（《粹》1251）当指王后母亲的大室，"其取后母"（《粹》1251）与"又后母"（《佚》466）则当分别指用取祭与又祭王后之母。而"丁卯卜，后匕各"（《邺》三34.7）之"后匕"亦当为王后之祖母。过去，人们只注意到卜辞中有关对时王的祖妣与父母进行祭祀的记录，没有注意到对王后的母、妣也有专门祭祀的记录这一点。由后、母后、后母几个称谓的辨正而剔发出上述事实，不能不说是一个有益的收获。

（三）周金文中的"司"与"帝司"

殷代甲骨文、金文中，"后"字均用为时王法定配偶的专有称谓，已如上述。两周金文中的"司"字，形体与殷代甲骨文、金文中的"后"字十分相似，人们通常都把它们看作是同一个字。但是，从文义上看，两周金文中的"司"多用如嗣：

上帝司夒尤保受天子绾命……　　　　　　（《墙盘》）
余小子司朕皇考　　　　　　　　　　　　　（《叔向簋》）
我隹司配皇天　　　　　　　　　　　　　　（《鈇钟》）
司余小子弗及　　　　　　　　　　　　　　（《毛公鼎》）
余隹司朕先姑君晋邦　　　　　　　　　　　（《晋姜鼎》）

---

① 陈梦家：《殷虚卜辞综述》，科学出版社1956年版，第490页。

其意义与殷人的"后"显然不同；从形体上看，殷人的"后"字与周人的"司"字两者也有区别，两者仅形近而已。它们的来源不同，形、音、义也有区别，应该是不同的两个字，前者是时王法定配偶的称谓，后者则是训"继承"的"嗣"字的本字。

1976年陕西省扶风县所出《商卣》中的"帝司"，说者也颇多争讼。有读"帝后"，以为指周王之后的；① 有读"帝嗣"，以为指周之王储；② 也有读"帝嗣"，而以为指上帝的后裔的，③ 不一而足。

"帝司"的"司"字，从字形上看，显然与殷人的"后"字不同，而与周人的"司"字相类，而且，据学者们考证，人王称帝，还是秦始皇才开始的，④ 周王之后也不会称为"帝后"的。

从殷、周甲骨文、金文看，殷人是尊帝不尊天，周人则是尊天甚于尊帝的，尊帝与尊天是殷周两族同时并行的两种不同信仰，⑤ 周人并不自称为帝的后裔，也就不应称自己的王储为"帝嗣"了。

我同意读"帝嗣"指上帝的后裔的讲法。这里想特别指出的是，并不是所有自称上帝后裔的人都可以称"帝嗣"的，在尊帝的人中，"帝嗣"之称犹如尊天的周人之称"天子"，只有公认的上帝后裔的当然代表才配得上这个称号。文中的"帝嗣"不可能是夏人的后裔，因为夏人是否尊帝，至今还没有充分的证据，即便尊帝，到了商代，"帝嗣"的称号也只能让位于同样尊帝的商人了，到了周代仍称"帝嗣"的，只能是殷王族的后裔。

殷亡以前，殷人的最高首领自然是称王的。殷亡以后，不再称王了，但"武王封纣子武庚禄父以续殷祀"，成王"命微子开代殷后，奉其先祀"⑥，他们仍有相当的地位，在殷遗民中还享有很高的威信，并作为殷商族氏宗主的法定继承人经常受到"回乡省亲"、拜祭宗祖者的谒见，他们仍可被尊为"帝嗣"。所以，我认为，《商卣》的"帝司"应该是指封于宋"以续殷祀"的微子开的后人，即当时在位的宋君主。《商卣》的作器者，正是"回乡省亲"时谒见"帝嗣"而受赏的。至于文中所称的"文辟日丁"，不见得就是作器者的父亲，"辟"字指的当是"君主"的意思，他很可能就是微子开的侄儿宋公稽的儿子丁公申，而文中的"帝司"就可能是丁公申的儿子潜公共了。

（原载《华南师范大学学报·社会科学版》1985年第3期）

---

① 《陕西扶风庄白一号西周青铜器窖藏发掘简报》，《文物》1978年第3期。
② 尹盛平：《"帝司"与"司母"考》。
③ 唐兰：《略论西周微史家族窖藏铜器群的重要意义》，《文物》1978年第3期。
④ 高明：《商代卜辞中所见王与帝》，中国古文字研究会第五届年会论文。
⑤ 见拙文《殷周帝天观念考索》，《华南师范大学学报·社会科学版》1984年第2期。
⑥ 见《史记·宋微子世家》。

沫司徒疑簋及其相关问题

沫司徒疑簋铭文，虽然总共才四行二十四字，但由于所述事件对研究周初历史关系重大，所以自出土以来，即先后引起了容庚、于省吾、杨树达、陈梦家、唐兰、周法高、张光远及赤冢忠、贝冢茂树、白川静等一大批学者的注意。尽管他们的研究分歧尚多，但求同存异，在铭文所涉及的重大历史问题上能够取得共识者当亦不少。本文的写作，即拟通过对前人论述的梳理以求其同，并在此基础上略作补充，而对各家未能取得一致意见的问题，也谈一点自己的看法。

先谈谈器名及器主的身份问题。

此器的定名，主要有"康侯簋"与"✦司徒✦簋"两类。张光远是以器为"康侯封自作"而定名"康侯簋"的，陈梦家是以器为"康侯图"与"沫司土送"二人所作而定名"康侯图沫司土送簋"（简称"康侯簋"）的，而周法高、白川静等则是不以康侯为作器者而又以"康侯簋"定名的。正如周法高指出的："凡是㳄或㳄伯所作之器都有'✦'这个族徽。而康侯诸器却没有这个族徽，那么这个器当然不是康侯封自作的了。"至于二人共作之说，即使有主子与下属共制一器之可能，沫司徒疑也是不敢在与主子共制之器上突出己族的族徽的。既然康侯不是作器者，称"康侯簋"就没有道理了，所以大多数学者都以器为"✦司徒✦"一人所作而定名为"✦司徒✦簋"，分歧只在✦、✦二字的释定而已。

✦字的写定，虽有㳄、㳄、沫等的不同，但其为地名，即《书·酒诰》"明大命于妹邦"的"妹"，乃纣都朝歌所在之地，各家的认识却是比较一致的。仅就字形的隶定言，似以容老之作"㳄"者较为准确，因为右下之✦并非日字是显而易见的。至于字的释定，则当以作"沫"为宜，唐兰、陈梦家二氏之作"沫"者，想是排印者与抄手所误。以陈氏"从水味声"的分析看，他心目中的声符显然是与"味"字同音的"未"而不是"末"，从他所引《说文》"洒面也"的释义看，字亦当作"沫"而非"沫"（《说文》："沫，水。出蜀西徼外，东南入江。"），行文之作"沫"者，应该是排印者不识"沫"字，而误以形近的常用字"沫"代替所致。而从唐氏"㳄字从水从杳声，即沫字。甲骨文'今未'之未字，常作𣎵，《殷契粹编》1108'今杏'之杏作[字]，可证"这段文字看，他所认定的声符也应该是"未"而不是"末"，他所引《诗·桑中》"沬之乡矣"的第一字，各种《诗经》版本向来也都作"沬"而不作"沫"，其行文之作"沫"者，当亦抄手犯了上面指出的排印者所犯之同样错误所致。

[字]当释"沬"，应无疑问。但陈、唐二氏之论证，却有可商。我认为，陈梦家所讲的"卜辞地支之'未'或作'木'，所以沫即沬"以及唐兰所讲的"《殷契粹编》1108片'今杏'之杏作[字]"，显然都对甲骨文"木""未"二字的区别疏于考察。甲骨文木字作[字]（《甲》2520）、[字]（《明藏》442）、[字]（《库》226）等形，由中间一竖笔、上出两斜笔、下出两斜笔共五条长短不一的直线组成，未字之作[字]（《燕》165）、[字]（《佚》70）、[字]（《甲》3358反）、[字]（《佚》256）等形者自不会与之相混，而作[字]（《佚》71）、[字]（《前》7.20.3）、[字]（《甲》182）等形者，乍看确与木字无别，委实很易被混淆。但只要我们细心观察，也不难发现，此类未字上出之两笔均作上曲之弧形或方折形，与木字之作直笔上斜者有明显的区别，两者是绝不相混的。我们并不否认木、未二字在形、音方面都有密切联系，但我们不可以将二字混为一谈。人们对"未"字的形构之解释迄无定说，我认为它应属于省吾所讲的"附画因声指事字"的一类，是以在木字上增加两个短画或改变上两笔的笔画形态的办法来作指事的标志，以别于木字，而仍因木字以为声。所以，我们在注意到木、未二字音、义的联系的同时，对它们在形、义上的区别，也是不可不加注意的。唐兰所言"今未"的未字，通常都是写作[字]，上出之笔扭曲至为明显，应该不易混淆，至于扭曲程度不那么大的[字]（《粹》1053）、[字]（《戬》13.3）等形，上出之笔也都呈弧曲或方折而与直笔上斜之木字相区别。即如唐氏所举《粹》1108一文，实亦作[字]而不作[字]，文中作[字]者，实唐氏失察所误摹。我们尚未发现独用或作杏字偏旁的"未"字有与"木"字相混淆的，但在以杏为声旁的[字]（《前》6.11.1）字中，我们却找到了三个作[字]（《甲》3483、《存》2.128、《零》8）的从木的形体。这除了未字作二级偏旁时，对附画因声指事标志的要求不像独用或作一级偏旁时那么严格外，大抵还与甲骨文中尚无《说文》所收"果也，从木、可省声"的杏字（甲骨文中确无独立成字的杏）、与杏形近的杳字均从日不从口等因素有关。杳字甲骨文作[字]（《后》2.39.16）、[字]（《甲》571）等形，木下所从，或作⊙，或作○，而无作▽者。杏必从▽，杳必从⊙或○，从▽与从⊙已成了区别杏、杳的又一标志。当杏作为一个整体充当别的字的偏旁时，有了▽这一区别标志，所从之未的规范要求就可以宽松一些了。在作偏旁用的[字]中，▽除了作杏、杳的区别标志外，实际上还兼有对作"未"用的"木"起附画因声指事的作用，所以，将作偏旁用的[字]理解为[字]的异体，应该是合乎道理的。这样一来，将[字]理解为从水杏声（古文字▽▽通用，与沫司徒疑簋同时出土的三件爵，沬字正作[字]）的形声字，当释定为典籍的"沬"也就顺理成

章了。

　　🅐字的写定，主要有🅑、🅒两款，其为作器者之私名，诸家向无异议。唐兰以🅓为疑之本字，证诸甲骨文毕字之🅔（《前》5.24.2）、🅕（《京都》2540）、🅖（《前》7.19.1）诸体，其说可信。与此簋同时出土的同一人所制铜器尚有12件，此私名用字尚有🅗、🅘、🅙诸式，其后一式《金文编》收入"疑"字条下，诸家均无异议，则🅗、🅘、🅙并当释"疑"，亦当可无疑。

　　根据以上分析，器名自当以定作《沬司徒疑簋》为妥。

　　关于器主的身份问题，彭裕商认为是周初的殷代遗民，当可信。这里想补充说明的一点是，"沬伯疑"与"沬司徒疑"当为康叔封卫前后对同一人的两种不同称谓，其人当为殷商时代沬地之世袭领主（颇疑沬、敄同指一地，卜辞之"侯敄"当即簋铭"沬伯"之先祖），武王伐纣时，以降周而得续领伯号，而成王伐商邑并封康叔于卫之后，便除伯号而改任司徒，成为协助康叔建卫的股肱之臣。陈梦家谓《书·酒诰》"妹土嗣，尔股肱"乃"妹司土，尔股肱"之误，至确。本铭之沬司徒疑，应该就是这个周公训导康叔要用为股肱的妹司徒了。白川静说"沬伯之器皆有🅐字形之图像款识，其家族显然并非出自周族"，确实言之成理。陈梦家谓"其人为文王之子"以及周法高、张光远称"沬司土逨即聃季载"，都是缺乏证据的。

　　顺带谈谈同出器物中的一件甗铭的释读。唐兰称该器为"🅐□白司徒甗"，并指出它与"沬司徒疑簋"为同一人所作之器。如果"'沬伯疑'与'沬司徒疑'当为康叔封卫前后对同一人的两种不同称谓"的说法不误，那么，其称"伯"时不称"司徒"，称"司徒"时不称"伯"，这是显而易见的，唐先生将伯与司徒并称的读法也就明显欠妥了。细审原铭，🅐下司上之字实作🅚形，乃沬字繁体，不宜作两字观，全铭当释作"🅐沬司徒作旅[彝]"，甗名则以定作"沬司徒甗"为妥。唐先生将口旁与水旁之点合视为"伯"，剩下残缺不全的上半，自然就无法释定了。

　　下面再谈谈簋铭的考释。先将铭文按原行款释定如下：

> 王来伐商邑，诞（徒）
> 令（命）康侯鄙（图）于卫。
> 沬（沬）嗣（司）土（徒）疑眔鄙（图），
> 乍（作）氒（厥）考尊彝。

　　首句释字虽曾有"束伐"与"来伐"之异，对"伐商邑"的理解也曾有"武王伐纣"与"成王伐武庚"之殊，但经过多年的讨论，看来"来伐"之释与"成王伐武庚"之说已渐趋统一。末句"作厥考尊彝"的解释以及铭末的🅐之为族徽，都是各家比较一致的。考释分歧最大的是中间两句，尤其集中在"祉""䵼""眔"三字的解释上面。这里先谈谈"祉"字的考释问题。

《说文》中与"祉"字结构相近的字凡三见，一是"乍行乍止也，从彳从止"的𢓊；一是"移也，从𢓊止声"的徙之或体徏；一是"安步延延也，从廴从止"的延（𢌽）。诸家所论，三释并见。

目前最流行的说法，是释祉为"延"，读作《诗》《书》中所习见的虚词"诞"。祉字金文屡见，用法多变，诸家冀能一释通贯全体，作虚词解便最省事。解作虚词，少一实义的累赘，适应面自然是最广的，但这样的解释是否真的解决问题了呢？倒是值得深入思考的。若从字形分析着眼，释祉为延恐怕是三种解释法中取得的支撑最为薄弱的一种了。能够将祉与延联系起来的，是《说文》对廴所作的"从彳引之"的解释。而这样一种解释，实际上是许慎根据讹变了的小篆形体所作的附会。郭沫若曾经指出："金文廴旁均作乚，石鼓亦然，是则'从彳引之'之廴，古实无之。"《说文》从廴之字如建、廷等，金文均从乚作，确实无一从彳作者，如果有延字出现，当然也是不会例外的，释祉为延，似难成立。

释祉为"从彳从止"的𢓊，在形构上自然要比释延合理。但"𢓊"字"乍行乍止"之义，于铭意实难合拍。贝冢茂树改从《仪礼·公食大夫礼》郑玄注的"不拾级而下曰𢓊"中取义，用这种"敬趋速步"的形象来描写"王赴卫地举行册命之礼"，于周王之身份亦显有不符，因此亦难为众人所接受。

释祉为"徙"在形构方面的理由是最充分的。"祉"字与《说文》"徙"字之或体"徏"如出一辙。只是赤冢忠读徙为侍之说，将"祉"理解为"君侧之侍者"以及白川静据《祉盘》之"祉作周公尊彝"与《麦尊》"井侯祉䵼于麦"而将"祉"附会为周公子之名，二说均不合情理而已。白川静既知"对作为王之叔父之康叔，而命事于侍御之小臣之事，殆难想象"，怎么不明白对作为王之叔父的康叔，受命于周公之子的事也同样是不好理解的呢？如果说他们（君侧侍者或周公之子）都仅是传达王命的话，则又必得如周法高指出的"前面还要加一个动词遣、使等才行"。鉴于康侯之地位与"图于卫"之事关系之重大，"祉"字确不宜作人名或官名用。

我认为"祉"字应该释徙，并按本字读而无需假借。徙有迁徙、转移、改变等义，徙令就是改命、改封。周初封建大局未定，改封之事并不偶然。就铜器铭文言，《宜侯夨簋》所载"王令虞侯夨曰：'繇，侯于宜……'宜侯夨扬王休，作虞公父丁尊彝"，即记虞侯夨被改封于宜作宜侯之事。《麦尊》所载"王令辟井侯出坏侯于井"即记麦的主子被由坏改封于井作井侯之事。本器所记事宜，亦当与上述两器相类。《史记·卫康叔世家》索隐："康，畿内国名。宋忠曰：'康叔从康徙封卫，卫即殷墟定昌之地。……'"铭文之"徙令康侯图于卫"当指其事。

畐字的隶定，各家均无异议，而对其用法之分析，则歧异最甚，大别有名词、动词两类。早期的研究者多以畐通鄙，有"国也"义项，封通邦，亦有"国也"义项，而认畐为康侯封之别字。这一说法首先碰到的问题是，受王命者仅康侯一人，沬司徒实无作器理由；而且，沬司徒地位在康侯下，"沬司徒疑眔畐"一句居然不称爵号而直呼其名，亦于理不合。就是渊博如陈梦家者，亦一方面囿于以畐为人名而不得不将该器理解为"康侯与沬之司徒兄弟所作文王的祠器"，另一方面又囿于"凡属沬或沬白诸器都有同一的族名（在铭前或铭末），而康侯诸器则无"的事实，而不得不承认"此器应属于沬白所作"，以至不能自圆其说。

以畐为名词者尚有彭裕商的"赐图"说。彭氏以祉令之令为赐予，读畐为图，作地图解，解"祉令康侯图于卫"为"成王在卫地赐康侯以地图"，并谓"王赐康侯以图，也即命康侯管理卫地"。彭氏之说，仅就此句言，尚勉强文从字顺，但联系"沬司徒疑眔图"一句，便难以说通了，彭先生为了贯通文义而谓"眔有得以接触、保管等意思"，就更乏根据了。

要弄清"畐于卫"的含义，与"眔畐"联系起来考察确实很有必要。于省吾、杨树达解"眔"为"参与"，白川静、唐兰解"眔"为"一起"，虽未展开考证，但其说可信。《说文》："眔，目相及也。"由相及之义，引申出"一起""参与"之意，当不难理解，考诸卜辞：

癸亥卜，彭贞：大乙、且乙、且丁眔飨？
贞：大乙、且丁眔飨？　　　　　　　　　　　　（《合集》27147）
叀戉、马呼眔往？　　　　　　　　　　　　　　（《合集》27966）
壬寅卜，其秦禾于示壬，母眔酻？兹用。　　　　（《合集》28269）
且乙，母眔酻？
弜眔酻？　　　　　　　　　　　　　　　　　　（《合集》27519）
庚子卜，多母弟眔酉？
弜眔酉？　　　　　　　　　　　　　　　　　　（《英》2274）

诸"眔"字正取"一起""参与"之义。

"眔"取"一起""参与"义，则"畐"字用为动词便无可疑。于省吾读畐为图，作谋议解；杨树达读畐为鄙，取"鄙，国也"之义，用为动词，作封国解；赤冢忠读畐为亩，用为动词，作建仓廪、征发粮食解；唐兰读畐为鄙，取"鄙，边邑也"之义，用为动词，作防守边境解……大体都能各成一家之言，但也都各有不尽如人意的地方，所以迄无定说。联系《雍伯鼎》"王令雍伯畐于之，为宫，雍伯作宝尊彝"的铭文看，畐字所指，当为规划、建设之事。畐可读为图，用为动词，即作"作图"解，再作引申,则规划、建设之义便显现眼前了。因此,我认为全铭的大意是:王来攻伐商邑,改令康侯在卫作规划建设,沫司徒疑有幸参与规划,作器以纪其事,并作为纪念其父之祭器。

诸家之说分别见:容庚《商周彝器通考》,于省吾《双剑誃吉金文选》,杨树达《积微居金文说》,陈梦家《西周铜器断代》,唐兰《西周铜器铭文分代史征》,周法高《〈康侯簋考释〉后记》(《大陆杂志》第六十一卷第三期),张光远《西周康侯簋考释》(《故宫季刊》第十四卷第三期),彭裕商《沬司徒送簋考释及相关问题》(载《于省吾教授百年诞辰纪念文集》),赤冢忠、贝冢茂树、白川静诸家说均见白川静《金文通释》。

(原载中华书局2000年出版的《古文字研究》第二十二辑)

周金文所见"井侯"考

西周金文中，提到"井侯"的共有六器：《井侯簋》《麦方盉》《麦方尊》《麦方彝》《麦方鼎》《臣谏簋》。由于事涉周初的封建制度，所以颇能吸引研究者的注意。各家持论自有异同，但很难说哪一家尽善，亦很难说哪一家尽非。尽管各家都会有欠完善的地方，但各家也都有其论述正确的方面。笔者对各家之说当然有取有舍。本文即想对取舍缘由作一些申述，间有心得，也想略事补充，而与各家不同的看法，则想提出来向各位同道请教。

有关"井侯"的铭文，当以《井侯簋》（或称《周公簋》）为最早。其器为康王时制，作器者"井侯"为周公之后，"井侯"之"井"当即《左传》僖公二十四年"凡、蒋、邢、茅、胙、祭，周公之胤也"之"邢"，是各家意见都比较一致的。[①] 分歧主要在这个"井侯"是否初封？他是否周公的儿子？

论者中主张此器之"邢侯"为初封者占大多数。明言"邢侯"非初封者，主要有郭沫若与唐兰两家。郭沫若在《两周金文辞大系》中，将簋铭"荐邢侯服"之"荐"读为更，认为与《班簋》"王命毛伯更虢城公服"的"更"字一样，作"赓续"解，而以"王令荣暨内史曰"之"荣"为"荐井侯服"（按郭说即"继邢侯之内服"）的施事者。按照这种理解，铭中的"邢侯"当然不可能是初封的。但是，二十世纪五十年代以来，杨树达、陈梦家等人提出的读"荐"为"匄"，做"赐予"解的说法以及以"荣暨内史"为传王命的史官的说法，已为越来越多的学者所接受，[②] 郭说被认可的程度显然是越来越少了。

唐兰在《西周铜器断代中的康宫问题》及《论周昭王时代的青铜器铭刻》以至《西周青铜器铭文分代史征》的《麦尊》铭文注释中都明确提出《邢侯簋》之"邢侯"为"第一代邢侯"，"封于康王时"，但在《邢侯簋》的考释中却提出了第一代邢侯"应为成王时所封"、《邢侯簋》的"邢侯""不是初封"的说法。而理由仅仅是"从铭中说'荐邢侯服'，他业已称为邢侯，可知不是初封，因让他参政而又赏赐奴隶，和孟

---

① 只有陈梦家认为是成王时器，见《西周铜器断代》（三）。又，为统一方便计，此"井"字以下均用"邢"表示。

② 陈说见《西周铜器断代》（三），杨说见《积微居金文说》。

鼎的情况正相类"。

其实,"让他参政而又赏赐奴隶"的情况虽与《盂鼎》同,但并非《盂鼎》一类嗣祖职铭文所独有,《宜侯夨簋》的作器者"夨"受王命由"虞"徙封"宜",其"封侯而又赏赐奴隶"的情况不是与《邢侯簋》更为切合吗?再说,"夨"在受命前称为"虞侯",受命后即改称为"宜侯",这个初封"宜侯"的名号是在受命时当场获得的,《邢侯簋》的作器者在受"邢侯服"的同时获得"邢侯"的称号,怎么就不可以是初封的呢?

至于这个"邢侯"是否就是周公的儿子的问题,多数学者都根据《说文》"邢,周公子所封,地近河内怀"及《汉书·古今人表》"邢侯,周公子"、《后汉书·郡国志》"平皋有邢丘,故邢国,周公子所封"等记载,确认其为周公之子,甚至有据《世本》的记载认定其为"周公第四子"的。较为审慎的,一个是陈梦家,以为"邢侯是周公之胤,很可能是其子辈",只说"很可能是",并未把话说死;一个是杨树达,说:"此邢侯即《左传》之邢,邢为周公之后,故膺受王命而铸此《周公彝》,正铭文所谓追孝对不敢队者也。"只言"为周公之后",并不认定为"周公之子"。①

事实上,有关邢侯为周公之子的记载,一般都见于汉以后的史籍。先秦文献,如《左传》,则只言"周公之胤也"。《邢侯簋》之"作周公彝",也只能证明其为周公之后,而未能证明此"邢侯"与"周公"的确切关系之为"父子"抑或"祖孙"。因此,我们认为,在有更新的论据以前,还是以采取杨树达那样的一种审慎态度为宜。

《麦方尊》等四器为同一人所作的铜器,学者们的意见也是比较统一的。分歧主要在麦氏四器之"辟邢侯"与《邢侯簋》的"邢侯"是否为同一人。

麦氏四器之制作时代,有"康王"与"昭王"两说。郭沫若在《大系》中指出:"各铭辞均古朴,用字与《盂鼎》《周公簋》等相同,尊、彝之花纹器制亦非昭、穆以后物,益以孙氏所言字体,必为康王之物无疑。"这种说法,实为多数学者所接受,力主"昭王"说的主要是唐兰,支持并补证唐说的还有彭裕商。②

唐说的主要论据是"本铭说'颢考于邢侯',明邢侯出坯并非第一代邢侯","第一代邢侯封于康王时,见《邢侯簋》。此疑是第二代,当昭王时"。

在今日看来,这段话起码有两个地方对铭文的理解是欠妥的。一是将"出坯"理解为邢侯之名,原铭作"王令辟邢侯出坯侯于井",一般都理解为王命麦的主子邢侯离开坯到邢去为侯;一是"颢考于邢侯"句,一般都联系上下文作"用龏义宁侯颢考于井。侯作册麦……"断句,尽管对"宁侯颢考于邢"的理解不尽一致,但不作"颢考于邢侯"断句,不显示麦辟邢侯的先人已称"邢侯",却是比较一致的。唐说证据显然未够充分。

---

① 陈说见《西周铜器断代》(三),杨说见《积微居金文说》。
② 唐说见《西周金文分代史征》,彭说见《麦四器与周初的邢国》。

彭裕商的补证主要有三点。

一是"'饔镐京'又见小臣静卣、士上尊、卣等器,都是昭王时代的器物"。其实,彭氏所言,至多能证明昭王曾不止一次到镐京举行饔祭,而不能证明凡到镐京举行饔祭的都是昭王,这是显而易见的道理。唐兰认定为康王器的《高卣盖》所见"饔镐京"的记载,就是很好的说明。

二是麦器中所见"子孙永宝"一类话语,为昭王金文始渐有而成康金文之所无,其时代不应早于昭世。其实,诸家断作康王器者,"子孙永宝"之语不乏其例,即以唐兰所论定者言,如《高卣盖》《宪鼎》《奢簋》诸器即有"子子孙孙宝用""子子孙孙宝光用"及"子子孙孙永宝"的明确记载,彭氏所言,未知何据?

三是与麦尊纹饰相类的,除《燕侯盂》属康王时器外,其余的均为昭穆时器。其实,即使彭氏所言属实,但只要承认康王时有此纹饰,就不能拿昭穆有此纹饰来作否定麦尊为康王时器的根据。因此,这第三点补证同样是不能成立。

综上所述,麦氏四器与《井侯簋》都应是康王时器,它们所记"邢侯"也应该是同一个人,即初封的邢侯。这里想进一步论证的是,这个初封的邢侯是周公的后代,但不是周公的儿子,所据主要是《麦方尊》的"用龏义宁侯显考于井"。

《麦方尊》的这句铭文,诸家释读颇见歧异。唐兰以"用龏义宁侯顗考(孝)于邢侯"为句,以"宁侯"为"安宁顺从的诸侯",谓邢侯"用敬义和宁侯来显孝于其祖或父,即前代的邢侯";于省吾"用龏仪宁侯,顗考(孝)于邢侯"为句,谓麦"恭敬安宁邢侯""显孝于邢侯";郭沫若以"用龏义宁侯顗考于邢"为句,谓"邢侯用其(按:指鸿)羽为仪,以归宁其顗考也"。我们断句同于郭氏。释义方面,则读"龏"为"恭",读"义"为"仪",从于省吾之说。而"宁"字则作"安宁"解,取安其神灵、安置灵位之意。

杨雄《法言·孝至序》:"孝莫大于宁亲,宁亲莫大于宁神。"颜师古注曰:"宁,安也。言大孝之在于尊严祖考,安其神灵。"这个"宁"即取"安其神灵"之义。

王安石《上徐兵部书》:"展先人之墓,宁祖母于堂。十年萦郁,一旦释去。"与上下文配合观之,这个"宁祖母于堂"的"宁"字显然不应作一般的"归宁""省亲"解,全句取的应该是安放祖母灵位于堂上的意思。

因此,《麦方尊》这句铭文讲的,应该是用恭敬的礼仪把邢侯显赫的父亲之灵位安放到邢。这个"侯显考"原日食邑于"坏",死后灵位自然也安放在"坏",今以其子徙封为邢侯,其灵位也得以移至邢地安放,成为邢国宗庙的始祖。他是初封邢侯的父亲,很可能是周公之子,但肯定不是周公本人。因此,初封的邢侯也只能是周公的后代,而不是周公的儿子。

(原载中国教育文化出版社2005年出版的《黄盛璋先生八秩华诞纪念文集》)

札记八则

（一）作册般鼋

作册般鼋全铭文仅三十二字。而诸家说解却歧见迭出。分歧主要集中在"王一射🀄射三率亡废矢"一段文字的释定和断句上。对铭文释读干扰最大的是"一"字，释读分歧最多的是🀄字。细审铭拓，所谓的"一"字，实乃泐痕而已，并非"一"字；至于🀄，实为鼋之象形文，铭文当作"王射鼋，射三，率亡废矢"，文从字顺，意义明晰，自然流畅。

至于"奏于🀄乍女（汝）宝"一句，诸家释🀄为庸，读镛，即演奏大钟。这也许是正确的。但联系卜辞"祖丁庸奏"（《合集》27310）、"小乙庸奏用又正"（《合集》31013）、"庸奏又正"的庸奏看，我在《卜辞祭祀对象名号解读二题》一文中提出的为"盘庚"合文的说法，将它读为"奏于盘庚"，也可聊备一说。

（二）小子𠭯卣与小子网簋

小子𠭯卣与小子网簋都提到"人方羗"，小子𠭯卣的表述是"令望人方羗"，而小子网簋所提则是"令伐人方羗"。应该都是指征伐人方羗。小子𠭯卣所记十月=与小子网簋所记十月≡应该都指闰十月，小子簋所记闰十月癸巳与小子𠭯卣所记闰十月乙巳，相距十二天。

（三）大盂鼎

大盂鼎为周初重器，因为出土时间较早，铭文长，铭拓清晰，所以吸引了众多学者的研究。可以讲是被研究得比较深透的一篇，但存有争议、未能尽如人意的地方还是有的。比如"眈正氒民"的"眈"，各家说解即颇见分歧。徐桐柏以为"畯"省，通

"骏",大也;翁祖庚谓"允,古文作畎,此字考定家多误为畯";容庚谓从"允",通"骏"。而引《尔雅·释诂》训长也;裘锡圭初读"悛",训"改",后改从张政烺说读为《论语》"允执厥中"的允。学者以从徐说者最多。其实,联系墙盘"达(挞)殷畎民"看,此处还应以作动词解为是。循声以求,或可通"浚"。浚有疏导义,可引申为治理,《尚书·皋陶谟》"夙夜浚明有家"。蔡沈集传即以"浚,治也"为解。当然,不同语境有不同的破读,"畎臣天子""畎尹四方""畎在位""畎保其孙子"等辞例中的畎,破读为骏,作长也、永也解,也是正确的。

又"故天异临子,法保先王",异字各家多读翼,作辅助解。我们同意读异为翼的讲法,但是这个翼不是一般的辅助,是指翼护,将翼理解为临的状语,以项庄舞剑,项伯"以身翼蔽沛公"的翼字用法去理解,天像母鸡护小鸡那样护卫关照他的儿子。

(四)保员簋

保员簋铭虽仅45字,但诸家说解,颇见分歧,尤以"公✦辛保员逦浮公易保员金车"一节最甚。

这个✦字,虽多家同释才(在),但细审字形,其上部实似尖头刀具,与才字的通常写法(包括同铭"才十有一月"的"才")有明显区别,颇疑其为从才得声的刑具或刑罚字。辛字诸家或释叔(张光裕说),或释虐(马承源说),或释虞(贾海生说),而分析字形,确与🀄(彔卣《集成》5420叔字)、🀄(塱盨《集成》4469虐字)不同而与🀄(九年卫鼎《集成》2831虞字)之所从相类,释虞应更为可信。铭文在虏字后断句,诸家均无异议,只是囿于对字的误认,诸家均以虏为地名,则未得其旨。如果这个✦字为从才得声的刑具或刑罚字不谬,则对俘虏施以黥额一类刑罚,便可上与伐东夷班师告庙之事相衔接,又下启保员的协助因由,应该是合理的解释。因为"公在虏"未表明公在行什么事,那保员的逦(侍或佑)也就只能是虚表,所以各家亦都在"逦"后点断,而以浮属下读,作"公"的名。有释傩的,有释龙的,有释辟的,因为是人名用字,都往好意头的字靠,其实,金文人旁作𠂉,𠂊是尸(夷)字的写法,🀄也更像刑具"辛"而不是龙的头。字的构成应该是左为夷人,右为刑具,下面是肉,贾海生释"辟"应是比较接近的,准确隶定应该是臂,它很可能就是《公羊传》庄十二年"(宋)万臂撒仇牧"的臂,王引之《述闻》"臂,椎击也"的"臂",与表胳膊的"臂"字同形。表胳膊的臂字是从肉,辟声的形声字,而臂字则从辟省、从肉、辟亦声的会意兼声字,用刑具削肉,铭文用的正是本义。《公羊传》则用其引申义。如果这个理解不误,那么铭文就不应在"逦"后点断,而应在臂后断句。整句的意思是,公对俘虏施以✦的刑罚，保员协助辟，公赐保员金、车。

✦是否可隶作𣏨，戴字初文。《广韵》"戴，染戴"，《集韵》"染也"，公给俘虏染上黔刑印记，保员协助施刀。

（五）貉子卣

貉子卣全铭三十六字，也是铭文不长而释读分歧较大的铭文之一。而分歧最大的，是对"王各于吕𢾝王牢于厎（阺）"一节的理解。

首先是对𢾝字的理解。刘心源疑为"数"，为《左传》"以数军实"的数；方濬益疑为"畋"之异文，指田猎，陈梦家、马承源从之；郭沫若认为是"嗣"之异文，高田宗周认为该字从畐即䰧之省文，即《说文》"敵"，治乱之古字，训为理修；田炜认为是处理王牢（牲）的动作，下文"宜"的对象是王牢的牲。上述诸家均于"吕"下断句，而将𢾝字属下读。柯昌济以𢾝为嗣省声，古祠字，以吕祠为吕氏之祠庙；唐兰疑读为"搖"，吕搖为地名，两家均以𢾝属上读。我们认为字从畐省、从攴会意，是田猎场的治事之所，亦认为当在此字下断句，盖谓王来到吕地的猎场治事之所。

其次是对"王牢于厎"的理解。牢，方濬益、陈梦家都作动词解，指牢圈田猎所获野兽；田炜以为指牢内之牲；唐兰谓指食礼。厎，说者多以为地名，柯昌济以为阺字异文，《说文》："阺，依山谷为牛马圈也。"陈梦家、马承源均同此说。我们同意唐兰"牢是食礼，用太牢来食诸侯或卿大夫"和柯昌济"厎"指"依山谷为牛马圈"的说法，盖谓王在厎举行食礼。

再就是"咸宜"和"王令士道归貉子鹿三"的问题。"宜"一般多以为祭名，而以"咸宜"为宜祭完毕。我们认为，"宜"字甲骨金文多见，均象肉在俎上之形，其用虽以祭名或用牲法最为常见，但都应由切肉为肴取义，此铭则指切食礼上的牲肉，"咸宜"是指切完肉。至于"王令士道归貉子鹿三"，"归"读为"馈"可无异议，但"鹿三"则不指三只鹿，而是三块鹿肉。

（六）乖伯鼎

"王命益公征眉敖"句，"征"字旧多作"征伐"讲。杨树达认为当训"往"，谓往眉敖之所；马承源以为当作"使行"讲，谓有所使用而行之。似都不如用《孟子》"去关市之征"的"征"字为解妥贴。这个征字虽然各家都训"税也"，但明显有"征收"的含义，王命益公去眉敖办理征收税贡事宜，这种解释似乎更为顺畅。眉敖，柯昌济、吴闿生、郭沫若均以敖为外国君长之号，有一定道理，只是柯昌济读为蔑敖，谓即楚君莫敖；郭沫若读眉为微，以眉敖为微国（今四川巴县与秭归接壤）之君，都与出土地相去甚远，与张政烺考定之地皆不符。倒是吴闿生以眉敖与下文之乖伯为一人，杨树达更以眉敖与下文之"乖伯""归夆"，三名实是一人，却都是很有道理的。

笔者同意杨树达关于眉敖与乖伯、归夆同一人的讲法，但对杨氏以眉敖为爵名，乖伯为字，归夆为名的说法，则略持异议。从九年卫鼎"眉敖者膚为使，见于王"看，眉敖不像是人名，更像是一个部族名。部族叫眉敖，其首领亦可以眉敖称，乖伯则似是周封的爵号，眉敖现已归顺周王封他一个"乖"的部族名号，享有伯的爵位，所以叫乖伯，这与宜侯夨簋前面称"虞侯"（改封前），后面称"宜侯"（改封后）情形是一样的；而归夆则是他的私名。当时的边远小国都有很大的自由，原先自然是称王的，归顺周以后，对外可以称伯，对内则往往仍以王称，所以铭文亦追称其考为"武乖幾王"。"王命益公征眉敖"，当指王命益公去眉敖办理征收税贡事宜。杨树达"据'眉敖至见献帛'云云，知益公之行乃征眉敖来朝也"的解读，其实就是这个意思。

（七）说"叡"

"叡"字金文多见：

王伐彔子耵，叡厥反。	（大保簋·周早·4140）
叡酒无敢酖，有崇蒸祀无敢醷。	（大盂鼎·周早·2837）
叡东夷大反。	（小臣謎簋·周早·4238）
叡厥不从厥右征。	（师旂鼎·周中·2809）
叡淮夷敢伐内国。	（彔弢卣·周中·5419）
叡乃任县伯室。	（县妃簋·周中·4269）

因为此字多居句首，所以各家多以语气词解之，尤以读如叹词"嗟"的影响最大。不过，李学勤在考释大保簋时指出，这个语境不应出现感叹词[①]，这是十分正确的。但李氏将"叡厥"读作《书·费誓》的"徂兹淮夷，徐戎并兴"的"徂兹"，作"今兹"解，也嫌牵强。笔者认为，此处叡字，作动词解似更合适。《说文》："叡，又卑也。"段注据《类篇》改为叉卑，并谓"叉卑者，用手自高取下也"。再联系《正字通·手部》"扭，别作揸、叡，义通"、《集韵·佳韵》"揸，击也"、《文选·张衡〈西京赋〉》"揸狒猥，批窳狻"李周翰注"揸、批，搏撮貌"等说解，叡指自高取下的打击、搏撮，于"叡厥反""叡东夷大反""叡淮夷敢伐内国"的叡，以及《书·费誓》的"徂

---

① 李学勤：《纣子武庚禄父与大保簋》，《甲骨文与殷商史（第二辑）》，2011年，第1—4页。

兹淮夷，徐戎并兴"的徂，都是合适的。

至于"叔酒无敢酖"的叔，用《释名·释姿容》"揸，叉也，五指俱往叉取也"的意思，作抓起解，或用《说文》"㧗，挹也"解，都是可通的。

"叔乃任县伯室"，叔或可读为《尔雅·释诂上》"徂，往也"的徂，此作使动，让你往的意思。

（八）井侯簋与麦四器

井侯簋与麦四器关系密切，所记应是一年内的事。
1. 井侯簋记三月井侯正式受封。
2. 麦尊则从井侯的作册的侧面记井侯受封事宜。
   （1）王令井侯出坯侯于井。
   （2）二月应召入觐于宗周，举行大礼，告天地以受封之事。
   （3）安置侯顈考于井，应指将侯顈考的宗庙神主由坯迁井。
3. 麦方彝、麦方盉，记八月井侯奖赏麦办事得力，设宴于麦宫。
4. 麦方鼎记十一月井侯正式自坯迁井，在麦宫设宴庆功。

五器联系起来看，可知：二月入觐，三月受封，八月中期奖励，十一月完成迁徙、安置，应该都是"唯天子休于麦辟侯之年"的事。

我的甲骨文研究成果梳理

我长期没看电脑，直至 7 月 29 日晚止戈兄来电，才知道 8 月 5 日要开会，正为未有文章发愁，刚好出版社送来《荧晖阁丛稿》清样要校对，翻阅旧作，觉得几十年的研究成果，梳理一下还是有必要的，于是对八十年代所写的几篇文章略加梳理，写成此文，提交朋友们指正。

（一）古文字中的形体讹变（1981）

本文主要谈古文字形体讹变的历史、讹变现象的分类及讹变研究的现实意义，其中涉及甲骨文的内容包括：

1. 辨⺀与⺀（见）之异，并释定为"望"；

2. 通过对⺀（望）与⺀（见）、⺀（兄）与⺀（祝）、⺀（侲，动词）与⺀（郪，名词，人牲）、⺀（鬼方用字）与⺀（鬼梦用字）、⺀（偯，均作人名）与⺀（卽，艰，来艰为卜辞习语）、⺀（飤）与⺀（即）的辨析，论证了甲骨文中人、卩旁不通用，推翻了甲骨学界久为流行的人、卩旁通用说；

3. 以⺀为⺀之省文，释⺀为毓，释⺀为易。

上述观点，均获容庚、商承祚、胡厚宣、张政烺、管燮初等前辈学者的赞同。关于释⺀为望，硕士论文有详细论证，因为 1982 年抽出来在《华南师范学报》先行发表（见《古文字考释四则·释⺀》），所以 1984 年提交西安年会的论文（发表在《古文字研究》第 15 辑）就只存结论删去论证了。

裘锡圭 1998 年发文同意分⺀、⺀为二字的看法，但认为⺀当释"视"，释"望"难以成立。我在《甲骨文"⺀"字形义再释》一文中作了进一步的探讨，从"贞：登人五千，乎⺀舌方"（《续》1.13.5）与"庚寅卜，𣪘贞：勿⺀人三千乎⺀舌？"（师友 5.63）及"登人三千乎伐舌方，受⺀又？"（《合集》6168）的比较中，我觉得把⺀、⺀理解为与征伐同义，要比读⺀为视，作视师（为了准备战斗而观察敌军情）要合理些，所以，我仍坚持读🅰为望的意见。

（二）古文字义近形旁通用条件的探讨（1986）

1. 将🅰从🅰🅰系列中分离出来，指出牢为专门系祭祀用牛之闲，窂为专门系祭祀用羊之闲，🅰（骅）为专门系祭祀用马之闲，🅰则为畜马以供祭祀用牲之所。🅰字虽还有释駉、释厩的不同意见，但应从牢、窂系列中分离出来，却是被普遍接受的。

2. 释🅰为逐，裘锡圭《从文字学角度看殷墟甲骨文的复杂性》（1996）一文，与拙文所释相同，但分析角度不同。

（三）甲骨文形符系统特征的探讨（1988）

1. 表示同一意义的形符的多体性一节之第三点中的"倒书"一段，刘钊《谈甲骨文中的"倒书"》（1996）一文，与拙文所论大致相同。以🅰（帝倒文）、🅰（彭倒文）、🅰（侯倒文）、🅰（寻倒文）、🅰（至倒文）、🅰（归倒文）、🅰（旁倒文）、🅰（壴倒文）、🅰（各倒文）、🅰（各倒文）、🅰（围倒文）、🅰（🅰倒文）、🅰（🅰倒文）、🅰（🅰倒文）等字的释定为立论依据，刘钊所述，亦同于拙文。

2. 赢（🅰、🅰）与龙（🅰、🅰）之辨，王蕴智《出土文献中所见的"赢"与"龙"》（2000）一文持论亦与拙文大致相同。

以上是三篇文章发表后获得肯定与响应的甲骨文研究成果。三文中还有一些虽未被大家接受，但我至今仍认为是正确的观点。比如：甲骨文"好"字女旁可在左亦可在右，但女一定面向子；"既"字可从旡可从欠，皀可在右亦可在左，但口一定与皀相背；"毓"字上半可从人可从女，下半可从子可从倒子，但子一定在臀下；析🅰与🅰🅰为两系，释🅰🅰🅰为款，释🅰🅰为燎；等等。

因为时间紧，这里先就八十年代发的三篇文章作一梳理，作为《我的甲骨文成果梳理》（一）提交这次会议，以后写（二）（三）（四）……再向大家请教。

（本文为2022年8月5日为曾宪通88华诞祝寿学术研究会的发言）

楚简文字考释二则

（一）释"㝯""㝯"

㝯字见于《天星观楚简》，或作㝯、占等形，用于双字人名"△丑"之第一字，李家浩以为与㝯字（朱德熙释"笲"）下方所从之㝯为同字，释为"弁"，并以"弁丑"之"弁"为姓氏字，读与楚人"卞和"之"卞"同。㝯字见于《信阳楚简》，其用为竹器，李家浩以为与㝯同字，谓即《仪礼·士昏礼》"妇执笲枣自门入"之"笲"。新近出土的《包山楚简》中，㝯、㝯屡见，刘彬徽等所作释文，均从李家浩之说，分别释为"弁"与"笲"。

㝯字下方所从，确像人戴冕之形而与《说文》训为"冠也"的㝯（弁）字相符，释㝯为"弁"与释㝯为"笲"都是正确的。但㝯之与㝯，不仅在形体上有从又与从人之别，而且从文例上看，其器用也显有不同。㝯字不仅在《天星观楚简》中，而且在《包山楚简》中也都是用为盛食之器的：

梼脯一㝯、僻朕一㝯、庶（炙）鸡一㝯、一㝯朕。（《包山楚简》258）

㝯字则除《包山楚简》256"青锦之𫄧四□、糗四㝯"一例作盛干饭用外，其余均作盛衣物之用：

一繏㝯，六繏；一纬粉；四柹、一㝯。　　　　　　　（《包山楚简》259）
二䈞，一墜㝯；缂紝，一小墜㝯。　　　　　　　　　（《信阳楚简》5）
一㝯，其实：一渼帕，一涂帕，一䋛□之帕。　　　　（《信阳楚简》11）

🗊与🗊字形不同，器用有别，其非同字异体是十分明显的。其所从之🗊与🗊亦非一字，也是显而易见的。对比楚简中其他文字，我觉得🗊（《包山楚简》158）与🗊（《包山楚简》213 事字）的关系似更密切，两者之差别，实仅在上部稍异而已。

古文字中史、事二字同出一源，每多通用，这是前辈学者早有论及的。而从🗊（《前》4.28.3）与🗊（《甲》68）、🗊（《史秦鬲》）与🗊（《农卣》）的比较看。史、事二字形体上的区别，亦仅在上部稍加变异而已。🗊与🗊的差异，实不比🗊（《元年师兑簋》）与🗊（《中山王兆域图》）的差异大，再联系古玺"史"（古玺"史""事"无别）字之作🗊（《玺汇》1752）、🗊（《玺汇》4158）、🗊（《玺汇》4169）等形体看，我认为楚简中的🗊字，还是以释"史"为妥。

考诸文例，释🗊为"史"，读《天星观楚简》之"🗊丑"为"史丑"固然妥帖，于《包山楚简》各例亦自文从字顺：

  大史连中、左关尹黄惕……   （138）
  厩仿司马娄臣，厩仿史娄佗……   （161）
  罩得厩为右史，于莫嚣之军……   （158）
  罩绅命以夏逄史、逊史为告于少师。 （159）
  喜君司败史善受期。   （54）
  妾妇监史怿、鄙人秦赤……   （168）

至于从竹从🗊的🗊字，似应隶定作"笚"，考诸声韵，则以读"笥"为宜。司、史古音同在之部，司属心母，史属山母，声韵上自可相通（疑笚即笥字异体）。《尚书·说命》有"惟衣裳在笥"之语；《礼记·曲礼》注有"盛饭食者，圆曰箪，方曰笥"的讲法，释🗊为"盛衣物或饭食的方形盛器"（《辞源》释义）的"笥"字，于上引🗊字诸用例是再合适不过的了。

"弁"字确有从又的形体，比如《曾侯乙编钟》"䚇"字所从的🗊，但中部所从之🗊的顶端即有分别向左右伸展之对称短笔，与史之作🗊（《中山王大鼎》"迹"字所从）有明显区别。简文书写随意，🗊每易写成🗊，作偏旁时甚至写成🗊（如《包山楚简》256🗊字所从），就很容易与🗊字相混淆了。所以简文"弁"字多采用从亻的形体，其采用从又的形体时，往往在中部多加两个短笔作🗊以示区别，《包山楚简》240、245的"疾弁"（读作疾变）的"弁"就是这样作的。

（二）释“”“”“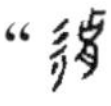”

、、分别见于《包山楚简》138、170、267，释文分别隶定作惰、郈、緔，无释。《包山楚简》另有（134）、（133）、（271）、（268）等字，释文分别隶作郈、緔，而考其文例，则分别同于郈、緔，以史字有、、、、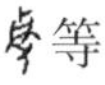等多种异体的情况分析，郈与郈，緔与緔亦当为同字异体，其右部所从，也当与为一字。字见于《望山楚简》（M24），释者多隶作肓，高明《古文字类编》以为即《玉篇》之“胋”字；中山大学古文字研究室《战国楚简研究》（油印本）释为“胄”字。从形体上看，其所从之，当与字所从之的情况相类，是若之简省而与占字偶合，本身并不从占；从文例上看，“胋”训大羹，亦与简文“△緂之纯”无涉，似当以释胄为妥。

既释胄，字就该隶定为“愲”了。愲 字不见于字书，以緔或作紬推之，疑当释“怞”。《玉篇》：“怞，忧恐也。”《诗·小雅·鼓钟》：“忧心且怞。”毛传：“动也。”郑笺：“悼也。”《辞源》作“扰动、不平静”解。简文云：“与其戟，又△不可证。”当作“证人被逼来了，又忧恐、不平静，因而未能作证”解。

同上分析，（《包山楚简》170）、（133）、（134）、（139 反）以及（《玺汇》2179）、（《玺汇》3595）诸文，亦当同释为“郈”。“郈”字不见于字书，从字形特征与文例分析，都表明它主要是用作地名或姓氏字。《包山楚简》133、134、139 反共四例均作“子郈公”，170 作“郈遅”，《玺汇》2179 作“郈才”、3595 作“郈逌”，按声韵推之，疑即“鄏”字。考胄与周上古同在幽部，胄属中古澄母字，周属中古照母三等字，上古同归定组，声韵上是可以相通的。

根据以上分析，（《包山楚简》267 牍 1）、（268、275、277）、（271）、（275）等字，自当释“緔”。緔字见于《集韵》，有“蒙也”“绪也”“或作紬”等解释，以文例观之，緔似为动词，“蒙也”一义或可当之，但读緔为绸，作缠绕解则似更合适。

緔绸之絟。	（267）
緔绸之纯。	（271 牍 1）
緔绸之幢。	（277）
緔绸绛。	（268）
緔□，绫绸；緔绸之绵，缋綅。	（275）

盬蒿之䩭，盬蒿之綪。　　　　　　　　　　（267）

綪字简文作絑，字书所无，以文例分析，当为缯帛类名词，循声义求之，《说文》解作"赤缯也。从糸青声"的綪似可当之。綪从青声，青从生声，生与青作声符用是可以相通的。䩭字诸家多隶作䩭，按楚文字垂、夌形近，襄陵之陵过去即多误释为陲，此字仍当以释䩭为妥，䩭字诸家亦隶作䩭，实当释䩭，《集韵》："郎邓切，音倰，轴也。"或借为䩭，亦通。

（原载《江汉考古》1994 年第 3 期）

《郭店楚墓竹简·老子》释注商榷

1993年冬出土于湖北省荆门市郭店一号楚墓的竹简，经整理者三年多的努力，最近已由文物出版社正式出版而公诸于世了，这是一件十分值得庆贺的事情。能在数经盗扰的墓穴中抢救出七百多枚竹简，并将它整理得如此条贯分明，确实是难能可贵的。这批竹简，无论对古籍校勘抑或先秦思想史、学术史的研究来说，都是极可宝贵的，而抄写《老子》一书的七十一枚，更是迄今所见年代最早的《老子》传抄本。其文句与传世诸本及马王堆帛书本各有异同，其编次则与传世诸本及马王堆帛书本判然有别，不仅可以在与传世本及帛书本的校雠中互证得失，而且可以解决传世本及帛书本研究中的一些悬而未决的问题，着实有极重要的价值。整理者对这七十一枚竹简的编次、释文及注释基本上是正确的，而且大部分都用得上"精当"一词，只是在个别小问题上，还有值得商榷的地方。

先谈谈断句方面的问题。由于有多种传世本及帛书本相参照，断句一般不成问题。这里想拿出来讨论的，是甲组第七至第八简释文作"……是胃（谓）果而不强。其事好。长古之善为士者……"的一段。如此断句，不唯"其事好"为句欠妥，即"长古"连读，亦殊觉不辞。"其事好"未宜断句，是整理者已意识到的，不过甲组释文注〈17〉所作"'其事好'之下当脱'还'字"的解释，则似有未安。考帛书甲、乙本均无"其事好还"一语（注〈17〉所引，实帛书整理者据传世本所补入），则其为"其事好还"抑或"其事好×"尚未可知。至传世本之"以道佐人主者，不以兵强天下。其事好还"句，近人多以"其事"为"用兵之事"，殊觉牵强；而以"好还"为"容易得到报复"[1]、"很快就得到报应"[2]或"反自为祸"[3]，于竹简上下文均难贯通。倒是王弼注文"为治者务欲立功生事，而有道者务欲还反无为，故云'其事好还'也"之以"其事"为"不以兵强天下"，以"好还"之"还"为"还反无为"的解释更切合原文

---

[1] 高亨：《老子注译》第三十章注3及译文。
[2] 任继愈：《老子新译》第三十章译文。
[3] 朱谦之：《老子校释》第三十章按语。

之实际，于竹简之上下文亦更能理贯。如果我们将简文"长"字连上读，作"……是胃（谓）果而不强，其事好长。古之善为士者……"断句，则不但与传世本意思相合（还反无为则事得久长），且"强"与"长"为韵，更合《老子》风格，而"古之善为士者"句，亦与所有传世本及帛书本取得一致（作"长古"者，实诸本所未见），就比较合理了。至于"好"字与"长"字之间的符号起什么作用的问题，我们还可以继续研究，但文章的正常断句不应受这种未明因素的影响则是理所当然的。

对于单字的释定，也有几处想提出来稍加研讨。

一是甲组第二简之 䩿 字。释文隶作"䩿"，注〈4〉谓从李家浩说释为"弁"，而于"三言以为䩿不足"句中则读为"辨"，作"判也""别也"解。考 䩿 字楚简中屡见，本人曾于《楚简文字考释二则》① 一文中详加考证，以为字当释史，并广引《信阳楚简》《天星观楚简》及《包山楚简》的辞例加以印证。今郭店楚简出土，则更加坚定了我释 䩿 为"史"的信心。因此字除见于《老子》甲组第二简外，尚见于第三十五简，简文"心䩿𢘓曰勥"，与传世本及帛书本之"心使气曰强"句对照，字当释为"史"而读作"使"无疑，事实上，释文也在自觉不自觉间把它读为"使"了："心䩿（使）𢘓（气）曰勥（强）。"因为释䩿为"弁"，是无法与"使"字搭上界的；若释䩿为"史"，则史、事、使古本一字在古文字学界已早成共识，因此，第二简之 䩿 字，亦当释"史"无疑。简文"三言以为史不足"，"史"亦当读为"使"，作"用"字解，意谓"以上面提到的'三言'为用尚不足够"，正与传世本及帛书本之"三言以为文不足"句意相仿，彼"文"字作"理论"② 解也好，作"文治法度"③ 解也好，作"文饰"④ 解也好，在句中均有"用"字之意，全句解作"以上三条'消极的原则'作为理论是不够的"⑤ 也好，解作"用这圣智、仁义、巧利三样东西，作为文治法度，是不足以治国的"⑥ 也好，都与我们上解句意相近，因此， 䩿 字还是以释"史"为妥。

二是甲组第四简之 詀 字。此字释文隶作"詀"，至确。唯读"天下乐进而弗詀"之"詀"为"厌"，则似有可商。这显然是受了传世本"是以天下乐推而不厌"及帛书本"天下乐隼而弗厌也"之影响所致。虽然"詀""厌"二字同属"谈"韵，但"詀"为舌音"知"母字，"厌"为喉音"影"母字，声母相去甚远，未可轻易言"通"。以声

---

① 《江汉考古》1994 年第 3 期。
② 任继愈：《老子新译》第十九章译文。
③ 高亨：《老子注译》第十九章注 2 及译文。
④ 于省吾：《老子新证》第十九章按语。
⑤ 任继愈：《老子新译》第十九章译文。
⑥ 高亨：《老子注译》第十九章注 2 及译文。

类求之，似不如读"詀"为"谗"来得妥帖。"詀""谗"同属"谈"韵，"詀"字所属之舌音"知"母与"谗"字所属之齿音"崇"母为舌齿邻纽，声韵相通的理由自然比读"詀"为"厌"来得充分了；而"天下乐进而弗谗"意为"天下的人都乐于推举他而不说他的坏话"，于上下文理亦更为顺畅，因此，"詀"字确当以读"谗"为宜。

三是甲组第五简之 䤴 字。此字编者释为"金"，读作"憯"，注〈12〉已指出所据为帛书甲本之"咎莫憯于欲得"。考"莫"下"于"上之字，诸本异文有三：河上公本、王弼本等作"大"；敦煌本、遂州本等作"甚"；傅奕本、范应元本等作"憯"。按声类推求，读"䤴"为"憯"若"甚"均无不可。但如果在䤴或从金字中能够找到合理的解释的话，也就没有必要用战国抄本去迁就汉代抄本或更后的抄本了。因此，颇疑䤴当读"险"。《玉篇》："险，恶也。"简文"罪莫厚乎苛①欲，咎莫险乎欲得，祸莫大乎不知足"解作"罪没有比苛欲更厚，灾没有比欲得更恶，祸没有比不知足更大"，文义已足，实在无须曲借。

四是甲组第十简的 迬 字。此字释文隶定为"迬"，注〈27〉引裘锡圭按语云："'迬'帛书本作'重'，今本作'动'。'主'与'重'上古音声母相近，韵部阴阳对转。"其意盖谓"迬"当读"动"。考"主""重"二字，韵部所属之"侯""东"二部虽可对转，终有阴、阳之别；声母所属之"章""澄"二纽，上古虽同归舌头，终有清浊之殊。联系到第二十三简"虚而不屈，迵（动）而愈出"及第三十七简"返也者，道僮（动）也"，既能用"迵""僮"为"动"，则用"迬"为"动"就显嫌迂曲了。窃以为"迬"字从辵主声，当为"驻"字异体。其构字之旨盖与"驱"字别构"敺"字之从攴区声相类。简文当释作"竺（孰）能浊以束（次）者？牁（将）舍（徐）清；竺（孰）能庀（庇）以驻者？牁（将）舍（徐）生"。句中之读"竺"为"孰"，读"牁"为"将"，读"舍"为"徐"，均依原释文，而"束"之读"次"，主要据二字清纽双声，而"束"字所属之"锡"韵与"次"字所属之"脂"韵可相通转，故得通用。《尚书·秦誓中》："惟戊午，王次于河朔。"孔安国传："次，止也。"其言"浊以次"者，当与河上公本"孰能浊以止？静之徐清"句之"浊以止"相近。至"庀"之通"庇"，为史籍所习见。《集韵·纸韵》："庀，或作庇。"《左传》襄公十年："我实不能御楚，又不能庀鄅。"阮元校勘记："各本庀作庇。"其言"庇以驻"者，亦当与河上公本"孰能安以久？动之徐生"句之"安以久"相仿。

五是乙组第十二简的 枲 字。此字编者释为"只"，注〈15〉以为"只""希"音

---

① 苛字简文作 苛，又作 苛（见第三十六简" 苛 爱必大费"），编者释"甚"，窃以为字形不合。联想到《老子》甲组第二十一简"独立不改，可以为天下母"之"可"字反书作 叵，马王堆帛书老子乙前"□苛事，节赋敛，毋夺民时，治之安"之"苛"字作 苛，我以为字当释"苛"。

近，读作今本"大音希声"之"希"。考"只""希"二字，韵部所属之"脂"与"微"二部虽可旁转，但"只"字所属之舌音"章"纽与"希"字所属之喉音"晓"纽却不相近。从字形上看，释 ⿱ 为"只"也不如三体石经傲字之古文作 ⿱ 者相近。"傲"字有"傲慢""超凡""不轻易为"的意思，"大音傲声"意谓"美妙之音不轻易发声"，这与高亨之解"大音希声"为"高妙的音乐很少有声（比喻圣人少有言论）"[①]的说法也是相通的。

（原载《江汉考古》1999 年第 2 期）

---

① 高亨：《老子注译》第四十一章译文。

《郭店楚墓竹简》释注续商榷

在《江汉考古》1992 年第 2 期上，我曾撰文对《郭店楚墓竹简》中《老子》一篇的释文与注释提出过一些商榷意见。最近，在阅读该书其他篇章的过程中，又产生了一些别的想法，现在把它写出来，再次求教于方家。

（一）"史""弁"辨异补证

▨、▨、▨诸文，楚简中屡见。一般多从李家浩之说，统释为"弁"。我于《楚简文字考释二则》[①] 一文中，曾对这三个字作过辨析，认为▨字可从李家浩释"弁"，而▨字各家释"弁"亦自不误，只是▨字则当以释"史"为妥。郭店楚简的出土，正好为鄙说提供了佐证。简文中起码有 15 个▨字据文义是只能读作"使"而不能读为"弁"的，而史、事、使古本一字，在古文字学界已早有共识，▨当释"史"，应是不争的事实。但是，拙文显然没能引起《郭店楚墓竹简》编者的注意，他们或者没有看到，或者是未能接受拙文的观点，始终未将▨与▨区别开来，释字时一并隶作"叟"，注释中明确表示从李家浩释作"弁"；而释文时，囿于文义，又不能不将 10 多处只能读"使"而不能读"弁"的▨字作"叟（使）"处理。"弁"字无论从音的角度抑或从义的角度讲，都是无法与"使"搭得上界的，在释字与释义之间也就不能不陷入难以自圆其说的尴尬局面了。书中对"叟（使）"的释文未能做任何解释，原因就在这里。

事实上，▨与▨的区别虽然细微，但却是明确的。使用时不排除因形近而讹混的可能，但混淆的实例并不多见。我在写作《楚简文字考释二则》一文时，曾对《包山楚简》做过考察。其读"史"之▨（161）、▨（138）、▨（158）、▨（159）、▨（54）、▨（168）等，右侧虽时有羡笔，左侧却甚整然，而读"变"之▨（240）、▨（245）等，两侧均有明晰的短笔与▨字相区别。现从《郭店楚简》看，情形也是这样。释文读

---

① 《江汉考古》1994 年第 3 期。

作"使"或"事"的十六例中，除《语丛》四第17简"善使其下，若蚕蚕之足，众而不害，害而不仆"的"使"字讹作🔶外，其余十五例均写作🔶：

1. 心🔶（使）气曰强。　　　　　　　　　　　　（《老子》甲组第35简）
2. 民可🔶（使）道之，而不可🔶（使）知之。　　（《尊德义》第22简）
3. 而学成🔶（使）之也。　　　　　　　　　　　（《性自命出》第8简）
4. 其用心各系，教🔶（使）然也。　　　　　　　（同上第9简）
5. 凡交毋刿，必🔶（使）有末。　　　　　　　　（同上第60简）
6. 教此民尔，🔶（使）之有向也。　　　　　　　（《六德》第2简）
7. 有🔶（使）人者，有事人者。　　　　　　　　（同上第9简）
8. 🔶（使）之足以生，足以死。　　　　　　　　（同上第14简）
9. 以义🔶（使）人多。义者，君德也。　　　　　（同上第15简）
10. 以忠🔶（事）人多。忠者，臣德也。　　　　　（同上第17简）
11. 圣生仁，智率信，义🔶（使）忠。　　　　　　（同上第35简）
12. 是故先王之教民也，不🔶（使）此民也忧其身。（同上第41简）
13. 故曰：民之父母亲民易，🔶（使）民相亲也难。（同上第49简）
14. 善🔶（使）其民者，若四时一遣一来，而民弗害也。

（《语丛》四第20简）

而释文读作"变"的3例，其字均写作🔶：

1. 不🔶（变）不悦。　　　　　　　　　　　　　（《五行》第21简）
2. 颜色容貌温🔶（变）也。　　　　　　　　　　（同上第32简）
3. 教此以失，民此以🔶（变）。　　　　　　　　（《缁衣》第18简）

另有《老子》甲组第2简"三言以为🔶不足"一例，字作🔶（史），释文释作"弁"，读作"辨"，拙文《〈郭店楚墓竹简·老子〉释注商榷》①已辨其非，并论定其字仍当以释"史"读作"使"为妥。🔶释"史"，🔶释"弁"，两字无论形状、用法均判然有别，确实是不宜混淆的。

---

① 《江汉考古》1999年第2期。

（二）释字的商榷

⺄，见《老子》乙组第 16 简。辞云："善建者不拔，善保者不脱，子孙以其祭祀不⺄。"释文认为"屯"字。

从字形分析看，"屯"字甲骨文作♀（《甲》2851）、金文作♀（《克钟》）、小篆作♀（《说文》）、隶书作♀（《马王堆汉墓帛书》）、♀（《鲁峻碑》），无一与⺄形近的。"屯"字于楚简中亦不鲜见，或作♀（《包山楚简》147），或作♀（《郭店楚简·老子》甲组第 9 简），或作♀（《郭店楚简·缁衣》第 1 简），或作♀（《郭店楚简·六德》第 25 简"春"字所从），或作♀（《郭店楚简·语丛》一第 40 简"春"字所从）均与⺄有明显区别，释⺄为"屯"，实不可靠。

从文义上分析，释⺄为"屯"，于"善建者不拔，善保者不脱，子孙以其祭祀不屯"之文，无论声、义均难解释顺畅。这段文字之见于今本《老子》第 54 章及马王堆汉墓帛书《老子》乙本者，⺄这个位置上的字，一作"辍"，一作"绝"，辞中均含"子孙因而祭祀不断"的意思。结合字形与文义分析，颇疑字当释作《说文》训"钩识也，从反亅"，读若捕鸟"罬"的"亅"字。

⺄字形构，即像反钩，一目了然，毋庸赘说。而《说文》："罬，捕鸟覆车也。从网，叕声。辍，罬或从车"的说解更为⺄读为"亅"增加了声韵上的证据。"亅"读若"罬"，而"罬"又作"辍"，则"亅"与"辍"在声韵上可相通就是不言而喻的事情了。仅这一条，读"子孙以其祭祀不⺄"的⺄为"亅"就有充分的理由了，更何况从文义上考察，"亅"与"辍"也是义可相因呢！

"亅"的本义是用作标记的符号，西周金文《永盂》第 9 行"厥疆宋句"下起段落划分作用的"亅"，即目前所见的这一符号的最早用例。① 无论从段玉裁《说文》注所讲"钩识者，用钩表识其处也"，抑或徐灏《说文》笺所讲的"今百工度物，至其所欲止，则钩勒识之"，都不难引出停顿、截止的意思，引出与"辍""绝"等字相同的用义。读"子孙以其祭祀不⺄"的⺄为"亅"，毋须假借即可文从字顺，毋须通转即可与"善保者不脱"的"脱"字相押，实在是再理想不过了。

"亅"字文献中只见释义，未见用例。而《永盂》亦只作符号使用，真正作文字用的，这则楚简算是可贵的一例了。至于"亅"字消失的原因，很可能是被"辍""阕"等字所代替了。"辍""阕"两字，我怀疑就是"亅"字的后起分化形声字。

---

① 孙稚雏：《金文释读中一些问题的商讨》，《中山大学学报·社会科学版》1979 年第 3 期。

▇，见《成之闻之》第 2 简。辞云："民不从上之命，不信其言，而能▇德者，未之有也。"释文隶作"含"。裘锡圭按语以为"也可能当读为'念'"。

"含德"费解，读作"念德"自然要顺畅一些。但从字形上分析，其字所从之▇似非"今"或"含"。我于《古文字考释六则》①一文中曾将▇释为"询"字，以为▇之为字，当释为"匀"而不释"今"。楚简中"今""匀"形近而有别，即以郭店楚简言，"今"之作▇者（如《太一生水》第 25 简▇字所从）自与"匀"之作▇者判然有别，其作▇者，如▇（《语丛》四第 16 简"阴"字）、▇（《性自命出》第 52 简"含"字）、▇（《语丛》一第 38、40 简用作"今"的"含"字），所增之短笔均在字左侧，且呈外撇之势；而从"匀"之▇（《尊德义》第 34 简"均"字）、▇（《语丛》三第 19 简用作"均"的"购"字）、▇（《唐虞之道》第 2 简用作"均"的"朌"字），标示与▇区别之短笔均在字之右内侧，且无外撇之势，区别还是挺明显的。▇字既当释"询"，则▇字便当释"恂"了。《说文》："恂，信心也。"《书·立政》："迪知忱恂于九德之行。"孔安国《传》："禹之臣蹈知诚信于九德之行。"所谓"恂德"即指诚信于德，"民不从上之命，不信其言，而能诚信于德者，未之有也"于文义正合。

▇，见《成之闻之》第 3 简，释文照原样描录，未隶定，无解说。以郭店楚简"安"字之有宀的▇（《五行》第 30 简）与无宀的▇（《尊德义》第 31 简）并见、"忠"字之有宀的▇（《六德》第 17 简）与无宀的▇（《鲁穆公问子思》第 3 简）并见的情形分析，▇极有可能是▇（《侯马盟书》"守"字）的省文，释▇为"守"，于"故君子之莅民也，身备善以先之，敬慎以守之"的句中，也是文从字顺的。

▇，见《成之闻之》第 31 简，释文隶作"夅"，无说。考▇字与《古文四声韵》卷一"降"字之作▇者形颇相近，疑为一字。▇为脚趾向下的形象，▇为表行动意向之义符，联合表达降下之义，应该是可以相信的。辞云："天夅大常，以理人伦。"读"夅"为"降"，正可文从字顺。

▇，见《六德》第 30 简。辞云："为宗族▇朋友，不为朋友▇宗族。"释文原形照录，未作隶定，注引裘锡圭按语释为"瑟"，是正确的。但裘先生读"瑟"为"杀"，作"省减"解，则似有可商。我认为，"瑟"之读"杀"似不如读"失"来得妥帖。从声韵方面讲，"瑟""杀"均山部字，"瑟"在质部，"杀"在月部，声同韵近，自可通假；而"瑟""失"同在质部，"瑟"属山母，"失"属书母，齿舌邻纽，韵同声近，通假的理由自不比"瑟"之通"杀"弱。而从文义方面看，"为父绝君，不为君绝父；

---

① 《于省吾教授百年诞辰纪念文集》，吉林大学出版社 1996 年版。

为昆弟绝妻，不为妻绝昆弟；为宗族失朋友，不为朋友失宗族"确比读"瑟"为"杀"顺畅得多。

❀，见《六德》第30简。辞云："人有六德，三亲不❀。"释文隶作"刢"，无说。从字形上分析，此字与第42、43简释作"断"字之❀相较，其异同与《汗简》"断"字所录之❀与❀二形颇为相类，彼为一字，此亦当为一字，似宜并当释"断"。而从文义上分析，"人有六德，三亲不断"正文从字顺。而这一"断"字，与上文"不为君绝父""不为妻绝昆弟""不为朋友失宗族"之"绝"字、"失"字，亦义正相因。

❀，见《唐虞之道》第2简。辞云："身穷不均，❀而弗利，躬仁嘻批。"（按：此录原释文。"躬"字原简写作"穷"。"嘻"字原简写作"歆"，我认为当与《性自命出》第36简"近得之壴〈矣〉"的"壴"字一样可读作"矣"。批为才声之字，此可读为哉。）❀字释文原形照录，无隶定，无解说。从字形上分析，疑即《说文》训"入水有所取也，从又在回下。回，古文回。回，渊水也，读若沫"之"❀"字。原辞当释为："身穷不均，❀而弗利，穷仁矣哉！"意谓："身居极位而不求均沾利益，身没（或隐退）亦不谋求私利，真是仁极了呀！"也是文从字顺的。

❀，见《缁衣》第16简。辞云："子曰：长民者衣服不改，❀容有常。"释文原形照录，无隶定，无解说。从字形上分析，其字与《汗简》"夏"字古文之作❀形者至为相近，疑字当释"夏"，读作"雅"。"衣服不改，雅容有常"亦自文从字顺。

❀，见《六德》第14简。辞云："……大材艺者大官，小材艺者小官，因而❀禄焉，使之足以生，足以死。"释文读❀为"施"，至确。但释文作"它（施）"形式，则似有可商。考《汗简》"施"字古文作❀，与此简文正同，其字虽从❀（"它"字古文）来，但较一般"它"字却因增加了两三短划而判然有别，当属于省吾所称之"附画因声指事字"一类，正像甲骨文"百"字可借❀（白）来表示，但加了人符的❀（百），就不再是"白"字一样，加了彡符的❀，也不再是❀（它）字，而应该径释为"施"字。

（三）标点的商榷

《郭店楚简》的内容，多有文献参照，标点断句一般不易出错。但百密一疏，偶然失误，也是在所难免的，我在《〈郭店楚墓竹简·老子〉释注商榷》一文中，已就"……是谓果而不强。其事好。长古之善为士者……"的断句提出过不同意见，现在想再拿几条出来，与朋友们略作讨论。

1.《六德》第 13～14 简，原释文为：

……□父兄任者，子弟大材艺者大官，小材艺者小官，因而施禄焉。

考原简"父"字之上，尚残留一"曰"形部件，当为"者"字残文，其在句中之位置，当与下文"者"字相应。这一段文字谈的是为君之道的问题，乃谓为君者之用人，于其父兄、子弟，均宜一视同仁，因材施禄，绝不徇私。所谈决非父兄任用子弟之事，将"任者"连上读显然欠妥，实当断作"……［诸］父兄，任诸子弟，大材艺者大官，小材艺者小官，因而施禄焉"方始顺畅。

2.《尊德义》第 11 简，原释文为：

有知礼而不知乐者，亡知乐而不知礼者。善取人能从之，上也。

"善取人能从之"一句，殊费解。联系"是以君子人道之取先""是以为政者教道之取先"诸句意，"善取"之"取"，乃指取"道"，而非"取人"，原辞当断为："有知礼而不知乐者，亡知乐而不知礼者。善取，人能从之，上也。"方感顺畅。

3.《语丛》三第 6～7 简，原释文为：

友，君臣之道也。长弟，孝之方也。

这是两相对称的句子，似宜断作："友，君臣之道也。长，弟孝之方也。"《礼记·大学》："上老老而民兴孝，上长长而民兴弟。"郑玄注谓："老老，长长，谓尊老敬长也。"原辞所谓"长，弟孝之方也"讲的即是这个意思。

4.《老子》丙组第 1～3 简，原释文为：

大上下知有之，其次亲誉之，其次畏之，其次侮之。信不足，安有不信。犹乎其贵言也。成事遂功，而百姓曰我自然也。故大道废，安有仁义。六亲不和，安有孝慈。邦家昏□［安］有正臣。

这一释文，与马王堆汉墓帛书《老子》甲本释文大致相同，不能说有什么不妥，但易生歧义。虽然"安"字有作"于是"解的用法，但这种用法远不如其作疑问代词用之普遍，仅从字面上理解，恐怕把"大道废，安有仁义。六亲不和，安有孝慈"理解为"大道废，哪里有仁义？六亲不和，哪里有孝慈"的人要比理解为"大道废，于是有仁义；六亲不和，于是有孝慈"的人多。我想，古人用字也是不能不考虑这个问题的。既然古书中"安""案""焉"每可通用，郭店楚简也是"焉""安"混作，释文亦只能据文意判定其当释"焉"还是释"安"的，我想，这段释文是否作这样安排更顺当一些：

太上，下知有之，其次亲誉之，其次畏之，其次侮之。信不足焉，有不信。犹乎其贵言也。成事遂功，而百姓曰我自然也。故大道废焉，有仁义；六亲不和焉，有孝慈；邦家昏［乱焉］，有正臣。

这段文字含今本《老子》第17、18章，对于文中的"焉"字之衍脱问题，历来都具争议，传世各本，亦颇见不一。王弼本作"信不足焉，有不信焉"，于"足""信"二字下均有"焉"字；河上本"足"下有"焉"，"信"下无之；开元御注本等则"足""信"二字下均无"焉"字。王念孙以为"信"下之"焉"字当衍，朱谦之谓"足""信"二字下之"焉"字并衍，莫衷一是。今由《马王堆汉墓帛书》本及《郭店楚简》本观之，不惟"足"字下之"焉"字不衍，且"废"和"乱"下原系之"焉"字有脱，一段公案，亦可就此了结了。

（原载广西师范大学出版社 2001 年出版的《简帛研究二〇〇一》）

《战国楚竹书·孔子诗论》文字考释

上海博物馆藏战国楚竹书的发现，在文博考古领域以至整个学术界都引起了强烈的震动。人们一直期盼着这批竹书的整理发表。在经过一番努力之后，由马承源主编、上海古籍出版社出版的《上海博物馆藏战国楚竹书（一）》终于在近日问世了。该书的问世，诚如陈燮君在序言中指出的，是"捧出了成果，顺应了众望"，这批材料的进一步整理与研究，"对于先秦时期诸多文化领域的研究将产生重大影响"，这确实是可以预想得到的。

对这批竹书的研究，可以在诸多领域中展开，但作为基础与前提的，还是文字的正确辨认与篇章的正确释读。在这方面，马承源等确实做了不少工作，他们对竹书的正确编次与精到考释，已为各个领域的深入研究奠下了很好的基础，可以讲是功德无量的。我在拜读了该书《孔子诗论》的考释之后，即深受启发，并对马先生的学问由衷敬佩。不过，对其中的某些问题，也有一些个人的想法与马先生的见解有出入的，这里即想依次提出来与马先生商榷，希望得到马先生的指教。

1. ▨，字凡三见，均出第1简。原释文隶作"隱"，可从。但以为与第20简之▨为一字，在简文中并当读"离"，则似有可商。考释所引"何离心之可同兮"（《离骚》）、"上下离心，气乃上蒸"（《淮南子·本经训》）两例中的"离心"，及"众人恫恐，百姓离志"（《史记·燕召公世家》）、"夫荆之地广而都狭，民有离志焉"（《说苑·政理》）两例中的"离志"都是"离异之心""离异之志"的意思，与简文之"诗亡隱志，乐亡隱情，文亡隱言"的"隱志""隱情""隱言"显然不是一回事，以这种含义去读"诗不离志，乐不离情，文不离言"固属不辞，即读作"诗无离异之志，乐无离异之情，文无离异之言"，也于情理不合。若取所引"其德不离""性情不离"（《庄子·马蹄》）的"离"字之离失义或"皆欲离其童蒙之心"（《淮南子·俶真训》）的离脱义，即使能将句子勉强串通，于句意亦难贴切。至于第20简之"其陞志必有以俞也"，读"陞志"为"离志"就更难说通了。因此，读"隱"与"陞"为"离"，实在欠妥。考"隱"字所从之翠，战国文字屡见，诸家释"郒"，向无异议，盖以两口（表城邑）相邻表意，以文标声，"陞"即其叠加形符之繁文，"隱"则为从心、陞声的形声字，自当以释"怜"为宜。"怜"有吝义，引申可指隐留，"亡怜"即有尽情、无保留之意，第1简的文意可作"诗当无保留的述志，乐当无保留的抒情，文当无保留的记言"解，而第20简则是借"悡"为"怜"，简文当读作"其怜志必有以喻也"，解作"其述志有保留时，一定是隐含某种喻意的"。

2. 罢，见第2简；壶，见第4简。原释文并释为"坪"，读作"平"，而谓第2简之"平德"为"平成天下之德"；谓第4简之"平门"为"春秋吴国城门名"，简文中"泛指城门"，其意盖谓《诗》之义理"犹如城门之宽达"。考两周文字"平"字作偏旁虽有乎、乎、乎、乎、乎等多种变体，却无一如上出两形之下部多一斜出之笔，亦无一如上出两形之上横画与两旁短竖连接得那样严密。与上列平字偏旁形体近似而又有斜出之笔者，如乎（《妃悝母簋》）、乎（《仲考父壶》"滂"字所从）、乎（石鼓文"滂""鲂"等字所从）等，诸家并释为"旁"。拿上出简文与此类"旁"字相较，虽然只属下同而上异，但拿了与《说文》"旁"字籀文之作雱者相比，却是算得颇为相像的。因此，我认为上出简文当以释作"塝"（即塝）字为宜，而简中则以读"旁"为妥。"旁"有广大义。第2简之"《讼》，旁德也"与下文之"《大夏》，盛德也"正好以大德与盛德相对；第4简"《诗》其犹旁门与"之以"旁门"喻《诗》的义理之宽达，于义也更妥帖。

3. 绅、苇，同见第2简。原释文分别释作"绅"与"苇"，其说可从。但读"绅"为"燻"，读"苇"为"篪"，并谓两者均为"合乐歌吹之物"，则似有可商。上句"其乐安而犀"既描写乐曲节奏之安和而缓慢，下句"其思深而远"亦描写思想之深且远，居中的"其歌绅而苇"自然也应该是对歌咏情状的描写，而不应是合乐乐器的称名。因此，我认为"绅"当读"伸"，作伸舒解，徐锴《说文系传》所谓"歌者，长引其声以诵之也"即其意；"苇"字《说文》所无，循声以求，疑当读"逦"。苇、逦同为支部字，苇属澄纽，逦属来纽，同为舌音，声亦相近。《说文》"逦，行逦逦也"，段注："逦逦，萦纡貌。"即今日所谓的盘旋缭绕之意，"伸而逦"意指引远而盘旋，于义正合。

4. ？，分别见于第4、5、7、27简。原释文与？字一起并释为"也"。？字简文屡见，字当释"也"，可无异议。至于？字，其上部呈平顶环状，与？之头角上出有明显的区别。？字之见于他书者，诸家并释为"巳"，其见于第10简之？及第11、12简之？字偏旁者，原释文亦隶作"巳"，似不宜与？字相混淆，仍当以释"巳"为妥。

5. ？，分别见于第8简与第22简。原释文以为即《曾侯乙编钟》"韽"字之所从，音读如弁，并谓第 8 简 "少㡀" 即今本篇名《小弁》，第 22 简之 "于差曰：四矢㡀，以御乱" 即今本《猗嗟》篇之 "四矢反兮，以御乱兮"，均甚精到。但文中将《曾侯乙编钟》"䚻" 字偏旁㡀摹作㡀、隶作叀，并谓 "弁" 通 "叀"，则稍欠周详。我在《楚简文字考释二则》① 及《〈郭店楚墓竹简·老子〉释注商榷》②《〈郭店楚墓竹简〉释注续商榷》③ 等文中对金文及简帛文中 "弁" 与 "史" 的字形区别作过详细辨析，㡀、㡀、㡀等有向左右伸出之对称短笔者，并当释 "弁"；㡀、㡀、㡀等无此对称短笔者，并当释 "史"。这是大量文例所证明了的，临写时切不可以随意增减，㡀字的左右伸出之对称短笔是不可以轻易丢掉的，而隶定时，㡀可以写作 "叀"，而㡀则似应多加两点作 "叀" 以示区别。叀是 "史" 字，叀是 "弁" 字，将两者混而为一固属失察，而无论说 "弁" 通 "叀" 抑或通 "叀" 也都是欠妥当的。

6. 槑，分别见于第 10、11、13 简。原释文隶作 "槑"，以为《说文》所无，并认 "槑" 为 "卓" 字繁笔，字中作声符。考槑字见于《望山楚简》，《古文字类编》释 "卓"，并引《广韵》"槑与卓同" 为说；裘锡圭、李家浩两先生则释 "巢"，并谓简中 "王孙巢" 与 "王孙槑" 为一人。④ 结合 "鹊槑" 篇名与字形分析，当以裘、李之说为是。虽然 "卓" 属知母药部字，"巢" 属崇母宵部字，两者有宵药对转、舌齿邻纽的关系，以卓、巢声旁通假证 "鹊槑" 即 "鹊巢" 也勉强能说得过去，但槑字的形构却是不能作 "卓" 字分析的。"卓" 字无论金文之㡀（《卫鼎》）、楚简之㡀（《天星观楚简》）、《石鼓文》之㡀（淖字所从）抑或《说文》古文槑，其中部之所从，均为平顶环状之 ⊙，与简文所从之头角上出的 ㅂ 有明显的区别，实在不能混同，释槑为 "卓"，确实欠妥。而槑之释 "巢"，证据便充分得多。"巢" 字甲骨文作㡀（《合集》28095 "澡" 字所从），金文作㡀（《班簋》），何琳仪以为从木从田会意，田亦声，至确。而金文田旁之字简帛作 ㅂ 形者，实不乏其例："粤" 字甲骨文作㡀（《合集》18842），金文作㡀（《班簋》）、㡀（《毛公鼎》），楚简作㡀（《天星观楚简》），㡀（《包山楚简》）；"妻" 字甲骨文作㡀（《合集》331），金文有声化为从田声作㡀（《农卣》）的，楚简即有作㡀（《包山楚简》）、㡀（《楚帛书》）等写法。可见金文之田，简帛确有写作 ㅂ 的，

---

① 《江汉考古》1994 年第 3 期。
② 《江汉考古》1999 年第 2 期。
③ 《简帛研究》，广西师范大学出版社 2001 年版。
④ 《望山楚简》，中华书局 1995 年版，第 98 页。

那么■之可作■就不难理解了。此外,"王孙■"与"王孙枭"互为异文亦可作一旁证。"枭"与"巢"同为精母宵部字,作声符即多换用,《说文》:"藻,水草也,从草、水,巢声。藻,藻或从澡。"《说文》:"剿,绝也。"《集韵·小韵》:"剿,或作勦。"《集韵·豪韵》:"缲,《说文》:'绎茧为丝'。或从枭。"而《古文四声韵》"澡"字亦或作■。读■为"巢",各项问题均好解决。樔,可释为"櫵",见《说文》。"鹊樔"即今本之"鹊巢"。

7. ■,见于第 11 简;■,见第 13 简;■,见第 27 简。原释文以为字当释"疐",并谓第 11 简"鹊巢之归,则疐者……"的"疐"取匹配义,而"疐者"即指匹配的新人。于第 13、27 简则无说。考"疐"字古文字多见,甲骨文作■(《合集》37500)、■(《合集》37774)、■(《合集》37758)等形,金文作■(《秦公簋》)、■、■(《楚簋》)等形,陶文作■,《睡虎地简》作■,中部都呈田若■状,其作两角交叉者,实仅《井人钟》之■字一例而已,且其两角交叉之上为全封闭,与简文之作■若■者绝不相类,释"疐"显然欠妥。古文字中作两角交叉而又上部不封闭者,实得■(禽,《禽簋》)、■(邕,《叔卣》)、■(离,《玺文》)、■(曷,《玺文》)、■(凶,《楚帛书》)等几个偏旁而已,而与简文字形最为相近的,应该还是■字。因此,我认为该字乃是从辵离省声的形声字,是战国时楚人为离开的"离"造的专字,自然以释"离"为是。第 11 简"鹊巢之归,则离者……"归、离正好相对,归于夫家,离者自然是娘家了;第 13 简"鹊巢出以百两,不亦有离乎",离指离巢,乃谓今日出百辆以迎亲的鹊巢虽好,其自家的女儿不也有离巢出嫁之日吗?第 27 简"离其所爱,必曰吾奚舍之,宾赠是已"的"离"是指离弃,意谓丢弃原先所爱之物,也一定要说"我哪里会舍弃她呢,不过将它做贵重礼品赠予他人罢了"。

8. ■,见第 14 简;■,见第 19 简。原释文释"忨",可无异议。但以为通"玩",或作"爱也"解,则尚有可商。我们知道,忨字在贪、爱两义之外,还可读"愿"(见《中山王方壶》)。"以琴瑟之悦"与"悇好色之忨"之间,也不是原释文理解的那种对应关系,而是一种方式与目的的关系。这里的"色"当指淑女,"好"则指追求,"好色之忨"乃指追求淑女的愿望,"悇"字字书所无,句中当有满足、实现一类含义,全句句意当指"以弹琴鼓瑟使之怡悦的方式,去实现追求淑女的愿望"。至于第 19 简的"木芯有臧忨而未得达也",解作"《木芯》有隐藏的愿望未曾表达"也是文从字顺的。

9. ■,见第 16 简;■,见第 16、17 简。原释文分别隶作"菁""苢",以为同字异体,并以"菁䍾""菜苢"为《诗》之篇名,均大致可信。不过,对■、■究竟当释为什么字的问题，我觉得还有进一步探讨的余地。因为从字形的比较上看，我觉得 ▨ 字之所从，与《楚帛书》"辖"字之作 ▨ 者颇为相近，联系《天星观楚简》"轘"字所从之 ▨ 及《曾侯乙墓简》"轘"字所从之 ▨、"鑳"字所从之 ▨ 等变体看，▨ 与它们也应该是同字异体，▨ 当释"辖"、▨ 及其省体 ▨ 并当隶作"𦱤"是显而易见的。由于曷、辖同为匣母月部字，"𦱤"可读作"葛"也是没有疑问的，那么，"菜芮"可以读为《诗》之篇名《采葛》也就不难理解了。至于"葛 ▨"当为《诗》中哪一篇名，以"夫葛之见歌也"一语看，极有可能指的是《葛覃》，因为《葛屦》《葛藟》《葛生》诸篇均不如《葛覃》一篇歌葛之纯粹，但因 ▨ 字未能确识，所以不敢妄下断语。▨ 之字形或与敢有联系，"敢"与"覃"有侵、谈旁转关系，可惜定、见声纽相隔太远，不易说通。

10. ▨，见第 20 简。原释文隶作"舿"，谓《说文》所无，待考。细审字形，上部从角，可无疑问，但下半之 ▨ 却不像干，倒像是主，因此，字似释"䚡"更妥。"䚡"字《龙龛手鉴》，以为"觚"之俗字。按"觚"与"触"义同音别，"䚡"可解作觚，亦可解作触，考虑到"主"与"触"之音有章昌旁纽、侯屋对转关系，把"䚡"理解为"触"字异体似比"觚"字俗体更为合理。简文读作"人不可触也"，亦自畅顺。

11. ▨，见第 29 简。原释文释"聿"，并以"聿而"为篇名，谓今本所无。细审字形，释"聿"实乏理据，当以释"柎"为妥。考两周文字"付"字无论独用抑或作偏旁，均多作从人从又结构，盖以手持物与人会意，如 ▨（付，《鬲攸比鼎》）、▨（侸，《中山王方壶》）、▨（坿，《玺文》13.11）、▨（祔，《曾乐钟》）、▨（𡋀，《信阳楚简》）等。▨ 既属从木付声的形声字，则"柎而"篇名，循声以求，疑当即今本之《苤苢》。"不"与"付"帮纽双声、之鱼旁转，"苢"与"而"余日旁纽、之部叠韵。

（原载上海书店出版社 2002 年出版的《上博馆藏战国楚竹书研究》）

《上博简（二）》《子羔》篇释读札记

《上海博物馆藏战国楚竹书（二）》①（以下简称《上博简（二）》）的出版，继《上海博物馆藏战国楚竹书（一）》之后，在学术界又一次掀起了新的讨论热潮，其面世未足一月，发表的讨论文章即数以十计，各家所论，对简文的正确释读都有或多或少的补益，但也都有或多或少不尽如人意的地方。本文只想就《子羔》篇的释读问题，在参考诸家说解的基础上，谈一点粗浅的看法。

《子羔》篇所记，是子羔与孔子关于尧舜禅让与夏、商、周三代始祖诞生的答问，各简的拼合编连，经陈剑调整后确实顺畅了许多，②下面想先谈谈陈剑编连在一起的第1+6+2简。陈氏对三简的编连，十分正确，陈氏的释文，亦大致可从，这里仅略参己意释定如下：

……曰："有虞氏之乐正瞽瞍之子也。"子羔曰："何故以得为帝？"孔子曰："昔者而弗世也，善与善相受也，故能治天下、旁（平）万邦，使无、有、小、大、肥、瘠弁（遍）皆得社稷百姓而奉守之。尧见舜之德贤，故让之。"子羔曰："尧之得舜也，舜之德则诚善与？伊尧之德则甚明与？"孔子曰："钧也。舜穑于童土之田，则……"

原释文于"瞽"与"瞍"之间点断，以"瞽""瞍"为父子二人，误，此从陈剑等先生断句，以"瞽瞍"为舜父之名。"弗世"原释文为"殁世"，亦误，刘信芳、孟蓬生诸先生已辨其非，③"弗"为否定词、"世"当作"世袭"解的讲法，应该更近情理。

---

① 马承源：《上海博物馆藏战国楚竹书（二）》，上海古籍出版社2002年版。
② 陈剑：《上博简〈子羔〉、〈从政〉篇的竹简拼合与编连问题小议》，"简帛研究"网站论文，2003年1月8日。本文所引陈剑说法，均见此文。
③ 刘信芳：《上博藏简竹书试读》，"简帛研究"网站论文，2003年1月9日；孟蓬生：《上博竹书（二）字词札记》，"简帛研究"网站论文，2003年1月14日。本文所引两家说法，均见此两文。

"无、有、小、大"之后的两字,诸家分歧甚大,原释读"肥、硗",何琳仪读"肥、瘠",① 白于蓝读"绝、饶",② 似都有道理,又都似未能论定,这里暂且从何琳仪读作"肥、瘠"。"明"字原释文隶作"朢"而读作"温",于字形分析方面确实考虑欠周,诚如黄德宽、何琳仪两先生指出的,③ "温"字的篆文从囚不从日,释"朢"读"明"似更合理,从字形分析看,则陈剑的"从日皿声"说似更近是。"钧"字原释作"铃",亦于字形不合,"今"旁简帛一般写作 勻 或 𠂉,与"勻"之作 𠂉 或 𠂉 若 𠂉 者形近而有别,"今"字外框从来没有像本简之作 𠂉 状者,而框内部分,短竖一般居字左侧并呈外撇之势,也不似本简之居字右侧而呈内卷之形,各家差不多都同改释作"钧",是有它的道理的。"穑"字原释作"畣"而读作"来",今从徐在国释"啬"而读作"穑"。④

关于这段简文,这里想再加申述的有三点。

一是"子羔曰'何故以得为帝'"虽确如陈剑指出的是承上文"有虞氏之乐正瞽瞍之子"而来,但不必将"有虞氏之乐正瞽瞍之子"理解为"何故以得为帝"的主语,也不必否定"有虞氏之乐正瞽瞍之子也"之为判断句。我们把它理解为孔子对子羔有关舜的出身之问话的答语似乎更合理一些。第1简简前有缺,并非篇首是可以肯定的。作为篇首,一般当以第9简之"子羔问于孔子曰"一类形式较为合理。本简简首残文,原释文以为"以"字,细审残存笔划,则似更像曰字之残。前简当有子羔关于舜是何出身的问话,然后才有孔子所作"有虞氏之乐正瞽瞍之子也"的答语,再后才有子羔承此答语而进一步提出"何故以得为帝"的发问以及孔子对这一发问的答语。

二是"故能治天下、𣥖万邦"的𣥖字,于简文句意,确以读"平"最为得宜,但按字形分析,则确实是"塝"、亦即"磅"字。由于"旁"属并纽阳部,"平"属并纽耕部,二字有并纽双声、阳耕旁转关系,音近可通,"塝"读为"平",毋须费太多周折去论证,所以此字当以释"塝"读作"平"最为合适。

三是关于 𠂉 与 𠂉 的释读问题。我仍坚持在《楚简文字考释二则》一文中提出的意见,即读前一形为"史",读后一形为"弁"。"史""弁"二字在楚简中虽时见混淆,但多见于 𠂉、𠂉 一类草率写法,且多出现于偏旁角色,像《子羔》篇书写这样工整,𠂉、𠂉 区别特征这样明确,混淆的机会应该不大。原释文将两者混而为一,并读为"使",李锐已指出其"不成文"了。而李锐读前者为"辨"、后者为"使",从字形分

---

① 何琳仪:《沪简二册选释》,"简帛研究"网站论文,2003年1月14日。本文所引何说,均见此文。
② 白于蓝:《读上博简(二)札记》,待刊。
③ 黄德宽:《〈战国楚竹书〉(二)释文补正》,"简帛研究"网站论文,2003年1月21日。
④ 徐在国:《上博竹书〈子羔〉琐记》,"简帛研究"网站论文,2003年1月11日。

析看，是将两字颠倒了；从句意分析看，"辨有无、小大、肥瘠"似乎讲得过去，但联系下文，"使皆得社稷百姓而奉守之"与"有无、小大、肥瘠"之"辨"有何关系，也是难于理顺的。如果按照我们上面所作释文解读，"史"可读"使"不必多说，"弁"可读"遍"，不仅两字有帮并旁纽、真元旁转关系，声近可通，而且与"弁"字同音的"辨"与"辩"之可读"遍"（或作"徧"），于典籍也是屡见不鲜的。《易·系辞下》："《复》，小而辨于物。"王引之述闻："辨，读曰徧，古文辨与徧通。"《仪礼·乡饮酒礼》："众宾辨有脯醢。"郑玄注："今文辩皆作徧。""遍皆"意指"全都"，简文盖谓使天下治、使万邦平，使无、有、小、大、肥、瘠之邦全都得其社稷百姓而奉守之，正好文从字顺。

再谈谈陈剑编连在一起的第 11 上 + 10 + 11 下 + 香港中文大学文物馆藏战国楚简 3 + 12 + 13 简。五简的编连大致可取，第 10 简与第 11 简的重新整合更见精彩，只是《上博简》无论居前居后，"三"均作彡，而居中的香港简却作三，确实有些令人纳闷而已。这里略依上文体例将五简释定如下：

> ……也，观于伊而得之，裹（怀）三息（妊）而划于背而生，生而能言，是禹也。契之母，有卣（娀）氏之女也，游于央台之上，有燕衔卵而措诸其前，取而吞之，裹（怀）三息（妊）而划于膺，生乃呼曰："钦！"是契也。后稷之母，有邰氏之女也，游于玄咎（丘）之内，冬见芙，攼而荐之，乃见人武，履以祈祷曰：帝之武，尚弁……是后稷之母也。三王者之作也如是。子羔曰："然则三王者孰为……"

原释文于"三"与"息"之间点断，似不如陈剑句读顺畅，此依陈剑句读。"息"字或径读为"身"，或读为"年"，此依原释文读"妊"。"膺"字原释"雇"，诸家均改读"膺"，此从众。"玄咎"原释作"串咎"，张富海释为"玄咎"，读作"閟宫"，白于蓝释"玄咎"，读作"玄丘"，此从白于蓝说。[1]"是后稷之母也"句，张富海以为"之母"二字涉上"后稷之母"而衍，[2] 至确。余依原释文。

关于这段释文，还想再加申述的亦有三点。

一是"裹"字的释定与"三妊"的解释问题。此字原释文照原形摹录而无说，陈剑释"窀"读作"娠"，徐在国释"视"读作"帝"，黄德宽以为是"怀"字的讹写，我则认为是"裹"字的简写。虽然楚简中"宀"的写法有时与"衣"字上盖写法相近，但从本篇文字看，这个字的上盖与宦、宾、寰、守等字的"宀"的笔势与写法都有明显

---

[1] 白于蓝：《释"玄咎"》，"简帛研究"网站论文，2003 年 1 月 19 日。
[2] 张富海：《上博简〈子羔〉篇"后稷之母"节考释》，"简帛研究"网站论文，2003 年 1 月 17 日。

区别，似不宜隶作"宀"，而这个字的中间部分，则与曾侯乙墓所出衣箱上的二十八宿漆书"鬼"字之作 ᗞ、侯马盟书"魁"字之作 ᗞ 者极为相似，再联系到"褢"字古玺之作 ᗞ（《玺汇》1218）、ᗞ（《玺汇》1742）者之末笔写快了极易变为横画、ᗞ 形符号在本篇中出现之频繁、所代表的构件（ᗞ、ᗞ、ᗞ、ᗞ）又这样复杂的情况看，释 ᗞ 为"褢"应该是合理的。"褢"与"怀"音同义近，读"褢"为"怀"亦应不难理解。"三妊"照字面解当是三次妊娠，此指三个妊娠周期的时间，"三"当是虚数，盖言怀孕时间之长，与"黄帝妊二十月而生""（女狄）有娠，十四月而生子"一类记载相近。

二是 ᗞ 字的释读问题。诸家释"迺"，字形上是说得过去的。不过，细加分析，我们会发现，战国文字"迺"字末笔多为平直横画，无如此字之曲折环绕者。颇疑字当释作与"迺"形近的"卣"字。《古文四声韵》卷 2 第 23 页"攸"字条下所收 ᗞ 字与此字形构正同，当是借"卣"为"攸"。"卣"属日母幽部，"攸"属心母冬部，两字声纽同属齿音，韵部幽冬对转。通假理由似比读"迺"更为充分。

三是第 12 简末之 ᗞ 字，从字形上分析，肯定应当释"弁"，只是简文断残未得确诂而已。

下面再谈谈余下的几枚残断简。黄德宽认为第 4、5 简皆言舜之故事，将它们连缀在一起，应该是合理的。而从断简的形态与文义的连续考察，第 3 简与第 4 简的连缀似乎更为吻合，自然也应编连进来了。第 5 简与第 8 简之间虽然不能一下子连接起来，但两简关系应该是比较密切的，结合《容成氏》第 8 简的内容，我想对上述四简的编连作一假设，试释如下：

……之童土之黎民也。孔子曰："吾闻夫舜，其幼也敏，以学（孝）持其言……或以厦而远。尧之取舜也，从诸卉茅之中，与之言礼，敓尃［而不逆；与之言政，敓束而行；与之言乐，敓］喜而和，故夫舜之德，其诚贤矣，采（逸）诸畎亩之中而弁（变），君天下而称。"子羔曰："如舜在今之世，则何若？"孔子曰……

第 5 字按原字隶定当作 萂，既然《集韵》有"黎，又作萂"的解释，《汉书》颜师古注亦已指明"萂，古黎字"，也就可以径释为"黎"，而不必像原释文那样先释"莉"，再指出"'利'字取其声符，读作'黎'"。

第 4 简"以"前一字原释作"每"，此从黄德宽、何琳仪读"每"为"敏"，而将"敏"字连上读。"以"后一字，原释文缺释，黄德宽释"学"，可从。考虑到尧之取舜，各种记载均强调才干与孝行两项，而"学"为匣纽觉部字，与晓纽幽部的"孝"

有晓匣旁纽、幽觉对转关系，声近可通，所以读"学"为"孝"，作"其幼也敏，以孝持其言"句读，这样便将才干与孝行都点出来了。

第5简与第8简之间所补的部分，是参考《容成氏》第8简的内容试拟的。《容》简作"于是乎始语尧天地人民之道。与之言政，敓柬以行；与之言乐，敓和以长；与之言礼，敓敓以不逆。尧乃敓"，中间三个"以"字均属连词，用与"而"同。从"敓敓"与"敓專"、"和以长"与"晳而和"的差异看，《子羔》篇与《容成氏》篇的这段文字可能具体用字有不同，但整体意思应该是相近的。

第8简第13字原释文隶作"采"是对的，但以为是"采"字异文通假作"播"或"布"则缺乏根据。黄德宽、刘信芳谓此字与郭店简《唐虞之道》第12简的█、《忠信之道》第6简的█为同字，并当读"由"，则是疏于辨析。采字上从爪下从禾，十分明确，隶定当作"采"；《郭店简》的两个字，上部所从像肉不像爪，下部所从像木不像禾，隶定当作条，两者显然不是同一个字。条字从肉得声，当与备字为一系，自可读"由"。"采"则为"穗"字异体，与"由"字字音远隔，实难相涉。颇疑读"穗"为"逸"，穗属邪纽质部，逸属余纽质部，两字舌齿邻纽、质部叠韵，可相通假，句中作隐逸、埋没解。第20字按字形分析，当为"弁"字无疑，句中则读为"穷则思变"的"变"，"逸诸畎亩之中而变"是说隐逸于田野之中而能够思变，"君天下而称"是说治理天下而能见称于世。

第7简可能与第9简有联系，甚至可能在第9简之后。不过，两者之间的确切联系如何，中间还缺少一些环节供判定，因此，也只能分别试着释读了：

亦纪先王之游，道不奉█（壶），王则亦不大浟。孔子曰："舜其可谓受命之民矣。舜，人子也。"

第10字原释文隶作"罒"而无说。李锐以为从四从皿，释"栖"而读"觯"。[①] 考楚简"四"字屡见，均与此字所从之█相近而有别，原释隶作"咒"不是没有道理的。《字汇补·皿部》有"罒，籀文壶字，见《字义总略》"的记载，是籀文壶字有从皿而形与此字相近者，所以这里将此字释为"壶"。第16字右旁于字形分析，确为"史"字无疑，所以将它定作"浟"。其字不可确识，大抵有铺张一类含义。"道不奉壶，王则亦不大浟"，盖指远古帝王之巡狩，不扰民、不铺张，有君民平等融洽之意。

第9简或可释作：

---

① 李锐：《读上博简（二）〈子羔〉札记》，"简帛研究"网站论文，2003年1月21日。

子羔问于孔子曰："三王者之作也,皆人子也,而其父贱而不足称也,与(举)啟(翳)亦成天子也与?"孔子曰:"善,而问之也,久矣。其莫……"

"举翳"当有拨开蔽障,从芸芸众生中选拔出来的意思。

(本文是 2003 年 1 月应《上博馆藏战国楚竹书研究》之约而作,后发表在《华南师范大学学报》2004 年第 4 期)

《柬大王泊旱》编联与释读略说

《上博简（四）》之《柬大王泊旱》所记史事，为传世文献所未载。其所涉及的内容，于先秦史特别是楚文化史的研究，有重要的价值。濮茅左整理的文本，为我们的研究工作奠下了很好的基础，而陈剑、董珊、陈斯鹏、刘信芳、季旭升等先生在竹简的编联与释字断句等方面所提的修正意见，则为文本的更趋完善作了有益的贡献。本文想在诸家研究的基础上，补充一点粗浅的看法，希望能对文本的进一步完善有所帮助。

关于竹简的编联，本人觉得可以调整为：

1＋2＋4＋5＋7＋3＋8＋19＋20＋21＋6＋22＋23＋17＋18＋9＋10＋11＋12＋14＋13＋15＋16

这一编联，基础是原释文，其调整部分，简5与简7连读，简6插入简21与简22之间，简12与简14连读，简18与简9相接，乃从陈剑说；简23与简17、18连读，乃从陈斯鹏说；简11、12、14、13、15、16联成一段，乃从董珊说。至于本人的新增意见，主要是简2与简4相接，简7与简3、简8、简19连成一气。有关这一编联的理由，想在相关字、词、文句的解释之后再作说明。这里先按这一编联，结合诸家释文并略参己意，将文本释定如下：

柬大王泊旱，命龟尹罗贞于大夏。王自临卜。王向日而立，王沧（汗）至(一)带。龟尹智（知）① 王之庶（炙）于日而疠（病）② 芥（疥），愸（仪）愈徒（走）。釐尹知王之病，乘龟尹速卜(二)大夏。如𥜽（祷）③，将祭之，釐尹许诺，诶而卜之𥜽。釐尹致命于君王："既诶(四)而卜之𥜽。"王曰："如𥜽，速祭之，吾瘝鼠病。"釐尹答曰："楚邦有常故(五)，安敢杀祭？以君王之身杀祭，未尝有。"王入，以告安君与陵尹。子高："卿（向）为(七)城于虘中者，无有名山名溪。欲祭于楚

---

① 以下凡智读知的，都径写作知。
② 以下凡疠字均径写作病。
③ 以下凡𥜽字均径写作祷。

邦者乎？当说而卜之于(三)高山深溪。"王以问釐尹高："不谷癐甚病，骤梦高山深溪。吾所得(八)私，便人将笑君？"陵尹、釐尹皆绚（绐）其言，以告太宰："君圣人，且良长子，将正(十九)于君。"太宰谓陵尹："君入而语仆言于君王：'君王之癐从今日以瘥。'"陵尹与(二十)釐尹："有故乎？愿闻之。"太宰言："君王元君，不以其身变釐尹之常故，釐尹(二十一)为楚邦之鬼神主，不敢以君王之身变乱鬼神之常故。夫上帝元神，高明(六)甚，将必知之。君王之病将从今日以已。"令尹子林问于太宰子止："为人臣(二十二)者，亦有静乎？"太宰答曰："君王元君，君善，大夫可永静。"陵尹谓太宰："唯。(二十三)将为客告。"太宰起而谓之："君皆（偕）楚邦之将军，作色而言于廷：'王事何(十七)必三军有大事，邦家以轩辀，社稷以迻与？邦家大旱，痌瘝知于邦。'(十八)王若（诺），将鼓而涉之。王梦三闺未启。王以告相徒与中余："今夕不谷(九)梦若此，何？"相徒、中余答："君王当以向太宰晋侯，彼圣人之子孙。""将必(十)鼓而涉之，此何？"太宰答："此所谓之旱，毋帝（啻）将命之修。诸侯之君之不能(十一)治者，而刑之以旱。夫唯毋旱，而百姓移以去邦家，此为君者之刑。"(十二)王卬天，叼（叩）而泣谓太宰："一人不能治政，而百姓以绝。"侯太宰逊，迷进(十四)太宰："弗可为，岁安熟？"太宰答："如君王攸（修）郢高（郊），方若然里，君王毋敢灾害。(十三)羿、相徒、中余与五连小子及龙（宠）臣皆逗，毋敢执策筑。"王许诺，修四薨（郊）。(十五)三日，王有野色，逗者有睒人。三日，大雨，邦蘎（漫）之。发驻迌（拓）四疆，四疆皆簹（熟）。(十六)

以上释文，乃据各家意见综合而成，所用各家之说，恕不一一明列，这里仅将与各家说法有异者，作些简单申述：

1. 泊旱。原释文以泊为止息，以旱为干旱，可从。但柬大王临卜，为的是禳除、止息旱灾，而不是"对身疾的关注"，柬大王的癐病，是临卜时因炙于日而激化，才引发影响祭祀的情绪，也才在臣下面前暴露出来的。至于《集韵》"怕，通作泊"之怕，是《说文》所讲的"怕，无为也"的怕，义为恬淡、无为，与后世的害怕义无涉，"王患疥疮病，疥疮病唇燥口渴，奇痒，故也怕干旱"云云，实属误解。倒是读"泊"为"祓"，或可聊备一说。泊为并纽铎部字，祓为滂纽月部字，并滂旁纽，铎月有旁转关系，声韵俱近。《说文》"祓，除恶祭也"，《玉篇》"祓，除灾求福也"，于义正合。

2. 仪愈徙（走）。前两字的释定，除陈剑读第二字为"怨"外，各家似无异议。这里想先谈谈第三字。此字原作⿺辵⿱人㐄，各家均隶作迒，对原释文之读迒为"突"则多未予置评，但将迒视为形声字很可能是多数人的意向。笔者则倾向于这是一个会意字，字的主体是㐄，左旁的彳与上部的人都只起附形足义的作用。走字加彳，金文习见，有独体的，如徒（效卣，西周）、㐄（薛仲赤匜，春秋）；有作偏旁的，如㐄（毛公鼎，西周)、䣙(趞亥鼎，春秋)，这类情况在简帛中出现是一点也不奇怪的。至于外加宀旁，如集之作▨(包山)、邑之作▨(包山)、中之作▨(郭店)、胃之作▨(上博)等，在楚简中也是十分普遍，考虑到走字本义为快跑(《说文》："走，趋也。")，而文中所用为引申义离开(《玉篇》："走，去也。")，外加的彡与人的附形足义作用就更加明显了。句中的仪是指仪容；愈，这里似宜读偷，作"苟且"解；走指离开。"仪愈走"就是"巴望快速完事以便离去的样子"。下文"速祭之"的要求，就是"愈走"情绪发展的结果。

3. 如荐，诎而卜之荐。荐字原作▨，原释文隶作"麇"，读作"表"。诸家均依原隶定，对原释未有提出异议。考楚简鹿字作▨(包山)、▨(上博)等形，与鹰字之作▨▨(郭店)、▨▨(上博)等形者相较，区别只在下半，其上部实已混同，▨字按字形只能隶定作"廌"，所从之严，究竟是鹿之省还是鹰之省呢？只能说都有可能，就字面上是很难作出肯定判断的。因此，我怀疑这是一个从衣省、鹰省会意的字，为荐(荐)字或体(在荐席的意义上，从衣与从草同意)，在文中指荐祭之所。如荐，是到荐上去；诎而卜之荐，是在荐上诎而卜之。第一个如荐，是釐尹携同龟尹到荐上去实施祭祀的先行程序：许诺(含祷告)、贞卜，诎(静语)即许诺的方式；第二个如荐，是完成许诺、贞卜程序后，釐尹到向日的临卜主位(不在荐上)致命于王，王因瘵病煎熬而催促釐尹回到荐上去快快完成祭祀的程序。▨之读荐，按原释文以▨为上博简《周易》之▨字省文的思路亦可另备一说。季旭升已经指出，《周易》▨字下部所从，并非形符"衣"，而是声符"𢅏"(音狄)，字当释"鹰"。由于鹿鹰形近易混，故加声符"𢅏"以明确之。与《孔子诗论》鹿之加声符"录"作▨者配合观之，可证季氏之说不谬。若▨为▨之省体，则字亦当释"鹰"，而用鹰为荐，于典籍亦不乏例(参朱骏声《说文通训定声》、何琳仪《战国古文字典》)。

4. 杀祭。季旭升以为指"减省祭祀仪节"，可从。尽管祭祀有规模大小的不同、仪节繁简的差异，但什么事可在庙内设祭，什么事要在郊野设祭，什么事要对名山大川设祭，什么祭祀要用怎样的祭仪，等等，都有一定的规矩、程序，不按要求完成所有程序，便属杀祭。要祭祀速成，自然要减省仪节，所以釐尹以"安敢杀祭？"回应柬大王的速祭要求，是合于情理的。

5. 陵尹、釐尹皆给其言。诚如原释文所言，给有缠、理、疑、欺等义。但联系上下文，此处还是用"疑"义最为合适。因为釐尹指出，按常规(或占卜结果？)，是应该"诎而卜之于高山深溪"的，柬大王显然不想违背常规，却提出了"骤梦高山深溪"的问题，以示有关祭仪已在梦中完成。由于得梦是个人私下的行为，没有任何旁证，所以连柬大王本人都不免"吾所得私，便人将笑君？"的顾虑，陵尹与釐尹怀疑其言的真实性就不足为怪了。

6. 君皆（偕）楚邦之将军……。太宰谈话的对象是令尹，即楚相。文中涉及的其他人，如龟尹、釐尹等，都是司卜筮、司祭祀的官员，乃文官之属，谓"皆楚邦之将军"，似不大合理，若读皆为偕，谓偕同楚邦之将军，即文武官员联手，就较合情理了。

7. "痼瘝知于邦"与"鼓而涉之"。痼瘝的含义未可确识，但与邦家大旱有密切关系是可以肯定的，可能是邦家大旱的一些具体表现，也可能是邦家大旱的危害，或者是对付邦家大旱的一些措施，总之是楚邦的人、神所应知的对象；鼓而涉之，则是使"痼瘝知于邦"的具体手段、措施，是柬大王亲自参与的可能属于祭祀仪式之一的大行动，为柬大王所特别重视，这从行动前的三闺未启之梦的发生及对梦象的咨询的紧张程度都可反映出来。

8. 毋啻将命之修。毋啻，典籍多作不啻，有如同、无异于、不正是等意思。意指这个所谓的旱灾不过是一种形式，旨在降命柬大王修明政教、整治邦家。

9. 叩而泣谓太宰。叩字原作 ![]，原释文以为句字，句从丩声，与此 ![] 旁显然不合，诸家多不从其说。笔者颇疑字从人口声，为叩字异体。叩字《说文》作叩，从言从口、口亦声，从人与从卩同意，从卩还可能与其引申义跪叩有关。叩字除表示询问义之外，还有叩击义。《玉篇》："叩，叩击也。"叩而泣谓太宰，是指柬大王十分激动，一边叩击着几案一边哭泣着对太宰说。

10. 野色。指郊野之人的肤色，当为修四郊、奔走风日所致。下文之黟人，性质亦相类。

11. 邦漫之，发驻拓四疆。两句均指雨言。大雨在楚邦漫衍开去，像快马一样拓展到四疆。

结合上述分析，笔者认为，本文对竹简编联的脉络是比较清晰的：前三枚简（1＋2＋4）可以王"命龟尹罗贞于大夏"与釐尹"乘龟尹速卜大夏"联系起来；紧接着的四枚简（5＋7＋3＋8）可以"速祭之"与"安敢杀祭"及有关高山深溪的祭祀联系起来；再接下来的十五枚简（19＋20＋21＋6＋22＋23＋17＋18＋9＋10＋11＋12＋14＋13＋15）则以太宰与楚国君臣就泊旱事宜的讨论相联系，并反映出太宰先说臣后说君的工作程序；最后一枚简（第16简）为事情的结局。当然，这只是笔者的一点粗浅认识，当中还有不少字词未得确解，某些文句亦未能疏通，未能贯通的部分亦有缺简的可能，这些都有待进一步的研究去解决。

（原载中华书局2006年出版的《古文字研究》第二十六辑）

新世纪古文字研究中几个应该引起注意的问题

十九世纪末的甲骨出土，掀起了二十世纪的古文字研究热潮，由于受大量新鲜字形的吸引，也由于少得可怜的商周史料中夹杂着后人的传抄讹误及作伪加工，出土材料对传世文献可有辨真伪、决疑难、补不足的作用。所以，考释字形、利用甲骨金文材料订正《说文》、解读和校勘传世文献，成了这一时期研究的重要方面，并为文字学、汉语史及商周社会的研究作出了很多有益的贡献。二十世纪后半叶，特别是世纪末，随着战国及秦汉简帛的大量出土，在二十一世纪初叶掀起了又一个古文字研究热潮，不仅使研究的重点发生了由商周甲、金文向秦汉简帛的转移，而且在研究方法上，也发生了一些明显的变化。新的研究取得了可喜的成绩，但也存在着若干应该引起注意的问题，下面想选择三点谈一谈。

（一）

由于春秋战国的传世文献远较商周的丰富，而战国秦汉简帛又多古书抄本，两者之间有很多可以相互比照、相互校读的地方，利用传世文献的相关字句、篇段的比照去释读简帛文字，认字、释义、断句都可省去很多繁琐的考证，对残简的编连整理尤可收到事半功倍之效，因此为研究者所乐用，为战国秦汉简帛的研究取得快速进展，为春秋战国以至秦汉的社会、思想、学术史的研究发挥了积极的作用。

但是，研究并非都尽如人意，简便快捷往往不利研究的深入，释字满足于与传世文献的比附而对字形不加深究，因而为形近字所蒙蔽，这是当前存在的一种比较普遍的现象。

比如"𢆶"字，郭店楚简中屡见，整理者以为"誓"字。①《老子》甲组第 11 简释文为"誓（慎）冬（终）女（如）忖（始）"，注云"誓，简文与金文'誓'字或作

---

① 本文所引郭店简材料，均出自《郭店楚墓竹简》，文物出版社 1998 年版。

(《散盘》)、相近。'誓'借作'慎'"。这释文显然是由今本"慎终如始"比照出来的，由此比照而确定字当读"慎"，再由![字]与"誓"形近，"誓"(禅纽月部)与"慎"(禅纽真部)声近(禅纽双声，月真旁对转)，进而得出了释![字]为"誓"、读"誓"为"慎"的结论。这种释定显然是欠审慎的，所以裘锡圭在按语里已经指出"所谓'誓'字当与注 64 所说的'新'为一字，是否可以释为'誓'待考"。陈伟武、陈剑等也指出，![字]与![字]形近而有别，"誓"与"慎"韵部亦有一定距离，释"誓"欠妥。他们也都结合![字]、![字]、![字]等别体，认定它们为从言折(或所)声的形声字，为"慎"字异体，并已为广大学者所接受。① 依赖传世文献的比照，不去深究字形，每每容易犯错。

《郭店楚简》释文中还有仅据今本比照，不作任何分析便加释定的。比如叓字，《老子》甲组释文注〈4〉中将它隶作"叓"，释作"弁"，但书中却有 15 处"叓"不读"弁"而读"使"，却没有一处对有关理据作过说明。以《老子》甲组第 35 简的"心叓(使)燬(气)曰勥(强)"看，显然是用今本《老子》的"心使气曰强"对照出来的；《尊德义》第 21—22 简的"民可叓(使)道之，而不可叓(使)智(知)之"则是与注文所引《论语·泰伯》中的"子曰，民可使由之，不可使知之"对照出来的，其余 13 例大抵是联系上下文再参照这两例写定下来的。"弁"属帮纽元部字，"使"属山纽之部字，两字声、韵都不相近，按理是不能通假的。我曾多次论证叓是的草写，叓是的草写，二字形近而有别，如果释字时不加深究，误形近字为一字，释义时又只着眼于传世文献的比附，在释字与释义之间也就很难自圆其说了。

此外，如郭店《缁衣》第 6 简"谨恶以洙民泾(淫)"、《五行》第 28 简"知礼乐之所毁(由)生也"等释文中的括号内的字与括号外的字在音韵原理上讲，似都不能相通，这种释定能否成立，是需要进一步研究的。

解字、释义、断句曲就传世文献以至造成不必要的附会，是当前存在的又一种比较普遍的现象。

比如郭店《老子》乙组第 9 简"上士昏(闻)道，堇(勤)能行于其中"，裘锡圭在按语中就引刘殿爵先生的话指出"'堇'字不当从今本读为'勤'，而应读为'仅'"。《缁衣》第 3—4 简"为上可瞠(望)而智(知)也，为下可頪(述)而簹

---

① 陈伟武：《旧释"折"及从"折"之字平议——兼论"慎德"和"愁终"问题》，《古文字研究》第 22 辑，第 251 页；陈剑：《说慎》，《简帛研究2001》，第 207 页。

（志）也"，注云："頪，读作'述'，两字同属物部。简文多以'頪'作'述'。簭读作'志'，有记识之义。"裘锡圭在按语中亦明确指出"简文读为'可类而等之'，于义可通，似不必从今本改读"。事实上出土文献的可靠程度一般都较传世文献高，在按简帛原文释读于义已足的情况下，还要左通假右通假去迁就传世文献，就有些本末倒置了。裘先生提醒人们"不能滥用假借的方法去追求简本《老子》与旧本的统一，否则所有新发现的本子都可以通转到旧本上去了"，① 确实是很中肯的。

还有按简文释读语义已足，简本与传本异文亦无通假关系，却还是加上"误写"之名，用传世本改简本的。比如《上博简（二）》②之《民之父母》第3—5简："孔子曰：'五至'虖（乎），勿（志）之所至者，志（诗）亦至安（焉）；志（诗）之［所］至者，豊（礼）亦至安（焉）；豊（礼）之所至者，乐亦至安（焉）；乐之所至者，悫（哀）亦至安（焉），悫（哀）乐相生。君子以正，此之胃（谓）'五至'。"物——志——礼——乐——哀，与《礼记·乐记》所述之"乐者，音所由生也""音之起，由人心生也。人心之动，物使之然也""感于物而后动，是故先王慎所以感之者。故礼以道其志，乐以和其声，政以一其行，刑以防其奸。礼乐刑政，其极一也"的种种关系正好相合，即使不说比"志——诗——礼——乐——哀"更合理，起码也能自圆其说，如果一定要以"物"是"志"的误写、"志"是"诗"的误写去迁就传世文献的话，那就失去出土文献的价值了。再说，一而再、再而三地误，而且误得那么匀称，也是不易说得过去的。

再如郭店《老子》甲组第7—8简的"……是胃（谓）果而不强。其事好。长古之善为士者……"一段，如此断句，不唯"其事好"句欠妥，即"长古"连读，亦殊觉不辞。注文云"'其事好'之下当脱'还'字"，表明如此断句，实受传世本之影响（当然，影响的因素还有"好"与"长"之间的短横，不过，如果短横下一字为"还"字的话，恐怕是不会在"好"与"还"中间断开的），如果我们作"……是谓果而不强，其事好长。古之善为士者……"断句，就不仅文从字顺，而且"强""长"为韵也更合《老子》的格调，而"古之善为士者"句，亦与所有传世本及帛书本取得一致（作"长古"者，诸本实未之见），就比较合理了。③

对行文符号的解释曲就传世文献的情况不多见，但也应引起我们的注意。比如日本古写《尚书》内野本《洛诰》有"孺子 = = 其朋"一句，"="符虽然用法很多，这里作重文符号是没有问题的，按正常的理解，应还原为"孺子孺子其朋"，有学者据传世本作"孺子其朋，孺子其朋"，便作出"'='符既表示重复其前之'孺子'，又表

---

① 引自《美国"郭店〈老子〉国际研讨会"综述》，《中国哲学》第20辑，第402页。
② 《上海博物馆藏战国楚竹书（二）》，上海古籍出版社2002年版。
③ 拙见详拙文《〈郭店楚墓竹简·老子〉释注商榷》，《江汉考古》1999年第2期，第72—74页。

示重复其后之'其朋'"的解释,① 称这是"比较特殊的用法"。我认为,如果没有别的例子证明应作这样的释读,是不应为迁就传世文献而改变正常的理解的,事实上,联系紧接"孺子其朋"之后的"其往"二字看,我们将它断作"孺子孺子,其朋其往"会比"孺子其朋,孺子其朋,其往"的读法更觉文从字顺。

(二)

由于古书抄本出土日多,近年出土文献与传世文献的异文研究亦颇红火,但不少学者都把这种异文一概看作是一种"共时"现象,考察时缺乏时代、地域观念,以至将异代语言文字混在一起研究,这样也是不利研究的进一步深入的。

比如"刑"与"形"的关系,如果仅从"此阳无刑而阴有迹也"(明朗瑛《七修类稿·天地类·水气天地》)这一例子孤立来看,将它理解为"刑"与"形"的通假或通用是可以的,而对下列典籍异文中的"刑"与"形"的关系,就有加以讨论的必要了。②

刑兵之极,至于无刑。	(银雀山简《孙子·实虚》)
故形兵之极,至于无形。	(今本《孙子·虚实》)
天象无刑,道褒无名。	(马王堆帛书《老子》乙本)
大象无形,道隐无名。	(《老子》王本)
在地成刑。	(马王堆帛书《易传·系辞》)
在地成形。	(今本《易传·系辞》)

如果我们将这些异文都看作是"共时"现象的话,那自然可作通假或通用理解了,但如果我们注意到"形"字始见于《说文》,不但甲骨文、金文无之,就是战国以至秦与西汉的简帛也都未出现,先秦典籍的传世本作"形"的地方,西汉以前的古抄本都无一作"形"而作"刑"(有时也作"型"或"銒")这样一个事实的话,我们就不能笼统地说它们通用,而应明确点出其古今字的关系了。

古今字、通假字、异体字的辨别,对文字学、汉语史研究的深入,有重要意义。有的学者却因为这三者有时会有交叉,界限不明,不易分清,便想出一个不予辨别,统称为"通用字"的办法,这不过是回避矛盾而不是解决矛盾。淡化异文间的差异不利于

---

① 林志强:《古本〈尚书〉文字研究》,中山大学 2003 年博士学位论文。
② 吴辛丑对典籍异文作过详细研究,本文有关异文的材料整理,主要参考吴辛丑:《简帛典籍异文研究》,中山大学出版社 2000 年版。

研究的深入，对这一差异分析得越细致、越深入则越好。我们既要找出每组异文的细微差别，又要找出同类现象的共有规律，通用的原因、特点甚至时代、地域的习惯，等等，都应在观察研究之列。比如"声"与"圣"可通用，但战国简"声""圣"均多用"圣"，西汉帛"声""圣"均多用"声"，这里面是否反映某种时代、地域的习惯？常被人们用作先秦时代否定句代词宾语后置例的"臣以为自天下之始分，以至于今，未尝有之也"（《战国策·魏策三》），在马王堆帛书本却作"臣以为自天地始分，以至于今，未之尝有也"；常被人们用作先秦已有判断词"是"的例证的"韩必德魏、重魏、畏魏，韩必不敢反魏。韩是魏之县也"，马王堆帛书本却作"韩必德魏、重魏、韩必不敢反魏。是韩，魏之县也"；是否可以表明传世本的所谓"后置"与判断词"是"是后人的改易？《战国策·楚策四》"此百代之一时也"（传世本）与"此百世一时也"（帛书本）这一对异文应该成为《简明古汉语同义词词典》"《广韵》：'世，代也。'《正字通》：'代，世也。'二者的区别是：上古时期仅用'世'，唐代开始用'代'，以后二者并用"一段解释的反证抑或佐证？汉简《王兵》"是故将者，审地形，选材官"是否可以作为推测《管子·七法·先陈》"故兵也者，审于地图，谋十官"的"十官"为"才官"之误的依据呢？这些问题都是很值得我们深入去研究的。

（三）

最后想谈谈出土文献语法研究中的宽式释文问题。新世纪古文字研究的一个很大特点是研究对象的重点转移，一是由商周甲骨、金文向战国秦汉简帛的转移；一是商周甲骨、金文中的研究由考字释义读铭向语法研究和断代研究转移。而在甲骨、金文的语法与断代研究中，不少学者都喜欢用所谓的"宽式释文"。

关于"宽式释文"，沈培在《殷墟甲骨卜辞语序研究》的前言中作过这样的说明："本书所引用甲骨卜辞的释文采用宽式，如读为'贞'的'鼎'直接写作'贞'，读为'在'的'才'直接写作'在'。有些没有定论的字，尽量隶定或暂用一家之说，如'吕'释'围'，'𢍰'释'捷'。"① 借"鼎"作"贞"者径写作"贞"，借"才"作"在"者径写作"在"，未有定论者尽量隶定，这本来就是甲骨学者引用卜辞的惯例，是不会有什么问题的。但一出"暂用一家之说"，混乱就产生了。同一条卜辞往往便会产生多种不同的释法，有时甚至很难令人相信它们是同一条卜辞。② 比如：

---

① 沈培：《殷墟甲骨卜辞语序研究》，台湾文津出版社1992年版。
② 这部分例证多选自古文字学出身而在甲骨语法学方面较有影响的沈培、张玉金等的著作，包括沈氏《殷墟甲骨卜辞语序研究》、张氏《甲骨文虚词词典》（中华书局1994年版）、《甲骨文语法学》（学林出版社2001年版）、《甲骨卜辞语法研究》（广东高等教育出版社2002年版）等。

贞河崇唯⿰字⿱　　　　　　　　　（《殷墟甲骨刻辞摹释总集》页 340）
贞河求唯竽置　　　　　　　　　（沈培《殷墟甲骨卜辞语序研究》页 40）

是两书对《合集》14617 片同一卜辞的释定。

贞鼎惟㭫酌　　　　　　　　　　（《殷墟甲骨刻辞摹释总集》页 353）
贞鼎唯祷酒　　　　　　　　　　（张玉金《甲骨文语法学》页 51）

是两书对《合集》31017 片同一卜辞的释定。

王其田㽞湄日亡戈
其狱田湄日亡戈　　　　　　　　（姚孝遂、肖丁《小屯南地甲骨考释》）
王其田远湄日亡戈
其迩田湄日亡戈　　　　　　　　（张玉金《甲骨文语法学》页 162）

是两书对《屯南》3759 片同一卜辞的释定。

　　上述情形，确让读者难以适从。而更令读者迷茫的是，有些作者受"宽"字影响，在"暂用一家之说"时，采取了过于宽松的态度，以至在同一作者写的不同的书里，对同一个字有不同释法，比如"戋"字，在这本书释"捷"，在那本书释"杀"；"罙"字，在这本书释"罙"，在那本书又释"暨"，等等。甚至在同一本书中都有不同的释法，比如"⿱"字，在前面释"陷"，在后面却释"阱"；"⿱"在前面释"引"，在后面又释"弘"。还有在同一条卜辞中对同一个字前后异释的：同一个"⿱"字，在同一条卜辞中，居前的释"围"，居后的释"征"。作者释字不统一，读者认识就更难了。

　　造成以上认识困难的主要原因，自然是古文字印刷艰难，以至古文字研究的论著发表难、出版难，学者们只好采取这种折衷的做法所导致的。显然，这是不规范的，不利于学术研究的。如果说由于某些方面的原因，我们的一些年轻学者不得不折衷选择而造成上述局面的话，那么，今天这部分年轻人已经成为学术界的中坚力量了，是否可以利用他们的地位和影响，呼吁编辑出版部门从古文字研究的实际需要出发，改变这种现状呢？随着制版、印刷技术的不断改进，按古文字研究规范去作释文应该不会是很难的事情了。

（原载 2003 年《第四届国际中国古文字学研讨会论文集》，删节后刊于《中国语文》2004 年第 4 期）

文字考释应该强调定论还是鼓励争鸣

我们年轻的时候,看到前辈学者都是在宽松、平等、自由的气氛中讨论问题,可以有切磋、有批评、有争论,但没有谁会强迫别人接受某种观点,或指责别人不接受某种观点。对我们年轻后辈提出的意见和想法,只要有些道理的,前辈学者都能予以肯定、鼓励和支持,所以我们有什么看法,也都能大胆地提出来,不会有任何顾忌。

可近些年,在一些学术会议或成果鉴定一类活动中,一些中青年学者总喜欢以权威或权威卫道士的面目出现,似乎他们认可的观点就是"定论",他们认可的说法就是"得到学术界公认"的说法,他们否定的成说就是"被学术界扬弃的旧说",与他们不同的观点都"绝不可信",上了年纪而不接受他们认可的观点的,即被指责为"没有接受公认的学术成果"造成的"硬伤"。

这种一花独放、打压切磋争鸣的做法,于学术的建设发展极其有害。稍加分析,我们还不难发现,有些所谓的"定论""公认说法"其实很不靠谱。

(一) 有些仅是小群体中的共识

"'鼎(则,何尊),鼎旁置刀,引起用刀刻鼎铭以为准则的联想',以刀刻铭为什么有准则之义?显然不对。此字孙常叙在《古文字研究》上有一篇论文已指出'则'字初文作鼎,像用一成品鼎为标准制作一个新鼎,因此有准则之义,这已经得到公认。"

孙氏的观点是否真的已经得到公认呢?我见识浅陋,真未读过几篇拥护孙说的文章。翻阅了几本孙说发表后出版的工具书,如陈初生的《金文常用字典》(1987)、戴家祥主编、马承源副主编的《金文大字典》(1995),何琳仪的《战国古文字典》(1998)等,均无一采用孙氏的说法,"公认"云云,真不知从何说起!平心而论,"则"字从周原甲骨、西周早期金文一直到秦诏版都是从鼎从刀的,从两鼎者,只有西周中期段簋一例,凭这一孤立证据就说"则"字初文从两鼎,除了孙氏弟子的同学群之外,恐怕很少有人接受。同学群中如何维护师说,可有你的自由,但把它强加到"学术界公认"的头上,那就不对了。另外,用刀刻鼎铭以为准则,是沿用何琳仪的观点,现在我想将我的观点修正为"用刀刻鼎以为准则"。因为"大部分铜器的形状，都是依着陶器照抄"①，陶鼎可视为铜鼎的准则；又铸鼎须先制泥模，泥模亦可视为铸鼎的准则。而陶鼎、泥模的制作工具都离不了刀，"鼎旁置刀，引起用刀刻鼎以为准则的联想"，也许可以得到多一些人的认可吧。

（二）有些仅是部分学者认可的"新说"

"⿱（⿱，墙盘），像两个曲（菑，竹器）相抵之形'，张亚初在《古文字研究》上有篇论文，指出其初形作⿱等形，说'此字为树木枝叶茂盛、舒展状'这个说法也得到学术界公认。而该作者仍因袭郭沫若旧说，其实郭说早已被扬弃。"

张说发表于1981年，也得到过黄天树等学者的认可。但出版于张说发表之后的上面提到的三本工具书，也都坚持郭说而没有接受张氏的新说，甚至连⿱为⿱字初文都未予承认。刘钊的《古文字构形学》（2006）虽然接受了⿱为⿱初文的说法，但对字形的解释也还是坚持郭说。这些年来征询过很多学界朋友的意见，都以为坚持郭说的仍占多数，"郭说早就被扬弃"、张说"得到学术界公认"的说法，也不知从何说起！

"'福，甲骨文作⿱（甲2695），像两手捧尊，倾酒于神主前致祭……金文相承作⿱（何尊）、⿱（沈子簋）……'其实甲骨文和何尊这个字，贾连敏《古文字中的'祼'和'瓒'及其相关问题》解为'祼'，得到学术界公认，解'福'说已被抛弃。"

贾说发表于1998年，确实得到不少学者的响应。但2001年出版的张亚初《集成引得》、2003年出版的彭裕商《西周青铜器断代综合研究》、2007年出版的《集成修订本》都仍释"福"。说贾说已成主流观点或可说得过去，说它已得学术界公认，释"福"说已被抛弃，说释"福"是"硬伤"之类，恐怕难以成立。

（三）多数人认可的观点也有讨论余地

"'易，甲骨作⿱（乙3400），像盘中盛水自上向下倾注的形象，会赐予之意，为'赐'本字，金文形变作⿱（盂鼎），其形义关系已晦……'郭沫若《由周初四德器的考释谈到殷代已在进行文字简化》已指出⿱为⿱之省，得到学术界公认，该成果作者说易'像盘中盛水自上向下倾注的形象'，绝不可信。"

由于⿱字的形构长期未得到令人满意的解释，而⿱字的局部又与⿱字出奇地相似，

---

① 李济：《殷周陶器初论》，《安阳发掘报告》1929年第1期。

简化说可言之成理，加上郭氏的身份地位，郭说一出，确能得到普遍接受，成为主流观点。但是，普遍接受不等于没有讨论余地。台湾学者李孝定、严一萍对郭说提出过质疑，而戴家祥、马承源的《金文大字典》也未采用郭说。首先，截除式简化甲骨文中即已有之，但一般都是删去重复的或不重要的部分，像 望 简作 ㇏ 这种去主体存残角的作法是否有先例，是否符合正常的简化习惯？其次，"易"字在甲金文中有多种写法，㇏ 仅是其中的一种，其余写法当作何解释？尤其是甲骨及殷商金文的形体与 ㇏ 迥然有别，两者来源是否相同？这都是持郭说者不能不正视的问题。李孝定、严一萍的质疑均与此有关，而 ㇏ "像盘中盛水自上向下倾注的形象"也是基于这两点质疑，对甲骨、金文中相关的字作了大量的形体比较之后作出的。当我在硕士论文《古文字中的形体讹变》（1981）中提出时，容、商二老及张政烺、管燮初、曾宪通、陈炜湛诸先生都没有拿郭说对此提出责难，而对此作进一步阐析的"释'㇏''㇏'"在《华南师院学报》（1982年第4期）发表后，还被收录到于省吾主编的《甲骨文字诂林》及松丸道雄、高岛谦一编的《甲骨文字字释综览》两书中。真不知那位先生凭什么那么有底气说这"绝不可信"！

像我们这些上了年纪，在古文字界摸爬滚打多年，也提出过一些被人认可的观点的人，在这些中青年权威或权威卫道士面前都感受到如此大的压力，那些新入伍的年轻人，在这些中青年权威面前敢不服服帖帖在指挥棒下作学问吗？学术研究真这样发展的话，就太可怕了！新的不一定对，多数人认可的未必就是定论，有些被普遍认为定论的东西也未必不可以推翻，这本来就是常人都可理解的道理。

二十世纪九十年代，陈汉平、董莲池用他们认可的"新说"校订《金文编》。我在《〈金文编校补〉〈金文编订补〉略议》一文中已经指出两氏校订多不可靠，持论或尚多争议，或仅自家之言，像董氏将"威"之作 ㇏ 者隶作戮，以从"勿"得声解之，㇏ 字由"挚"改释"李"以及读 ㇏ 为"戮"，等等，其说虽新，而想法离奇，至今未为学界所接受。如果我们被两氏校订的权威架势所吓倒，盲从他们的"新说"而放弃《金文编》的旧说，对学术研究将会是多大的损害！

1998年以前，大家都读楚简的"㇏"为"弁"，我1992年提出 ㇏ 可读"弁"，㇏ 则应读"史"，当时根本没几个人相信，但1998年郭店楚简公布，㇏ 字出现十六次，其中的十五次都只能读"史"而不能读"弁"，少数人的观点不也一样可以证明是正确的吗？

长期以来，"亻彳旁通用"都被视作定律在文字考释中被运用。我的硕士论文论证了 ㇏ 是"见"字，㇏ 是"望"字，㇏ 是"兄"字，㇏ 是"祝"字，指出了 ㇏ 与 ㇏ 有区别，

[图]与[图]不相同，[图]与[图]有分工，[图]与[图]不同字，进而论定了[图]旁不通用，每一点都是对成说的挑战。作为刚入伍的新兵，我当时确是诚惶诚恐、忐忑不安。幸好张政烺先生给予了热情支持："作者批判甲骨学界久已流行的'[图]旁通用说'，对[图]、[图]、[图]等字重新确认其形义，颇见精彩。"这才使拙见得以流传于学界，若落在前面提到的那位先生一类人手中，恐怕难免"绝不可信"的一棒，难逃胎死腹中的厄运！

部分青年学者的武断、片面表现，可能与他们读书的选择性习惯有关。这部分人眼界甚高，只认准几个权威人士的论著，其余人的述作是不屑一顾的。在去年的一次学术会议上，有青年学者对我读[图]为"匋"提出批评，似乎我长期不读书不看报，不知道现在大家都已释[图]为"匋"，我还抱住旧说不放。休息时我问他，有没有读过拙作"释[图]"，他答："没有。"其实，读[图]若[图]作"匋"，是清人旧说，近世学者多表怀疑，纷纷改释。近年释"匋"回潮，主要是曾侯乙墓出土漆盒有自名为"匫"者，李学勤、裘锡圭等权威学者都认为即《说文·匚部》训为"古器"的匫字，"匋"当读"匫"，自然就坐实了。实际上，典籍对"匫"之为器，除"古器也"的解释外，于其形制并无描述，怎能证明所出匫器就一定是匫而不是字形更近、同样训"古器也"的"匾"呢？《集韵·篆韵》："匾，《说文》：'古器也。'籀作匾。"《正字通·匚部》："匾，同匫，见《六书统》。"读匫为匾，理由不也一样充分吗？读"匋"为"匫"还有一个理由，是"散氏盘"的[图]字，诸家均据文义释为"道"，无异议。若隶[图]作"遒"，恐怕于形音义都难与"道"字沟通，若隶作"遒"，则不但"匋"与"道"同属幽部，道属定母，匋为上古归入端组的喻母四等字，解作从辵匋声的形声字正好合适，而且还有侯马盟书"道"字异体作[图]作佐证，理由亦充分得多。当然，拙文还对[图]、[图]形构联系作了详细分析，此不详述了。如果那位朋友先看过我的这篇文章，恐怕不会如此轻率地提出批评。

选择性读书会造成一些有价值的观点被遗漏是很自然的。我相信，本人的一些论述，尤其是早年文章的观点，恐怕现在已没多少人了解了。比如《古文字中的形体讹变》（1981）中的释[图]为鞭[1]、释[图]为质、以[图]为[图][2]字简体释为桎；《古文字义近形旁

---

[1] 已为《金文编》第四版采用。

[2] 张政烺称："[图]即[图]之省，我和裘锡圭、胡厚宣都有考证，结果大体相同。我是批在几本书上，裘文我曾读过，皆未发表。胡文见《考古学报》1976年第1期。"

通用条件的探讨》（1986）中的释❏为逐①、释❏为即、释❏为陟②、将❏从❏系列中剥离出来别释作训"牧马苑也"的駉③；《甲骨文形符系统特征探讨》（1988）之以❏❏❏❏❏为❏❏❏❏❏❏❏❏❏❏之倒文④、释❏若❏为赢⑤、分❏❏（款）与❏❏❏（燎）为两系；《金文形符系统特征的探讨》（1990）之释❏为威，释❏为启，释❏为肇，释❏为肇，释❏若❏为窥等⑥，有的被时贤认可，有的未被认可，在某些人看来可能不屑一顾，可于我，还是敝帚自珍，觉得有其存在价值。

应该指出，能够成为主流观点的"新说"，一般都有较充分的证据和理由，能够得到多数人的拥护和赞同，十分正常。这些"新说"的原创者，大多都是德高望重的长者，大多态度谦和、奖掖后学，不会强迫别人接受他的观点。问题出在"新说"的拥护者身上。他们往往在认定某种"新说"之后，对别的说法采取排他的态度，对异说诸多排斥指责，或者对"新说"的适用范围作过宽过滥的推演。比如裘锡圭指出古文献中有些"艺"字可以读成"设"，这一观点完全正确，但如果由此出发，凡见到"艺"字都试着把字读成"设"，那就很容易出问题了。我觉得，不改读能够讲通的，还是以不改读为好。比如郭店简《六德》的第13—14简，断作"……【诸】父兄，任诸子弟，大材艺者大官，小材艺者小官，因而施禄焉"谓为君者之用人，于其父兄、子弟，均宜一视同仁，任大材艺者以大官，小材艺者以小官，因材施禄，这与《后汉书·仲长统传》之"核才艺以叙官宜"正好相合，似乎没有改读的必要。

（原载《说文论语》第一期）

---

① 裘锡圭《从文字学角度看殷墟甲骨文的复杂性》亦释❏为逐。
② 何琳仪亦释❏为陟、释❏为窥，其说早于我，但我草该文时未见。
③ 刘钊《新甲骨文编》亦将❏从❏系列中剥离出来，不同的是，刘释❏作廄。
④ 刘钊1996年发文也有类似说法。
⑤ 1988年出版的《殷墟甲骨刻辞摹释总集》亦释为赢。
⑥ 何琳仪亦释❏为陟、释❏为窥，其说早于我，但我草该文时未见。

商周"帝""天"观念考索

　　古人想象中的宇宙主宰,在殷代一般称为"帝",周代以后则一般称为"天"。这个问题虽曾被一些古文字学家注意到了,但由于对此未作进一步的探讨与解释,加上传世文献对"帝""天"观念的长期混用,以致人们仍常把两者混为一谈。就是在众多的思想史专著中,这种舛误也比比皆是。① 因此,有必要对"帝""天"观念的源起和混同的历史,作进一步的考索。

　　殷人的至上神是称帝不称天的。郭沫若早在《先秦天道观之进展》一文中就曾经指出:"卜辞称至上神为帝,为上帝,但决不称之为天。"② 这个结论是正确和可靠的。但可惜长期以来未能为思想史家所接受,而且连郭老本人也没有很好地坚持,甚至认为周人的"祀天"是承袭殷人而来的。③ 这样又回到了帝、天不分的老路。

　　殷代已有至上神的观念,这是没有人怀疑的。卜辞中那个可以令风雨,可以福王、佐王,也可以作王祸,还可以干预人们的战争、作邑等行动的"帝",无疑就是殷人崇拜的至上神。"帝"作为至上神出现的卜辞和殷末金文就有二百多条,而在众多的甲骨文字中,作为至上神称谓的"天"字一次也没有出现过。是不是卜者对"天"字有什么忌讳呢?显然不是的。因为"天"字在殷墟卜辞和殷末金文中不仅出现次数不少,而且所包含的义项也很丰富。如"弗疒朕天"(《乙》9067)的"天"用的是字的本义,指人的头顶;"天邑商"(《乙》6690)、"天庚"(《乙》6690)的"天"用的是引申义,指高、上;④ "王田天,往来亡灾"(《前》2.27.8)、"天方不其来正"(《合》

---

① 在较权威的著作中,如郭沫若的《奴隶制时代》、冯友兰的《中国哲学史新编》和吕振羽的《殷周时代的中国社会》都将帝、天观念混淆了。

② 郭沫若:《青铜时代》,人民出版社1957年版,第5页。

③ 郭沫若:《十批判书》,人民出版社1954年版,第19—20页。

④ 过去有人曾据"天邑商"又作"大邑商"、"天庚"又作"大庚"来证明"天与大其始当本一字"(李孝定:《殷墟文字集释》,台湾《史语所专刊》之五十,第一卷,第20页),我认为是不正确的,因为"天""大"两字形体判然有别:天取义于人的头顶,大则取义于人的两臂及足向外伸张扩占空间的形状,两字的形与义都是不能相混的;这些名字之所以可称大亦可称天,不过是因为它们既可取从天这一人体的至高无上处引申出高的义,亦可取大的义而已。天邑商正像我们称北京为首都,大邑商则像我们叫北京作大都市。二字是不能相混的。

87）的"天"是地名或方国名之称；"天乍从"（殷末铜器《天乍从尊》）的"天"是用为族名；等等。由此可见，"天"字在殷人的头脑里压根儿就没有至上神的观念，殷人是只尊帝不尊天的！

诚然，"天"作为至上神确曾出现于某些殷代旧有典籍（主要是《尚书·商书》和《诗经·商颂》）中，但这些典籍，正如郭老所讲，"都是真伪难分，时代混沌，不能作为真正的科学研究的素材"的。① 张西堂也曾明确指出，《汤誓》的写作"不能早于战国"，而《高宗肜日》《西伯戡黎》《微子》等篇，则是"同出于春秋末，其作风颇相近，皆后世据传说所追录"。② 过去普遍认为是比较可靠的《盘庚》，现在也认为"已经不完全是原文了""文字有不少用的是周代的，可知是经过周代加工润色写定下来的"。③ 因此，这些典籍中虽然保存了不少真实事件的梗概，不失为研究殷代社会历史的可贵史料；但它们大多是传抄或追录的东西，其描述事件时所用的语言文字、评论事件时所站的立场和使用的思想观念，难免要打上传抄、追录时代的印记，如果我们一概将它们作为研究殷代语言文字或者思想观念的可靠史料去运用，就很可能出差错。既然在殷墟卜辞中已有足够的材料可以证明殷人"称至上神为帝，为上帝，但决不称之为天"，那就不应再受"真伪难分，时代混沌"的旧有典籍的干扰了。

与殷墟甲骨文中至上神称"帝"不称"天"的情况不同，两周金文中的至上神是称"天"多于称"帝"的。"天"作为周人所崇拜的至上神，其威严在两周金文中可以说是表现得淋漓尽致的。这点，前人已多所论述，这里不再重复。我想指出的是，在前人的论述中，对称"天"为至上神不见于殷墟甲骨文，而在两周金文中却表现得这么充分这一现象，一般都只概括为"殷时以帝代天神，周初始以天代天神"，④ 把它理解为同一神灵的称谓的简单变换，这是很不够的。至上神是十分神圣的东西，它的称谓当然也是相当神圣、相当严肃的，如果周人的信仰是完全承袭殷人的话，他们有什么必要轻易去改变这个称谓，把好端端的一个"帝"字换成"天"呢？当然，由于先前没有新的材料，确实很难对这个问题作更进一步的解释；但是，随着新近出土的周原甲骨对先周宗教信仰情形的揭示，这个问题的突破口便终于暴露出来了。

周原甲骨是1977年在陕西岐山县凤雏村发现的，其所属年代的下限可迟至西周的成、康时期，但绝大部分还是周文王时期的遗物。周原甲骨总共一万七千多片，而有字的卜甲不足二百，其数量自然无法与殷墟甲骨那十多万片相比；但就在这少少的一百多片卜甲中，"天"字的出现就有好几处，除了H11：82和H11：118两片因刻辞残缺过甚而未能明确其意义外，比较完整的如H11：24的"乍（作）天立（位）"与H11：96

---

① 郭沫若：《十批判书》，第2页。
② 张西堂：《尚书引论》，陕西人民出版社1958年版，第186、193页。
③ 顾颉刚、刘起釪：《〈盘庚〉三篇校释译论》，《历史学》1979年第1、2期。
④ 高鸿缙：《毛公鼎集释》，《师大学报》1956年第1期，第74页。

的"小告于天，西亡咎"两片，"天"字都明显指的是至上神。前者是指建筑祀天之所，即筑天室或安置象征天这一至上神的神主牌之类；后者的小告为祭名，文王称西伯，西当指周邦。辞意是对天举行小告之祭，以求周土没有凶险、祸患。可见，早在殷朝灭亡以前，即周族还作为殷人的附庸的周文王时代，"天"字就已被赋予了至上神的意义，成为人们崇拜、祭祀的对象了。

此外，由于"帝牲不吉"（《公羊传·宣公三年》）的缘故，在殷、周的甲骨、金文中，确实找不到祭享上帝的记录；而对天的祭祀，如"小告于天"（《周甲》H11：96）、"王祀于天室"（《天亡簋》）、"福自天"（《何尊》）、"用享皇天"（《徐王义楚鍴》）等，却比比皆是。这也说明"帝""天"所代表的观念是不相同的。

从上述材料中我们可以看到，殷人的至上神称"帝"不称"天"，而周人对天的崇拜则在灭殷前后都是一贯的。殷人尊帝与周人尊天，是早在灭殷以前就在不同的地域内同时并行着的两种不同信仰，我们决不可把它们看作是同一神灵的不同称谓。正如不能把基督教的"上帝"与我国古代人民迷信的"老天爷"等同起来一样，我们也不能把殷人的"帝"与周人的"天"混为一谈。

既然"帝""天"是两个不同的观念，尊帝与尊天是殷、周两族的不同信仰，那么，"帝""天"这两个观念便应有不同的起源。而要考求它们的起源，我觉得有必要联系"帝""天"这两个字的形义来源去弄清这两个观念的含义。

"帝"字在甲骨文中的字形，主要有像花蒂之形、① 像女性生殖器之形、② 像燎柴祭天之形、③ 像草制偶像之形④等几种解释。这几种解释，实际上牵涉到殷人尊帝是出于生殖崇拜（如第一、二说）、抑或天神崇拜（第三说）、或者偶像崇拜（第四说）的问题。如按偶像说，则备受殷人崇拜的帝而用"上装人头形的假头，下又扎结草把以代人身的偶像"来表示，就有些大不敬了；如按天神说，则不仅殷人的"天"字未有苍天或至上神的观念，而且燎祭或禘祭的卜辞屡见，却无一是以帝为对象的，更谈不上帝所专有了。因此，"束柴燎于上者帝也"的理由显然也欠充分；而生殖崇拜说则与甲骨文中殷人对祖（甲骨文像男性生殖器之形）、妣（甲骨文像女性生殖器之形）、毓（甲骨文像妇女生小孩之形）的崇拜相一致。再联系到甲骨文中杀牲祭祀先祖神灵的卜辞不计其数，却没有一条是祭祀那权威比祖、妣、毓更大的帝的，这些都完全可以和《易·睽》注的"帝者，生物之主，兴益之宗"、《礼记·郊特牲》疏的"因其生育之功谓之帝"以及《公羊传·宣公三年》的"帝牲不吉"等记述相印证，证明殷人所尊的帝的初意即为宇宙万物的始祖，是宇宙万物的生殖之神。

---

① 郭沫若：《甲骨文字研究》，人民出版社1952年版，第18页。
② 陈仁涛：《男性生殖器石刻》，《金匮论古初集》，第6—7页。
③ 叶玉森：《殷契钩沉》，《学衡》1923年第24期，又1929年富晋书社影印本。
④ 康殷：《文字源流浅说》，荣宝斋1979年版，第593页。

"天"字在甲骨文中的字形，或像人正立之形而特大其顶，或在人正立之形上加短画以标明头顶所在之处，都与《说文解字》"天，颠也"的训诂基本相符。天的本义是指人的头顶，即所谓的"天灵盖"，这向来都是没有多大分歧的。"天"字之引申为苍穹之天，主要是因为天体圆，且居人体之至高无上处，与苍穹之天的形象和崇高都是颇相类似的，而至上神的天，则又是从苍天引申出来的。周人所尊的天，当是自然界中那浩浩苍天上的神灵。

殷人崇拜生殖神"帝"，周人崇拜自然神"天"，两者自有其不同的起源。考索起来，当与他们的祖先不同的生产和生活方式有关。殷人原先是游牧部落，在社会生产和生活方面，自以牲畜的生殖繁衍与其关系最大，所以他们不但关心其自身的生殖繁衍而崇拜祖、妣、毓，而且关心所有畜牲的生殖繁衍而设想出宇宙万物的共同始祖去加以崇拜，于是，作为万物的始祖和宇宙真宰的帝便应运而生了。周人原先是农业部落，在社会生产和生活方面，当以农作物的生长收成与其关系最大，而农作物的生长收成，又与寒暑晴雨等自然条件密切相关，用今日的话来讲，就是"靠天吃饭"。所以他们不但崇拜农作物而以稷这种谷物来追名自己的始祖，而且因为对某些自然法则的认识和对其变化的原因不可理解，而设想这些自然现象甚至整个宇宙的一切都是由那高不可攀的、同样不可理解的茫茫苍天所主宰，从而产生了对"天"的崇拜。殷人由游牧活动而引起了对生殖神"帝"的崇拜，周人由农业活动而引起了对自然神"天"的崇拜，这就是殷、周两族不同信仰的由来，这就是"帝""天"这两个观念的不同起源。

殷人崇拜"帝"，周人崇拜"天"，这本来是同时并行的不同信仰，但两者为什么容易被人混淆呢？原来，在灭殷以前，由于殷人国力的强大，"帝"的威严在殷人统治所及的广阔地域内的影响是极其深厚的，"小邦周"当然也不能例外，特别是周文王为了表示对殷人的臣服，不得不设立了纣父帝乙的神位以表崇祀（见《周甲》H11：1）。在这样的情势下，周人虽有自己的信仰，但对殷人的至上神"帝"却是不敢轻慢的，他们有时还不得不作出尊帝的姿态（《周甲》H11：122 就有上帝出现）。在灭殷以后，周人在宗教信仰方面当然要摆脱殷人的影响，极力推出其所尊的"天"这一至上神，以"受天之命"去论证其灭殷的合理性，并尽可能地用周人的信仰去影响天下，为巩固周王的统治地位服务，这就是尊天思想在两周金文中能有淋漓尽致表现的原因。但是，原来的"小邦周"的影响毕竟远逊于"大邑商"，对"帝"的崇拜当然不会在殷人曾经长期统治过的广大地域内一下子消除。例如，记录周武王征商前夕祈求胜利的《天亡簋》中的"事喜上帝"以及周康王时的《井侯簋》所记的"克奔走上下，帝无终命于有周"等，都表明这种影响即使在周人中也是存在的，在其他地域就更不用说了。另外，为了利于对殷遗民及殷人影响较深的方国、地区的统治，周人在推行其尊天思想的同时，也还有必要让这些地区原有的对"帝"的崇拜与新近推行的对"天"的崇拜暂时并存（比如殷降臣的后裔所作的《史墙盘》，就将帝放在十分显著的位置），甚至接过来加以利用，以宣传天、帝利益和赏罚的一致（如《馱钟》所记"隹皇上帝百神，保余小子，朕獸又成亡竞，我隹嗣配皇天"）的方法去争取受尊帝思想影响较深的人们。其后，像周宣王时候的《毛公鼎》的"肆皇天亡斁，临保我有周"与《师询簋》的"肆皇帝亡斁，临保我有周"那样，帝与天已几乎没有什么区别了，就是说，到西周末即已逐渐发展为天、帝观念的合一，而到春秋战国以后那就更不用说了。因此，多经春秋战国以后润色或改作的殷周典籍中"天""帝"观念混用无别，也就不奇怪了。

（原载《华南师范大学学报·社会科学版》1984年第2期）

花园庄东地卜甲刻辞行款略说

行款,指的是文字书写的顺序与排列方式。因为汉字每字独立,所以行款的组织可以比拼音文字来得灵活、自由,这在甲骨文一类早期文字书写品中表现尤为突出,今日阅读起来也就感到特别复杂。因为对行款的正确认识是解读刻辞的先决条件,所以,对甲骨刻辞行款的研究,向来是甲骨学的重要课题。对以往发现的甲骨刻辞[①]行款,胡光炜、董作宾、胡厚宣、陈炜湛等前辈学者的有关著作,已经作过系统的总结与详尽的论述,研究者对这类规矩的把握是不会有太大的问题了。而新近出版公布的殷墟花园庄东地甲骨刻辞[②],其行款却有不少别具特色的地方,值得我们深入加以研究。刘一曼、曹定云、朱岐祥等先生不但较早注意到了这一问题,而且撰文加以阐述,为我们解读花东刻辞提供了很大的方便。本文想在他们研究的基础上,再作一些补充,希望能对解读花东刻辞有所帮助。

花东刻辞的最大特色,应该是对兆墋的粘附。其走向大致有以下几种:

1. 迎兆刻辞

即刻辞迎着兆枝的指向逆进,兆枝向右,刻辞左行[例(1)];兆枝向左,刻辞右行[例(2)]:

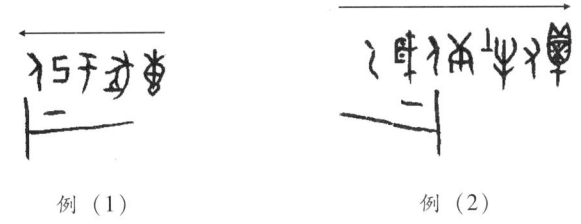

例(1)　　　　　　例(2)

(1) 叀豺于妣己?　　　(39片1辞,尾左甲)
(2) 乙岁妣庚牡又鬯?　(39片4辞,中甲右)

---

① 以下简称"小屯刻辞"。
② 以下简称"花东刻辞"。

单纯的迎兆刻辞一般较短，总是单列横行并居于兆枝的上方，背甲及腹甲的左右首、尾、前、后、中甲均有其例。

2. 顺兆刻辞

即刻辞顺着兆枝的指向行进，兆枝向右，刻辞右行［例（3）］；兆枝向左，刻辞左行［例（4）］：

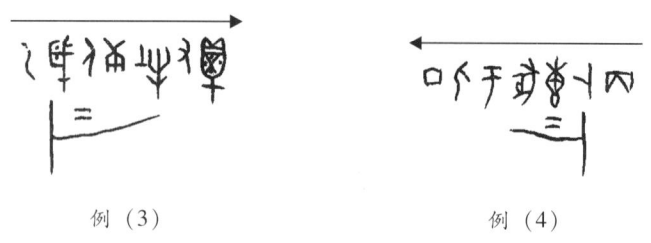

例（3）　　　　　　　　　例（4）

(3) 乙岁妣庚牡又彗？　　（39片12辞，后左甲）
(4) 丙卜：叀羲于妣丁？　（39片16辞，后右甲）

单纯的顺兆刻辞一般也较短，也总是单列横行并居于兆枝的上方，腹甲的左右首、尾、前、后、中甲均有其例，但背甲少见。

3. 背兆刻辞

这类刻辞一般在兆干的无兆枝一侧并作由上而下的直行排列，辞短的单列直行［例（5）（6）］，长的则转作多列，而行次走向，则与兆枝的指向相反［例（7）（8）］，兆枝向右，刻辞左行，兆枝向左，刻辞右行：

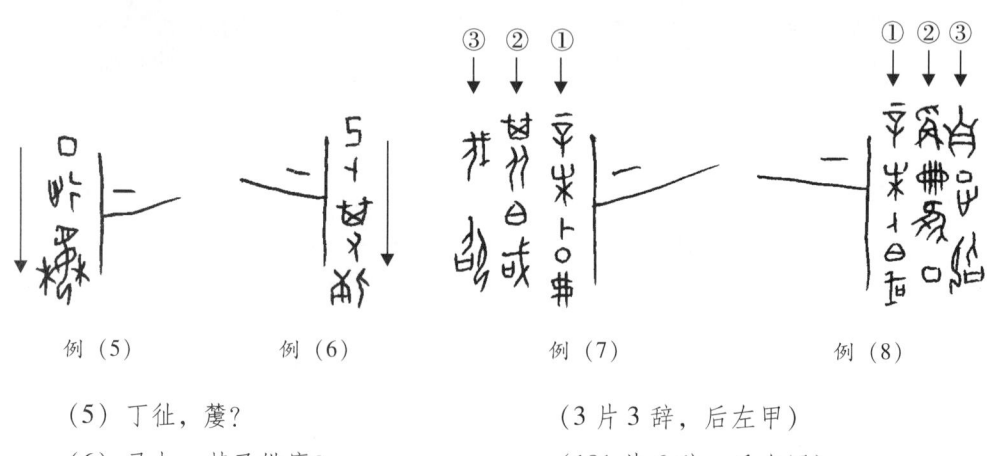

例（5）　　例（6）　　　　例（7）　　　　　例（8）

(5) 丁征，蔑？　　　　　　　　（3片3辞，后左甲）
(6) 己卜：其又妣庚？　　　　　（181片6辞，后右甲）
(7) 辛未卜：丁弗其从白或伐卲？（449片2辞，后左甲）
(8) 辛未卜：白或再册，隹丁自征卲？（449片1辞，后右甲）

背兆刻于背甲及腹甲的左右首、尾、前、后、中甲以至甲桥均有其例,单纯的背兆刻辞一般都集中在最近边缘的卜兆外侧,且多见于前、后甲,中甲、首甲、甲桥都较少见。

4. 迎兆刻辞转向

这类刻辞一般先由兆枝上方迎兆单列横行入,越过兆干后转直行下,辞短的一行即止〔例(9)(10)〕,辞长的则转作多列,行次走向,一依背兆刻辞〔例(11)(12)〕:

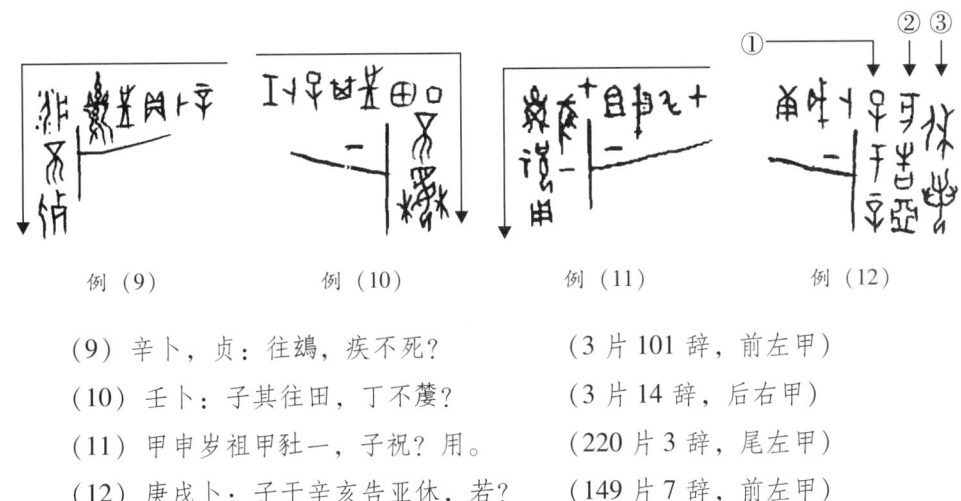

例(9)　　　例(10)　　　例(11)　　　例(12)

(9) 辛卜,贞:往鴅,疾不死?　　　(3片101辞,前左甲)
(10) 壬卜:子其往田,丁不蘷?　　　(3片14辞,后右甲)
(11) 甲申岁祖甲牝一,子祝?用。　　(220片3辞,尾左甲)
(12) 庚戌卜:子于辛亥告亚休,若?　(149片7辞,前左甲)

迎兆刻辞转向现象十分常见,背甲及腹甲的左右首、尾、前、后、中甲均有其例,辞长者多见于龟腹甲边缘,辞短者除边缘外,居中者亦复不少。

5. 顺兆刻辞转向

这类刻辞一般先由兆枝上方顺兆单列横行入,遇到别的卜兆障碍而转向作由上至下的单列直行行进。比如:

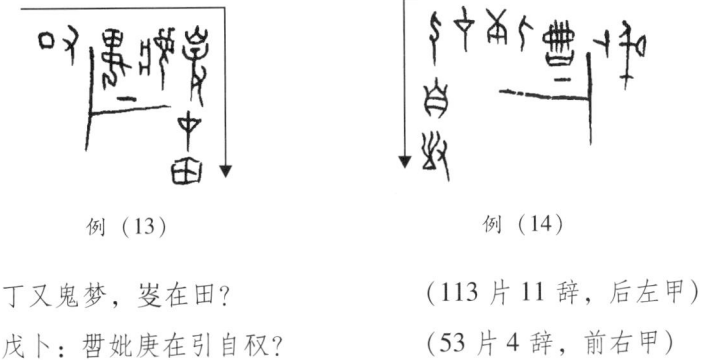

例(13)　　　　　例(14)

(13) 丁又鬼梦,妾在田?　　　　(113片11辞,后左甲)
(14) 戊卜:曹妣庚在引自权?　　(53片4辞,前右甲)

顺兆刻辞转向的情形不多,辞也不长,而且都是单列横行转单列直行的,未见复列之例，一般见于卜兆较密集的卜甲，且多集中于卜甲的中部。

6. 绕兆刻辞

即刻辞环绕卜兆行进。一般是迎兆单列横行入，至兆干外侧转单列直行下，至兆干脚再转向兆干内侧，在兆枝下方顺兆枝的指向行进，短者仍用单列横行［例（15）（16）］，长者则作多列直行样式［例（17）（18）］：

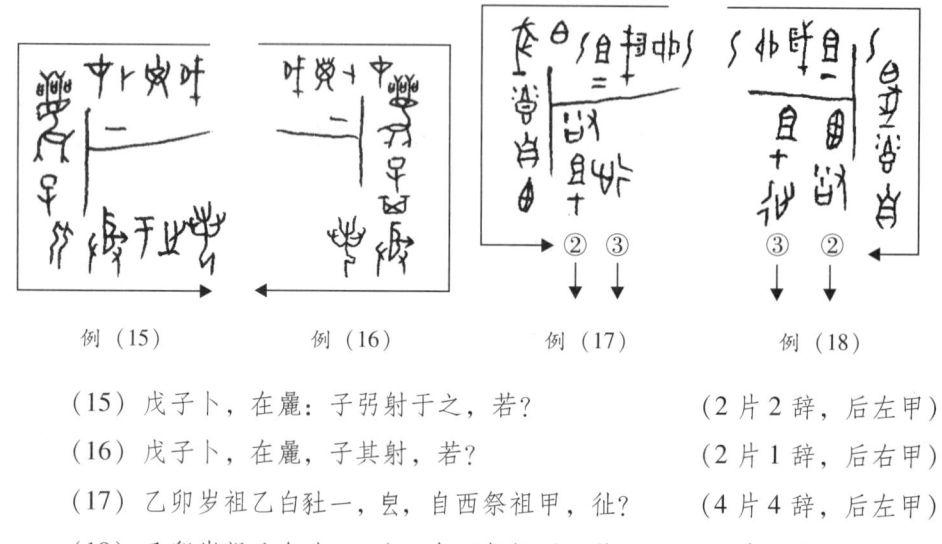

(15) 戊子卜，在麗：子弜射于之，若？ （2片2辞，后左甲）

(16) 戊子卜，在麗，子其射，若？ （2片1辞，后右甲）

(17) 乙卯岁祖乙白牝一，皂，自西祭祖甲，祉？ （4片4辞，后左甲）

(18) 乙卯岁祖乙白牝一，皂，自西祭祖甲，祉？ （4片3辞，中右甲）

这类卜辞为数颇多，背甲及腹甲的左右首、尾、前、后、中甲都不乏其例。有时卜辞特别长，绕一圈仍未刻完的，有空位时会顺势而出［例（19）］，无空位时多折返背兆方向寻位续刻［例（20）（21）（22）］：

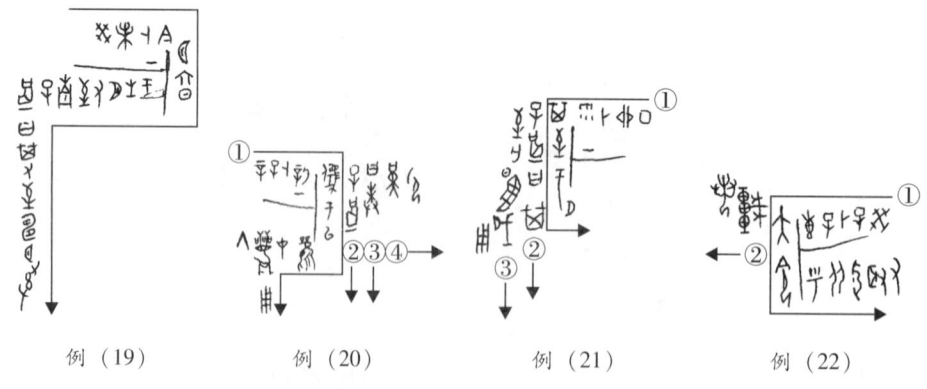

(19) 癸未卜：今月六日□于生月又至南？子占曰：其又至，卲月叀。

（159片1辞，右半甲）

(20) 辛巳卜：新馽于以凤，在罙入，用？子占曰：奏莫，御？

(259片1辞，后右甲)

(21) 丁卯卜：雨其至于夕？子占曰：其至亡，翌日戊。用。

(103片2辞，后右甲)

(22) 癸巳卜：子叀大令乎从弹取又车，若？　　　(416片11辞，后左甲)

例（19）是顺势出后遇中缝而转直下的；例（20）（21）是绕三节后遇到别的兆而转向下，遇阻而折返背兆方向记占辞的；例（22）"车""若"二字亦是绕兆后折返背兆方向续刻的。绕兆刻辞由顺兆入者不多，但也有：

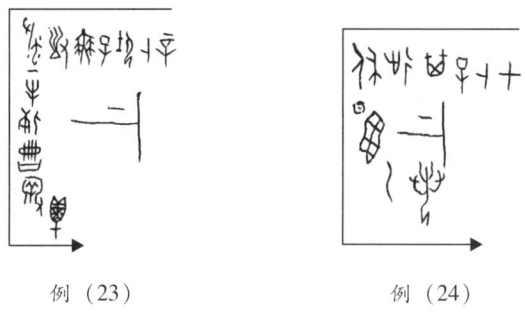

(23) 辛卜：御子舞叔，改一牛妣庚，晋牢，又鬯？　　(181片24辞，前右甲)
(24) 甲卜：子其征休，翌日乙若？　　(181片1辞，尾右甲)

7. 跨兆刻辞

即刻辞跨越一事多卜的几个卜兆，目的在明确卜辞与卜兆的配属关系。有迎兆刻的[例（25）（26）]，有顺兆刻的[例（27）]，有横跨相向卜兆的[例（28）]，也有背兆刻的[例（29）]：

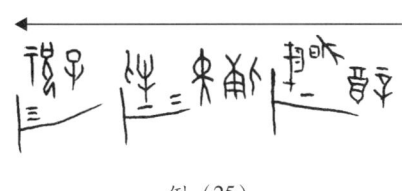 

(25) 辛酉岁妣庚黑牝一，子祝？　　(123片1辞，前左甲)
(26) 辛酉岁妣庚黑牝一，子祝？　　(123片2辞，前右甲)

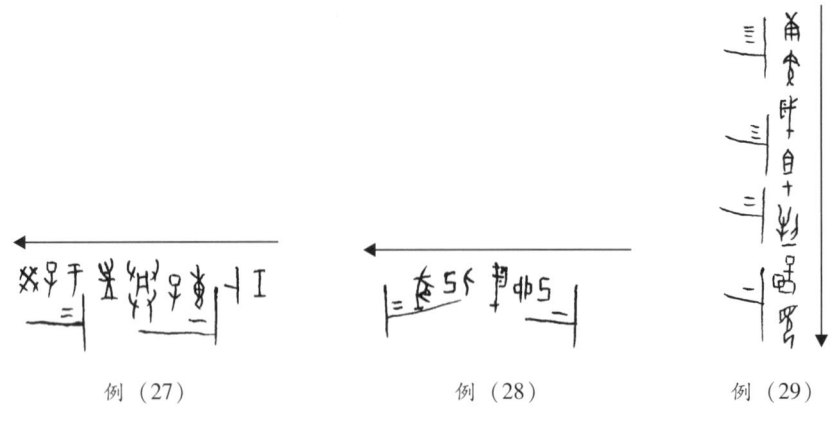

例（27）　　　　　例（28）　　　　　例（29）

(27) 壬卜：叀子興往于子癸？　　　（181 片 31 辞，后右甲）
(28) 己卯岁妣己一？　　　　　　（314 片 8 辞，前左右甲中）
(29) 庚寅岁祖甲牝一，子雍見？　　（237 片 12 辞，右甲桥）

跨兆刻辞以迎兆刻者为最普遍，顺兆刻、背兆刻、跨相向卜兆者均为数不多。

8. 圈兆刻辞

即以刻辞圈定一事多卜的几个卜兆，目的也在明确卜辞与卜兆的配属关系。跨兆刻辞无论横行直行都以单列而无转折者为限，凡经转折的，我们都划入"圈兆刻辞"。圈定横列诸兆的形式，有迎兆转向的，如例（30）（31），有绕兆式的，如例（32）：

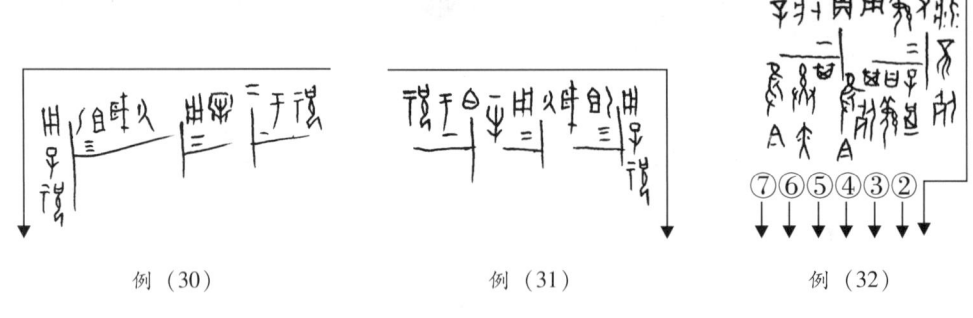

例（30）　　　　　例（31）　　　　　例（32）

(30) 祝于□二牢用，ㄆ岁祖乙用，子祝？　（142 片 4 辞，后左甲）
(31) 祝于白一牛用，ㄆ岁祖乙用，子祝？　（142 片 3 辞，后右甲）
(32) 辛亥卜，貞：用羌又疾，不死？子占曰：羌其死隹今，其䖵亦隹今。
　　　　　　　　　　　　　　　　　　　（241 片 11 辞，前右甲）

圈多层兆的形式则有：

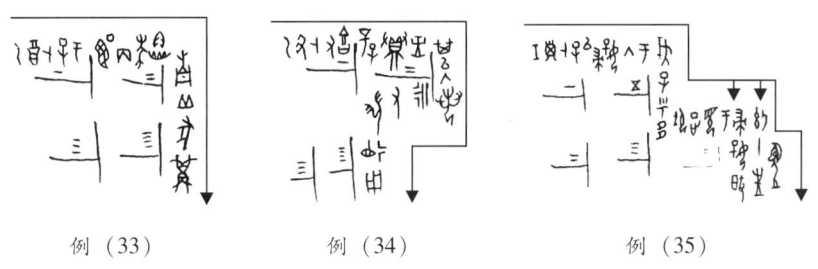

例（33） 例（34） 例（35）

(33) 乙酉卜：子于翌日丙☒出南丘豕，冓？ （14片3辞，后右甲）

(34) 乙丑卜：又吉兮，子具㞢其以入若，永又兇德？用。

(6片2辞，后右甲)

(35) 壬子卜：子以妇好入于狀，子乎多御正见于妇好，肇紤十，往鞏？

(37片22辞，前右甲)

圈纵列诸兆的形式有：

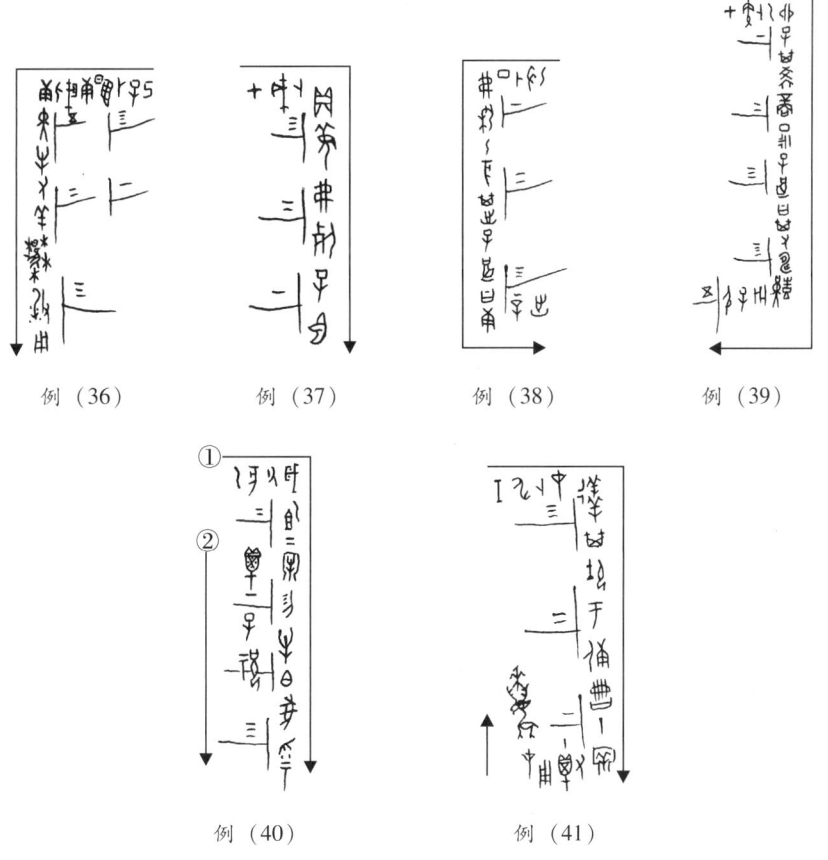

例（36） 例（37） 例（38） 例（39）

例（40） 例（41）

(36) 己巳卜：翌日庚岁妣庚黑牛又羊，暮改？用。　　(451片1辞，尾左甲)

(37) 甲戌卜，贞：羌弗死子臣？　　(215片2辞，后右甲)

(38) 乙丑卜：丁弗采，乙亥其出？子占曰：庚辛出。(366片2辞，左半甲)

(39) 甲寅卜：乙卯子其学商，丁永？子占曰：其又㝅艰。用。子股。

(336片1辞，右半甲)

(40) 乙亥㞢岁祖乙二牢，勿牛，白彘，叔鬯一，子祝？

(142片5辞，右半甲)

(41) 甲申卜，在𨚶：其御于妣庚，曹十牢，又十鬯？用。在麓。

(95片1辞，后右甲)

花东卜甲刻辞之行款主要有上述八种类型。其中第一、二、三、六是基本形式，四、五、七、八实际上只是这几种形式的变化与延伸。

花东卜甲卜兆的朝向，与小屯卜甲一样指向中缝，但刻辞之顺兆与逆兆却无定则，左行右行也就难有规律可言，所谓"左甲左行，右甲右行"的规矩，无论在中缝两侧的刻辞抑或首尾两边的刻辞中都未有形成。

与以复列直行占绝对优势的小屯卜甲刻辞不同，花东卜甲刻辞一般以单列者最为常见。迎兆刻、顺兆刻、跨兆刻都是纯单列的，背兆刻者单复列并见，绕兆刻与圈兆刻则除末节单复列并见外，末节前之各节亦均取单列形式。

需要指出的是，这种单列形式有时会因脱文的补刻或熟语合文造成一种近乎复列的假象，不过那仅是假象而已，比如花东刻辞第7片的㦰、第324片的𩫖（两辞均右行）、第32片的㵪、第364片的㱿（两辞均左行），如果不将它们整体作一单位考虑去加入单排行列，而按复列释读的话，是无法将卜辞读通的。当然，这种合文，一般都是熟语，这也是不能不加以注意的。比如：

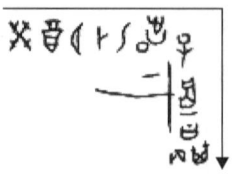

例（42）

原释文作"癸酉夕卜：乙，丁出？子占曰：丙其"。这里面的 ❀ 显然属合文，但"丁出"却不是熟语。其实，▢ 在花东卜甲中多用为"丁"，但用作"日"的也不在少数，"出日""入日"卜辞屡见，若读作：

癸酉夕卜：乙出日？子占曰：其丙。　　　　　　　　（303 片 1 辞）

就顺畅多了。

绕兆刻与圈兆刻偶尔出现除末节外还有复列形式的情形是可能的。但像第 289 片第 4 辞［例（43）］之是否属这种情形却是值得研究的。

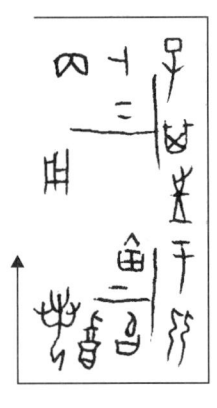

例（43）

原释文作"丙卜：子其往于弜🔲，由侃若？用"。这条刻辞之圈兆，共绕了四节：先由兆枝上方逆兆入为第一节，至"子"字转入兆背为第二节，再转入兆下左行为第三节，"若用"二字转向上为第四节。若按原释文，第三节三字作两行排列，自然是非末节而复列了，但这种读法显然是难以顺畅的。按卜辞常例，"于"下当有脱文，🔲疑即脱文之补刻，可能是表地名的一个未识字，也可能"∧"与"田"不相属，"田"字补入"于"下，全辞读作：

丙卜：子其往于田，弜由侃，若？用。

不仅文从字顺，且不违反"除末节外，其余各节均取单列形式"的规矩。至于"田"上之"∧"，颇疑为脱文补刻之插入标记，惜孤证未能论定矣。

第 220 片第 1 辞［例（44）］是非末节而取复列形式的绕兆刻辞的确证：

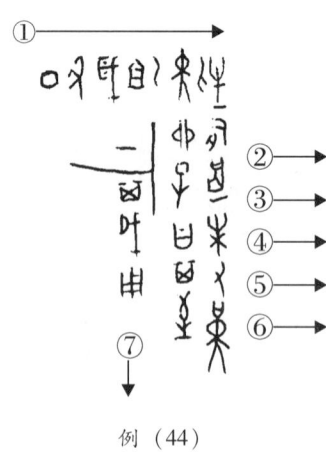

例（44）

（44）丁丑岁祖乙黑牝一，卯胴？子占曰：未，其又至莫。其戉用。

这确是一条行款奇异的卜辞。不仅非末节而取复列形式，而且与一般背兆刻辞所采直行形式有异。这种横行复列形式不仅为小屯刻辞所未见，而且也是花东刻辞所少有。不过这也许不是唯一的。第255片第1辞［例（45）］、第412片第3辞［例（46）］应该可作复列横行理解：

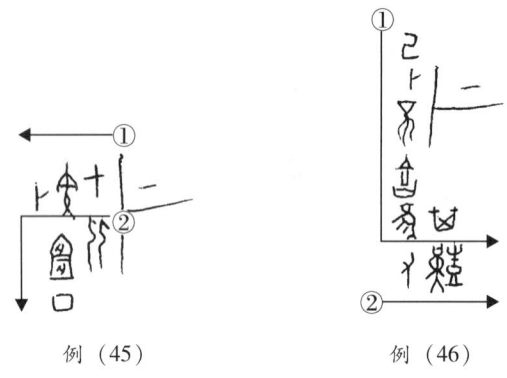

例（45）　　　　　例（46）

（45）甲寅卜：弜宜丁？　　（225片1辞）
（46）己卜：不吉，隹其有艰？　（412片3辞）

第92片第2辞［例（47）］：

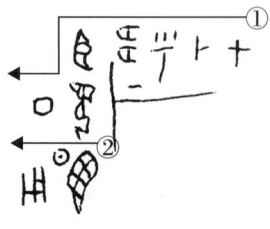

例（47）

原释文作"甲卜：乎多臣见翌日丁？用"。疑亦复列横行例，读作：

(47) 甲卜：乎多臣见丁，翌日？用。

要比原读顺畅。

第7片第1辞［例(48)］：

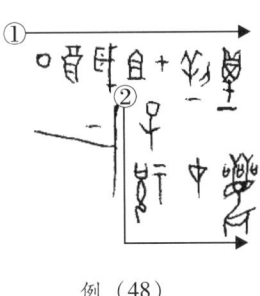

例(48)

原释文作"丁酉岁祖甲牝一、鬯一、在麗，子祝？"这里无论按复列横行或复列直行理解，都应自左至右读作：

(48) 丁酉岁祖甲牝一、鬯一，子祝，在麗？

最后想提出的是，绕兆也好，圈兆也好，都是一条辞守一个（或一组）兆的，在整个龟版中的安排，却是混乱无序的，不少界划的作用也不在分割卜辞，而在圈围卜兆，说明当时主要的还是以兆为中心的概念，整版安排的概念还比较薄弱。一事多卜的多个卜兆往往都有卜辞分别守着，是以一版之内同文卜辞甚多，仅一百八十一片，两条卜辞同文的就有四组，三条卜辞同文的也有两组，与小屯卜甲十个以至二十个卜兆仅一条卜辞，同文卜辞多见于同组卜甲的不同龟版上的情形相比，显然处于较初级的阶段。从绕兆到圈兆再到一辞概括多兆，似乎是一个循序渐进过程，很可能代表着三个不同水平的阶段，不少学者认为花东卜辞是武丁时代并且年份偏早，看来是有道理的。

（本文为2005年甲骨学国际学术研讨会参会论文，原载台湾圣环图书股份有限公司2006年出版的《花园庄东地甲骨论丛》）

甲金文中的重益符号与商周的闰月问题

甲金文中的"="形符号出现甚多，含义甚广，有表示重文、合文、省体、文饰等多种功用，还可以代表冰（如⿰字）、代表土（如⿰字）、代表矿石（如⿰字）等，前人已多有论列。这里想指出的，是"="形符号除了上述功用之外，还可以表示重复、增加的意思，本文称它为"重益符号"。

"再"字金文作⿰（《䟎羌钟》）、⿰（《陈璋壶》），"贰"字金文作⿰（《召伯簋二》）、⿰（《中山王方壶》），两字均有"="形符号。再字的意义，《说文》说是"一举而二也"。段注："凡言二者，对偶之词，凡言再者，重复之词，一而又加也。"贰字的意义，《说文》说是"副益也"。段注："当云副也、益也。"两字都有附益增加的意思，它们在字形上共有的"="符显然是为表达这一意思而设置的，它应该就是我们所讲的"重益符号"了。

学者们对周原甲骨 H11：2 所载卜辞"自三月至于三月=唯五月西尚"中的"三月="的考释，长期聚讼，或以"="为重文符号，读作"三月月"，而以后一月字指"望日"；①或以"="为合文符号，而以"三月"的合文来表示四月，②均未畅达。假如我们将这个"="作重益符号理解，问题就简单得多了。"三月="即重益的一个三月，亦即闰三月。卜辞中的"西"当指周（文王称西伯），卜辞中的"尚"，当指佑助（郝懿行《尔雅义疏》谓："《诗·抑》云'肆皇天弗尚'，言天命不佑助也。"），全辞意谓从三月到闰三月，还有五月，西土的周都能够得到佑助。

晚商铜器《小子𠭯卣》铭末的"在十月=佳子曰令望人方雩"，诸家多以"="为重文符号，读作"在十月，月佳子曰令望人方雩"，③然而，"月佳"二字却长期未得确解。假如我们也将"="作重益符号理解，"十月="即指闰十月，问题也就简单得多了。

---

① 连劭名：《读周原出土的甲骨刻辞》，《古文字研究》第十三辑。
② 1984 年中国古文字学年会上，讨论徐锡台先生《试释周原卜辞中的⿰字》一文时部分同志的发言。
③ 容庚：《商周彝器通考·铭文》。《古文字研究》第四辑所载李学勤、王宇信《周原卜辞选释》一文于《周甲》H11：2 一辞读作："自三月至于三（疑为"四"字之误）月，月唯五月囟尚？"读法亦与此近。

这里牵涉到商周是否有年中置闰的问题。

一些学者以晚殷金文中有十三月的记载而否定商代有年中置闰一法存在，更以西周中晚期金文之有十三月的记载而断定整个商代乃至周初均只实行年终置闰，以为年中置闰是经过西周中晚期年终置闰与年中固定二月置闰并行的过渡期后，至春秋时期才正式实行的。①

另一些学者则以实例论定商周早有年中置闰存在。如据《珠》199 中"癸酉是三月第一旬，若依干支相接之序，则癸卯不当是五月，可知三月五月之间应再加六旬"而断定三月至五月之间当有闰月②；据《佚》399"自癸丑至癸未有四癸日，为一个月之内所不能容"而断定有闰六月的存在，据《存》2.287 癸酉至癸丑五个癸日为一个月所不能容而断定有闰十月的存在③；据帝辛征人方历程中"九月有甲午，十月有甲午，两甲午之间为六十一天，非两个太阳月所能容"而断定九、十两月之间有闰月④；据《静簋》六月初吉丁卯与八月初吉庚寅并见，两初吉日相距八十三天，断定六月以后必有闰月。⑤

甲金文中有关十三月的明确记载表明，自商至西周晚期之有年终置闰是不容置疑的；但是，甲金文中有关年中置闰的实例也不是轻易否定得了的。

关于年中置闰，除了上引诸例外，可补充者当尚不少。比如，《合集》37926：

癸丑王……贞：旬亡祸？在七月。
癸亥王卜，贞：旬亡祸？在七月。
癸未王卜，贞：旬亡祸？在七月。

自癸丑至癸未，凡四癸日，亦为一个七月所不能容，其间当有闰七月。又如《合集》41704＋41723（亦即《英》2503）：

癸酉王卜，贞：旬亡祸？王占曰：弘吉。在三月甲戌祭小甲、䎵大甲，惟……
癸未王卜，贞：旬亡祸？王占曰：吉。在三月甲申䎵小甲、魯大甲。
癸巳王卜，贞：旬亡祸？王占曰：吉。在三月甲午祭戋甲、魯小甲。
癸卯王卜，贞：旬亡祸？王占曰：吉。在三月甲辰祭羌甲、䎵戋甲。

---

① 刘雨：《殷周金文中的闰月》，香港中文大学中文系编集：《第二届国际中国古文字学研讨会论文集》。
② 陈梦家：《殷虚卜辞综述·历法天象》。
③ 董作宾：《殷历谱·闰谱四》。
④ 陈梦家：《殷虚卜辞综述·历法天象》。
⑤ 唐兰：《西周铜器铭文分代史征·穆王》。

癸丑王卜，贞：旬亡祸？王占曰：吉。在三月甲寅祭妣甲、𫖯羌甲、𥛦戋甲。
癸亥王卜，贞：旬亡祸？王占曰：吉。在三月甲子𫖯妣甲、𥛦羌甲。
……王卜……旬亡祸……月甲戌…祖甲、𥛦妣甲。

自癸酉至癸亥凡六癸日，绝非一个三月所能容，其中必有三旬为闰三月。再如《合集》26716：

癸巳……贞……祸？
癸卯卜，贞：旬亡祸？一月。
癸丑卜，贞：旬亡祸？二月。
癸亥卜，贞：旬亡祸？三月。
……酉卜……旬亡祸？

若一、二月间无闰月，则癸丑当为二月之第一旬，三月不可能有癸亥，在二月癸丑与三月癸亥间必有闰月；若二、三月间无闰月，则癸丑当为二月之末旬，一月不可能有癸卯，一月癸卯与二月癸丑间必有闰月。又再如《合集》26501：

癸亥王贞：旬亡祸？十月。
癸酉卜，王贞：旬亡祸？在十一月。
癸未卜，王贞：旬亡祸？在十二月。
癸巳卜，王贞：旬亡祸？在十二月。
癸卯卜，王贞：旬亡祸？在十二月。

十月癸亥与十二月癸未之间仅十一月癸酉一旬，于历法殊无道理，只有在十月与十一月间置一闰月方可解释：

（癸丑）　　癸亥　　（癸酉）　　十月
（癸未）　　（癸巳）　（癸卯）　　闰十月（或十一月）
（癸丑）　　（癸亥）　癸酉　　　　十一月（或闰十一月）
癸未　　　　癸巳　　癸卯　　　　十二月

可见，商周之有年中置闰同样是不容置疑的，闰三月与闰十月均为商周历法所能容。《小子𪰂卣》及《周甲》H11：2的月名下之重益符号应用实例，可以说是为商周年中置闰提供了新的证据。

诚然，作为闰月表示法的重益符号的应用当然不只两例，只是由于"十月＝"一例见于金文，"＝"不易与"二"字相混，"三月＝"一例见于周原甲骨，没有纪数字的干扰，比较容易让人看得清楚罢了。过去被释定为十二月的卜辞中，很可能混有一些重益符号表示闰十月的卜辞；一些以重益符号表示闰一至九月中的某一月的记录，亦可能被当作"纪数字"而被忽略。比如《合集》24351 的 ，一般都释为十二月，但从"二"的位置看似当释为闰十月更加合理；而《合集》24246 的 ，虽然一般也释为十二月，但月旁的"十"，明显是个七字而非十字，释为闰七月的理由会更充分一些。

还应指出的是，"＝"仅是重益符号的标准形式，其简写或可作"－"，如再字甲骨文之作 （《前》7.1.3）；其繁写或可作"≡"若"三"，比如《合集》21897（即《前》8.11.3）之"十月≡"以及商末《文父丁簋》之"十月≡"，从其笔画之短小与位置之偏于一侧看，当亦重益符号之一例。

《文父丁簋》的"十月≡"，旧释"十月肜日"。但"≡"作四短横平放，与肜字通常所作的两长两短参差斜放的" "形有明显区别，而且这种祀季的记录多在"佳王×祀"之后，其置于月名后的，多有"遘于××"字样连接，直接放在月名后面的确实未见，刘雨《殷周金文中的闰月》一文对此所作分析是正确的。但释"十月≡"为"十四月"，以为商代乃至西周晚期仍有年终再闰现象存在，则恐与客观实际不符。已经懂得年中随时置闰的殷人，照理是应该知道三年一闰，五年再闰，十九年七闰的道理的，怎么可能在头三年忘了置闰，而到第五年才意识到连闰两月呢？所以，我认为还是以释闰十月为妥。铭文所记"佳䤕令伐人方䍙"与《小子䍙卣》所记"佳子曰令望人方䍙"当为同时事，受赏同在闰十月，前后相隔十二日。

既然商周年终置闰与年中置闰各有实例，谁也否定不了谁，那么，陈梦家关于"年终置闰与年中置闰，至少在某个时期内是并行的"① 的讲法就是比较客观的了。从现有材料看，从殷墟早期至西周晚期的整个时段都不能排除这种"并行"的可能。至于在这么长的时期内并行的原因何在，则有赖于进一步研究。但在处理甲金文中的有关材料时，我们不应强迫它们去迁就、适应预先定下的主观构想，而应以它们作为推算当时历法、修正我们的主观构想的依据。像董作宾那样先确定殷代历法的改革在祖庚七年，硬是将《珠》199 中武丁时的年中置闰实例给放走了②，是十分可惜的。

（1994 年东莞古文字研究会年会上宣读，原载广东人民出版社 1998 年出版的《容庚先生百年诞辰纪念文集》）

---

① 陈梦家：《殷虚卜辞综述·历法天象》。
② 董作宾：《殷历谱·闰谱一》。

卜辞祭祀对象名号解读二题

（一）㿵为"盘庚"合文补说

㿵于甲骨文屡见，诸家说解，颇见分歧。或与㿵一起释"庸"，或与㿵并释为"唐"，或隶作"䗼"若"庹"，又或以为"盘庚"之合文。而从近年的出版物看，释"庸"似占有更大的优势。

"庸"字按于省吾的分析，当是从庚从用、用亦声的会意兼声字。① 于先生所释之㿵（《京津》452，即《掇》2.5，亦即《合集》12839）与小屯南地所出之㿵（《屯南》1022），确可作如上分析，释庸应该可信。但㿵形各例，不仅所从之㿵与㿵（用）字形殊异（用字甲骨多见，其横画或有省简、移位，而竖笔却未见省简如㿵形者），其辞例亦与㿵迥别，两者应该不是同一个字，《甲骨文编》将它们区别对待不是没有道理的。

"唐"字亦屡见于甲骨，其字均从㿵，与㿵亦有明显区别，就是主张释㿵为"唐"的严一萍也承认"唯此㿵与㿵，在卜辞中，形有小异，虽属一字而义实不同"，② 形、义既别，自然是分作两字看更合适的，确实不宜与"唐"字相混淆。

将㿵隶作䗼，③ 主要是不明"舟"与"凡"的形体区别。拙文《"祼用鸡彝鸟彝，皆有舟"解》曾经对甲骨文中的"盘""凡""舟"三字的形体作过辨析："盘形作㿵，是竖放的圈足浅腹盘的形象，一边短而直（足底），一边长而弯（盘面）；凡形作㿵，是高脚深腹盘的形象，两边等长而作异向微弯；舟形作㿵，是舟船的形象，两边等长而

---

① 于省吾：《甲骨文字释林》，中华书局1979年版，第317—318页。姚孝遂按语：《甲骨文诂林》，中华书局1996年版，第2897页。

② 《中国文字》第三卷，第13册，第1457—1462页。

③ 郭沫若：《殷契粹编·考释》，科学出版社1965年版，第76页上。

作同向微弯。"① ⿰与⿰、⿰与⿰或时有混讹，⿰与⿰的界限却是分明的，⿱之所从，显然是"凡"而不是"舟"，从字形分析看，孙海波《甲骨文编》与李孝定《甲骨文字集释》将它隶作"庚"是正确的。

李孝定在释⿱为庚的同时，曾经怀疑它是"盘庚"的合文。② 我觉得他怀疑得很有道理，所以想顺他的想法作些补充说明，为这一说法提供一些理据。

首先，从辞例看，庚大多处在祭祀对象的位置上。有像"乍大丁"（《合集》1404）、"帚、壴于大乙"（《合集》32419）、"勿奏祖乙"（《合集》10198 反）、"又大庚"（《合集》19813）中的大丁、大乙、祖乙、大庚那样直接放在㱃、㣇、帚、䀠、壴、奏、又等祭祀动词之后的：

辛未卜，贞：今日㱃庚？十二月。在圃。	（《合集》18804）
于翌日壬遘㱃庚，不遘大风？	（《合集》30270）
其帚庚，壴于既卯？	（《合集》30693）
䀠庚，在⿰⿰又⿱其礿？	（《合集》31012）
其奏庚，闳美有正？	（《合集》31023）
……壴庚于之……	（《合集》34612）
丁丑卜，煉其酚于父甲又庚叀祖丁用？	（《屯南》1055）

有像"叀大戊用"（《合集》33788）的大戊那样，用"叀"将庚提于祭祀动词之前的：

贞：叀庚用？大吉。	（《合集》27459）
叀庚奏有正？	（《合集》31014）

或者用"叀"将庚与别的先祖一起提于祭祀动词之前的：

叀祖丁庚奏？	（《合集》27310）
叀小乙……庚奏用有正？	（《合集》31013）
叀父庚庚用，唯父甲正，王受又？	（《屯南》1055）
叀祖丁庚用？	（《屯南》1255）

---

① 《学术研究》1985 年第 2 期，第 94 页。
② 李孝定：《甲骨文字集释》，中央研究院历史语言研究所 1991 年版，第 3981 页。

这些辞例，读庚为"盘庚"合文，应该是文从字顺的。

下面再看看字形。如前所述，凡与盘字形近似，时有混淆，在合文中更易讹混，因此，读庚中的凡为盘，应该容易理解，被公认为盘庚合文的 ▨（《合集》35776）亦可为证。李孝定所以没有坚持，其顾虑主要在"卜辞盘庚合文均横书作 ▨ 或 ▨，无作此形者，且此字庚字在上凡字在下，亦不得读为凡庚也"。①

甲骨文中祖妣庙号合文横写与竖写、左读与右读每无定格，横写与竖写并见的现象相当普遍，如 ▨（《合集》32577）之又作 ▨（《合集》34083）、▨（《合集》27432）之又作 ▨（《合集》27430）、▨（《合集》27456）之又作 ▨（《合集》22231）等即其证。像"盘庚"这样两个横向取势的字，其合文本来是竖写比横写更有利的，如果只有横写而无竖写，那反倒是不正常的。其实，有无竖写主要在于是否承认庚这种形式，承认了，不就有竖写了吗？再说，▨（《合集》19798、《合集》19916、《合集》19917）不就是"盘庚"的竖写吗？所以，竖写横写，根本不是问题。

至于"庚"字在上凡字在下是否可以读作"凡庚"的问题，联系甲骨文中"上下"合文作 ▨、五十、八十合文作 ▨、▨，十一月、十二月合文作 ▨、▨ 等写法看，竖式合文逆读的现象实相当普遍。就是在祖妣庙号合文中，竖式逆读的例子也不算少见，如祖丁之作 ▨（《合集》34010）、妣庚之作 ▨（《合集》22227）、祖乙之作 ▨（《合集》23151）、武丁之作 ▨（《合集》36267）等，即其明证，读 ▨ 为"盘庚"应该说得过去。

下面想对几条相关卜辞的释读谈点看法：

　　叀 ▨ 奏，王衍？　　　　　　　　　　　　　　（《合集》27310）
　　莫其奏庚，叀旧庚大京？武丁……　　　　　　（《屯南》4343）
　　丙辰卜，叀旧庚用，王受又？　　　　　　　　（《合集》30694）

关于 ▨，严一萍认为是"▨▨▨三字的借体合文"；② 黄奇逸以为是 ▨ 的变体，即"盘庚"之合文。③ 从字形分析看，▨ 只与 ▨ 相接，却不与 ▨ 相邻，作 ▨ 与 ▨ 分析，实有未安，虽然我不同意严一萍读庚为唐的说法，但他将"庚"看作是"父庚"与"庚"共用的借体符号，却是合情理的分析。因此我认为，▨ 是父庚与盘庚两个庙号的合文，全辞当读作"叀父庚、盘庚奏，王衍"，正好与前引《屯南》1055 之"叀父庚、庚用，唯父甲正，王受又"相印证。

---

① 李孝定：《甲骨文字集释》，中央研究院历史语言研究所 1991 年版，第 3981 页。
② 《中国文字》第三卷，第 13 册，第 1457—1462 页。
③ 《考古与文物》1987 年第 1 期，第 69 页。

这里，可能会有人对父庚、盘庚、父甲之排列提出质疑，其实，这种非正常排序在卜辞中亦不乏其例：

  作㞢父乙豕妣壬豚兄乙豚……兄甲豚父庚犬…… （《屯南》附3）
  父己中己父庚叀…… （《屯南》957）

至于"旧庚大京"，自应读作"旧盘庚大京"，乃指盘庚迁殷以前的旧都言；而"叀旧庚用"则当读作"叀旧盘庚用"，旧盘庚当指盘庚的旧宗，与"且甲旧宗"（《合集》30328）、"王其又妣庚新宗"（《合集》30324）的用法相类，是指旧的盘庚宗庙而言。

此外，卜辞中尚有 （《合集》20577）、 （《合集》30693）两形，颇疑乃"大庚"与"父庚"之合文，惜证据未足，未能论定而已。

（二）说卜辞的祭祀对象"㞢"

"㞢"字甲骨习见，尽管学者们对其形义来源至今未能取得一致意见，但对其音读当如"又"。在卜辞中可用作有无的"有"、又再的"又"、福祐的"祐"、侑祭的"侑"等问题的认识上，却没有什么分歧。本人对上述认识表示完全的赞同，本文想指出的，只是㞢字在上述用法之外，还有一个"祭祀对象"的用法。

疾梦类卜辞每多"唯㞢壱""不唯㞢壱"一类记录：

  贞：有疾自，唯㞢壱？
  贞：有疾自，不唯㞢壱？ （《合集》11506）
  疾齿，唯㞢壱？
  疾齿，不唯㞢壱？ （《合集》13647）
  疾身，唯㞢壱？
  疾身，不唯㞢壱？ （《合集》13666）
  贞：有疾齿，唯㞢ꗃ？
  贞：有疾齿，不唯㞢ꗃ？ （《合集》13656）

论者大多将这个"㞢"字理解为有无的"有"，这是值得商榷的。

在卜辞中，㞢（有）一般都与亡（无）对贞。比如：

己未卜，亘贞：子安亡蚩？

贞：子安㞢蚩？ （《合集》905）

贞：子商矣，㞢🔥？

贞：子商矣，亡🔥？ （《合集》2953）

己丑卜，今夕亡祸？

己丑卜，今夕㞢祸？ （《合集》21302）

但是，在"唯"与"不唯"句中，却只见"唯㞢蚩""不唯㞢蚩"，而未见"唯亡蚩""不唯亡蚩"的。细审辞义，我们不难发现，㞢蚩、亡蚩、㞢祸、亡祸一类卜辞，都是对未来某一时段或将要施行的某一事情之有无祸害提出贞问的；而唯蚩、不唯蚩一类卜辞，则是某一情况出现后，贞问是不是祸害或是谁引致祸害的。这是两种不同的卜辞类型，"唯㞢蚩"并不等同于"㞢蚩"，"不唯㞢蚩"更不等同于"亡蚩"。

本人在《"受""蚩"类卜辞否定句中宾语对"不""弗"选择的考察》① 一文中曾经指出，在"唯"与"不唯"句中，"这个'唯'字实际上起的是一种帮助确认、判断的作用，是一个帮助表达判断的语气词，'唯'表示肯定的判断，'不唯'表示否定的判断"，在"唯×蚩""不唯×蚩"一类卜辞中，"唯""不唯"是要帮助对"蚩"的施事主语作出判断的，在"唯蚩""不唯蚩"一类卜辞中，"唯""不唯"是要帮助对已发生的事情之是否祸害作出判断的。事实上，"唯×蚩"类卜辞的贞问者往往都会提出不止一个的可能对象，以求神灵对"谁是施事者"作出判断，㞢与先祖庙号所处的位置是相同的：

疾齿，唯㞢蚩？

疾齿，不唯㞢蚩？

不唯父乙？ （《合集》13647）

贞：疾齿，不唯父乙蚩？

贞：疾齿，唯南［庚蚩］？

贞：疾齿，不唯…… （《合集》13648）

贞：不唯㞢蚩？

疾身，唯㞢蚩？

不唯多父？

---

① 《华南师范大学学报·社会科学版》2002年第4期，第57—61页。

唯多父？

不唯祖……

唯祖……　　　　　　　　　　　　　　　　　（《合集》13666）

屮应该是与父乙、南庚、多父以及"贞：王疾身，唯妣己屮"（《合集》822）中的妣己、"……午卜，㱿贞：屮疾止，唯黄尹屮"（《合集》13682）中的黄尹相类的屮、祐行为的施事者，也应是人们祛屮祈祐的祭祀对象。

而下列卜辞中的"屮"所处的位置实与祭祀对象相仿，这些卜辞，很可能就是祭祀"屮"的卜辞：

勿衣屮屮？　　　　　　　　　　　　　　　　（《合集》901）

勿䇭屮十㸬？　　　　　　　　　　　　　　　（《合集》768）

贞：祀屮，若？　　　　　　　　　　　　　　（《合集》6037）

贞：燎屮二牛？　　　　　　　　　　　　　　（《合集》15627）

辛酉卜，邻于屮亘罗？　　　　　　　　　　　（《合集》22099）

此外，卜辞中还有屮妻、屮母、屮祖、屮妣一类屮的亲属称谓，他们也处在祭祀对象的位置上：

辛亥卜，亘：御妇于屮妻？

勿御妇于屮妻？　　　　　　　　　　　　　　（《合集》667）

呼子安御屮母于父乙，㞢宰曹及三㸬五宰？

呼子安御屮于屮祖，宰？

勿呼子安屮于屮祖，宰？　　　　　　　　　　（《合集》924）

呼子渔屮于屮祖？　　　　　　　　　　　　　（《合集》2973）

呼子安于屮妣？　　　　　　　　　　　　　　（《合集》3167）

贞：唯屮祖尧㓞？

唯屮妣尧㓞？

御于屮妣？　　　　　　　　　　　　　　　　（《合集》4421）

比照下列卜辞：

御妇于嬴甲？　　　　　　　　　　　　　（《合集》656）

御母辛于妣己，龛？　　　　　　　　　　（《合集》22077）

御妇好于父乙，[囗]窜屮南曾十宰十𠬝？　（《合集》702）

呼子渔屮于祖乙？　　　　　　　　　　　（《合集》2972）

呼［子］渔屮于祖丁？　　　　　　　　　（《合集》2974）

呼子安卯父乙？　　　　　　　　　　　　（《合集》709）

御子渔于父乙？　　　　　　　　　　　　（《合集》713）

贞：唯父乙㞢妇好？

贞：不唯父乙㞢妇好？　　　　　　　　　（《合集》6032）

御于南庚？　　　　　　　　　　　　　　（《合集》2014）

我们可以清楚地看到，与嬴甲、妣乙、祖乙、父乙等一样，屮妻、屮母、屮祖、屮妣都是受祭祀的对象，它们作为"屮"也是祭祀对象的旁证，应该是有力的。

（本文写于2003年，提交中国古文字研究会第十四届年会，原载《古文字研究》第二十五辑）

读卜辞三札

(一)"毓""后"辩

《甲骨文编》《甲骨文字典》《殷墟甲骨刻辞类纂》《甲骨文字诂林》等书,可以算得是当今的权威工具书了。但遍检四书,"后"字都只有 ![毓] (毓) 字的字形,《甲骨文编》与《甲骨文字典》都注明"卜辞用毓为后",《殷墟甲骨刻辞类纂》及《甲骨文字诂林》则在 ![毓] 字的释文位置上标作"毓育后",也是字当释"毓"而可用为"后"的意思。

"毓"字凭什么可以用为"后"呢?从字形上看,![毓]、![毓]、![毓]、![毓]诸形都只能理解为妇人生育的形象,与君主、继体君一类意义无涉;从字音上看,"毓"为余母觉部字,"后"为匣母侯部字,如果说"觉"部与"侯"部有旁对转关系尚可算得上"韵近"的话,那舌音的"余"母与喉音的"匣"母却是不好扯到一起的。因此,"用毓为后"说,无论从字形方面抑或字音方面讲,都是缺乏理据的。

首倡"用毓为后"说的是王国维,而导致王氏得出这一结论的则主要是有关"毓祖乙"与"多毓"的卜辞:

乙卯卜,贞:王宾毓祖乙、父丁,岁,亡尤? (《续》1.31.3)
自上甲至于多毓,衣? (《后》上20.7)

王氏认为,毓祖乙乃帝乙对其近祖武乙之称,殷诸帝中名乙者六,除帝乙未见卜辞外,皆有祖乙之称,武乙在诸名乙者之后,故毓祖乙即后祖乙,毓用为先后之后;多毓乃指商王之众先祖,而典籍多有商人称其先人为"后"的记载,因而推定"多毓"即

"多后"。①

其实，同义未必同字。"毓祖乙"可以理解为毓我关系最直接的一个祖乙，即与时王最近的一个祖乙；"多毓"可以理解为多位毓我的先祖，即与时王有直系血脉的先人。按字面上就讲得过去，何必要将"毓"读成"后"呢？李孝定在引述王氏之说时即曾指出，"丁丑虫于五毓"中的"五毓"犹他辞之言"五示"，正像我们不必将毓说成是"示"字一样，我们也不必将"毓"说成是"后"字的。

实际上，甲骨文本身已有"后"字，而且并不少见，只是因为古文字书写正反无别，"后"的反文又与"司"形近，所以长期被混入"司"字当中而已。1976年河南安阳殷墟五号墓出土后，学者们联系该墓所出器物上的"妇好""司母辛"等铭文、墓主的身份，并结合殷墟卜辞的内容和古文字形体正反每无区别的规律，已指出了殷商甲金文中过去被释为"司"的字，有不少是"后"字的误释，②笔者在《"母后戊"方鼎及其它》③一文中对此亦作过详细的阐述，甲骨文中"后"字的存在，应该是不争的事实。王国维基于"毓"可读为"先后"的"后"及"继体君"的"后"的认识所作"产子为此字之本义……倒子在人后，故引申为先后之后，又引申为继体君之后""后字之谊，本从毓谊引申，其后产子之字，专用毓育二形，继体君之字，专用后形，遂成二字，又讹后为后，而先后之后又别用一字，《说文》遂分入三部，其实毓后后三字本一字"的理解，④显然与文字发展的事实不符，只能算得上是一种缺乏事实根据的猜想而已。

（二）说"匕后"

匕后，又作匕司，卜辞仅此二例，分别见于花园庄东地甲骨103（H3：333）的第5、6两辞，整理者释作"亡司"，并将卜辞释定为：

乙巳卜，在狀：庚不雨？子占曰：其雨亡司。夕雨。用。
乙巳卜，在狀：其雨？子占曰：今夕其雨，若。己雨，其于翌日庚亡司。用。

谓"'亡司'，首见。疑作'亡事'解"，其义应如屈万里所言"当如《周易》震卦爻辞'无丧有事'之有事，谓意外之事也"。

---

① 《戬寿堂所藏殷虚文字考释》。
② 《安阳殷墟五号墓座谈记录》，《考古》1977年第5期。
③ 《华南师范大学学报·社会科学版》1985年第3期。
④ 《戬寿堂所藏殷虚文字考释》。

此外，整理者还收集了学术界的几种不同解释：

朱岐祥认为"司字宜读如祠，祀也"，"无司当读为无祠，即不进行祭祀的意思"；宋镇豪释"亡司"为"无时"，"雨亡时"指"雨失时"；冯时亦释"亡司"为"无时"，谓"亡时"即"降雨于一日之中无定时"；李学勤认为"其雨亡司，夕雨"应点读为"其雨，匕（比）后夕雨"，"其于翌庚亡司"应点读为"其于翌庚匕（比）后"，"'翌庚比后'或'比后夕'，所谓'后'指庚午以下一天，'后夕'指庚午以下一天的夜晚，这与后世说的后日、后夜一样"。①

虽然上述诸家均未有充分证据让其余各家心悦诚服，但也都有各自合理的一面。从释字角度讲，整理者及朱、宋、冯诸家之释 ヒ 为"亡"，自然要比李氏之释"匕（比）"来得合理，ヒ（亡）与 ㇄（匕）卜辞多见，字形上确是判然有别的；但李氏释 后 为"后"，则可以在旧有甲骨刻辞中找到比诸家之释"司"更多的证据。笔者在《"母后戊"方鼎及其它》一文中对这一问题曾经作过认真的考察，认为在 后 字的释定上，李说更优；至于对辞意的理解，则似以整理者的意见、尤其是他们先期发表的《殷墟花园庄东地甲骨卜辞选释与初步研究》所点明的"义与'无祸'相近"的说法更为合理。如果作"不进行祭祀"解，否定词一般用"勿"或"弗"而不用"亡"；如果作"失时"解，己巳"其雨，若"，怎么第二天"庚雨"就会"失时"呢？显然不近情理；如果作无定时解，则殷墟"卜雨"之辞至夥，而此种问答，委实罕见。反观"无祸"之说，则问雨之吉凶的卜辞在所多见：

王占曰：其雨惟庚，其惟辛雨，弘吉。	（《合集》809 反）
辛酉卜，㱿贞：乙丑其雨，不惟我祸？	（《合集》6943）
甲申卜，争贞：兹雨，惟祸？	
贞：兹雨不惟祸？	（《合集》12883）
贞：兹雨惟孽？	（《合集》12892）
……雨，不惟孽？	（《合集》12893）

因此，辞意当以"无祸"一类意思近是。

字以释"亡后"为优，义以作"无祸"解为长，循声以求，释"亡后"而读"无咎"，似不失为一种合理的推论。"后"为匣母侯部字，"咎"为群母幽部字，匣与群属喉牙邻纽，侯与幽则有旁转关系，声韵俱近，"后"假为"咎"，音理上是说得过去的。因此，卜辞似应释为：

---

① 《殷墟花园庄东地甲骨释文》，第 1600 页。

乙巳卜，在𠂤：庚不雨？子占曰：其雨，亡𠃝（咎）。夕雨。用。

乙巳卜，在𠂤：其雨？子占曰：今夕其雨，若。己雨，其于翌日庚亡𠃝（咎）。用。

（三）说"庙号"

商人庙号的最大特色是所谓的"以日为名"。而这一日名的意义或者说日名确定的依据，则众说纷纭，有生日说、死日说、葬日说及致祭次序说、卜选说、家庭成员分类说、嫡庶说、冠礼婚礼说等不下十种说法，至今莫衷一是。笔者认为，曹定云提出的"宗族行第"[①] 说似乎更近情理。

大抵史籍所载，如《白虎通·姓名篇》《易纬·干凿度》《帝王世纪》等，多主"生日说"；董作宾反对"生日说"、提出"死日说"，主要是由卜辞中日名不见生称、只见庙号所致；但无论"生日说"抑"死日说"都无充分证据，且于商王世次均有难于解释的问题，于是产生陈梦家的"致祭次序说"。按常规，是先有庙号后有致祭次序的，以致祭次序求庙号意义，显然是有些本末倒置了。所以，陈梦家马上补充"而此次序是依世次、长幼、及位先后、死亡先后顺着天干排下去的"，他未能解决庙号意义的问题，却给我们提供了解决这一问题的几种可能，后来的多种说法，实际上都是由此衍生出来的。

"家庭成员分类说""冠礼婚礼说""嫡庶说""双日工作单日休息说"将古人想的太复杂，恐与历史事实不符，而"死日说""卜选说""葬日说"又因花东卜辞之日名生称证据的出现而可排除于外，与陈梦家所列诸因素中的"长幼"为序因素相合的"宗族行第"说就显出其合理的一面了。这是我接受"行第说"的原因之一。

我接受"行第说"的另一原因是，它能较好地解决"上甲、报乙、报丙、报丁、示壬、示癸"日名顺序的巧合问题。这种巧合是无论"生日说"抑或"死日说"或者其他说法都无法解释的。王国维曾经提出过成汤有天下以后制定礼典名号时追名的说法，[②] 但已被于省吾所否定，如果是追名，何以示壬、示癸不用与丁相连的戊、己？如果是追名，何以示壬、示癸的法定配偶妣辛与妣庚不相接？[③] 笔者在《殷先王世次别议》一文中曾对三报二示之直系资格及五代父子承传关系提出质疑，并提出了他们是兄

---

① 《论商人庙号及其相关问题》，《新世纪的中国考古学——王仲舒先生八十华诞纪念文集》，科学出版社2005年版。

② 《观堂集林》。

③ 《略论甲骨文"自上甲六示"的庙号以及我国成文历史的开始》，《社会科学战线》1978年创刊号。

弟关系的可能性，再用日名"行第说"作解释，就比较完满了。

此外，我这里想对曹定云的"宗族行第"说补充一些可能性的设想。商王的庙号会不会不是同族的子弟排序，而是同父所出的子女的排行，这种排序会不会不是全部子女由甲至癸排满后再重排，而是按一个法定配偶所生子女为一个排序组合体。

（原载《华南师范大学学报·社会科学版》2007年第2期）

殷先公世次别议

关于殷先公的世次，当以《史记·殷本纪》所记最为完整、系统："契长而佐禹治水有功……封于商，赐姓子氏。""契卒，子昭明立。昭明卒，子相土立。相土卒，子昌若立。昌若卒，子曹圉立。曹圉卒，子冥立。冥卒，子振立。振卒，子微立。微卒，子报丁立。报丁卒，子报乙立。报乙卒，子报丙立。报丙卒，子主壬立。主壬卒，子主癸立。主癸卒，子天乙立，是为成汤。"这一记载之可靠程度如何？在甲骨文发现以前，人们也像今日看《史记·夏本纪》所记之夏世系一样，是未敢深信的。

最早用甲骨卜辞考订殷先公世次的是王国维。王氏先是考证出卜辞"王亥"即《殷本纪》的"振"，亦即《汉书·古今人表》的"垓"、《楚辞·天问》的"该"、《山海经·大荒东经》的"王亥"、郭璞注引《竹书》的"殷王子亥"；卜辞之"季"即《殷本纪》《古今人表》中的王亥之父"冥"；而卜辞之"王恒"则是《楚辞·天问》中与"该"（王亥）同"秉季德"而为《殷本纪》《古今人表》诸书所失收的王亥之弟"恒"。继而据《戬》1.10与《后》上8.14的文例、字体之相似及接口之吻合而判断其为一骨之折，因合读其文而得"乙未酚㸉品田十匚三匚三匚三示壬三示癸三……大丁十大甲十……"的卜辞，并敏锐地将它与《殷本纪》所记先公世次联系起来，指出"不独田即上甲，匚匚匚即报乙报丙报丁，示壬示癸即主壬主癸，胥得确证，且足证上甲以后诸公之次当为报乙报丙报丁主壬主癸，而《史记》以报丁报乙报丙为说，乃违事实"。王氏的这一论断，既使《殷本纪》所记上甲至示癸诸先公的可靠性得到证明，又使《殷本纪》所记先公世次的失误得到纠正，所以很快被学术界所普遍接受。嗣后，董作宾又将《善》277与王国维缀合之版再拼合，以更完整的面貌使王氏判断之正确性得到进一步的证明。直至今日，似乎还未见对王氏所论提出不同意见的。

不过，笔者对《殷本纪》的记载及王氏之所论，却一直存有疑问：如果主癸是成汤之父，其地位应该十分崇高，何以在卜辞中得不到反映？如果三报二示均为直系，何以一些卜辞在自上甲以下的十数直系先祖的祭祀中会将他们摒之于外？如果报乙、报丙、报丁为祖孙三代，何以日名顺序如此巧合？花园庄东地甲骨公布以后，一些学者的论述给笔者解开疑团颇有启迪，下面即想结合有关材料，谈一点看法。

首先，如果示癸真的是成汤父亲的话，他的地位应该是十分崇高的。人们都知道，甲骨文中有一特异现象，就是王亥的亥字之上，经常会多加一个代表鸟图腾的符号，显示出他的崇高地位。可无论传世文献抑或甲骨卜辞，都未见王亥有什么突出的业绩，人们引用最多的，是郭璞注《山海经·大荒东经》时所引《竹书》"殷王子亥，宾于有易而淫焉。有易之君绵臣，杀而放之"的记载，《周易》《楚辞》所记亦大同小异，因淫乐而被杀、丧其牛羊，并不是什么光彩的事情。倒是他的儿子上甲微"假师于河伯以伐有易，克之，遂杀其君绵臣"，对振兴商族、奠定灭夏基础有功而备受商人尊崇，《国语·鲁语》即有"上甲微，能帅契者也，商人报焉"的记载。胡厚宣指出："商朝人为什么要把鸟图腾的符号加在王亥的名字上呢？我们认为这首先就因为他是上甲的父亲。"父凭子显，这应该是符合事实的。成汤是灭夏立商的开国之君，其功更在上甲微之上，如果示癸真是成汤的父亲，地位该多崇高？怎么可能在卜辞中一点反映也没有呢？这确实是值得怀疑的。《汉书·古今人表》于夏、商、周三代之继统交待虽简而明，但于"主癸"之下不言成汤父，于"帝汤"之下不言主癸子，应该是有一定道理的。

事实上，卜辞中所见的示癸，不仅地位不见崇高，而且经常与示壬及报乙、报丙、报丁一起，被排斥在直系先祖的祭祀系列之外：

□未卜，秦自上甲、大乙、大丁、大甲、大庚、大戊、中丁、祖乙、祖辛、祖丁十示，率牡？　　　　　　　　　　　　　　　　　（《合集》32385）

这条卜辞将上甲以下（含上甲）的连续十个直系先祖都整齐地排列了出来，当中并无三报与二示，这是十分明确的。此外如：

甲申卜，贞：酌秦自上甲十示又二，牛，小示，羊？　（《合集》34115）
乙未贞：其秦自上甲十示又三，牛，小示，羊？　　　（《合集》34117）
甲辰贞：今日秦禾自上甲十示又三？　　　　　　　　（《屯南》827）

辞中的十示又二与十示又三，虽未如《合集》32385 那样明确列出包括哪些先祖，但论者一般都认为，十示又二应是《合集》32385 所列十示之后再加小乙、武丁二世，十示又三应是《合集》32385 所列十示之后再加小乙、武丁、祖甲三世，也都是把三报二示排斥在外的。

甲骨文尚有自上甲廿示的记录：

贞：乙巳，自上甲廿示，一牛；二示羊，土燎；四戈，彘牢；四戈，豭？
　　　　　　　　　　　　　　　　　　　　　　　　（《合集》34121）

一般认为是自上甲起,包括报乙至示癸五世、大乙至祖丁九世、小乙至武乙五世,并作为此片不得早于文丁之世以及三报二示属于直系的证据。其实,廿示是否就是这二十个先祖,实无充分证据。卜辞直系、旁系混在一起的在所多见,《合集》32384 即直系中混有三报二示及象甲、戋甲等旁系;《合集》35406 即直系中混有三报二示及旁系的卜丙;《合集》34123 的"廿示又三"更肯定是直、旁系混合无疑。因此,《合集》34121 是不能作三报二示为直系的证据的。

就是本文开头提到的那片颇受学术界重视的,由王国维、董作宾相继缀合并被郭沫若先后收入《卜辞通纂》书后及《殷契粹编》112(《合集》编号为32384)的胛骨上的卜辞,也都清楚表明三报二示享受的,只是与旁系先祖相同的待遇:

乙未酚𢆉品上甲十,报乙三,报丙三,报丁三,示壬三,示癸三,大乙十,大丁十,大甲十,大庚十,小甲三,[大戊十,中丁十,戋甲三],祖乙[十,羌甲三]。

上甲与大乙、大丁、大甲、大庚、大戊、中丁、祖乙等直系先祖享用祭品之数是十,报乙、报丙、报丁、示壬、示癸享用的祭品之数则与旁系先祖小甲、戋甲等享用的相同,都是三。这也是明显的将三报二示归入旁系先祖之列的。

综上所述,有理由认为。三报二示均非直系先祖,示癸亦非大乙之父,《殷本纪》有关上甲至成汤各先公均为父子相传的记载显然与事实有出入。

但是,如果三报二示分属五代而又均非直系的话,就会出现一种连续五代既无兄终弟及又无父传子继、一味的叔侄承传的现象,这恐怕在中外世袭制的历史上都是少有的。而上甲、报乙、报丙、报丁以及示壬、示癸若属六代人的话,其日名顺序之巧合,无论从旧有的庙号"生日说"抑或"死日说"都是难以有令人信服的解释的。

近读曹定云、刘一曼的《1991年殷墟花园庄东地甲骨的发现与整理》及曹定云《论商人庙号及其相关问题》两文,作者由花园庄东地甲骨卜辞所反映的事实出发,结合其他殷墟甲骨卜辞、商周金文及隋唐以后的"数目字人名"等有关民俗资料,论证了"日名"本为人之生称,人死之后才成为"庙号","日名"之确定,源于商人在同族同辈中的出生次第,亦即行第。笔者认为,曹先生的日名"行第说"不仅理据充分,而且对解开本文所述疑团颇具启发。

上甲、报乙、报丙、报丁以及示壬、示癸日名顺序之巧合,从六代人的角度出发,是很难得到合理解释的,但从六兄弟的角度出发,那就是很自然的事了。那么,他们可不可能是六兄弟而非六代人呢?

系统记述六先公的文献主要有《史记·殷本纪》《史记·三代世表》《汉书·古今人表》和甲骨卜辞。《殷本纪》与《三代世表》是明确记载其为父子相传之六代的,而

《古今人表》则除于"报丁"下标示"微子"外，于报乙、报丙、主壬、主癸都只排出顺序，于他们之间的关系未作任何说明，就是"帝汤，殷商氏"也未标明与主癸是何关系，与其前之"昭明，离子""相土，昭明子""昌若，相土子""根圉，昌若子""冥，根圉子""亥，冥子""微，亥子"及其后之"汤中妃，生大丁""外丙，大丁弟""中壬，外丙弟""太甲，大丁子""沃丁，太甲子""大庚，沃丁弟""小甲，大庚子""雍己，小甲弟""大戊，雍己弟""中丁，大戊弟""外壬，中丁弟""河亶甲，外壬弟""祖乙，河亶甲弟""祖辛，祖乙子""沃甲，祖辛弟""祖丁，祖辛子""南庚，沃甲子""阳甲，祖丁子""盘庚，阳甲弟""小辛，盘庚子""小乙，小辛弟""武丁，小乙子""祖庚，武丁子""甲，祖庚弟""冯辛，甲子""庚子，冯辛弟""武乙，庚丁子""大丁，武乙子""乙，大丁子""辛，乙子，是为纣"之流传有序明显不同。就是甲骨卜辞，也是只排六先公之顺序，未记六先公之关系的，在示癸与大乙之间也没有一条像"□□卜，王［贞］：其燎［于］上甲父［王］亥"（《合集》24975）那样表明王亥与上甲关系的卜辞去表明他们的关系。班固在制作《古今人表》的时候，于报乙以前诸先公及成汤以后诸先王之继统关系条清理晰，与《三代世表》大致相同，独于报乙至成汤之世次没有接受史迁的意见，应该是有他的考虑的。我对六先公之是否为六代人的怀疑以及可能是六兄弟的推断，也是有理由的。

如果六先公是兄弟，按照曹氏的日名"行弟说"，上甲、报乙、报丙、报丁以及示壬、示癸的日名顺序巧合就是很自然、很好解释的事情了。如果我的推断不误，则上甲就是成汤的父亲，上甲在卜辞中所以受特别隆重的祭祀，除了奠定灭夏基础外，很重要的就是他是开国之君成汤的父亲，而王亥之所以有崇高地位，我不否认"首先就因为他是上甲的父亲"，但最根本的，还是因为他是开国之君成汤的祖父。

在殷墟卜辞里面，上甲在殷先公中是享誉最隆的，但也有与三报二示同等待遇的时候：

  庚申卜：酌自上甲一牛至示癸一牛，自大乙九示一牢？　　（《合集》22159）

这是否是他们兄弟关系的一种透露呢？

至于报乙、报丙、报丁与示壬示癸，三报与二示应是两个不同的组合，其区别并不仅仅是兄弟排行的不同，也不仅仅是日名前的区别字的差异，卜辞中以组合体出现的实不乏其例：

  辛巳卜，三报盟于……　　　　　　　　　　　　　（《合集》32391）
  丙申卜，又三报二示？　　　　　　　　　　　　　（《合集》32392）
  三报二示眔上甲酌，王受又？吉。　　　　　　　　（《屯南》2265）

两种组合有时还显示出他们在祭祀中待遇的不同：

辛亥卜，毛上甲牛，三报羊，二示牛？
辛亥贞：毛自上甲，三报羊，二示牛？　　　　　　　　（《合集》32349）

这可能与他们处在复兴的不同阶段有关。大抵三报与上甲年龄比较相近，上甲在世时，他们一起参与伐有易等军事行动，上甲去世后，他们又相继即位并扩大上甲的成果，为商族振兴努力；二示与成汤年龄比较接近，他们除继续扩大几位兄长的成果外，还积蓄力量，打造灭夏基础，辅助和培养成汤的成长。由于成汤的地位比上甲更显赫，辅助成汤的二示组合便比辅助上甲的三报更受重视。

（原载《历史研究》2009 年第 2 期）

"受""希"类卜辞否定句中宾语对"不""弗"选择的考察

否定副词"不"与"弗"的比较研究，从汉代开始，至今已有近两千年的历史。不同的研究者由于所据材料不同而得出不尽一致的结论，这是一点也不奇怪的。前辈学者通过对传世文献的研究得出"'弗'字只用在省去宾语的外动词之上"①、"'弗'和'勿'所修饰的及物动词一般不能带宾语"② 的结论，在传世文献的范围内大致是正确的；近人通过对甲骨文的研究得出"'弗'所修饰的及物动词以带名词宾语为主，乃是甲骨文以来的惯例"③ 的结论，在甲骨文的范围内大致也是正确的；而通过对西周金文与《尚书》的研究得出"在西周金文、《尚书》……中，'弗'所修饰的动词不仅带名词宾语，还有动词短语、复句等等复杂结构作宾语"④ 的结论，在西周金文与《尚书》的范围内也大致是正确的。如果能够明确各自适用的范围，理清各类材料的时代先后以及它们之间的区别和联系，则各家所论不仅没有矛盾，而且还可以相互配合将"不"与"弗"由分用到混同以致最后合流的全部历史探索清楚。对各自所据的材料考察得越细致、越深入，则对整个演变历史的描写便越准确、越完整。本文正是基于这样的一种认识，抽取甲骨文中的"受""希"类卜辞，就不同类型的宾语对于否定词"不"与"弗"的选择配搭作一考察，希望能对了解"不""弗"用法的发展历史有所帮助。

本文所说的"受""希"类卜辞，指的是以上下神之赐福或降祸为占卜内容的一类卜辞，常用作谓语动词的，除"受""希"外，还有若、左、祟、孽，等等；至于宾语对"不""弗"的选择，则主要就直接否定谓语动词的"不""弗"而言，考察主要分不带宾语（含宾语省略）、名词宾语、代词宾语几种情况进行，至于与此关系密切的

---

① 丁声树：《释否定词"弗"、"不"》，载《庆祝蔡元培先生六十五岁文集》，商务印书馆1933年版，第967—996页。
② 王力：《汉语语法史》，商务印书馆1989年版，第132页。
③ 何乐士：《〈左传〉否定副词"不"与"弗"的比较》，载何乐士《古汉语语法研究论文集》，商务印书馆2000年版，第47页。
④ 何乐士：《〈左传〉否定副词"不"与"弗"的比较》，第47页。

"不惟"句，则自立一节加以探讨。

（一）不带宾语

大量的卜辞用例表明，当"受""丰"类动词不带宾语或宾语不出现时，对否定词"不""弗"的选择是比较自由的：

1. 受

辛巳卜：弗受？	（《合集》21897）
己巳卜：不受？	（《合集》32778）
不其受？	（《合集》5242）
弗其受？	（《合集》13505）

动词"受"不带宾语时，可同受"不""弗"修饰。不过，卜辞中"受"不带宾语的情况甚少，而且就上举四例言，第一例与"受又"对贞，第二例与"受禾"对贞，第三、四例与"受年"对贞，都属对贞卜辞宾语承前省略。

2. 若

贞：示弗若？二告。	（《合集》14889）
……父乙不若？	（《合集》2276）
盖出，示弗其若？	（《英》1241）
贞：不其若？九月。	（《合集》16370）

动词"若"不带宾语时，可同受"不""弗"修饰。卜辞中"弗若""不若"均不鲜见，陈梦家谓："'弗若'之'若'是动词，'不若'是宾词。"① 言下有动词"若"只受"弗"而不受"不"修饰之意。以"不若"为宾词，仅就"帝降不若""有不若""亡不若"一类辞例言，陈说不无道理，但于"父乙不若""不其若"一类辞例，则"若"字仍以作动词解为是。

3. 左

贞：示弗左？	（《合集》13697）
……宾贞：王勿宾夕，不左？	（《合集》1540）

---

① 陈梦家：《殷虚卜辞综述》，中华书局1988年版，第128页。

动词"左"不带宾语时，可同受"弗""不"修饰。卜辞中罕见"弗其左""不其左"形式，"弗左""不左"则不鲜见，从出现频率看，"弗"略高于"不"。①

4. 㞢

   贞：父庚弗㞢？   （《合集》2248）
   贞：父乙不㞢？   （《合集》2147）

动词"㞢"不带宾语时，可同受"弗""不"修饰。卜辞未见不带宾语的"弗其㞢""不其㞢"形式，"弗㞢""不㞢"形式亦不多见。

5. 祟

   上甲弗祟？   （《合集》811 反）
   贞：黄尹不祟？二告。   （《合集》595）

动词"祟"不带宾语时，可同受"弗""不"修饰。"不祟"出现的频率远高于"弗祟"②，不带宾语的"弗其祟""不其祟"形式亦未之见。

6. 孽

   贞：不孽？十三月。   （《合集》9572）
   贞：不孽？   （《合集》110）

动词"孽"不带宾语而受"弗"修饰者，卜辞未有发现；受"不"修饰者亦甚罕见。上举第二例与"惟孽"对贞，按常例当作"不惟孽"，疑夺（或省）"惟"字，如是，则"不"所修饰者并非谓语动词"孽"。

（二）名词宾语

"受""㞢"类卜辞名词宾语对"弗"与"不"的选择，可分"指物名词"与"指人名词"两类情形进行考察：

---

  ① 据《殷墟甲骨刻辞类纂》所录，作"弗左"者有《合集》816、1572、1572、5139、6653、13697、14206、14207、16432、16433、21868；作"不左"者有《合集》376、376、7945、809、923、1540、23431。
  ② 据《殷墟甲骨刻辞类纂》所录，作"不祟"者有《合集》595、1602、2275、3259、3259、3480、13038；作"弗祟"者，仅《合集》811 中出现两次而已。

1. 指物名词宾语

赐福或降祸都是以人为对象的，所以这类卜辞宾语只有指物名词而无指人名词出现者比较有限，一般多见于"受""耑""降"等常带双宾语的动词。其见于"受"类卜辞者，如受又、受禾、受年、受黍年等，均可同受"不""弗"修饰：

壬子卟卜：雀不受又？	（《合集》21840）
辛巳卜：弗受又？十三月。	（《合集》21898）
庚申卜，不受禾？	（《怀》1599）
弗受禾？	（《合集》33269）
贞：来春不其受年？	（《合集》9660）
弗其受年？	（《合集》9692）
贞：不其受黍年？	（《合集》9989）
弗其受黍年？	（《合集》10047）

其见于"耑"类卜辞者，则以用"弗"为常：

甲申卜：岳弗耑禾？	（《合集》34229）
……寅……帝弗耑年？	（《怀》85）
河弗耑雨？	（《合集》14620）
贞：卯，帝弗其降祸？十月。	（《合集》14176）

有趣的是，共见于《合》34229的几条"耑"类卜辞，不带宾语时用"不"修饰，带宾语时却改用了"弗"，恰与传世文献的情形相反：①

甲申卜，岳弗耑禾？

乙酉卜，岳弗耑禾？

丙戌卜，岳不耑？

辛亥卜，岳弗耑禾？弜又岳？

---

① 据何乐士对传世文献的研究所得，"'弗'主要用在省去宾语的及物动词上"，"不及物动词和及物动词带宾语的否定式主要用'不'"，这与《合》34229的几条卜辞中带宾语时用"弗"，不带宾语时用"不"的情形正好相反。类似34229的情形尚见于《合集》中的一些编号较近的甲骨，比如"乙亥卜，弗梏𠂤"（33010）、"庚戌卜，不梏"（33011）、"弗梏召"（33031）等，不过不像34229同集于一片那么典型罢了。

不知是偶然的现象抑或反映的一种习惯用法？

2. 指人名词（含国、邑名）宾语

"受""害"类卜辞中，宾语属指人名词者占极大比重，就笔者考察所及，上出动词之带指人名词宾语者，一般都受"弗"而不受"不"修饰：

祖丁弗若小子？	（《合集》6653）
弗若王？	（《合集》5096）
壬寅卜，㱿贞：帝弗左王？	（《英》1136）
我家祖辛弗左王？	（《合集》13584 甲正）
壬寅卜，㱿贞：河弗害王？	（《合集》776）
贞：高妣己弗害王？	（《合集》738）
贞：父辛弗祟王？	（《合集》2130）
贞：妣己弗祟妇？	（《合集》2949）
贞：祖乙弗其孽王？二告。	（《合集》248）
祖丁弗其孽王？二告。	（《合集》930）
弗嫡王？	（《合集》17309）
贞：帝弗孜唐邑？	（《合集》14208）
羸甲弗尣妇？	（《合集》795）

如属双宾语结构，若间接宾语为指人名词的，其动词一般亦只受"弗"而不受"不"修饰：

贞：弗其受舌方又？	（《英》551）
贞：弗其受土方又？	（《合集》8481）
弗作王祸？	（《合集》12312）
弗作兹邑祸？	（《英》1609）
贞：千弗其作🀆祸？	（《合集》8424）

还应指出的是，卜辞"受屮又""受屮年"习见，亦未见受"不"所修饰的：

……土方弗其受屮又？	（《合集》8474）
壬戌卜，贞：弗受屮又？	（《合集》28011）
今杏王勿从望乘伐下危，弗其受屮又？	（《合集》6482）

贞：勿黍耏黍，受业年？弗其受业年？	（《合集》787）
弜黍，弗受又年？	（《合集》28198）
……耏弗其受业年？	（《合集》9503）

前人认为动词词头的这个"业"字，究竟当作何解释，确有进一步探讨的必要。

（三）代词宾语

"受""蚩"类卜辞中，作宾语的代词以"我"最为常见，谓语动词一般只受"不"而不受"弗"修饰，且均与传世文献之否定句代词宾语前置规则相符①：

贞：祖辛不我蚩？	（《合集》95）
庚戌卜，争贞：岳不我蚩？	（《合集》14488）
贞：王亥不我崇？	（《合集》7352）
……黄尹不我崇？	（《合集》3484）
己酉卜，亘贞：帝不我莫？	（《合集》10174）

属双宾语结构者，代词间接宾语同样要前置，动词亦只能受"不"而不受"弗"所修饰：

贞：帝不我其受又？	（《合集》14190）
贞：勿伐吾，帝不我其受又？	（《合集》6272）
辛未卜，㱿贞：王勿逆伐吾方，下上弗若，不我其受又？六月。	（《合集》6204）
庚申卜，㱿贞：王勿征吾方，下上弗若，不我其受又？二告。	（《合集》6321）
戊申卜，争贞：帝不我降莫？	（《合集》10171）

---

① 有关传世文献之否定句代词宾语前置规则，主要依据王力在《古代汉语》和《汉语语法史》两书中的表述，即用"不""毋""未""莫"四个否定词的否定句中，宾语如果是"吾""余""汝""尔"等代词，一般要放在动词的前面。甲骨刻辞中虽有"贞：多祖亡蚩我"（《合》2095）、"贞：我家旧老臣亡蚩我"（《合》3522）、"弗受朕又"（《合》8426）等否定句代词宾语不前置的辞例，但因"亡"（读作无）是动词，不在上列四个否定词之中，"朕"亦不在上列四个代词之内，所以亦未与上述规则不符。

人称代词"余""尔""女"等不见于"受""壱"类卜辞,其见于别类卜辞者,也一样符合上述规则:

  不余澧?   (《合集》15331)
  乙酉卜,王贞:师不余其见?二月。 (《合集》20391)
  余不尔其合?   (《合集》3297)
  癸卯卜,贞:不女得?   (《合集》439)

唯一例外的是"朕":

  弗受朕又?   (《合集》8426)

修饰动词"受"的是"弗"不是"不",代词宾语"朕"也未前置。

(四)关于"不惟"

"不惟"句卜辞习见,当中不乏指人名词作宾语者,如:

  贞:不惟祖丁壱王?   (《合集》1901)
  贞:不惟娥壱王?   (《合集》5477)
  不惟䕎后壱妇好?   (《合集》795)
  不惟娥壱子安?   (《合集》14787)
  贞:不惟丁示壱皋?   (《合集》14906)

不过,"不"后带了"惟",它所否定的就不是作谓语的动词,而是作主语的名词了。试比较下面两组卜辞:

  父乙不壱?   (《合集》2274)
  不惟父乙壱?   (《合集》6032)
  祖丁弗壱王?   (《合集》1901)
  不惟祖丁壱王?   (《合集》1901)

每组之前句与后句虽然主语、谓语都相同,但它们所强调的内容却有明显的差异:

前者强调的是对"㞢"这种行为的否定，问的是"祖丁（父乙）不会㞢王吧"；后者强调的是对"㞢"这种行为的施事主语的否定，问的是"不是祖丁（父乙）㞢王吧"。由于动词可以受否定副词修饰，所以强调对动作行为的否定时，可将否定副词直接置于动词之前；而名词是不受否定副词修饰的，因此，强调对施事主语的否定时，在否定副词与施事主语之间就需要插入别的辅助成分，"不惟父乙㞢""不惟祖丁㞢王"中的"惟"，就是这样的一个辅助成分。关于这个"惟"字的作用，我们可以透过下列卜辞加以分析：

丙午卜，惟岳㞢雨？
惟河㞢雨？
惟夒㞢雨？　　　　　　　　　　　　　　（《屯南》2438）
贞：惟岳㞢？
贞：惟夒㞢？
贞：惟企㞢？　　　　　　　　　　　　　　（《合集》24960）
贞：惟南庚？
贞：不惟南庚？
贞：惟祖庚？
贞：不惟祖庚？
贞：惟羌甲？
贞：不惟羌甲？
贞：惟学戊？
贞：不惟学戊？
贞：惟咸戊？
贞：不惟咸戊？　　　　　　　　　　　　　（《合集》1822）

这些卜辞贞问的重点，即卜者最希望得到指示的，不是"㞢""㞢雨"一类事情是否会发生，而是对实施"㞢""㞢雨"一类行为的是"哪一位神灵"作出判断。因此，这个"惟"字实际上起的是一种帮助确认、判断的作用，是一个帮助表达判断的语气词，"惟"表示肯定的判断，"不惟"表示否定的判断。试看下面这些卜辞：

贞：不惟祖丁㞢王？
惟祖丁㞢王？　　　　　　　　　　　　　　（《合集》1901）
贞：惟夒后㞢妇好？

不惟䕐后孽妇好？　　　　　　　　　（《合集》759）
　　惟娥孽子安？
　　不惟娥孽子安？　　　　　　　　　　（《合集》14787）
　　贞：惟帝孽我年？
　　贞：不惟帝孽我年？　　　　　　　　（《合集》10124）

　　在这类卜辞中，"惟""不惟"是要帮助对"孽王""孽妇好""孽子安""孽我年"的施事主语作出判断的。再看看下面这些卜辞：

　　贞：王聑，惟孽？
　　贞：王聑，不惟孽？　　　　　　　　（《合集》9671）
　　贞：王梦妇好，不惟孽？　　　　　　（《合集》17380）
　　贞：兹风，不惟孽？　　　　　　　　（《合集》10131）
　　贞：兹雨，不惟孽？　　　　　　　　（《合集》12893）
　　贞：王聑，不惟祸？　　　　　　　　（《合集》5298）
　　贞：兹雨，不惟年祸？　　　　　　　（《合集》10143）
　　贞：有疾齿，不惟孽？　　　　　　　（《合集》13646）

　　在这类卜辞中，"惟""不惟"是要帮助对"王聑[①]""王梦妇好""兹风""兹雨""有疾齿"等现象之是否是灾孽、祸害作出判断。

　　显然，在"不惟"句中，"不"字并非否定句中的动词，也非否定整个命题，[②] 而是与帮助表示判断的语气词"惟"组合在一起，构成对句中的施事主语或某一现象所兆祸福的否定判断。因此，在"不惟"句中存在指人名词作宾语的现象，与我们前面论及的谓语动词带指人名词宾语时，对这个动词的否定一般用"弗"不用"不"的结论并无矛盾。

　　上述考察分析表明，传世文献中"'弗'主要用在省去宾语的及物动词之上，不及物动词和及物动词带宾语的否定式主要用'不'"的格局，在甲骨刻辞中尚未形成。甲

[①] 聑，又作聎，一般释"听"，但从卜辞文义看，当为耳病之一种，或与"耳鸣"相类。与后世"听"字相当者，当为𦔻字。

[②] 陈梦家《殷虚卜辞综述》认为"命辞中的否定词不但是否定句中的动词，有时是否定整个的命辞（命题），在此情形下则否定词居于句子之先"，首例即举"舌方出，隹我虫乍祸——舌方出，不隹我虫乍祸"。本文不同意陈梦家的说法。

骨刻辞中,"弗"所修饰的及物动词不仅可以带宾语,而且可以带双宾语,其辞例甚至比"省去宾语"的还要丰富。

上述考察分析还表明,甲骨刻辞中,"弗"所修饰的及物动词也不是笼统的"以带宾语为主",它的使用与"不"既有混同亦有分工,而且起码在"受""壱"类卜辞中,这一混同与分工的规律还是比较明确的:当谓语动词不带宾语或只带指物名词宾语时,对这个动词的否定可以在"不""弗"中自由选择;当谓语动词带指人名词宾语时,对这个动词的否定一般用"弗"不用"不";当谓语动词带人称代词宾语时,对这个动词的否定一般用"不"不用"弗"。

(原载《华南师范大学学报·社会科学版》2002年第4期)

商周金文在汉字发展史上的承传作用

广义的商周金文实包括图形及类图形文字与明确记录语言的成熟金文两大部分。关于图形及类图形文字，拟另作专文讨论。这里要谈的，主要是成熟的金文，当然，有时为了说明问题，也涉及一些同于或近于甲骨文的类图形文字。

对成熟的商周金文在汉字发展史上的承传作用，这里拟从殷商金文与甲骨文的比较、东周金文与列国各类文字的比较、两周金文对殷商甲金文的继承和对小篆的影响等方面加以考察。

（一）从殷金文与甲骨的比较看殷金文的历史地位

剔除图形及类图形文字，成熟的殷商金文无论篇数抑或字数都很有限。拿它与甲骨相比，除 ᚦ（亚䳜作且丁毁）、ᚦ（3941）、ᚦ（5412）、ᚦ（毓且丁卣）、ᚦ（作册般甗）、ᚦ（卿鬲）等少数几个字外，大多均于甲骨有征，且形体结构亦多与甲骨相一致：

字例	殷甲	殷金
若	ᚦ 甲 205	ᚦ 亚若癸匜
儿	ᚦ 前 7.16.2	ᚦ 小臣儿卣
先	ᚦ 甲 3521	ᚦ 小子𧊒卣
见	ᚦ 甲 2124	ᚦ 见作甗
令	ᚦ 甲 579	ᚦ 卯其卣
邑	ᚦ 林 1.19.14	ᚦ 臣卿鼎
既	ᚦ 明藏 478	ᚦ 卯其卣
卿	ᚦ 拾 6.8	ᚦ 宰甫卣

(续表)

字例	殷甲	殷金
媚	菁3.1	子爵
妥	京津1406	子妥鼎
育	甲1835	毓且丁卣
省	甲5	戍甬鼎
垔		小子䜌卣
癸	甲783	葡亚作父癸角
迨	粹1037	戍甬鼎
遘	宁沪1.99	卩其卣
降	前7.38.1	毓且丁卣
启	后1.30.5	作父辛尊
各	甲639	宰㭤角
冓	乙5403	冓婀方鼎
祀	甲3939	小臣邑斝
正	甲3940	卩其卣
召	前2.22.4	卩其卣
商	戬37.7	般甗
高	甲494	毓且丁卣
京	前2.38.4	逦簋
亯	甲2160	逦簋
来	铁24.2 宁沪1.171	宰甫卣 般甗
啬	乙39	缶鼎
多	甲815	毓且丁卣
年	甲2827	缶鼎
堇	京津2300	夒方鼎
家	甲2307	缶鼎
室	甲161	戍嗣鼎
宰	佚426	宰㭤角

(续表)

字例	殷甲	殷金
宜	前 5.37.2	般甗
寝	戬 25.13	帚秋簋
宾	佚 119	切其卣
翼	掇 1.415	切其卣
叠	林 1.12.9	辪簋
酌	佚 76	戊寅鼎
西	甲 740	戊甬鼎
夫	乙 1874	小子夫父己尊
爽	后 1.2.16	辪簋
饰	甲 346	小子䍙鼎
尊	明藏 525	窥作父癸卣
障	粹 539	元作父戊卣
俑	菁 3.1	俑作且癸簋
葷	宁沪 1.286	效卣
蔑	甲 883	小子𪓚卣
酌	合集 32087	戊寅鼎

上列形体比较表明，殷商甲骨与金文各字的偏旁组合基本是相同的，其差异主要表现在某些独体字及偏旁的书写形态方面，这种差异在一些使用频率特高的独体字中表现尤为突出。最明显的是干支字，甲骨中几乎每条卜辞都少不了干支，而且位置固定，有个大概的模样就错认不了，所以写来都十分随便。金文一来由于制器是件隆重的事情，对每一工艺，包括制铭都十分认真，二来制范时泥模易塑，可以将图形、文字都制作得更加合乎理想。至于干支字，大多一器出现一个，长铭亦不过三四个，并不像卜辞那样频繁，所以写刻都比较工整，更加规范，更加符合文字构形原意。例如地支第一位的"子"，本作 ᛥ（铁 256.1），为小孩正面形象，卜辞或将弧线拉直，写成 ᛥ（戬 2.7），已无复小孩形象，而更多的是写作 ᛥ（甲 2911），将边上的头发、头面的边线与小腿连成一线，就更难考究了，而金文则一般都较规范， ᛥ（寝孳鼎）及 ᛥ 之所从，取像都较清晰；再如"寅"字，诸家均谓像两手奉矢之形，但甲骨只有 ᛥ（林 1.16.8）、 ᛥ（戬 49.3）、 ᛥ（存 2735）等少数几个字显示这一形象，其余或作 ᛥ（燕 24）、 ᛥ（林 1.2.17），甚至省作 ᛥ（后 1.31.10）、 ᛥ（甲 2328）、 ᛥ（甲 2467），与交、大、矢几乎混

同，金文作🔲（2594）、🔲（9100）、🔲（741）等形，绝不与别的字混淆；它如🔲（戌，司母戊方鼎）之示兵器，🔲（辛，1708）之表刑具，🔲（午，戍嬰鼎）之表舂杵，也都比甲骨的🔲（铁91.1）、🔲（铁164.4）、🔲（铁77.1）更加形象。就是非干支字，🔲（戍甬鼎）的小孩形象、🔲（狽元作父戊卣）之表人头、🔲（亚卿父乙簋）之表海贝，也都比甲骨的🔲（铁6.1）、🔲（前4.26.2）、🔲（甲777）更加逼真，🔲（鱼正乙铙）之示"丁"声，亦较甲骨的🔲（甲404）来得明确。人们将商代金文视为殷商文字的正体，而以殷墟甲骨为殷商文字的俗体或手写体确实是有道理的。

（二）从周原甲骨与殷商甲骨及西周金文的比较看殷周之际的文字承传和变异

周原甲骨所属时间段为殷末至周初，时间上部分与殷商甲骨重合，部分与周代金文重合。拿它与殷商甲骨和西周金文相较，我们会发现，它与两周金文的关系远比殷商甲骨密切，三者的关系，大概有下列几种情形：

1. 殷甲、周甲、周金一脉相承

字例	殷甲	周甲	周金
中	乙7741	H11：57+155+163	何尊
眔	甲436	H11：70	令鼎
其	铁34.3	H11：1	盂鼎
于	铁145.3 / 佚426	H11：232 / H11：17	盂鼎 / 何尊
豊	甲1933	H11：112	天亡簋
生	甲190	H11：16	闕卣
邑	甲2987反	H11：42	何尊
克	甲427	H11：6	大保簋
吊	甲1870	H11：37	扬鼎
寮	佚928	H11：30	廊伯馭簋
并	甲607	H11：6	辛伯鼎
龙	后1.30.5	H11：92	龙母尊
武	甲3339	H11：112	墙盘
冬	存1183	FQ2①	井侯簋

(续表)

字例	殷甲	周甲	周金
彝	后 2.7.4	H11：1	作册大鼎
乙	佚 255	H11：127	旟鼎
己	佚 210	H11：128	作册大鼎
辛	甲 2282	H31：3	利簋
癸	乙 6695 反	H11：1	仲辛父簋
卯	铁 39.4	H11：127	师旂鼎
未	存 2734	H11：113	利簋
酉	佚 374	H11：128	臣辰盉
师	肄簋	H11：4	令鼎

2. 周甲异于殷甲而同于周金

字例	殷甲、金文	周甲	周金
追	合集 32815	H11：47	矢方彝
更	合集 10951	H11：11	班簋
保	殷虚文字记	FQ2⑤ H11：16	大保簋 矢方彝
氏	铁 188.3	H11：4	散盘

3. 不见于殷甲而周金、周甲一脉相承

字例	周甲	周金
尚	H11：23	尚鼎
繅	H11：153	兮甲盘
蜀	H11：68	班簋
舍	H11：115	矢尊
巢	H11：110	班簋
夜	H11：56	效尊
宵	2 号卜甲	宵簋人名
繇	2 号卜甲	班簋
城	H31：5	班簋

周原是商的属国，其文化受商的影响是不言而喻的。从三表的比较中可以看出西周金文与周原甲骨文的构形基本一致，其继承关系是明确的，而周金周甲与殷商甲骨之间相同的字形也占大多数，反映出商周文字之间承传的关系居于主流地位；而第二个表反映的周金周甲的相通和周金周甲与殷商甲骨的歧异，则表明商周文字之间除了共通性继承性外，还存在某种差异性、变异性，这种差异或变异不仅存在于异时的殷商甲骨与西周金文之间，而且存在于共时的商周甲骨之中。造成这种差异的原因，有可能是出于周人的改革，亦有可能出于不同地域文字构成的不同来源，周人对殷商文化的继承不是全盘照搬的，而是有改革、有选择的；第三个表所见周甲、周金新见字，则可能涉及商周文化的地域差异，反映商周历史发展特点的不同。例如始见于周甲的"夜"，与殷商甲骨的"夕"，可能是对同一概念在不同地域的不同称谓。又如"巢""鯀"这两个始见于周甲的方国，在后来的班簋中也有出现，可能是与周关系密切而与商没有什么联系的部族。

（三）两周金文在殷商甲金文与秦代小篆之间的承上启下的角色

前面已经指出，商周文字之间既有继承，亦有变异，但主流仍是继承。若扩大考察范围，我们还将发现，这不仅在商周文字之间，而且在两周金文内部以至往后的文字发展也都是一种普遍现象。只不过在不同的时地，传承中的变异会有不同的原因而已。两周金文上下承传，主要表现为下列几种情形：

两周金文对殷商甲骨的沿袭，在表意字方面表现得尤为突出，大量的例证还表明，由甲骨沿袭而来的字形，能够沿袭至小篆的也是多数。例如：

字例	商甲、金文	西周金文	东周金文	小篆
一	一铁148.1	一盂鼎	一秦公簋	一
元	元前3.22.6	元师西簋	元栾书缶	元
天	天甲3690	天盂鼎	天秦公簋	天
帝	帝𠤎其卣	帝敔狄钟	帝秦公簋	帝
祀	祀甲3939	祀盂鼎	祀秦公簋	祀
莫	莫续4.21.4	莫散盘	莫晋公𥂴	莫
白	白甲3939	白盂鼎	白杞伯簋	白
亦	亦甲896	亦毛公旅鼎	亦哀成吊鼎	亦
夹	夹河670	夹盂鼎		夹
武	武甲3339	武墙盘	武邵钟	武

（续表）

字例	商甲、金文	西周金文	东周金文	小篆
堇	明藏 543	效卣		
初	京津 4901	贤簋	晋公盏	
死	甲 1165	孟鼎	哀成吊鼎	
堆	续 3.31.7	散盘		
北	菁 2.1	吴方彝		
每	甲 599	曶鼎	杞伯簋	
监	佚 932	颂鼎		
孟	戬 11.7	孟鼎		
刺	乙 8896	父辛卣	晋公盏	

　　有些字，甲骨与小篆比较，差异相当突出，而结合两周金文，其变化过程即可了然。中间有笔画形态的调整，如上、下、气、少、祝、见；有构字部件的增减变换，如余、周、妣、齿、蒿；有形近写讹，如众；有调整，如启。这些上承甲骨；中经变异而下启小篆者为数亦众：

字例	商甲	金文上承殷商者	金文下启小篆者	小篆
上	前 7.32.4	不指方鼎	上官鼎	
下	甲 3342	番生簋	鱼鼎匕	
且	前 1.9.6	孟鼎	觯铺	
祝	前 7.31.1	太祝禽鼎	长由盉	
气	前 7.36.2	天亡簋	洹子孟姜壶	
折	京都 3131	多友鼎	洹子孟姜壶	
蒿	甲 3940	德方鼎	曾姬无卹壶	
小	甲 630	孟鼎	散盘	
少	甲 2904	哀成吊鼎	中山王𰻞兆域图	
余	甲 270	大簋	郘公华钟	
周	前 6.63.1	何尊	虢季子白盘	
见	甲 2124	见尊	獸钟	
众	铁 72.3	曶鼎	中山侯钺	

(续表)

字例	商甲	金文上承殷商者	金文下启小篆者	小篆
启	粹645	启作文父辛尊	中山王䇓鼎	
何	乙6883	何尊	十六年戟	
偁	菁3.1	偁缶簋	或者鼎	
或	铁117.3	明公簋	秦公镈	
秉	珠572	班簋	秦公簋	
及	甲807	保卣	秦公镈	
君	后2.13.2	天君鼎	史颂鼎	
妻	菁2.1	作父丁罍		
伊	后1.22.2	伊簋	史懋壶	

上出诸例,字形上承前代者,除哀成叔鼎外,多见于西周;下启小篆者除长由盉、散盘、虢季子白盘、默钟、史颂鼎、作父丁罍、史懋壶外,均见于东周。

始见于两周金文而下及于小篆的为数也不少,例如:

字例	西周金文	东周金文	小篆
祜	痶钟	曾子匜	
璧	召伯簋	洹子孟姜壶	
璜	召伯簋二	楚屈子赤目簋盖	
班	班簋	郑公孙班镈	
命	竞卣	秦公簋	
右	师虎簋	右走马嘉壶	
啻	彧簋	陈侯因䜌錞	
哀	沈子它簋	哀成吊鼎	
市	师酉簋	秦子戈	
衿	我鼎		
垄	守宫盘		
环	毛公厝鼎		
殻	鄂侯鼎		
鏊	史颂簋		
敱	敱狄钟		

(续表)

字例	西周金文	东周金文	小篆
布	㝬簋		布
祥		陈逆簠	祥
祸		中山王䜌壶	祸
璋		子璋钟	璋
珈		曾侯乙钟	珈
壮		中山王䜌鼎	壮
苏		窦儿鼎	苏
蓼		䁅土父盨	蓼
茅		盗壶	茅
哉		郘公华钟	哉
盆		曾孟㜏谏盆	盆
敦		陈猷釜	敦
祠		盗壶	祠
斋		建信君铍	斋
苟		畲志鼎	苟
蒲		十八年蒲令戈	蒲
苓		十一年皋苓戈	苓
萃		燕王职戈	萃
问		四年咎奴令戈	问
巡		十五年守相杢波铍	巡
赵		赵孟庎壶	赵
逾		鄂君启节	逾
逢		六年太阴令戈	逢
返		鄂君启节	返
连		连迁鼎	连
蔓		蔓阛窑里人豆	蔓
疵		三年马师铍	疵
疡		益阳戈	疡
疥		十四年双翼神兽	疥
茜		二年寺工壶	茜

也有始见金文，变异后下及小篆的：

字例	金文	金文	小篆
和	史孔盉	盗壶	

有些字，具有上不及甲骨、下不及小篆的两周金文特殊写法。这些写法虽然没有被小篆继承，但在同时期的文字中却可以找到相近的例子，如：

字例	金文	同时代他种材质文字	
弌	庚壶	上海简	"一"的大写
羆	鄂君启节	包山简	"一"的大写
迖	鄂君启节	包山简	"上"的动词专字
堂	中山王䜌壶 五年邦司寇钺	侯马盟书 《玺汇》2991	徐国金文同
祭	栾书缶	上海简	
祖	郴陵君豆	上海简	
皇	中山王䜌鼎 陈曼匿 栾书缶	侯马盟书 《玺汇》1283 侯马盟书 上海简	亦见郗国金文
中	春成侯钟 公朱右官鼎	上海简 《玺汇》120 温县盟书	
折	洹子孟姜壶	上海简 《玺汇》4299	小篆作 本于西周金文
蕫	盗壶	《玺汇》0283	"蒿"繁文
少	梁十九年鼎	《玺汇》3404	
孛	中山王鼎	上海简	"少"字繁文
岁	畲□鼎	包山简	
逡	曾姬无卹壶	郭店简 陶汇3.922 中山守丘刻石	"后"字繁文
态	兆域图	郭店简	"哀"异体
帝	中山方壶	郭店简	
尔	中山王鼎	郭店简	小篆"尔"字与此非同字

（续表）

字例	金文	同时代他种材质文字	
是	🔲 黝镈	🔲 包山简	
含	🔲 中山王鼎	🔲 燕下都 285.11	"今"字异体

以上诸例，字所出现的时代往往是在金文之前，但字形在周、尤其是在东周产生了特殊的变化，这种变化有由于地域因素造成的，如"罷"这种写法只见于楚地文献；而与其他材质的出土文献相比较也可以发现，像"弌"这种写法，既见于齐地的庚壶，也见于楚地的竹简，这说明这些写法或许在某一时期曾较为普遍地流行于各地，虽不为《说文》正篆所收，但其写法还是在后世文字中沿袭下来，这背后的原因自然是多方面的，因这里主要谈的是字形变化的问题，这个问题容后再行探讨。

这里还想谈及一种情况，即一些在东周出现的地域性新字，在文字演化的过程中也没有被保留下来，例见下表：

字例	金文	同时代他种材质文字	备注
𥘅	🔲 鲁肯鼎	🔲 上海简	
屍	🔲 鄂君启节	🔲 包山简	
柰	🔲 䣄諧钟	🔲 包山简	
裳	🔲 鲁志鼎	🔲 上海简	
	🔲 长沙铜量	🔲 包山简	
芊	🔲 疋番戈	🔲《陶汇》3.928	
蘴	🔲 巨蘴鼎	🔲《玺汇》2279	
羍	🔲 廿二年襄城令矛	🔲《玺汇》3262	晋玺、陶多见。晋特有人名用字
羍	🔲 牪𡎜卑戟	🔲 侯马盟书 🔲《玺汇》0860	"牪"省体
旹	🔲 䣄璋镈	🔲 曾侯乙简	
杏	🔲 长沙铜量	🔲 包山简	
迡	🔲 中山王鼎	🔲 郭店简	
迊	🔲 子婼迊子壶	🔲《陶录》5.32.1	
逪	🔲 瑕钟	🔲《玺汇》4075	
徻	🔲 中山王鼎	🔲《陶汇》6.120	"逪"异体
返	🔲 十二年邦司寇铍	🔲《玺汇》2616	

(续表)

字例	金文	同时代他种材质文字	备注
遹	私库啬夫盖杠按篃	《玺汇》2636	
空	十一年啬夫鼎	《集粹》166	
疟	七年宅阳令矛	《玺汇》4078	
疜	相邦铍	《玺汇》3114	
瘢	七年相邦铍	《玺汇》2904	
客	曾侯乙钟架	曾侯乙石磬	"徵"异体
勑	十三年上官鼎	郭店简	"勝"异体
駐	盗壶	曾侯乙简	
壴	重金壶	燕下都 241.1	

综上各表，在文字的演化过程中，金文在甲骨与小篆之间所起的过渡作用是非常明显的。其中字形从甲骨到小篆一脉相承的情况自不待言，在变异方面，金文在保持与前代文字形体传承关系的同时，也发生着各种变化，其中不少奠定了后来小篆的字形基础，这说明文字演化至金文阶段已经走向成熟和定型。另外，东周时期出现的一些字的特殊写法以及地域性的新字，尽管没有传承下来，但通过与同时代的其他材质文字比较，不难找出其一致的地方。由于金文所承载是较为正式典重的内容，文字虽亦会因种种原因发生变化，总体而言不会过甚，故金文仍可作为正体文字的代表。而简帛、玺印因书写便捷或书写范围所限，字形变异的现象极为普遍，但在这多变的形体当中，却总能找到与金文相一致的形体，这说明金文在同时代的文字中是一个重要的参照。综合以上各表，可以得出的结论是，金文上承殷商甲骨，旁衍列国诸种材质文字，下启小篆，在汉字发展史上起着一种承前启后的作用。

（原载《说文论语》2017 年第 2 期）

商周金文词汇分类的模糊性和语法功能的灵活性

名词、动词、形容词，是任何一种成熟语言都必然具备的三大词类。汉语自然也不例外。早在商周时代的甲金文中，这三大词类就已有相当的发展。今日谈论的名词如普通名词、专有名词、称人名词、指物名词、表时名词、处所方位名词、抽象名词，动词如行为动词、心理动词、存现动词、能愿动词、像似动词、及物动词、不及物动词，形容词如性质形容词、状态形容词，等等，都可以在甲金文中找到实际用例。表明今日词汇分类的大致格局，在商周甲金文中已经基本形成。

与丰富的词汇类型形成对照的，是由不足五千的单字与不足一千的复音词构成的词汇总量，与今日逾三十七万词语（《汉语大词典》收录词语共三十七万五千多）相比反映出的词汇相对贫乏。而解决词汇类型的丰富与词汇数量的贫乏这一矛盾的最简单方法，自然是一般所说词的兼类了。

其实，词的兼类只是今人的讲法。词语的初制，本无所谓词类，每一个词的意义都可以作多角度的理解和多方面的引申，承担着多项的功能。衣服称衣，穿衣的行为称衣，制作衣裳，甚至只是拿物品依着或遮蔽着身体的行为都可以称衣。我们不能据"衣"字的形构为"像衣之形"而断定"衣"的原始义为衣裳，属名词，因而认定"穿衣"或"制衣"义是名词活用为动词。事实上，在"衣"字出现以前，"衣"这个词应该就已有衣服、穿衣、制衣等含义，"衣"的概念很可能在用树叶遮蔽身体的时代，当人们有了拿东西遮蔽身体的意识的时候就已产生。最初可能用指拿东西遮蔽身体的行为，当然亦可兼指遮蔽身体的东西，有领有袖、已不纯为遮蔽而有明确装饰追求的衣衫，则是身体遮蔽物长时间改良、发展的产物，"衣"字所以取象于它，只是在造字时代用它最宜于表达这一概念而已。字本义与词本义不是一回事，字形取义的单一性并不意味词义也具单一性，这是我们应该认清的道理。

语言是和人类社会一起产生的，一般估计已有上百万年的历史，而最早的文字，距今也不过几千年。就是说，当人们懂得造字的时候，语言已经经历了上百万年的发展。词义的多角度理解与多方向引申，使一词多义早已成为普遍现象。但是，造字时，却只能选择一个角度去描写。也就是说，字形取义通常是单一的，但它记录的词义却往往在制字时就不单一，这就是我们讲字形取义之单一性并不意味词义也具有单一性的原因。另外，字形取义的单一性选择，没有必要、也没有可能追究一个词在上百万年前产生的原始义，而只能就造字时代人们的认识水平选择最易用文字表现的义项和最易表达的方式去制字。比如"生"，出生是生，生长是生，活着是生，动物的生、植物的生都是生，从先狩猎、后畜牧、后农业的发展过程看，动物的生可能更早，但造字时代，语言中的"生"这个词，已不限用于动物，人们觉得，用一棵草立于地上，就可以将植物生长的形态反映出来，既易表达，又易理解，也就选择了它作表达方式了。因此字本义与词本义不是一回事，这也是显而易见的。

与古今字的原理相仿，上古词汇少，一词多职是普遍现象，后世为增强语义表达的精密化，减轻过重的兼职负担而分化出职责明确的新词的作法多起来，词类的概念才渐趋明晰。新词产生以前，各类相关概念都用古词表达，词类界限是模糊的，词的功能是灵活的，不存在本属某词类而临时活用为另一词类的问题；新词产生以后，新词分担的这部分职能一般不再用旧词，其用旧词者，似属仿古问题，也不宜称作活用。这种现象我们表述为词汇分类的模糊性和词汇语法功能的灵活性，它虽然是早期汉语的特性，但先秦旧籍中尚多遗留，商周金文亦自不乏其例。

王令辟井侯出坯侯于井。　　　　　　　　　　　（麦尊6015·周早）
王令虞侯矢曰：□，侯于宜。　　　　　　　　　（宜侯矢簋4320·周早）

井侯、虞侯，"侯"用如名词；侯于井、侯于宜，"侯"用如动词。

唯王初迁宅于成周。　　　　　　　　　　　　　（何尊6014·周早）
余其宅兹中或（国），自之辥民。　　　　　　　（何尊6014·周早）

迁宅，"宅"用如名词；宅兹中国，"宅"用如动词。

赐臣三品：州人、重人、𠂤人。　　　　　　　　（井侯簋4241·周早）
朕臣天子，用典王令，作周公彝。　　　　　　　（井侯簋4241·周早）

赐臣三品，"臣"用如名词；朕臣天子，"臣"用如动词。金文中臣妾、小臣、虎臣、臣某一类用法多见，"臣"均用如名词；"畎臣天子""农臣先王""臣朕皇考穆王""用臣皇辟"亦于金文多见，"臣"均用如动词。此外，"臣"尚有用如使动词者：

为人臣而返（反）臣其宝（主），不祥莫大焉。　（中山王䤼壶9735·战国）

"反臣其主"即反使其主为臣，这里的"臣"，即用如使动。

唯殷边侯田（甸）粤殷正百辟。	（大盂鼎2837·周早）
令女辟百寮。	（牧簋4343·周中）
穆͇秉元明德，御于氒辟。	（虢叔旅钟）
余典氒威义（仪），用辟先王。	（癲钟247·周中）
龢辟前王。	（鬲鼎2830·周中）
梁其肇帅井皇祖考秉明德，虔夙夕辟天子。	（梁其钟187·周晚）

百辟即百官，"辟"用如名词；辟百寮指作百寮之官长，"辟"用如动词；御于氒辟，"辟"指君主，用如名词；辟先王、辟前王、辟天子，是指君事天子、君事先王，指对先王、对天子尽臣下事奉君主的职责，"辟"亦用如动词。

舍三事令，眔卿事寮、眔者（诸）尹、眔里君、眔百工、眔者（诸）侯。	（令方彝9901·周早）
王令周公子明保尹三事四方，受卿事寮。	（令方彝9901·周早）
天子其万年无疆，保辥周邦，畯尹四方。	（大克鼎2836·周晚）
㝨其万年，永畯尹四方保大命。	（五祀㝨钟358·周晚）

诸尹及它器所见之尹、师尹、皇天尹、作册尹、内史尹等官名，"尹"均用如名词；尹三事四方是指掌管三事（内政）四方（外务），"尹"用如动词；畯尹四方，是指周王长久统治四方（天下），"尹"亦用如动词。

君蔑尹姞历……对扬天君休。	（尹姞鬲754·周中）
余唯司（嗣）朕先姑君晋邦。	（晋姜鼎2826·春秋）

西周女君称天君，或简称君，东周诸侯国女君当亦有仿此用法，"君"用如名词；晋姜嗣其先姑君晋邦，即指继其先姑作晋邦女君，"君"用如动词。

王孔加子白义（仪）。	（虢季子白盘10173·周晚）
用义（仪）其家，用舆（举）其邦。	（虢季编钟《近》86·周晚）

子白仪，是子白的威仪，"义"用如名词；用仪其家，是指作其家之仪型，用如动

词。《后汉书·桓帝纪》："德苟成，故能仪刑家室，化流天下。"仪、仪型即楷模、榜样的意思。

先王其严在上，彔=數=，降余多福=余顺孙。　（㝬钟 260·周晚）

末句当读作"降余多福，福余顺孙"。多福的"福"用作名词，福余顺孙的"福"则指造福，用如动词。

迺多乱，不用先王作井（型）。　（牧簋 4343·周中）
毋敢不明不中不井（型）。　（牧簋 4343·周中）
令女盂井（型）乃嗣祖南公。　（大盂鼎 2837·周早）

先王作井（型），是指先王制定的法度，"井（型）"用如名词；不明不中不井（型），是指不明智、不公正、不循法，"井（型）"用如动词；井（型）嗣祖南公，即以南公为型，意谓效法南公，"井（型）"用如动词。

世万子孙，永为典尚（常）。　（陈侯因資敦 4649·战国）
今余既一名典献。　（六年雕生簋 4293·周晚）
用典王令，作周公彝。　（井侯簋 4241·周早）
用典格伯田。　（倗生簋 4262·周中）
王令尹氏友、史趛典善夫克田人。　（克盨 4465·周晚）
尸典其先旧及其高祖。　（叔尸钟 272－8·春秋）

典常为同义连用，意指典范、法则，典献为典籍文献，两"典"字均用如名词；用典王令、用典格伯田的"典"均取记为典文之意，用如动词；典善夫克田人之"典"，亦取记之入典之义，但多了一层确认所赐田、人的意思，亦用如动词；典其先旧及其高祖，"典"字当取数其家族之典的意思，其用亦如动词。

我用饮厚眔我友。　（毛公旅鼎 2724·周早）
者（诸）友饪飤具飽。　（弭仲簠 4627·周晚）
朝夕乡（飨）毕多倗友。　（失㪤鼎 2655·周早）
用作尊鼎，用倗用友，其子孙永宝用。　（多友鼎 2835·周晚）

我友、诸友、多倗友中的"友""倗友"都用如名词，用倗用友之"倗"与"友"

则用为动词。

此外，如"公违省自东"（臣卿鼎）的"东"表方位，为名词，"宴从頯父东"（宴簋）的"东"表东行，为动词；"弋尚卑处氒邑，田氒田"（舀鼎）的后一"田"指田地，为名词，前一"田"指耕种，为动词；"王夜（掖）功，赐师俞金，俞则对扬氒德"（俞鼎）的"德"指恩惠，为名词，"用享用德"（晋姜鼎）的"德"指报答恩惠，为动词；"宰弘右颂入门"（颂鼎）的"门"为名词，"齐三军围□，冉子执鼓，庚大门之"（庚壶）的"门"指攻门，为动词；等等，都属此类。这类情况，语法学界一般分析为"名词活用为动词"。且不说这种分析与前面提到的词类的界限是由模糊向清晰渐次发展的事实不符，就是按现行的词类活用理论，要分清"经常性"与"临时性"的界限即非易事。"一个名词如果偶尔体现出谓词的语法特征，就是活用。"这个"偶尔"的度怎样把握？有学者提出以"五次"为准，这个"五次"的标准，其依据是什么呢？似乎就很难说得清楚。比如"臣"字，一般都视为"名词"，但金文中作动词用者数以十计，属"偶尔"还是"非偶尔"？算活用还是非活用？又如"廷"为君王受朝布政之所，为名词，"不廷"指不来廷朝拜，"廷"为动词，一般学者都作"名词活用为动词"理解，而其用例也在五次以上：

用雝不廷方。	（五祀㝬钟 358·周晚）
方怀不廷。	（逨盘新 757·周晚）
率怀不廷方。	（毛公鼎 2841·周晚）
用軏不廷方。	（戎生编钟新 1613·西周中—春秋早）
镇静不廷。	（秦公钟 261·春秋）
镇静不廷。	（秦公簋·春秋）

似此该如何判断，实不好说。所以本节讨论，不取词类活用说，就金文用例作客观举证。这类情形，我们理解为早期汉语词汇分类的模糊性和词汇语法功能的灵活性在商周金文中的反映，至于人们是否认同，各家如何分析，尽可见仁见智。金文中此类用例尚多，例如：

敢追明公赏于父丁。	（矢令方尊 6016·周早）
用追孝于氒皇考。	（伯梂簋 4073·周早）
叀率有嗣、师氏奔追郸戎于臧林。	（叀簋 4322·周中）
余令女御追于䣄。	（不期簋 4328·周晚）
告追于王。	（多友鼎 2835·周晚）

"追明公赏"的"追"是"追思","追孝"是追行孝道,"奔追"是奔跑追逐,"追"均用如动词;"御追于晷"的"追"是指追兵,"告追于王"的"追"是指"追"这件事,"追"均用如名词。

辛巳,王酓(饮)多亚,聑享,京逦。	(京簋3975·殷)
戊辰,酓(饮)秦酓(饮)。	(㙭鼎2739·周早)
我用饮厚眔我友。	(毛公旅鼎2724·周早)
井叔作酓(饮)壸。	(井叔觯6457·周早)
内尹右衣献,公酓(饮)在官(馆)。	(纕卣新1452·周中)
臮仲作佣生饮壸。	(臮仲觯6511·周中)

"饮秦饮"的前一"饮"字及"饮壸"的"饮"都是"饮"字的一般动词用法;"饮秦饮"的后一"饮"字,是指清酒,用如名词;"王饮多亚"是王请多亚饮酒,"我用饮厚眔我友"是我用来请厚及我友饮酒,"公饮在馆"是公请内尹饮酒,三个"饮"字,均用作使动。

吴王姬作南宫史叔飤鼎。	(吴王姬鼎2600·周晚)
谏作宝簋,用日飤宾。	(谏簋近447·周晚)
以飤大夫、佣友。	(九里墩鼓座429·春秋晚)
以追孝先祖,乐我父兄,饮飤歌舞,子孙用之。	(儠儿钟183·春秋)
氐(是)以游夕饮飤,宁又憅愳。	(中山王䯄壶9735·战国)
见其金节则毋政,毋舍桴飤。	(鄂君启节12110·战国)

飤鼎、饮飤歌舞、游夕饮飤的"飤",都用同后世的"食",动词的一般用法;飤宾、飤大夫、佣友的"飤",则是请宾客食,请大夫、朋友食,作使动用;毋舍桴飤,即无须安排馈食,"飤"用如名词。

子𤉨佑晋公左右,燮者(诸)侯,得潮(朝)王。	
	(子犯编钟《近出》80-95·春秋中)
陈侯午朝群邦诸侯于齐。	(陈侯午敦4648·战国晚)

晋公与诸侯朝王,"朝"用如一般动词;"朝群邦诸侯于齐"的"朝",解释为"朝见"也好,解释为"诸侯相见"也好,让群邦诸侯都聚集到齐国来,就应该是一种

使动行为，否则，群邦诸侯主动聚集到齐国来，为陈侯午提供一个集中朝问他们的机会，于情理上很难说得过去，所以"朝群邦诸侯于齐"的"朝"，应该是作使动用。

史免作旅簠，从王征行。	（史免簠4579·周中）
叔邦父作簠，用征用行，用从君王。	（叔邦父簠4580·西周晚）
余以行訇师，余以政訇徒。	（南疆钲428·战国）
用兵五十人以上，必会王符，乃敢行之。	（新郪虎符12108·战国）

"从王征行""用征用行"的"行"，不及物动词的一般用法；"以行訇师""乃敢行之"的"行"，则用如使动。

作敛中，则庶民㠯（附）。	（中山王䁂壶9735·战国）
唯德㠯（附）民，唯宜（义）可㢧（长）。	（中山王䁂壶9735·战国）

"庶民附"的"附"，不及物动词的一般用法；"唯德附民"的"附"，用如使动。

井伯入右赵曹，立中廷，北乡（向）。	（七年赵曹鼎2783·周中）
迺自作配，乡（向）民。	（燹公盨）

北向，不及物动词的一般用法；"向民"，使民向，有引导义，用如使动。

癲不敢弗帅井祖考，秉明德。	（癲钟247·周中）
女毋敢弗帅先王乍（作）明井。	（牧簋4343·周中）
趩趩，启氒明心。	（戎生编钟新1613·周中—春秋早）
用夙夜明享于卲伯日庚。	（伯姜鼎2791·周早）
用明则之于铭，武文咸刺，永枼毋忘。	（驫羌钟157·战国早）
明大之于壶而时观焉。	（中山王䁂壶9735·战国晚）
胤嗣妠盗，敢明易（扬）告。	（盗壶9734·战国晚）
丕显高祖、亚祖、文考，克明氒心。	（癲钟247·周中）
王曰：壄，敬明乃心，用辟我一人。	（壄盨4469·周晚）
佳有死罪，乃叁殊，亡不若（赦），以明其德。	（中山王䁂鼎2840·战国晚）
进贤散（措）能，亡又鞥息，以明辟（辟）光。	（中山王䁂壶9735·战国晚）

明德、明井、明心，"明"所修饰的"德""井""心"均为名词，"明"为形容词。明享于卲伯日庚、明则之于铭、明大之于壶、明扬告，"明"修饰谓词性短语，但由于修饰的成分不同，按后世标准，此类情形已分化出副词一类；"克明乓心"是能使乓心明，"敬明乃心"是王嘱咐塱要使心敬明，"以明其德"是以相关措施使其德显明，"以明辟光"是使其君主的光辉得到显扬，"明"均用作动词。

頯盄（淑）文祖、皇考。	（井人妄钟 109·周晚）
悤裹乓心，宧静于猷，盄（淑）哲乓德。	（大克鼎 2836·周晚）
乃父……不盄（淑），孚（捊）我家，棄用丧。	（卯簋 4237·周中）
敦不吊（淑），□乃邦。	（寡子卣 5392）
叀余小子肇盄（淑）先王德。	（师𩰬鼎 2830·周中）

頯淑、淑哲、不淑的"淑"，均属形容词；肇淑先王德，"肇"意为开始，"淑"作动词用可无疑问。"淑先王德"，以先王德为善，意指按先王之德去修善（淑）自己。

不择贵贱。	（鸟书箴铭带钩 10407·战国）
乓贵唯德。	（燹公盨新 1607·周中）

"不择贵贱"之"贵"，形容词；乓贵唯德，其以为贵的只有德，即只看重德，"贵"用为动词，即一般讲的意动用法。

者（诸）友任飤具匓。	（失兽鼎 2655·周早）
用匓寮人妇子。	（令簋 4031·周早）

匓，读饱。具饱的"饱"是形容词；用饱寮人妇子，指使寮人妇子饱，"饱"用如使动。

用祈匄眉寿，永令（命）。	（追簋 4220·周中）
其用匄永福。	（作乓方尊 5993·周中）
用追孝于其父母，用易永寿。	（郜遣簋 4040·春秋早）
召万年永光，用作團宫旅彝。	（召卣 5416·周早）
永巩先王。	（毛公鼎 2841·周晚）
永保念身，子孙宝。	（邾王义楚鍴 6513·春秋晚）

余恁怡心，征永余德。　　　　　　　　　　　（王孙遗者钟 261·春秋晚）

永命、永福、永寿，"永"所修饰的"命""福""寿"均为名词，"永"属形容词作定语；永巩先王、永保台身，万年永光，"永"所修饰的"巩""保""光"为动词，"永"从本质上讲是形容词作状语，由于修饰的成分不同，按后世的划分标准，此类情形也有分析为副词的；永余德，意为使我德长久，"永"用为使动词。

大扬皇天尹大保宝。　　　　　　　　　　　　　（大鼎 2758·周早）
用乍（作）朕皇考大仲尊簋。　　　　　　　　　（大作大仲簋 4165·周中）
中翰叔鍚，元鸣孔皇。　　　　　　　　　　　　（徐王子旃钟 182·春秋）
仲易赵鼎，扬仲皇，乍（作）宝。　　　　　　　（小臣赵鼎 2581·周中）
王弗望（忘）乓旧宗小子，螢皇盩身。　　　　　（盠驹尊 6011·周中）
方事姜氏，乍（作）宝簋，用永皇方身。　　　　（侯方簋 4139·周中）

"皇天尹大保""皇考大仲"，"皇"均修饰名词（这类用法在金文中最普遍），"元鸣孔皇"的"皇"是对钟声的描写，"扬仲皇"的"皇"指代赏赐的美善，以上四例"皇"字均属形容词；"螢皇盩身""永皇方身"，意谓使其身皇，用如动词。

叀王龏（恭）德谷（裕）天。　　　　　　　　　（何尊 6014·周早）
用龏（恭）义（仪）宁侯显考于井。　　　　　　（麦尊 6015·周早）
肆克龏（恭）保乓辟龏（恭）王。　　　　　　　（大克鼎 2836·周晚）
楚王酓章严龏（恭）寅乍（作）轚戈。　　　　　（楚王酓章戈 11381·战国早）
严龏（恭）夤天命。　　　　　　　　　　　　　（秦公钟 270·春秋早）
召匹晋侯，用龏（恭）王命。　　（戎生编钟新 1613—1620·周中至春秋早）

恭德、恭仪，"恭"修饰名词；第三例"恭"修饰"保"，第四例"恭"与"严""寅"同义并列修饰"作"，都是修饰动词，以上四例，均可列为形容词；第五例"严恭寅"是说以严谨恭敬的态度对待天命，第六例"恭"是指恭行王命，均用如动词。

此外，"非恁与忠，其谁能之？"（中山王𦉢鼎）之"恁"为形容词，"余恁怡心"（王孙遗者钟）之"恁"为使动词；"美"在大多情况下为形容词，而在"因载所美，即大皇工"之"美"，为意动词；"用辟先王"之"辟"为一般动词，"佳辟孝友"之"辟"（辟在此指德、指准则）为意动词，"哲德不忘"（鲫子妆簋）、"肃哲圣武"（王孙遗者钟）之"哲"为形容词，"克哲乓德"（梁其钟）、"穆=克盟（明）乓心，哲乓德"（师朢鼎）的"哲"为使动词；"康能"，义为安顺，一般多作形容词理解，"康能四国"（毛公鼎）的"康能"即用作使动。类似用例，金文尚多见，此不赘。

王乎乍（作）册尹册命师晨。	（师晨鼎2817·周中）
王乎乍（作）册尹册易（赐）休。	（走马休盘10170·周中）
王乎史虢生册令颂。	（颂鼎2827·周晚）
颂拜頴首，受令册佩以出。	（颂鼎2827·周晚）

册命、册赐、册令，都是用读简册方式传达王的命令与赏赐，"册"作"命""赐""令"的状语；令册，记录王令的简册，定中结构，"令"作"册"的定语。

先王其严在帝左右。	（㽙狄钟49·周中晚）
王令吴伯曰：以乃师左比毛父。	（班簋4341·周中）
王令吕伯曰：以乃师右比毛父。	（班簋4341·周中）
右在王，左在新郪。	（新郪虎符12108·战国晚）
右在君，左在杜。	（杜虎符12109·战国晚）

在帝左右，"左右"表方位，属名词，"帝左右"作"在"的宾语；左比毛父、右比毛父，"比"作辅助解，即命吴伯从左面辅助毛父，命吕伯从右面辅助毛父，"左、右"均作"比"的状语；右在王（君）、左在新郪（杜），"左、右"在句中均作主语。此外，如"献西旅"（小盂鼎）的"西"作定语，"多友西追"（多友鼎）的"西"作状语；"余处此南疆"（南疆钲）的"南"作定语，"王南征"（鄂侯驭方鼎）、"南乡（向）"（宜侯夨簋）的"南"作状语；"王令寝农省北田"（寝农鼎）的"北"作定语，"伯懋父北征"（吕行壶）、"北乡（向）"（七年趞曹鼎）的"北"作状语；等等，此类用法尚多，兹不赘。

盂拜頴首，以䇾（酋）进，即大廷。	（小盂鼎2839·周早）
入三门，即立中廷，北乡（向）。	（小盂鼎2839·周早）
唯武王既克大邑商，则廷告于天。	（何尊6014·周早）

大廷、中廷，表处所，多用作宾语；"廷告于天"，当廷告天，"廷"作"告"的状语。

皇考严在上，异（翼）在下。	（虢叔旅钟238·周晚）

古（故）天异（翼）临子，法保先王。　　　　　　（大盂鼎2837·周早）

翼，翅膀。"翼在下"，"翼"作主语；"天翼临子"，"翼"作"临"的状语。"翼"的状语用法，亦见于传世文献："项庄拔剑起舞，项伯亦拔剑起舞，常以身翼蔽沛公，庄不得击。"（《史记·项羽本纪》）

雩若翌日乙酉。　　　　　　　　　　　　　　　　（麦尊·周早）
其自今日，孙孙子子毋敢朢（忘）伯休。　　　　　（县妃簋4269）
唯正月吉日丁酉。　　　　　　　　　　　　　　　（郘王义楚鍴6513）
享月己酉之日。　　　　　　　　　　　　　　　　（鄂客问量10373·战国晚）
㝨其万年永宝日鼓。　　　　　　　　　　　　　　（㝨钟247·周中）
伯姜日受天子鲁休。　　　　　　　　　　　　　　（伯姜鼎2791）
日用享于宗室。　　　　　　　　　　　　　　　　（归夆簋4331）
克其日赐休无疆。　　　　　　　　　　　　　　　（善夫克盨4465·周晚）

前四例"日"为中心语，后四例"日"为状语。

当然，金文中真正可确定为临时性活用的情形也是有的。例如：

王子剌公之宗妇郜嫛为宗彝䜌彝。　　　　　　　　（郜嫛鼎）
整辞尔容，宗妇楚邦。　　　　　　　　　　　　　（晋公𥂧）

王子剌公之宗妇，是王子剌公宗主之妇，宗妇用如名词；宗妇楚邦，是嫁与楚君，成为楚邦之宗妇，"宗妇"用如动词。

（原载中山大学出版社2015年出版的《古文字论坛·曾宪通教授八十庆寿专号》）

商周金文量词特点概论

量词是汉语特有的一个词类,一般可按其计算对象之为事物抑或动作行为而分作名量词与动量词两大类型,动量词为甲金文所未见,因此,本文讨论的主要是名量词。

(一) 商周金文中量词的种类

由于世间事物品类繁多,有关计量单位的形成过程错综复杂,所以名量词的分类,也是五花八门,莫衷一是。这里想结合商周金文的实际,参考各家所论,将金文中的量词分成原身量词、个体量词、集合量词、借用量词、度量量词五类。

1. 原身量词。原身量词是直接来源于它所说明的名词,词形与该名词相同的一种量词。王力称之为"原始的天然单位表示法","是在数词后面重复同样的一个名词"。其实,这类词与名词有本质的区别,已具备量词的本质特征,并不是名词的简单重复,理应看作量词的一个种类与名词区别开来。事实上,将这类词作量词看待者已越来越多,只是名称未能统一而已。有称"临时量词"者,会与"一壶酒"的"壶","一碗饭"的"碗"一类量词称名相撞;有称"响应量词"者,似又未能突显其表量性质。似不如孙向阳《古文字材料中的量词研究》① 一文的说法,"根据它直接来源于它所说明的名词并用以表量的特点称之为原身量词"。商周金文的原身量词有人、馘、牛、羊、田、邑、旗等,其用法如:

  俘人万三千八十一人。   (小盂鼎·周早)
  获馘四千八百又二馘。   (小盂鼎·周早)
  俘牛三百五十五牛。   (小盂鼎·周早)
  羊卅八羊。   (小盂鼎·周早)
  余舍女田五田。   (卫鼎·周中)

---

① 孙向阳:《古文字材料中的量词研究》,华南师范大学中文系1995年硕士学位论文。

侯氏赐之邑二百又九十又九邑。	(黯镈·春秋)
赐女秬鬯一卣……旅（旗）五旅（旗）。	(伯晨鼎·周中)

原身量词是量词的初始形态，它刚由名词脱胎而出，有较强的名词性，并对它所说明的名词有较强的依赖。适用范围狭窄是它的最大特征，但各类量词有不少都是在它的基础上，通过适用范围的扩大或转移发展起来的。

2. 借用量词。借用量词又称"临时量词"，是借用与它所说明的名词不同却又相关的名词来表量的一类量词，多为它所说明的事物之载体。这类量词有卣、陣、柝（管）、车、担、舟、舿等，如：

王赐吕秬鬯三卣，贝卅朋。	(吕鼎·周中)
王在周，令作册内史赐免卤百陣。	(免盘·周中)
王蔑庚赢厤，赐丹一柝（管）。	(庚赢卣·周早)
戎献金于子牙父百车。	(眉敖簋·周中)
女（如）担徒，屯廿担以当一车。	(鄂君启车节·战国)
屯三舟为一舿，五十舿，岁罷（一）返。	(鄂君启舟节·战国)

3. 个体量词。个体量词是表示事物数量单位的词。比原身量词有较宽的适用范围和较强的概括力。商周金文所见的个体量词有人、夫、伯、丙、匹、两、乘、款等，其用法如：

折首卅又六人。	(多友鼎·周晚)
人鬲自驭至于庶人六百又五十又九夫。	(大盂鼎·周早)
赐奠七伯。	(宜侯夨簋·周早)
小臣麦赐贝，马丙。	(小臣麦鼎·周早)
俘马百四匹。	(小盂鼎·周早)
俘车卅两。	(小盂鼎·周早)
俘戎车百乘一十又七乘。	(多友鼎·周晚)
俘戎兵盾、矛、戈、弓、备、矢、裨、胄，凡百又三十又五款。	
	(㦰簋·周中)

最末一例"款"字有些类似今日的"件"字，这么多不同的事物共享一个量词，其概括能力之强，为商周出土文献所仅见。

4. 集合量词。集合量词是表示成组或成群事物的数量单位的词，主要有家、生

（姓）、品、乘、朋、毂、具、肆、堵、䏎、䑑、䏇、备（瑃）、束、秉、秭等，其用例如：

姜商令贝十朋、臣十家、鬲百人。	（令簋·周早）
赐在宜王人十又七生（姓）。	（宜侯夨簋·周中）
王令寝农省北田四品。	（寝农鼎·殷）
格伯取良马乘于倗生。	（倗生簋·周中）
王赐驭八贝一具。	（驭卣·殷）
大钟八聿，其甯四堵。	（邘黛钟·春秋）
王亲赐驭方玉五毂、马四匹、矢五束。	（噩侯鼎·周晚）
公赐龜宗彝一䏎。	（龜簋·周中）
赐女圭鬲一，汤钟一䑑，鑐鋆百匀。	（多友鼎·周晚）
赐宗彝一䏇，车马两。	（繁卣·周中）

其中，䏎、䑑、䏇均字书所无。依铭文文例，作"一组"解均无问题。䏎字诸家均读作肆，䑑、䏇二字也有读作肆的。䏎之释肆，于字形字音均能成立，䑑字文例，多友鼎"汤钟一䑑"与"大钟八聿"相近，卯簋盖"宗彝一䑑"与龜簋"宗彝一䏎"相同，䏇字则除文例与龜簋、卯簋盖相通解，字形亦与䑑相近，均可与肆字音通的逸字相联系，所以，三字读肆都是有一定道理的。如果三字确可读肆，则"肆，列也，县钟十六为肆"的解释，"列也"才是它的量词之初义，"县钟十六"则是其中的一个具体用义。

5. 度量量词。度量量词是用于度量长度、面积、容量、重量等的、有统一固定准则的量词。这类量词商及西周都有，而以东周发展更快。这类量词主要有孚、禹、冢、钧、益（镒）、鈃、秉、斛、斗、升、齌、亭（毂、斛）、射、斤、两、朱（铢）、石、里、畮（亩）、尺、步、尊（寸），用例如：

王赐金百孚。	（禽簋·周早）
卅五禹五孚五冢。	（自官左自方壶·战国）
王使小臣守使于夷，宾马两，金十钧。	（小臣守簋·周早）
春成侯中府为重钟，冢十八益。	（春成侯壶·战国）
一益十鈃半鈃四分鈃之冢。	（平安君鼎·战国晚）
谷（容）一斛。	（公朱左自鼎·战国晚）
十年弗官容齌。	（十年弗官容齌鼎·战国）

受六睾四骈。	（永用析涅壶·战国）
魏三斗一升廿三斤。	（魏鼎·战国）
舍矩姜帛二两。	（九年卫鼎·周中）
赏毕土方五十里。	（召卣·周中）
公命吏晦贤百晦鹽。	（贤簋·周中）
从丘坎以至内宫六步。	（中山王兆域图·战国）
爰积十六尊（寸）五分尊（寸）壹为升。	（商鞅方升·战国）

此外，如："三年静东国"的"年"、"万岁是尚"的"岁"、"十世不忘"的"世"、"旬又一日"的"旬"、"柔燮百邦"的"邦"、"闻于四或"的"或"，有学者称作"准量词"，这里拟作名词看待；"朱旗二铃"的"铃"，也有视为"借用量词"的，我们认为"朱旗二铃"指的应是带二铃的朱旗，而不是两支朱旗，"铃"自然也应视为名词，而非量词。

（二）金文量词的特点

商周金文的量词，与传世先秦文献的大致相同，都得与数词结合，构成数量短语，而且量词总是置于数词之后，只有在数词为"一"时，才可以隐而不现；数量短语的作用主要是修饰名词，而且一般也置于被修饰的名词之后，对该名词所代表之事物的数量作补充说明。尽管"匹马束丝"那样数量结构置名词前作定语的用法在西周中期已经出现，但直至战国时期，占优势的仍是后置形式。前置形式用例较多的，主要见于战国墓葬所出竹简中的遣策，这种随葬品清单对量词及数量结构之发展可能有重要的促进作用。

纵观商周金文，并结合甲骨文与战国简帛，我们可以看到，整个商周时代，量词都在形成过程中，且属量词发展的早期阶段，其发展过程大致呈现如下一些特征。

1. 商周金文见证了原身量词的发展、转化与衰落的过程。原身量词是量词发展的原始阶段的产物，传世文献中已极罕见，而在商周出土文献中却幸得留存，除上举西周金文中的人、馘、牛、羊、旗、田、邑等外，见于甲骨文的尚有：

王占曰：有祟四祟。	（《合集》6170）
翌甲寅酢于大甲羌百羌。	（《合集》32042）
甲辰乞骨十骨。	（《合集》35211）

这表明商及西周（主要是中期以前），原身量词仍扮演着重要的角色，量词的发展

尚处在较初级的阶段。但西周晚期，特别是春秋以后，原身量词用例骤减，《鼄䤙》的"侯氏赐邑二百又九十九又九邑"已是目前所见商周金文原身量词中最晚的，也是东周金文中唯一的用例。虽然楚简中尚见"其邑筭一邑、䣙一邑、并一邑、邯一邑、余一邑、郫一邑、凡六邑"（《包山》153）、"屯二儋之飤、金鋌一鋌"（《包山》147）、"鏎筭一十二筭"（《仰天湖》32》）等几个用例，但原身量词走向衰落的态势终归是掩饰不了的。

原身量词的缺点在于对它所说明的名词过分依赖，从形式到内容都未能与该名词拉开距离，表量功能不显著。从金文材料看，其转化出路大致有三：

一是集合有共同计量特征的事物之原身量词，选择其中最能反映这一共有特征的某一事物的原身量词作这类事物之计量代表词，发展为"个体量词"。甲骨文从"羌百羌"到"羌五十人"，金文从"获馘百四十七馘"到"折首卅又六人"以及执讯、赐臣嬜之以"人"为计量单位，等等，即其例。

一是借用某一器物的原身量词作可以该器物为载体的各类物体共有的计量单位词，甲骨文之"鬯六卣"的"卣"，金文之"屯三舟为一䒴"的"舟"与"䒴"即其例。

一是另造专门的量词取代原身量词，例如"田十田"的"田"，应略同于后世的"块"，是天然单位，并无面积标准的计量，后为标准量词"亩""顷"所取代，①即其例。

经此三途转化，秦汉以后这种"原身量词"便趋绝迹了。

2. 商周金文存在不同事物共享一个量词而所代表的数量不同的情形。最典型的是车、马及其量词"两""乘"。"两""乘"于车而言，都属于个体量词，其数皆一；于马而言，都属集合量词，其数分别为"二"与"四"，而车、马都可以同时共享同一量词"两"或"乘"：

公稷繁䅈，赐宗彝一䚽，车、马两。　　　　　　　（繁卣·周中）
俘车、马五乘。　　　　　　　　　　　　　　　　（师同鼎·周早）

公赐繁的应是一架两匹马驾的车和两匹马，师同俘获的应是五架四匹马驾的车和二十匹马。繁卣的"两"及师同鼎的"五乘"都是车、马共享的量词或数量结构，这种情形在后世文献中是很少看到的。

---

① "亩"于西周金文仅一见，但见于战国简牍，如青川木牍："亩二畛，一百（陌）道：百亩为顷，一千（阡）道，道广三步。"至秦初则使用更加普遍："钟：稻、麻亩用二斗大半斗，禾、麦亩一斗，黍、荅亩大半斗。叔（菽）亩半斗。"（秦律十八钟）；"顷"商周金文未见，但秦初使用已甚普遍："入顷刍稿，以其受用之数，无垦不垦，顷入刍三石，稿二石。"（秦律十八钟，《睡虎地简》78）

3. 商周金文数量组合形式仍在规范过程中。传世文献所见数量组合，一般都是数词在前量词在后，同一层次的量词一个数量组合中只出现一次的。而商周金文却有段位数与零余数均带有量词的做法：

  𨾊伯睘作宝尊彝，用贝十朋又四朋。 （𨾊伯睘簋·周早）
  俘戎车百乘一十又七乘。 （多友鼎·周晚）

这种用法已见于甲骨文，金文当由甲骨承继而来：

  祢用十卣又五卣。 （《屯》110）
  奠示十屯又一屯。 （《合集》6445）

甲骨文还有一种量词只出现一次而段位数与零余数分置量词前后的情形：

  奠示十屯又一，永。 （《合集》6527）
  ……丁典一牛、十宰又九、羌五？九月。 （《合集》366）
  贞：五牛、十羊又四？ （《合集》11065）
  十卣又五。 （《合集》29691）

这种情形虽不见于商周金文，但在甲骨中出现的频率都比段位数与零余数均带量词的形式更高，它所以在商周金文中被淘汰，大抵与某些集合量词往往带有零余，其记录方式与段位数和零余数均带量词的形式并无多大区别，零余数后不带量词便易生混淆有关。例如"十屯又一屯"是指十一对牛胛骨，"十屯又一骨"是指十对牛胛骨外加一块牛胛骨，"十屯又一"是指"十屯又一屯"抑或"十屯又一骨"呢？确实不好判断，将它淘汰就很自然了。

数量组合的不规范形式在战国竹简中还见使用：

  大凡四十乘又三乘。 （《曾侯乙墓竹简》[①] 121）

"数词+量词"的规范形式是秦初才完全确立的。

4. 商周金文中，说明名词的量词已开始由名词后向名词前移动。黄盛璋指出："在名量词的用法中，最初的用法是必须置于名词之后，后来发展成置于名词之前。"这是

---

① 以下简称《曾》。

符合商周甲金文反映的实际情况的。

殷商甲骨、金文有数词置于名词之前的，但未见量词置于名词之前的，量词只出现于名词之后：

庚戌……贞：赐汝有贝朋？	（《合集》11438）
……车二丙，盾百八十三，函五十……	（《合集》36481）
小子商小子省贝五朋。	（小子省壶·殷）

西周金文仍以量词置于名词之后为常见，但已开始出现量词置于名词之前的用例，只是为数甚少：

我既贖汝五［夫效］父，用匹马束丝。	（曶鼎·周中）
公命吏晦贤百晦粮。	（贤簋·周中）

这类情形在春秋战国金文中仍不多见，但用例确有增加：

沓里三斗鎮（鼎）。	（三斗鼎·战国）
四㪷十一冢盉（壶）。	（四斗舀客壶一·战国）
四㪷七冢盉（壶）。	（四斗舀客壶二·战国）
土匀回四斗鉼（瓶）。	（土匀瓶·战国晚）

若联系战国简文，这一趋向便更加明显：

一拼食䣓，一拼梅䣓。	（《信阳》遣策17）
一𥎦弓，贻。五秉矢。	（《曾》72）
一具吴甲，紫组之縢。	（《曾》138）
王𩢦一乘迻车，三匹骕。	（《曾》187）

虽然这种前置形式在汉以后才有较大的发展，到南北朝以后才变为正常词序，但其前移趋向确在两周时代已经开始发生。

5. 商周金文尚处在汉语量词发展的早期，这一时期，量词数量不断增加，并呈名词性较强的量词（原身量词和借用量词）向典型性量词（集合量词、个体量词、度量量词）发展的趋势。名词性较强的量词中的原身量词在商周之由发展到衰落已如前述，借用量词由商至西周以至春秋战国均有发展，但其速度远不如典型量词，而后世能继续发展的更少。典型量词的发展优势是显而易见的。

（三）谈谈"再""两""铃"等字的用法问题

先谈谈"再"字。"再"字后世多用作副词，但在金文中，则未有副词用法，一般只用作数词：

唯廿又再祀。	（𬇙羌钟·战国早）
尸用或敢再拜稽首。	（叔尸钟·春秋）
陈喜再立事岁。	（陈喜壶·战国早）
奠昜陈得再立事岁。	（陈璋壶·战国）

第一例的"廿又再祀"即指周安王二十二年，"再"同于"二"，在此与"廿"一起表序数；第二例的"再拜稽首"的"再"亦与上博简《彭祖》"狗老二拜稽首"之"二"同，作"两次"或"第二次"解均可；第三例的"再立事岁"的"再"则应解作"第二次莅事的一年"，作"第二次"解。王力谓"再"字在上古时代用作数词，表示"两次"，这种讲法符合部分事实，但不是全部事实，比如"廿又再祀"的"再"就只表示"二"，不表示"两次"；又谓到了唐代（或较早），"再"字发展为一种新的意义（旧的意义同时沿用），表示"第二次"，仍是数词，则将用作"第二次"的时间推得太后，这应是战国早期就有的一种用法。

再谈谈"两"字。关于"两"在先秦的用法，在汉语史界及古文字学界都颇受关注。王力认为："'两'字在先秦时代，用来指称天然成双的事物，或敌对双方的人……汉代以后，一般'二'数都称'两'了。"① 马国权则认为"两"用于车是量词，用于马为数词。② 孙向阳则认为称马的"两"也应该是量词。③ 笔者同意孙氏的看法，上面对量词"两"的分析就是站在这一立场上进行的。

孙向阳对金文中的"马"的数量配合情况进行考察，发现"马"可以不带数量，若带数量则必不能缺少量词。金文中只见"马匹""匹马""马四匹""马乘""乘马""马丙"等用法，而不见"马一""马二""马三""马四"等"马"与数词的直接组合。"在'马'没有用数词直接称量的情况下，只以'两'称数的可能性是不大的。按当时这种语言习惯，称马的'两'应该是量词。"④

---

① 王力：《汉语语法史》，商务印书馆1989年版，第18—19页。
② 马国权：《两周铜器铭文数词量词初探》，《古文字研究》第1辑，第127页。
③ 孙向阳：《说"两"》，《广东社会科学》1995年第2期。
④ 孙向阳：《古文字材料中的量词研究》，华南师范大学1995年硕士学位论文。

人们分析"车马两"的结构时，总认为"两"所修饰的只是"马"，"车"则属数词为"一"时可以省略的情形，这其实是一种误解。其实，繁卣的"车马两"与师同鼎的"车马五乘"的结构是一样的，"车马五乘"只能理解为"车五乘、马五乘"，即"五架四匹马拉的车和二十匹马"，而不能理解为"一架马车二十匹马"，就是说，"五乘"这一数量结构不但修饰"马"，也修饰"车"，而"车马两"的"两"，也是同时修饰"车"与"马"的，"车马两"就是"车两、马两"，"车两"的"两"是量词，即后世的"辆"，这是学界早有共识的。那么，"马两"的"两"也应该是量词，"车一两"是指一架两匹马拉的车，"马一两"是指拉一辆车的马，也就是两匹马。

如前所述，称马量词有"丙（匹）"①"两""乘"，称车量词除上举"两""乘"外，也还有"丙"。"丙"之称量车虽不见于金文，却见于甲骨：

……车二丙，盾百八十三，函五十…… （《合集》36418）

可见，车、马之用"丙""两""乘"来计量，确有很强的对应性，既然计量车、马的"丙""乘"为量词，计量车的"两"是量词，根据语言发展的对应性和系统性，计量马的"两"也应该是量词。至于量词"丙""两"的来源，我们尚可从字形分析入手追溯。于省吾指出"金文两字作𠕒，其所从之𠕒，即由甲骨文车字上部的个形所演成，本像辀及衡，𠂊像双軛形。②而丙字从𠕒，正像单軛。可能"丙"本指单軛（单马拉）的车，"两"本指双軛（双马拉）的车，原先都为名词，其作标准量词，可能都经过由原身量词转化的阶段。

除了车、马之外，金文中的"两"还用于修饰别的一些事物：

楷仲赏厥嬃嬎遂毛两、马匹。	（嬃娛方鼎·周早）
欹作厥簋两，其万年飨宾。	（厥簋·周早）
舍矩姜帛三两。	（九年卫鼎·周中）
矩或取赤虎两、䩋两、䩋韐一。	（卫盉·周中）
自豕鼎降十又一、簋八、两罍、两壶。	（函皇父鼎·周晚）
叔向父为备宝簋两、宝鼎二。	（叔向父簋·周晚）
赐卤责千两。	（晋姜鼎·春秋早）

---

① 甲骨无"匹"字，匹马之称，甲骨只用"丙"；金文称马多用"匹"，用"丙"称量马，仅小臣夌鼎一见。考虑到"丙"为帮纽耕部字，"匹"为滂纽质部字，二字帮滂邻纽，耕质通转，声近可通，作为称量马的单位词，"丙""匹"当本一事，商周用字不同而已。

② 于省吾：《释两》，《古文字研究》第10辑，第6页。

于大䲵命用璧、两壶、八鼎。　　　　　　　　　　（洹子孟姜壶·春秋晚）

　　粗略看去，上列例句中的"两"作数词解似无不可，但以第六例"宝簋两"与"宝鼎二"并列，则"两"与"二"似宜区别对待。"宝鼎二"指两件宝鼎可无疑问，但"宝簋两"则似乎解作"一对宝簋"更加合适，第二例的"簋两"、第五例的"两罍、两壶"、第八例的"两壶"以及第四例的"赤虎（琥）两、茉两"的"两"，似亦以作"一对"解更加顺当。至于第一例的"遂毛两"，各家均读作"旞旄两"，陈梦家以为是"于竿上戴以五采的金羽，立于道车（首车）之上。一车两干"，这个"两干"解作"一对"也是很合适的。第三例的"帛三两"，《左传》闵公二年："重锦三十两。"杜注："以二丈双行故曰两。"这个"两"也应该视为与上举同类的量词。只是第七例未能明了而已。

　　最后谈谈"朱旗二铃"的"铃"字问题。例见毛公鼎：

　　　　赐女秬鬯一卣……朱旗二鋚（铃）。
　　　类似文例尚见于番生簋盖：
　　　　赐朱芾……朱旗旜金苋二铃。

　　马国权认为："铃是旗上的饰物……在这里是作旗的量词。"① 笔者认为，这里的"铃"仍为名词。毛公鼎的"二铃"与番生簋盖的"旜金苋二铃"在修饰"朱旗"方面，作用是一样的，而《番生簋盖》中的"二铃"与"旜金苋"在修饰"朱旗"方面，作用也是一样的，毛公鼎所赐者应是带二铃的朱旗，番生簋盖所赐者应是带有金苋旜和二铃的朱旗，这与"旗四日"是指旗上饰有四个日象，"旗五日"是指旗上饰有五个日象，而不指旗四面、旗五面的道理是相同的。将"朱旗旜金苋二铃"理解为"青铜为饰的纯朱色旌旗二柄"，将"铃"理解为量词，显然是缺乏足够证据的。

　　　　　　　　　　　　　　　　　　　　　（原载《中山大学学报》2009 年第 5 期）

---

① 马国权：《两周铜器铭文数量词初探》，《古文字学研究》第 1 辑，第 133 页。

商周金文句子成分的调整与演化

句子成分问题，向来都是语法研究的重要内容。不过，研究一般都集中在传世文献方面，对出土文献、尤其是金文的研究十分薄弱。虽然 1936 年已出现了沈春晖《周金文中的双宾语句式》那样的专论，但几十年来，除了一些汉语史研究专著或论文对金文资料的征引外，很少见到有关金文句子成分的论述。较全面又专门的研究论著是八十年代初才出现的。一是管燮初《西周金文语法研究》，一是陈初生《试论西周金文主谓句式的发展》。由于管书研究方法上的毛病，陈文的研究似更符合金文的实际。所以，本文拟在陈文的基础上展开，并且较多地采用了陈氏的说法。

作为汉语书面语的表达，现今分析的各种句子成分，在甲骨文时代实已基本齐备。几千年的句法发展，不过是这些句子成分在不断的充实与调整中日趋丰富与完善，使语言的表达更加精确与生动而已。比之后世，商周金文句子成分的丰富与完善的程度自然还比较低，但比之甲骨文，却是已有明显的发展的。

（一）定语与宾语补足语

定语是体词性中心语前修饰或限制的成分。

商周金文用作定语的词类已相当丰富，几乎涵盖了所有实词和半实词的词类。例如：

王易小臣艅夔贝。	（小臣艅尊 5990·殷）
昔才尔考公氏克逨文王。	（何尊 6014·周早）
若文王令二三正。	（盂鼎 2837·周早）
我既赎女五夫效父，用匹马束丝。	（曶鼎 2838·周中）
衣祀于王不显考文王。	（天亡簋 4261·周早）
伯㚤作饮壶。	（伯㚤壶 6454·周中）

上举诸例反映出的名词、代词、数词、形容词、动词作定语，都是甲骨文中已有的用法，只是第四例"匹马束丝"之以量词作定语，则为甲骨所未见。笔者在讨论数量表示法时已经指出，殷商甲金文中，量词只出现于名词之后，就是西周金文，也仍以量词置于名词后（这类情形，一般学者称作"定语后置"，我们不取这种讲法）者为常见，量词或数量结构置于名词之前（即作定语）的情形，是西周中期以后才出现的。春秋战国用例有所增加，汉以后才真正有较大的发展，南北朝以后才成为正常词序的。量词作定语，是西周金文定语比殷商甲骨文丰富的表现之一。

西周金文定语比殷商甲骨丰富还表现在介词结构作定语和主谓词组作定语用法的扩展。介宾词组作定语的现象，在甲骨文中已经出现，例如：

壬午卜，王其逐在万鹿，获？允获五。
丁未卜，王其逐在蚰鹿，获？允获七。二月。　　（《合集》10951）
戊寅，子卜：丁归在川人？
戊寅，子卜：丁归在𠂤人？　　（《合集》21661）

"在万""在蚰"作"鹿"的定语，"在川""在𠂤"作"人"的定语，都是介宾词组作定语的实例。不过，诚如陈初生所言"这种作定语的介宾词组在甲骨文中用得不多，而且'在'字的动作性仍较强。因此，介宾词组作定语在甲骨文中还是处于萌芽状态"。这类定语在西周金文中的扩展主要表现在两个方面：一是作定语之介宾词组的介词，已由"在"扩展到"于"和"自"；一是这类定语所修饰的中心语，已由人、兽扩展到土田。例如：

赐在宜王人十又七生（姓）。　　　　　　　　（宜侯夨簋4320·周早）
王赐中马：自𩰤侯四騹。　　　　　　　　　　（中觯6514·周早）
赐于乍一田，赐于宲一田，赐于队一田，赐于鼓一田。
　　　　　　　　　　　　　　　　　　　　　（卯簋4327·周中）

应该指出，这类定语在西周金文中虽有扩展，但用例并不多见，说明其用并未发达。

主谓词组作定语的现象，在甲骨文中亦早已出现。例如：

戊申贞：昇多宁氏甼于大乙？　　　　　　　　（《屯》2567）
庚辰卜，其禱方氏羌？在必。　　　　　　　　（《屯》606）
用望乘氏羌自上甲？　　　　　　　　　　　　（《佚》875）

"多贮氏"作"鬯"的定语，"方氏""望乘氏"作"羌"的定语，都是主谓词组作定语的实例。但例不多见，且局限于"×氏"（×送来）的祭品。商周金文中扩展比较明显。例如：

子赐小子𩿨王商贝在𠂤。　　　　　　　　　　（小子𩿨鼎2648·殷）
公赐臣卫宋𪓑贝三朋。　　　　　　　　　　（臣卫尊5987·周早）
公赐𠫑涉子效王休贝廿朋。　　　　　　　　（效卣5433·周中）
豕以睽履大赐里。　　　　　　　　　　　　（大簋4298·周中）

"王商（赏）""宋𪓑""王休"作"贝"的定语，"大赐"（大被赏赐）作"里"的定语，确比甲骨丰富许多。

此外，还有动补结构作定语的，如"赐师率征自五齵贝"（小臣谜簋4238·周早）。

带领属性介词的词或词组作定语，是西周金文才开始出现的语法现象。最早用例见于昭王时的大事纪年铭文：

唯天子休于麦辟侯之年铸。　　　　　　　　（麦尊6015·周早）
隹王令南宫伐反虎方之年。　　　　　　　　（中方鼎2751·周早）

这种大事纪年铭文昭王时尚多见，多不带领属性介词，作定语的主谓词组直接与"年"字相接：

隹王大禽于宗周徣饔莽京年。　　　　　　　（士上卣5421·周早）
隹公大史见服于宗周年。　　　　　　　　　（作册䰝卣5432·周早）
隹明保殷成周年。　　　　　　　　　　　　（作册䍙卣5400·周早）
隹公大保来伐反尸年。　　　　　　　　　　（旅鼎2728·周中）
隹王来各于成周年。　　　　　　　　　　　（厚趠方鼎2730·周早）

西周中期以后，这类结构多带领属性介词"之"者：

䟐从师雍父戍于𦉢𠂤之年。　　　　　　　　（䟐觯6008·周中）
王令东宫追以六师之年。　　　　　　　　　（陵贮簋4047·周中）
王命善夫克舍令于成周遹正八𠂤之年。　　　（小克鼎2796·周晚）

修饰的事物，也扩展到各个方面：

王用弗諲（忘）圣人之后。	（师望鼎 2812·周中）
鷹（献）于荣伯之所。	（敔簋 4323·周中）
眔共媵（朕）辟之命。	（禹鼎 2833·周晚）
甲申之辱（晨）……复夺京自之俘。	（多友鼎 2835·周晚）
襄之有嗣橐。	（散盘 10176·周晚）
余其敢对扬天子之休。	（盠驹尊 6011·周早至中）
搏伐猃狁，于洛之阳。	（虢季子白盘 10173·周晚）

东周以后，就更发展成定语与中心语联系的最主要形式了。

叠音词作定语是西周金文新产生的又一语法现象。甲骨未见叠音词，也就不可能有叠音词作定语。西周不但产生了叠音词，而且产生了叠音词作定语，并在东周以后得到较大的发展。

穆=朕文祖师华父。	（大克鼎 28·周晚）
翩=四方，大从不静。	（毛公鼎 2841·周晚）
趩=子白，献馘于王。	（虢季子白盘 10173·周晚）
篃（肃）=义政，保虘子姓。	（黏镈 271·春秋早）
虞（虢）=成唐，又敢（严）在帝所。	（叔尸钟 272-8·春秋）
柬（简）=和钟。	（蔡侯甬钟 223-4·春秋晚）

金文中有一类体词性中心语的修饰限制成分居于体词性中心语之后的情形，学者们一般都把它称作"定语后置"。笔者认为不很恰当。这里准"谓词性成分前的修饰限制成分称状语、谓词性成分后起补充说明作用的成分称补语"之例，将体词性中心语前的修饰限制成分称定语，体词性中心语后的补充说明成分称作宾语补足语。

宾语补足语最常见的形式是数量结构。我们讨论数量表示法时已经指出，殷商甲金文中，量词（包括数量结构）只出现在名词之后，两周金文虽然出现了量词前移的苗头，但用例尚少；数词置于名词后及置于名词前两种情形均见于甲骨文，但以置后形式占有更大的优势，就是在两周金文中，最常见的情形也是数词直接置于名词之后对事物的数量作补充说明的。有关用例，前面举过不少，这里就不重复了。

宾语补足语的另一常见形式，是事物主体的细部或附属物特征的说明。例如：

王册羌使内史友员赐冗玄衣朱襮衿。	（冗方鼎 2789·周中）

侪女甲五、昜鞣、盾生皇画内（芮）、戈雕䥯厚为（柲）彤沙。

（五年师旋簋4216·周晚）

赐女玄衣黹屯（纯）、赤市、朱黄、戈彤沙雕旋旂五日。

（辅师嫠簋4286·周晚）

赐朱市……虎冟熏裹……朱旂旜金荶二铃。　　（番生簋4326·周晚）

"玄衣朱襮裣"是指带有朱红色的领子（襮）和交衽（裣）的黑色官服；"玄衣黹屯"是指衣领和袖口带有刺绣花边（黹纯）的黑色官服；"虎冟熏里"是指虎皮制造的有浅红色里子的车罩（冟）；"盾生皇画内"是指带有五采羽饰（生皇）彩色的繫楯之绥（画芮）的盾；"戈雕䥯厚柲彤沙"是指戟部有雕饰、戈柄缠丝、有红色流苏的戈；"旂五日"是指饰有五个日象的旂；"朱旂旜金荶二铃"是指带有金荶旜和二铃的朱红色的旂子。中心语后面的，都是其细部或附属物特征的说明。翻译为现代汉语时，它们都会被前移至定语的位置，但在西周金文中，它们都是处在中心语后起补充说明的成分，不应作定语后置理解。

宾语补足语还有另一常见形式，就是介词结构置体词中心语之后。例如：

赐女邦司四伯、人鬲自驭至于庶人六百又五十又九夫。

（大盂鼎2837·周早）

懋父赏御正卫马匹自王。　　　　　　　　（御正卫簋4044·周早）

王姜赐旗田三于待劚。　　　　　　　　　（旗鼎2704·周早）

毛公赐朕文考臣自氒工。　　　　　　　　（孟簋4162·周中）

赐女田于埜，赐女田于㴲，赐女井家𤰮田于畯以氒臣妾，赐女田于康，赐女田于匽，赐女田于陴原，赐女田于寒山。　　（大克鼎2836·周晚）

赘女䵼甿一卣，田于鄭卅田、于隆廿田。　　（四十二年逨鼎J745·周晚）

赐田于敆五十田，于早五十田。　　　　　（敆簋4323·周晚）

介词结构"自驭至于庶人"与数量结构"六百又五十又九夫"一起作"人鬲"的补足语，"自王"与"匹"一起作"马"的补足语，"于待劚"与"三"、"于鄭"与"卅田"、"于隆"与"廿田"、"于敆"和"于早"与"五十田"、"于畯"与"以氒臣妾"一起作"田"的补足语，均置体词中心语之后。虽然介词结构也有置体词中心语前作定语的，但置后作补足语的情形明显多于前置作定语。

此外，尚有动补结构作补足语的。例如：

赐女井人奔于量。　　　　　　　　　　（大克鼎2836·周晚）

综上所述，笔者认为：

第一，商周金文中，体词中心语的修饰说明成分不仅置前与置后并见，而且两者旗鼓相当。不少实例尚证明，位置上的差异，往往还显示出其与中心语之间修饰限制与补充说明的不同关系，它们应该是两种不同的成分。像数量结构之作修饰成分者，殷商即只有置中心语后的一种形式，它是天生就置后的，而不是由置前形式变化出来的，不给它一个名分显然不合理。称作"宾语补足语"是否合适，当然可以讨论，但硬把它说成是"定语后置"则明显欠妥。

第二，商周金文中，体词中心语的修饰成分之置前置后并不是随意的，而是有一定的规律或者习惯的。一般说来，限制性的、整体特征（包括事物的颜色、质地、用途、人物本质）的描写，如乃祖、朕位、赤市、朱黄、吉金、良马、虎冟、金节、皇考、文祖、飤鼎、饮壶和钟等，多置前；事物主体的细部或附属物特征的说明，如朱黄䋫亲（衬）、玄衣黹屯、白马妹黄发微、戈画䩉厚柲彤沙等，多置后；主谓结构，如王乘车马、王商（赏）贝等，多置前；介词结构，如自王、于寒山等，多置后。凡此种种，似透露着这样的信息：天生置后的体词性中心语的补充说明成分，可能不只数量结构。

第三，宾语补足语在汉语发展过程中渐次前移，被定语吸收而走向消亡，但几种形式的发展是不平衡的，因此消亡的时间也不一致。介词结构充当宾语补足语的，与动词的补语在形式上并无区别，容易造成混淆以致产生歧义，所以消亡最早，东周金文罕见用例，后世文献典籍中近于绝迹；事物主体的细部或附属物特征的说明，主体与细部或附属物间是一气写下，与赏赐物之数物并列在形式上并无区别，也易生混淆（诸家考释每生歧见，即系明证），消亡也快，已少见于东周金文，传世文献除《诗经》"虎韔镂膺"（《秦风·小戎》）"素衣朱襮""素衣朱绣"（《唐风·杨之水》）等几个用例外，亦已罕见其迹；数量结构在于说明数量，置前置后均不会发生歧义，改变的要求自然不会太迫切，虽然西周金文已见前移迹象，但整个先秦时代，仍以置后占有较大优势，前置形式是汉代才有较大发展，南北朝以后才变为正常词序，到白话才完全取代旧词序，使置后形式走向消亡的。

（二）状语与补语

甲骨文中状语已相当丰富，而商周金文又有新的发展。其表现主要有以下几个方面：

1. 双重否定状语。甲骨文中，以否定词作状语的情形比比皆是，但双重否定者则未之见。卜辞中确有一些两个否定词连在一起的情形，例如：

贞：般亡不若，不蠱羌？
贞：龙亡不若，不蠱羌？　　　　　　　　　　　　（《合集》506）
庚寅卜，宾贞：嬬妃亡不若？　　　　　　　　　　（《合集》2869）
乙酉卜，宾贞：丁宗亡不若？六月。　　　　　　　（《合集》13538）

但与"亡不若"相对的"有不若"辞例亦颇常见：

王隹有不若？
王不隹有不若？　　　　　　　　　　　　　　　　（《合集》376）
贞：犬登，其有不若？　　　　　　　　　　　　　（《合集》4641）
丁亥卜，疑贞：今日隹徝有不若？　　　　　　　　（《合集》26092）

还有"有不若"与"亡不若"对贞的，例如：

甲申卜，争贞：王有不若？
贞：王亡不若？　　　　　　　　　　　　　　　　（《合集》891）

陈梦家曾据此得出"'不若'是宾词"的结论，陈初生更明确指出了"'不若'是一个凝固的名词性结构"的事实。"亡"否定的是"不若"这个名词性结构，而不是与"不"构成双重否定去修饰"若"，它是存现动词"亡"与"不若"组成的动宾结构，而不是"亡不"构成的双重否定状语。明确的双重否定状语始见于西周金文。

两周金文的双重否定形式十分丰富，共有不敢弗、不敢不、弗敢不、不能不、毋不、毋弗、毋有弗、毋敢不、毋敢弗、亡弗、亡不、亡敢不、莫不等十多种。据其表意功能的不同可以分为强调性双重否定和周遍性双重否定两大类。

强调性双重否定，表示语气的加强，有"一定""必须"的意思。这类双重否定句又可分为两小类。

一是说话人自称，强调自己必须怎样或指称第三方不能不做某事，其形式有"不敢不""不能不""不敢弗""弗敢不"等。例如：

效不能不万年夙夜奔走扬公休。　　　　　　　　　（效卣5433·周中）
我不能不罙叀伯万年保。　　　　　　　　　　　　（县妃簋4269·周中）
不敢弗帅井祖考，翼夙夕左（佐）尹氏。　　　　　（瘐钟246·周中）
尸敢瘽用拜顗首，弗敢不对扬朕辟皇君之赐休命。　（叔尸镈285·春秋）

一是带有使令色彩,指上级或长辈对下级或晚辈的要求,其形式有"毋敢不""毋敢弗""毋不""毋弗"等。例如:

王曰:牧,女毋敢弗帅先王作明井用。　　　　（牧簋4343·周中）
淮尸旧我𪊓畮人,毋敢不出其𪊓、其责、其进人,毋敢不即䢈、即市,即不用令,即井𢾅伐。　　　　（兮甲盘10174·周晚）
其唯我诸侯、百生,氒贾,毋不即市,毋敢或入䜌（蛮）宄贾,则亦井。
　　　　（兮甲盘10174·周晚）
女毋弗帅用先王作明井。　　　　（毛公鼎2841·周晚）

周遍性双重否定。有"全都""无一例外"的意思,其形式有"毋有不""毋有弗""亡敢不""亡弗""亡不""莫不"等。例如:

肆毋又（有）弗竞。　　　　（毛公旅鼎2724·周早）
我乃至于淮,小大邦亡敢不炊具逆王命。　　　　（驹父盨4464·周晚）
文王孙亡弗裹井,亡克竞氒剌。　　　　（班簋4341·周中）
方䜌（蛮）亡不䢦见。　　　　（墙盘10175·周中）
用𢦚于公室,仆庸臣妾、小子室家,毋又（有）不闻智（知）。
　　　　（逆钟60-63·周晚）
和燮百䜌（蛮）,广嗣四方,至于大廷,莫不来〔王〕。
　　　　（晋公䪦10342·春秋）
秉德叠叠,陉燮万邦,謚莫不日頼龏。　　　　（晋公䪦10342·春秋）

上述例句虽然都带周遍性,但当中亦有区别,其用"毋"者,多带命令式语气,而用"亡""莫"者,往往前面有多对象的陈述,"亡""莫"均作总代所有陈述对象之否定性无定代词。

2. 动词作状语。动词作状语在甲骨文中未见明显的例子,西周金文则已有明确用例。有一般动词作状语的,例如:

召启进事,奔走事皇辟君。　　　　（召卣10360·周早）
今余佳或嗣命女。　　　　（谏簋4285·周中）
我佳司配皇天。　　　　（歔簋4317·周晚）

第一例"奔走"状勤快，第二、三例之"嗣"若"司"均当读"嗣"，义为继承，均动词作状语。

有助动词作状语的，例如：

大保克敬亡遣。　　　　　　　　　　　　（大保簋 4140·周早）
召弗敢諲王休异。　　　　　　　　　　　（召卣 10360·周早）
弗能许爾从。　　　　　　　　　　　　　（爾攸从鼎 2818·周晚）
我义（宜）鞭女千，黜嚴女。　　　　　　（儔匜 10285·周晚）
女敏可使。　　　　　　　　　　　　　　（师㝨簋 4324·周晚）

这些助动词都是在谓语前作状语，表示动作行为者的主观意愿和表示可能性、必要性的。

3. 名词作状语。甲骨文亦有名词作状语者，不过仅见时间名词及表时间的名词性词语。而金文作状语的名词范围则比较广，有时间名词及表时间的名词性词语作状语的，例如：

瘭作协钟，万年日鼓。　　　　　　　　　（瘭钟 257·周中）
十枻（世）不諲（忘）献身在毕公家受天子休。（献簋 4205·周早）
敏朝夕入谏（谏）。　　　　　　　　　　（大盂鼎 2837·周早）
受赁（任）猚（佐）邦，夙夜筐（匪）解（懈）。
　　　　　　　　　　　　　　　　　　　（中山王嚳壶 9735·战国）

有方位名词作状语的，例如：

犾驭从王南征，伐楚荆。　　　　　　　　（犾驭簋 3796·周早）
多友西追，甲申之辰，搏于郏。　　　　　（多友鼎 2835·周晚）
王令吕伯曰：以乃自右比毛父。　　　　　（班簋 4341·周中）
今女其率蔡侯左至于昏邑。　　　　　　　（柞伯鼎 B275·周晚）

有普通名词作状语的，例如：

唯氏使乃子㝅万年辟事天子。　　　　　　（㝅方鼎 2824·周中）
王乎作册尹册赐瘭画靳、牙櫜、赤舄。　　（瘭壶 9724·周中）

㦣叔（素）巿巩告于王。　　　　　　　　　　　（师㦣簋 4324·周晚）

此外，由甲骨文继承下来的介词结构作状语，亦有较充分的表现。例如：

余其宅兹中国，自之辥民。　　　　　　　　　　（何尊 6014·周早）
……自新邑于柬。　　　　　　　　　　　　　　（新邑鼎 2682·周早）
自今余敢嬰（扰）乃小大事……　　　　　　　　（儴匜 10285·周晚）

同为"自"字介词结构，可有时间状语与处所状语的不同。又如：

曶比以攸卫牧告于王。　　　　　　　　　　　　（曶比鼎 2828·周晚）
余以邑讯有嗣。　　　　　　　　　　　　　　　（六年雕生簋 4293·周晚）
郘大叔以新金为贠车之斧十。　　　　　　　　　（郘大叔斧 11788·春秋）

同为"以"字介词结构，亦有表对象与工具凭借之异。充当状语的介词结构还可有"于""用""眔"等。例如：

其于之朝夕监。　　　　　　　　　　　　　　　（史䀇簋 4030·周早）
舀用兹金作朕文考宄伯䵼牛鼎。　　　　　　　　（舀鼎 2838·周中）
友眔毕子＝孙永宝。　　　　　　　　　　　　　（友簋 4194·周中）

由甲骨文继承下来的副词作状语，使用更广，例子也更多，在副词一节已讨论比较详细，这里就不再重复了。

补语的性质与构成，同状语有颇多相似的地方，主要的区别是，状语居谓词性成分前，起修饰或限制作用，补语居谓词性成分后，起补充说明作用，但所要回答的问题，都是怎么样、什么时候、什么地方等，状语多一个程度，补语多一个结果而已。

补语最常见形式是介词结构。补充说明状态、处所、对象者多用"于"。例如：

王述于乍（作）册般新宗。　　　　　　　　　　（作册豊鼎 2711·殷）
穆王在荼京，乎渔于大池。　　　　　　　　　　（遹簋 4207·周中）
王令我羞追于西。　　　　　　　　　　　　　　（不期簋 4328·周晚）
其登于上下，闻于四方。　　　　　　　　　　　（者减钟 193·春秋）
既忞于心。　　　　　　　　　　　　　　　　　（蔡侯纽钟 210·春秋）

是说明方位、处所的。又如：

使乎友弘以告于伯懋父。	（师旂鼎 2809·周中）
格伯取良马乘于倗生。	（倗生簋 4262·周中）
多友遒献俘、聝，讯于公。	（多友鼎 2835·周晚）
其妻子用享考于叔皮父。	（叔皮父簋 4127·春秋晚）

是说明对象的。再如：

鼌屯用鲁，永终于吉。	（井人妄钟 109·周晚）
谷（欲）女弗以乃辟圅（陷）于艰。	（师询簋 4342·周晚）
女專余于艰恤。	（叔尸钟 272-8·春秋）

是说明状态的。也有用"在"的，例如：

王赐小臣𢼛，赐在寝。	（小臣𢼛卣 5378·殷）
妩商（赏）又正嬰嬰贝在穆朋二百。	（嬰方鼎 2702·周早）
女毋敢豕（惰）在乃服。	（毛公鼎 2841·周晚）

补充说明凭借及工具的，一般用"以"。例如：

王令东宫追以六𠂤之年。	（𨻰贮簋 4047·周早）
余献妇氏以壶。	（五年雕生簋 4292·周晚）

也有用"用"的。例如：

我既赎女五〔夫效〕父用匹马束丝。	（曶鼎 2838·周中）
迺或即曶用田二。	（曶鼎 2838·周中）
用矢戣散邑，乃即散用田。	（散氏盘 10176·周晚）

补充说明动作行为所从出的，一般用"自"，例如：

唯正二月初吉，王归自成周。	（应侯见工钟 107-8·周中）
公违省自东。	（臣卿鼎 2595·周早）

公归自谋田。　　　　　　　　　　　　　　（令鼎2803·周早）

乃祖克弈（弼）先王，異（翼）自它邦。　　（乖伯簋4331·周中）

除了介词结构外，用作补语的还有用形容词、叠音词的，例如：

求乃人，乃弗得，女匡罚大。　　　　　　　（舀鼎2838·周中）

唯用妥福虩前文人，秉德共（恭）屯（纯）。　（善鼎2820·周中）

余隹今小子，敢帅井先王，秉德嬗＝（秩秩），䖒燮万邦。

（晋公䀇10342·春秋）

用名词和数词或数量结构的，例如：

载之简策。　　　　　　　　　　　　　　　（中山王嚳壶9735·战国）

鞭女五百，罚女三百孚。　　　　　　　　　（䞑匜10285·周晚）

余有爽蠱，鞭千罚千。　　　　　　　　　　（散氏盘10176·周晚）

另外，补语位置一般在句末，但也有在句中的，例如：

遣叔休于小臣贝三朋、臣三家。　　　　　　（易更簋4042·周早）

余惠于君氏大章。　　　　　　　　　　　　（五年雕生簋4292·周晚）

补语置于谓语中心语与宾语之间。

（三）宾语

商周金文的宾语与传世文献的大致相同，放在动词之后，由名词、名词性词组和短语充当。此外，一般古汉语论著介绍的古汉语宾语的若干特点在金文中亦有反映。例如：

1. 注释性的"总分同位"宾语。

易臣三品：州人、重人、䖍人。　　　　　　（井侯簋4241·周中）

白邑父、荣伯、定伯、㻌伯、单伯逎令参有司：司工散邑、司马单旟、司工邑人服眔受田。　　　　　　　　　　　　　　　（卫盉9456·周中）

其邑复憖、言二邑眔翩从。　　　　　　　　　　（翩比盨 4466·周晚）

2. 宾语前置。否定句代词宾语前置，甲骨多见，但金文仅见一例：

毋女有（宥）闲。　　　　　　　　　　　　　　（同簋 4270·周中）

用代词"是"复指的宾语前置，用例稍多：

必唯朕禾是赏（偿）。　　　　　　　　　　　　（舀鼎 2838·周中）
余鏽镣是择。　　　　　　　　　　　　　　　　（郳邟钟新 1251·春秋）
用祈眉寿难老，室家是保。　　　　　　　　　　（寺子姜盘 J1008·春秋晚）
邾邦是保。　　　　　　　　　　　　　　　　　（邾公华钟 245·春秋晚）
子孙是保。　　　　　　　　　　　　　　　　　（陈逆钟 4096·战国早）
天命是逭。　　　　　　　　　　　　　　　　　（蔡侯纽钟 210—222·春秋晚）

也有代词宾语移至动词前的：

万世是宝。　　　　　　　　　　　　　　　　　（栾书缶 10008·春秋）
子孙是尚。　　　　　　　　　　　　　　　　　（丰伯车辅簋 4107·周晚）
世世是若。　　　　　　　　　　　　　　　　　（徐王糧鼎 2675·春秋早）
子孙是若。　　　　　　　　　　　　　　　　　（膡太史申鼎 2732 春秋晚）

3. 双宾语结构。

子光赏畲贝二朋。　　　　　　　　　　　　　　（小子畲卣 5417·殷）
王赐德贝廿朋。　　　　　　　　　　　　　　　（德鼎 2405·周早）
公商（赏）作册大白马。　　　　　　　　　　　（大鼎 2760·周早）
睽宾豕章、帛束。　　　　　　　　　　　　　　（大簋 4195·周中）
降旅多福。　　　　　　　　　　　　　　　　　（虢叔旅钟 238·周晚）
今兄（贶）畀女褔土。　　　　　　　　　　　　（中甗 949·周早）
命女幽黄、鋚革。　　　　　　　　　　　　　　（康鼎 2786·周中）
侪女毌五、昜登盾生皇画内、戈雕戟厚必彤沙。（五年师旋簋 4216·周晚）
余其舍女臣十家。　　　　　　　　　　　　　　（令簋 2803·周早）

受（授）余屯鲁、通禄、永令、眉寿、霝终。	（痶王钟 247·周晚）
王令士道归貉子鹿三。	（貉子卣 5409·周早）
则报璧雕生。	（雕生簋 4293·周晚）
而专赁（任）之邦。	（中山王礜壶 9735·战国）
慎为之名。	（邾公华钟 245·春秋晚）
乃为之音。	（簫叔之仲子平钟 172·春秋晚）
择之金。	（弭仲簠 4627·周晚）

（四）多种结构混合套用的复杂谓语

甲骨文的复杂谓语多属于单一的双宾、连动、兼语等结构形式，很少出现几种结构混合使用者。金文则不仅继续使用双宾、连动、兼语，而且还大量使用几种结构混合套用的办法，使谓语更加复杂化。

1. 兼语套兼语式。

王乎□□令盂以区入。	（小盂鼎 2839·周早）
王乎史戌册令吴嗣㫃㝰叔金。	（吴方彝 9898·周中）
王乎内史册令趩更厥祖考服。	（趩觯 6516·周中）

谓语部分也分两段，前段为兼语式，后段如独立起来看是一个"主——谓——宾"结构，其主语由前段最后那个宾语兼任，这就形成了兼语套兼语的句式。它们在西周早期便出现了。

2. 兼语套双宾式。

王令士䘚归貉子鹿三。	（貉子卣 5409·周早）
王乎内史易卫䒼市、朱黄、銮。	（裘卫簋 4256·周中）

谓语部分的前段是"谓——宾"结构，后段是双宾语结构，其主语由前段的宾语兼任。这类句式在西周早期金文中即可见到。

3. 兼语套连动式。

唯王令明公遣三族伐东或。	（明公尊 B1791·周中）
王用肇使乃子冬逨虎臣御淮戎。	（冬方鼎 2824·周中）

王乎吴师召大易趩氎里。　　　　　　　　　　（大簋4298·周晚）

今余肇令女遾齐师冎、眔嫠、僰尿、左右虎臣正淮东。

（师寰簋4314·周晚）

这类句式，谓语部分可分两段。前段为"动——宾"，后段如独立来看是连动，其主语由前段的宾语兼任。这类句式西周早期便见使用，周中晚期更多。

4. 兼语套兼语再套连动式。

王乎善夫騣召大以厥友入攼。　　　　　　　　（大鼎2760·周早）

王乎内史尹册令师兑足师和父嗣左右走马、五邑走马。

（元年师兑殷4275·周晚）

谓语部分可分三段，最后一段是连动式，其主语由中间"主——谓——宾"结构的宾语兼任，而中间这个结构的主语又由开头的"主——谓——宾"结构的宾语兼任，从而形成了兼语套兼语再套连动的句式。

（本文为2018年澳门汉字学会第五届年会论文）

卜事三题

（一）卜、筮、八卦

卜与筮是占卜的两大类型，一般辞书的定义，都以灼龟求兆定吉凶的行为称"卜"，而以揲蓍求卦定休咎的行为称"筮"。其实，卜并不限于龟且不始于龟，筮亦不限于蓍且未必始于蓍。

殷墟出土的实物已经清楚表明，商代的占卜就是甲、骨并用的，而河南、河北、陕西、内蒙古、山东、山西、甘肃、四川、江苏等大片土地上的新石器时期遗物更表明，早期占卜是只用骨不用甲的。早期的占卜，全用直灼，无钻凿，灼痕密集而无规则，取材以羊胛骨为主，其次是牛胛骨，还有猪骨和鹿骨等。牛胛骨之上升为主要卜用材料以及龟甲之用于占卜，都是钻凿发明，具备使骨料变薄的手段以后的事情。典籍只言龟卜，不记骨卜，实属严重的遗漏，辞书给"卜"下定义时，不提骨卜也是欠完整的。

关于周易之外的筮法的存在，《左传》已有记载，昭公五年记"初，穆子之生也，庄叔以周易筮之，遇明夷䷎之谦䷎，以示卜楚丘"。昭公十二年记"南蒯枚筮之，遇坤䷁之比䷇，曰'黄裳元吉。'以为大吉也"。这个"枚筮"与"周易筮"不同是不言而喻的，而所用的仍是《周易》的卦名与爻辞，可见它与"周易筮"的区别主要在于筮法，我怀疑它应属三易中的连山或归藏一类。前人对三易颇多考证，主要涉及名号来源、产生年代、卦序排列、占卜异同等方面，以《周礼·春官·大卜》"掌三易之法，一曰连山，二曰归藏，三曰周易，其经卦皆八，其别皆六十有四"的记载分析，最根本的还是占法。关于三易占法，前人有"连山用三十六策，归藏用四十五策，周易用四十九策"（吴莱语）及"连山、归藏占以不变，故其数但用七八；易占以变，故其数但用九六"（郑谔语）的说法，实都未跳出蓍筮的范畴，而见于商周甲骨、铜器及战国简帛的筮数符号，奇数都用一、五、七，偶数都用六、八，亦足证变占与不变占之说为无据。我以为庞朴以枚卜、枚筮之"枚"为卜具的意见最具启发。筮具不应只有蓍草一种，原始筮法亦不会像《周易》那么复杂，坊间易筮流行的筮法五花八门，除了以字的笔画起卦的"一撮金"① 及以"万物皆数"原理为据的"梅花易数"② 一类较复杂的筮法可确定为后人所创制的外，像以木丸为筮具的"木丸筮法"③、以钱为筮具的"火珠林占法"④ 及以骨骰为筮具的"蒙人卜筮"⑤ 等简朴俚俗筮法，都不排除起源甚古的可能。二十世纪八十年代后半叶河南舞阳出土的装有很多小石子的龟甲，其器用也许有很多猜测，但并不排除其为筮具的可能，它不仅与"火珠林占法"的筮具相似，而且与"《归藏》者，万物莫不归藏于其中"⑥ 的理念相通，很可能与"归藏"筮法有关；宋人所记的"木丸筮法"、清人所记的"蒙人卜筮"以至今日用于赌博的掷骰行为，似都隐约与"枚卜""枚筮"有着某种联系，会不会与"连山"筮法有关呢？我认为是值得深入研究探讨的一个问题。总之，筮并不限于蓍草，这是可以肯定的。筮未必始于蓍草，也不是没有根据的。辞书给筮下定义时，只言蓍而不及其余，这是欠完整的。

　　谈到筮，自然会想到八卦。人们给"八卦"下定义的时候，首先总是将它判定为一种图形符号。《辞源》解释八卦的第一句话就是："《周易》中的八种符号。"并且认为："八卦最初是上古人们记事的符号，后被用为卜筮符号，逐渐神秘化。"《汉语大词典》解释八卦时也是这样开始的："《周易》的八种具有象征意义的基本图形，每个图形用三个分别代表阳的'—'（阳爻）和代表阴的'--'（阴爻）组成。名称是：乾（☰）、坤（☷）、震（☳）、巽（☴）、坎（☵）、离（☲）、艮（☶）、兑（☱）。相传是伏羲所作……"以八卦为—与--组成的八种图形符号，在不少出版物中几乎是众口一辞的。

　　其实，由—与--组成的卦画符号只是记录八卦的常见形式之一，八卦的记录形式肯定不止一种，就殷商甲骨、两周金文及战国简帛材料看，更常见的八卦（以至六十四卦）的记录形式，还是一种数字的组合，比如用𠂇（七五七，见四盘磨卜骨）记录干卦，用𠃋（六六六，见中甗）记录坤卦，用𠃌（八五一，见董伯簋）记录兑卦，用𠃍（一六五，见包山楚简）记录离卦，用𠂎（六六一，见包山楚简）记录震卦，用𠂊（七五八，见仲㝬父鼎）记录巽卦，用𠃊（八一六，见𠃊盘）记录坎卦，用𠃑（五八六，见效父卣）记录艮卦，等等。

　　八卦既然可用—与--组成的卦画符号表示，又可用数字组成的筮数符号表示，它本身就不是一种图形符号，而是这些符号所代表的单位，是象征天道运行和人事变化的八个不同性质类型的八种基本单位，这是我们给"八卦"下定义时不得不注意的。

---

① 《卜筮汇考·一撮金》。
② 邵雍：《梅花易数》。
③ 储泳：《祛疑说·易占说》。
④ 传麻衣道者：《火珠林》。
⑤ 徐珂：《清稗类钞·蒙人之卜筮》。
⑥ 郑玄注：《周礼·春官·大卜》。

（二）卜筮并用与卜筮不相袭

龟卜崇尚动物的精灵，当起于游牧部落。

蓍筮崇尚植物的精灵，当起于农业部落。

商的先祖是游牧部落，崇奉"千岁而灵"的龟是十分自然的，殷墟出土的甲骨实物清楚表明，商人已将甲骨卜推进到了极盛的时代，占卜之受重视以及占卜技术之考究，都达到了空前的程度。

周的先祖是农业部落，崇奉"百岁而神"的蓍也是十分自然的。文献记载表明，周人不但将蓍筮推进到一个极高的水平，而且形成了"周易"这样一个相当完美的筮占体系，并且给后人留下了堪称中国最早、最重要的典籍之一的鸿篇巨制《周易》。

商以卜著，周以筮著，这是出土实物与传世文献都证明了的。但是，无论商人也好，周人也好，都已经不是单纯的用卜或者单纯的用筮，而是卜筮并用的了，这同样是出土实物与传世文献都证明了的。

安阳四盘磨所出卜骨及山东平阴朱家桥高墓所出器物上的筮数符号，表明商人在用卜的同时，还兼用筮；周原甲骨的出土以及卜骨上的筮数符号，表明周人在用筮的同时，也还兼用卜。这些都是商周卜筮并用的实物证据。

至于史籍的记载，如《尚书·大禹谟》之"鬼神其依，龟筮协从，卜不习吉"、《诗经·卫风·氓》之"尔卜尔筮，体无咎言"以及《周礼·春官·筮人》之"凡国之大事，先筮而后卜"等，也都是卜筮并用的明证。至于《左传》所记实例就更多了。所以，卜筮并用，自商周以来就是十分普遍的行为了。

但是，典籍中还有一种"卜筮不相袭"的说法，语出《礼记·曲礼》，郑玄注："卜不吉则又筮，筮不吉则又卜，是渎龟策也。"要求人们占卜时，遇到"不吉"就停下来，不要卜不吉又筮或筮不吉又卜，否则就是亵渎神灵了。这种规矩是好理解的，但说者每每感觉它与"卜筮并用"多有纠缠，比如《尚书·洪范》："汝则从，龟从，筮逆，卿士逆，庶民逆，作内吉，作外凶；龟筮共违于人，用静吉，用作凶。"孔颖达疏引郑玄云："于筮之凶则止，何有筮逆龟从及龟筮俱违者？"

其实，《洪范》的这种卜筮并用，卜筮之间并不存在因袭关系。"汝则有大疑，谋及乃心，谋及卿士，谋及庶人，谋及卜筮。汝则从，龟从，筮从，卿士从，庶民从，是之谓大同，身其康强，子孙其逢，吉；汝则从，龟从，筮从，卿士逆，庶民逆，吉；卿士从，龟从，筮从，汝则逆，庶民逆，吉；庶民从，龟从，筮从，汝则逆，卿士逆，吉；汝则从，龟从，筮逆，卿士逆，庶民逆，作内吉，作外凶；龟筮共违于人，用静吉，用作凶。"这段话清楚表明，是乃心、卿士、庶人、卜、筮五者共同构成决疑的依据，是五项结果出齐后，再综合起来作出判断的，五项中分量容有轻重，而相互间并无先后因袭关系，则是十分明确的。

至于先卜后筮，《左传》所记主要有四例：

> 成季子之将生也，桓公使卜楚丘之父卜之，曰："男也，其名曰友，在公之右，间于两社，为公室辅。季氏亡，则鲁不昌。"又筮之，遇大有☰之干☰，曰："同复于父，敬如君所。"及生，有文在其手曰"友"，遂以命之。（闵公二年）
>
> 初，晋献公欲以骊姬为夫人，卜之不吉，筮之吉，公曰："从筮。"（僖公四年）
>
> 秦伯师于河上，将纳王。狐偃言于晋侯曰："求诸侯莫如勤王，诸侯信之，且大义也。继文之业而信宣于诸侯，今为可矣。"使卜偃卜之，曰："吉，遇黄帝战于阪泉之兆。"……公曰："筮之！"筮之遇大有☰之睽☰，曰："吉，遇公享于天子之卦。战克而王飨，吉孰大焉！且是卦也，天为泽以当日，天子降心以逆公，不亦可乎？大有去睽而复，亦其所也。"晋侯辞秦师而下。（僖公二十五年）
>
> 宋公伐郑……晋赵鞅卜救郑，遇水适火，占诸史赵、史墨、史龟。史龟曰："是谓沉阳，可以兴兵。利以伐姜，不利子商"……阳虎以周易筮之，与泰☰之需☰，曰："宋方吉，不可与也。微子启，帝乙之元子也。宋郑，甥舅也。祉，禄也。若帝乙之元子归妹而言吉禄，我安得吉焉！"乃止。（哀公九年）

除了晋献公娶骊姬一例属明显的卜不吉又筮而受到普遍批评外，其余各例，均未被指责为有违"卜筮不相袭"规则者。成季子将生一例，卜得"在公之右""为公室辅"；晋卜纳襄王一例，卜得"黄帝战于阪泉"吉兆，两例均属在卜而得吉的基础上，再以筮增强信心而已。至晋卜救郑一例，兆象显示可以兴兵，而说解则有利以伐姜，不利子商之异，对于这件兵戎大事来说，再求筮以助断是可以理解的。三例都未表现为对神灵的不敬，更没有亵渎神灵之事，未受违规指责是合于情理的。

可见，"卜筮不相袭"主要是针对"卜不吉则又筮""筮不吉则又卜"的情况而言，而"卜筮并用"则是为了使占卜结果更加明确、对所卜问的事情之判断更有把握而采用的措施，一般来说，卜筮的并用是计划中的事，卜问的最后判断是在卜与筮的结果都收齐后才作出的，与"卜不吉则又筮，筮不吉则又卜"的情形有本质的不同，与"卜筮不相袭"的要求并无矛盾。至于卜已得吉，再通过筮以增强信心的做法，虽不违"卜筮不相袭"规矩，但与上述"卜筮并用"情形亦有区别，可算作"卜筮并用"的一个附类。

（三）卜筮不过三与一事多卜

"卜筮不过三"，语出《礼记·曲礼》。郑玄注云："求吉不过三。鲁四卜郊，《春秋》讥之。"孔颖达疏谓:"郑意不过三者,谓一卜不吉而凶,又卜以至于三,三若不吉则止。若筮亦然也,故鲁有四卜之讥。"讲的是对同一件事的贞卜或占筮都不要超过三次反复。因第一次占卜不合心意而作第二次占卜,这本身就已经是对神灵不够恭敬的表现了,如果第二次占卜仍不合心意还要作第三次占卜,那就是明显的对神灵不恭了,如果第三次占卜也还是不合心意,那就无论如何都要停下来不再占卜了,否则就是亵渎神灵了。所以,"卜筮不过三"向来都被视为卜筮的规则,为操持此业者所遵守。但是,自从殷墟甲骨中发现"一事多卜"的现象后,人们便开始对这一守则产生怀疑,甚至认为"《礼记》所说周人占卜的实际情形是否可靠不得而知,但殷人没有这样的限制"[①]。

所谓的"一事多卜",实际上是从记录一组对贞卜辞的甲骨上有多个灼兆的现象中推导出来的,一般都把它理解为对同一件事的多次占卜,并由此得出结论,说它与"卜筮不过三"的规则不相符合。

其实这是一种误解。殷墟甲骨上"一事多卜"的"多",与"一卜不吉而再卜以至于三"的"三"不是一回事。

《左传》桓公十一年有"卜以决疑,不疑何卜?"的记载,就是说,占卜是遇到疑难问题请示神灵帮助决断,对神灵应该是十分尊重的。若一卜不吉而再卜以至于三、四,那还说得上是对神灵的尊重吗?所以《谷梁传》哀公元年说:"四卜,非礼也;五卜,强也。"杨士勋疏云:"四卜虽失,犹去礼近,言有过失,故以非礼言之;若至五卜,则是知其不可而强为之,去礼已远。"殷墟甲骨中,一事九卜、十卜者十分常见,甚至有一事多至十八卜的,如果都属一卜不吉而再卜,那岂不是要九卜、十卜乃至十八卜,非得吉兆决不罢休了吗?那就不是请示神灵,而是逼迫神灵从我所愿了,迷信的商王是不会这样做的。再说,一事而需九卜、十卜乃至十八卜才得一吉兆的现象这么常见,于道理上也难说得过去。因此我认为,甲骨卜兆旁所记的数字,指的不是一件事的第几次占卜,而是一次占卜的第几个灼兆。它记录的不是一卜不吉而再三的占卜次数,而是一次占卜中用作吉凶判断依据的多个兆象的灼兆次第。对一件事情的一次占卜而用多个灼兆,是要通过多兆的联合展示或从多兆中选取一个最明确兆象去判定吉凶,为的是减少供判断因素的偶然可能性,增大它的明确性与把握性。以多兆的联合展示定吉凶者,与《尚书·洪范》"三人占,则从二人之言"的原理相仿,《尚书·金縢》"乃卜三龟,一习吉"、《尚书·大诰》"我有大事休,朕卜并吉"亦当属此类;从多兆中选取最明确兆象作判断的,则有"元卜用""王吉兹卜"一类辞例为证。不管对一件事情的贞问灼了多少个兆,所有灼兆行为都是在判定吉凶之前进行的,所以记于龟(骨)版的只有一个吉凶判断,在成套的甲骨中记录的也都是一样的同文卜辞,整个过

---

① 吴浩坤、潘悠:《中国甲骨学史》。

程对神灵没半点不敬或怀疑,与一不吉而再、而三、而四、而五一类情形有明显的不同,与典籍所言"卜筮不过三"并无矛盾。

(原载广东高等教育出版社 2006 年出版的《出土文献语言研究·第一辑》)

楚竹书《周易》卦序略议

楚竹书《周易》的发表，为我们了解《周易》的先秦旧貌提供了可靠的材料，这对易学界来说，确是一件意义十分重大的事情。易学研究的内容是多方面的，而《易》卦的排序，向来都被视为其中的一个重要方面。由于竹书简有残佚，内容尚欠完整，卦序的排列自难准确，整理者按今本顺序排列，只是一种权宜作法。[①] 不过，附录二《关于符号的说明》（以下简称《说明》）一节，对竹书中具有特殊意义的六种符号的辨认[②]、对符号位置的确定、符号对卦名分类的标志作用的分析、同类符号中相反卦的剔发、对同卦异类符号现象的认识等，却是对恢复竹书排序本来面目甚有价值的贡献。本文即想在上述认识的基础上，对竹书《周易》的卦序系列谈点粗浅的看法。

《易》卦的排序，大抵有配对编组系列与八卦编组系列两大类型。通行本《周易》的排序属于前者，马王堆帛书《周易》的排序以及京房八宫卦图次序、北宋邵雍的先天六十四卦次序、清江永的后天六十四卦次序等则属于后者。楚竹书《周易》卦名虽有残佚，但正如《说明》指出的，有可配对关系的卦名占大多数，"明确地体现出二二相偶，对立统一的原则"，其排序应该属于前一类。

《周易》中卦与卦之间的配对关系，大致有三种类型。《说明》所讲的"相反卦"包含了其中的两种，一是"形式对立的相反卦"，即两卦之间，六爻呈上下颠倒形态的，一般称"覆卦"或"综卦"，六十四卦中属这种形态的共有二十八对；一是"爻位阴阳对立的相反卦"，即两卦之间在各个对应爻位上的阴阳属性呈完全相反形态的，一般称作"对卦"或"错卦"，六十四卦中具这种形态的有三十二对，即每一卦都可以找到与之相应的"对卦"；此外，还有一种类型是《说明》未见提及的，是两卦之间下卦与上卦呈相对调形态的，像上艮下坎的"蒙"（☷）与上坎下艮的"蹇"（☷）那样的，一般称"反卦"，六十四卦中具这种形态的有二十八对。

---

① 从方便打印着眼，楚竹书卦名一律改为通行本的用字。
② 为方便印刷考虑，楚竹书中以红黑两色变换组合成的六种符号都改用单色的代用符号表示。以实心方块表示黑色方块，实心半包方框表示黑色半包方框；以空心方块表示红色方块，以空心半包方框表示红色半包方框。

六十四卦中只有二十八对"覆卦",是因为乾(☰)、坤(☷)、坎(☵)、离(☲)、大过(☱)、颐(☶)、小过(☳)、中孚(☴)八卦的卦体颠倒后卦形不变,一般称"正卦"或"反覆不衰之卦",它们没有与之配对的"覆卦";六十四卦中只有二十八对"反卦",是因为乾(☰)、坤(☷)、震(☳)、巽(☴)、坎(☵)、离(☲)、艮(☶)、兑(☱)八个原卦都是分别由八个经卦自我重叠而成的,上卦与下卦互换后卦形不变,它们没有与之配对的"反卦"。

楚竹书《周易》所载的三十四卦中,具有互为"覆卦"关系的共十一对二十二卦(为方便分析,每卦名下将分类符号一并附上):

　　　　需—讼　　师—比　　随—蛊　　蹇—解　　谦—豫
　　　　□ □　　□ □　　■ ■　　▣ ▣　　▣ ■
　　　　困—井　　夬—姤　　无妄—大畜　旅—丰　　咸—恒
　　　　▣ ▣　　▣ ▣　　■ ■　　▣ ▣　　▣ ▣
　　　　既济—未济
　　　　□ □

具有互为"反卦"关系的共十对二十卦:

　　　蒙—蹇　　需—讼　　师—比　　井—涣　　大畜—遁
　　　□ ▣　　□ □　　□ □　　▣ □　　■ ▣
　　　豫—复　　渐—蛊　　颐—小过　革—睽　　既济—未济
　　　■ ■　　▣ ■　　▣ ▣　　▣ ▣　　□ □

具有互为"对卦"关系的共八对十六卦:

　　　蒙—革　　蹇—睽　　姤—复　　萃—大畜　大有—比
　　　□ ▣　　▣ ▣　　▣ ■　　▣ □　　■ □
　　　随—蛊　　丰—涣　　既济—未济
　　　■ ■　　▣ □　　□ □

兼具"覆卦""反卦"关系的三对:
　　　需—讼　师—比　既济—未济
兼具"覆卦""对卦"关系的二对:
　　　随—蛊　既济—未济
兼具"覆卦""反卦""对卦"关系的一对:
　　　既济—未济
属于"反覆不衰之卦"的两个:

颐、小过

属于"原卦"的一个：

艮

具有"覆卦"关系的组合不仅数量上占优势（与"反卦""对卦"相比，为11：10：8），而且每对组合内部所带分类符号都相同（"反卦"组合中符合这一条件的仅五对，"对卦"组合中符合这一条件的仅两对），其排序的配对编组显然是以"覆卦"组合为通则，而以"反卦""对卦"组合为附则，这是我们考察竹书易卦排序首先要考虑的一个问题。

下面的考察拟按□、▤、■、▤、▤五种标志分类进行，能配对的尽可能配对，不能配对的再考虑拟补，相邻组合亦尽可能找出它们的内在联系。

□类共五卦：蒙、需、讼、师、比。"需"与"讼"、"师"与"比"兼具"覆卦""反卦"两种配对关系，可作两组编排。"蒙"则与"蹇"互为反卦，又与"革"互为对卦，还与"屯"互为覆卦，因为"蹇"在▤类中与"解"互为"覆卦"，"革"在▤类中与"睽"互为"反卦"，"蒙"只能与"屯"作互为"覆卦"的组合，因此，佚简可拟补"屯"卦。

▤类共八卦：颐、蹇、解、夬、姤、萃、困、井。"蹇"与"解"、"夬"与"姤"、"困"与"井"互为"覆卦"，可作为三组编排。"颐"与"萃"不构成上述三种配对关系，须分别寻找配对伙伴。"颐"属"反覆不衰之卦"，没有与之对应的"覆卦"，它的配对伙伴只能在与之互为"反卦"的"小过"及与之互为"对卦"的"大过"中寻找，由于"小过"在▤类，"颐"便只能与"大过"作互为"对卦"的组合了，因此，可拟补佚简"大过"卦；"萃"既与"升"互为"覆卦"，又与"临"互为"反卦"，与"大畜"互为"对卦"，由于"大畜"在■类中与"无妄"互为"覆卦"，"萃"的配对伙伴只能在"升"与"临"中选择。又由于"临"乃由上坤下兑组成，与上兑下坤的"萃"组合成 $\frac{兑坤}{坤兑}$ 形式，与前面"夬""姤"组合的 $\frac{兑乾}{乾巽}$、后面"困""井"组合成的 $\frac{兑坎}{坎巽}$ 配合观之，似不如"升"与"萃"组合成的 $\frac{兑坤}{坤巽}$ 来得协调，所以，此处佚简拟补"升"卦。

■类共八卦：大有、谦、豫、随、蛊、复、无妄、大畜。"谦"与"豫"、"随"与"蛊"、"无妄"与"大畜"互为"覆卦"，可作三组顺次排列。"大有"与"复"不构成配对关系，而与"比"互为"对卦"，与"同人"兼具"覆卦"与"反卦"关系，由于"比"在□组中与"师"兼"覆卦"与"反卦"，所以，"大有"只能与"同人"配对组合，此处可拟补佚简"同人"卦；"复"则与"剥"互为"覆卦"，又与"豫"

互为"反卦",还与"姤"互为"对卦",由于"豫"与本组的"谦"互为"覆卦","姤"在▣组中与"夬"互为"覆卦","复"便只能与"剥"配对组合,此处可拟补佚简"剥"卦。

▣类共十卦:咸、恒、遁、睽、革、艮、渐、丰、旅、小过。"咸"与"恒"、"丰"与"旅"互为"覆卦",可作两组配对排列。"睽"与"革"互为"反卦",可配对成组,也可各自求"覆卦"配对,作"睽"与"家人"、"革"与"鼎"的配对,补入佚简"家人"与"鼎"两卦。"渐"与"蛊"互为"反卦",与"归妹"兼有"覆卦"与"对卦"关系,由于"蛊"在▣组与"随"互为"覆卦","渐"只能与"归妹"配对,因此,佚简可补入"归妹"卦。"小过"属"反覆不衰之卦",没有与之对应的"覆卦",其"反卦"是"颐","对卦"是"中孚",由于"颐"属▣组,"小过"只能与"中孚"配对,此处可拟补佚简"中孚"卦。"遁"与"大壮"互为"覆卦",与"大畜"互为"反卦",与"临"互为"对卦",由于"大畜"在▣组与"无妄"互为"覆卦",所以,"遁"的配对可以在"大壮"与"临"中选择;"艮"为自我重叠的原卦,没有与之配对的"反卦",其配对可以在互为"覆卦"的"震",与互为"对卦"的"兑"中选择。考虑竹书易卦配对以"覆卦"为通则,可拟补佚简"遁"的覆卦"大壮"和"艮"的覆卦"震"。

▣类共三卦:涣、既济、未济。"既济"与"未济"兼具覆卦、对卦、反卦三种关系,可配对编为一组。"涣"与"节"互为覆卦,与"井"互为反卦,与"丰"互为对卦,由于"井"在▣组与"困"互为覆卦,"丰"在▣组与"旅"互为覆卦,"涣"只能与"节"配对,此处佚简可补入"节"卦。

根据以上分析,试对楚竹书《周易》的卦序拟列如下:

需	讼	师	比	[屯]	蒙	蹇	解	夬	姤
▢	▢	▢	▢	▢		▣	▣	▣	▣
坎乾	乾坎	坤坎	坎坤	坎艮	震坎	坎震	艮坎	兑乾	乾巽

萃	[升]	困	井	颐	[大过]	[同人]	大有	谦	豫
▣		▣	▣	▣	■	■		■	■
兑坤	坤巽	兑坎	坎巽	艮震	震兑	乾离	离乾	坤震	震坤

随	蛊	[剥]	复	无妄	大畜	咸	恒	遁	[大壮]
■	■	■		■	■	▣	▣	▣	
兑艮	震巽	艮坤	坤震	乾震	震乾	兑艮	震巽	乾艮	震乾
睽	革	[震]	艮	渐	[归妹]	丰	旅	[中孚]	小过

离 兑	震 震	巽 艮	震 离	巽 兑
兑 离	艮 艮	震 兑	离 艮	震 艮
涣 [节]	既 济 未 济			

| 巽 坎 | 坎 离 |
| 坎 兑 | 离 坎 |

排序时，先按符号的类属编排，然后在组内捉对（含拟补）编组，已见上面分析。至于符号的类序，一本《说明》；类内各组的排序，则大致以传世本的先后为据，只有少数几卦略有调整：一是"颐"与"大过"的组合，按传世本当在"无妄"与"大畜"的组合之后，由于"颐"卦首□尾■的符号标志已将它定位，只能接在□类之尾与■类之首的位置；一是"屯"与"蒙"的组合，按传世本当在"需"与"讼"的组合之前，由于略作调整，坎艮/震坎的组合与"蹇""解"之坎震/艮坎组合并列更协调，所以做了小的调整。从这一排序中可以看到：

1. 《说明》对符号类序的分析是正确的，但认为红黑符号的变化与《周易》的阴阳变化理论遥相呼应的讲法，则似乏根据。仅就符号的颜色与形态变化而言，《说明》似可自圆其说，但联系到各卦的结构属性，以 坎乾/乾坎 为阳盛，以 乾艮/震乾 为阴极，以 乾艮/震乾 向 兑震/艮巽 的过渡为红阳转盛，是怎么也说不过去的，按这些符号排序的各卦卦象根本不反映这种阴阳消长，这些符号除了作类属及前后衔接的标志外，是否还有其他含义，这可以再探讨，但无论如何不能离开卦象、卦义的分析。

2. 竹书卦序与通行本有别，其排序规律与原理还有待进一步探讨。关于《易》卦排序原理，前人有多种讲法，但从前四组均以"坎"分属两卦的内、外经卦，再与乾、坤、震、艮相配合；第5、6、7组均以"兑""巽"分属两卦的内、外经卦，再与乾、坤、坎相配合；第9、10、11、12、13组以第11组为中心，两边的"乾""坤"与"坤""乾"对称排列的情形看，其排列形式似与某种规律性的东西相联系，对记、诵颇为有利，近年一些学者提出有关排序是为便于记忆或背诵的讲法，看来是有一定道理的。

3. 从上面的分析看，佚简多集中在□类或其后。这里想顺着前面的规律，试将64卦补足排定如下：

[乾]	[坤]	需 讼	师 比	[屯] 蒙	蹇 解
乾 乾	坤 坤	坎 乾	坤 坎	坎 震	坎 艮
坤 坤		乾 坎	坎 坤	震 坎	艮 坎

夬	姤	萃	[升]	困	井	颐	[大过]	[同人]	大有
兑乾	乾巽	兑震	艮巽	兑坎	坎巽	艮兑	震巽	乾离	离乾

谦	豫	随	蛊	[剥]	复	无妄	大畜	咸	恒
坤震	艮坤	兑艮	震巽	艮坤	坤震	乾艮	震乾	兑震	艮巽

遁	[大壮]	[晋]	[明夷]	[中孚]	小过	[震]	艮		
乾震	艮乾	离坤	坤离	巽震	兑艮	震震	震震		

[家人]	睽	革	[鼎]	渐	归妹	[损]	[益]	[巽兑]	
巽离	离兑	兑离	离巽	巽艮	艮震	艮巽	兑震	巽兑 兑兑	

丰	旅	[噬嗑]	[贲]	既济	未济	[坎]	[离]	涣	[节]
震离	离艮	离震	艮离	坎离	离坎	坎离	坎离	巽坎	坎兑

[临]	[观]	[小畜]	[履]	[泰]	[否]				
坤兑 巽坤		巽乾 乾兑		坤乾 乾坤					

（原载中山大学出版社2006年出版的《康乐集：曾宪通教授七十寿庆论文集》）

俗文字学与传统文字学、现代汉字学接轨略说

周有光在《现代汉字学发凡》中指出:"汉字学分三部分:一、历史汉字学,二、现代汉字学,三、外族汉字学。"周先生的文章发表在 1980 年,他的讲法应该是符合当时的情况的。但周先生的文章发表后,以汉魏以来俗字之特点、类型、成因及演变规律为主要研究内容的俗文字学已日渐兴起并趋于成熟,周先生的讲法就有修正的必要了。事实上,汉字在域外的发展与域内的情况有很大的不同,似可另辟领地,而就汉字在域内之发展言,当今的汉字学可以说是由传统文字学、现代汉字学、俗文字学三大部分组成的。

笔者的研究,主要侧重在传统文字学特别是古文字学方面,对俗文字学知之甚少。近日拜读了一些俗文字学的著述,对俗文字研究的骄人成果甚感鼓舞,对从事俗文字研究的学者之学问深感佩服,但同时也感觉到,传统文字学、现代汉字学与俗文字学在对某些现象的分析和某些概念的理解方面,存在若干分歧,从维护汉字学的统一性与完整性角度出发,很有加以沟通让其接轨的必要。兹举数则如下:

(一) 关于"俗字"

关于"俗字",传统文字学是早有共识的。颜元孙"所谓俗者,例皆浅近,唯籍账、文案、券契、药方非涉雅言,用亦无爽"、马叙伦"此盖由其字不见于《史籀》《仓颉》《凡将》《训纂》及壁中书而世俗用之,故不得而削,别之曰俗字"的说解都十分明确,指的是正统字书所不收而又在民间流行的文字形体。正统字书所收的,除"正字"之外,也有"或体""别字",不过,除特别注明者外,一般都不属"俗字"范畴。

与"俗字"相关而与"正字"相对的"别字"之取义,当与"别义""别名"相同。"别义"指一个词除本义以外的意义,"别名"指一个人(或物)除正名之外的名字,"别字"指的应该就是一个字的正体之外的形体,它应该就是今日讲的异体字。"别字"中含有"俗字"但不全是"俗字","俗字"只是"别字"的一种类型,这在

传统文字学应该也是有共识的。

研究俗文字学的学者认为，"这些所谓'别字'，不过是'俗字'的别一名称罢了"，前人经常提到的"俗体""俗书""伪体""别体""或体"等名称，"究其实质，和前面所说的'俗字''别字'并无二致"，那对俗字的理解就似乎太宽泛了。事实上，俗文字学的有关著述集中讨论的那些字，大致都与传统文字学对俗字的认定标准相符，把认识统一起来应该是不难的；如果一定要将俗字的研究范围扩大到等同别字（即异体字）的话，那又是否可以改用更普遍、更通行、传统文字学与现代汉字学都通用的"异体字"的名称呢？

（二）关于合文

俗文字学者将敦煌写本中的"艹"考定为菩萨、"艹"考定为菩提、"卅"若"卌"考定为涅槃，这无论对敦煌学抑或俗文字学来说，都是不朽的贡献。不过，将"艹""艹""卅""卌"都称作合文，就与传统文字学对合文这一概念的理解有出入了。

按照传统文字学，合文是指两个或两个以上的字合写在一个字的位置上，形式像一个字，实际上代表一个多音节词或多音节熟语的现象，无论左右式（如甲骨文亡囚之作 ）、右左式（如甲骨文南庚之作 ）、上下式（如金文小子之作 ）、下上式（如甲骨文五十之作 ）、右左上下结合式（如甲骨文康祖丁之作 ）、下上左右结合式（如甲骨文十二月之作 ）、抑或借用笔画的（如楚帛书上下之作 、侯马盟书至于之作 ）、借用偏旁的（如甲骨文牝牡之作 、楚简公孙之作 ）、借用形体的（如侯马盟书大夫之作 、云梦秦简婺女之作 ），等等，其组合个体的存在都是具体的、实在的。而敦煌写本菩萨等词的所谓"合文"，各字的主要构件均无所呈现，代表"菩提"的"提"字的"艹"、代表"涅槃"的"卅"若"卌"甚至连它们所代表的字的组成部分都不是，与"将两个或两个以上的字合写在一个字的位置上"的概念不是一回事，与"權"之作"权"、"勸"之作"劝"、"對"之作"对"、"棗"之作"枣"、"纔"之作"缠"一类符号代替的性质倒颇相类，是否可以将这类情形作符号代替理解以与传统文字学及现代汉字学接轨呢？

（三）关于"别（白）字"

前人著述中谈到的"别字"，除了上面提到的与"正字"相对、相当于今日所讲的异体字一类外，还有另一种含义，那是相对于"本字"而言的，即顾炎武所指的"本当为此字而误为彼字""今人谓之白字"的一类。有音近写别的，如"老马识途"的

"途"写作"图";有形近写别的,如"草菅人命"的"菅"写作"管";有义近写别的,如"疼爱"的"疼"写作"痛",等等,除了古代汉语研究中将古书中的音同音近别(白)字称作通假外,对有关现象的认定一般都没有什么分歧。

俗文字学者既承认"通宵"的"宵"写成"霄"、"训诂"的"诂"写成"话"这类形近或音近致误的别(白)字,不包括在俗字范围之内,又以"书写者有意识地用一个同音的字以达到简化字形的目的"为由而将"犹"书作"由"、"教"书作"交"认定为俗字;以"因为俗书巾旁习惯于书作竖心旁"为由而将"幢"书作"憧"认定为俗字,并以"憧"字一身兼表本字的往来之义及作"幢"的俗字两职为解,这就让人感到有些难以适从了。如果碰到"刻苦"的"刻"写成"克"、"渺茫"的"茫"写成"亡"一类情况,我们应该按"书写者有意识地用一个同音的字以达到简化字形的目的"将它理解为俗字呢?还是理解为书写者不明字义而写了别(白)字呢?既然俗书"竹""艹"不分,我们又是否可以让"管"字一身而兼"管""菅"两职、将"草菅人命"写成"草管人命"呢?与传统文字学接轨,将上述现象理解为俗书喜欢用"由"为"犹"、"幢"为"憧"多相混,要比为"犹"造了一个俗字"由","憧"身兼"憧""幢"二职的解释更易让人理解。

(四)偏旁省略与用古字

简化是汉字发展的总趋势,将字中重复的或不重要的部分——或笔画、或偏旁省去,是汉字简化的重要手段,这一手段的运用,从甲骨文到今日的楷书、从正体到俗书,都一直没有停止过,俗文字学将敦煌写本及汉魏碑刻出现的"莽"作"羿"、"爵"作"时"、"攀"作"攀"、"職"作"耴"、"嘉"作"岙"、"譬"作"辟"等考定为偏旁省略,与传统文字学的认识是基本一致的。

不过,俗文字学将"鶴"之作"雀"、"號"之作"号"、"圖"之作"啚"一类情形也作偏旁省略看待,便与传统文字学的看法有出入了。虽然表面看来,这三个字确实分别省了鸟、虎、口三个偏旁,但从历史发展角度考察,都是先有"雀"后有"鶴"、先有"号"后有"號"、先有"啚"后有"圖"的,这种弃后用前的现象,传统文字学是不作偏旁简省而作用古字看待的。"鶴"之作"雀",见于《汗简》及《古文四声韵》,汉《刘熊碑》"雀鸣一震"即用"雀"为"鶴",宋代洪适在《隶释》中曾将它认定为"省文",清代顾蔼吉在《隶辨》中已辨其非:"《汗简》雀,古文鶴字。《隶释》以为鶴在鸣上,省文作雀,非是。"《说文》:"号,痛声也。"段玉裁注:"凡嘑號字古作号……今字则號行而号废矣。"亦指出"号"为"號"的古字。至于"圖"之作"啚",见于西周的《沫司徒疑簋》及《雍伯簋》,《汗简》及《古文四声韵》亦有记录，都是这三字为用古字的很好说明。

（五）符号代替与草书楷化

传统文字学、俗文字学、现代汉字学于文字演变方式，均有符号代替与草书楷化两种类型。但比较之下，俗文字学似乎对草书楷化的认定偏少而对替代符号的认定偏多。事实上，"亦"之所以能替代"䜌"，是因为"變"（变）、"戀"（恋）、"蠻"（蛮）、"彎"（弯）、"鑾"（銮）、"鸞"（鸾）等字的"䜌"旁草写与"亦"字的草法相同，楷化便变从"亦"；"懷"之作"怀"，实由其草写之楷化而来；"風"之作"冈"，实用其草写成而来；"留"之作"甾"，实由其草写之而来；"歸""臨""卧""賢"右旁之作"刂"等，也都是由它们的草书楷化得来的。符号替代一般是属主观规定的东西，缺乏形体沿革或音义联系的理据，替代的符号太多太复杂往往会影响公信度，与传统文字学接轨，重历史考察，追本溯源，会增强可信力，对俗文字研究是有好处的。

（六）偏旁的换用与讹误

从简化或表义、标音明确化出发，偏旁的换用，自古至今都是普遍存在的。意义相近或相关的形符可以换用，音同或音近的声符可以互换，这是传统文字学、俗文字学、现代汉字学都没有争议的，所以，俗文字学将"體"又作"軆"、"纸"又作"帋"、"葬"又作"塟"解释为意符的改换、将"搗"又作"捣"、"憐"又作"怜"、"櫃"又作"柜"解释为声符的改换，传统文字学及现代汉字学的认识都是一致的。但是，俗文字学将"博"写作"愽"、"幢"写作"憧"、"機"写作"攕"都看作是意符换用，称作"意符形近换用"，这就与传统文字学与现代汉字学的认识有出入了。在传统文字学看来，形旁作用在于表意，所以意义相近者可换用；声旁作用在于标音，音同音近者亦可换用。而形近偏旁音、义俱不近，是没有换用理据的，换用的原因多数是形近而易看错，所以，形近偏旁的换用，是一种讹误。"形近而讹"是古籍整理中的常用语汇，而在现今的识字教学中，形近偏旁的辨析亦是重要内容，学生错别字最严重的是形近偏旁的混用，俗文字学要根基稳固，与传统文字学及现代汉字学在这一问题上的接轨是不可忽略的。

（七）俗字与笔误

前面已经谈到，俗字指的是正统字书所不收而又在民间流行的文字形体。这里面有一个很重要的条件，就是这些字形应该是在民间流行的，它的出现应具有一定的频率。一些俗文字学论著列举的俗字特别是受上下文影响而类化产生的一些写法，比如"百姓"写作"百姼"、"形迹"写作"迒迹"一类，恐怕重现的机会极少，"耶娘"写作"娬娘"、"考妣"写作"姥妣"一类，出现频率也不会高，"排比"写作"排批"、"石榴"写作"石磂"一类，可能重现机会多一些，但恐怕作者重读的时候也不会把"批"看作"比"的异体的，这类情形，似乎视作笔误会更合适一些。连类而及导致写错字、写白字的情况，古今都是存在的，这类现象自然是值得总结并加以研究的，但与现代汉字学接轨，不将它看作俗字类型而作容易导致写错字、写别字的原因看待，可能会更合适一些。

（八）俗字与习惯羡笔

俗文字学论著常论及一类出于书写习惯或字形的整体协调而增加笔画造成的俗字。在所举的"支"写作"攴"、"拔"写作"拨"、"武"写作"䟈"、"俺"写作"俺"等例子中，"支"之作"攴"、"犮"之作"犮"一类，末笔加点，开头加一撇，确实是很多人都有的习惯手势，而且由于增点（或撇）后又不会同其他偏旁相混淆，几乎成了一个偏旁的又一写法，贯穿在"技""枝""肢"及"拨""跋"等字中，将它们作俗字看待似乎是可以接受的；但"武"之作"䟈"、"氏"之作"氐"、"俺"之作"俺"、"忍"之作"忍"等，则是不明义构，受了形近字、形近偏旁的影响而将字写错的，将它们作俗字处理就不太合适了。与现代汉字学接轨，作容易写错字的原因加以探索，研究的价值也不会因此而降低。

上述八端，仅是一些粗略的比较与归纳，亦足见给俗字一个清晰、明确界定之不易，而汉魏至五四以前之文字发展演变研究，仅以俗文字为对象亦颇觉局限。是否可以按朱德熙"我们应提倡近代文字研究，俗字的研究"的讲法，将俗文字学扩大为近代文字学？如能让近代文字学与传统文字学及现代文字学相接轨，用统一的探索内容和研究方法，将古代汉字学、近代汉字学和现代汉字学贯穿起来，对于完整的汉语言文字学体系的建立，可望带来促进和帮助。

（原载《中国文字学报》第一辑）

方言描写的用字问题略议

因为工作的关系，近日拜读了一些不同方言的论著，读起来颇感吃力。隔行如隔山，方言学是一门十分专门的学问，像笔者这样的非方言专业工作者阅读专业性那样强的方言论著，困难多多原是意料中事，但细读之下，觉得有些困难本来是可以避免的，比如描写时能注意用字的统一，就可以减少很多阅读上的麻烦，不但有利于不同方言区的人读懂对方的论文，而且可以减少非方言工作者读方言研究论著的困难，扩大方言研究队伍与读者队伍。所以笔者不揣固陋，想就方言描写的用字问题，谈一点粗浅的看法。

方言论著中，最令一般读者感到困惑的是大量只注音不注字的空框。文字的发展落后于语言，某些口语词找不到记录它的字的情况是有的。比如广州方言中表希望对方认同自己的句末语气助词 $hɛ^{35}$，表示蟹螯的 $kɔŋ^{22}$，表示不问自取的俗语 $ʃau^{11}$，形容程度深的重叠式语词"硬 $kwʌk^6 kwʌk^6$""酸 $tʌm^1 tʌm^1$"中的 $kwʌk^6$ 和 $tʌm^1$ 等，① 确实很难找到合适的字去记录它们，甚至连音近的字也难找到。遇到这种情况，确实只好用空框填补位置了。

但人们经常碰到的情况是，一些稍加思索或查一下有关书籍就可以解决的用字问题，用空框替代的也不少。这在一些方言志中表现尤为突出。试看《新丰方言志》②："□$tsɔi^{53}$ 嘴""□唇 $tsɔi^{53} sun^{24}$ 嘴唇""□角 $tsɔi^{53} kɔk^1$ 口腔两侧""樹□$tsim^{44} tsɔi^{53}$ 接吻"，这里的 $tsɔi^{53}$ 就是"嘴"，"□肉馅 $tɔk^5 ȵiuk^1 ham^{31}$ 剁肉馅"中的 $tɔk^5$ 就是"斫"，"上□$sɔŋ^{22} sian^{13}$ 上闩"中的 $sian^{13}$ 就是"闩"，"□lep^1 罩在外面"中的 lep^1 当是"笠"，"□$tsep^1$ 折叠"中的 $tsep^1$ 当即"摺"，"□ut^1 使物变曲"中的 ut^1 当即"屈"，"□$aŋ^{44}$ 瓶子"中的 $aŋ^{44}$ 当即"罂"，等等，都是稍通客家方言者不难明白的。

再看《惠州方言志》③："□起头〔$ŋɔŋ^{31} hi^{35} tiau^{22}$〕抬头"，这个 $ŋɔŋ^{31}$ 应该就是"昂"。虽然"昂"字普通话读 $ɑŋ$，但粤、惠、客方言中"昂"字的 ŋ 声母尚未脱落，

---

① 麦耘、谭步云：《实用广州话分类词典》，广东人民出版社 1997 年版；李新魁等：《广州方言研究》，广东人民出版社 1995 年版。文中无特别注明的广州方言用例均取自此两书，不再注明。

② 周日健：《新丰方言志》，广东高等教育出版社 1990 年版。文中新丰方言用例均出自此书，不再注明。

③ 刘若云：《惠州方言志》，广东科技出版社 1991 年版。文中惠州方言用例均出自此书，不再说明。

以"昂"注［ŋɔŋ³¹］，是粤、惠、客方言区的人都能明了的。"□笠［tsiap⁴⁵liap⁴⁵］倒闭"中的tsiap⁴⁵当即"执"，"□［liap⁴⁵］套"中的liap⁴⁵当亦"笠"字，"□石屎［pɔk²¹siak³¹si³⁵］敲石子"中的pɔk²¹当即"攴"，"□阵［tsiaŋ²¹³ ts·in³¹］刚才"中的tsiaŋ²¹³当即"正"，等等，也都是稍与粤、客方言联系即能明白的事情。

这类情形尚见于《方言》杂志的某些论文中。比如：《广西恭城直话音系》①，lya˧音下的"□牛嘴~：牛笼嘴"中的空框，填入同音字"勒"是最合适的。《说文》"勒，马头络衔也"，指有嚼口的马笼头，以"牛嘴勒"为"牛笼嘴"于义正合。lya1音下的"□~水，从岭上流下来的溪水"中的空框似可填入"沥"，tsʔ˧音下的"□灌~：化脓"的空框似应填入"汁"字，si1音下的"□股：屁股"的空框似应填入"屎"字，kua˧音下的"□抓：~痒"中的空框似应填入"刮"字，moɲ˧音下的"□~~藏：捉迷藏"中的空框似应填入"盲"字，笔者不通恭城直话，但据音义原理分析，似乎不无道理。又如《湖南汨罗长乐方言音系》②，çi˧音下的"□~烂：很破烂"中的空框，填入同音字"稀"似最合适，"稀烂"一词于近、现代作品中常见，《汉语大词典》亦有立目，所收"①极烂②破碎到极点"两个义项，均与"很破烂"之释义相符；mi1音下的"□~巴：尾巴"中的空框似应填入"尾"字；mi˧音下的"□~烂"中的空框似应填入"糜"字；mia1音下的"□~黑：很黑"中的空框似应填入"墨"字；ts'a˧音下的"□整个地煮：~蛋（煮带壳的蛋）"中的空框似应填入"煠"字。笔者不通长乐方言，但从音义原理分析，以上拟音字应能成立。

对于上述情况，如果方言工作者能多填补一些只注音不注字的空框，读者阅读方言文章时就会少很多迷惘。

方言论著中另一突出问题是随意、无序地借用同音字。遇到口语中有这个词而笔下没有专门记录它的字时，借用一个同音的字去顶替，这是合乎情理的。现在的问题是，不少稍加思考或查阅书籍便可找到本字的情形，也被随意借用同音字去记录，以至一些常用词也被搞得难以理解，比如："捞交 lau²²kəu²²吵架"的"捞"当为"闹"，"门擎 mɔn⁴⁵/³¹k'iaŋ⁴⁵门框"的"擎"当为"框"，"尖兜 tsiam²²teu²²砧板"的"尖"当为"砧"，"发尊 fat⁵tsun²²发抖"的"尊"当为"震"；③"水线鸡［sui³⁵siɛn²¹³kiɛ³³］未阉熟的鸡"的"线"当为"骟"，"护头［hu³¹t'iau²²］大芋头"的"护"当为"芋"，"彪［piɛu³³］跑"的"彪"当为"猋"；"布惊［pu⁵²kiaŋ⁴⁴］牡荆"的"惊"当为"荆"，"户槏［fu⁴⁴k'iam⁴⁴］门坎"的"槏"当为"槛"，"发媱［pot¹hiau¹¹］发情

---

① 刘若云：《惠州方言志》，第3页。
② 刘若云：《惠州方言志》，第1页。
③ 周日健：《新丰方言志》。

的"媱"当为"姣","傲转头〔ŋau⁵² tson³¹ t'eu¹¹〕回过头"的"傲"当为"拗";①"岩搀⊆ŋam⊆ts'am 不平"的"搀"当为"嵃","知背⊂tipɔi² 里面"的"知"当径写作"里"即是。②

一些不易找到本字而用假借的，则往往缺乏统一、规范意识。最典型的是《新丰方言志》，这是同一作者对一县之内的两种关系极密切的方言（客家话与水源话）的描写，同是"胳肢窝"，一用"□赤"，一用"□尺"；同是"昨日"，一用"查日"，一用"差日"；同是"喉咙"，一用"喉宁"，一用"喉能"。各组词不仅义同，而且声、韵一致，只是声调略异，显然是同一个词。同一作者对同一个词的记录，用字尚且如此，不同方言或同方言而不同作者的不统一就更不用说了。比如"理发"，客家方言读〔fi⁴⁴ fat¹〕，惠州方言读〔fl³³ fat⁴⁵〕，广州方言读〔fei⁵³ fat³³〕，应该都由相同语音衍生而出，而用字却有"挥发"（梅县、新丰）与"飞发"（中山、惠州、广州）的不同；又如表"躲、藏"义的一个词，客家方言读〔piaŋ⁵²〕，惠州方言读〔piaŋ²¹³〕，广州方言读〔pɛŋ³³〕，亦应为相同语音衍生而出，而用字却有匿（梅县，大抵为自造会意字）、柄（中山、惠州、新丰，纯假借）、屏（广州，可能有引申关系，古人有此用法）的区别，这种状况会给读者带来麻烦是显而易见的。

出现上述情况，有用力问题，有识力问题，还有认识与习惯的问题。邵宜《赣语宜丰话词汇变调的典型及其表义功能》在谈到"部分词语带有'积'〔tsi?˧˦〕尾"时已指出"'积'的本字应是'子'"，但记录小鸡、小猪时仍用"鸡积""猪积"，记录蚊子、猴子、肚子、孙子、桌子时仍用"蚊积""猴积""肚积""孙积""桌积"；③李小华《闽西永定客家方言虚词研究》已明确"当助词'爱'被'唔'修饰时，也受'唔'的语音影响而变读为 mai⁵²（或是 muei⁵²），'唔爱'就说成'唔□mai⁵²','□mai⁵²'本字就是'爱'"，④但在有关例句中仍一律写作"唔□mai⁵²"。这就不是不用力，也非无识力，而是认识与习惯的问题了。这个认识与习惯的症结，即在于目前普遍存在的方言用字之重音轻义倾向。

其实，汉字的突出优点之一是它的超方言性：固定的字形、固定的字义，却可以读出不同的方音。不同方言间的交流几乎是无法进行的，因为方言间语音差异实在太大；不同方言区的人却可以读懂同一的书面语言，因为我们可以用不同的方音读懂汉字的含义。如

---

① 谢永昌：《梅县客家方言志》，暨南大学出版 1994 年版。文中客家方言用例，无特别注明者均出自此书，不再注明。

② 甘甲才：《中山客家话研究》，汕头大学出版社 2003 年版。文中中山客家方言用例均出自此书，不再说明。又"知背"之"知"当为"里"字，乃蒙练春招先生见告，来母细读〔t〕，赣方言、闽西客方言常见，练先生家乡"里"即读〔cti〕。

③ 邵宜：《赣语宜丰话词汇变调的类型及其表义功能》，刘若云：《惠州方志》，第 1 页。

④ 李小华：《闽西永定客家方言虚词研究》，中山大学 2006 年博士学位论文。

果我们记录方言只记音不记义,那就是放弃汉字超方言的优长,将口头语言的语音分歧引入到书面记录中,使不同方言的书面语成为无法交流的东西。

事实上,方言描写用字的重音轻义倾向已从两方面造成了混乱:一是同一个词,由于不同方言读音不同,用不同的字去记录,被误认为是不同的词,以上所举例子中不少都是这种混乱的反映;一是同一方言中不同的词读音相同,用相同的字记录,被误认为是同一个词亦多见于现今的方言论著中。比如:河南浚县方言作"刚""刚刚"解的时间副词"刚"及作"刚才"解的时间名词"刚"均与"将来"的"将"同音,即被描写为"将 [tɕiaŋ^{24}]",分别记作"将$_1$"与"将$_2$",混同于"将来"的"将";作"刚好"解的程度副词"刚"与"升降"的"降"同音,即被描写为"降 [tɕiaŋ^{213}]",混同于"升降"的"降";相当于普通话结构助词"的""地""得"及句尾助词"呢"和语气助词"呢"等虚词均与"嘞"同音,均被描写为"嘞 [·lɛ]",并被解读为"'嘞'是浚县方言中一个非常有特色的词,它集中多种功能和意义于一身,出现频率之高是方言中较为少见的"。[①] 类似情况还有乌鲁木齐话中的"底"[·ti]:"乌鲁木齐话中的'底'[·ti]的用法大致归纳为以下几类,相当于北京话的'的''地''得''在''到''着',但用法不尽相同。"[②] 这都是多个同音词用一个字统起来,因而被误解为一个词的情形。

从非专业方言工作者的立场出发,笔者希望方言文章能注意不同方言间用字的统一及同一方言内同音字形式区别,使方言文章能让一般人读懂。

首先,希望方言描写尽可能用本字。

求本字,重要的是勤查字典。比如"□ [tsut^{45}] 瓶塞",瓶塞多为木质,字书木部下循声以求,便能找到一个"榒"字,《广韵·没韵》:"榒,榒杌,以柄内孔",瓶塞与"以柄内孔",义正相同,其名当由此引申而出。再如:"陶 [t'au^{22}] 系,捆",陶字从阜、匋声,与系、捆无关,显然不是本字,与系、捆有关的可从纟、扌一类部首寻找。纟部下有绹字,《广韵·释器》:"绹,索也",由索绹引申出系、捆,虽未必是本字,却相去不远。

求本字,还需注意字典的又音。惠州方言有"说粥 [syɛt^{45} tsək^{45}] 喝稀饭"的记录,不看注释,实不知说粥为何物。查检字典,这里的"说"之本字当作"啜"。《说文》:"啜,尝也。"《新华字典》:"啜:①饮,吃:~茗(喝茶),~粥。"于义最为切合,人们不拿啜字作注,主要囿于啜字一般读 chuò,与 [syɛt^{45}] 音相去太远。其实,《广韵》除"昌悦切"外,还有"殊雪切"一音,与 syɛt^{45} 字音正同。

求本字,还要注意古今音变规律的应用。比如惠州方言"蒲桥 [p'u^{22} kiɛu^{22}] 浮

---

① 辛永芬:《浚县方言语法研究》,中山大学 2006 年博士学位论文。
② 周磊:《乌鲁木齐方言的体貌标记"底"的语法功用》,刘若云:《惠州方言志》,第 3 页。

桥",以古无轻唇音例之,"浮"字古音即当读[p'u],这个"蒲桥"的"蒲"之本字,即应作"浮";同样道理,惠州方言的"心布[sim³³ p'u²¹³]媳妇"、新丰方言的"心铺sim²² p'u³¹媳妇"、广州方言的"心抱[sʌm¹ p'ou⁵]新妇"中的布[pu²¹³]、铺[p'u³¹]、抱[p'ou⁵]也都当与"妇"字古音相类,其本字当作"妇",至于心[sim³³]则当是新[sin]受下字声母p、p'的影响而变韵尾n为m所致,"心布""心铺""心抱"并当作"新妇"。客家方言的"春[ts'un⁴⁴]伸:~手~脚(伸手伸脚)",如果没有括号里的注解,"春手春脚"实不知所云,其实"伸"为审母真部字,"春"为穿母文部字,两字声母审与穿为旁纽,韵部文与真可旁转,"伸"字古读为"春",这个"春[ts'un⁴⁴]"的本字应该就是"伸"。

求本字,还应该通过系列词语去把握。新丰方言称太阳为ȵiat⁵t'eu⁴⁴,用"热头"去记录,于道理上是说得过去的,但是,联系到以"照热莲"表"向日葵",特别是以"热历"表"日历"时,就不能不令人产生怀疑了,将它理解为"日头""照日莲""日历"的日又音ȵiat⁵似乎更合理一些。惠州方言中的"耐薯"、新丰水源话中的"奈利",别的方言区的人看了,都会感到一头雾水。但如果我们将耐只(哪个)、耐口[niɛ⁴⁵](哪些)、耐口[ni³⁵](哪里)、耐笪(哪里)、耐边(哪边)、奈倚(谁)、奈个(哪个)、奈只(哪个)、奈哩(哪里)、奈片(哪边)、奈向(哪个方向)、奈项(哪一项)、奈下(何时)、奈曾(何曾)、奈人(谁)、奈介(哪个)、奈头(哪头)等排比在一起时,便能发现,这个"耐"若"奈"之义同"哪"是毫无疑问的,至于"奈""哪"音通,也是书有明证的。《集韵·箇韵》"那,语助。或从口、从奈",弃"哪"用"奈",实在有悖常理。至于"奈利",只要将同义的"耐口[ni³⁵]""奈哩"排比在一起,亦不难得出其词形都当作"哪里"的结论。再者,惠州话"谁"与"薯"同音,则改"耐薯"为"哪谁"大家就都可以理解了。

惠、客方言都有一个音如[lin],义指男阴的词,注音、释义都无大差别,注字却有口[lin]①、㞗②、屌③、㞗④的不同。好在各方言志的词汇表均分类排列,这个表男阴的词往往与表睾丸的"□□[lin³⁵ hak²¹]"(惠州)或"核卵[hak⁵ lon³¹]"(客家)放在一起,将惠、客两表联系起来考察,惠州的[lin³⁵ hak²¹]应该可以写定为"卵核"。惠州方言表男阴的[lin³⁵]与表睾丸的"卵核"的"卵"完全同音,客家方言表男阴的[lin³¹]虽与"卵[lon³¹]"音有异,但其声母、韵尾、声调全同,只元音稍异,声音是相当接近的,说它们是一音之分化可以成立。《汉语大词典》"卵"字条"睾丸"义项之下,还有"亦泛指男性生殖器"的解释,并引用了黄侃的考证:"更引

---

① 刘若云:《惠州方言志》。
② 周日健:《新丰方言志》。
③ 谢永昌:《梅县客家方言志》。
④ 甘甲才:《中山客家话研究》。

申之，则阳道亦为卵。《广韵·上声卅四果》：卵，郎果切。吾乡呼男子阳器正作此音，而呼睾丸为卵，仍力管切。"表男阴的"卵"所以读为 lin^{31}，当是字义引申引起的字音分化。"卵"字的这种用法并非惠、客方言所独有，除黄侃家乡外，就笔者所知，潮汕方言也有这种现象。林伦伦指出："[卵] 常读音为 [nəŋ^6]，口语中称阴茎为 [laŋ^6] ……[laŋ^6] 就是卵。"① 理清"卵"字的引申线索，用"卵"记表男阴的 [lin^{31}]，就不会有口 [lin]、吝、屌、膦的混乱了。

其次，希望在本字难寻、要用假借时，不同方言间要加强沟通，尽可能做到借字的统一。

粤、惠、客方言都有一个表某一时间段的名词，广州方言记作"牌 [p'ai^{35}]"，如一牌（一段时间）、早牌（前些时候）、上嗰牌（前些时候）、咿牌（这段时间）、嗰牌（那段时间）等；客家方言记作"摆 [pai^{31}]"，如头摆（前段时间）、上摆（前段时间）、下二摆（下一次）等；惠州方言则兼而有之，如"近来"一义，即有"□摆 [nia^{35} pai^{35}]""□牌 [nia^{35} p'ai^{22}]"两种词形。其实，摆与牌只有声母清、浊之殊，当是一音在时间与空间流传过程中发生的变异，大抵较早时读如牌，为广州方言所保留，流传过程中发生浊音清化而变异为摆，为客家方言现有之读音，粤、客方言均对惠州有影响，所以惠州方言便将两种读音都保留了下来，其实，牌、摆一词，完全可以在粤、客、惠方言中统一起来。

再次，希望方言字的使用能够在不同方言间多沟通、借鉴。表人称代词复数的后缀"哋"，在广州方言用字中已有很长的历史，新丰水源话、中山客家话亦有此种后缀，却被写作"知"，以"我知"为我们，"你知"为你们，"其知"为他们，不但与广州方言不统一，而且易生歧义，如借鉴广州方言，作"我哋""你哋""佢哋"，就顺畅很多了；广州方言表动义的"喐"亦使用有年，它亦见于中山、新丰的客家方言，却被写作"郁"和"肉"；广州方言表浪费义的"嘥"，到了新丰客家方言却被写成"腮"等，似都宜相互沟通、达成统一的。

远指代词中，广州方言的嗰 [kɔ^2]、惠州方言的盖 [kɔi^{213}]、客家方言的个 [ke^{52}]，还有介 [kai^{53}]、哥□k□、甲等，其实都是一声之转；有一个表特地、故意的副词，广州方言作"特登"，惠州方言作"特登"或"直登"，客家方言作"特叮"或"直钉"。若能统一、规范，就可大大方便读者了。

至于同一方言中不同的词读音相同，用相同字记录的情形，是否可以采用仍用本字，加附注音的办法去处理，如"刚刚"的"刚"记作"刚$_1$ [tɕiaŋ^{24}]"，"刚好"的"刚"记作"刚$_2$ [tɕiaŋ^{213}]"。有些情况比较复杂，不一定能全解决，既然普通话的"的""地""得"都是后来才分化的，是否可以将方言的虚字也顺应这一分化趋势，作

---

① 林伦伦：《因历时音变而难考之潮汕方言常用字词本字考释》，载《康乐集》，中山大学出版社 2006 年版。

"的［·lɛ］""地［·lɛ］""得［·lɛ］""呢［·lɛ］"及"的［·ti］""地［·ti］""得［·ti］"的处理呢？只是"在""到""着"等声音相去太远，恐怕要在古汉语虚词中另行考察了。

（原载《学术研究》2009 年第 11 期）

二、书法部分

清新雅健　岭表书风
——读《岭南书法史》

陈永正所著《岭南书法史》，已由广东人民出版社出版。

有关书法史的著作，近年国内已出版了好几种，但多是对中国书法作概观的论述，而区域性的书法史则似未见。至于岭南书法史，不仅未见研究的专书，而且在各类书史、书论著作中，都很少有它的地位。

本书以二十余万字、百余图版的篇幅，将历代岭南书人的成就，一一展示读者面前，使我们了解到，除了在书史上有显赫地位的陈献章、康有为等外，岭南尚有何吾驺、黎民表、朱完、王应华、陈子壮、陈恭尹、彭睿壦、黎简、宋湘、吴荣光、朱次琦、陈澧、李文田、梁启超、林直勉等一大批可与中原颉颃的高手，他们的成就比起同时的中原、江左名家，不仅毫不逊色，有时甚至有凌而上之的实力，只是由于他们或因书名被其他方面的成就所掩，或因僻处海隅，少与中原人士相接，加上深自敛抑，不善表露，致使其人其作鲜为世闻而已。

本书写作上的一个明显特色，是除了书人书作外，对岭南的篆刻，岭南的碑刻、丛帖，岭南的书法理论，岭南书坛的组织、教育和书法活动等均有专章介绍，使读者对岭南书法各个不同方面之发展历史能有专门、系统的了解，这种布局，较诸时下书史著作仅按时代先后编排，书作、书论、书事一锅端的做法，确有较大的优越。

本书写作上的另一特色，是写地方书坛不忘全国书坛的影响。每一时期，均先写全国书坛概貌，然后再进入岭南书坛的介绍，这不但使读者较易掌握该时期岭南书坛与全国书坛之联系与差异，而且有利于读者分析该时期岭南书坛所以区别于别一时期之岭南书坛的原因所在，而书中一再阐明：清人王士禛"东粤人才最盛，正以僻处岭海，不为中原、江左习气熏染，故尚存古风耳"的观点，对于今日岭南书坛如何看待流行书风、怎样走有自己特色的道路，也是很有启迪的。

　　本书写作上之最大特色，是对字外功于书法风格形成、书作格调高低之影响的深入而具体的分析。没有一位书作者愿意承认自己没知识、没文化、欠修养，因此，大多书作者都不否认字外功的影响，而有关书史、书论著述，也多涉及字外功的问题。由于字外功是一个比较抽象的问题，对字外功真有认识的人不多，因此，对字外功问题讲得清楚的著述确实很少。本书对书家除了按时代先后介绍外，对同期书家，还分哲人、文人、烈士、遗民、方外、女子等类型分类介绍，这就便于读者从社会地位、学识修养、政治与生活环境相类似的书人中归纳其书作的共有特征，再加上著者在对字外功有真切理解的基础上所作的精到分析，使得字外功对书法风格、书体特色之形成的影响变成相当具体、可以看得见摸得着的东西了。书中对邝露、陈子壮一类烈士书家的作品分析以及对以未能忘情世事的明末遗民而遁迹空门者为主体的"海云书派"之风格特征的分析，都是颇见精彩的。

　　还应指出的是，本书对历代书家之评议，结论均由具体作品分析得出，而对前人评述之引用，亦多经具体作品之印证，因此断语明确，对前人成说之修正亦大胆、鲜明。比如称鲜为人知的彭睿壦书法"洒脱劲健，以筋节骨力见胜，体势变化多端，狂放恣肆而又不失矩度，一股清刚之气，溢于字里行间，令观者神摇意动。从书法艺术角度来说，他完全可与张瑞图、黄道周、倪元璐并肩而无愧"。批评《中国美术全集·书法篆刻编·清代书法》中陈梗桥对今无名迹《墨妙歌》所作"今无，生平不详"等评语："今无为明末清初岭南书法名家，其生平详见于各种史籍，竟不为现代书法研究家所知，由此可见，岭南书法历来被严重忽视的情况。《墨妙歌》行书立轴，虽出自北海，亦参有欧阳询、褚遂良行书笔意，其变化处也受唐太宗《温泉铭》的影响，陈梗桥所云'习气'，不知何指？"实事求是，不留情面。又评黎简草书五言联云："《书法辞典》称此联用笔'圆润清丽'，以此四字评吾二樵山人，恐山人不受也。"再如点评诸家评康有为所云："沙、商二氏未能找出康有为用圆笔的根源，而误以为他英雄欺人，而且他们的观点带有过于强烈的感情色彩，故不免有所偏颇。""马氏（宗霍）重帖学，对碑学多所批评，所论亦未免带有偏见。""少石之评，可谓厚古薄今，把一位大书家的形成归功于一二秘本，无异于武侠小说中人物，因获古代秘籍而练成绝世武功一样，不值一哂。""沙（孟海）、马（国权）之论，似未公允。"这类批评，比比皆是，与时下书史、书论著作之或无原则吹捧、或单纯抄袭、人云亦云的做法确有云泥之别。

（原载 1996 年 6 月 5 日《广州日报·艺苑》）

广东古文字学者的书法

于省吾、容庚、商承祚、徐中舒四老都是德高望重的古文字学者，他们的弟子在全国开枝散叶，并形成了吉林、广东、四川三大古文字研究核心。三大核心都以各自不同的特色，在全国古文字界发挥着重要的作用。而古文字之外还兼擅书法的，以广东最为突出。

容、商二老都同在古文字学、考古学、书法、篆刻、文物、收藏等方面久享盛誉，他们留下的《金文编》《商周彝器通考》《殷虚文字类编》《石刻篆文编》等数十部巨著和过百篇论文，不仅对古文字学，而且对书法、绘画界都产生了巨大影响。尤其是容老，其出色的工作，使我国青铜器研究从旧式金石学阶段划时代地进入了近代考古学阶段，贡献之大是举世公认的。而创作实践方面，二老均精书法，工篆刻，书法各体尽能而以篆书为最精。他们同为中国书法家协会首届名誉理事，并先后担任广东省书法家协会主席，堪称书坛双绝、一代宗师。

容老毕生致力于金文研究，青年时代已遍摹彝铭，玉箸、鸟虫、蚊脚、波磔诸体靡不精善。日常所作玉箸篆，用笔娴熟练达，线条圆浑有力，体态端庄自然，于清穆醇和中见沉厚安详，确有一种不激不厉而风规自远的气度，小楷出入欧、虞，雍容典雅，行楷入二王堂奥，精逸绝伦。

商老习篆取途绎山，上溯商周，下及两汉。其作甲骨，超逸秀劲；其作金文，华贵雍容；其作小篆，柔和娴雅。要皆结体精严，行笔干练，体态自然。晚年钟情秦隶，创造出既浑穆雄奇而又婉通流畅，意趣盎然的一体风格，在隶书领域里独树一帜。题识所用行楷，遒劲凝练，秀颖醇雅，别具姿态。

当然，于、徐二老亦擅书法，均不失为书坛巨匠。但是，于、徐二氏弟子只继承了古文字研究传统，书艺衣钵却未得承传，比不得容、商弟子之流传有序，汇成力量，不仅在古文字学界而且在岭海书坛都起着举足轻重的作用。

马国权先生是诸弟子中的大师兄，著有《两周铜器铭文数词量词初探》《战国楚简文字略说》等。对缪篆研究尤其深入，对书法篆刻用力特勤。退休应聘为香港中文大学艺术系研究员。马氏书艺功夫全面，基础扎实，是以能从书法、篆刻、书论多角度全方位继承二老传统并予以发扬光大。六十年代初，马氏协同二老筹办广东书法篆刻研究会，并当选为首届常务理事，对广东书坛的组织建设和理论建设多有贡献。

曾宪通先生是中山大学中文系教授，他的名作《楚月名初探》《楚地出土文献三种研究》《长沙楚帛书文字编》等，对楚简帛书有精到深刻的论述。曾先生在中国古文字学界有着较高的学术地位。所书战国文字，浑厚质朴，饶有古意。

陈炜湛先生长期从事甲骨文字研究，著有《甲骨学简论》《甲骨田猎卜辞研究》等多种著作和论文，现为中山大学教授，在当今甲骨学界能在南方独树一帜而与北方裘锡圭、李学勤相抗衡者，当推陈氏。陈氏目验摩挲甲骨实物或拓本数以万计，对甲骨各期各家书法了如指掌，是以摹写得形肖而神传，日常所书，大都追求刀刻效果，大字锋利峻拔，颇有武丁宾组的风范，小字轻巧玲珑，颇得祖甲田猎卜辞三昧。

张振林是中山大学中文系教授，所著《试论铜器铭文形式上的时代标记》，全面分析了金文形体的发展变化，系统地为文字形体断代提供了可操作的依据，对文字学理论及铜器断代均有重要贡献。张氏摹写工夫精到，《金文编》第四版即其一手摹录，而对战国及秦汉简帛的摹写，特别是利用书写风格缀合简帛残片及纠正别人缀合之失方面，心得尤为独到。所拟战国及秦汉简帛书作，亦皆锋芒毕露、顿曳分明，神情爽朗，朴拙自然。

孙稚雏先生亦中山大学中文系教授，专攻金文之学，《〈三代吉金文存〉辩证》于铜器辨类、辨伪、考证多有贡献。《金文释读中一些问题的探讨》，于铭文之破读多所发明。孙氏书法，金文、小篆、行草兼擅，对中山王墓诸篇铭文的书写技法掌握尤为精到。孙氏所摹，为中山王器最早发表的摹本，被众多学者采用。所作集诗集联，字形修长典雅，线条匀细健劲，弹跳力强，颇得中山王诸器神韵。行草亦韶秀明丽，清逸可人。

陈永正先生是中山大学古文献研究所研究员、广东中华诗词学会副会长、广东省书法家协会主席。其对两周金文联结词及语气词的研究、《上古汉语史划时代的标志——春秋载书》对上古汉语发展史的分期之论定，对语法学界及古文字界均有重要贡献。陈氏自幼从广东书家李天马学书法，楷、行、草、隶皆有扎实基础。行书以二王为本，吸取北碑之长，杂以金文章法，富金石味、书卷气；篆体则以散氏盘为宗，参以侯马盟书笔意，遒劲峭拔、灵动自然，能于学古中创格，有较强的个性。

张桂光是华南师范大学中文系教授、中国书法家协会理事、广东省书法家协会副主席。所著《古文字中的形体讹变》《甲骨文形符系统特征探讨》等一系列论文，在丰富文字发展规律的理论、释读古文字及纠正前人考释之失等方面都多有贡献。张氏自幼从朱庸斋、李曲斋习诗词、书法，楷、行、草、隶均有扎实的基础。行草由赵构入手，上溯二王，下及赵、文，旁通黄、米，刚健清新，流美自然；金文笔法古劲，对虢季子白盘之规模及散氏盘、毛公鼎之神韵均多摄取。

陈初生先生是暨南大学艺术中心常务副主任、教授，广东省书法家协会理事。所著《金文常用字典》除继承《金文编》的各种优长外，兼顾形、音、义，为金文字书的编纂别辟蹊径，对古文字学有创造性的贡献。陈氏生于湖南，自幼受三楚人文风物熏陶，中学时代即喜爱书法，得容、商指点后，用力更勤。其作小篆，遒劲秀丽；所临石鼓，朴茂自然。金文主要得力于毛公鼎，结字谨严，庄重淳厚；秦隶用笔方圆并用，藏露兼使，用墨苍润相济，挥洒若不经意，每于主笔的夸张表现气势。

上述诸先生有以书法名世者，有不以书法名世者，由于多与古文字打交道，日久摩挲，出手便卓尔不凡，确能通过毛笔的运用技巧，将骨刻、范铸、漆书、刻石等不同效果表现出来，是值得时下书坛一些轻扫几眼古文字便妄谈甲骨金文的名家反思的。当前全国展也好，中青展也好，都可以看到一些所谓的甲骨、金文书作，在外行人看来或许可以蒙混得过去，在内行人看来，这些作品不少结字错误，线条亦无丝毫甲骨、金文味道，怎么能冠以甲骨、金文名义呢？创新可以，要搞些笔墨把戏也可以，但何必亵渎甲骨、金文之名呢？既要学习甲骨、金文，就应深入古文字学中去，了解这个艺术宝库里的各种风格流派所创立的艺术辉煌，然后择善继承、发扬光大。

（原载《书艺》1998年第一辑）

康有为的篆学理论及其对当今书坛的启示

康有为的书法，自然以行书最为擅长。但康氏的行书中，却透露着浓厚的篆书气息，康氏的书论名著《广艺舟双楫》也有不少关于篆书的精辟论述。显然，康氏对篆书不仅十分重视，而且有独到心得。研究康氏的篆学理论，对当今书坛是会有很多有益的启示的。

《广艺舟双楫》一书中，除了"原书""分变""说分"等章有较集中的论篆篇幅外，"体变""本汉""宝南""余论""缀法""学叙""述学""榜书""行草""干禄""论书绝句"等章，亦多涉篆学内容，而究其所论，大抵可以归纳为钟鼎古文的真伪、篆书的家法流派分析、其他书体对篆法的吸收三个方面。

关于钟鼎古文的真伪问题，康氏站在今文经学家的立场，对原迹不传的古文经加以否定，原是可以理解的。但与此同时，连实物俱在的钟鼎文也诋为刘歆伪造，就难免有"家法重于学理"①之讥了。不过，囿于"家法"，康氏诋钟鼎为伪文，但接触实物，却还是不能不被钟鼎的艺术魅力所打动的。"若论笔墨，则钟鼎虽伪，自不能废耳""钟鼎古文，虽为刘歆伪造，而所采多春秋、战国旧物，故奇古可爱，考据经义则辟之，至于笔画之工，则不能以人废也""古文虽刘歆伪作，然此非考经学，但论笔墨，亦不能废""钟鼎为伪文，然刘歆所采甚古。考古则当辨之，学书不妨采之"等论述，就是康氏维护家法与艺术良知之间的矛盾心理的反映。而谓"观古钟鼎书，各随字形，大小活动圆备，故知百物之状"。称《无专鼎》"暗然浑古，疏落欹斜，若崩云乍颓，连山忽起，为之心醉"。赞商《太己卣》与周《宝林钟》"茂密"、《楚公钟》"奇古雄深"、《曾侯钟》与《吴季子逞剑》"婀娜"、《齐侯镈钟》"浑美"、《正师戈》"字如屈玉"等，则更表明康氏处理具体材料时，是艺术良知占上风的。康氏的这种对艺术的忠诚，是很值得我们好好学习的。

关于篆书的家法流派分析，主要集中在"分变"与"说分"两章。其析家法，乃立《石鼓》、诸山刻石两极，分统大、小篆两系，然后按刻铸材料之不同，分出刻石、

---

① 麦华三：《艺舟书影》，"原书篇平议"。

瓦当、钟鼎权量等门类，每门类再就字形之长扁、用笔之方圆、章法之疏密、体势之劲媚等因素别其家法，并归纳同门类之各家的共有特征；其述源流，则按商、周、秦、汉、唐、宋、元、明、清之先后，寻其联系，探其渊源，通其流变。比如论汉篆刻石的"诸碑中，苍古则《三公山》，妙丽则碑额，奇伟则《天发神谶》，雅健则《封禅国山》，而茂密浑劲莫如《小室》《开母》""凡诸篆虽工拙不同，皆具茂密伟丽之观，诚《琅琊》之嫡嗣。且体裁近古，亦有《石鼓》之意，必毫铺纸上，万毫齐力，而后能为"。论秦汉瓦当的"以瓦当考之，秦瓦如《维天降灵甲天下大万乐当》《崔氏冢当》《兰池宫当》《延年瓦》《方春萌芽》等瓦，为圆篆。至于汉瓦若'金'字、'乐'字，'延年''上林''右空''千秋万岁''汉并天下''长乐未央'……体兼方圆。其'转婴柞舍''六畜蕃息'及'便'字瓦，则方折近《阁》矣""又秦、汉瓦当文。皆廉劲方折，体亦蝶扁"，确实层次分明、条晰理贯、具见功力。至如谓《齐侯钟》为"诅楚文"之先驱、《正师戈》为《石经》之始祖、"王莽嘉量"为"天发神谶"之先声；谓李阳冰出于《峄山》而益形怯薄，孙渊如、洪稚存、程春海又皆未出阳冰范围；谓邓石如之得处在以隶笔作篆，程蘅衫、吴让之为邓之嫡传而无邓之笔力与新理；谓黄子高篆法茂密雄深、迫真李斯，陈兰甫出于子高亦自雄骏；等等，亦颇具法眼。康氏的这种深入、详尽、系统的篆书家法流派分析，不仅大大地开阔了读者的眼界，使读者认识到篆书也同楷、行、草、隶一样，是五光十色、流派纷呈的，从而打破了"篆只一法"的认识局限，增加了篆书学习的套路和研究课题，而且为我们对今日拥有之十多万片甲骨、过万件铜器以及大量的战国秦汉简帛、货币、玺印上的文字进行家法流派分析树立了榜样，为我们开发篆书这个庞大而丰富的艺术宝藏提供了正确的方法与途径，意义重大。

此外，康氏在评价邓石如与黄子高时指出的"一以奇变称能，一以摹古擅绝，亦未易遽为优劣"，既是对当今书坛颇带针对性的书法批评原则，又是对当今学人颇具指导意义的学习方法与途径，亦很有参考价值。准"香山黄子高篆法茂密雄深、迫真斯相，自唐后碑刻，罕见俦匹。虽博大变化不逮完白，而专精之至，亦拔戟成队""秦汉瓦当文，皆廉劲方折，体亦蝶扁，学者得其笔意，亦足成家"的精神，将上文提到的丰富篆书材料进行认真、细致的家法分析，各依其结字、用笔、意态的不同特征、不同材料上铸刻的不同效果用一支毛笔表现出来，让这些埋藏地下几千年的艺术瑰宝，通过新的形式与内容重放异彩、再现辉煌，虽属"摹古"，又何尝不是一项有开创意义的工作呢？至于"以奇变称能"的邓石如，也是通过"尽收古今之长，而结胎成形，于汉篆为多""以隶笔为篆"的过程去实现创格的。而康氏的所谓"新意妙理"，也不过是"以方作秦分；以圆作汉分；以章程作草，笔笔皆留；以飞动作楷，笔笔皆舞"。若能"采钟鼎体意入小篆中"，也就觉"新理独得"了，都没有今日的"篆书革新家"那种抛开传统的篆书运笔用墨法则，只从工具书上查出几个字形，以轻佻淡薄的线条约略描其轮廓便自诩"得笔意、有天趣"的胆量。康氏对陈潮篆书所作"思力颇奇，然如深山野番，犷悍未解人理"的批评，倒是值得当代"篆书革新家"借鉴。

关于其他书体对篆法的吸收，乃是康氏之最重视者。有关论述，散见于《广艺舟双楫》一书中的多个章节。其称《泰山经石峪》为榜书第一，即喜其"笔意略同《郑文公》，草情篆韵，无所不备"。其于宋人书中尤爱山谷，即因"山谷行书与篆通""其笔法瘦劲婉通，则自篆来"。其所推崇的《石门铭》《郑文公》《瘗鹤铭》以及邓石如、伊秉绶、张裕钊等，也都是在用圆笔、使中锋、参篆法方面有突出表现的。其课徒主张"学书最好学篆书"①，其书作亦处处留意圆笔、中锋，连转折也全用篆法。即以附图为例，"吾""有""书""宅""埭"等字的长横，"园"字的左竖及"墟""塘"两字土旁的竖笔，均圆浑雄深，全从《石鼓》中来；"庐""墟"两字的底部长横，圆笔涩进，略带剥蚀痕迹，直是瓦当中出；"宅"字的浮鹅、"为"字的狮口、"封"字的末笔，均圆转浑劲，一副"琅琊"胎格；"粤"字的末笔，更与《天发神谶》"步于日月"的"于"字末笔直无二致；"云""虚"等字的"雨"头、"庐"字的"皿"底、"田"字的方框之转折，"衢"字的挑笔，它们的写法竟与近年出土之秦汉简帛上那种属于"篆书草写"的"秦隶"暗合。可以讲，除了捺刀之外，几乎无笔不用圆笔、中锋，这种用笔，再加上结体上之横平竖直，康书对篆法的吸收，实乃处处可见。当然，这里分析的各种家法的吸收，均非康氏刻意所为，他日临百帖，亦只取其大法，事实上，各种家法流派经他日摄月取，亦早已融入他那"飞逸奇浑"的一体风格中了，只是他胸罗万有，书写时，随势运锋，一些赏心的家法，亦自然地流露于字里行间而已。说者均谓康氏采用以圆笔作碑体的特殊方法，以别于清代方笔为主的碑派诸家，至于他用圆笔的根源，有的说是"一直未觉察到刻手问题"，有的说是"有意避开石刻上的刀痕而遗貌取神独自运笔"，有的说是"刻意摹写唐人的《千秋亭记》"②，有的说是"受《争座位》之影响"③，以上述分析观之，实乃源自对篆法的吸收。因对篆法的偏爱而兼爱采篆法的各家，对《石门铭》、张裕钊、伊秉绶诸家亦有吸收，当合情理。若将康氏强烈批评之《争座位》强加于他，则未必合事实。附图"祠""曾""园""衢"等字置颜帖中确能混珠，但这可能是同法乎篆之暗合，而不一定有渊源之关系，这与康书与秦隶有暗合处而无渊源关系道理是一样的。

最后应该指出的是，康氏虽对圆笔中锋的篆法有一种特别的偏爱，但他并不片面强调篆法，他对篆法与隶法方笔与圆笔之长短优劣有着十分深刻、辩证的理解："书法之妙，方用顿笔，圆用提笔。提笔中含，顿笔外拓。中含者浑劲，外拓者雄强。中含者篆

---

① 《中国书法全集》第七十八集"康有为"。
② 陈永正：《岭南书法史》及所引沙孟海、商承祚等各家言论。
③ 麦华三：《艺舟书影》，"行草篇平议"。

之法也，外拓者隶之法也……妙在方圆并用，不方不圆，神而明之，存乎其人矣。"只是由于他的特别偏爱而增加了很多其他书体吸收篆法的论述，并用他的书作为我们提供了学习其他书体时如何去吸收篆法的榜样，这对我们学习其他书体时如何去吸收隶法也是有启发的。

（原载《书艺》1999 年第二辑）

容师希白先生书法略论

（一）

介绍容师希白先生的文章、载籍，几乎都少不了古文字学家、考古学家、书法篆刻家三个名衔。但介绍的具体内容，却多集中在古文字学与考古学方面。书法篆刻的成绩，往往因被其古文字学与考古学的辉煌成就所掩，未能引起人们足够的注意，更乏认真的整理与宣传，世人也就难得有真切的了解了。

其实，先生之进入古文字学与考古学领域，实由对书法篆刻之兴趣与学习开始。随其四舅邓尔雅学治印，进而习篆字，攻《说文》，上溯先秦古籀，最后才进入甲骨、金文及铜器研究的殿堂。就是在专注于金文、铜器研究的日子里，先生对书法篆刻的兴趣亦无时或减，而南归以后，更几乎将全部精力投入到书法篆刻的研究与考证中，留下了四百多万字的著述。先生在书法篆刻方面的成就，虽不及古文字学与考古学成绩的辉煌，但也一样是了不起的。下面仅从创作实践方面，谈谈对先生书法篆刻成就的理解。

先生的书法学习与创作历程，大抵可分奠基、浸养、博涉、浑化四个阶段。

1. 三十年代以前为学习与奠基阶段

据先生自订年谱，"一八九九年（己亥）延师徐晓湘秀才于家授读四书"，当为先生入学之始。旧时规矩，入学拜师，首重开笔，写字乃是第一课。因此，先生书法学习的启蒙，应在此时开始。先生少时习作虽未见保存，但从后来书迹均留有明显的欧体痕迹看，先生之书法当从欧体入手，《九成宫》的醇厚谨严，《皇甫君碑》的灵动险峻，都应曾为先生所取法。而同习欧体的清季粤中大学者陈澧，当亦曾给先生的行楷书作以重要影响。

当然，先生书法用力最勤的，应该还是篆书，确切地说是金文。从先生的《段簋》《颂簋》临作及"飞云表妹正篆联""顾颉刚自儆联""息侯先生正篆联"等早期篆作看，其习篆走的应是吴大澂、黄牧甫、邓尔雅一脉相承的老路，即由《峄山碑》及《琅琊台刻石》一类小篆碑刻入手，熟练掌握小篆规矩后，再向商周金文推进。这条金石学家所走的路，较诸黄宾虹等画家、何绍基等书家之余事作金文及杨沂孙等《说文》家之偶涉大篆者所走的路，应该更纯正、更实在。在这条路上，先生之作纵未达造极之境，亦可堪称上乘了，用小篆写金文这样的一条路子，到此几乎可以说是走到尽头，不吸收新的养分，是再难前进了。先生的突破，是通过数千铜器的手自摩挲实现的。

2. 三十年代可算是先生书法的浸淫滋养阶段

晋京求学以后，先生要将主要精力投放到古文字与古铜器研究方面，书法的学习与研究便不可能有太多的时间投入，而且古文字与古铜器的研究越深入，投入书法学习与研究的时间就越少，到后来，就只能保持一种浸养状态了。好在古文字研究与书法鉴赏有着密切的联系，先生自1926年担任北平古物陈列所鉴定委员以后，亲自整理和鉴定奉天、热河两行宫的青铜器，对数千铜器的手摩目验，不仅辨伪的经验日见提高，而且对金文的构字、用笔与小篆的差异，铸铜与刻石线条的区别也有了日益深切的理解，尽管此期先生于书道并无刻意的追求，但这种理解却借助先生在书法篆刻方面的兴趣、敏感与功力而起着潜移默化的作用。所以，这一时期的书作，对金石味特别是铸造时铜水冲刺的效果有较深刻的理解，试比较（一）"双剑誃尚书新证"、（二）"说文统系图"、（三）"双剑誃诸子新证"三个题签，（二）签的书写时间（1937年）介乎（一）签（1934年）、（三）签（1940年）之间，而（一）、（三）两签表现出的结体圆浑、线条涩进的共同特色与（二）签字形修长、线条均衡滑溜的法式之间，反映的显然不是阶段性书风的差异，而是金文与小篆书体的不同了。写金文用金文法式，写小篆用小篆法式，这种自觉与自由的境界，与用小篆方法写金文的做法，已经不是同一档次了。

3. 四十年代以后至"文化大革命"前，可算是研究博涉阶段

1941年，先生代表作《商周彝器通考》出版，这既是青铜器研究由旧式金石学进入近代考古学的划时代的标记，也是先生近二十年的古文字与古铜器研究的一个总结。1941年以后，由于环境的变化，先生的研究重点开始由考古学、古文字学向书画研究与考评的转移。先生治学，向来不尚空谈，在书写实践方面，与所论相关者，亦多揣摩临习，所以，先生书法，于楷、行、草、隶、篆均有较深的理解。有了这样的博涉临习基础，先生书作之精彩纷呈是不难想见的。

先生书法以金文最为擅长，所以条幅、中堂、对联一类作品，多以篆体为主，楷、行、草书多见于文稿及书画题跋。先生文稿最喜欢用欧底小行楷，简古质朴，元气浑成自不待言，而一些长篇未定的手稿，其修订削补穿插处，偶有神情松弛、率意而为的，即颇能流露真趣。先生好用秃笔，线条简练而一笔不苟，草率处，时露陆机《平复帖》痕迹。如《评明清书画家印鉴》书眉所录"翁方纲云：荷屋藏文与可竹卷，神品也。余尝为题其斋曰'可庵'"一节，全是《平复帖》法乳；《唐大中铜磬流传及时代考》稿本，乃用新笔所书，轻巧而流畅自然，又与先生平日所书异趣，文中"次佛顶尊胜总持经咒八十二行""道咸间固已难得，非今日始然也""诸书皆未收入，岂意复出人间"

等段落，则颇有《十七帖》的意味。先生的书画题跋，佳作就更多了。

4. "文化大革命"后，先生书法进入了自成一体的浑化阶段

经过铺天盖地而来的"文化大革命"大字报的洗礼，先生已确立了"不管风吹浪打，胜似闲庭信步"的信念，进入了"任凭风浪起，稳坐钓鱼船"的境界。所谓阅尽古今碑帖，历经世间万事，为人处世已不计较于一时一事、一言一行，书法创作亦不斤斤于一碑一帖、一字一画，但求融会贯通，通体浑成。此期金文，临作颇多，有西周（包括早、中、晚）的，有春秋、战国的，有齐系的，有鲁系的，有楚系的，但无论哪一款式，都全然没有了早期临作的那种刻意模仿、那种对原铭的构字乃至行间布白经营的亦步亦趋，一般是让索书者在《三代吉金文存》里选一铭文，按字数折好格子，然后就凭着几十年的金文研究特别是编写《金文编》时对近万件铜器铭文手自摹录所练就的功力，把库存于脑际的对所临铭文书法特征的认识，结合临场的心境、意趣，透过经长期锤炼成的独特笔墨线条，在不经意中综合而又自然地表露出来。这些心思主要不在结字布白的经营而在综合素养的自然流露的作品，虽然每件都含有所临铭文的特征，但更多的还是所有作品所共同灌注的先生的书法特质：稳健沉着的行笔，燥润相映的用墨，娴熟练达而又质朴无华、气贯神凝的线条，气度安详、含蓄蕴藉的古君子之风。临作尚且如此，创作之风格表现就更加强烈了。

（二）

下面试选先生不同书体的几件作品，谈谈先生各体书的特色与成就。

1. 楷书

《聊自娱斋遗稿》，共有两个稿本，都是先生为其父作恭公整理的诗集的楷书誊正本。1917年的写本，功力尚浅，字形每受过扁的方格限制而变样，右旁竖笔多重落轻收习气而显得笔力稍弱，整体风格尚未形成；1933年的写本，有了《宝蕴楼彝器图录》《武英殿彝器图录》及《颂斋吉金图录》等专著的誊写功底，风格技巧均已趋于成熟，字形修长，左右竖笔内敛成窄腰之形，撇稍短而捺稍长，笔画内撇，方中带圆，线条简练劲健，朴拙自然，含蓄蕴藉等特点已基本定型。并时所作高祖廷华公《镜花轩诗稿》、曾祖保民公《护桂轩诗稿》、祖鹤龄公《师竹山房诗稿》等写本固然反映这一特点，就是中、晚年的一些作品，虽或显温文尔雅（如1957年的《冬花庵诗》斗方）、或显豪迈老到（如1979年的《宋人词句联》），但都不离上述的定型特色。

《郑侯去思诗书画册》跋，1948年9月作。如前所述，1941年后，先生的研究重点已开始向书画研究转移，而由先生自订年谱，我们更得知1948年是先生书画研究成果的丰收年。时先生五十四岁，正当盛年，此跋即先生精力充沛而又挟精研书画之心得的佳作，底子还是以欧体为主，但已多掺入二王用笔，线条温润妍美，提按转折，精致入

微，结体疏秀朗健，字形修长，撇短捺长，欹侧取态，以出丰姿，是篇于王宠小楷取法特多，堪称小楷精品。未收入本法书集之《毛公鼎》跋（作于1945年），永正兄称其"冶行楷篆于一炉，以欧、柳为基础，凝重厚拙，如'先''也''疑'等字，杂以篆法，元气浑成"，可说是先生作品中最具艺术创新意识的楷作了。

2. 行书

"观山种苗"联，为1937年赠其表妹飞云女士所作。先生的行书，多见于书札、跋语及著作草稿，专门的创作少见，大字对联则更罕见。是联结字全用简体（观、从、云的简化与今日同，飞、种、苗、豆的简化则属当时流行写法），夹杂草法（皆、得两字，即用草法），但通篇十分协调：用笔圆浑厚重，沉着中见灵动，字内与联内都颇能气贯，不过下联过分追求与上联的整齐和谐，字与字间的联系也稍受影响。

临王羲之《兰亭序》，1938年中秋所作，结字俊秀生动，用笔清劲秀逸，虽因惯用篆法而拙于捺笔，遇带展放型捺刀的字（如又、是、夫、文等）时，会因过于着意而导致字形略觉偏长，但整体看去，仍不失潇洒闲适，流美自然，颇得《兰亭序》字形多变、布置巧妙之意趣，永正兄称其'精逸绝伦，无丝毫尘俗气，深入二王堂奥，允称佳制'是很恰当的。临二王法帖长卷中的《奉告帖》《近得书帖》等行书信札，因为书写时间稍后、文段也较短，所以比临《兰亭序》纯熟些、更形似一些，但遇到展放型捺刀时，也同样有欠缺自然的毛病。临《沈石田题画记》，作于1942年11月，由于黄庭坚、沈石田一路书迹有稳健持重、饱含篆意的特点，颇合先生笔性，所以写来明显得心应手，圆浑苍劲的线条配合雄放瑰奇的结字，凭着对侧险取势的理解，于长挺的横画中见波澜起伏，故能弥补因行笔迟滞而未能尽情展拓之不足，能于奇崛中见雄伟傲岸，堪称佳制。

"得霖诗句"小品，是写在半张信笺上的小品，篇幅虽小，却是按正规书法作品布局，有小字可作大字观的气度，其风格与先生平日书作全然不同，是有意识的变异，用笔浑厚圆融，通体明快和谐，流畅生动，气通隔行，颇得王铎行草书法三昧。

3. 草书

先生平日甚少作草书，比较集中的是临二王法帖长卷。所临法帖，有行书，有今草，有章草，卷末署"卅一年四月容庚临"，应该是多个时间段作品的组合，较有代表性的临本有：

《远臣帖》，该帖体势连绵，一气而下，绝少展拓捺笔，与先生所长之篆法至合，所以写来从容衍裕，圆融流畅，灵动自然，通体雄逸劲健，俊秀生动。《适欲遣书》《敬豫》《十一月四日》等帖，亦有此特色。

《上虞帖》，与《远臣帖》一样有圆融流畅的特色，但圆浑中时带顿挫，笔力清挺，丰肌秀骨，灵动绰约，别有一番情趣。《肿不差》《贤内妹》《狼毒》《散势》诸帖，每于此相类。

《豹奴帖》，先生所作章草，仅见此临作，对章草字形扁平、波磔伸张的特点掌握较好，笔画沉实，笔势流畅，神采灵动，信为佳作。

4. 隶书

临《张迁碑》，1926年作。先生长于作篆，惯用裹锋，不擅铺毫，写张迁一类方整肥厚的字最难得手，刻意为之，易生夸张之病，是以波磔处略嫌飘忽，但结字谨严，整体亦方整有势，不违隶法。

临《武梁祠造像题记》，应是1936年整理"武梁祠造像录"时所临。因为字较小，而字体的特点又是笔画粗细对比不强烈、波磔简朴，动作不像张迁碑那样夸张，所以写来较得心应手，字形掌握又准，隶字中饱含篆意，颇有古拙情趣。先生篆作，款识常用此种隶书。

5. 篆书

先生作篆，以金文为主，留下的篆书作品，基本都是金文。

"朝于大学夕于小学，古有经师今有人师"联，写于1927年，乃为金息侯先生所作。其时先生刚完成《金文编》的摹录与出版，对金文字形有较好理解、较深印象，整联从字形上说，应是对金文把握比较准的，线条也圆熟灵动，但用笔过于平滑、单调，未跳出用小篆方法写金文的框框。1930年所书屈翁山句与此相类，结字上有意识追求金文效果，用笔却仍是小篆均衡线条，笔画平直，联系稍欠紧凑。

东坡南湖句集联，写于1937年，对金文的写法不仅在字形方面，而且在用笔方面都有了新的理解，线条沉实，圆浑中见顿挫，有较强摩擦感，上联尤佳。下联末三字略觉平直板滞。

"学无朝夕法，经有古今文"联，写于1980年，当是先生兴致极高时所作，用笔痛快淋漓，大气磅礴，线条雄劲饱满，用墨带燥方润，"无""朝"二字的涩笔，"经""古"二字的肥笔，搭配尤为得当，是晚年的佳作。"金文编钞本"题签及"兵家儿早识刀枪"横幅风格近此。

"盈天地岂无知己，交二三犹可读书"联，写于1980年，永正兄称其"用笔圆方兼济，轻重疏密，若不经意，而实字字皆谨严不苟，深具清苍质朴之美"，至确。"半池风雨迎春冷，一夜霜花带月开""人极所能武侯集益，事得其理文子深思""得好友来如对月，有奇书读胜看花"等联风格与此相类。

先生的金文临作，早年对临摹效果的追求较刻意，晚年除了对列国器特点较大稍加注意外，对风格不突出、个性不太强烈的西周器，先生更多的是视作运笔写意的托体而已，只追求心手双畅，对临摹效果已不十分讲求了。为什么要用这些铭文为托体呢？因为先生认为写金文首先要字正确，如写新内容，集字、借字、拟构牵涉很多学问，要花很多功夫，先生之到晚年，既不想将精力花在这上头，又万不能写错字，怎么办呢？以前人的铭文作托体是最合适的。所以，先生晚年的临作，事实上是一种再创作，用的都是先生自己长期探索得来的线条，气格则依先生临场的心境而有雄强（如辛宫鼎）、清劲（如毛公旅鼎）、活泼（如旂鼎）、文静（如杜伯盨）的差异。

  现在谈书法，很多人都强调创新。其实，创新的重点应放在楷、行、草等今文字体上，对古文字，则主要应是继承。古文字的字形结构没有创新的余地，最多只能在继承的基础上按有关规律对一些缺失的字形进行合理的拟补；用笔方面，对失传的技法的重拾本身已是一件极有意义而不易为的事情，用毛笔表现铜铸的效果是一种创造，用毛笔表现铜刻的效果也是一种创造，透过铜铸、铜刻、风化剥蚀的线条追溯其书写原形更是一种创造，继承本身就有很多工作要干，金文的字形结构与书写特征都是一种有自身规律的客观存在，错字连篇不是创新，伸拳捋袖、张牙舞爪不是金文的特色。"不激不励而风规自远"，这是我读先生法书集后最深的体会。

（原载中华书局 2007 年出版的《容庚法书集》）

篆书专题学术主持人语

篆书实际上是古文字的代称。现存的十多万片商周甲骨、一万六千余件商周铜器铭文、数千枚战国竹简以及大量铸刻在玺印、货币、陶器、石器上的和书写在缯帛、玉、石上的先秦文字，还有为数可观的秦汉金石、简帛篆文，组成了一个绚丽多彩、五光十色的艺术宝库，继承和发扬这一宝库中的遗产，不仅是古文字学界，也是书法篆刻界同仁义不容辞的责任。

当前篆书创作流行着一种用行书笔意写篆字的风气，由于它线条简单轻便而易于掌握，故对习篆者颇具吸引力。这类书作，就原创者言，自不失为一种创造，但若形成风气，虽有降低写篆门槛，利于篆书普及之便，却不利遗产的继承及篆书艺术向更高层次的推进。

出土的古文字材料，都是这些书体发展到最辉煌时期的产物，无论结字、用笔抑或姿致神态、个性风格，都有着丰富的内涵，代表着这些书体的最高水平，我们不深入到一个个个案中学习、研究，这份遗产就很难得到全面的继承与发扬。如果在字书上找几个字样，用未经传统篆法熏陶的所谓自家笔法依样画葫芦便算创作的话，实无异于将刚申报成功的世界非物质文化遗产弃置一旁，让它自生自灭。

有关篆书创作，当前还流行着一种"如果过于强调文字的正确性，就会削弱其艺术性""扼杀其艺术才华"的讲法。书法既以汉字为载体，正确使用汉字就是书法入门的底线。书法的写错字与唱歌的走调、钢琴的弹错音符之不能原谅的道理是一样的。事实上，古人因偶然笔误而写错字也是有的，但当今篆书作品中出现的错字，往往非笔误所致，像"征伐"的"征"写成"徵"，"必须"的"须"写成"頿"，等等，涉及的实际是文化而不是一般的笔误问题。我们的书家应该定位在既识字又有文化、有艺术才华的专家呢？还是可以不识字、可以没有文化的"纯粹艺术家"呢？这是很值得深思的。正确用字与艺术才华的发挥并不矛盾，艺术才华的发挥决不应以写错字为代价，这是显而易见的。只要平时多看书，写字时查一查，错别字是不难避免的。这样做不仅不会扼杀艺术才华，而且可以提高文化素养，帮助书者艺术才华在更高的层次上发挥。

造成率意作篆风气的，还有一种张扬个性才符合时代精神的言论。其实，艺术风格是多样的，个性可以是张扬的，也可以是含蓄的，可以是刚烈的，也可以是柔和的，如果满街都是爱张扬的刚烈汉，社会又怎能和谐呢？篆书，尤其是礼器铭文，不管是刚的、是柔的，也都处处流露一种高贵和穆的气息，似乎更适合于沉潜修炼，也更符合建设和谐社会的时代精神。

（原载《中国书法》2010年第4期）

篆书发展史综述

文字学界一般将汉字的发展过程划分为古文字与今文字两大阶段，而以篆隶之交为古今文字的分水岭。篆书向被视为古文字的代名词，所谓篆书发展史，实际上就是古文字发展的历史。

对篆书发展史的梳理，当以许慎的《说文解字》为最早，其后两千余年的先秦文字讨论，大抵都是围绕《说文》的古文、籀文、大篆进行的。其实，许慎认为年代最久远的"古文"，即孔壁所出及张苍所献者，不过是战国的竹简文字；许慎所称的"籀文"，则不过是《史籀篇》上的文字。《史籀篇》是周宣王太史籀所作学童识字用书，既是学童识字用书，抄录文字自当与时俱进，许慎所见当为春秋战国抄本，故与并时之石鼓、金文相类，论者称其为春秋至战国初期文字，是有一定道理的。至于大篆，乃与小篆相对而言，应属对秦篆以前文字的统称。许慎所能见到的先秦文字材料就只有上面这些，他能作出这样的概括，已经很不简单了。但时至今日，出土先秦文字材料已大大超过许慎时代，许慎的这套术语便暴露出明显的局限，因此，本文对字体的称名，拟采目前古文字学界普遍使用的甲骨文、金文、石刻文、简帛文等称法。

考察篆书发展史，本应从汉字起源谈起，但由于物质证据的缺乏，我们对汉字的初形及其产生的确切年代至今仍无法论定，除了由甲骨文和早期铜器铭文中一些图绘性较强的文字可推知汉字起源于图画，由甲骨文的成熟程度可推知汉字发展至今起码有五六千年的历史外，就所知甚少了。

近年，不少文字学专著及书法史论著都喜欢从新石器时代遗址所出陶片上的刻划符号谈起。但仰韶刻划基本由几何线条组成，与以象形为基础的古汉字不属同一系统，似属互不相干的系列；大汶口刻划属图形符号，与汉字有某些相似的地方，但往往单个存在，零碎而不成文，我们既不明了其确切含义，也没有掌握它们已被用来记录语言的证据，因而无法断定它们是否是文字，或者与汉字有什么确切的联系，因此也不属本文讨论的范围。

本文的讨论，只从目前所能见到的最早的成体系的文字——商代甲骨文谈起。考虑到文字不同时段纵向差异大于同时段的横向差异，综述拟用商、西周、春秋战国、秦、汉等断代单位。

（一）商代的篆书

商代篆书中最具代表性的自然要数甲骨文了。出土有字的商代甲骨十多万片，除郑州二里岗商代文化遗址发现的两片外，基本都是安阳殷墟所出，属盘庚到帝辛期间的遗物。有书而未刻的、有先书后刻的、有不书而刻的，或用单刀、或用双刀，风格多样，异彩纷呈，近人多据董作宾的断代法分雄浑、谨饬、颓靡、劲峭、严整五体展述，其实，董氏所论，只是断代书风，略如后世的"晋尚韵，唐尚法，宋尚意"之类的表述，要真正了解甲骨文这种字体，还得从字形、用笔、意态三方面考察。

字形方面，与后世文字相比，甲骨文保留了较多的早期文字特征，具体表现为：

1. **图绘性强**

象形字的描写形象，✺、✺、✺、✺、✺、✺、✺（象、鹿、豕、犬、鼎、甗、壶、爵），均可一望而知其为何物；

指事字的提示明确，✺、✺、✺、✺、✺、✺（上、下、膝、臀、母、猳），亦可一望而明其所指；

会意字主要靠部件间的图画式组合表意，如✺（既）字，以跪在食器前的人把嘴巴扭向背后来表吃完之意，其表意的主要部分就是和食器相背的口，只要这一组合方式不变，则某些构件的变换与增减，如将旡换成欠（✺），或在原有基础上再加一个旡（✺），都不会带来多大的影响，就是不能将口朝着食器，若写成✺就是"即"字，写成✺就是"飨"字了；又如毓（即育）字，以子在母之臀下表生育之意，其主要表意部分是子在臀下，字作✺、✺、✺、✺、✺均可，但如果变换一下位置，把✺写成✺就变成"仔"，把✺写成✺就变作"好"了。这种重图形组合、轻偏旁意识的表意方式，与后世的偏旁组合形式显有较大差异。

2. **构字方式多样，字形还不固定**

象形字取象可正可侧，例如"龟"字，可作✺（侧视）、✺（俯视）；"首"字可作✺（侧视）、✺（正视）。

指事字提示方式多变，比如"母"字，可作✺（生理特征）、✺（发型特征）；"元"字可作✺（位置）、✺（形象）。

会意字构件的增减、变换比较灵活。如"丧"字，以"桑"为声符，而以众口哀号表意,这个"众口"也是可多可少的,可以从一口作 [字形],可以从二口、三口作 [字形]、[字形],也可以从四口、五口作 [字形]、[字形];又如"暮"字,以太阳落入草(或树)丛中会意,可写作 [字形]、[字形]、[字形]等形,亦可取"日暮鸟投林"之意而增加"隹"(短尾鸟)符作 [字形]、[字形];再如"逐"字,以追逐野兽表意,所画并不限于何兽,所以既可从"豕"作 [字形],又可从"犬"作 [字形],还可从"兔"作 [字形]、从"鹿"作 [字形]、从"夒"作 [字形]。

至于书写,不但正反、立倒比较自由,如"臣"字可作 [字形]、[字形];"好"字可作 [字形]、[字形];"帚"可作 [字形]、[字形];"帝"字可作 [字形]、[字形]。方块规范也不像后世的严格,字多随体诘诎,外形的长短大小、疏密斜正略无一定,像 [字形](凤)、[字形](闻)、[字形](首)、[字形](鲁)、[字形](渔)、[字形](云)等字与金文、小篆的规整、对称显非一事。

用笔方面,可大致分为三种类型。

1. 追求线条圆转均衡

主要见于大字刻辞,一般以圆转浑厚为风格特色,点画粗壮凝重,多经反复契刻刮削而成,较少刀笔味,外观颇与金文相类。《合集》37848、11497 等片即为这一类的代表。因为这不是甲骨文所独具的特色,所以一般讲甲骨文书法,都不以这一类为代表。

2. 追求毛笔书写效果

除了残留的朱书、墨书外,多为装饰、纪念品上的记事刻辞,是较高级的、较有意识的艺术创作,所见的多为殷墟晚期作品,《合集》36534、38762、37398、37743、38758,《佚》426、518(《合集》缺收)等片可作这一类的代表,其刻工之忠于书辞原作,可比之于后世帖派的刻石。起落、顿挫的运笔迹象及笔触的弹跳感十分鲜明,点画的行笔一般是重落轻收(竖画间或有两端尖锐而中间特粗的肥笔),横画多向右上取势,竖笔多微向左,左右斜画每随惯性收笔而带弯节之势,转折处圆转中带有明显的关节痕迹。这是真正的商代毛笔书法风格,虽然留下的作品不多,但亦足以窥其大概了。

3. 追求刀刻效果

这类作品对笔画不多作修饰,只留刀刻效果,因为它快捷实用,所以在甲骨契刻中居于主流地位,这类作品多不胜数,《殷虚书契菁华》前面的八片大骨堪称这一类型的杰作(《合集》10405、3297)。它的刻工并不斤斤计较于毛笔底子用笔的起落、顿挫,而是大刀阔斧地让刻刀自由、充分地表露其冲刺所成的真实面目,多以锋利峭拔为其风格特色,正可比之于后世的碑派作品。它一般多用横直线条,圆弧线条少见,一些肥实之笔也以空廓的形式代替而方折化、线条化。笔画多瘦硬劲挺,长画一般两端稍尖锐,中间行笔线条大致均衡(实际上,因有两端的自然过渡,都微呈橄榄之形),显得意实力足，短画行笔或如长画（但稍轻快，橛钉状也更为明显），或由轻而重（也有反方向由重而轻的）顺势而下，显得爽脆利落而富有变化。笔画交叉的地方因刀锋冲刺的关系显出破损或较粗重的痕迹，转角多为方折，横直画分刻的程序还往往使转角的横直交接处露出笔画之外的锋芒，显得不拘小节，有时则契刻恰可到位，横直画仅以锋尖相接，显得轻巧玲珑，总之，在瘦劲中寓有多种变化。这类风格的作品在十多万片甲骨中占尽优势，一般谈甲骨文书法，都以这一类为代表。

甲骨文的章法是比较自由开放的，即使最整齐、最严谨的刻辞，也没有小篆、隶、楷书作的那种纵有行、横有列的景象，顶多不过纵行对齐而已，一篇之内，不仅字的大小不均等，字距、行距及每行的长短、字数的多少也不一致，有些还依龟、骨的纹理决定字行的走向，据龟、骨的不规则形态作闪让、布局，因此，整篇有疏有密，显得生动活泼，尤其疏落错综的地方，往往使人感到精神爽朗、质朴可爱，自由、活泼、有生气。

除了甲骨之外，商代尚有金文、陶文和玉石刻文，但留下来的字都不多，从构字方面讲，大抵都有与甲骨文相同的特点，就用笔方面讲，商代金文与西周金文、商代的石刻文与春秋战国石刻文均有承传关系，留待下面详述。

（二）西周的篆书

周初也有甲骨文，但出土不多，且字迹纤小，往往需要几倍甚至十几倍放大镜才能看得清楚，虽算得上微雕精品，却未有代表西周篆书的分量，而石刻文更少。能代表西周篆书的实际上就只有金文。

与商代篆书相比，西周金文结字方面的最大特点是图绘性减弱、规范性增强、声化趋势明显。

1. 图绘性减弱

最明显的是为适应方块结构而割裂图画式结构，如 ✦ 之作 ✦、✦ 之作 ✦、✦ 之作 ✦；其次是将随体诘诎的线条平直化，如 ✦ 之作 ✦、✦ 之作 ✦，均已无复豕、犬之形象，✦ 之混同 ✦（✦ 变作 ✦）、✦ 之混同 ✦（甲骨文见作 ✦，"望"作 ✦ 若 ✦，其别不在目之竖或横，而在人之立与跪，金文 ✦ 字跪坐线条拉直变作 ✦，见、望之别由人之立与跪变为目之竖与横了）。

2. 规范性增强

周初应该作过有意识的文字规范整理。商代甲骨文的一字多形现象在很大程度上受到了抑制，比如"望"字，甲骨文有 ✦、✦、✦、✦、✦ 等多种写法，金文作统一作

☘（后改作☘）；"既"字甲骨文有☘、☘、☘等多种形体，金文作统一作☘；甲骨文☘（追）、☘（逐）均从止，无从辵者，金文☘、☘均变从辵；言部从口部分出，走部从辵部中分出；等等，都表现出明显的人为整理痕迹。

3. 明显的声化发展趋势

西周新增字大部分是形声字，这从新增之言、走、金等部所辖各字即看得十分清楚。商代甲骨中的一些表意字，到了西周变为形声字的也不少，如☘（豹）之作☘、☘（裘）之作☘、☘（沈）之作☘、☘之作☘、☘之作☘、☘之作☘等。此外，还有甲骨文一字多职的现象到西周金文中演变成多字分担的，后世分用又、有、右、佑、祐记录的词，甲骨文都只用☘（又），西周金文则分化出☘（又）、☘（有）、☘（右，兼表佑、祐）；后世表远望、月望、忘记等词，商及西周早期金文都用☘（本义远望），后分化出☘（朢，表远望及月望）、☘（谖，表忘记）；等等。

用笔方面，西周不同的时段还有着各自的断代特色。西周早期为商周文化磨合阶段，特色尤为明显，书风大体可分三类：

一是保持周人原有作风的。一般以质朴无华、纯真自然为特色，结字行笔颇与周原甲骨相近，天亡簋最为典型，作册甗卣、叔趯父卣亦属此类。行笔多用均衡线条而少粗点与肥笔，圆弧笔道轻松流畅，偶有方折之笔亦爽脆利落，字形或大或小，或正或侧，一随自然，很少受比例和对称的限制，前人曾批评天亡簋"书法草率，何其远逊于尊之俊伟、彝之媚哉"，其实，书法不一定非俊伟就得秀媚，灵活自然也是颇得人喜爱的；书写随意但并不草率，试看天亡簋每字大小不同，每行字数多寡各异，而整篇的外廓却能方整划一，这绝不是草率者所能做到的。这类书风的形成，大抵与周人讲求效率、讲求实用的作风是分不开的。

二是继承商末金文雄壮派遗风的。一般以排列整齐、方劲沉雄为其特点，大字孟鼎、令簋、麦方鼎、叔龀方彝、庚嬴卣、叔卣等可作代表，笔画有方有圆，肥瘦相间，起笔取圆势的，圆转均衡，起笔取方势的，劲峭锐利，肥笔一般是"画中肥而首尾出锋"，或肥上或肥下，或作波折，形态多样，富有对比、变化。字的外形方整齐平、四面充格，章法安排上也是行列整齐，严整庄重。

三是继承商末金文秀丽派遗风的。一般以娟美韶秀、婉丽灵巧为特点，叔德簋、娶方鼎、商卣、商尊等可作代表。字内的布置比较讲求美观、对称、整齐、讲求合乎比例；成篇则字有大小，互有闪让，但其参差错落又不及天亡簋一类的开放自然，主要是在形体端正的基础上，通过娟秀圆转、大致均衡而稍有提按的线条的婉曲流动表现其姿致，间或也掺入雄壮派一类的肥笔以增强其表现力。

以上三种风格，正反映了周人一方面要坚持自己讲求效率的实用作风，另一方面又向往商人的先进文化的心理状态，因此，越往后来，其相互掺杂越多，到西周中期以后，就逐渐融为一体了。

西周中期（主要自穆王始）以后的书法风格，一般以点画圆浑有力，体势雍容大方为特色，墙盘、㝬钟、颂鼎、克鼎、毛公鼎等可为代表。在用笔方面，坚持周人原来的简单实用、流利快捷的均衡线条，而掺入商末雄壮派的雄劲使它更加意实力足；结字方面，则是掺入商末雄壮派的整齐与婉约派的秀丽发展而成的。追求线条雄劲，自然不像原先那样轻松流畅了，但取消了商末雄壮派的肥笔和秀丽派的扭曲，书写起来还是挺快捷的。现在写金文，还是以这类风格为模范的多。此外，民间的一些交易记录，书写不用这么规整谨严，结体比较宽舒，用笔较为奔放，也别具面目，著名的格伯簋、散氏盘都可作这一类的代表。

（三）春秋战国的篆书

春秋早期的篆书与西周晚期无多大差别，但中期以后，由于社会变革，各诸侯国经济、文化发展的不平衡，对文字和书法产生了极大影响，造成了各国间书法风格与文字形体的极大差异，也造成了这一时期与前代文字及书法方面的差异。

与西周金文相比，春秋战国金文结字方面的最大特点主要表现为文字异形现象突出，近似形符的新增及其细腻的区别标志，兼体式合文的出现与大量增加三个方面。

1. **文字异形现象非常突出**

有诸侯割据而造成文字异形的，如"市"字，秦作 ![]、齐作 ![]、楚作 ![]、燕作 ![]、晋作 ![]；"皇"字，齐作 ![]、蔡作 ![]、徐作 ![]、鄦作 ![]；等等。

有写刻条件及用途品类不同造成异形的，金文、石刻制作时间充裕，伸展范围大，较好发挥；玺印经营范围小，一般收得较紧，线条以直笔居多；简帛手写随意，比较开放，多见弧曲线条，所以各具特色，如"犬"字，金文作 ![]、![]，简帛作 ![]、![]、![]、![]，玺印作 ![]、![]、![]、![]；"皿"旁，金文作 ![]、![]、![]，简帛作 ![]、![]、![]、![]，玺印作 ![]、![]、![]、![]，等等。

有简化方式不同造成文字异形的。个别笔画简化的如 ![]（中）之作 ![] 或 ![]，![]（肖）之作 ![]；借助省体符号简化的如 ![]（为）之作 ![]、![]（乐）之作 ![]；直接截除构件简化的如 ![]（裹）之作 ![]、![]（为）之作 ![]、![]（曹）之作 ![]；保留轮廓式简化的如 ![]（金）之作 ![]、![]（鸟）之作 ![]、![]（寿）之作 ![]；等等。

有偏旁增减变换造成文字异形的。音近声旁变换的如❍（道）之作❍、❍（庙）之作❍、❍（定）之作❍；意义相关、相近形旁变换的如❍（贤）之作❍、❍（寇）之作❍、❍（救）之作❍、❍（姓）之作❍；形旁减省的如❍（从）之作❍、❍、❍、❍（楚）之作❍；形旁增加的如❍（上）之作❍、❍（生，往本字）之作❍、❍、❍、❍（忤）之作❍、❍（训）之作❍；偏旁位置变换的如❍（镩）之作❍、❍（附）之作❍、❍（爱）之作❍、❍（福）之作❍，等等。

2. 近似形符及其细腻的区别标志

文字异形，实即一字多体。在同一文字体系里，文字形体的变化空间是有限的，同字异体越多，发生交叉碰撞、造成形近偏旁或形近字的机会就越大，❍（焦）之异体❍、❍与❍（鱼）之异体❍、❍的区别仅在❍的上部是否有竖笔或斜笔贯穿或干扰；❍（马）之异体❍与❍（为）之异体❍的区别仅在❍左上角之是否封闭；❍（五）与❍（正）之异体❍、❍的区别仅在上、下横画之平与弧；❍（弁）之异体❍与❍（史）的区别仅在左边之是否有撇出之笔；等等。其区别特征是细微的，但又是明确的，在弄清这些区别特征之前，文字考释工作又确曾引起混乱。

3. 兼体式合文的出现与大量增加

❍（公子）之作❍、❍（子孙）之作❍、❍（孝孙）之作❍、❍（大夫）之作❍、❍（工师）之作❍、❍（邯郸）之作❍、❍（至于）之作❍、❍（之所）之作❍、❍（无疆）之作❍、❍（并立）之作❍等，都是春秋战国的产物。

用笔方面，主要有铸金、凿石文字，镌刻金石文字，手书简帛文字三大类。铸款金文与凿款石文都以圆转均衡线条为特色，与西周中晚期金文一脉相承；刻款金文之规矩者略同铸款，其急就者与刻款石文相近，都有线条纤细，短促硬直，接口剥离等特征；刻款金文之工细者，线条纤细而柔韧，轻快流畅，婉通自然，吴越鸟书铭文尤具特色；手书简帛包括盟书（书于玉、石片上，可视为石简、竹简、帛书几类，用笔一般轻重顿曳之势分明，有明显的笔毫感觉，笔画富有弹性，行笔多用摆动手法，形成起处稍尖，中间偏前较粗，收笔前每带弯钩，收笔处特尖细的效果，后世的波挑笔法，在简帛书中已见萌芽。

（四）秦代的篆书

秦代的篆书就是一般讲的小篆，它是秦始皇"书同文"的标准字体。它是以春秋战国时期的秦系文字为基础，吸收各国文字的优点整理而成的。秦代篆书与前代相较，主要有以下特点：

1. 线条化

小篆把以前"随体诘诎"的象形符号完全线条化了，变成全由圆转均衡、粗细如一的线条组成的文字符号。☒之作☒，已看不出动物的模样；☒之作☒，看不出是竖着的眼睛；☒字写成☒后，也看不出牛角的样子；☒之作☒亦看不出是跪坐的人形了。

2. 简省化

小篆与秦国原先的文字如秦公簋、石鼓文、《说文》所收籀文等相比，已经大大地削减了繁复的部分，结构简单得多了。如☒、☒之作☒、☒、☒之作☒，☒、☒之作☒。

3. 定型化

首先是偏旁形体的定型。例如"心"字，春秋战国有☒、☒、☒、☒、☒等多种写法，小篆都统一作☒；"马"字，春秋战国有☒、☒、☒、☒、☒、☒等多种写法，小篆都统一作☒。

其次是偏旁构成的定型。例如，"造"字，春秋战国有☒、☒、☒、☒、☒等写法，小篆都统一作☒；"匜"字，春秋战国有☒、☒、☒、☒等写法，小篆都统一作匜。

再次是偏旁位置的定型。例如"夜"字，战国简或作☒或作☒，小篆统一作☒；"被"字战国简有☒、☒、☒、☒等写法，小篆统一作☒；"贲"字，战国金文有☒、☒等写法，小篆都统一作☒。

小篆的制定，实质上是对长期以来自然发展的汉字进行有计划、有领导的整理，规范和简化，异体的删除、写法的固定、结构的规整等，都为后来隶变奠定了很好的基础，在汉字发展史上有着极重要的意义。

小篆由于线条化程度较高，用笔方面是比较单一的，流传下来的泰山、琅琊、峄山等刻石，据说原本都出自李斯手笔，线条的圆转均衡十分规范，至于权量诏版之属，则可能是下级官吏所为，且因镌刻关系，线条硬直，转折多为方折，字形结构也不像刻石那么规整，呈现出不同的结字、用笔特征。

（五）汉代的篆书

秦篆是古文字阶段的终结，汉隶是今文字阶段的开始，秦篆到汉隶的过渡，是通过秦隶来实现的。秦隶是小篆的辅佐书体，入汉后，与小篆一起为汉人所承继。与秦代不同的是，秦隶在西汉的适用范围有了很大的扩展，小篆的适用范围日益变窄。秦隶作为交际工具，它要受小篆的规范制约，而作为解小篆书写不便之困的辅佐书体，它又有突破规矩藩篱的追求，因此它总是在守规矩与破藩篱的矛盾中发展，显现出篆书因素日渐减少、隶书因素日益增强的动态风貌。这种动态发展很自然会影响到篆书的变化，在民间最广泛流行的汉印及一些日用铜器中形成了一种称作缪篆的书体，即呈现出一些新的特征。主要表现为：

1. 隶书偏旁的掺入

▨（罗）—▨—▨，▨（湿）—▨—▨，▨（虚）—▨—▨，▨（粟）—▨—▨，▨（袍）—▨—▨，▨（网）、▨（水）、▨（虎）、▨（卤）、▨（包）等偏旁的写法，显然都受隶书影响而来。

2. 增繁与简省随意

▨（战）之作▨、▨（承）之作▨、▨（受）之作▨，属于增繁；▨（关）之作▨、▨（暴）之作▨、▨（旧）之作▨、▨（黎）之作▨等，属于简省。

3. 穿插与挪移自由

▨（邓）之作▨、▨（橐）之作▨、▨（疵）之作▨、▨（袳）之作▨、▨（彭）之作▨、▨（晔）之作▨、▨之作▨即其例。

4. 盘屈装饰

▨（喜）之作▨、▨（胤）之作▨、▨（彭）之作▨、▨（齐）之作▨、▨（安）之作▨，等等，属于盘屈，▨（山）之作▨一类属装饰。汉印的盘屈主要在于装饰，简帛的盘屈则有利于增加线条的动感。

在这样的一种背景下，一些对字形缺乏理解的人，很容易会受形近字、形近偏旁影响而在书写中使字形讹误，如▨（彭）之作▨（从彡变从水）、▨（莫）之作▨（从日变从目）、▨（乐）之作▨（从幺变从日）、▨（造）之作▨（从辵变从廴）、▨（粟）由▨而▨（从卤变从西）等，应该指出，这种情况应是比较个别的，是古人留下的作品中的瑕疵，是我们学习时应该避免的。

缪篆已属小篆一系的末流，上述特点，谈不上对小篆的发展，最多只能说是在由篆到隶的过渡中见证着篆书一系消亡的产物。上面主要是从文字学角度进行的分析。至于在书法上，汉篆较多的是隶法的掺入，字形趋于横势和简化，笔画多带方折，由于书写较随意，不像秦人那样谨严规范，也就易得气韵生动、婉通自然之妙而少工整呆滞之弊，这也许就是汉篆的优点了。

现存汉代篆书资料，最大量的是汉印和铜器铭文，汉印文字主要供篆刻用，非严格意义的书法用字；汉代金文除"新嘉量"等少数较舒展挺拔外，大多与汉印相类；较具特色的倒是汉代金文中的阳文款识，结体宽博、笔画圆浑灵动、魄力雄强，西汉的一些刻石，如"群臣上寿刻石""况基卿坟坛刻石""上谷府坟坛刻石"等也属此类风格，一些简帛篆文，特别是面积较大的覆于棺上的柩铭也有相类的结构用笔，只是笔力稍弱；东汉的"祀三公山碑""少室石阙铭""开母庙石阙铭"，还有"袁安碑""袁敞碑"等，虽也得后人赞誉，但与秦刻石已不可同日而语，倒是汉碑的一些篆额，刻意将横向笔画往上收紧以提高字的重心，腾出位置让竖笔自由下展，因伸张轻松随意，垂脚出锋，更显得爽利明快，灵动多变，对清代邓石如、赵之谦一路篆法的形成有重要影响。

汉以后的篆书创作，一般都以《说文》为据，魏的正始石经、唐李阳冰的小篆、碧落碑的古文、宋二徐的小篆、元赵孟頫六体千字文中的古文，以至明清的书法篆刻家及文字学家的作品，无不受《说文》所笼罩。宋代金文研究兴起，米芾等人曾作仿效金文的尝试，但为数极罕，金文书法实际上是清代吴大澂等人才开始形成气候，甲骨、简帛书法则是近现代才兴起的。

（原载《中国书法》2010年第4期）

专精一体　博览百家

篆书是中国书法的五大书体之一，它实际上是古文字的代称，通行的时间甚至比今文字（含汉隶、今楷与行、草）还要长，应该有与其他书体不同的分量。其内部的线条与结构变化，不仅十分丰富，而且流变线索十分明晰，对理清各种书体用笔结字的来龙去脉有重要帮助。篆书位居文字发展的源头，字形更能体现造字的本意，对形义关系的准确把握，及在创作时对字形结构的调整也会有更大的空间和更多的启迪，所以，篆书的学习至今仍有重要意义。

由于篆书退出实用文字领域时间较长，人们大多感觉生疏。长期以来，人们对篆书的了解，多局限于小篆，在古文字材料出土日益增多之后，眼界才逐渐拓宽。当下年轻人对篆书的了解，多局限于大奖大赛中流行的几种风格，其余的往往知之甚少，这自然是很不够的。

抖抖篆书的家底，十多万片殷商甲骨、一万六千余件商周铜器铭文、数千枚竹简以及大量铸刻在玺印、货币、陶器、石器上和书写在缯帛、玉、石上的先秦文字，还有为数可观的秦汉金石、简帛篆文，粗略统计，已不容小觑。仅论甲骨，用笔即有追求线条圆转均衡、追求毛笔书写效果、追求刀刻味道三大类型，风格也有雄浑、谨饬、颓靡、劲峭、严整等多种差异；再看金文，铸款与刻款风格迥异自不待言，就是同属铸款的，商与西周早、中、晚都各有明显的时代特征，而商代《乃孙作祖己鼎》之雄强与《小子𧊒卣》之婉约、周初《天亡簋》的质朴无华与《堲方鼎》的娟秀圆转及《大盂鼎》的严整庄重、周中期《墙盘》的规整与《格伯簋》的散漫、周晚期《毛公鼎》的雍容与《散氏盘》的奔放等，区别亦显而易见，而同为刻款的，吴、越与齐、楚中山诸国的铭文，虽都精雕细刻、精致可人，但从用笔结字到姿致神态也都各有各的精彩；至于简帛，虽同属毛笔直接书写，然晋国的石简、楚国的帛书、曾国的竹简都各具特色，楚国的信阳简、望山简、包山简、郭店简、新蔡简、上博藏简、清华藏简也异彩纷呈。就是郭店简中，《老子甲》《老子乙》之规矩，《老子丙》《语丛二》之精致，《成之闻之》《尊德义》之灵动亦各异其趣；再如石刻，《石鼓文》的凿与《中山王陵守丘石》的刻形成鲜明对照；这样的一个艺术宝库用五光十色、绚丽多彩来形容，是一点都不过分的，不充分利用，十分可惜。

应该指出，出土的古文字材料都是这些书体发展到最辉煌时期的产物，无论结字用笔抑或姿致神态、个性风格，都有丰富的内涵，代表了这些书体的最高水平，是我们学习的最好范本，大家不是常提"入古出新"吗？各人凭自己的性格爱好从宝库中选取一个范本，循先专精一体——后博览百家——最后写出自己的风格的步骤去努力，我相信，前两步的"入古"做好了，第三步的"出新"就是水到渠成的事了。

专精一体，自然要对所选范本认真、细致地临摹，力图从用笔、结字到精神面貌、姿致神态都有精准的把握，并在此基础上学会按有关规律对一些范本上没有而实际创作需要用到的字进行合理的拟补，以达到对埋藏地下几千年的文物作"复原"的基础上加以激活，使之为我们今日的创作需要服务。

博览百家，是因为任何一种字体都不可能十全十美，有各自的长处和不足。通过博览，按自己的理解拿别家之所长，弥补自己所学那家的不足，取精用宏，使之更趋完美，这是形成自身风格的重要一步。

有了专精一体的基础，又有了能汇百家的见识，写出自己的风格就水到渠成了。

当然，从长或扁、伸或敛、正或侧等角度观察把握字形特征应该不难，但如何通过毛笔与宣纸的作用将竹上书、石上书或铸铜、凿石、刻铜、刻石甚或风化剥蚀的效果表现出来则非易事。字形的拟补更是涉及用笔、结字及文字学等多方面知识，不是一朝一夕能成功的。在当下急功近利的浮躁社会风气下，肯这样下工夫的人不多，但有志者也是有的，大家选好范本，通力合作，精心研摹，一定会把篆书的传承做好。

（原载2014年8月6日《书法报》）

近现代岭南书法的传承

　　岭南书坛的兴起，远后于中原江左。明代以后，虽有较大的发展，但由于岭南文人多厌弃浮名，不自表襮，所以，除陈白沙、康有为等少数人外，在陈永正《岭南书法史》出版以前，基本鲜为人知。特别是二十世纪八十年代以来，书风丕变，反传统潮流一度占了上风，守持传统的岭南书法，反而被边缘化了，以至在传统回归呼声日高的今日，中国书协与广东省委宣传部领导都鼓励我们弘扬岭南书法传统的时候，一些岭南书人仍缺乏自信，以为岭南书法保守，乏善可陈，非引入流行书风无以救广东。这种观念显然是错误的。这里，我们想与大家一起分享一下前辈的业绩，使大家对岭南书法传统有一个正确的认识。

　　1957 年，中国和日本举办了第一次书法交流展，展出中、日书家作品各一百件，在中方的一百件作品中，广东占了十八件，居各省（市）之冠。没有自夸，没有张扬，我们的前辈凭实力赢得了业界的公认。

　　1963 年，经前辈们的共同努力，广东省书法篆刻研究会正式成立，成为继北京、上海之后的第三个省级书法群众团体。在短短的两三年间，即成功举办了广东历代书法展、历代碑帖展、毛主席诗词书法篆刻展、王杰日记书法展、援越抗美书法展和日本丰道春海书法展等重大展事，并透过星期讲座、文史夜学院课堂和书法家各自家中的教学，把书法的群众活动搞得如火如荼，不仅开创了广东省书法史上的黄金时期，而且为广东书坛培养了一支坚强的后备力量。就是在"文革"时期研究会处于组织瘫痪的环境中，仍组织起 1973 年、1975 年的省展和 1977 年的省妇女展，这与当初打下的基础是分不开的。

　　"文革"一过，广东书法篆刻研究会工作迅即恢复。1979 年第一期书法学习班，招生一千七百余人，创办时间之早、学习人数之多均居全国之冠，在全国书坛引起了很大的反响。

　　说广东是全国的书法大省、书法强省，应该都是没有问题的。

　　二十世纪八十年代以后，情况发生了变化。反传统潮流日渐高涨，一些弄潮儿更大量引入西方美学思想以推波助澜，以图用西方美学理论代替传统书论，用西方美学话语置换传统书论话语，审美标准变了，评价体系也变了。大量功利性的大展大赛诱导着书法人（特别是一些想通过书法寻找生活出路的年轻人）按新的审美标准、新的评价体系去改造自己。而广东书人，由于大多没有生活压力，心态平稳，自然没那么热衷于展事赛事，不会那么轻易受展赛书风干扰，我行我素，在那样的环境下，被认为是跟不上形势，被认为是保守、落后，都是很自然的事。但是，当下中书协领导已经意识到问题的存在，提出要向传统回归，再这样看广东，再这样看岭南书法传统，那就不合适了。

目前，一些似是而非的议论，还会对我们正确认识岭南书法传统产生影响。所以，在介绍前辈书家之前，我们想对这些问题谈谈自己的看法。

（一）关于书法与写字的关系问题

顾名思义，不管书法的"法"作何理解，"书"指汉字书写都是无可争议的事实。人们一般都认为，写字是书法的基础，书法是写字的高级阶段。不是所有写字都达到书法的高度，但书法无论处于何种高度，也都还是写字。一件书写品是否称得上艺术品，不依作者的主观意志为转移。一个作者有创作书法艺术品的良好愿望，但因水平未逮，其结果未必可以成为艺术品；一个有艺术修为的人，即使是实用文字的随意书写，都有成为艺术品的可能，甚至可以进入无意于佳乃佳的境界。《兰亭序》《祭侄稿》《寒食帖》就都是写字而不是一些人所讲的"纯艺术"创作，但这不妨碍它们成为万众倾心的艺术品。

经常强调书法不是写字的大概有两种人，一是要将书法与写字切割为艺术与文化的不同范畴，要将几千年来一直被认为是书法重要构成部分的文化元素从所谓的书法艺术中剥离出来，使书法成为没有文化元素的"纯艺术"，为他的错字连篇和文化缺失辩护；一是处书坛高位而字不为大众认可，故意夸大书法与写字的差别，以表明他们搞的是曲高和寡的阳春白雪，我们只会写字，看不懂他们的艺术，因而没资格批评他们。这种故弄玄虚显然是站不住脚的。

（二）关于创新和时代性问题

关于创新，我们认为是在前人基础上稍有推进，所谓"百尺竿头再进一步"就可以了。具体的做法，就是前人讲的先专精一体，后博览百家，最后自成一体。如果不讲继承，动辄另起炉灶，那就只有新，未必是好的了。

时代特征很多，有正面的，有负面的。比如不合格律的诗词，繁简字变换造成的错误等，恐怕是我们这个时代才有的，那是要克服的。我们要的时代性，应该是指对时代发展有促进作用的特性。它应能反映时代精神、具有时代的特色，大的方面讲，作品应能催这时代的人奋进、愉悦这时代的人的身心；小的方面讲，作品应实现对新成果（比如今人纠正前人认字错误方面取得的成果）的吸收、对新材料（比如新出土的文字材料怎样才能转化为艺术创作的新形式）的利用、对新事物（比如怎样美化简化字，确立简化字在书法大家庭的地位）的支持；等等，才是有意义的。现在一些人，搞出一些与别人不同的特征就以为有时代性，这显然是错误的。

（三）关于审美标准问题

书法是有几千年发展历史的艺术，本身有一套完善的传统审美法则规律，应该是我们欣赏和评价书法的依据。而当今书坛却让反传统潮流一度占了上风，出现了以丑为美的现象。他们喜欢拿傅山的"宁丑毋媚"说事。其实，宁丑毋媚并不是提倡丑，只是一定要在丑和媚之间二选一时，宁可要丑都不要媚而已。但丑并不是首选，丑和媚之间还有很大空间，那不丑又不媚、美得恰到好处的才是理想的追求。

另外，傅山讲的丑，主要指的是稚拙一点而已，与丑陋、丑恶的丑不是一回事，并不是令人难以接受的丑。

怎样看待一些传统功力深厚的人写的"丑"作品？我认为，当他用传统书法语言，按传统书法的表达方式去挥毫泼墨时，可能会创作出很好的书法作品，但当他放弃传统书法语言和传统书法表达方式，按照西方美学思想，用西方创作模式，不是用提按顿挫、翻绞使转产生的笔画，而是用横向、直向、斜向、大S形、小S形的线条；不是用顾盼向背、闪让避就形成的行气章法、节奏韵律，而是用空间切割、块面转换的画面布置方式去设计作品时，他的创作已经异化为另一种艺术形式，而不再是传统意义上的书法了。

（四）关于临摹、创作与出帖入帖问题

临摹是学习书法的不二法门。我们的前辈，书法专门家也好，余事作书家的也好，都给我们留下了很多临摹的书迹。现在公开说不临帖的已经不多，但主张浅临辄止，怕入得太深出不来的却不少。其实这种担心是多余的。入帖与出帖并不是同一个口，进去与出来也不是同一路径。好比少林寺学艺，拜师从山门入，学成后，却是要从木人巷打出去的。学未全而下山，只能叫半途而废；功夫未学全或者学全而未能灵活运用，要从木人巷打出去都是不可能的，只有功夫学全、学精，从木人巷打出去了，那才叫学成。出帖入帖的道理也是一样的。

临摹与创作是两个不同的概念范畴。临，重在学习，追求对古人用意的无限接近，用王铎的话讲，就是"如灯下取影，不失毫发"，要求"无我"；创，重在表达，要把

自己的理解、自己的思想感情表达出来，这就要求必须"有我"。临就得老老实实地临，创就大胆放开来创，这才是正确的态度。如果打着"创作性临摹"的幌子为自己的临摹失真开脱，就会对初学者产生误导。

下面，我们准备按书体分篆、隶、楷、行、草、篆刻等几个方面，对前辈书家作一简要介绍。

1. 篆书方面的代表性书家

容庚，著名古文字学家、考古学家。其成名作《金文编》自1925年出版以来，已经作过四次补充修订，至今仍是海内外文字学者案头必备之书；代表作《商周彝器通考》，被学术界誉为青铜器研究由旧式金石学进入现代考古学的里程碑；他对鸟书的研究，"开辟了依据实际文物研究这种书体的途径"（李学勤语），而对越王矛、越王剑、越王钟的考定，把宋代以来误认的夏商器纠正为春秋器，对这一领域的研究更有"凿破混沌"（亦李学勤语）的开创之功。他的书法，各体皆能，而以金文为最精。他对金文书法的突出贡献是，将吴大澂以来的用小篆写金文的做法，区分为金文法式与小篆法式，开启了打破"篆只一法"局限的探索。

商承祚，著名古文字学家、考古学家。其成名作《殷墟文字类编》是我国最早、最有建树的甲骨文字典之一。他对甲骨文、金文、战国秦汉简帛及先秦货币研究均有杰出贡献。所作《石刻篆文编》是迄今唯一的石刻篆文字典，《长沙古物闻见记》被誉为楚文化研究的开山鼻祖。其书法专攻篆隶，甲骨、金文、小篆都有很高造诣，晚年所创浑穆雄奇而又婉通流畅的秦隶风格，在隶书领域独树一帜。

容、商都是罗振玉、王国维的弟子，不仅学问上传罗、王薪火，书法方面也深受罗、王影响。他们较一般篆书家有几项明显的优势：有机会与大量原始资料接触，能更精准把握这些资料的特征及相互间的细微差别；站在学术前沿，最利掌握新资料并把新资料转化为艺术创作的新形式；他们的创作有学问的支撑，因此能做到信而有征，更加可靠。发扬容、商的书法传统，对扭转书坛篆书作品错字连篇、不讲用笔的现状，有积极意义。

容、商之外，岭南以篆书知名者，尚有秦咢生。秦氏为书法篆刻专门家，于《说文》之学及古文辞赋亦有较高造诣。其书法各体尽能，尤以石鼓文、爨宝子体及自家行书影响最大。其篆书以《说文》为学问依据，石鼓之外，亦有甲骨、金文、小篆之作行世，不过用笔基本是小篆法式。偶作天发神谶体，亦风骨奇伟，为人称道。常代表广东参加中书协活动，多发表有学问含量的意见，颇受同时省外书家敬重。

2. 隶书方面的代表性书家

吴子复，隶书专门家。本由西画出身，是我国早期油画家，深受野兽派玛蒂斯影响。后受隶书名家林直勉启迪，属意书法研究，亦旁及篆刻。他长期致力于汉隶的研究与创作，汉碑汉简均有广泛涉猎，心摹手追，对各碑面貌神韵体会入微。对礼器、张迁、石门、西狭、校官、郙阁六碑心得尤为独到。与早期弟子张奔云、关晓峰一起，弘扬隶法最力。

东汉是汉隶发展的辉煌时期。汉简虽能呈现汉隶的毛笔书写状况，但书手的层次未足作这种辉煌的代表，能够代表这种辉煌的，自非德高望重者书写的汉碑莫属。魏晋隶书碑刻，虽然负盛名者不少，但或伤浇薄，或伤寒俭，已无复汉时宽博雄厚气象；唐代的几件隶书碑版，虽清爽明丽，却轻滑浮浅，水平更在魏晋之下。宋、元、明隶书乏善可陈。号称隶篆复兴的清代，郑簠、邓石如、伊秉绶等虽各具特色，影响亦大，但变异大于传承，只能算是隶书发展史上的新枝。真正吹响隶书复兴号角的是何绍基。何氏遍临汉碑，虽嫌功夫粗糙，甚至未得其法，但却昭示人们，回归汉碑、激活汉碑才是复兴隶书的正确门径。林直勉开创、吴子复发扬的岭南隶法，正是循何氏开辟的道路，深入汉碑群中，逐一精研，探索出将汉碑全面激活的一整套方法的。梁披云称其"开数百年隶法的新面貌"，陈永正称其"在汉隶式微数百年后，重新找到了发掘与弘扬的路径和方法"，都是正确的评价。时下流行的所谓隶书，全无传统汉隶"字形扁平，体势左右相分，蚕头燕尾，左波右磔"特征，几成另类，今日正本清源，正是岭南隶法用武之时。

对岭南隶书影响较大的，还有伊秉绶一路，代表人物有莫珉府。莫氏为园艺家，以种植盆景艺术著称。

3. 楷书方面的代表性书家

朱庸斋，词学名家而兼擅书画。刘梦芙《百年词综论》称其"为二十世纪后五十年间的大手笔"，在《五四以来词坛点将录》中点为"双枪将董平"，并谓"庸斋创作与研究并重，贡献词林，仅《词集》与《词话》二书，足以永垂不朽"。其书法以小楷最为知名，大体从锤炼钟繇《荐季直》《力命》二表及宋克《七姬志》中来，能于拙朴中见灵动，萧散娴雅，朗润秀逸，畅顺自然。偶作行草，亦结字俊秀，神情爽朗，风骨遒劲，草书则豪情奔放，神采烂漫，气韵天成。

麦华三，书法专门家。毕生致力于书法的创作、研究与教育。实践与研究结合甚紧，临习与著述甚勤。精摹六朝碑记四十七种而有《碑学提纲》《艺舟书影》的写作，遍临历代名迹两百余种而有《历代书法讲座》的出版。所著《古今书法汇通》还被劫往日本，翻译为日文广泛传播，产生极大影响。此外还有《文字递嬗举要》《书法源流》《分类论语》《诗经情选》等多种著作行世。麦氏书法各体皆能，对二王小楷研习尤其不遗余力。所创麦体楷书曾于二十世纪六十年代风靡岭南乃至全国，于书法的普及教育贡献特多。

早期的楷书，见于汉魏木简的都很粗糙，经钟繇、卫夫人、羲献父子一代代的完善、美化，才最终确立了它的地位，所以，钟王小楷向被视为楷书正宗。唐代立碑风起，大字促成了楷书新的创格。宋人尚意，发出很多新枝。魏晋小楷一度式微，至元、明复古，才得以延续。清代倡言碑学，摒弃馆阁体的同时，魏晋小楷也被边缘化，民国以降，均少有问津者。像岭南麦华三、朱庸斋那样坚守魏晋小楷的书家，在全国并不多见。朱氏偏向钟繇一路，潇散娴雅，拙朴自然；麦氏钟爱羲献父子，潇洒妍美，俊逸安详。不仅在岭南有广泛影响，在全国亦有重要地位。1958年国务院将书写第一部《中华人民共和国宪法》的任务交给麦华三，即是明证。朱、麦二氏小楷之笔墨精到，淳美自然，很值得时下小楷作者每以字多、密集掩盖其提按使转功夫缺失者认真学习。

除了钟王小楷外，岭南前辈楷书尚有以写碑见长者。

一是写爨宝子的秦咢生。其书方整庄严，人称"秦宝子"。因其不求古朴稚拙而求规整庄重，特宜牌匾应用，故效者亦众。

一是写石门铭、郑文公碑一路的何绍甲。何氏为华南师范大学心理学教授，是著名心理学家。在钢琴演奏、作曲填词、诗词创作、书法篆刻方面都有较高造诣，向以精勤自励、博学多才见称，其碑体书作、宽博傲岸、笔力雄强，颇得众赏。

4. 行书方面的代表性书家

李曲斋，清季探花李文田裔孙。幼承家学，才思敏捷，经史辞章、金石目录、建筑园艺之学靡不淹通，诗文书法，用力尤勤。其书法各体兼工，而以行草最精。书作自以晚年变法，老笔纷披、穷极变化、气机横溢、兴逸神飞者境界最高，但于南粤书坛影响至巨的，还是二十世纪六七十年代所作文徵明韶秀流丽一路风格。每年花会、灯会的题咏小行书，如精金美玉，风流倜傥；春节的寻丈楹联，雄畅豪迈，一气呵成。不知吸引了多少人驻足寻味、击节叫好。

卢子枢，国画专门家。二十世纪二十年代即以山水画名噪于时，1934年又与齐白石、高剑父、徐悲鸿、黄宾虹、张大千、林风眠等一百一十五人以第一批入选作品参加在德国柏林举办的"中国现代绘画展览"，其画坛地位可见一斑。卢氏精鉴别，富收藏，并长古籍版本之学，对国画专业基础之书法尤其重视。楷、行、草、隶、篆都有扎实基础，对董其昌的行草书心得尤为独到，无论何种幅式、尺寸、内容，信手写来，即能神韵具见，已达出神入化之境。

李、卢二氏都属于师古而达出神入化之境的类型，为我们树立了这种学习类型的榜样。当然，在师古基础上锐意求变的行书书家也有，比如詹安泰先生就是其中的一个。

詹安泰，词学名家而兼擅书法。《五四以来词坛点将录》点为"霹雳火秦明"，在词学界享有崇高地位。其书法初从唐碑入手，于欧、褚均多借鉴，对汉魏碑刻及章草书体亦有深入探讨，最以碑法入行书为特色，或掺入《爨宝子碑》，或掺入《嵩高灵庙碑》，或掺入汉隶，或掺入章草，均能融会贯通，浑化无迹，与时下某些书人在魏碑作品中塞入几个行草字形的怪诞作法有云泥之别，当代名家、詹氏乡里饶宗颐先生即受其影响。

此外，如秦咢生行草，糅合北碑南帖笔法，追求用墨沉着、行笔健劲，亦自具特色。

5. 草书方面的代表性书家

阮退之，著名诗人、书法家。二十世纪二三十年代即以诗学名世。其诗意豪迈俊逸，自成风格。常与陈树人、周谷城，谢无量等人唱和，并任暨南大学教授，主讲诗学。其书初效阮元，后从王羲之《十七帖》、孙过庭《书谱》及怀素《小草千字文》得草法，复借鉴刘墉及陆机《平复帖》，悟笔短意长、平中寓险之道，成朴厚含蓄、高古浑穆的一体风格。

佟绍弼，著名诗人、古文家、书法家。自幼攻读经史，博览群籍，能古文，工诗词、书法。民国时广东诗坛"南园今五子"之一。冯永军《二十世纪诗坛点将录》点为"两头蛇解珍"。古文修养极高，所作文言文，高古沉厚，直接汉魏（陈永正语）。书法从唐碑入手，亦曾受包康影响，浸淫北碑。中年以后，复出碑入帖，于黄道周、倪元璐、王铎均多借鉴，晚岁遭逢乱世，情感激越，喜借怀素、张旭一路狂草宣泄，其江城子悼亡女所作，悲愤之情表现得淋漓尽致，直与《祭侄稿》后先辉映。

阮、佟二氏，或含蓄内敛，或激越张扬，都能很好地表达自己的情怀，也都能严守草法，与时下草书家或只有狂草面目全无情感神气，或胡乱涂鸦、不守草法，评委看不懂、作者读不通的情形迥异。

6. 章草方面的代表性书家

莫仲予，著名诗人、书法家。不仅工书法篆刻，擅长诗词曲律、古文辞赋，于古乐弹奏亦有较高造诣。书法各体兼通，而以章草为最精。其书作草法精到，伸敛合度，用笔的轻重疾徐，用墨之浓淡润燥，均多变化，加上到位适时的精美波磔，更平添几分姿媚，很能给人一种格调典雅、清劲峭拔、潇洒流畅的感觉。

此外，阮退之晚岁亦攻章草，主要走史孝山《出师颂》一路，亦朴厚娴熟，意高韵雅。

章草一体，自宋克之后，几成绝唱，至顺德罗惇曧兄弟及番禺王秋湄出，始得重放异彩。而罗氏传人陈荆鸿、王氏传人莫仲予均能光大师门，或厚拙古朴，或轻快流利，皆有可观。反思时下章草，不外仿效王遽常与陆机《平复帖》两种门径。王氏所谓篆法入章草，使章草最具特色的汉隶波磔之美与草书的简练灵动两大优势都成短板，如干柴破竹，盘绕折叠，纵有章草大师之誉，亦难免繁琐造作之讥，实不宜效尤；走陆机《平复帖》一路的，实际上是在特制的暗黑纸张上，用皱擦技术模仿《平复帖》残缺模糊表象制作而成，离开特殊纸张，或稍将字形放大现场书写，便无从下手，实非正途。要改变这种状况，回望岭南，当有启迪。

7. 篆刻方面的代表性书家

黄文宽，篆刻专门家。早岁毕业于广州法学院并从事律师工作。业余颇着力于历史、考古、文字、诗词之学，于书法篆刻用力尤勤。潜心篆刻六十余载，以汉印为基础，师法以黄士陵为主线而转益多师，于秦玺汉印及各家流派都有广泛涉猎、探讨吸收，故其治印能够做到风格多样化，又能表现他那沉雄刚健的气质、挺拔老辣的用刀技法所体现的艺术特征。黄氏晚年热心教学，培养弟子颇多，在岭南印坛影响很大。

张大经，篆刻专门家。张氏工书画，精鉴赏，毕生精研印学而又善将书画成果渗入篆刻之中，画境笔意，令人耳目一新，海内外书画名家都以得其所刻为幸事。其印作以秦玺汉印为基础，于浙派、赵之谦、黄士陵等亦多借鉴，字法取资亦自多方，甲骨、金文、砖文、瓦当皆以入印。章法上求疏密虚实变化，刀法上求浑厚古朴，形成沉雄奇崛、高古超迈的个人风格。

近代岭南印人，大抵都受陈澧、黄士陵影响，所以形成两大特点：一是先小学，懂篆法，有学识，而至印学；二是印外求印，字法取资多方。就是说，搞篆刻必先通说文，力求用字正确；文字取材可以不局限于古玺汉印应用范围。所以，岭南印人，每能得风气之先而实现创格，甲骨文出而有简经伦的甲骨文入印，西学传入而有邓尔雅的几何线条与阿拉伯数字入印，康有为倡言碑学而有多家的魏碑入印，等等。这些在这个群体中也都能得到很好的继承。像何绍甲的魏碑入印、张奔云的汉简入印、秦咢生的甲骨文入印、金文入印、爨宝子碑字入印、阿拉伯数字入印等，而将这一流风推向极致的，则有李曲斋。所刻"清平乐·蒋桂战争"组印，全用简化字入印，布局则或取法汉砖、或取法古玺，字体则或汉隶、或章草、或方笔碑法、或圆笔碑法，不一而足。京城青年篆刻名家白爽先生称："李老清平乐组印是神来之笔，无一不古、无一不新，足以在现代印史上占一席之地。"这是很值得我们今日求创新者借鉴的。

麦华三先生在《岭南书法丛谭》一文中，对宋至民国的广东书家特点概括为：重气节、重学问、不求闻达、富创作性。我想，用它移作对上述这个群体的评价也是合适的，或者将重气节改为重人品更为合适一些。

（原载岭南美术出版社 2018 年出版的《岭南墨妙》）

写好字是书法教育的基本要求

近日拜读了陈振濂先生的一些讲话记录稿和文章，其中观点实不敢苟同，这里想谈点看法。

书法是文字书写艺术。将字写好是书法教育最基本的要求，学生的字写得好不好，是衡量书法教学效果的主要标尺，这是思维稍正常的人都能明白的道理。

而陈先生却要我们转变教育观念与思维，宣扬"书法不是写字""书法教育不是写字教育""毛笔字写得很好不等于书法很好""书法的最高境界是反惯性书写"。这类对传统带颠覆性的论调，若循其指引，书法与书法教育势必走入歧途，危害极大，故不得不辩。

（一）书法不是写字是什么？

顾名思义，书指书写，法指法则规范，书法就是汉字书写的法则规范、标准模式。它的本质、核心就是汉字书写，离开汉字书写，书法便无从谈起。汉字书写能在四百多种文字书写中成为唯一的一门艺术，固然与汉字的特有结构（数万结构、间架相异的形体）和书写的特殊工具（可塑性强的毛笔、可分五彩的墨、富于渗透的纸）有关，但更重要的是，作者可以通过运笔用墨及谋篇布白的艺术技巧，结合作品内容，去抒发其思想感情，表现个人风格。

挥毫染翰留下的，不是单纯的笔墨痕迹，那点画、态势，除表现出作者的功力、技巧外，往往还灌注着他的胸襟学养、思想情感，有血肉、有灵魂，有丰富的思想文化内涵。

宣扬书法不是写字，主要有两层用意：一是将书法与写字切割为艺术与文化两个不同范畴，借口电脑普及已使书法退出实用领域，要将书法实用职能的文化负担卸下，让书法净化为没有文化负累的纯粹艺术。书法只管艺术，不管文化，因此，写的是不是字、字写对写错、写的什么内容都是无关紧要的。他们的作品错字连篇、文化缺失也就无伤大雅了。

中国书法是文化内涵极丰富的综合型东方艺术，不像西方绘画那样可以将局部随意切割挪移。书家挥毫落纸的瞬间，即将技法、情感、学养一齐倾注笔端，挥洒所至，就像奶茶、咖啡拌匀后，倒出来的汁液，已无法分出哪点是茶、哪点是奶、哪点是咖啡一样，我们也无法分出哪一笔是技法，哪一画是情感，哪一局部是学养，这是一个有技法、情感、学养，有血肉、有灵魂的综合体。

如果作者对所写的字的形音义都不甚了了，对所写的内容懵然无所知，不理解《祭侄稿》那字的大小与落墨的浓淡润燥的跳跃式变化体现的颜真卿那种悲痛与愤恨交织奔涌的感情；体会不了《寒食帖》字形由小渐大、用笔由轻渐重，字越写越大、笔越写越重的画面所体现的苏东坡从深沉的低吟到敞开心扉放声倾诉的心境，只会对名作笔墨痕迹作机械的、没有任何思想情感的描摹，只能算是一具没有灵魂的躯壳。这种浅层的笔墨装饰，正如一些人所讲的，就像舞台剧没有主题、没有好剧本，仅凭形象、灯光、音响效果作空洞表演一样，是没有任何艺术内涵和价值的。

对他们来说，将大众认可的书法贬斥为与艺术无关的写字，将他们所写的那些大众不认可的东西标榜为有真正艺术高度的书法。让大众相信他们的涂鸦是曲高和寡的阳春白雪，我们这些只会写字的下里巴人看不懂而已，他们是仙，我们是人，应该乖乖地听任他们指鹿为马。好像大众看得懂的都是写字，大众看不懂的才是艺术、才是书法，懂文学、文字学的人都是不懂艺术的，只有那些没有受过文学、文字学熏陶，没有文学、文字学负累的人才有资格谈艺术、谈书法。

几千年来，书法家们都只知浑浑噩噩地写字，直到今天，"伟大的书法家"才发现，过去的书法家都是"不识庐山真面目，只缘身在此山中"，不知道自己是在进行艺术创作，因此无力推动它走向独立，成为纯粹的艺术，也就无法达到今日"纯艺术"书法的高度。这显然是不符合历史事实的，那不过是书坛有崇高地位而字不被大众认可者的说辞罢了。

写字是书法的基础，书法是写字的高级阶段。不是所有写字都达到书法的高度，但书法无论处于何种高度也都还是写字。

（二）教书法不教写字教什么？

陈先生一再强调书法教育不是写字教育，"书法教师自己写得好不好相对地无关紧要"，"学生可以字写得不好甚至错误百出"，要的是"比写字的技能传授高得多的""艺术分析"与"审美感受"。笔者真不明白，字都写不好的老师和学生如何体验那比写字技能高得多的艺术分析和审美感受呢？我们培养出一大批字都写不好甚至错误百出的空头艺术分析师和审美感受专家对社会会有怎样的贡献呢？

中小学的书法教育并不以培养书法家为目的。它的任务是使书法这门富有民族特色的传统艺术不因退出实用交际领域而遭弃,通过中小学的教育将它传承下来,而中小学生也通过这门课程的学习使文化艺术素质得到普遍的提高。

历来的书法教育都以写好字为目标。书法课不要求写好字,与美术课不要求画好画、音乐课不要求唱好歌一样荒唐可笑。陈先生对"写好字"的不认可,源于他对规矩的抵触与对"好"之理解的机械与局限。陈先生以书写的不受约束、没有节制、毫无顾忌为最高境界,而以"字体端正、美观"为写好字的标准,两者的冲突是很自然的。

其实,书法有法,陈先生书写不受约束的理念,有书而无法,自不配称书法;至于陈先生写好字的标准,其局限性也是明显的。我们认为,写好字的"好"是一个动态概念,在学习的不同阶段有不同的要求,模拟经典阶段有模拟阶段"好"的要求,熟练表情达意阶段有熟练表情达意阶段的标准;专精一体阶段有专精一体阶段的要求,博览百家阶段有博览百家阶段的标准,自成一体阶段有自成一体阶段的境界。学无止境,"好"的要求也是没有止境的。所以,"写好字"既是书法教育最起码的要求,也是人们毕生追求的境界。

我们将写好字作为书法教育的起码要求和毕生追求的目标,却无意推卸提高学生艺术分析与审美感受能力的责任。只想表明,这种能力的获得离不开书写实践的体验;而学科分工也未将艺术与审美教育的主要责任放在书法教育身上。传统书法教学最重书写实践,最重对经典的学习与临摹,临摹碑帖向来都是书法学习的首务。

但传统书法教学的方式与内容从来都不是单一的。老师对经典学习的指导一般都先有对经典作艺术分析的欣赏引导,而在谈欣赏的时候也很自然的会让大家分享他的艺术感觉与审美感受,学生也在这一过程中接收老师传递的有关信息,并且在临摹经典的实践中加以印证、理解与吸收,使自己艺术分析与审美感受能力也在这一过程中获得提高。

对经典学习的实践可以帮助我们理解艺术、审美理论,艺术、审美理论又指导我们对经典的学习,两者相辅相成,谁也离不开谁。那种不经过书写实践训练凭空取得艺术、审美认知的想法是不切实际的。应该指出,对艺术、审美的学习与体验,美术教育与音乐教育比书法教育更直观、更易见成效,艺术、审美教育的重担是不会压在书法上面的。综合音乐、美术、书法的体验加以研究、提高的美学、艺术学才是艺术、审美教育的主角,书法课不宜越俎代庖。老老实实教好写字,在教好写字的过程中使艺术、审美水平得到提高,这才是书法教学的正途。

(三) 教写字不教规矩教什么?

教书法,除了教"书",教书写,还要教"法",教规矩、教法则规范。书法的规矩、法则并不是一开始就有的，也不是为约束人们而制定的。它是千百年来一代一代的书法家在不间断的书写实践探索中逐渐形成并完善起来的，是前人用他们的经验总结和智慧结晶为后人架设的通往书法殿堂的指路灯。按照这些规矩、法则的指引，我们就可以避免盲目摸索，可以少走弯路，始终走在通往书法殿堂的最佳路径上。所以，书法教学的首要任务，就是要将这些规矩、法则教给学生。

古来书法论著，大都围绕执笔、运笔、结字、布白、临摹、创作等方面展开讨论，当代的书法教材以及自古及今（特别是二十世纪八十年代以前）的书法教学，亦都以传授这些方面的规矩、法则为主要内容，并且取得了很好的成效。古往今来推动中国书法发展的各类人才无不是这种教学模式培养出来的。

陈先生不认可这种模式。一是"点画撇捺越正确越好"不符合审美与艺术的要求，虽然"艺术当然不是越乱越好"；二是"今天的孩子，从小接触电脑，玩iPad……几乎没有接受过毛笔字训练，也对它特别陌生。在这种情况下，要求孩子写得规范端正当然不可能……严重打击了孩子的积极性"，"强制推行的话，培养的就是书法的叛徒"；三是"必须要写规整，要按照统一标准来做……束缚了孩子的创造性思维和丰富的想象力"。实际上，这几点都是不能成立的。

正确性与艺术、审美并不是对立的。点画撇捺的正确写法，正是一代一代的书法家从公认的优秀作品中归纳总结出来的，所以名家名作尽管千变万化，但用笔、结字、章法布白都不失规矩，就像拿着画圆的"规"与画方的"矩"可以设计出千变万化的图案一样，人们掌握了用笔、结字、章法布白的规矩以后，也是可以产生新的千变万化的字来的。大匠只能予人以规矩而不能使人巧，学生能够通过老师的传授，在对经典的学习实践中掌握好用笔、结字、章法布白的规矩，将字写好，写得正确规范、端正美观就达到基本要求了。至于如何用规矩，怎样取得更高的艺术感觉、更深的审美感受，那就看各人的修为了。

玩iPad导致学生心散、心野，确会增加教学困难，这是事实。但说要求学生写字规范端正是不可能的事，那就太绝对了，因此而放弃对学生写字规范端正的要求，就太乏担当了。"学生写错很正常"，但怕学生受打击而不教学生改错就不正常了。其实，中、小学老师帮学生改错，并不都如陈先生想象的那样"不断责备"，常见的是拿临作与原帖比较，"这笔抬高一些就接近原帖了""就这笔比原帖轻了一些，用力重点就整个字都与原帖差不多了"，每调整一次，都会向原帖靠近一步，老师及时表扬，学生看到的是进步，是被认可，有的是成功感，怎么会"备受责难""严重打击"呢？"培养叛徒"云云，更是不着边际，不知从何说起！

规是画圆的工具，矩是画方的工具，当然也可以是检验圆、方的标准。用规矩可以提高效率，守规矩可以明确方向，保证走在正确的道路上。有才华的人借助规矩更可以如虎添翼，在不用顾虑行差踏错的规矩大道上尽情地展示才华。只有那天马行空，想不受约束、无所节制、毫无顾忌地为所欲为的人，才会觉得规矩的束缚。放任那些几乎没有接受过毛笔字训练，不知书写规矩为何物的孩子为所欲为的"想象""创造"，会成什么样子？陈先生可曾做过实验？

陈先生反复强调书法不是写字，书法课不是写字课，书法教育不是写字教育。他要排除的正确规范的书写、端正美观的字体、乖乖临欧临颜的学习方法，都是看得见、摸得着的，我们好理解；他要传授的艺术感觉、审美感受、丰富多彩的艺术表达等，都是缥缈模糊、难以触摸，老师讲不清、学生（尤其是中小学生）听不明的东西。陈先生的千言万语，就是看不出一个接地气的、切实可行的方案。"今天我们要建立起的书法的教育学，而不是写字的教育学。它的规则是书法的教育学先上升至一百分，知道书法的最高点在哪里，然后慢慢充实自己。"这一书法最高点的"一百分"是什么东西？是陈先生书作的模样吗？如果是，我们这些看惯传统经典的庸人恐会缺乏高攀的欲望。如果不是，那又是什么呢？是比陈先生更高的境界？陈先生没有明说。我总觉得陈先生给我们的，似乎只是一个形象模糊、难以触摸、永远攀登不上的"海市蜃楼"。要读懂陈先生的思想确实不易，所以他急需的"不是指会写字的"，而是"懂书法艺术的"专业老师，他自己也坦言"在现在中小学的体制中几乎没有"。

陈先生视为书法最高境界的"反惯性书写"，说白了，就是要逆传统，要同传统对着干。陈先生颇为自赏的《书法教育学》《书法学综论》《日本书法史》等几部巨著，就是二十世纪八十年代末九十年代初那个"学术时髦则几乎成了西方话语一统天下"时代的产物。

以大量引入西方美学理论改造传统书论，用西方美学话语置换传统书论话语为特色，以"撼动书法在写字与生俱来的惯性书写观念大厦"为目标，通过"学院派书法创作模式"中"主题"的引进"来制衡习以为常的惯性书写"，用"学院派创作""魏碑艺术化运动""草圣追踪"等系列动作刮起的"陈振濂旋风"，"从风格技法方面去寻找对惯性书写的制约"新路，对中国书坛确实产生过很大的影响，这几部书也一度成为反传统书风的重要理论依据。

我们并不否认陈先生这几部巨著在书史上起过作用。但是，二十世纪末至二十一世纪初，学术界已对"西方出版物的中译本构成了中国学术语境，中国现代思想文化成就几乎都笼罩了西方话语霸权的阴影"年代展开了深刻的反思与批判，书坛回归传统的呼声也日渐响亮。陈先生不加反思地将那一时期的旧著照原样重新刊行，与中华文化自信的中央精神是背道而驰的。如果仅仅是一个普通艺术家，怎样反惯性书写，甚至以头走路，都有你的自由，但以陈先生的身份，你的讲话对整个书法界、教育界都会有一个导向作用的，希望还是慎重些好。

（原载《岭南文史》2018 年第 4 期）

愿百花齐放的书法走进千家万户

最近，陈振濂先生发文称，"书法迈向'展厅时代'，'鸿篇巨制'势不可挡！"，并扬言"它的力量足以裹胁任何人，个人渺小得根本无法对抗"。笔者自知渺小，却不甘被"裹胁"进去，想在此发点声。

展厅与书斋本来不存在文化差异，展厅不过是书斋创作成果的展示平台而已。陈先生硬要将书斋斗室"无法承载"的"鸿篇巨制"与千百年来人们习惯欣赏的"尺页、手卷、斗方、条幅"区别为"展厅"与"书斋"两种不同文化，要人们从"展厅文化"那"铺天盖地、海雨天风"的"鸿篇巨制"中感受"震撼""引起审美激荡"，欣赏他们的"超越庸常的审美情态的喷发与宣泄"，欣赏他们的"艺术爆发力张扬与挥舞的'巅峰'状态"。至于"过去几千年的'书斋文化'"，就只能带着"怀旧情绪""在个人书斋中""自娱自乐"了。要人们放弃大众都有条件参与创作、长期为大众喜见乐闻的册页、手卷、斗方、条幅等形式，强迫自己去欣赏那并非自己所喜欢的、只有极少数人玩得起的"鸿篇巨制"，这是十足的话语霸权！看看网上陈先生文后的读者留言，反对声音不绝于耳，我也忍不住要大声疾呼了：展厅需要百花齐放，书法的前途是走进千家万户！

（一）"展厅"已异化为书坛新贵左右书法发展的重要平台

顾名思义，展厅就是陈列展品的大厅。展厅的功能或称职责，就是给展品提供展示的良好环境。每件展品都承载着一定的社会需求和制作者的智慧与才华，通过展厅的媒介，让展品与需求相对接，实现展示作者才华与满足社会需求的价值。尽管展品五花八门、千差万别，但从来都是先有展品再寻展厅，没有先定展厅再就着展厅去制作的。工业品是这样，农产品是这样，工艺品是这样，书画艺术品当然也应该是这样。

在通常情况下，书法最大的社会需求是家居的书房与厅堂的装饰布置，而条幅、斗方、扇面、对联、中堂、横批等形式则是家居布置中最为常见，也是大众最喜闻乐见的形式，所以书法家无论日常创作抑或向展厅提供的作品，都以这些形式为多。展厅与书斋的要求是一致的，根本不存在展厅与书斋的文化差异。只是到了新世纪，像个别没有书法基础的人掌握了话语权，才使情况发生了变化。这些人不满足于、或忘记了为书法家协调服务的职责与初心，也要当专家、当权威，要左右书坛的发展。

　　书艺水平的短板无疑是这些人立威的最大障碍。他们急于打破传统标准，确立新的标尺，乞灵于西方美学，力图用西方的美学理论代替传统书论，用西方美学话语置换传统书论话语，从审美标准到评价体系来一个彻底的颠覆。他们组织大量功利性极强的大展大赛（先前的全国展平均一年摊不上一次，而后来全国展一年之内竟有三十个之多）、评选书法之乡及书法名城等活动，利用功利的诱惑和他们的评审话语权，诱导着书法人（特别是一些想通过书法寻找生活出路的年轻人）按新的审美标准、新的评价体系去改造自己，于是展厅也就成了主事者立主张、树榜样的重要平台和功利竞争者的竞技场所。不少人为入国展千方百计揣摩评委的喜好、迎合评委的口味，跟着评委指挥棒转，书风趋同势属必然。多年来，从全国展到省、市甚至县、镇的各级展览基本都是那几种风格，繁花竞发的书法艺术百花园几乎成了几个变异品种的种植园；展厅越建越高大，"写毛笔字，尺页、手卷、斗方、条幅应用足矣"，"在展厅中没有写字（写毛笔字）的地位"，原先展品可大可小，以满足家居布置实用需求为主、兼顾大尺幅特殊需求为副的展厅，其最多姿多彩、最为群众喜见乐闻的主体部分就这样被定义为"书斋文化"，硬生生地被排除出展厅之外，只属兼顾特殊需求的大尺幅占据了展厅的主体位置；"评委好色"又导致人们投入大量精力，争相用拼镶、作旧、渲染等工艺手段将外在包装打扮得新奇炫目，原先那种白纸黑字、一幅作品书写一个完整内容的书法原生态，变成了被不同颜色、不同块面、不同字体的拼贴、补丁拆解得支离破碎的百衲衣。不仅其巨大尺幅为家居布置所不能容纳，令人眼花缭乱的包装，也难为优悠闲雅、恬静自然的家居文化所接受。入得了家居厅堂的作品进不了展厅，登得上展厅的作品进不了家居厅堂，展厅与大众需求的对立，再清楚不过地揭示了所谓"展厅文化"脱离生活、脱离大众的本质。

（二）"鸿篇巨制"是书坛新贵才玩得起的游戏

　　陈先生将"超大尺幅，动辄丈六乃至高五六米而整墙整堵、满纸烟云者"树为"'鸿篇巨制'的第一书法样板"，"以非常态的超大尺幅空间、超大的榜书大字、超大展壁展示为基准来定义'鸿篇巨制'"，暂且不谈书写，就说拥有"动辄丈六乃至高五六米而整墙整堵"的"超大尺幅空间"的，在当今之世能有几人？至于书写，除了这么大的空间，还要有特制的如椽大笔、超大尺幅且能经得起巨笔来回摩擦的质量极好的宣纸，又有几人能消费得起？正如陈先生文后的读者留言所讲"就一张巨幅宣纸一桶墨，我就把你定义为书法贵族了"，更何况巨大的书法作品，一个人是不易完成全部动作的，要有许多人伺候，能有陈先生这么多门生故吏帮忙的，又能有几人？单就书写所需工具与环境条件看，就没有几人能具备的，说"鸿篇巨制"是只有极少数书法贵族才玩得起的游戏，是一点也不冤枉的。

陈先生文中指出，"写超大字所要调动的，远远不止是前人总结的在书斋里可以想象的运指、运腕、悬肘的口诀而已"，他告诫人们"如果功力不够，万不要'以身试法'"，"防止因幅度过大无法驾驭控制用笔线条，导致顾此失彼而造成放大版'任笔为体，聚墨成形'，线条粗制滥造而字形张牙舞爪"，并对"鸿篇巨制"创作的现状作出了"已有的创作成果积累，普遍存在只顾大处着眼，追求气势大，但在技术含量方面粗糙生硬、拖沓漫漶，大量的笔墨技巧和线条质量经不起推敲，败笔满纸、造型扭怩作态，作品虽表面虚张声势、鼓努为力、外强中干，虽有意大声喧哗、故作姿态，其实却表现出基本功的羸弱，是属于小字本身就写不好，而以大字来唬人，欲造势而无气力者"的评价。上述告诫与评价确实是切中肯綮的。可惜的是，陈先生把它们装进了手电筒里，只照别人，不照自己。

如果陈先生只是自娱自乐，用这种形式将激情喷发、渲泄出来，这当然有他的自由，但明知"这类超大型体量的书法创作还是一个相对的新鲜事物，尝试者不多，大都是个别有兴趣的书法家偶一为之，又缺乏成熟的理论支撑"，却仍鼓吹这一还在尝试中、既无成熟理论支撑又乏理想实践成果的东西成为裹胁所有人的势不可挡的潮流，就太不负责任了！

其实，艺术创作从来就不以大小分优劣。传统书法本来就是大字与小字、大尺幅与小尺幅兼容的。钟繇《还示表》、王献之《玉版十三行》那样的微型小品与《石门颂》《泰山金刚经》那样的鸿篇巨制都有着同样的艺术价值，《兰亭序》《祭侄稿》《寒食帖》同为案头书写，并不妨碍它们成为享誉千古的经典。历代书家虽然大小字各有侧重，但于大小字、巨细尺幅也都能应付自如，汉代师宜官的"大则一字径丈，小则方寸千言"；以大字著称的颜真卿，其小字《麻姑仙坛记》亦享盛誉；米芾最以运笔潇洒、结字韶秀灵动的中小字见长，而大字《多景楼诗》《虹县诗帖》亦倜傥纵横、雄迈老到；文征明小行书风神潇洒、婀娜多姿，写大字时便掺入黄庭坚加以调节，各家都是大小字有侧重而无偏废的。大字小字、大尺幅小尺幅都有各自的用场和社会需求，我们只有将传统书法的这一理念和历代书家的这种本领传承下来，才能在面对各种场合、各种需求时做到得心应手、应付自如。陈先生因为自己喜欢用大字宣泄情感，对大字大尺幅情有独钟，那是他的选择，但将它说成是时代潮流，要书法家改变"书法创作行为方式"，要观众改变"书法作品观赏方式"，就实在有些说不过去了。

至于陈文提到的"以寸楷长卷案上写几万字累积而成大制作，即小字密集积成厚册大幅者"，无论从追求大尺幅的盲目性抑或以没有功劳也有苦劳博评委同情看，其荒诞一望而知，这里就不多说了。

（三）打破书坛新贵垄断，让书法走进千家万户

展厅之异化为书坛新贵左右书法发展的平台，只有少数人玩得起的鸿篇巨制要成为时代的潮流，都是书法发展进程中的不正常现象。

陈先生标榜他的"展厅文化""以人民为中心"，但他所谓的"人民"是怎样一个概念呢？"走进展览馆的不分男女老幼、不分高低贵贱，人人平等的千百观众正是货真价实的人民"，"千百万素不相识的参观展览的公众（亦即是"人民"）"，陈先生在不经意间已将"人民"的概念转换成"展厅观众"了。试以刚举办的十二届国展为例，能有时间、金钱、精力往返于宝鸡、长沙、济南三地参观者能有几人？参观者中，参与竞技者、准备参加日后竞技者占着相当大的比重，用审视的眼光对作品的水平、评审机制、展览导向于书坛发展的利弊作分析比较的也有，但更多的还是透过展品揣摩评委的心态与喜好，寻找获得评委认可的捷径，或者在获奖者中寻找直接取法的对象这一类人。可以说，从人数到人员的构成成分看，这部分人都不能作为十四亿人民的代表，起码就不能代表我们这类平凡、平庸然而尊重传统的广大书法爱好者。

展厅文化的功利性会滋生出展厅的腐败，也应引起足够的重视。用钱直通国展的渠道、职业枪手的存在、掌握评审话语的"导师"的高研班，影响着展览的导向，破坏着评审的公平公正。每次展览都有强烈的不满与质疑的声音，就是对"展厅文化"的一种讽刺。

让展厅从利用它左右书法发展的新贵手中解放出来，恢复它原有的展示与交流功能，把大大小小的展厅利用起来，让不同地域、不同阶层、不同性别、不同年龄层次的书法家与书法爱好者都有展示空间。至于带示范性的全国展，老一辈所采用各省初选、中书协终评的做法可供借鉴。用调展方式，即中书协分配名额，各省自己选送，也未尝不是一种可行的办法。

现今大家都围着"潮流"的指挥棒转，以至于书风较为纯正的老书家几被遗忘。有意识让这些老书家有个展示空间，对后学也会有启发和帮助。广东去年对五位已故前辈书家的推介，即引起书界的普遍关注与赞赏。

古代书家是精神贵族也许不假，但大师巨匠都不是自命的，而是实践中形成、为大众及后世所公认的。他们的创作，代表着整个书法文化的精英部分，构成了中华民族引以为豪的艺术宝库，是值得我们继承和发扬的遗产。陈先生为完成"千年未有之大变局"刻意制造展厅文化与书斋文化的对立、鸿篇巨制与日用小品的对立，要将这千年遗产当成绊脚石踢蹬，将震撼、激荡的感觉强加给人们，将人们享受悠闲风雅、浅斟低唱的雅兴剥夺掉，要人们跟着他将"忽然绝叫三五声，满壁纵横千万字"的忽然状态变成常态，难道要我们天天都大叫三五声？诚如明项穆《书法雅言》所云，书写的状态

有常态，有变态。变态乃"一时之变"，偶一为之，未尝不可，若变态取代常态，那书法的文化精神就失去了。

张旭尽管癫狂，但他所写《郎官石柱记》却静穆闲适，端庄谨严；傅山草书雄奇宕逸，小楷则沉厚安详。一人身上都可以看到静如处子、动如脱兔的追求，鲜见陈先生这样一味追求鸿篇巨制的宣泄、震撼，讥讽悠闲风雅，并想凭借权大气粗将其鼓捣成潮流的。作为一个学者，陈先生写出这样的文章，提出这样的观点，学术自由，无可厚非，但作为一位中国书协领导层中的公众人物，你所提倡的就会成为导向，建议还是慎重些好。

所谓"千年未有之大变局"，不是要把几千年发展起来的书法这一中华民族优秀文化传统抛弃掉，不是要把装满五光十色、绚丽多彩的书法传统艺术精品的宝库封存起来，再由陈先生们按照"反惯性（实即反传统）"的思维另搞一套，而是让书法传统文化走出书斋，迈向社会，走向人民大众，走入千家万户。

学习书法，是个人的一种爱好，一种追求，目的是提高自己的文化艺术修养，愉悦身心，有利于工作并为大众服务，当专业书法家只是极少数人的事，而专业书法家能够并愿意像陈先生那样舞动巨笔随意挥洒的就更少之又少了。陈先生大力提倡这种只能被少之又少的人接受的所谓"艺术"，把展厅看作是"书法唯一的生存空间"，岂不是有违学书初衷了吗？学书者把进展厅作为唯一追求，这已是扭曲了的心态，并已造成了许多不良的后果。

愿广大书法家、书法爱好者能够在不受功利干扰、摆脱指挥棒诱导的环境下自由自在的，按自己的思想观念、学识修养、性格爱好在书法传统宝库中选择自己继承传统书法的方法和路径。

愿书法百花园中的鲜花能在人民大众中间盛开，愿书法艺术走进千家万户，愿书法千秋万世留在国人心里。

最后，想请教一下，陈文中"它的力量足以裹胁任何人"一句，陈先生想表达的是形势、潮流可将任何人裹挟进去呢，还是要用胁迫的手段使人跟从着呢？因为众所周知，"裹胁"义为"用胁迫手段使人跟从（做坏事），或被胁迫而跟从别人（做坏事)"；"裹挟"义"谓形势、潮流等将人卷进去，迫使其采取某种态度"，"裹胁"与"裹挟"意义是不一样的。另外，学术界关于中国历史的分期，一般以夏商周秦汉时代为上古，而以魏晋南北朝至唐宋之间为中古，也有以夏商周为上古，而以秦汉唐为中古的，就是未见有将上古推至汉以后的。陈先生以秦汉唐为上古，以宋元为中古，不知所据为何家说法？

（原载《岭南文史》2020年第1期）

评所谓的"艺术书法"

近期，围绕艺术书法与实用书法的问题，正展开着激烈的论争。鼓吹艺术书法的人，一味强调书法要纯艺术化；坚守书法艺术与实用兼备的人，一味强调书法不能纯艺术化。这很容易造成一种错觉：前者代表艺术，后者代表非艺术。前者雄踞艺术制高点，可以高居临下地判定哪些是艺术、哪些不是艺术，似乎他们出品的都是艺术，别人创作的都是非艺术。这当然是欺骗，更是霸凌。我认为，不宜作空对空的辩论，应拿具体作品说话，要通过具体作品的分析，看看鼓吹艺术书法的作品，是否真能代表艺术。

（一）文化严重缺失

首先，从鼓吹艺术书法者的作品的文化分析入手。虽然鼓吹纯艺术化的目的，是掩盖他们文化缺失的短板，但他们是不会承认自己没有文化的。从其发表的作品的内容看，对瓦当、汉砖的大量考证，考的都是文化而不是艺术，他们想用展示"学问""素养"的形式，唬住那些一心追求"艺术"、无暇读书的人，确立他们在这些人心目中的文化形象和话语地位，以便在这一"文化"光环下，更加随心所欲地兜售他们的"纯艺术"主张。从作品的文化分析入手，可以揭开他们假"文化修养"的真相，更有利于接下来的艺术分析。

图一发表在 2016 年 4 月 20 日《书法报》第 15 版，主要错误有三处：

一是将"汉并天下"写成"汉並天下"。"并"与"並"是音同义别的两个字，"并"指合并、兼并、吞并，"並"指並立、並排。"汉并天下"是指汉兼并天下，"汉並天下"就成汉与天

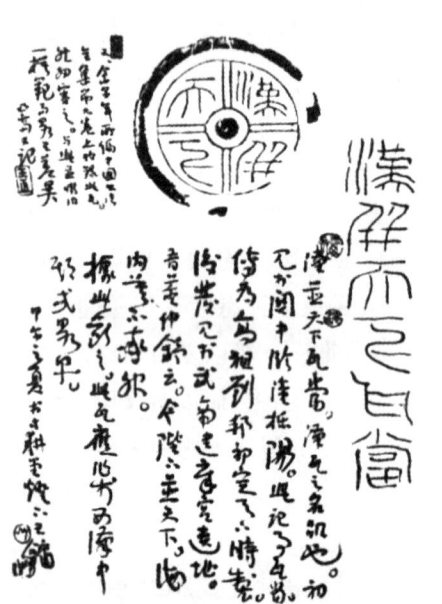

图一

下并立了。

二是左上"又记"一段，将第九卷的"第"写成"笫"，误。笫音 zǐ，指竹子编的床席，与"第"不是同一个字。

三是"《中国书法全集》第九卷上收此瓦"，表述有误。正确的表述应为"《中国书法全集》第九卷收录与此同文之瓦"，因为《中国书法全集》所收与此瓦同文而已，并非此瓦。如果按他的表述，既说《中国书法全集》收录"此瓦"（这片瓦），又说"与此并非同一模范"，同一片瓦而不同模范，矛盾就大了。跋语显然辞不达义。

图二发表于 2016 年 5 月 4 日《书法报》第 15 版，主要错误有三处：

一是将"陕西"写成"陕西"。"陕"与"陕"均见《说文》，两字形符虽同从阜，而声符有从 夾（大的两旁是两个人，音 shǎn）与从 夾（大的两旁是两个人，音 jiá）之异，"陕"字音 shǎn，《说文》解"弘农陕也"，是陕西的陕字；"陕"字音 xiá，《说文》解"隘也"，是狭隘的狭的本字。两字不相混，作者写的是"陕"而不是"陕"。

二是文称"眉与郿通"，亦欠妥。《新华字典》："郿县，在陕西省，今作眉县。"郿县是县本名，汉字简化时废除地名冷僻用字才改称眉县，瓦当篆文用的是本名本字，郿与眉通，就让

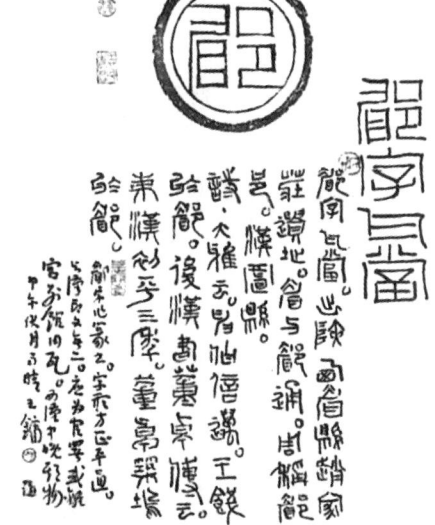

图二

人感觉"眉"是本字，"郿"是通假字了。历史关系给弄颠倒了。

三是本跋正文用篆书，"直"字写法有误。作者写"直"字喜欢截"真"字上半为之，不知"直"字楷书与"真"字上半同形，但两者音义来源迥异。"直"字从目从十，是以目测正直取意，"真"字从匕从鼎，下所从鼎实不可分割整体，切割"真"的上半作"直"，是没有道理的。篆书尤其不能这样写。

图三发表在 2016 年 4 月 13 日《书法报》第 16 版。主要错误有四处：

一是以"陿西"为"陕西"，这应该是误陕为陕的延伸。因误"陕"为"陕"，又见《说文》"陕"字下徐

铉注有"今俗从山"的字样,便以"陕"的俗体"峡"出之,显示他对同一个字可有不同写法的"学问"。殊不知"陕"是狭隘的"狭"的本字,狭隘的"狭"和两山夹水的"峡"都是它的后起分化字。用"峡"代"陕"没错,用"峡"为陕,将"陕西"写成"峡西"就大错特错。

二是"百万为量词",这是常识性错误。百万表示的是数目,表示数目的词,叫数词;量词是表示人、事物或动作的单位的词,如表人的个、组、队,表物长度的尺、寸,表物重量的斤、两,表物容量的升、斗,表动作的次、回、趟,等等,都叫量词。"石,古量名",石与升、斗一样,既是器物(量器),又是所量物品的计量单位(量词),所以说它是古量器之名也没错,但按文义,仓所藏的是谷而不是量器,石在此只能是量词,表明这个仓是藏百万石谷的仓。如果将石看成是量名,百万石仓就只能理解为装百万个"石"这种量器的仓。

三是跋语仿用古书打圈的句读形式,这种句读形式是不会夹杂书名号一类标点的,跋文在师古、说文两名上加了横排书名号《》的竖放形式,就有些不伦不类了。再说,即使是标点式的古籍版本,竖排标点也有一套自成体系的符号,并非横排符号竖放了事,要移植到书法创作中,必先熟悉这套系统。师古是人名,要用人名号;说文是书名,要用书名号,两者是不同的。作者给师古加了横排书名号竖放的形式,难道不知道师古为人名,把他当成书名?

四是引《说文》"仓,穀藏也",穀不当误作谷,"也"字后不该漏标句读。

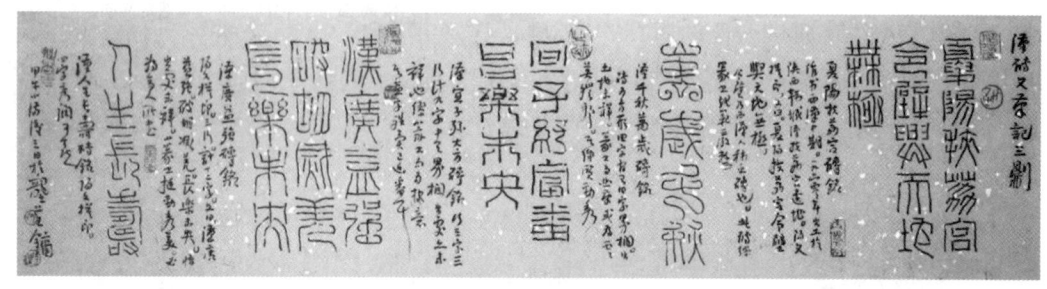

图四

图四是一个汉砖文笔记手卷,主要错误有四处:

一是第一则砖铭释文当为"夏阳挟荔宫令壁,与天地无极",第三字从手从夹,其为从手从夹、夹亦声的会意兼声字至为明晰,释为从手夫声的扶字,显然欠妥。夹、夫二字形义相去甚远,按理是不易淆乱的。揣其缘由,大抵因汉挟荔宫今称扶荔宫,释者硬按今名释古字,导致误释。

二是第三则砖铭当为"宜子孙,富番(蕃)昌,乐未央",跋文称"三行,行三字,计九字。中有界栏……其益字殊异,已近番耳",把"番"字误为益,以"番"字中竖为界栏,都属察形之失。揣其误释之由,盖作者不知番可读蕃,不懂蕃昌乃蕃衍昌盛之意,硬将他解释不了的"番昌"读为他可理解的"益昌"所致。

三是第二则"出土地未祥"、第三则"出处亦未祥"、第四则"惜出处亦未祥","祥"字都应作"详",这是小学老师一再教导学生不要犯的错误。

四是"惜"字昔旁写法亦欠妥。

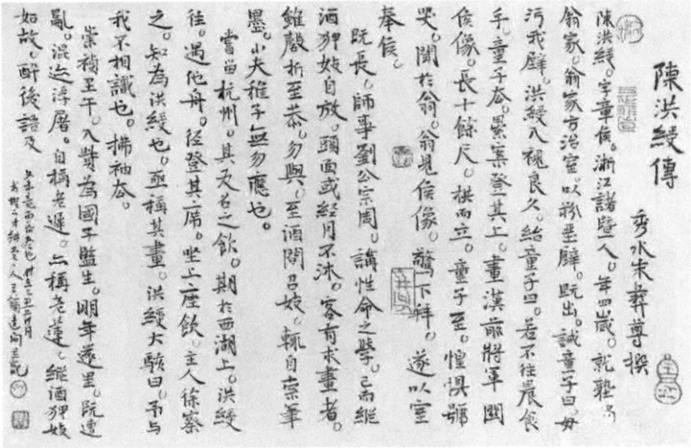

图五

图五是抄写《陈洪绶传》的手卷,主要错误有三处:

一是将"浙江"写成"淅江"。"浙"从折声音 zhé,"淅"从析声音 xī,不识形声结字原理,误用形近偏旁所致。

二是将"壬午"写成"壬午"。"壬",甲骨作 Ⅰ,金文作 Ⅰ,织机上的机件的象形,壬甲骨文作 ,金文作 ,像人挺立土上,不明两字楷近而篆远,误用了壬的隶古定作"壬"所致。

三是"已而"写成"己而"。分不清"开口己""半口已"和"闭口巳"的区别所致。

四是将"袖"字的"衤"字旁写成"礻"。行草"衤"与"礻"或可带过不分,楷书是不可以不分的。

图六是一幅抄录古代书论的小品,主要错误有两处:

一是《画禅室随笔》原文为"素师书本画法,类僧巨然。巨然为北苑流亚。素师则张长史后一人也"。书作者欲以两重文符号表巨然重文,若巨然后无别的符号此重文符号用法可通,今巨然后加了断句符号,此两重文符号表述的,就只能是断句符号的一再重复,即表示连续三个圈,而不是巨然二字

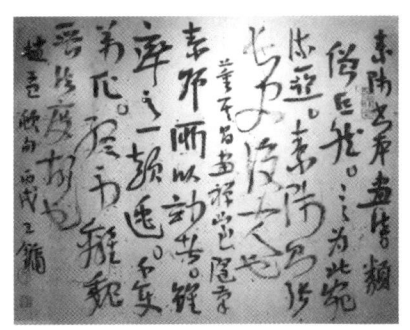

图六

的重复了。

二是"终不离魏晋法度故也","故"字右旁拉多一曲笔变成"胡"字,"虽"字的"隹"旁写成"懷"字的右旁了,"逸""不"两字的形构,亦有违草法。

图七是抄录古诗的小品,主要错误有两处:

一是第三句魏了翁原作"竞看千丈瀑",现写成"竞千看丈瀑",把"看千"二字颠倒了,按规矩当用勾倒符号(近S形),可能作者不懂,自作主张在"千看"两字旁各加两点,想用这办法将两字勾倒过来。殊不知字旁加点(1至4点均可)乃是衍文符号,表示此字多写了(或写错了)应该删去的意思,"千看"旁各加两点,就成"千看"两

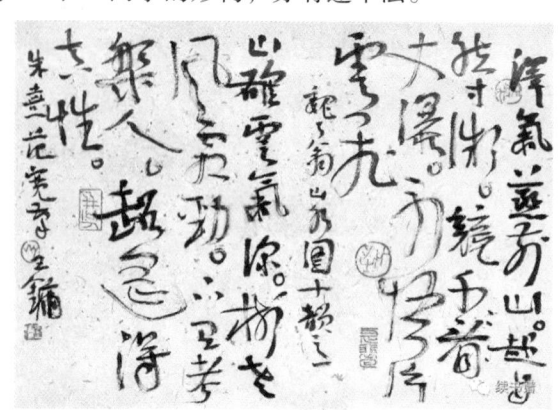

图七

字当删的意思,这句诗就只剩"竞丈瀑"三字了。写错了不愿放弃的情形古已有之,但衍文、补漏、勾倒都有专用补救符号,如果不熟悉这套符号,于文末空余位置用文字补充说明也是可以的。切忌不懂装懂,乱点一气。如果乱点也可以理解为创新的话,我就真服他们了。

二是"起自肤寸微",不用"膚"而用"肤"还过得去,但"肤"字提按失当,已经变成"然"字了。

此外,"贾至诗送李侍郎赴常州""李白陪侍郎叔游洞庭醉后""白居易山中戏问韦侍御"之将"李侍郎"写成"李待郎",将"侍郎叔"写成"待郎叔","韦侍御"写成"韦待卿","有执柄"写成"有挚柄","真赝"写成"真膺"一类文化缺失例证尚多,此不一一论列了。

通过以上分析,我们不难看出,他们头上光环虽多,却无法掩饰他们文化缺失的事实。考瓦当,考汉砖,又是量词,又是量名,又是重文,又是勾倒,俨然有大学问,戳穿了,不过是不懂装懂、故弄玄虚罢了!下面我们再来分析一下他们作品中的"艺术含量"吧。

(二)非传统艺术的形而下经营

章法、用笔、结字是中国书法最基本的三大要素。对书法作品的欣赏、学习与分析,一般都从这三大要素入手。

首先看章法。像图五一类旧有抄书形式与图四一类旧有手卷题跋形式,以及图八都

是对联形式，都属旧有形式的移植，与他们讲的"实用书法"并无区别；为数较多的抄古诗、录古语小品，则多效前人草稿形式，用经营的心态设计貌似草率的画面效果，这种假草率真经营的做派，除暴露出创作精神（本心）与表现形式的脱节外，真看不出有什么创新，看不出有什么地方比旧形式有更高的艺术性。如果一定要找出他们章法上异乎寻常的特色，我想或可归纳出以下数点：1. 反其道而行之，"须上下空阔，四傍疏通，庶几潇洒。若充天塞地，满幅画了，便不风致"（《山水家法·绘宗十二忌》）是书画共通的法则，他们则以充天塞地为特色；款识与正文忌齐脚，他们亦故意以齐脚为特色。2. 变古人的偶然状态为常态。古人偶有计划未周正文写不完而改小字在款识位置将正文补齐的，这是偶发的权宜之计，他们却以此为常态，作出故意正文写不完留待款识位置完成的设计，显示他们"懂得多"；3. 变异时异地异人因地制宜所作题跋

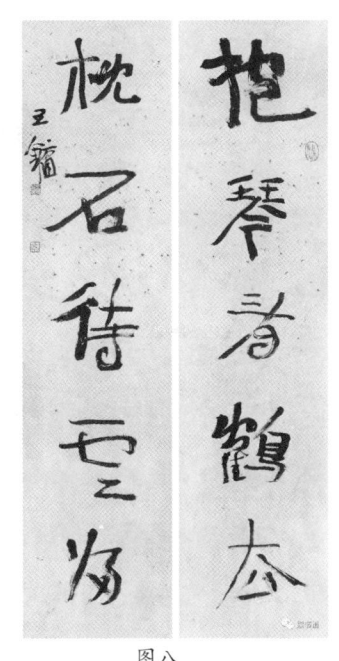

图八

的特殊版面为一人一时之作的模式，他们花样最多的瓦当、汉砖、砚铭题跋实际上就是这样的一种把戏。

再看用笔。他们用笔的最大特点是行笔的简单化或者叫单调化。传统书法，篆隶楷各有不同用笔方法，篆书的均衡线条（简帛则顺势摆动），隶书的蚕头燕尾、左波右磔，楷书的点、横、竖、撇、捺、勾、折，不仅反映着各自区别于其他书体的特征，而且反映出由篆而隶而楷越来越丰富的笔法、反映对书写艺术越来越自觉与越来越高的要求。他们却抹煞了这种不同字体用笔的区别，无论篆隶楷行草，都以粗细如一的线条出之，很少有由重而轻的撇，也很少见由轻而重的捺，转折都分成两笔写，有折无转，因为是小笔写大字，基本全程都将笔压下（笔锋笔肚全用尽），将可以展示毛笔可塑性优长的提、按、使转全部去掉，轻重疾徐变化多端的毛笔在他手下只发挥近乎硬笔的作用。难道这种没有浓淡润燥之别，看不到提按顿挫、轻重疾徐、翻绞使转变化的线条，就是他们所讲的艺术？它的艺术性就比王羲之、颜真卿的实用尺牍要高？我想中国没几个人会同意这种观点吧？这除了掩盖他们把控毛笔能力不足的短板，为他们不同字体混作的奇葩形式提供方便外，根本看不出有什么艺术味道。

再来看看结字。章法、用笔既无特别之处，动心思最多的，似乎就是字形了。其特色主要有三。一是不同时代不同书体字形的混用，图四标题前四字用草，第五、六字用行楷，第七字突然标出个金文的隶古定；图三陕西的"西"字用隶，西汉的"西"字用篆，"制"字左半用隶，右半用篆，"称"字右上用篆其余用隶，等等，像图九那样，更是全篇的多体混作了。

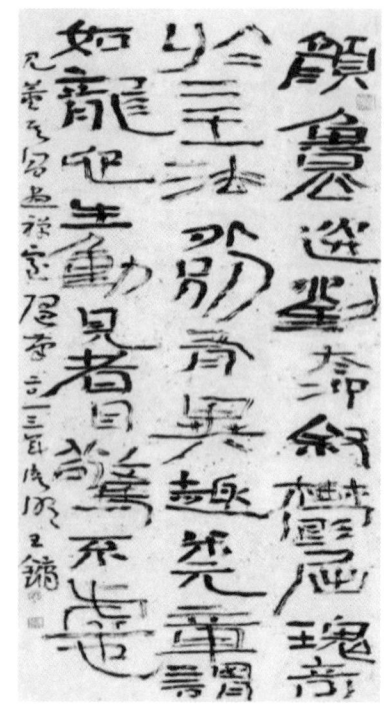

图九

二是搜罗少见、怪异字形，玩鲁迅笔下的孔乙己"回字有几种写法"的游戏，如去之作 ，树写作 ，眉作 ，太写作 ，坐写作 ，徘之作 ，等等。

三是通过"整容"制造"特征"，比如将上一下二的"品"字写成左一右二的 ，将"事"字中竖贯穿的口移到一边的 ，将左右结构的"松"字写成上木下公的 ，将鼓写成 ，树写成 ，今写成 ，粗之作 ，等等。

这种靠不同书体字形混作，用日常少见的奇形异字及改变笔画甚至偏旁位置去表现所谓的面目特征的，都是形而下的手法。王羲之《兰亭序》的二十个"之"字，没有借助篆隶字形，没有使用奇特异体，也没有改变笔画位置的"整容"手段，只是通过提按使转间的轻重疾徐、笔画的俯仰聚散的变化便表现出不同的情感气韵、姿致神态，这才是形而上的艺术创作手段。

此外，他们作品中的错字十分常见，篆法之外，草法错误也不少。比如"故"字，草作 ，右边代表反文的符号扭一下已足，多扭一下就成 （胡）了；再如"头"字，草法当作 ，豆旁带下之笔要从小圈左侧外转下，若从圈中间带下，就是"其"字符了，右偏旁草法可代"月"符，亦可代"页"符，配豆旁它就是"页"，配其旁它就是"月"；"屡回头"的"头"写作 ，将"豆"写成"其"，整个字就变成"期"字了；又再如"云"字，草写当作 ，此位仁兄总爱写成 ，"雨"下所从实为"令"字符，"云"写成"零"了；再如 旁竖笔不能曲，写成 的右旁就是"寺"字旁了，"对"字写成 ，所从"寸"变从"寺"，"待"字写成 ，就显得不伦不类了；竖心旁的竖笔也不能曲，若曲便成"火"旁，像"忆"字写成 ，"火"旁"意"就不知什么字了；"足"旁代表止的两笔必须相连，若断开便成 ，路作 ，写成 就成"洛"了；右"火"旁末笔带下不能太长，像"秋"字写成 就成"斤"旁了。

这些鼓吹艺术书法的人老将个性挂在嘴边，但他们只以张扬、激越、粗鲁为个性，而将含蓄、平和、儒雅排斥在个性之外；他们只承认看不出古碑帖传承基因者为创造，对看得出传承基因的一律斥之为模仿。而对传承者，亦只看到基因的相同，看不到时代及个人因素影响的变异与革新。

他们喜欢攻击传统继承者重复古人，攻击书风平正者千人一面，万字雷同，其实都是没有深入传统，没细察平正者之作品所致，这和外国人看中国人样子都差不多的道理是一样的。说实在的，他们作品才是奇形错字的不断自我重复。●、●、● 几个"处"字，●、●、● 几个"不"字，●、● 两个"则"字，● 与 ● 所从的娄旁，● 与 ● 的辶旁，都出自不同的篇幅或不同的位置，均如出一辙，虽大小悬殊，缩小后都近乎不失毫发，正是千人一面、一字万同的真实写照。

（三）拙劣的观察与模仿能力

图十右是秦诏版的临本。号字从虎，为字从象，原拓还是很清楚的。临者对虎、象偏旁全无理解，搞不清笔画的来龙去脉，随意乱画，不知所谓，下字、尽字的皿，状字的犬，都与原拓相去甚远。察形是临摹的最基本功夫，连形都把握不了，谈神就只能是空话。

图十

图十一是王氏弟子的作品。真假笔画不分，字画界栏不辨，将分隔德与家的界栏看成了家字的笔画，又将粘着界栏的点看作穿破界栏的竖，以致将家字摹成从古。连辨形的能力尚且欠缺，对神的理解与把握就更难了！

古人确有用 ≡（乾）、☷（坤）的卦画形象造字的尝试，孔和、史晨、孔羡、衡方等汉碑都有过实际用例，但都是用三个曲笔表"坤六断"的形象造的坤字，"乾三连"易与三字混淆，未见用例。图十二此联作者所用三个横放曲笔，作"坤"字的代表还可说得过去，作"乾"字是绝对错误的。

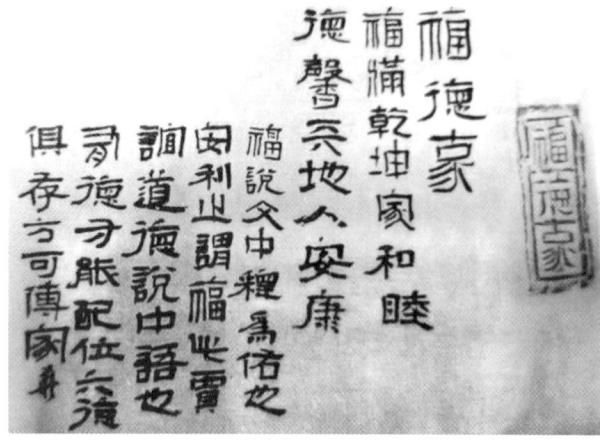

图十一

图十二

（四）结语

从上面分析我们不难看出，鼓吹艺术书法者并未真正摆脱实用书法的旧有形式，甚至还留恋他们嚷着要抛弃的形式所承载的文化内容。他们所以嚷嚷要抛弃，目的是要逃避人们对他们因缺乏驾驭文化能力而产生之硬伤的批评。

他们鼓吹的纯艺术，纯属空洞话语，本来就说不出个所以然，更无法用作品来印证。假草率真经营的章法，没有提按使转的用笔，靠不同时代书体混作、多用奇形异字、改变笔画甚至偏旁位置去表现特征的结字，都与中国书法异于他国文字书写的艺术特色、传统书法创作理念背道而驰。

他们的临作反映出他们在临摹最基础的察形工夫都未做好，其原因无论是缺乏重视抑或水平低下所致，都是令人失望的。说他的艺术性有多高，是难以令人相信的。

经过几千年发展的书法，已经是一门十分成熟、十分完美的艺术。所谓的艺术书法，本身就是一个伪命题。

序　跋

《中国方术大辞典》序（局部）

(1991 年)

甲 骨 卜

甲骨卜是指以烧灼龟甲或兽骨所得兆象预测吉凶的一种占卜方法。我国甲骨卜的起源甚早，新石器时期即已在河南、河北、陕西、内蒙古、山东、山西、甘肃、四川、江苏等大片土地上流行。早期占卜全用直灼，无钻凿；只用骨，不用甲。灼痕密集而无规则，取材以羊胛骨为主，其次是牛胛骨，还有猪骨和鹿骨等。牛胛骨之上升为主要卜用材料以及龟甲之开始用于占卜，都是钻凿发明，具备使骨料变薄的手段之后的事情。典籍只言龟卜，不记骨卜，实属严重的遗漏。

殷墟晚商文化期是甲骨卜的极盛时期，占卜之受重视以及占卜技术之考究，达到了空前的程度，从甲骨的征集、审定、攻治到钻凿、灼兆、刻辞，均有一套严密的制度。卜用背甲及改制背甲，刻兆与涂辞，一事十八卜以及甲桥刻辞、骨臼刻辞，等等，均为史籍所未闻；钻、凿、钻凿兼施以及卜兆墨坏纵横之具体形象，贞卜记录的前辞、问辞、占辞、验辞之完整结构，等等，亦为史载所未详；贞指训问还是训正，契指灼还是指钻凿，灼是否必于钻中，等等，亦为前人所争论不休。凡此种种，都赖殷墟甲骨之出土而得到解决，本书的有关辞条，即以殷墟甲骨为据。

周原甲骨钻凿兼施，排列整齐，卜辞字体纤细，与殷末第五期的风格接近，表现出周卜与殷卜间的继承关系。但殷人常用的长凿旁有圆钻形式不见于周原卜骨，周甲常用的方凿不见于殷墟；殷墟甲骨纪时用干支，周原甲骨纪时用月相；周原甲骨文每需五倍放大镜才能辨识，亦远非殷墟五期小字所能企及，等等，则又表明了周卜与殷卜不同的特色。此外，周人尚有食墨卜法，为周公卜洛所用，《周礼》亦有致其墨之说，似未宜据殷墟、周原之甲骨非其法而轻易予以否定。《周礼》所记为理想之周制，虽不尽可靠，但与出土实物相印证，实相去不远，显有所据。

秦卜史籍未详。《史记·龟策列传》所记当为汉代龟卜制度。从选龟、杀龟、祓龟、钻龟、灼兆到各类卜事之祝辞、兆象判断以及各种兆象于不同占卜事由所主之不同吉凶，等等，均有详细记述，是我们研究汉卜的重要依据。

《隋书》《唐书》《宋史》之《艺文志》俱有关于龟卜书籍的记载，但均已遗佚。明清以来龟卜所据，主要是旧传的《龟经》及记录吴中俗卜的《玉灵秘本》。大抵据《史记·龟策列传》而又加改造，于选龟、攻龟、灼契、占龟诸法，均有记述，但较殷周古法，相去已远。

此外，唐以来有卜用生龟之法，蒙古等少数民族亦有以胛骨卦象占吉凶的，大凡非经烧灼甲骨求兆的，我们都列入杂卜。

易　占

易占是指与现存最古筮书《周易》筮法类型相同的占筮方法。按《易·系辞》记载，其起源当在原始社会的伏羲时代，即使以出土实物为据，其产生亦起码在晚商以前。殷墟晚商文化遗址及山东平阴朱家桥商末墓葬出土物上的筮数符号表明，占筮之法不仅在商朝广大区域内流行，而且就水平言，亦已达到使用重卦的程度。典籍所记《三易》：夏曰《连山》，殷曰《归藏》，周曰《周易》，看来是有根据的，过去对殷人是否懂得用筮的怀疑，显然缺乏道理。当然，由于未见更详细的记录，我们对殷易筮仍未明了，还须做进一步研究，希望有新材料出土。

《三易》中被使用得最充分并能流传至今的，是《周易》。周为农业部落，奉行植物崇拜，其筮用蓍是没有疑问的。但周初甲骨、铜器都仅记筮数，《易经》只记卦爻辞，《左传》《国语》只记例，于筮法均无记载。向被视为传统筮法的《易·系辞》"大衍法"究竟始于何时，目前学术界尚有争议，但从周初甲骨、铜器上的筮数看，所用数字为一、五、六、七、八，与仅用七、八、九、六的大衍法显然是有区别的。由于马王堆帛书《易·系辞》无"大衍法"一段，所以有的学者认为，"大衍法"可能是西汉中期的产物。《周易》在西汉备受重视，被尊为六经之首，易学空前高涨，对《周易》的解说成为专门的学问，易占之术越衍越繁，于互体、卦变之外，更有纳甲、八宫、五行、世应、爻辰、卦气、交感，等等，已形成庞大的理论体系，对后世产生极大的影响。宋、清两代虽均有易学的高潮时期，但实际上都未能超出汉易的范畴，后世易占之术，主要是沿袭汉易而来，我们所收的易学术语，主要的也是汉易的术语。

一些商周铜器上的卦画与《太玄》中某些卦形的吻合或近似，表明《太玄》筮法可能是曾与《易》筮并行的商周古法。但由于《太玄》与《易》同为蓍筮，同经挂一、分二、过揲、归扐等过程而求数定吉凶，其明显为同一占筮类型。宋司马光仿《太玄》而作的《潜虚》筮法，蔡沈模仿《潜虚》而作的《洪范皇极》筮法，等等，虽称另开占筮法门，我们还是将它归入易占范畴。

敦煌卷子本《周公卜法》为中古时拟《易》而作的筮书，尽管其筮法可能来源甚古，但总体仍属易筮类型，我们也将它收入易占范畴。

此外，唐以后有不少简化《易》筮方法的做法，在卜肆中最为流行，其以《周易》为释卦依据的，我们仍将之归入易占；筮法改变而又另立卦辞的，虽可视为易占支流，我们将其归入杂占。

象占、梦占

象占是指根据事物表现出来的特异现象去推测未来之吉凶的一种方术。象占与龟卜、蓍筮及羊卜、筊卜等卜筮之法的区别，主要在于卜筮都是事有疑难而设法求决于神灵，有明显的人为性质，而象占则是事物有了某种特异表现之后，人们才据以推测其未来，主要依赖于客观事物的启示。初民驾驭自然的能力极弱，将人事的吉凶祸福与事物的特异表现联系起来，是他们了解未来的最原始形式，卜筮实际上是为补象占的不足而产生的。象占有着比卜筮更长的历史，它的起源应该比卜筮早很多很多。

我国象占产生的具体时间及其原始形态，由于材料缺乏，我们无法断定。从《山海经》对"可以考祯祥变怪之物"的记载看，除了怪异形象的描写外，就只有"见则其邑大旱""见则其国大疫""见则其国大穰"一类简单的占验记录，可以想见，早期的象占主要凭直觉经验，能够引起联想的，一般都是造成印象极深的大怪异，以及与人们关系密切的大事情，而且联想都比较直观。

见于《周易》《尚书》《左传》等典籍的殷周象占，已经到了比较高级的阶段。桑谷生于朝、六鹢退飞、鸜鹆来巢以及"舆脱輹，夫妻反目""鼎革耳，其行塞"，等等，占验的对象已经从怪异事物发展为常见事物之怪异现象，联系的人事已从水、旱、兵、疫等大事发展为具体人物的某些具体事情，而占验的方法亦已由直觉的观察发展为对事物内在规律的认识，并且有了客观事物与人事之间的生动比象。

但是，象占的极盛时期，还推两汉。经京房、董仲舒、刘向等人的阐发与提倡，象占之受重视以及象占理论之完善，达到空前的程度，占验的对象越来越广泛，联系的人事越来越细致。至于占验的方法，由于与易占、五行等学说相配合，加入了很多人为的成分，也变得越来越复杂了。《汉书·五行志》所载的各类征兆，材料之丰富，阐释之入微，体系之完备，均为前所未有。尽管后世对象占亦颇重视，但后出史书之《五行志》《符瑞志》之类，实际都未能出其范围，仅可作其材料之补充而已。

这里要特别提一下梦占。"众占非一，而梦为大。"梦占乃是象占的重要组成部分，它是根据梦中所见的兆象预测人事吉凶。梦象与一般物象既有相同的地方，亦有独自的特点，所以古人占梦有一套独特的理论。

本书象占部分所收录的词条，一般都是一个独立的具体征兆。在象占发展过程中，有些征兆被人们按不同时、地赋予不同内容，形成整套占验方法，已经不是普通的简单征兆。这类情形，我们一般归入杂占。

星　占

　　星占是指根据星象的变化去推测人事吉凶的一种方术。它以恒星为观测坐标，视彗星、流星、新星的出现，日、月、五星的位置移动，以及星气的变化，推定人事的吉凶祸福，这样的一种以客观物象的启示为基础的占验行为，实际上是象占的一个分支。

　　我国星占的起源甚早。据《尚书·尧典》载，还在原始社会的帝尧时期，就已经有设置专门观测日月星辰运行的职官，那由彗星、流星一类明显的异常现象造成的恐惧而引起的初期占星行为，时间要早得多。即便以出土文献言，殷墟甲骨"新大星并火"的卜辞亦足以证明，早在殷商时代，人们就对恒星坐标的划定以及基本行星的运行规律有了相当的认识。

　　殷墟甲骨已有以星象变化与人事吉凶相联系的记录。如果殷人在判定吉凶时还每每借助于龟卜的话，《左传》的占例则表明，周人的星象之占已经脱离对贞卜的依附而发展为独立的方术了。如僖公十六年的陨石，昭公七年与二十四年的日食，昭公十年的星出婺女、十七年的星孛于大辰西及汉等，都已无须依赖卜筮而由大臣直接占断了。但正如《汉书·天文志》所说，汉以前的占星家都只是"因时务论出传"，其占验有如"鳞杂米盐"，既不便于检索与征引，亦难以寻其规律并求进一步之发展。

　　两汉是星占发展的重要时期。甘、石《星经》及《史记·天官书》《汉书·天文志》等著述已经形成了一整套系统而完备的星占学理论，从恒星的位置、职守、星次分野，到行星行的规律、所主吉凶，以至各种杂星、各类云气所主之妖祥，等等，均有详细阐述。虽然后世志书如《晋书·天文志》《隋书·天文志》等都多有补充，但包括堪称星占理论的集大成之作——唐代李淳风的《乙巳占》在内，实际上都未能出其范围。尤其是《汉书·天文志》，其星象占验记录为后来志书开了一个良好的规范，对星占学的发展有重要意义。

　　除了星象占验外，我们在这一部分还收录了与星占关系密切的云气占候的内容。至于风、雨、晴、阴等气象占候，虽然也属天象性质但与本书"星占"所涉及的天象占候似不属同一类型，所以归入杂占。

杂　占

　　本书所录的杂占，是指在甲骨卜、易占、象占、星占、六壬、太乙、奇门遁甲等部之外，而分量又不足以独立成部的一些占卜术，与《汉书·艺文志》"杂占者，纪百事之象，候善恶之征"的杂占有别。《汉书·艺文志》所讲的"杂占"，实际上是本书的象占。这部分内容至为芜杂，大抵都是流行于民间、简单易行、没有什么理论、占验大多以约定俗成为准则的，所以典籍记之不多，或有也甚简略。所以，这部分的取材多来自古代的笔记、稗史，或者近人的采风报告。本部所收条目，总括起来，约可归纳为下列几种类型：

1. 降神。这种类型的占卜，以念咒请神，让神附体，然后代表神用口头或笔书回答占问者的问题为基本形式，扶乩、卜紫姑、箕姑及请篮姑、请鳖姑娘、伏仙姑、降童，等等，都属于这一类。其起源大抵在唐以前，而宋明以来尤为流行。

2. 物情占。这种类型的占卜，以事物表现之情状为占验的对象，大多由象占发展而来，其与象占的区别，主要在它对物情出现的早晚或表现的强弱程度、指示的方向等作了更细的分析，用作不同的吉凶判断依据，心惊占、眼睏占、耳热占、鸟鸣占、生龟卜、狼卜、虎卜、占灯花、釜鸣占，等等，都属于这一类。其起源一般较早，秦汉典籍已多有记录。

3. 以俯仰、奇偶求卦象。这种类型的占卜，以物体的俯仰或数目的奇偶组合所求得的卦象为判断吉凶的基本形式，筊卜、木卦、肥卜、赛萨、诸葛金钱神数等即属于前者；擗算、索卦、茅卜、马前数、司帅报克、竹年占、麦杆占等即属于后者。以数目的奇偶组合求卦的历史最长，易占实际上就是这种类型了，而擗算、竹年占、麦杆占等少数民族占卜，想亦有较长历史；筊卜起源约在六朝以前，木卦、肥卜等少数民族卜术，应该也有相应的历史。

4. 人为的取象求卦。这种类型的占卜，以对物体施加外力之后所呈现的物象变化为判断吉凶的基本形式，骨卜、瓦卜、胆卜、草卜、竹占、油花卜等都属于这一类。其起源甚早（秦汉典籍已有记载），西北少数民族多用牛、羊，西南少数民族多用鸡，两湖一带多用草，直至近代还颇流行。

5. 自然抽验。这种类型的占卜，一般随物自然，而以偶然抽中者为占验的依据，拈阄、求签、诸葛神数、鸟衔牌、转盘、镜听、月光书、刀卦、筷卜，等等，都属这一类。转盘、镜听等历史较长，求签及诸葛神数等，则属后起。

6. 字画图解。这种类型的占卜，以图示或拆字分析为探求卦意的基本形式，水仙术、卦影、测字、相印等，都属这一类，宋以后使用较为普遍。

7. 天文占候。这种类型的占卜，都是民间观测经验的积累，多以民谚形式出现，较少迷信性质，大多可取。

此外，有关风占、声占的一些名词，亦在杂占部略作介绍。

（注：《中国方术大辞典》，中山大学出版社1991年版，序言为集体创作，这里收入的是本人撰写的部分。）

《九体书法大字典》自序

（1991 年）

    中国书法，源远流长。几千年积累下来的，不仅有甲骨文、金文、石鼓文、陶文、玺印文、简帛文、货币文、小篆、秦隶、汉隶、章草、楷书、行书、今草等多种字体，而且有众多书法、篆刻家用各种不同字体创作的不同风格流派的艺术珍品，它们构成了中华民族引为自豪的艺术宝库。宝库内的珍品五光十色，不同作品间形体差异之巨大、变化现象之纷繁复杂、风格神韵之千变万化，不加梳理，实在令人眼花缭乱，梳理不当，也会使人莫之所从。

    时下书家作品，用字错乱问题相当普遍。错字大抵是因不通文字结构原理造成。有不查字书，仅凭感觉处理字形致误的，如将育（㐬）写成𦥑，将里写成里，将穗写成穗之类；有虽查字书，却误取形近字致误的，如将𪊧（麐，公鹿）当麐，将自（自）当白（白），将壼当壶，将采当采之类；有也查字书，但未吸收研究新成果，不知所据过时的，如将𩫖（郭）当高，将𦸼（萅）当花；等等。"乱"主要表现为不同时代的字体相混用，比如甲骨作品中夹杂了𣱵（清）、𣴑（流）等战国文字形体，小篆作品中既杂有𡢁那样的西周金文偏旁，又杂有春那样的汉隶形体，一个𤋲字，上象小篆而下象甲金，等等，实在是不伦不类。

    上述情形不仅出现在著名书法家的作品中，而且在某些工具书中也有反映。全面整理几千年的书法遗产，编纂一部书法文字兼通的书法字典，十分必要。出版社知道我身兼中国书法家协会与中国古文字研究会两会理事，书法与文字学都有较好的修养，希望我能承担编纂重担。经过两年多的努力，终于不负所望，交付出版了。

    本字典每字均按简体、繁体或异体，行书、今草、章草、汉隶、秦隶、小篆，以楚简为主的先秦手书文字、以周金文为主的两周金石铸刻文字、甲骨文字分栏排列，既提供了各种字体的书法范字，又使各字发展演变脉络一目了然。迄今为止，综合各种字体的书法字典所收字体还没有一部像本字典那样齐备的；至于专门字典，像《包山竹简字表》一类，规模太过局限，《甲骨文编》反映的只是 1965 年以前的成果，而《草字编》今草与章草混编，《简牍帛书字典》则战国、秦、汉夹杂，分类都不如本字典精审。

在版面设计方面，本字典所收字形，不管原迹多大，一律缩至固定框格所容纳的尺寸范围之内；不管原件为墨迹抑或拓本，均按白底黑字摹录，每页十行，每行十一栏，眉目清晰，是本书突出的优点之一。

此外，本字典所收单字，以《新华字典》收字为据，九千多字头均为常用字，最合实用需要。本字典编次亦依《新华字典》所用之汉语拼音字母音序排列，不仅便于查检，亦减少误取形近字的机会。本字典所收字形，见于前人书迹的均注明出处，可供书法、文字研究者使用；而不见于前人书迹的小篆以后的秦隶、汉隶、章草、今草、行书等的空余位置，则由编者试补，以供初学书法者参考。如此种种亦为他书所未有。

（注：花城出版社1989年约稿，后因故未出版。）

《中国相人术大辞典》前言

（1993年）

这是一部解释与观察人的形貌神态以测断其品格、命运的方术有关的语辞的辞典。我们所以不按通常习惯笼统地称它为"相术辞典"，是因相术除了相人之外，还包括相地、相六畜、相器物等内容，而相人的方术，只是相术中的一个门类。

相人术当由人与人接触中之直觉感受引起，但其形成则可能受相畜术的启发。畜牧生产的需要，使我们的先民较早地掌握了从牲畜的骨骼、形态、毛发、颜色等外在特征考察其脾性、能力、寿命等潜在素质的技术，并形成了相牛、相马、相鸡、相狗等专门学问。人们从中接受启迪，甚至把有关原理移以察人，是很自然的事情。早期相例惯用"蜂目豺声""长颈鸟喙""长目豕视"一类术语所反映的由畜及人的因果类推思维定式，就是这种启迪的很好说明。

相人术的发展，与社会的需要密切相关。尽管史籍中有关黄帝龙颜、颛顼戴干、帝喾骈齿一类记载表明早在远古时代人们便已注意到形貌的观察，但直至春秋以前，除了圣人异相的记载外，甚少相人的记录。在等级森严、血缘亲疏定贵贱的制度下，相人术除了选购奴隶、选拔力士与美女外便无更大用场，自然是用不着比相畜术更高的水平。相人活动在春秋战国以后所以能普遍展开并有较大的进展，这与社会的大动荡、大分化、等级秩序的大破坏而引起激烈复杂的政治、经济纷争所提出的要求不无关系，而相人术在两汉能走向高潮并形成系统的理论，也与政治制度、仕进制度之改革所造成的激烈竞争的需要分不开。

相人术的经验积累固然能丰富其自身的理论、促进其自身的发展，但相人术要在古代中国社会立足并且扩展开来，还有赖儒、道、释三教的滋润。相人术在儒、道、释三教渐趋合流的唐宋时代迈入鼎盛时期，这绝不是偶然的，相人术引入儒、道、释三教理论后，变得更丰富、更庞大、更复杂，也更具神秘性，拥有更广阔的市场了，完成于1161年的郑樵《通志》，在其《艺文略》中著录的相书，即已多达七十三部一百九十五卷，明清两代，相人活动深入民间，向更广阔的领域、朝更实用的方向发展，相人术体系就变得更加庞大、博杂了。

本辞典不可能涵盖相人术这一庞大体系的所有语词，只能选择其中一些较常见、较实用的语词进行解释，其涉及的范围，主要包括以下几个方面：

1. 相头面。面部向被视为身体百部之灵居，通向五脏的神路，是相人术中最常用、最受重视的部位。大的方面可看头形、面形；小的方面，可看一百三十五个部位各自所主的不同事类的吉凶和流年运气；静的方面，可由五官之定位看一生的贵贱，动的方面，可由气色神情的变化看旦夕之祸福。真可谓一身吉凶于此尽见，面相内容在各部中确是最丰富、最庞杂的。

2. 相身躯。大的方面，身相三停的比例、身形的厚薄、重轻、欹正；小的方面，外显的肩、背、腰、胸、腹、臀之丰陷宽窄以及隐微的乳、脐、阴、肛之色泽与大小欹正，于人的寿夭祸福亦息息相关。

3. 相四肢。大的方面，可看手脚之长短、粗细、滑涩、软硬、曲直、骨节之隐露；小的方面，可看股与胫、上臂与下臂，指与掌之长短比例，可看指、甲、掌之形象、色泽、纹理。相学有"七分脸相，三分手相"之说，手掌的方寸之内，于人的富贵寿夭、情感智慧、流年运气均有征候，确实自成一体，在相人术中向来占有重要的地位。

4. 相骨肉。大的方面，可看骨肉的形质（如隐露、软硬、横直、粗细、松紧、滑涩等）、气质（如清浊、粗秀、雅俗等）以及骨与肉之是否相称、相滋；小的方面，可看骨起之部位与形状，如枕骨有二十一般，额有三十二骨，均主不同之寿夭得失，常言骨相系一生之格局，于相人术中亦有重要地位。

5. 相毛发。包括发鬓、须髯、毫毛。其色泽、气味，粗细、软硬、曲直、逆顺、疏密、生长部位，等等，均各主不同之寿夭得失，亦相人术之大项。

6. 相斑痣。一般看斑之扁凸、色泽、部位、点数断吉凶。就部位论，大致分头面、手足、身体三大区域，每一区域又有繁琐复杂的小区，于人之寿夭得失均有所主。

7. 相动静。言语、瞻视、行走、坐立、饮食、睡卧的姿势习惯，都是相人术观察的重要内容，于人之富贵贫贱、寿夭得失均有表征。

8. 相声音。声音之清浊、洪细、强弱、软硬、深浅、润燥、畅滞、厚薄、轻重、缓急亦各主不同之寿夭得失，为相术家所重视。

9. 相脉搏。中医有太素脉一派，以为人的脉搏变化与五行八卦、河图洛书之理相通，不但可以给人诊病，而且可以预言人的贵贱、吉凶、祸福，可列为相人术的一个组成部分。

10. 相人术的一般概念术语、原理方法以及一些综合相格。

相人术是一个庞杂的体系，在这个体系中，可以说是科学与迷信并存，精华与糟粕共见的，我们不可以轻易肯定其一切，亦不可以轻易否定其一切，应该站在科学的立场上，通过"去伪存真""去粗取精"的处理，吸取其科学、合理的因素，批判其迷信、错误的成分，消除它在社会生活中的消极影响，让它发挥积极的作用。

甲戌端阳后一日张桂光于荧晖阁

（注：《中国相人术大辞典》，台湾捷幼出版社1993年版。）

《中国解梦辞典》序

（1993年）

"梦"以现代的说法是"人在睡眠时，局部大脑皮质还没有完全停止活动，其引起的表象活动所形成的幻象"（详见《汉语大字典》）。而古人则以为"梦"是人的灵魂离身外游。汉王充《论衡·纪妖》说："人之梦也，占者谓之魂行。"

现代人要"解梦"，多半去找心理医生。而若是要了解古人对梦的看法，那就必须先研究古人的梦书。

中国古代关于梦书的记载，最早见于《晏子春秋·内篇》："子请占梦者为齐景公占梦，占梦者'请反具书'。"这里的书，指的是占梦之书，近年来发现的《汲冢竹书》上说："诸国卜梦、妖怪、相书也。"可见春秋、战国时代梦书已相当流行。根据近人刘文英统计，中国历代梦书现存二十四种一百多卷，唯多是断简残篇，比较齐全的则为近代敦煌所发现的《周公解梦》《新集周公解梦书》《梦书》等。（详见刘文英《中国古代的梦书》）这些是本书主要参考的内容。

古人以占梦来了解梦，而梦书就是收录各种梦象的占辞，梦占（解梦）的方法有三：

（一）直解法：占梦者将梦象直接占释为它所预测或征兆的人事。《新集周公解梦书》："梦见佩印者，官爵至。"《周公解梦书》："梦见病人落地，必死。"

（二）转释法：占梦者将梦象进行一定形式的转换，再以之占释人事。一般转释法有象征法、连类法、类比法、解字法及谐音法等。其中所谓解字法就是先把梦象转换成汉字，再以其笔画结构解释梦意和占断人事，如"松为十八公""房脱衣为男""羊无角尾为王""木破天为未""河无水为可""人上山为凶"，等等。

（三）反说法：占梦者将梦象反过来，从反面解释梦意和占断人事。如《占梦书》："梦见哭，家有余，喜善事"、《周公解梦书》"梦见粪污衣，得财"，等等，即是反说法最佳例证。

本书收录有关中国古代解（占）梦相关辞语三百则，大体上可以让吾人了解古代文化的一个侧面。我们每一个人都有"梦"，每一个人"梦"中的人、地、时、事、物都不尽相同，所以"解梦"也可能有不同的说法与解释。至于您要如何"解梦"，那就要先看看是梦见些什么了。

一九九三年十二月　张桂光

（注：《中国解梦辞典》，台湾捷幼出版社1994年版。）

《周易占卜辞典》序

（1994年）

《易占》是指与现存中国最古占卜书《周易》占卜法类型相同的占卜方法。按《易·系辞》记载，它的起源应在原始社会的伏羲时代，即使以出土实物为根据，它的产生也起码在晚商以前（距今至少有二千七百年）。殷墟晚商文化遗址及山东平阴朱家桥商末墓葬出土物上的筮数符号表明，占卜之法不仅在商朝广大区域内流行，而且就水平而言，已达到使用重卦的程度了。典籍所记《三易》：夏曰《连山》，殷曰《归藏》，周曰《周易》，看来是有根据的。

当然，《三易》中被使用得最充分并能流传至今的，是《周易》。这部书是建立在前人卜例记录的基础上，旨在为日后的占卜活动提供阐释和占断依据的周代典籍，在中国文化史上一直占有极重要的地位。数千年来，从帝王将相到平民百姓，从大雅鸿儒到江湖术士，从世外高人到凡夫俗子，大多寄情《周易》，上至国家的治乱兴衰，下至个人的行止得失，事无大小，总企求着从《周易》中得到启示，借以及时趋吉避凶。时至今日，仍有不少朋友对利用《周易》进行占卜抱有浓厚而广泛的兴趣。本书的写作，就是以帮助一些初学的朋友认识和掌握易的占卜的有关方法和内容为目的。

传统占卜法之见于典籍的，当以《易·系辞》所记的大衍之法为最早，它的大致过程是：

拿五十根蓍草（可用竹签、火柴等代替），从中抽出一根（象征"太极"），将其余的四十九根随意分成两份（象征天和地），再从其中一份中抽出一根（象征天和地之间的人），然后分别将两份按四根（象征一年有春、夏、秋、冬四季）一组、四根一组地数，数到最后，两份的余数都分别有一、二、三、四等四种可能，再将两份的余数合起来（其数当非五即九）放在一边，就完成第一个程序。

将四十九根中去掉五或九根后余下的四十四或四十根再任意分成两份，再按上述方法抽起一根后又四根一组、四根一组地数，数到最后又将两份的余数合起来（其数当非四即八）放在一边，就完成第二个程序。

将四十四根或四十根中去掉四或八根后余下的四十或三十六或三十八根再任意分成两份，再按上述方法抽起一根后又四根一组、四根一组地数，数到最后又将两份的余数合起来（其余数当非四即八）放在一边，就完成第三个程序。

三个程序下来，所余蓍草总数便有四种可能：三十六、三十二、二十八、二十四，再四根一组、四根一组地数，其所含之组数，即为确定第一爻爻性的依据了。组数为七（少阳之数）为九（老阳之数）者为阳爻，可用"—"来表示；组数为六（老阴之数）为八（少阴之数）者为阴爻，可用"--"来表示。如法炮制，便可求得第二爻、第三爻、第四爻、第五爻、第六爻，从而确定求得的一个卦。一卦确定之后，还要看各爻的动静，筮数为七（少阳）或八（少阴）者，为不变之爻，为静爻；筮数为九（老阳）或六（老阴）者，为可变之爻，为动爻。根据卦辞与动爻的爻辞，配合动爻与其他各爻之关系，便可判定事情的吉凶。

由于大衍之法过分烦琐，所以历代加以改良创造新的简易占卜法者不少，其中较为流行的，是以钱代箸的占卜法，即一般所称的掷卦钱：取钱三枚，自空中掷下，观其面（有字的一面）背（无字的一面）组合以定一爻之象。两面一背称为单，属少阳；两背一面称为拆，属少阴；三背称为重，属老阴；三面称为交，属老阳。掷三次即成内卦，再掷三次即成外卦，合起来就是所求的"本卦"了，再看各爻阴阳之老少找出动爻，方法确实简便多了。

此外，较著名的还有北宋邵雍所创的梅花易数占筮法，方式极灵活多变，世间万事万物，或从数的角度考察，或从象的角度考察，无一不可成为起卦的依据，因为书中有关条目有详细叙述，这里就不多说。

最后我想指出的是，易的占卜并不神秘，也非儿戏，每一个学易的人，都需持有严肃认真的态度去对待。前人行易的经验是成功与失败并存的，这里面除了占术有精粗、认识有深浅之外，还有没有别的什么原因呢？确实还有很多东西值得我们研究的，我们决不可盲从易卜所得结论，尤其不可因一些大有利或大不利的结论而造成心理负担，以致做出一些丧失理智的事情来。这是我们不能不注意的。

（注：《周易占卜辞典》，台湾捷幼出版社1994年版。）

《蓝广浩书画集》序

（1998年）

壬子夏，余主惠州四中书法教席。蓝广浩与方志勇、蔡庆平诸子从游。蓝君少贫，然励志好学，时过敝斋问诗习字，聪慧勤奋，进步殊速。至有所成，仍谦恭如故，并常携其弟子问学于穗惠间。蓝君书法由颜楷入手，继从赵、文入行书，于裴将军诗及天际乌云帖亦多借鉴。及改革开放，对外交流日广，受时风影响，转学王雅宜、黄道周稚拙一路，亦能以清新示人。然窃以为其人豪放雄强，于稚拙一路终难合拍，彼遂属意傅山、王铎，于康有为、龚章之巨幅书法布局亦多所留意。结字重意态，用笔求醇厚，注重笔墨技巧与诗情画意配合，并为求神韵生动与气度俊逸而不懈努力。蓝君不惟书作入选全国展、获省鲁迅文艺奖，且荣膺省书协理事、惠州书协副主席、惠州书画院副院长之职，斯亦不失为有成矣。古人云：功夫在诗外。书法亦然。蓝君正循此以进。今将其书画作品结集出版，作一小结，亦美事也。因为之序。

戊寅夏张桂光于华师

（注：《蓝广浩书画集》，太白文艺出版社1998年版。）

"南海十三人书法展"序

（1999年）

南海古郡，物产之富，文明之郁，人才之盛，向为世称。书艺一道，代不乏人，明之霍韬、马元霁、陈子壮、邝露，清之吴荣光、谢兰生、朱次琦，皆足称雄岭峤，颉颃中原。及康有为倡言碑学，流风播于遐迩，影响及于日韩。此吾邑之可夸于世者也。文革以来，虽一度沉寂，然何克承、欧阳少锋等十三人奋起，一时生机重现。此次作品展示并结集出版，洵美事也。十三子均兼擅多体，而何克承行草之韶秀流丽，欧阳少锋章草之拙朴自然，高信普魏碑之峻整爽朗，郑荣明小楷之沉着雅健，李永强隶书之灵动有致，宋健雄大字之雄劲有力，郭亚明之融碑法入行书，吴家华之现代书法尝试，许子韩、孔繁兴对篆刻风格之探求，尤见突出。他如曾宪就之楷书，李任孚之行书，谢月华之隶书，也自中规中矩，别具心得。使能交通友邑，踵武前贤，开启后学，则我邑雄风重振，相期有日矣。

己卯立冬旅穗里人张桂光

《朱庸斋书法集》序

（2000年）

朱庸斋先生名奂，字涣之，以号行。广东新会人。一九二〇年生，一九八三年卒。毕生肆力于词，治词规模两宋，出入清季四家，尤钟情于小山、梦窗。其词作之格高调逸，词论之精辟超卓，不惟饮誉岭峤，且亦蜚声海外。中晚而后，逆境中设坛授徒，作育出陈永正、蔡国颂、吕君忾、周正光、李国明等词坛健将，吾粤词风不坠，先生功不可没。

　　书法于先生虽属填词余事，然亦以秀逸典雅驰誉岭南。其小楷取法钟、王，于传世钟帖及大王《黄庭经》、小王《十三行》均有独到见解，主体大致从锤炼钟繇《荐季直》《力命》二表及宋克《七姬志》中来，能于拙朴中见灵动，潇散娴雅，朗润秀逸，畅顺自然；行草得力于钟繇《墓田丙舍帖》及宋克《唐人诗卷》，结字俊秀，神情爽朗，风骨遒劲；草书多参祝允明笔意，豪情奔放，神彩烂漫，气韵天成。

　　先生作画，自谓聊抒胸次而已，主要学倪云林一路，于李流芳亦多借鉴，境界萧疏淡远，清简俊逸，古雅可人，吴子复称其"胸罗万有，出手卓尔不凡"，诚属知言。先生之诗词文稿及手札，文艺兼美，先生之书作，亦多自书诗文，而最能体现先生诗书画综合素养者，则称画作。先生每画必非题诗题词即录前人诗词补白，或写古人词意而附跋语，处处洋溢书卷之气，至足时下画人借镜。

　　先生之词作、词论，已有《分春馆词》及《分春馆词话》行世，先生之书画，赖广东省书法家协会晚霞工程之出版善举，亦将得流传，诚可喜也。余年十二而从先生学诗词、书法，为人处世之道，亦多得先生提点。王楚材君属余为先生书画集作序，自欣然领命，略述先生成就如此。

2000 年张桂光于华师

（注：《朱庸斋书法集》，岭南美术出版社 2000 年版。）

《文心雕龙书法集》序

（2003 年）

　　文学创作，由来已远，而文论之兴，多只片言短语，未足成篇。迨曹丕《典论》，始开风气，经陆机、挚虞、葛洪、沈约阐述发挥，及乎刘勰，乃谓大成。《文心雕龙》都五十篇凡三万七千余字，扬榷古今，品核得失，深究文章枢纽、文体精神、创作法则、批评标准，条分理析，持论超卓，文采斐然，诚不世之创作而文论之圭臬也。其于书道，亦多可资参悟之篇。修炼字外功者，摄其伟论宏旨、藻丽文辞，可收养根俟实、加膏希光之效；研习入门者，取其"童子雕琢，必先雅制，摹体以定习，因性以练才"

之意，可造"虽取熔经意，亦自铸伟辞"之境；求创新者，悟其"望今制奇，参古定法，各师其心，其异如面"之旨，自能"执正驭奇，知故实创新声"。倘能诫"逐奇失正，鬻声钓世"之习，于平复时下书人浮躁心态，纠正非技巧倾向，自良多裨益。汕头书协领导，深得《文心雕龙》要旨，组织乡邦耆老时彦凡五十人，人手一篇，以所擅书成，异彩纷呈，与妙文相辉映，诚汕头精神文明建设之一大工程而广东书坛之一大盛事也。因为之序。

癸未立夏前两日于荧晖阁晴窗下

（注：《文心雕龙书法集》，香港书艺出版社2003年版。）

《岭南书论》前言

（2003年）

岭南有书法传论的作者，就目前所见，当以明代的陈献章为最早，而以陈献章及清代的康有为影响最大。康有为的《广艺舟双楫》更是一部中国书法史上有划时代意义、对近现代中国书法有极大影响的著作。此外如明代的湛若水，清代的谢兰生、黄子高、吴荣光、陈澧、潘存、李文田、梁启超，民国时期的罗惇㬊、王薳、李蟠，当代的叶恭绰、祝嘉等，也都留下过不少名篇，将这些论著汇集起来，应该是相当可观的。只是囿于现有的时间与力量，我们暂时未能完成这样的巨大工程，结合现有条件及"广东书协成立四十周年"的主题，我们将收集的范围划定在近五十年来广东作者的书法论文之内。

本文集共收入近五十年来在广东工作和生活过的六十五位作者的八十八篇论文。内容涉及书法美学的理论探讨、书法艺术的欣赏与创作、书法评论、书史研究、碑帖考证等多个方面。当中有传统继承方面的论述，亦有流行书风、现代书法方面的阐释。文章都由省书协向广大会员及已故作者家属发函征集得来，可能有部分会员因某些原因未及提供作品收入本集，而由于时间和水平的关系，选编工作亦未能尽如人意，难免挂漏之失，恳请各界人士提出批评意见，以便日后修订补充。

（注：《岭南书论》，黑龙江人民出版社2003年版。）

《海珠宝鼎铭篆刻集》序

（2003 年）

海珠乃羊石名区，幅员广阔，历史悠久。不惟土地肥饶，物产丰富，且亦人才荟萃，文采灿然。迩来更乘改革开放东风，大张旗鼓，以经济强区、科教兴区、文化立区、环境建区、依法治区，百业兴旺，民康物阜，歌舞升平，经济、文化建设均极一时之盛。区政府乃采石熔金，聚天地之精华，铸为宝鼎，并请中山大学陈永正教授作铭，以纪胜事。铭凡十八韵，三十六句一百四十四字，于海珠之光荣历史与辉煌现状已概括无遗，通篇铿锵有力，流畅自然，诚文学之佳制、海珠历史之实典也。首倡铸鼎作铭之周副区长树坚先生，身兼中国书法家协会篆刻委员会委员与广东书法家协会副主席之职，既深爱海珠，亦钟情金石，组织吾粤篆刻精英凡三十六人，各分鼎铭一句，以自家风格刻成，异彩纷呈，与妙文相辉映，既宣传海珠，亦弘扬艺术，诚建文化模范区、树文化典范事之一大举措，亦广东书坛之一大盛事也。因为之序。

癸未立秋后两日张桂光于华南师大

（注：《海珠宝鼎铭篆刻集》，广州市海珠博物馆2003年版。）

《陈永正手录诗文选》序

（2003 年）

艺术是应该表现个性的。"风格即人格"，这句话也许绝对了些，但艺术风格往往能反映出一个艺术家的情感、气质、学养以至审美观念，这却是事实。翻开永正兄的书法集，脑海里即时浮现出刘熙载《艺概》中的名言："书如其人。"永正兄的书法，确如他的为人那样，古朴而文雅，在清朗的面目中透露出一股刚毅之气。

永正出身书香世家。其父明德公酷爱古文辞及书画艺术，不仅言传身教，自幼便给永正多方启蒙，而且以收藏之富、交游之广，给少时的永正营造了一个良好的学术和艺术氛围，使永正从小生活在书山帖海之中，一入文艺之门便得到李天马（书法）、朱庸斋（诗词）等岭南名宿的指导，诗词与书法的学习齐头并进，为日后的双璧辉映定下了明确的路向。

永正的学书历程，大抵可分三个阶段：

第一阶段是1966年以前，为打基础阶段。主要从李天马学习欧楷及二王行书。李先生对弟子要求甚严，楷书临习《九成宫》，行书临习《圣教序》，不得旁骛，永正也就切切实实地在两帖中浸泡多年，打下了扎实的楷、行书基础。其间亦曾留意褚遂良《枯树赋》、张即之《报本庵记》及粤中名家彭睿瓘的书作，要皆温文尔雅一路。

第二阶段是1966年至1978年考入中山大学以前，为探索爬梳阶段。"文革"一开始，永正便以"白专"典型受批判，当运动进入"批斗走资派"阶段后，永正也进入了无人管也不用管人的逍遥派行列，读书写作有了最广阔、最自由的空间和时间，同龄人还在不知所以的冲冲杀杀中过日子，永正却已进入了研究创作的黄金时代：阅读大量的书籍，文学的、历史的、哲学的，甚至自然科学的，知识赅博、思想深刻、视野广阔的底蕴就是在这一时期培养起来的。此时他不但创制了大量的诗词佳作，而且在书法方面展开了多角度、全方位的大胆尝试与探索。起初是由学帖而转学魏晋南北朝碑刻，锐意创新，以《嵩高灵庙》《爨龙颜》一类古碑笔意入行书，力趋险绝，并时作稚拙以至狂怪之书。后得香港同道所赠日本"现代书法"资料，即与挚友区潜云等以极大的兴趣和热情投入了对前卫派书法的研究。那些八九十年代的"弄潮儿"所标榜的"创新"玩意，诸如文字图绘化、篆隶楷行草混作、结字故作支离散乱、扭曲歪倒、浓淡墨相间、彩墨并用以至拼镶、做旧、渲染等，都已在二十世纪六十年代经永正所尝试。不过，永正很快便意识到"此路不通"，放弃了进一步的实验，开始转入了对传统的继承与创新关系的反思，书法创作也逐渐调整到既强调独特个性的表现又符合传统规范要求的轨道上来。

第三阶段是1978年考入中山大学中文系古文字专业研究生以后，可算是永正书法趋于成熟的阶段。因得从著名古文字学家容庚、商承祚二先生研习甲骨文、金文，学问又获大进。对数百篇铜器铭文的认真摹写，固然加深了对金石文字的认识，而容、商二老及中山大学丰富的碑帖收藏，更拓宽了永正的眼界，广摄博取，浑融各家，以帖法写碑，把北碑流动化，并杂以《散氏盘》《侯马盟书》体势以求灵动自然，终于形成了含蓄内敛、动静契合为特色的自家风格。

永正书艺所以有这样高的成就，是与他对书法理论的认识分不开的。他追求陈白沙

"拙而愈巧，刚而能柔"的书境，对康有为在法古中求新的理论尤为心折。永正主张学书先尚法，再尚意。先注重结体用笔，法度既谨，骨力始刚，在这基础上立意创新，追求天然的韵趣。少年时临书，力求逼肖，以得古人法度；中年时临书，重在意临，有所取舍，以期融会贯通。永正尤重雅俗之辨，反对欠缺法度或是拘于成法的俗书，反对盲目模仿与程式化、刻意造作与狂怪、软媚与趋时。他在专著《岭南书法史》以及长篇论文《中国书学史上的雅俗论》中多次宣扬这些观点，在岭南书坛上也得到不少同道的认可。永正对"现代书法"持批评态度，由于他对有关问题作过认真的尝试与探索，是在对其内里乾坤有了深切了解后才跳出来的，因此，批判更切要害。1986年所写《当代书坛的困惑——现代书法小议》一文，对"现代书法"的批评就颇能入木三分。

永正书艺所以有以上成就，还与他对字外功的修炼分不开，对文学、历史、哲学乃至自然科学的广泛涉猎，练就了渊博的学识和较高的文学修养。儒家的中庸之道，道家的道法自然，佛家的禅悟之说，对他的艺术思想都有一定的影响。其所钟情之江西诗派的诗风诗境，更是潜移默化地影响着他的艺术追求，而自家的诗境词情，与其书法尤其息息相关。时下以诗人自居、号称诗书双绝的都不少，但能得诗家认可者则确实不多。历年来，永正编著的《岭南文学史》《岭南历代诗词选》《王国维诗词全编校注》等二十余种著作，在学术界素享盛誉。他的诗作"风格超拔，寄兴深微"（中山大学黄海章教授语）；"佳句甚多""皆言近旨远之作"（施蛰存先生语），亦与那不知守律、无病呻吟的时下某些"名家"诗作不同。程千帆先生于寒冬读《沚斋诗词钞》而谓"胜得醇酒数升，肠胃皆暖""久废吟事，惟睹佳什则爱赏不能释手"；孔凡章先生称其"风韵飘萧、才情掩映，拟之现代侪辈之作，沚斋诗词得不谓为绝代风华遗世独立者乎！"；等等，都是客观实在的评价。永正青年时所作"时间/从爱人们浓密的卷发中/抽出/一根银白的光辉/编制我和你/都熟悉的曲调。一千年后/一匹雄壮的牡马/用它发亮的蹄铁/叩击墓门/推土机/向我驶来"的佳句所流露出的浪漫情怀、丰富想象与艺术创作意识，"吞吐鱼龙意，浮沉天地情""无用书还读，难言句自工"那样的佳句反映出的深刻思想，以及深受诗家推许的高超艺术创作技巧，都会自觉不自觉地作用于他的书法艺术创作。所谓诚中外发，永正文在胸中，随手而出，自然就心手双畅、气韵天成了。

永正真草隶篆各体皆能，这次结集出版之小字作品即可窥其大略。方寸之内见精神，确非易事，前人书小字一般以楷、行为限，篆隶罕见。这批作品中，甲骨之峭拔、金文之醇厚、盟书之灵动，颇得篆法三味；隶书扬弃习见之石刻剥落状，重在自然，多从秦汉简帛中化出；章草取汉简体势而掺北碑用笔，典雅中见清劲；小楷以钟繇为主，而转折运方入圆，收笔用章草法，平添几许清刚灵动，处处流露出锐意创新的意识。而最具特色的，当然还是行草。乍看确难辨其源自哪碑哪帖，但总觉得融合了许多东西，他是有意识地把篆隶楷草熔为一炉，铸入行草的模子中，所谓如盐入水，浑然无迹，与前人于一幅行草中间杂篆隶形体的做法迥异。这批作品大致可分两种类型，一是用传统的小字方法写小字，主要见于书札及诗文草稿，信手写来，若不经意，而清刚秀逸，书卷之气自然流露于字里行间；一是打破传统小字规矩束缚，用大字方法写小字，主要见于行草诗作，真可谓尺幅千里，雄强伟岸，豪气纵横，完全达到了一种小字作大字观的境界，这无疑是积学渊深所致。

永正在教育战线辛勤耕耘四十余年，现为中山大学古文献研究所研究员、中文系博士研究生导师，并兼任中国书法家协会副主席、广东省书法家协会主席、广东中华诗词学会副会长、广东省文史研究馆馆员等职。他的学问素养，诗词与书艺风貌日渐为人们所赏识，并对社会产生出积极的影响。

我与永正相交三十余年，并先后于分春馆（朱庸斋师）及容、商二老门下两度同窗，相知特深，在他这本书法集出版之际，略述其书艺成就与渊源，作为这本集子的序言。

（注：《陈永正手录诗文选》，岭南美术出版社2003年版。）

《广东书坛四十年》前言

（2003年）

广东省书法家协会的前身是广东书法篆刻研究会。它创建于1963年，1981年更名中国书法家协会广东分会，1992年改用现名。它不仅是广东省历史上的第一个全省性书法艺术团体，而且是全国成立较早、成绩较大的书会之一。创建之初，即与北京、上海的书法组织一起，为活跃二十世纪六十年代的中国书坛作出了重要贡献。

协会创建时，会员虽只二十余人，但有十六人在1957年的第一次中日书法交流展上露过头角，创作了全部一百件作品中的十八件，是一支颇为精干的队伍。他们以广州文化公园为阵地，短短的几年间，不仅成功举办过广东历代书法展览和历代碑帖展览，而且举办了毛主席诗词书法篆刻展、王杰日记书法展、援越抗美书法展和日本丰道春海书法展等重大展事，透过星期讲座、文史夜学院课堂和书法家各自家中的教学，把书坛搞得如火如荼，不仅开创了广东省书法史上的一个黄金时期，而且为广东书坛培养了一支坚强的后备力量。就是在"文革"时期处于组织瘫痪的环境中，仍组织起1973年、1975年的省展和1977年的省妇女展，这与当初打下的基础是分不开的。

"文革"一过,协会工作迅即恢复。1979年第一期书法学习班,招生一千七百余人,创办时间之早、学习人数之多均居全国之冠,在全国书坛引起了很大的反响。1979年至1984年的五年间,参加学习的达六千五百人(次),其蓬勃兴旺,可想而知。在此期间,协会不但成功举办了1981年、1983年的省展,1985年的篆刻专题展,举办了广东老书法家作品展、纪念孙中山诞辰一百二十周年中外书法家作品展以及与广西、浙江的联展,而且积极参与全国第一、二届大展及第一届中青展、全国群众书法大赛、全国职工书展等全国性展览,并获得较理想的成绩。1984年《岭南书艺》创刊,既为广东书法理论建设开辟了阵地,又为推动中国书艺发展作出贡献。二十世纪七十年代末到八十年代中是广东书坛的第二个黄金时期。广东省的第一届书代会就是在这样的形势下召开的。

广东省书协工作的最新高潮当在二十世纪八十年代下半叶至二十一世纪初。1988年广东青年书法理论研究会的成立,1990年肇庆、韶关两次书法理论研讨会的召开,1992年第二届书代会的举行、与香港人士合作为书协筹集基金、对台湾桃园书协的访问和定期交流关系的建立、以全省各市中青年骨干作品调展为主要形式的中青系列展,等等,都为协会工作新高潮的到来打下良好的基础。

在广东省文联的关怀下,第三届书代会于1997年顺利举行。由于新的书协领导班子更注重团结、务实、开拓、进取,协会工作出现了生机勃发的新局面。首先是对外交流的扩大,与韩国联展并建立了定期交流关系,再度访台并扩大与台湾书法界的交往、与北京的联展、与港澳的联展、与贵州妇女的联展、中南五省(区)联展、与西部六省(区)合办的七省(区)联展,等等,既促进了相互的切磋、学习,增进了兄弟协会间的友谊,又起到了让外界了解广东的作用;其次是抓展览、促创作,不但建立了省展、省青年展的定期定届制度,设立了省书法最高奖项"南雅奖",而且还举办了小字扇面展、楹联展、篆刻展等专题展览,以青年展系列为主的"朝霞工程"与以金秋展系列为主的"晚霞工程"并举,既促进了创作,亦增强了书协的凝聚力;再次是抓书法教育和理论建设,《书艺》的出版不仅为广东省书法理论研究提供了阵地,而且以其优秀质量在全国书坛产生了很大影响。南海、顺德等大型理论研讨会的召开,每次展览后必带理论研讨座谈的习惯的形成,广东省书协书法培训中心的成立,等等,都起到为广东书法理论研究与创作水平的发展提高推波助澜的作用。一次又一次展览的举办,一本又一本作品集,一期又一期《书艺》的出版,一个又一个省外代表团的到来,一个又一个本省代表团的出访,协会主席第一次被选为中国书协副主席,三名会员担任了中国书协评审委员,三名会员担任了中国书协创作委员,还有三名会员分别担任了中国书协的教育委员、篆刻委员和学术委员,协会会员已由当初的二十余人发展到今天的一千二百余人,这不仅反映出广东省书坛的繁荣,展示了广东书法创作与理论研究的实力,而且标志着广东省书协在全国地位的提高。这是广东书坛的真正黄金时期。在这样的大好形势下迎来广东省书协成立四十周年的庆典，确实是令人鼓舞的。

广东省书协在广东省委、省文联的领导下，经过全体会员的共同努力，一定会更加兴旺、发达，更加昌盛、繁荣，一定会取得更大的成绩、更大的胜利！

向四十年来为广东省书协的建设作出贡献的领导、老书法家、企业家和各界朋友致敬！

向全省各市书法家协会以及长期以来积极参与书法家协会工作，作出无私奉献的会员同志、驻会工作同志表示衷心感谢！

向为这次庆典活动，题赠贺词、贺信和作品的中国书法家协会领导、各兄弟省书法家协会和著名书法家表示诚挚的谢意！

祝广东书坛在建设广东文化大省的号角中，更加繁荣昌盛！

《梁启超的书法艺术》序

(2003年)

新会梁启超是中国近代史上的风云人物。他不仅以"戊戌变法"主要领导人之一而名声显赫，而且以广博知识、宏富著述享誉学林，尽管几乎没有谁不知道他是一位杰出的政治家、思想家和学者，却很少有人注意到他还是一位出色的书法家。

其实，早在1939年梁氏书法即有"结字之谨严，笔力之险劲，风格之高古，远出邓石如、赵之谦、李瑞清诸家之上"的赞誉，新近陈永正先生撰文亦称其为"康有为碑学理论最忠诚、最杰出的实践者"，并指出"梁氏一生，遵循传统书学中的'古法'，努力探索新路，以其清隽平和的韵致，恂恂儒雅的气度，给以'阳刚'为主体的碑学书法带来'阴柔'之美，丰富了中国书法的文化意蕴"。梁氏写碑，采用了与康氏"圆笔写碑"不同的方笔写法，又与"方笔写碑"诸家对"方劲峻拔""刚毅雄强"的追求异趣，用长于表阳刚美的方笔去表达一种冲和、阴柔之美，与康氏用长于表阴柔美的圆笔去表达一种霸悍、阳刚之美的做法，实有异曲同工之妙。师徒两人从不同角度实践了康氏的尊碑思想，于书史上确实是一个不小的贡献。梁氏的这一作法，同时也为我们深入理解其"摄其精神而不表其貌"的学书主张提供了很好的范例。

梁启超的书法，确实有很多值得我们研究与宣传的地方，但是由于与其政治、学术成就相比，书法只能算"余事""末技"，因此人们评介梁氏成就便很少涉及书法；又由于他是名震中外的康氏之弟子，梁氏书法的影响便很易被淹没，所以论述清末民初书法，梁氏亦很难有突出位置，可以说，在相当长的时间里，有关梁氏书法的研究及宣传与其实际成就相比，是很不相称的。

就本人所见，研究梁启超书法的专论当以1989年《岭南书艺》上发表的《以唐法入楷取隶意传神》为最早，作者是梁氏故里的中青年书论作者陈福树。他对梁氏书法情有独钟，十多年来一直潜心于对梁氏书法、书论的搜集、整理与钻研，又先后发表了《梁启超的书法》《梁启超书学理论浅探》《略谈梁启超行草书艺术的发展过程》等多篇论文以及"梁启超与书法"系列文章，对梁氏书法艺术风格的形成与发展、梁氏书学理论主张等均有深刻认识与独到见解。今借梁启超诞辰一百三十周年，作者又在旧著基础上，作了认真的补充与整理，写成《梁启超的书法艺术》一书出版，可喜可贺。

《梁启超的书法艺术》资料翔实，图文并茂，是系统研究梁启超书法艺术的一部专著。与先前的散篇论文相比，本书更注重对梁氏书法艺术的整体把握，更注重对梁氏书艺、书论的探讨与相应历史时期的政治、文化背景的结合，在研究的广度和深度上都进了一大步。

陈福树对梁启超书法艺术所作的系统研究并取得突出的成绩，无疑为弘扬岭南书法传统做了一件有意义的事情。我相信，以其学力与勤奋，日后必将在这方面的研究取得更大的成就。期望着他有更多的成果问世。

2003年于广州

（注：《梁启超的书法艺术》，珠海出版社2003年版。）

《罗叔重印存》序

（2009年）

乡先辈罗叔重先生，精诗词，工书擅画，篆刻尤为时重。平生治印逾万，第随刻随散，本集所收，未足四百，幸多自用或亲友所藏，多属经意之作，故亦足窥其概貌。

先生家学渊源，复延师教习，稚龄即深通旧学，后入广东高等师范学校，接受新学新思想，故能旧学根底与创新思维兼备，奠定终生学问基础。

先生治印，初从叶退庵游，及长，北上京、津、沪，转益多师，视野益阔。及寓香江，复与邓尔雅、冯康侯、陈语山相互影响，趋向黄牧甫整洁刚劲、时参六朝文字一类风格。特以"着意临摹不苟同"，故亦能自出机杼，别开面目。

先生治印，崇尚平淡冲和，白文如"只是玉倾城"（16页）、"情之所钟"（40页）、"庄严"（53页），朱文如"叔重"（24页）、"抱明月庵印"（26页）、"子云书画"（91页），均其典型。即以雄强见称之"寒碧堂"（17页），其弟子骆晓山称为"刀笔纵横，浑厚自然"之"美意延年"（78页）、激情显露之单刀白文印"九死难忘郑玉君"，等等，都无剑拔弩张之态。

先生治印，亦不墨守成规。虽以秦汉白文为宗，然借鉴亦自多方。"情之所钟"（15页）之仿汉镜，"烟浒寒碧"（58页）之类刻玉，"长寿定有"与"征夫"（37页）之参白石，"己卯"（25页）、"老岑"（90页）之突显几何线条，等等，均不可多得之佳作。

以汉隶及六朝文字入印虽为先生与简琴斋、邓尔雅、陈语山同具之特色，然"春风草堂"（32页）之平和，"春酒堂"（1页）之爽利，"十扇堂主"（92页）之稚拙，"被春留住"之闲雅，"叔重染翰"（29页）之秀丽，亦自异彩纷呈。"共此天涯"（87页）之灵动有致，"敝帚自珍"（9页）之豁达大度，浑厚雍容，更与邓尔雅之木、简琴斋之轻形成鲜明对照。

榄核、桃核之用作印材，亦先生之一大特色。或仿汉白文，如"寒碧之诗"（44页）、"印心"（51页）；或用汉隶及六朝文字，如"罗"（45页）、"瑛"（43页）、"叔重"（56页）；或仿周金，如"雨飞天女"（55页）；或效皖派，如"无闷"（26页），不一而足。方寸大舞台，信焉。

此外，先生所刻边款，不惟用刀如笔，流畅自然，且文辞优美，内容亦有可观。

有阐其艺术主张者。如"古冈崔氏"（5页）边款所云："先民治印，皆以敦厚为依皈，今人之不学者，每以狰狞为英，粗悍为雄，是可概也。吾愿遵乎先路。"直可与其论印诗"一例盲从推白石，犷粗揉捏恶气扬"合读；跋丘丙良"移步换形"（63页）边款云："以六朝文字入印不难，然古懋为难耳。昔尔雅所制，微嫌其木，琴石又觉其轻，今丙良此制，其庶几乎？"对丘氏虽嫌过誉，然对邓、简批评，实亦中肯。

有对印文立意作解释者，如"宁寿毋衰"（70页）边款云："宁可做寿仔，不可做衰仔，此乃刻石之本意。"又"贱本下基"（80页）边款云："老子曰：贵以贱为本，高以下为基，乃制此石。"不读边款，每不易明其用意。是边款亦读先生印存所不可忽略者也。

樵山书院出版《罗叔重印存》，嘱余作序。余生也晚，未缘瞻先生之风采、聆先生之教诲，对先辈高贤，未足窥其万一，谨就作品略谈观感如此。

己丑仲秋张桂光于荧晖阁

《沚斋丛稿》序

(2011年)

作为一位学者、诗人、书法家的陈永正,也许可以说是最后一代的传统文人了。他曾自嘲:"一为文人,便无足观。"又说:"能为文人,亦是幸事。"数十年来,永正能优游自得地徜徉于书林艺苑中,也算得是个"异数"。如今,他那满头的银发,典雅的唐装,从容的步履,已成为康乐园中的一道风景了。

永正在学术领域驰骋三十年,近欲驻足回顾,对已有成果作一梳理,编集出版。由于永正的研究领域涉及古文字、古文献、岭南文学文献以及诗词、方术、书法等多个方面,成果形式有专著,有论文,还有大量的文学创作,很自然地形成了本书区别于林林总总的"自选集"的一种特色:除了一些"正规"的论文外,还有各式各样的文章以及文言文、小说、新旧体诗词。它体现的不仅是所谓的学术成果,更重要的是展示了一位传统文人丰富的精神世界。我相信,在读到本书后,不同的读者群都会得到有益的启示。

永正之真正进入学术界,是从古文字学开始的。虽然他专事这一领域研究的时间不长,但留下的成果都颇具影响。其学位论文对两周金文联结词及语气词的研究,《上古汉语史上划时代的标志——春秋载书》对上古汉语发展史的分期之论定,对语法学界及古文字学界均有重要贡献。前辈学者赵诚先生在《二十世纪金文研究述要》一书中,花了数千字的篇幅评述《两周春秋铜器铭文中的虚词》一文,足见此文在学术上的价值。

永正多年来编撰的各种诗词选本、笺注本,亦颇受学界关注。文学史家王起先生曾将其特点归纳为二,一是"充分掌握材料,把作家放到一定历史背景下论述";二是"兼擅诗词创作与评论,因之在评论中亦每多独得之见"。程千帆先生亦称"陈先生是一位学者兼诗人,故所作古代诗歌选注,时有胜义,不仅疏解典实语词而已"。永正不少评论诗人诗作的文章,也多具这些特色。

永正二十多年来主要从事的工作是岭南文献的整理与研究。他为"广东地方文献丛书""岭南丛书""岭南文库"校点、审阅了大量文本,主持《全粤诗》《岭南文学史》等重大课题。他所撰写的《岭南诗歌研究》是当前全面研究广东历代诗歌的重要专著。作者虽没有在书中建立一个人们常说的"理论架构",但每一章节,都给读者指出具体的研究方向,并将自己下了苦功从浩繁的岭南典籍中爬梳出来、凭个人敏锐目光发现其价值的珍贵材料呈献给读者,读之确实"如入宝山","稍加留心,便不至空手而归"。

在书法理论方面,永正亦颇有建树。《岭南书法史》是当代唯一的区域性书法史专著,在书学史上的地位自不待言。其《中国书学史上的雅俗论》等多篇论文,更是其数十年从事书法艺术探索的心得。永正向重雅俗之辨,反对欠缺法度或是拘于成法的俗书,反对盲目模仿与程序化、刻意造作与狂怪、软媚与趋时。永正对"现代书法"持批评态度,由于他对有关问题作过认真的尝试与探索,是在对其内里乾坤有深切了解后才跳出来的,因此,批评更切中要害。《当代书坛的困惑——现代书法小议》一文,对"现代书法"的评论就颇能入木三分。

永正还参与了一系列的辞典编著,任《中国方术大辞典》主编、《中华道教大辞典》副主编兼分科主编,撰写了大量辞条。为上海古籍出版社出版的唐诗、宋词、元曲、元明清诗等鉴赏辞典撰写了五六十篇赏析文章,可见其敏锐的艺术感受和鉴赏水平。

本书还选录了多篇文言序跋。在今天,能写出"纯正"文言文的学者恐怕已不多见了。

永正的诗词,在国内诗词界中久享盛名,只是由于现当代文学研究不管旧体诗词,古代文学研究不管当代作家,加上他的创作又为学名所掩,以至未能得到应有的学术关注而已。他的旧体诗风格超拔,寄兴深微,程千帆先生于寒冬读《汕斋诗词钞》而谓"胜得醇酒数升,胃肠皆暖""久废吟事,惟睹佳什则爱赏不能释手",孔凡章先生称其"风韵飘潇,才情掩映,拟之现代侪辈之作,汕斋诗词得不谓为绝代风华、遗世独立者乎"。他的新诗也被誉为当代文学不言爱情时代的爱情诗,"文革"后期最早的朦胧诗,从形式到内容都堪称"前卫"。

尚值得一提的是永正的小说。在二十世纪七十年代初,他所作的十余篇小说,手稿在朋辈间传阅,均诧为奇作。跟他的新诗一样,这些小说的思想与手法都是非常"前卫"的,只是尝试仅一年,便放弃了这方面的探索,不无可惜。

近十年来,永正出任中国书法家协会副主席、广东省书法家协会主席、广东书法院院长等职务,在社会上,其书名远远超过学名、诗名。他尝戏言"百无聊赖以书鸣",其实,能诗擅书是大学文科的传统,我们俩的业师容庚、商承祚二先生都是当代著名书法家,也都曾任省书法家协会主席。永正接受我的建议,在本书中加插彩页,俾读者一睹其"古雅清刚"的书法风貌。

我与永正相交近半个世纪。二十世纪六十年代初,同学于岭南词家朱庸斋先生的分春馆中;七十年代末,又同在中山大学容、商二老的门下,相知甚深。近日,他来电嘱我为其自选集作序,我是不能、也不敢推辞的,谨依此集编排顺序,略述其成就如上。

2011 年 2 月 20 日于华南师范大学

(注:《沚斋丛稿》,中山大学出版社 2011 年版。)

《李曲斋作品集》序

(2014 年)

　　"张氏昆仲,敝晚学生也,年少性慧,喜书法,特函介晋谒崇阶,望有以启导,如何?如何?即候曲斋四兄。弟庸斋顿首。"1961 年底,我与家兄涛光一起,手持朱庸斋先生的这封介绍函,叩开泰华楼大门,开始了我与曲斋先生近四十年的师生情缘。

　　先生名油,字秋晓,以号行。广东顺德人,1916 年生。清季探花李文田裔孙。李文田"叠掌文衡,学问渊通",先生幼承家学,才思敏捷,经史词章、金石目录之学靡不淹通,诗文历法,用力尤勤。先生与庸斋师世交莫逆,一为词坛泰斗,一为书林巨匠,以"西关二斋"称誉羊城。

　　先生书法,早年植根于隋唐楷书,精研龙藏寺、皇甫君诸碑,于雁塔圣教亦多借鉴。篆师泰山刻石,隶效汀洲伊氏,均有可观。行草取法宋、明,二十世纪五六十年代所作小楷、行草书札,如精金美玉,风流俶傥,其题识文字,典雅精妙,或庄或谐,颇耐寻味;七十年代以后,乃以李北海、米南宫丰其气格,复以王铎、张瑞图、祝允明、陈道复壮其筋骨,博采众长,自成一家。八九十年代书作,更见遒劲老到,用笔多趋外拓,尤注重擒纵取势,刚健沉着,风神逸宕。每逢春秋佳节,即与广州文化公园撰写巨幅楹联,高逾寻丈,雄畅豪迈,一气呵成,观者皆为击节。所作长卷横幅,老笔纷披,纵而能敛,穷极变化,已臻神骨俱净之化境,秦咢生称其"气机横溢,兴挟神飞",诚不妄也。

　　先生终生未娶,早岁生活尤其散漫不羁,作息每无定则,所以极少授徒,我算是十分幸运的一个了。我一般是周六晚十点前往泰华楼,边看书边写字边候先生夜归,累了就在长椅小憩。先生回府,即摇醒我,谈论书法,兼及诗文和为人处世道理,每至凌晨三四点方始离去。或围炉问字，或挥汗评书，冬夏不辍。如是者三年，其情其景，至今仍历历在目。

当然，先生书坛影响的扩大，主要在文史夜学院开办以后。夜学院为广东培养了不少人才，也掀起了书画学习的热潮。麦华三的楷书、李曲斋的行书、吴子复的隶书，号为"羊城书坛三大派"。三家于羊城书法的普及，厥功至伟，但学时人字、学老师字、书体扎堆等，均非先生本意，更与先生书学主张大相径庭。只是在学员的热情和当时潮流的推动下，先生一时茫然不知所措，夜学院的教学也只能顺时而动了。

先生的主张可以在泰华楼中发表。由于影响日广，加上"文革"的环境，先生的生活也渐趋规律，踵门求教者日众，泰华楼随之热闹起来。回想夏日藤荫低幂，清风徐来，先生与友生清谈文史、书法，有如方丈维摩，天花飘坠。先生教学特重临摹，严格要求初学者认真临帖，点画提按、结字布局均应遵循传统法度，并强调多读古人名迹，领会各家神韵，发抒艺术灵性。先生教法重批评，讲规律、讲理解、讲悟性，常用教学语言仅"呢度得"（这里行）、"个度唔得"（那里不行）而已，极少详细解释，至于"呢度"点解（为什么）"得"，"个度"点解"唔得"，就靠你去比对、去思考、去领悟了。至于流派取向，尽管祖父为碑学名家，先生仍主张碑帖兼容，不以风格分高下，不因流派定甲乙，学者宜各适其适。先生论书，首重雅字，视功力浅薄、以怪为奇、杂乱臃肿者为俗书。主张评价书法格调之高低，应以书卷气为度。常谓书艺精要，在字外功夫，学者须存志诗书，蕴蓄既深，其书自然高雅，若无书卷气，便是俗字。又谓当世书者，只知索求于点画之间，拍浮于名利之海，重可伤哉！先生于岭南书家，亦甚注重。于明人则尊崇白沙、翁山，清人则盛称荷屋、兰甫，并谓近代王秋湄、黄晦闻、罗敷庵、叶玉甫等，皆足与江左中原诸大老抗手者，惜乎吾粤文人，多厌弃浮名，不自表襮，故鲜为北人所知耳。先生个性耿介，遇事敢言，谑浪笑傲，妙语解颐。茶余饭后，兴之所至，铺纸挥毫，满壁龙蛇，以供弟子揣摩鉴赏。先生一向淡泊名利，心迹双清，遇有踵门求写市招者，每婉言谢绝。偶因人情难却，所书也从不取值，不署名，雅情高致，为世所钦。曲斋先生以其高超之书法艺术，卓然特立于当代书坛，其性情乐易，不受羁縻，故有"岭南艺林散仙"之称。

先生工诗词，常与庸斋先生等人唱和，于文化公园历年花展、灯会及园林景观亦多有题咏，虽然不自珍重，随手散去，但门生弟子搜集所得，亦足窥其大概。先生篆刻最具创新精神，汉砖入印、行草入印、简化字入印，等等，于岭南印坛亦发生过积极影响。在"文革"前的《羊城晚报》即有过专文介绍。先生于诗、书、金石之外尚为学林推重的，还有园林设计方面的造诣。1977年至1978年，即曾先后参加《中国盆景》《南方建设》《红棉》《中国园》等大型艺术画集的编审及题咏工作，并担任慕尼黑国际博览会"中国园"的设计，深获海内外人士的好评。

先生晚年最用心的两件：一是亲自编定《李曲斋行草书札》，一是与陈永正先生一起审定《粤东诗海》。两件事在先生逝世前实际上都已完成。前者已进入岭南美术出版社的出版程序，后者亦已准备交付出版，只是先生未能亲睹两书的出炉而留下遗憾。先生弥留之际，只有我和朱庸斋先生的女婿李文约在侧。先生没有留下遗言。离世前约五小时写下的一副至今未能完全解读的"八字联"："行夏同之，与谁同赋；冬实同好，何人口口。"应该是先生的最后遗墨了。

先生是多产书家，散落友生及公私藏家的墨迹不少。广州市委宣传部斥资委托广州市书法家协会搜辑出版，自然是很有意义的事情，主其事的连登先生嘱我为此书作序，谨述先生事迹如上。

先生一贯热心书法，对岭南书法的发展不遗余力。先生卒后，我曾撰联寄托对先生的思念："围炉问字，挥汗评书，悲思泰华三更月；辑翰付刊，雠诗待梓，泣捧遗言八字联。"并与友生同道一起，为先生未竟之业努力奋斗。先生泉下有知，看到岭南书坛近二十年的发展兴盛，亦当感欣慰了。

甲午新春张桂光于华南师范大学

（注：《李曲斋作品集》，岭南美术出版社2015年版。）

《荧晖阁诗词钞》自序

（2015年）

余始在髫龄即好诗词、书法，先严教以辨平仄四声，遂拈笔咿嘤，东涂西抹，自以为得意。辛丑秋，年十三，欲访师求教，探得分春馆址，竟贸贸然持行卷往谒。庸斋先生开门，见余，问："小孩来何事？"余曰："学词。"先生大诧怪，呼入。见堂中有少年三五辈围坐，先生命座，曰："姑听讲。"所授乃唐人张泌浣溪沙词也。先生曼声吟哦，余闻之若醉醇酒。课后询同学之名，乃崔浩江、周正光、郭应新、吕君忾、陈永正诸君也。

数日后，余复谓先生曰："想学书法。"先生即研墨作一札，曰："汝持此至多宝坊泰华楼拜见李曲斋先生。"余大喜，旬日之内得诗词、书法名师，实一生之大幸也。先生教词主张先从摹拟入手，每授一体即命拟制和作，数年之间，得词数十首，先生均逐一批点。诸同学均长余七八岁，视余为幼弟，爱护有加。从师问道之乐，青少年时代最美之回忆也。

乙巳夏，高考前夕余忽发高热，卧床不起，先生闻讯，与师母至余家，携针药亲为余注射，并一再叮嘱：明日万不可弃考。翌日，烧稍退。余得赴考场考入大学，搭上"文革"前高考末班车，先生之力也。微先生之助，余一生之命运亦当改写矣。此际执笔为文，缕缕细述，师恩难忘也。

永正兄尝谓余："汝精神太健全，聪明善学而已，无真正之诗人气质。"余亦有自知之明，从事古文字研究之后极少为诗词，意在藏拙也，而书法则坚持不懈。今秋拟于首都博物馆举办书法个展，主办者知余为分春馆门人，建议内容以自书诗文为主，欲有异于专业书家之展览也。余遂翻箱搜箧，经年久远，旧作多已不存，仅得百十篇，编成一什，非欲以诗词家面目示人，聊记数十年之心境历程云尔。

乙未夏至南海张桂光于荧晖阁

《诗注要义》序

（2015年）

五年前，永正学兄年届七十，编定其自选集《泚斋丛稿》，我曾为作序，略云："作为一位学者、诗人、书法家的陈永正，也许可以说是最后一代的传统文人了。""由于永正的研究领域涉及古文字、古文献、岭南文学文献以及诗词、方术、书法等多个方面，成果形式有专著，有论文，还有大量的文学创作，很自然地形成了本书区别于林林总总的自选集的一种特色：除了一些'正规'的论文外，还有各式各样的文章以及文言文、小说、新旧体诗词。它体现的不仅是所谓的学术成果，更重要的是展示了一位传统文人丰富的精神世界。"

如今，我又欣喜地看到，永正的新著《诗注要义》即将出版，我再次有幸蒙邀撰序。这回，我要说的是：本书所体现的，是一位有着传统文人丰富精神世界的诗家、学者，经长期研究所取得的优秀学术成果。

永正是一位资深的诗词选家、注家，也是一位杰出的诗人。三十多年来，编纂过诗词选本、笺注本二十余种，颇受学界关注。文学史家王起先生曾将其特点归纳为二：一是"充分掌握材料，把作家放到一定历史背景下论述"；二是"兼擅诗词创作与评论，因之在评论中亦每多独得之见"。程千帆先生亦称"陈先生是一位学者兼诗人，故所作古代诗歌选注，时有胜义，不仅疏解典实语词而已"。如近年上海古籍出版社出版的《王国维诗词笺注》《山谷诗注续补》等书，均可为当代注本之范式。永正不少评论诗人诗作的文章，也多具这些特色。他曾为上海辞书出版社出版的唐诗、宋词、元曲、元明清诗等鉴赏辞典撰写了五六十篇赏析文章，可见其敏锐的艺术感受和鉴赏水平。我相信，只有在大量的诗歌创作、评论的基础上，加上多年的教学实践，才有可能写出《诗注要义》这样别具一格的著作来。

《诗注要义》，是永正多年学问积累的结晶，是国内第一部较全面地论述中国古典诗歌注释学的专著，对诗注的原则、方法和规律等"要义"作了深入的探讨，具有古典文献学和古代文学双重学科意义。古典诗歌注释学，是中国古典文献学中的古籍注释学分支，也是本书作者在全国较早开设的一个古文献专业博士生的研究方向。作者在书中写道："在西方文论和现代文论影响下，中国古代文学研究逐渐偏离甚至背离传统，在大学中，反客为主，古代文论固有的概念和术语被排斥在外，失去话语权，历史被割断了，学者们已无法从本土视角、以本土语言去表达思想和论述问题"，而各种"新理论新观点新方法，对中国古典诗歌本体性的理解，却总隔一尘，甚至无济于事"。作者试图"'集百家之言'，仰仗前贤所立之论，损益折衷，取得共识，以期复原中国传统的理论和方法，并以此说明一些基本问题"，可见其目的并不是胪陈众说，而是要博览约取，别出心裁，以成一家之言。可以说，本书是一部有开拓性的著作，为创建有中国特色的"古典诗歌注释学"作出新的贡献，学术意义重大。

全书内容编排上仿效古书体例，分为五篇，每篇各自包括若干章节，颇异于当代著作通行体例，以故为新，自见其独特的著述风格。内容有五个方面：一、详论诗歌注释必须注意的十大要项，这是本书的重点；二、概述诗歌注释的历史，并列举历代重要的注本以说明注释的各种方式方法；三、概述诗歌评论的历史与现状，介绍诗评名家；四、列述诗歌注释的主要体式，并举例说明；五、列举一些诗词别集当代笺注本中的失误，加以辨正。

《要义篇》，可以看成是一部"中国古典诗歌注释学"研究方法论的专著，也是全书精华所在。此篇分为"知难""道心""释意""训诂""用事""诗法""引用""考订""补正""纠谬"十章，纲目明晰。作者认为，注释实际上是一种综合性研究，它涉及多方面的学问。注释诗歌之难，其缘由主要有三：一为注家难得，二为本意难寻，三为典实难考。要做好注释工作，应怀抱道心，志在千古，视之为立言之业。注释诗歌，除了古文献学外，还须具有诗学方面的专门知识。从版本的搜集、资料的整理、史实的考据到字句篇章的解释、评论，环环相扣，缺一不可。作者还认为，注释的目的，一是力图把原作的"元意"表述出来，二是要把各家各说加以整理，以成自己一家之言。深入理解诗人当时所处的环境及其思想感情，也就是如何去"知人论世"与"以意逆志"。书中把诗意的理解分为三个层次：一、言内意，二、言外意，三、象外意。

指出注释要明确解释表层意义；尽可能揭示其深层意义；回避诗歌的"象外意"，不应过度阐释而衍生出各种诗中本无的"意外意"。诗歌注释应具的内容，各家各说纷纭，本书作者总结为九个方面：一、训诂字词；二、揭示用事；三、考订史实；四、疏解诗意；五、探求诗法；六、评论赏析；七、补漏辨正；八、校勘文字；九、阙疑待考。这九个诗歌注释的基本问题，可谓提纲挈领，具体全面。书中强调，注释离不开考证。诗人所处的时代，诗歌创作的背景和具体时间，诗人的生平经历，诗人的交往，等等，都须一一弄清楚。此外，前人的注释，不免有疏漏及错误之处，有漏则须补之，有误则须正之。补漏辨正，是很好的教学和学习方法。作者在分析说明有关诗注问题时，主要结合个人实践经验，处处闪烁着真知灼见。文中列举了大量的例子，操作性强，可供读者揣摩研究。本篇对诗注文献方法层面的提炼，是全书的精华所在，也是全书的纲领，与以下四篇相互贯通，联成一体，体现了其内在严密的逻辑性。

《简史篇》《评论篇》，为通史层面的注释简史，亦可视为一部"中国古典诗歌注释史"。作者依据多年搜集的材料整理编定，内容均高等院校教材应有之义，这是教学业务的工作，虽个人创见不太多，但要言不烦，充实具体，知识性强。《体式篇》，对古代诗注文献体式作了较完备的归纳疏理，所举体式之范例，均取自作者本人的著述，理论联系实践，更能说清楚问题。《指瑕篇》，由十篇批评文章组成，很有学术价值，自非人人所能为，读起来亦醰醰有味，具见作者的学力与识力。除本篇外，其他各篇章中指瑕纠谬之例极多，可视为本书的一大特色。在健康、理性的学术批评普遍缺失的现状下，这类文字更显得难能可贵。我曾向永正提出，本篇结构和语言风格与上文不大协调，建议作为全书的"附录"；或加上前文中的有关纠谬的材料另出单行本，影响可能会更深更广，惜未蒙采纳。

《典论·论文》云："古之作者，寄身于翰墨，见意于篇籍，不假良史之辞，不托飞驰之势，而声名自传于后。"《诗注要义》一书，是作者费时十年所取得的古籍整理研究成果，是长期教学工作的总结，也是诗词创作及注释实践经验的总结。永正向来服膺顾亭林、陈兰甫"采铜""钞书"之说，平生读书，喜作摘录、眉批，做了大量的、繁重的原始材料准备工作，宏观上把握两千多年诗歌注释发展历史，进行总体全面的研究，旁征博引，归纳总结，从而构建起中国古典诗歌注释学理论框架，一再修改，方得成书，具见其深厚的学术素养和严谨的治学态度。本书部分章节曾用作中山大学中文系中国古文献专业博士研究生的教材，可作高校古典文学及古典文献学教学参考，亦可供当代的注家揣摩取法。作者的用意，不仅是指导研究生如何从事注释工作，更重要的是引导广大文学爱好者，如何掌握正确的学习方法，真正理解诗意，去读懂古典诗歌。我读毕全文后，自愧之余，对作者的博览通识尤为钦佩。

我与永正相交长达半个世纪。二十世纪六十年代初，同游于岭南大词家朱庸斋先生分春馆中，师友唱酬甚乐；七十年代末，又同在中山大学容希白庚、商锡永承祚二老门下，从事古文字研究，彼此相知甚深。作为本书最早读者之一，我相信此序中每句话都是老朋友由衷之言，或能得永正学兄欣然首肯。

乙未冬日张桂光于华南师范大学荧晖阁

（注：《诗注要义》，上海古籍出版社2017年版。）

《岳雪楼集宋拓晋唐小楷》序
（2016年）

岳雪楼为敝乡罗格孔家村先贤孔继勋藏书之所。孔氏精鉴别，嗜收藏，搜罗之富，称甲一方。其子广镛、广陶昆仲承父遗绪，远索重购，锐意扩充，番禺潘氏听帆楼、南海吴氏筠清馆、叶氏风满楼所藏亦多归之。藏书达三十余万卷，居吾粤之冠。岳雪楼宋拓晋唐小楷，即其精品之一。该集收宋拓晋唐小楷九种，附小行书一种，凡十种。

一、钟繇书《宣示表》。该帖纯朴高古，向称钟书范式，流传特广。此本"纸墨似近宋初，古朴不类重摹"（孔广陶语）。而与通常所见者"行次疏密不同，'窃''致''达''违'诸字稍有摹异"（翁方纲语）。整体萧散流便，拙朴自然，较习见本行次结字用笔偏紧、起收转折时露圭角者，留有更多魏晋遗韵。

二、钟繇书《还示帖》。该帖字虽不多，然宽舒闲雅，朗润自然，向称上乘之作，流传亦广。此本摹拓精妙，更居各家之上，诚如翁方纲所言："还示帖所摹尤精，正得王临钟之神理，诸本所摹皆不及此。"

三、王羲之书《黄庭经》。该帖结体精严，纯朴古茂，在王楷中最享盛誉。此本麦华三考定为唐据真上石，宋麻纸拓本。伊秉绶称其"骨韵俱高，真得书谱所谓怡怪虚无之致"。细味"子玉树令可壮"六字及麻条痕迹，颇疑张廷济旧藏之宋刻宋拓本即从此出。

四、王献之书《玉版十三行》。该帖行笔爽健，结字清疏，跌宕奔放，为王献之代表作。书史上享誉特隆，故翻刻甚多。此本点画精致入微，撇捺神采飞动，光艳照人。孔广陶谓原刻不易，整本尤难，尚可见半闲堂中碧玉规模。信然！

五、颜真卿小楷《麻姑仙坛记》。《麻姑仙坛记》大字本在颜帖中声名最著，小字本影响稍逊，或以"世民"二字不缺笔而疑非唐人所书。然就书法言，虽为小楷而颜书精神毫发不失，岂易为哉？此帖流传亦有数种，然均"见"字起已有大裂者。此跌裂以前所拓，弥足珍贵。

六、柳公权书《护命经》（越州本）。柳帖纯二王书风者甚罕，故虽残泐亦自可宝。此帖"以宋经背纸拓，故倍觉光艳逼人"（孔广陶语）。翁方纲跋云："柳书小字，此尚略具山阴遗意，虽残泐何伤乎？"至确！

七、柳公权书《护命经》（南渡重摹本）。此本"凡残泐则用单钩，字画较越州本略丰"（孔广陶语）。"谏议书此经，结体用笔多宪章于黄庭、十三行，而绝去摹仿之迹。既如冠裳玉佩而又觉超然尘阓之外，宜推为第一妙迹也。故不厌一再收之"（亦孔广陶语）。

八、欧阳询书《佛说尊胜陀罗尼咒》。此帖书者有欧阳询、陆荣二说，而以属之欧者居多。字形用笔均与欧书《心经》颇近。越州石氏本亦置其于欧书《心经》之次。孔广陶跋云："衡山小正书亦一生得力于此"，价值可知。

九、褚遂良书《度人经》。此帖旧籍少有记录，故流传甚罕。书法规矩中见妍美，全是山阴法乳。帖末有范正思元祐跋语："予家旧藏唐阎立本画《灵宝度人经变》，褚遂良题字，惜其岁久烟灭，将失永存，独字画仅可刻以贻好事者云"，因知为褚遂良书。

十、无名氏小行书《茅山帖》。此帖流传亦罕，文征明误为陶弘景书。翁方纲、姚鼐、宋其沅、江藩诸家已力辩其非。翁方纲所言"茅山一帖，盖梁时人效陶隐居书者，依托为之，其书实有陶隐居手意，不能因停云误题而议之"，似较近理。

岳雪楼集宋拓晋唐小楷，确为不可多得之精品。然岳雪楼所藏，自光绪末年，孔氏家道中落而告星散，精本图籍流入东瀛者多有。此集即流入东瀛，而为宁乐美术馆所得，已无法回归。孔氏后人繁文先生访日，购得此集精印本一套，拟出版以飨同好，并藉志对先人之纪念，洵美事也。命序于予，因叙其梗概如上。

丙申惊蛰南海张桂光于荧晖阁

（注：《岳雪楼集宋拓晋唐小楷》，岭南美术出版社2017年版。）

《李曲斋百年诞辰纪念文集》序

(2016年)

今年是著名书法家李曲斋先生诞辰一百周年。

李曲斋先生先后在广州文化公园与广州市文史研究馆工作,担任过文化公园的顾问和市文史馆副馆长,并曾兼任中国书法家协会理事,广东省书法家协会副主席、代主席、名誉主席,广州市书法家协会主席、名誉主席,广州市政协常委。他热爱祖国,对弘扬传统文化不遗余力,为健全岭南书法的组织建设,促进岭南书艺的繁荣发展作出过杰出的贡献。他在诗词创作、园林建筑、园艺栽培、盆栽、插花等方面造诣也为这些传统艺术领域的传承发展立下不可磨灭的功勋。

为进一步打造岭南文化品牌,彰显李曲斋学术精神,广州市文学艺术界联合会、广州市人民政府文史研究馆、广州文化公园与广东省书法家协会、广州市书法家协会决定联袂于今年9月举办"纪念李曲斋诞辰一百周年学术座谈会暨李曲斋书法作品展",编辑出版《李曲斋百年诞辰纪念文集》。这自然是一件十分有意义的事情。

关于《纪念文集》的文稿征集,组委会采用了特邀与公开征稿结合的方式。通知一经发出,便得到了李曲斋先生的友、生及社会各界专家、学者的响应。先后征集到包括美国、澳大利亚和我国港澳及省内外作者的文章五十五篇,主要分文艺评论和回忆文章两部分,学术内容涉及书法艺术、文学创作、文物鉴藏、版本目录、园林设计、园艺栽培、盆景、插花,回忆内容包括为人处世、性格爱好、艺术主张等多个方面。是一本多层面、多角度反映李曲斋先生生平、交游、学识、修养、品行、创作、评论等人生轨迹的学术文集;是多角度、全方位了解和学习、借鉴李曲斋这样一位典型传统文人、名士的重要素材,对岭南文化和岭南人物的研究都会有重要作用。

中国书协和省委宣传部领导都鼓励我们弘扬岭南书风、振兴岭南书坛。李曲斋先生承传了陈白沙、李文田、康有为的岭南文脉,与并时的容庚、商承祚、詹安泰、吴三立、朱庸斋、佟绍弼、阮退之、吴子复、秦咢生、麦华三、黄文宽、卢子枢、张大经等一大批学者、书家一道,为推动岭南书坛的发展付出了毕生的努力。他的人生轨迹,他的书艺、学问与人品,处处充满着岭南文化,包括风土人情、文风文物的熏陶,是岭南书风的杰出代表。我们举办纪念李曲斋诞辰一百周年学术座谈和李曲斋书法作品展、出版《李曲斋百年诞辰纪念文集》等系列活动,就是希望通过对相关代表人物成功个案的挖掘整理,为岭南文脉的传承提供经验。它必将为岭南书风的弘扬、岭南书坛的振兴、岭南文化建设事业的发展产生积极的影响。

由于时间仓促,准备工作未能尽如人意,难免挂一漏万,恳请各界人士提出批评意见,以利日后修订补充。在此深表谢意!

2016 年 9 月张桂光于荧晖阁

(注:《李曲斋百年诞辰纪念文集》,中国文联出版社 2016 年版。)

《分春馆用印存》序

(2019 年)

《分春馆用印存》收先师庸斋先生日常用印凡七十六方,均出先生二十二友朋、子弟之手。有年长先生近半纪之印坛巨匠,有晚先生四十年生之少年英才,流派各别,异彩纷呈,固能瞻诸家印艺风采,探诸家印艺交流,明先师友朋交往,尤利对先生用印习惯之观察。喜庆内容常用花好月圆人寿,自书词喜用庸斋倚声,书画空白处多用填词馀事,可见先生用印首重文义切合,庸斋倚声、分春馆,均不止一家所刻,而张祥凝所刻庸斋倚声与余菊庵所刻分春馆使用特多,即出于对旧友之怀念。印存之汇集,诚宝贵资料也。文约兄属序于余,特识所感如右。

二〇一九年三月于广州

重刊《岳雪楼书画录》序

（2019 年）

  岳雪楼为晚清南海乡贤孔继勋所筑藏书阁，经其子广镛、广陶锐意扩充，藏书已达三十三万余卷，居吾粤藏家之冠。藏书之盛，现藏中国科学院图书馆之《三十三万卷书堂目录》所载备矣。然藏书之外，孔氏父子尚嗜书画，所阅精品无计，鉴裁精审，近求远索不遗余力，若遇所钟虽倾囊倒箧典当亦在所不惜，搜罗之富，士大夫称最。乃仿孙退谷《庚子销夏录》与高士奇《江村销夏录》体例，成《岳雪楼书画录》五卷。收唐、五代、宋、元、明书画百三十八件，除唐贞观人书《藏经墨迹册》、阎右相《秋岭归云图卷》、吴道子《天王图卷》等珍品外，尚多董北苑、巨然、苏东坡、黄山谷、米友仁、赵孟頫、倪云林、黄公望、沈石田、文征明、董其昌等名家力作。每件于纸绢、尺寸、收藏印鉴、诸家题跋均有详细记载，并时有作者自题，或记得画经过，或述作品鉴赏。使未缘亲睹佳作者亦能从各家描述中领略一二，有志于古书画鉴定欣赏品评与研究者亦可资借鉴焉。十年前，上海古籍出版社选刊古代书画著作，此书即在其列，由柳向春君以光绪刻本为底本，点校整理，惜格于体例，书中多未出校，未能尽如人意。今孔氏后人繁文先生有缘购得番禺周岐山浚霖手书上版之初刻本，依原样影印出版，洵美事也。孔君属序于余，谨识数语如右。

己亥霜降前三日张桂光于荧晖阁

（注：《岳雪楼书画录》，岭南美术出版社 2020 年版。）

《莞香墨韵》序

（2019年）

莞人种香，唐代始由国外传入，经宋代推广，至明清而大盛。

莞香旧以马蹄冈、金桔岭所产最为精良，不过，屈大均时代已有"金桔岭岁出精香仅数斤，某家有精香多寡，人皆知之。马蹄冈久已无香，其香皆新种，无坚老者"的感叹。同为屈大均《广东新语》提到的鸡翅岭村，自明永乐年间汤细弟引进并带领村民于家前屋后广为种植后，代代接力，日渐壮大，衍树成林，最终成为南粤地区木香的主要产出地。康熙雍正年间，更借女儿香传说佳话名扬天下，享"天下第一奇香"之盛誉，远销五湖四海、世界各地，并成为朝廷珍重的贡品。几百年来，除遭短暂破坏外，鸡翅岭村对莞香的研究、栽培、发展就一直没有停止过。新世纪以来，在政府的大力支持下，将女儿香文化与农村经济发展相结合，建立了独具特色的女儿香文化产业品牌，其于2008年获授"广东省莞香（女儿香）文化之乡"的荣誉称号，确系实至名归。

把卷芸窗下，边焚香边品茗，赏着袅袅升起的白烟，闻着四处飘溢的香气，历来都被文人雅士视为极高的享受。莞香不但气味馥郁，且有行气、祛风、祛湿、止痛、宁心定志功效，素有植物中的钻石之称。古今骚人墨客都留下了不少赞美、享受莞香的名篇。

今天，为进一步发掘和弘扬女儿香文化，鸡翅岭村委会决定举办首届女儿香文化节，其中一项内容，是遍搜古今诗人所写女儿香诗词，整理出版女儿香诗词集，并邀请六十四位书家，用不同书体书写古今女儿香诗词，成《莞香墨韵》书法作品集出版。确实是很有意义的事情。村委会让我为书法集作序，就写了上面这段文字。

己亥季秋张桂光于荧晖阁

重刊岳雪楼藏《宋拓九成宫醴泉铭》序

(2019年)

  欧阳率更《九成宫醴泉铭》为千古名碑,有"楷书极则""度世金针"之誉,故捶拓至多,磨损特甚,先后所拓,每有天壤之别,即就宋拓言,亦有唐刻原石与南宋榷场覆本之异,信乎真本难求也。此本汪士鋐称其"神韵固自可观",然其为宋拓与否则"不敢妄为置喙";何焯、徐用锡、翁方纲、吴荣光、孔广陶诸家则认定为宋拓无疑。何焯谓"此册为唐刻宋拓在所不疑,但用墨稍湿,断处又为常卖辈妄填数字耳",孔广陶谓"虽有填笔,而精神发越,终觉瑕不掩瑜",均实事求是之论也。此帖先后经青浦胡鸣玉、番禺潘正炜、南海伍葆恒收藏,咸丰庚申孔广陶"辗转访求宋拓十余载而得此",珍藏数十载,光绪庚子出岳雪楼归霍邱裴景福,三十四年归仁和王存善。民国五年王存善殁后,除见民国十七年中华书局曾珂罗版印行外,原本已不知流藏何处,庚子岁初,孔氏后人繁文先生得彩色复印本于山左滕州,由岳雪楼书局重刊,恰历两庚子矣。

张桂光识于荧晖阁

《沚斋书联》序

(2020年)

  这是一部独特而富创意的书法集。书写的内容是诗词集句长联,且多属沚斋临时按朱丝栏对联纸要求进行的即兴创作。

  要在浩如烟海的古今诗词中,撷取若干互不相干的句子缀合成联,既要保留原文字句，又要合乎对仗，文义贯通，浑然天成，还要别出新意，不是一件容易的事情。脑中没有足够的诗词积贮，自难撷取到好的句子；而即使有鸿篇在握，若没有深厚的文学底蕴，当然也难成佳对。所以，人们才有作好一副集句联要比自撰联难得多的感叹。

当然，集联不自今日始，照录前人所集亦自省事。若朱竹垞、陈兰甫、梁启超兄弟、姚东木、邵茗生之所集，沚斋亦多有借鉴。但除少数可为"原作原意上别出新意"范式者外，沚斋是不会完全"经袭前贤之制"的。他会按朱丝栏规定的字数自行集缀，也会"撷取成句，别作安排"。或因"惬意者甚鲜"而"取其所集而置换之"，或取前人"所集宋词联重组之以达己意"，或所集于朱丝栏"偶缺一格，因集他家句以对之"，或取前人集联续自集句以成新构，或集今诗以配古词，或以宋之佳词配己诗，或集己诗以成联，虽不离移花接木手段，而花样翻新，已成创格；虽率意而为，却在不知不觉中将集联一途，从取材范围到表现手法都推进到一个新的境界。没有满腹诗书，没有博闻强记、文思敏捷，没有创新思维，是不可能实现的。

本书尤其精彩的是联语外的款识。联语写完后，沚斋总喜用四边狭窄空间即兴写下随想。或考证集联的源头与发展："集句成诗始于傅咸，集联则肇自荆公。有宋一代，'百家衣'之制，已成文人雅事……清人则好以集句书联，集词则有竹垞《蕃锦》，蔚为大观。吾粤陈兰甫先生尤好集词为联，驯至新会梁氏兄弟，更为个中翘楚矣。"或涉名家名作的鉴赏："朱师尝曰：梦窗之佳处，一为潜气内转，二为字字有脉络，力斥'七宝楼台不成片断'之非。近世好手如姚东木、沈秋明诸家，则拆碎而重建之，弹指再现，依旧七宝庄严也。""刘熙载谓张玉田词清远蕴藉，凄怆缠绵。而余则颇赏其疏淡放旷之语。南宋江湖一派，身在山林，心怀魏阙，何尝梦到玉田之高境？潜踪不仕，实无可仕者，宋邦沦覆时已届中年，曾亲睹临安之盛也。"或涉前人集联之评价："周美成词，清人喜集为联语，余观宣素先生所集多工致者，然词语或未免颓唐，惬意者甚鲜也"；或记创作心得："余夙喜集句，窃思集他人句易，集己诗至难，盖集他人诗，可以己意统率之，断章取义，不问来由也。""余向喜作行书，以其能见功力、抒性情也。汉人高格，世之俗手效之每陷板滞一途而不返矣。因集旧词为联，信笔而书，虽未能惬意，亦可塞责矣。"或抒发感想："此联集五十年前诗句，多撰于世变孔亟之时，余子皆扰扰攘攘，道途奔走，恐无此闲情逸致也。""余虽不解饮，然擘橙讯菊，与二三知交共，亦快意事也。"或针砭时弊："饮冰室主人晚岁所集宋词为联，中多佳制，近年书家每袭取之而没其名。丁酉秋，余试取其中所喜者再集成联。吾粤白沙先生每以戒懒劝喻门人，余性素懒，无可戒也，此举以较径袭者略胜一筹，书以示人，虽愧而未汗也，任公其恕我。"而书写偶然失误，其补救之法尤见智慧：书写上下联倒置，沚斋以"原集联以平声作结，余以为睡醒方与朋侪晤，语更佳也"为解，"过"与"双壶"误倒，则以"匆匆挥笔，不知过字误倒矣，一笑"带过，写"依稀风韵生秋"句，误秋为春，即以"余作书每误秋为春，友人旁观笑曰：陈子老矣。吾曰否否，余心中常贮春意耳"自我解嘲。寥寥数十字,皆雅致清纯,文人之智慧、襟抱、学养尽见。沚斋云:"人生贵适意耳,贵随时耳,然书不可不读,亦不可不知读书之法。无字之处必须留意也。事有可做可不做者,人有闲有忙之时,最闲时亦即最忙时,此意知者鲜矣,可发一叹。"沚斋题跋似是随意所适,信笔而书,这种"随意",实属古哲西塞罗所谓"考究的随意",在丰厚的文化内涵中随意拈出,在"适意"时始能一挥而就,而非不经思索,随便而成,故有"此意知者鲜矣"之叹。

余昔日尝以"古雅清刚"四字评沚斋书。今观其联语,书风亦似有变化,于"清刚"中稍添温润秀美之致。如"双桨半廊"联、"篱角窗前"联之灵动自然,变化多姿;"湖娥越女"联、"一窗三径"联之秀雅清纯;"古意移家"联、"秋容孤帆"联之温润闲雅;"诵骚逢好"联、"依稀最爱"联之中和醇厚;"曲栏红幕"联、"松菊鬈鬓"联之沉着安详;"莺燕湖山"联、"重阳素秋"联之韶秀流丽;"古书秾李"联、"渐路又身"联之沉稳持重;"秾李舞衫"联、"岩峦松泉"联之雄劲傲岸,均各自精彩。沚斋虽自言不擅作隶,亦极少以隶书示人。然所录几副隶书联,均以汉碑体格,汉简用笔,融碑简一体的结字,真能撷碑简之所长融为一体,古雅而灵动,可供时下学汉简不辨优劣,只知描头画角、依样画葫芦者借镜。

纵览全书,从文辞到书法,沚斋的风流儒雅历历可见。而究其儒雅的气质,实来自对传统文化特别是诗词的内心修养。这是很值得我们认真体味的。

庚子孟夏张桂光识于荧晖阁

《温汝适墓志铭》拓本序

(2020年)

"吾粤吴荷屋中丞,帖学名家,其书为吾粤冠。"此康公长素语也。荷屋为南海先贤,学识渊博,精鉴别、富收藏,于金石书画,心得尤为独到。书法早年学欧,后受刘墉、翁方纲影响,转习苏轼行书。其书作自以率意而为,离披特甚而恣肆雄浑之"烂苏"体最为书林人士称道,然传世书作,则以中年欧形(字形修长)苏笔(行笔用抹)之行楷为多。工楷于科举中人必是行家里手,然荷屋所作并不多见。此篇《温汝适墓志铭》,乃六十岁时为已故好友撰书者,通篇一千六百余字,全用工楷书写,实不可多得之佳作。与通常所见行楷相比，此作似有苏形（字形扁方）欧笔（方整健劲）之异。考荷屋历年所书，早岁纯从欧入，中年学苏，仍以欧形苏笔为主，晚岁则形、笔均多入苏法，庚寅所作十一言联已多形扁笔抹之势，此《温汝适墓志铭》与其风格正合，特行草与工楷之别矣。通篇字形扁方，苏味至重，用笔以铭石庄重计，则多取法乎欧，形成欧笔苏形面目。其用笔结字融合欧苏之效果，又颇与徐浩暗合，长素公称其取法张玄墓志，似亦此类暗合耳，未必真出张玄法乳也。此铭原拓现为佛山博物馆所藏，孔繁文先生有意列入《岳雪楼丛书》出版，读者不唯于此领略荷屋精美楷作，且从所述温汝适家世、为人、政绩、世系、卒葬、子嗣了解温氏之文章学问、政治才能、道德品行，从酣畅淋漓、顿挫沉郁的文笔中体会荷屋对故友深沉蕴藉、诚挚委婉、无限爱惜之情。诚美事也。因为之序。

庚子小寒翌日张桂光于荧晖阁

《程扬甲骨文印谱》序

（2020年）

程扬先生是中国书协理事、广东书协副主席。他1961年生于海南，1976年开始学习刻印，可以称得上是资深篆刻家了。

程先生早年师从海南名家黄强，从汉印入手，深入学习黄牧甫，打下扎实的基础。当兵入广西后，又得李骆公指点，印艺大进。二十世纪八十年代中开始在《解放军报》及《战士报》上发表印作，1987年还收获了广西首届艺术节篆刻一等奖。回广东后，在秦咢生、黄文宽、卢炜圻等名家指引下，涉猎多方，印艺益精。1994年在中国美术馆举办个展，接触全国名家，眼界益阔，路子益广，创作研究更趋深入，最近又在甲骨文的篆刻应用方面作专门探讨，这是很值得称赞的事情。

现在出版的这本《程扬甲骨文印谱》，是程先生运甲骨文入篆刻的初步尝试成果，它反映了程先生近期的甲骨文学习心得，反映了程先生对甲骨契刻的字法、刀法、章法的理解，反映了程先生的艺术理念与追求。随着研究的深入，这种理解将不断深化，创作水平将有更高层次的升华。希望程先生更好地掌控甲骨文字构字规律，多搜集和细读甲骨拓片，从那或追求圆转均衡线条，或追求毛笔书写效果，或追求刀刻冲刺味道的拓片中体会甲骨的刀法；从那字形大小参差、字距、行距及每行的长短、字数的多少也无规范，甚至依龟、骨的纹理决定字行的走向，据龟、骨的不规则形态作闪让、布局，或正或侧，或疏或密，或壁垒森严，或疏落错综，自由、活泼、生气盎然的布局中体味甲骨的章法。相信在第二辑、第三辑出版时，将一辑比一辑进步，一辑比一辑精彩。

2020 年 3 月张桂光于华南师范大学

（注：《程扬甲骨文印谱》，西泠印社出版社 2020 年版。）

《侯过书法作品选集》序

（2021 年）

侯过先生是广东省文史研究馆首任馆长，著名林业学家、诗人、书法家。他毕生从事林业调查和森林学研究，为祖国的绿化、中国森林学的建立作出了重大贡献。他在诗词、书法方面也有很高的造诣，为推动广东文史研究、文学与书画艺术创作事业的发展不遗余力。

1962 年秋，他与商行銮、胡根天等人发起成立的广东文史夜学院，汇聚了馆员与广东高校学者名流的雄厚师资力量，培养了一批文史、书画及德、日外语方面的优秀人才，为广东文化艺术事业积蓄了一股坚强的后备力量，在推动日后广东和世界各地华人社会中国文化艺术传播发展方面发挥了重大的作用。

1963 年，他与广东书坛名家发起成立广东书法篆刻研究会，成为继北京书法社、上海中国书法篆刻研究会之后的第三个省级书法团体，与京、沪相呼应，成为全国三大书法活动中心。

在 1962—1966 年短短几年间，不但成功举办了广东历代书法展、历代碑帖展等大型展览，而且配合形势，举办了毛主席诗词书法篆刻展、王杰日记书法展、援越抗美书法展等主题鲜明的展览，还开启国际交流渠道，举办了日本书坛泰斗丰道春海的书法作品展。每年迎春花会应众挥春、菊花展览及中秋灯会等，都有诗词书画的展示，还有文史夜学院课堂及书法名家的星期讲座，把广东书坛搞得如火如荼，确实开创了我省书法史上的一个黄金时期。就是在"文革"时期处于组织瘫痪的环境中，仍举办了 1973 年、

1975年的省展，1977年的省妇女展，这与侯过先生领导下的文史夜学院和书法篆刻研究会当初打下的基础是分不开的。

作为广东书法篆刻研究会（广东省书法家协会前身）的首任会长，能够使研究会办得这样出色，除了德高望重、以德服人之外，其书法造诣、以艺服人也是很重要的因素。侯过先生书法五体尽能，而以甲骨、今草最为知名。其今草最以沉厚健劲、豪情奔放为特色，"娄寿碑"跋堪称典型，虽小字而有大字气势，虽率尔而为而激情起伏、流畅自然，结字高低正侧、行笔轻重疾徐、用墨浓淡润燥交互变化，交相辉映，写活"争坐位"，信为佳制；甲骨当以早岁结字雅致、行笔健劲者为上品，"大山今雨"联可作模范，晚年所作多带草书作风，虽老笔纷披、豪情奔放，终嫌粗糙。他如丁亥（1947）所临石鼓之精致，1961年"万花会观后三绝"行书卷之沉雄，二十世纪六十年代初"读陶铸同志松树的风格后感"之娴适，1966年为"当代名家书画纪念册"题耑小篆之雅健，"古剑奇书"隶书联之规矩，"听涛"楷书匾之雄健，九十岁后所书"独有更无""书有事无""人间国际"诸联及"万顷田畴""劳动人民"诸立轴之雄迈老到，均为上乘之作。

用今日的评价话语，侯过先生确是一位德艺双馨的书法家。今天，由广东省文史研究馆与广东省书法家协会联合出版省文史馆首任馆长和省书协前身广东省书法篆刻研究会首任会长侯过先生的书法作品选集，这是很有意义的事情，文史馆和省书协将写作序言的任务交给我，谨将我的感受记录如上。

朱师致魏佐浩书跋

（1992年）

曩余执教惠州中学，与佐浩画师为忘年交。余每省亲，彼必嘱代候庸斋师；师有谢函，亦必什袭珍藏。今出此相示，距先师归道山已八年矣，抚之泫然，因识数语，表此一段文字缘。

壬申清明后五日门人张桂光

李劲堃山水小品跋语

（1992 年）

　　壬戌癸亥间，劲堃先生与内子同事，时过敝斋谈画论艺。后入美院潜心习画，消息稍疏。今林辉兄出此见示，精神一振，岭南法乳之外，别参宋元笔意，且能糅合南北，旁通欧、日，自成面目。此图尺幅虽小，而空间宏阔，透视深远，点染精细，于空灵中见密实，此所谓宏大见胆略，细微见精神者也。

壬申杪春张桂光识于荧晖阁

商师锡永先生篆书"大同篇"跋

（1996 年）

　　世传商师书法，多为中晚年遗墨，其华贵雍容、才气洋溢形象早已深入人心。此帧少时精雕细刻之作，布置巧妙，用笔灵动，柔和娴雅，精致玲珑，以又一清新面目示人，诚可宝也。

丙子夏至前一日张桂光拜观

甲骨书法临作自跋

（1996年）

评论甲骨书法，多据董作宾断代法分为雄浑、谨饬、颓靡、劲峭、严整五体，余则按笔法分三大派：一求线条圆转均衡，有类金文，《佚》427可为代表；一求刀刻意趣，笔画瘦硬劲挺，锋利峭拔，《续》522可作典型；一求毛笔书写效果，用笔顿曳分明，轻快劲媚，《佚》518堪称模范。数帖把玩再三，心仪手痒，临书一过，其快何之！唯与三帖校读，恐贻东施之讥耳！

丙子季秋张桂光识

董其昌草书卷跋

（1998年）

董其昌"颜尚书序怀素草书"长卷为香港书法家协会方志勇先生所藏。卷首楷书两行八字，卷末款识行书五行四十五字，正文草书六十六行一百三十七字，乃节临怀素《自叙帖》中"颜尚书序怀素草书"段落，与《岭南书艺》第二十二期刊出的广东省文物店所藏董其昌临张旭《古诗四帖》长卷风格相近，可视为姐妹篇。

世有"张妙于肥，藏真妙于瘦"之谓。《古》《自》两帖虽同有纵逸豪放的特点，但作为以"瘦劲雅淡，超脱俊逸"见称的董其昌，要表现《古》帖的肥厚健劲，自非刻意为之不可，远不如表现《自》帖之瘦硬劲挺来得得心应手。因此，此卷比之临《古》卷放得更开，部分文句的更动，更表明已近忘情境界，实乃意临之作。通篇更见潇洒流畅、灵动自然，确能以圆劲瘦硬的笔画，表现出奔放的豪情、磅礴的气势，实是不可多得的佳作。稍觉不足的是，部分笔画稍嫌惊急，乏含蓄之致。

（原载《书艺》第一卷，1998年5月）

朱彝尊隶书联跋

（2001 年）

曩读竹垞隶书，多见夏承笔意，行笔爽利，灵动奔放，此联与彼或异，书风已复一变，写来方劲沉着，波磔法度具足，其为吾粤隶派渊源所自欤？

辛卯季春张桂光识

朱九江行书立轴跋

（2011 年）

朱九江先生为道咸间广东大儒，不唯学术思想于中国学术政治有深刻影响，其于书艺之道，亦享盛名。其大字向以雄深绝伦著称，此帧立轴，结体宽博，用笔淳厚，所谓手软笔头硬，信得太傅多力丰筋之妙。

辛卯端阳前二日邑后学张桂光敬观

高剑父书跋

（2011 年）

  高氏用笔偃仰翻腾，以画法入书，与南海康氏淡化技法、标榜气格者颇异，然两氏同属豪迈雄放品格，气息每能相通，此篇即其实证，"为"字结字用笔、姿态神情都颇与康氏暗合，可叹也。

辛卯夏张桂光识于荧晖阁

商师甲骨书作跋

（2011 年）

  商师甲骨书法乃承雪堂先生一脉而来，结字端严，行笔健劲，处处流露出对甲骨日夕摩挲的潜化气息，与杜撰甲骨字形、行笔草率散漫的时下书人所作固有天壤之别，即与结字精准娴熟、行笔轻快、线条滑溜的董作宾氏之所作亦自各异其趣。

辛卯季秋张桂光识于荧晖阁

容师希白临孟簋铭跋

（2012 年）

此先师希白所作孟簋铭临本也。孟簋为辛丑陕西长安张家坡所出西周中期窖藏铜器之一，铭文用笔淳雅，气象浑穆，临本尤见娴静柔和，信为先师盛年经意之作。其所经历，炜湛教授已述之颇详，此固"文革"之悲哀，然亦人性之真实流露。永正砚兄所谓"裂纸情如割"，炜湛教授时当有切肤之痛也！

壬辰仲秋张桂光识于荧晖阁

《北京南海会馆观海堂苏帖》跋

（2012 年）

《观海堂苏帖》为道光年间邑先贤廖鹿侪、孔炽庭据吴荷屋所藏《宋拓西楼帖》残本重刻而成。《西楼帖》又名《东坡书髓》，传本极少，瑛兰坡所藏三卷已石印出版，吴藏两卷则赖是刻以传，深可宝也。所收《和王明叟喜雪》一帖固为苏书大草之罕见者，即《郭熙秋山平远》帖与《呈公济子侔》帖之豪迈雄强，亦视三希堂所收《赠邓圣求》帖而犹胜，几可直逼《黄州寒食》，而《次韵钱穆父诗》卷，亦视三希堂所收苏公自谓醉书之《答钱穆父诗》帖更觉雄放。他如《寿子由》及《送孝博奉使岭表》诸帖，亦规矩中见灵动，堪作苏书之典型。张伯英谓"近代汇刻苏书无能出瑛藏与此刻之右者"，诚不妄也。

壬辰吉月张桂光于樵山书院

《四山摩崖刻经》跋

(2013年)

世多以泰山金刚经亦隶亦楷而目为隶楷过渡书体,细读四山摩崖,始知不然。尖、铁、葛三山所刻与冈山之佛号摩崖,虽或傲岸,或舒徐,或恬静,或浑厚而与泰山刻经之凝重异趣,然整体风貌与泰山刻经同出一系,则无疑问。与上述诸刻同时之冈山摩崖,除佛号之外,全用楷法,与诸刻判然有别,而与文殊般若碑及太公吕望碑等六朝碑刻相近。是冈山刻经乃用当时流行书体,而上述诸刻则为仿古之作,实六朝人作隶而非隶法在六朝书体之遗留。然则泰、尖、铁、葛诸山刻石,宜入隶书范畴,而非隶楷之过渡书体也。

癸巳仲夏张桂光识于羊石

吴子玉《临文征明赤壁图》跋

(2014年)

子玉先生与余同学于分春馆,容师希白许以为忘年之友,与余尚缘悭一面,然其书画佳作亦时有拜观。是幅《临文征明赤壁图》,匀净细润,笔法精妙,颇得玉兰堂三昧也。

甲午嘉平月张桂光拜观后题此

吴子玉《秋溪访旧图》跋

（2015年）

　　子玉先生乃分春馆同门，而容师希白忘年友也，虽缘悭一面，而师友间每通其消息。其画上承宋元，下及香光、青藤、石涛、八大，实现代中国传统画派之有力继承者。此《秋溪访旧图》，画笔清新，严谨中见灵劲，简淡中见渊穆，所谓会心言不尽，人与景俱幽，洵佳制也。静山兄叹为抚大涤子佳作，诚知言也。

乙未小满后二日张桂光识

莱子侯刻石跋

（2015年）

　　隶分秦汉，史籍见载，然云梦秦简出土以前，秦隶面目世人莫之知也。云梦之后，马王堆、银雀山西汉简帛相继出土，秦篆汉隶之过渡方为世晓。盖秦隶者，小篆之快写也，以篆隶草并见，夸张波挑与长竖表现气势为特色，而篆书形体之渐次消失，波磔开张之由竖伸变横展则汉隶成熟之标志也。以观刻石，五凤元年所刻可视作秦隶之最后云仍，此天凤三年刻石则成熟汉隶之权舆也。此石书法，论者每以用篆入隶为说，其实，所谓篆笔者，乃由单刀入石，波磔转折未加修饰所致，非书者有意用篆笔入隶也。杨守敬称是刻苍劲简质，汉隶存者为最古。求诸刻石，杨说或然，求诸简帛，则未必然也。又，刻石文字看似浅白，然诸家释文亦自分歧，误丈为支、误食为良者在所多见，特作释文，以供参验："始建国天凤三年二月十三日，莱子侯为丈人为封，俉（诸）子食等，用百余人，后子孙毋坏败。"乙未季春，胜利女弟自鲁来粤，持此属题，谨识数语如此。

张桂光于荧晖阁

篆书梅关铭跋

壬午夏，广东省文史馆应南雄市旅游局之邀，组织馆员作大庾岭之行。南雄市政府拟立石于梅关口侧。席间，商请永正兄为书张九龄《开通大庾岭记》，刻于碑阳；倩君忾兄撰《梅关铭》，属余书篆，刻于碑阴。逾二月而赋成，书就交付南雄。至今十三载，而刻石形迹未见，原作亦无从寻觅。为免君忾兄美文湮没，因重录一过，以供众赏。

乙未谷雨后两日张桂光于羊石五山南麓

陈初生"人民万岁鼎"铭拓跋

（2015年）

初生砚兄对金文情有独钟，心得独到，所著《金文常用字典》向称初学津梁，所书"人民万岁鼎"铭庄重淳厚，堪为世范，即铭拓亦殊不易得，伟智其宝之。

乙未仲秋张桂光于石牌

李劲堃《春山听泉图》跋

（2015年）

劲堃先生甲午所作《春山听泉图》，于狭长尺幅内营造宏阔空间、深远境界，诚佳制也。长卷绢面时露漏矾痕迹，作画时耗神费力自可想见，然劲堃以浓重笔墨与精细点染交互运用，耸秀峰峦与流淌山泉、茂密山林与通幽曲径相映成趣，加上灵动人物与精写树木，春光明媚，一派生机跃然纸上。咫尺之间卧游万山，其快何之！

乙未秋张桂光于罗浮山下

《舍命救孤图》跋

（2015年）

赵氏孤儿为汉画像石习用题材。所选情节以夫人托孤或程婴救孤最为常见。所述均晋国赵盾后人遭屠岸贾灭族，杵臼、程婴受夫人所托，定计舍命救孤之事。此图刻画赵朔之客公孙杵臼与赵朔友程婴于屋中交接孤儿作诀别之状，笔墨简朴，线条清晰流畅，形象生动自然，诚汉画像石之精品也。

乙未仲冬张桂光识于华师教师村

赵氏孤儿故事，《左传》宣公二年、《史记》赵氏世家均有记载，其事曲折感人，历代文人诗、文、词、曲、小说、戏剧、雕刻、绘画用为创作题材者至夥。此石现藏山东济宁市任城汉文化研究中心，汉石中精品也。

桂光又及

《太守出行图》跋

（2015年）

汉代等级森严，车马仪仗每被视为身份地位之重要标志，故志在炫耀墓主身份之汉画像石，车马出行题材至夥。此图之太守出行，车驾前呼后拥，浩浩荡荡，场面宏阔，声威逼人，极简朴之线条，极单一之颜色，而华丽之车驾、健硕之骏马、仪态各异之人物，已刻画得栩栩如生，汉画之精妙如此，诚可叹也。

乙未大寒后两日张桂光识

《孔子问礼图》跋

（2015年）

《庄子》天运篇云："孔子行年五十有一而不闻道，乃南之沛见老聃。"此春秋重要史事也，不唯多种史籍均见记载，即汉画像石亦为习见题材。所见虽不离孔子尊老敬贤之主题，然问礼之时地不同，场景各异，人物多寡亦自不同。此帧人物凡三十有四，当属目前所见之人物最多者，并无太多的场景布置与色彩渲染，只凭极简之黑白线条，即将孔子率众弟子拜谒之恭敬，老子与从者迎宾之谦谨，厕乎谒、迎二者之间那七岁为孔子师的项橐之天真伶利，都刻画得惟肖惟妙，实不可多得之佳制也。

乙未冬张桂光识

白爽《六祖坛经图像印存》跋

（2016年）

六祖惠能为中国禅宗实际创始人，与孔子、老子同为东方智慧杰出代表。所著坛经，博大精深，义理渊奥而文字浅近，流传特广。敦煌、大乘寺、宗宝诸汉文传本外，尚有美、德、法、西（班牙）、日、韩等文字翻译与篆、隶、楷书抄本及漫画等艺术形式，堪称多彩。新近京华白爽先生更以坛经义理入印之新颖形式，成《六祖坛经图像印存》。白君为篆刻名家，于古代肖形印、汉画像石均有独到见解，复借鉴宋代梁楷泼墨仙人图及当代金陵名家刘二刚人物画技法，所刻百印，刀法精熟，构图简洁含蓄，人物生动传神，线条拙朴流畅，饶多古意，诚不可多得佳作。俾读者看图而识奥义，为弘扬佛法辟一蹊径，尤可佩也。

丙申立冬后两日张桂光识于羊石五山南麓

陈永正书作跋语五则

（2016年）

《开大庾岭路记》跋

永正兄为李天马先生高足，入门即在《九成宫》中浸淫多年，打下了扎实的欧楷基础。这篇《开大庾岭路记》，一望而知是欧体格局，但与少时所见对欧体亦步亦趋、力求逼肖的书作有很大的不同。作品除了展示用笔方劲沉着、线条意实力足的欧楷本色外，还展现了作者对褚遂良《孟法师碑》及隋《龙藏寺碑》一类风格的吸收，谨严刻厉中见峻整疏朗，宽博傲岸，通体浑成，老成中不乏灵动。

《临散氏盘》跋

进入中山大学从容、商二老习甲骨金文之学后，不但加深了永正兄对金石文字的认识，而且容、商二老及中山大学丰富的碑帖收藏，也大大地拓宽了永正兄的眼界。对数百篇铜器铭文及侯马盟书一类墨书篆字的临习摹写，使永正兄对刻铸与书写关系有了更真切的理解，书写起来便更得心应手。这篇以秃笔蘸宿墨于土纸上意临的《散氏盘》，行笔畅顺自然，用墨润燥并见，颇得草篆真趣，与时下习篆者崇尚的故作颤抖、积点成画的清道人一类书作有明显差异。

《独醒》跋

永正兄学书历程，大抵可分三个阶段，一是"文革"前师从李天马先生打基础阶段，一是"文革"后考入中大研究生以后的书体成熟阶段，而中间的"文革"十年，则是尝试与探索爬梳阶段。这一阶段对以碑入帖、对日本前卫派、对篆隶楷行草混作、对浓淡墨相间、彩墨并用，等等，都作过很多探索，对后来的书体成熟亦有重要作用。"独醒"二字即是这种作用的很好体现。两字属古隶字体，不但将篆隶草并见的古隶特色表现得淋漓尽致，而且用笔方圆兼使，用墨的浓淡润燥，结体的纵横开阖，黑白虚实的夸张配置，等等，都表现出作者的胆识与智慧，没有第二阶段的探索，是写不出来的。

《大雨骤止和严霜》跋

这是成熟的永正风格的佳作。成熟的永正风格是通过广摄博取，浑融各家，以帖法写碑，把北碑流动化，并参以散氏盘、侯马盟书体势以求灵动自然，以含蓄内敛、动静契合为特色的，他有意识地把篆隶楷草熔为一炉，铸入行草的模子中，所谓如盐入水，浑然无迹，与前人于一幅行草书中间杂篆隶形体的做法迥异。此篇诗笺上的书作，行笔方圆兼使，沉着健劲，转折处斩折峻利而不见剑拔弩张，尺幅虽小而雄强伟岸，豪气纵横，所谓尺幅千里，达到一种小字作大字观的境界，这无疑是积学渊深所致。

《天柱峰诗》跋

这是一幅章草佳作。永正平时少以章草示人，这篇作品可见他取汉简体势而掺北碑用笔，典雅中见清劲，灵动中见雄强，亦难得佳作。

南越陶瓦文字跋

（2017 年）

南越残瓦，清末以还续有出土。其上文字固为秦汉之际文字研究之重要史料，其上内容，于南越国史、工官姓氏、度量衡、建筑制度及地理方面之研究，尤足珍贵。而戳印、拍印之制作方式产生与一般金石铸刻相异效果，于书法篆刻研究亦有重要价值。潘六如、潘和、谢英伯、邓尔雅、黄佛颐、曾传轺、黄文宽等学者均曾事残瓦之采集、收藏、拓印与研究，可惜世事沧桑，各家所藏，多见散失。幸王贵忱先生积累搜求不遗余力，并将所得三百余品悉数献与公家，洵美事也。王老哲嗣大文先生假归精拓存念，并分赠于余，实深感激，谨述其原，并纪高谊。

丁酉大寒前两日张桂光于羊石

李志东书跋

（2017 年）

坡翁云：真书难于飘扬，草书难于严重；大字难于结密而无间，小字难于宽绰而有余。志东先生早岁习楷得元常小字三昧，中年而后乃用魏碑体势而出以行书意态，故能得宽绰飘扬之妙而成一家之体。近世书人多为入帖出帖之论所囿，观此或可悟耶？

骆墨樵临祝枝山草书长卷跋

（2018 年）

　　墨樵先生，天马前辈高弟也。浸淫圣教序有年，深得二王三昧，所作方寸行书，结字秀丽，点画精微，至为世赏，惜世事沧桑，已罕遗存。晚年入职书协，虽多创作，然应酬大字，实非所长。此卷临作，正多自家把式，以二王文气写枝山草法，诚然别有一番风味，实不可多得佳作也。鉴荣先生其宝爱之。

戊戌冬至前两日张桂光识

《黎二樵自书诗册》跋

（2019 年）

　　二樵先生为乾嘉年间南粤先贤，以诗书画印四绝见称于时。此册录壬子、丙辰自制及友朋唱和诗作，书法豪迈老到，结字有北海傲岸架势，用笔得东坡绵里藏针之妙，诚可宝也。

己亥肇岁张桂光拜观

题李劲堃《夜雨初晴图卷》

（2019 年）

劲堃先生《夜雨初晴图卷》，意境深远，刻画细腻，点染精微。雨过新晴、晨光微露，便见人马登程，商旅辛勤，可与"鸡声茅店月，人迹板桥霜"相诠释，诚佳制也。

己亥立秋张桂光识

题李劲堃《毛泽东长征诗意图卷》

（2019 年）

《毛泽东长征诗意图卷》为劲堃先生近年力作。画面宏阔，点染精警，直将"五岭逶迤腾细浪，乌蒙磅礴走泥丸"诗意表现得淋漓尽致，所谓宏大见胆略，细微见精神，劲堃其得之矣！

己亥立秋翌日张桂光识于罗浮山下

题黎雄才《松风放筏图》

（2019 年）

雄才前辈为泽森先生所作《松风放筏图》，傲岸挺拔之苍松与迎激流而上之木筏相映成趣，笔墨雄劲而灵动，信为前辈盛年佳制。锦锐先生其珍之重之，什袭藏之！

己亥立秋后两日张桂光拜观并题

陈乔森山水画跋

（2019 年）

先生为清代名儒，少称雷州神童，长有岭南才子之誉。执掌雷阳书院卅余年，栽桃育李，于粤西文化教育厥功至伟。木公博学多才，诗、书、画皆为世赏。此山水巨制，粗头乱服，苍莽自然，颇得石涛神髓，诚可宝也。己亥中秋后两日，晓雨新晴，神情爽朗，走笔写此。

张桂光于荧晖阁

容老临《毛公旅鼎》跋

（2019 年）

容师金文临作，早年多刻意求工，晚岁则但作挥毫托体，更重个性之表达，而不斤斤于摹拟。此幅行笔稳健沉着，用墨燥润相映，视法书集所收同铭临本更见豪迈老到，诚佳制也。

己亥仲秋张桂光拜观并题

邹鲁行书陆游梅花诗四屏跋

（2020 年）

邹鲁为吾粤硕学之士，以政治家、教育家名世。中山大学创校校长。其书法各体兼擅，尤喜以隶、行两体示人。此行书陆游梅花诗四屏，写于中大创校之年，年未四十，踌躇满志，故通篇精神弥满，通体浑成。用笔碑帖兼容，刚柔相济而流畅自如。结体宽博隽逸，顾盼有致而态度平和，开卷有神情爽朗、清新雅健、娴雅安详之感，智兄其宝爱之！

庚子张桂光识

容希白先生临十年陈侯午敦跋

（2020 年）

十年陈侯午敦为容师希白旧藏而捐赠华南师大者，现存历史文化学院文博室。陈侯午即史载田齐桓公午。《史记·田敬仲世家》记"田齐桓公六年卒"，而此器与十四年陈侯午敦均证其非，此正两敦之历史价值。容师一再临摹，盖有由也。至于此作书法精华，永正、初生两兄已述之颇详，此不赘。

庚子仲冬张桂光识

林望藏罗振玉甲骨联跋

（2020 年）

雪堂先生乃公认之甲骨学奠基者，亦书写甲骨文之第一人。所著《集殷虚文字楹帖》于甲骨文书法推广普及厥功至伟。从文字研究角度看，或有下联"陵"字应改释为"刖"之说，以证后出转精之论，然就书法论，此联结字之端庄闲雅，用笔之温润柔和，风格之超逸秀劲，则今日书人，受学识修养所限，鲜能达此境界也。林先生以为如何？

庚子仲冬张桂光识于华南师范大学教师村

容希白先生赠静山联跋

（2020 年）

容师希白为静山兄所书是联，用墨柔和淡雅，用笔闲适自然，结字全不经意，真能写出淡泊宁静心志者，诚佳制也。林望先生置诸座右，日夕受其辞其书熏陶，必能宁静淡泊，明志而致远也。

庚子冬至张桂光识

吴静山《愚斋夜读图》跋

（2021 年）

大智若愚者，非常人所能及也。愚斋夜读，其志又岂庸人可知乎？静山兄《愚斋夜读图》拜观后识。

辛丑仲秋张桂光

王秋湄章草联跋

（2021 年）

章草一体，宋克而后，几成绝唱，至顺德罗复堪兄弟及番禺王秋湄出，始得重放异彩。罗氏以厚拙古朴称，王氏以轻快流利胜，各成面目，皆自可观。此联结字妍美，布置巧妙，行笔爽劲利落，精熟流畅，将隶书波磔之美与草书之简练灵动都发挥得淋漓尽致，通篇豪情奔放，神完气足，潇洒自然，诚秋斋得意之作也。

辛丑开岁张桂光拜观并题

罗振玉甲骨联跋

（2021 年）

雪堂师祖为公认之甲骨学奠基人，于甲骨出土地及甲骨文所属时代之确定、材料之搜集整理及出版流布、文字考释与篇章通读方面均有杰出贡献。其对甲骨文书法之倡导与推广普及，亦居功甚伟。此联所用洒银蜡笺，笔锋容易滑偏，字大，惯用枕腕者亦不易把控，此其与日常书迹颇异之原因乎？

辛丑开岁张桂光识于羊石五山南麓

《书法雅言》《书法约言》跋

(2021 年)

《书法雅言》《书法约言》二书为明清时期书学名著。《四库提要》称之为取法乎上之书家圭臬。两书对历代书论传承有序,堪称千年来书论精选的集大成。近人注释今译虽见多本,但均嫌注释过简,今译欠准。像沚斋此本之将每一典故理论出处直溯源头,梳理注释得如此清楚者,实未之见;而今译之准确,文字之流畅,堪称信达雅之典范。本书对廓清近人注本因未明源流、随意解释导致歧义产生、读者误解的问题,有重要价值。沚斋的两篇序言对两书要义的阐析,亦十分精彩,不仅反映了沚斋深厚的文献学基础,亦使读者明白中国书法理论与书法艺术一样源远流长。

《愚斋藏珍》跋

(2021 年)

《愚斋藏珍》是伟智君收藏成果的一个集中展示。如所周知,高质量的收藏,一要有识力,二要有经济。伟智非出书香门第,亦无显赫家世,如非机缘巧合,要取得这样骄人的成果,是不可思议的。

这首先得益于其家与朱庸斋先生比邻。伟智幼学之年,正逢朱老师子女下乡,师母要到郊外上班,生活起居多需照顾之时。友朋来访,或造访友朋,伟智均陪侍在侧。先生友朋多硕学名流、书画大家,或交流学术,或挥毫泼墨,伟智斟茶递水,研墨拉纸,耳濡目染,从小便有了丰富的知识积累和良好的识力。伟智年少精乖,先生友朋均乐于赐稿,是以虽未有收藏的自觉,却有了不菲的收藏。

其次得益于他对装裱艺术的热爱与追求。年稍长,伟智便拜卢金颖为师学装池,并常向装裱名师黄秉津请益。很多知名书画家和收藏家都喜欢将精品交付名师装裱，伟智便有机会与很多古画、名画及名家、藏家相接触，大大拓宽了眼界，提高了识力，为日后的收藏打下了更坚实的知识基础，养就了较高的鉴别实践能力。

而最大的得益则是以精湛的技艺获聘为省文史馆的专职书画装裱师。丰富的馆藏，藏家对裱艺的认可托付装裱的大量精品，对馆中名家的随时请益、馆际交流中与京华、苏、沪名流的切磋，助力伟智知识面的扩展与鉴赏力大大提升。收入稳定、书画经营顺善，为伟智提供了良好的经济条件。伟智开始游走于大陆及港澳台各种拍卖场所之中，量自己的经济能力，借助多年培养的人脉，凭长期历练养就的眼光识力，购藏了越来越多的书画精品，跻身于知名收藏家的行列。

《愚斋藏珍》收录的藏品主要有清代、民国、当代三大部分，各朝代收录的名家作品，初生先生的序言已述之颇详，这里只想在初生所述基础上，补充谈点伟智的收藏特色。

伟智所藏，不乏金冬心、刘墉、王文治、梁同书、成亲王、何绍基、吴让之、赵之谦、郑孝胥、于右任、沈尹默、郑诵先等名书家及林则徐、曾国藩、左宗棠、翁同龢、张之洞、袁克文、赵朴初等名臣或政界名人这类收藏界的热门人物，而我更感兴趣的是伟智收集的文字训诂学家段玉裁、钱坫、杨沂孙、章太炎，古文字学家吴大澂、罗振玉、马衡、董作宾，学者章士钊、马一浮，诗词家朱彝尊、朱孝臧、柳亚子，作家周作人、台静农、沈从文、周汝昌一类在书史上并无特别地位而在学术史上有重要分量的文人学者的作品。这反映出伟智收藏重学养、重传统文化的取向。

伟智收藏的另一特别取向，是对岭南名家书画的偏重。除了吴三立、祝嘉、余菊庵、赖少其、莫仲予、李曲斋、饶宗颐、朱庸斋、徐续、吴灏等长辈赐稿外，像陈恭尹、宋湘、苏六朋、陈澧、朱次琦、李文田、居廉、康有为、梁启超、黄节、易大厂、商衍鎏、高剑父、叶恭绰、邓尔雅、王秋湄、陈树人、邓芬、容庚、吴子复、秦咢生、卢子枢、商承祚、麦华三、李棪、关山月、黎雄才、陈大羽、杨善深等的作品，都是伟智苦心搜求、精心购藏的。

伟智的经济实力不像一些藏家那么雄厚，故购藏特别审慎，虽名家之作，非精品不易出手，品类方面，多书少画，尤重对联的收集，这也许算得伟智收藏的一个特色。

本书所收，并非愚斋藏品的全部，朱庸斋、李曲斋、吴子玉的藏品已另有专集出版，本书便不多重复，尚有部分藏画，伟智另有计划，也未予收入。但这里收入的部分，已足见愚斋藏品的分量了。

辛丑小寒张桂光识于罗浮山下

区潜云书作跋

（2021 年）

先生为岭南草书大家，其书法各体皆能，向以功夫深、涉猎广、富创新精神知名。提笔作草，迅能进入如醉如痴、如癫如狂的忘我之境，恣肆豪迈、雄放不羁而法度具足，神完气具、生机勃勃，刘思翰称其如龙在渊，跃跃然欲来亲人，诚非虚言。永正兄询及批评意见，若吹毛求疵，谓其多见横势的傲岸而少纵势的雄强，霸气有余而轩昂气宇未足，有宏大胆略而欠用笔精微，可乎？

辛丑张桂光于羊石

李曲斋草书长卷跋

（2021 年）

此杜工部古柏行长卷，乃先师曲斋先生癸亥漫兴之作。先生时虽年近古稀而精力弥满，正蓄几十年经验积聚，跃跃然欲开晚年变法。经李北海、米南宫丰其气格，祝允明、陈道复壮其筋骨，妍美流便已转向遒劲雄强。此卷写来骨力洞达，雄放自然。结字虽变化错综而草法精准。各行长短参差，二三四字不等，行间奇正相生，闪让避就，气通隔行。所谓风神逸宕，穷极变化，已臻神骨俱净之化境，秦咢生称其"气机横逸，兴挟神飞"诚不妄也。先师于此亦颇自珍重。丁卯拙作《书法教程》出版，向先师征求示范图录，首选即出此卷。梁炳华君有幸得此，持以属题，抚卷思人，当年与曲师展卷把玩场景，历历如在目前。

辛丑岁杪张桂光拜观后识

朱师《溪山红叶图》跋

（2022 年）

　　朱师庸斋毕生肆力于词，余事书画亦饮誉岭峤。此帧小品清简隽逸，闲雅自然，而溪山红叶之点染，较之平日画作，更平添了几分鲜艳明丽，尤觉可人。

壬寅季春张桂光识于荧晖阁

招子庸《芦蟹图》跋

（2022 年）

　　招子庸为清代吾粤名家。嘉庆二十一年举人。善骑射，精文学，通声律，尤工绘事。其画重写实，笔下之江湖风物、花鸟虫鱼，无不活灵活现，栩栩如生。其画竹固负盛名，而画蟹更为世赏。时人画蟹，多状其威武霸悍，招氏则多状其闲适自由。此帧《芦蟹图》，平沙浅草，着墨无多，三蟹神态各异，闲雅休游，悠然自得，横沙风味，扑面而来，"招郎蟹"大名，信非浪得。繁文兄新近得此佳作，宝爱不能释手，出以索题，因识数语如右。

壬寅秋分后三日张桂光于罗浮山麻姑峰下

罗惇曼书画扇跋

（2022 年）

  罗惇曼为岭南名家，与乃兄惇曧同为南海康氏万木草堂高弟，诗文书画兼擅，有"南海二雄"之誉。惇曼书法不惟各体尽能，对章草一体尤有起衰之功。此扇书法，今、章融通，行笔沉着劲挺而流畅自然，浑厚刚健，古雅雍容，信为佳制；写意牡丹，水墨之外更不着色，简淡隽逸，一尘不染，花叶摇曳，生机盎然。惇曼甚少以画示人，此其创作盛年赠同乡老友、前清进士关文彬的经意之作，尤足珍贵。繁文其宝爱之。

壬寅季秋张桂光于罗浮山下

《古文字与出土文献丛考》读后

（2005 年）

  曾宪通教授是继容、商二老之后的广东古文字学界领军人物。学术成就卓著，在海内外影响至巨，享誉甚隆。2005 年由中山大学出版社出版的《古文字与出土文献丛考》一书，集中了先生在古文字和出土文献研究方面的主要成果，是先生几十年辛勤耕耘的心血结晶。全书共收入先生的论文三十三篇，计四十五万字，其学术贡献主要表现在以下几个方面：

  一是古文字的考释与字族的联系，范围涉及商、周甲骨金文，战国、秦汉简帛，战国陶玺文字，传抄古文等多个方面。先生运用辩证的历史观点，结合字形流变及具体语言环境考察，从形的分化、义的引申、音的转移诸角度探求文字的音义互动关系和历史演变轨道，不仅较好地解决了燥（燥）、苶（笑）、处（处）、枭（枭）、鸢（鸢）、

❋（翼）、❋（鸣）、❋（融）、❋（流）、❋（速）、❋（繇）等奇字的释定问题，而且对作、耒、凤、皇、㐭、虍（虞）及其相关字形系列的孳乳繁衍与同源关系作了很好的阐释，为字族、词族研究提供了可靠的线索，对语言学及古文字学均大有裨益。

二是运用二重证据法对古文献的重新解读。如《试论银雀山汉墓竹书〈孙子兵法〉》《〈周易·睽〉卦卦辞及六三爻辞新诠》《〈周易·离〉卦卦辞及九四爻辞新诠》之以出土文献正传世文献之失，《敦煌本古文〈尚书〉"三郊三逋"辨正——兼论遂、述二字之关系》之以传世文献证出土文献之误，均颇见精彩，有重要价值。

三是整理、疏释出土文献材料，并对相关历史、文化问题进行诠释，如《宋代著录楚公逆钟铭文补释》《吴王钟铭考释——宋·薛氏〈款识〉"商钟四"新解》《吴王光编钟铭文的再探讨》《关于曾侯乙编钟铭文的释读问题》等一组文章对古代钟铭和乐律的讨论，《战国楚地简帛文字书法浅析》对楚地简帛书法的申述，《长沙子弹库楚帛书与帛画之解读》对帛书所记神话系统的探究，《包山卜筮简考释》对楚国卜筮制度的研究等，处处体现出作者重视字形又不囿于字形，从文字学本体出发，联系古籍记载与出土文献，挖掘深层历史、文化含义的研究特点。附录对潮州戏文的语言学角度研究两篇文章，亦新义迭出，异彩纷呈。《古文字与出土文献丛考》收录的都是堪称古文字学经典之作的文章，具有极为重要的学术价值，是学习和研究古文字者必读的典范作品。

2005 年于广州

出版《容庚藏帖论帖合集》推荐意见

（2012 年）

由于古代印刷技术的局限，摹刻法帖成为书法作品流传的重要手段。南唐以后，搜罗古今名迹汇刻丛帖渐成风气，历代所刻丛帖已足以构成庞大的艺术宝库，因时地及条件不同，各家所刻每有良莠不齐、真伪杂陈、定名歧异等情况，对历代丛帖加以集中整理、比较异同、优劣确实很有必要。容庚先生《丛帖目》一书将自己数十年穷尽式搜寻所得丛帖二百二十余种（数量已超过任何一家公私收藏），与陆续从北京、上海、杭州等地图书馆、博物馆所搜寻到自家所无的近百种合共三百一十种，分历代、断代、个人、杂项、附录五类编排，每帖除列子目、序跋之外，还附上摹刻者小传及各家评鉴，其资料之宏富、考证之精审、编次之明细，实堪称帖目研究史上的高峰，陈初生称其成就"既是空前的也恐怕是绝后的了"一点也不夸张。历经多次文化劫难，今后的研究者确实再也找不到先生那么多的资料了，该书在香港一经出版即为学林推重当然就不奇怪了。然读者亦每以不能将考证与丛帖对读引为憾事。现广东人民出版社有意编成《容庚藏帖论帖合集》一书，将帖目与丛帖配套出版，不仅为广大书法爱好者提供了学习与研究的范本，而且让读者在对读中检验印证容先生的考论，加深对容先生研究成果的理解，还可以从历代书家所写内容中获取语言文化历史研究的珍贵史料，发挥文献史料的作用，确实是一件很有意义的事情。

张桂光于 2012 年 1 月 26 日

访 谈

普及书法不遗余力

(2003 年 8 月 11 日《信息时报》)

采访印象：

走进张桂光教授的家，只见左面墙上挂着他书写的字画，右面墙是一溜排开的古色书柜，好一派浓郁的书香情调。

就在这书香浓郁的古雅氛围中，张教授谈起了他的书法，还有他的古文字。他说书法和古文字在他的人生中已成为密不可分的伴侣了，书法让他可纵情地抒发自己的情感，而古文字研究则满足着自己专注凝神的情趣。

不过，在详细谈起古文字时，他感慨地说现在真的没有多少人能够理解我们这一个行当了。我问："那你年轻时代就没想过要转转研究方向或者转行干点别的什么吗？"张教授笑笑说："这可能是我的一种惰性吧，干开了一项工作，就不想再动了！"但从他爽朗的笑声中，我读懂了他所说的"惰性"之深意——那是因为他对自己所从事的事业有一颗执着的心。

一个人对自己所从事的研究有一颗执着的心，就算再没有关注的目光又有什么关系呢？——张教授说："人，最重要的是活出自己的精彩。"

书法造就多彩人生

《信息时报》：张教授，请问您是什么时候开始在书法界崭露头角的？

张桂光：我第一次参加省书法展览是在 1964 年。那时我还不足十六岁，是最年轻的一位参展作者，得到了不少前辈的赞赏，可算是初露锋芒吧。但真正让我在书法界小有名气的，却是 1973 年举办的"文革"后的第一次书法省展。可能由于我的参展作品属潇洒一路，比较多人喜欢，再加上不仅与容庚、商承祚等一批有最具影响的老前辈的作品放在一起，而且摆在了展览入口第一张的位置上，在同时参展的七十多幅作品中显得格外抢眼，展馆的意见簿上竟然出现了要求出张桂光字帖的留言。很多素不相识的书法爱好者写信给我，个个都尊称我为先生、老师，他们都以为我是个老书法家了。其实，那时我还是个刚二十五岁的小伙子。不过，我挺乐的，正是这次省展为我的书法人生打开了一片新的天地。

《信息时报》：能否更详细地谈谈您学书法的经历？

张桂光：我十二岁开始学书法，至今已有四十多个年头了。我的学书历程，大致可分两大阶段：一是1978年以前，主要从朱庸斋、李曲斋两位老师学习诗词、书法，专攻行、楷而兼及隶书；二是1978年以后，从容庚、商承祚两位老师习古文字。

老师的指导很重要。很庆幸，我学习书法一入门便得到了两位名师朱庸斋、李曲斋的悉心指点。两位先生在教书法的同时也教诗词和其他学问。因为两位先生教诲有方，我的古文功底和书法功底都打得不错。

我的书法字体花样繁多，有行书、金文、甲骨文、楚简、楷、行、草、隶书，相信没有多少人像我这样喜欢写那么多种字体的，我想这恐怕就与传统文化的丰富多样性对我的熏陶有关。我出身政治教育专业而能考取容、商二老的研究生，离不开朱、李二师帮我奠定的古文基础和文化底蕴。而我在古文字研究方面的成绩，自然也是离不开容、商二老的教导。能遇到朱、李、容、商四位老师，是我比其他人幸运的地方。

《信息时报》：经过四十多年的书法生涯，您在书法上形成了自己的独特性，能否概括一下您的书法具有怎样的风格？

张桂光：关于我的书法风格，《岭南书艺》曾作过评价："张桂光自幼师从岭南名宿朱庸斋、李曲斋学诗词书法，楷、行、草、隶均有扎实的基础；大楷取法颜、柳，小楷出入钟、王，力求醇雅古朴，隶书糅合碑简，结体朴茂；行书由赵构入手，上溯二王，下及赵文敏，旁通黄、米，刚健清新，流美自然；研究生学习期间又得古文字学大师教导，对甲骨、金文日夕摩挲，心得独到；所作篆体，笔法古劲，颇具《虢季子白盘》的规模，又具《散氏盘》《毛公鼎》的神韵。"我以为，上述点评是比较符合实际的。

为书法普及不遗余力

《信息时报》：1987年，您撰写和出版《书法教程》一书，想来也是基于上述想法。这本书在书法教学界引起了很大的反响，请谈谈您的这本书有什么亮点？

张桂光：作为一个教师，我很重视书法教育。方式主要有两种，一是将我的心得写出来，供世人参考；一是培养学生。

1972年我在《新教育》发表的《浅淡书法》与1978年在惠州印行的《书法简说》

都在省内外产生过较好的影响。当时书法教学资料奇缺，省内外不少读者都来信请教，并用作他们教学的参考。

而《书法教程》是据香港书法函授班的讲义整理而成的。由于是在前人理论指导下总结自己的实践经验写成的，不少读者都反映，所写内容切实可行，特别是章法布局一章，确实很少有书写得这么具体、实用的，对于书法教学来说，这样的书籍既有指导性又颇具体实用。中国书法家协会研究部的张荣庆先生曾赞此书"取材广，论述精，文笔亦甚美"。而岭南书坛名宿李曲斋先生则评价说："论用笔，详析行笔着力之要领；论结字，取例无论正反均以碑帖所载之字为据；论临摹，详介掌握书体特点之方法；论章法，于不同书体、篇幅、用场均举例详述。通篇条理清晰，文笔畅达，比拟生动，深入浅出，为论书典籍辟一蹊径，亦可喜也。"

《信息时报》：请您谈谈在书艺人才的培养方面做了哪些特别的工作？

张桂光：我培养的学生主要有两拨。一是1970年至1978年，在惠州，我不但在1971年组织了"文革"后的第一次市级书法展览（广州的老书法家都十分鼓舞，认为得风气之先），而且培养了一大批学生，现在惠州市书协主席蓝广浩、副主席曾惠平、邓星华以及香港书法家协会副会长方志勇都是当年我在惠州所培养的。原省书协主席惠州籍老书法家秦咢生先生就曾讲过：惠州书法死而复生，张桂光起了很大的作用。

一是1981年以后在华师教书时培养的。当年华师书法社的学生，现在不少都成了各市的骨干，比如深圳书协主席团的范小乐、东莞书协常务副主席兼秘书长周汉标、阳江书协负责人黄真凡等都是当年华师书法社的社员，而广东青年书法理论研究会的主要骨干，大多也都是华师书法社出来的。

《信息时报》：作为省书法协会副主席，您做过哪些有亮点的举措？

张桂光：作为省书法协会副主席，我主要是积极提建议协助主席和常务副主席的工作。

我担任省书法家协会副主席后不久，即向省书协提出了举办中青年书法系列展的建议，目的是发现一批中青年的书法人才。但因为经费问题的困扰，这项活动一直都没有开展起来。后来我找到了惠州市书法家协会，经过多次沟通，惠州书法家协会自筹经费第一个参与了此项活动。在省书法协会的指导下，开幕当天上午看展览，下午开研讨会，收效非常大。惠州一炮打响后，其他各市也踊跃报名参展，把活动搞得红红火火的。此项后来被称为"朝霞工程"的活动为省书法界挖掘了一批年轻人才，并且成为广东省书法的骨干力量。活动取得如此大的成功，我由衷地感到高兴。我想，作为协会的副主席，也算是尽了自己的绵薄之力了。

《信息时报》：现在广东书法在全国处于怎样的地位？

张桂光：广东书法在全国的地位曾有过几个起伏。"文革"以前，广东书法在全国应属最强的省份之一。二十世纪八十年代中后期，由于种种原因，广东在全国性的大展中入选数曾跌入弱省行列。九十年代开始逐渐回升，特别是通过与兄弟省份的一些联展，更表明了我们已经回到了较强省份的行列。正如京粤联展后北京同道所指出的那样，"过去仅据全国性的大展入选数字看广东，现在才知道，你们过去没有投稿的人中有很多是品位相当高的"。

书法让我爱上了古文字

《信息时报》：在学术界里您是一位在古文字考释领域里纵横驰骋了几十年的专家，但据说您一开始是学政治教育的，我想问问您，您基于什么原因从政治教育走上了从事古文字研究之路？

张桂光：我走上古文字研究之路，与我爱好书法及古文辞有关。书法是一门文字书写艺术，搞书法的人对字形的认识都比较敏感，这对我的古文字字形研究很有帮助。可以说，是书法影响了我的人生选择，使我这个政治教育系本科生竟考上了中山大学古文字专业研究生（师从容庚、商承祚等名师），从而走上了对古文字的探究、考释这条艰辛之路。反过来说因为沉浸到古文字的考释之中，越来越与古文字天天亲密无间，又使我更热爱讲究字形美的书法，如此在书法的风格上常能出新。比如篆书就是我学古文字之后才热爱书写的一种字体。

《信息时报》：请谈谈您在古文字等研究学术领域里曾提出了哪些与别人不同的新观点？

张桂光：我的研究领域主要侧重在甲骨、金文方面，亦涉足战国文字。自1979年考释并纠正第一个别人考释错误的古文字开始，到目前为止，我已经考释甲骨文字二十多个，指出前人错认并提出自己看法的字近四十个。对甲金文这些字的考释和重新认定，也算对古文字学作了一些有益的贡献。

比如在《古文字中的形体讹变》一文中，我提出在文字的正常演变规律之外，一些发生了讹误变化的字，也可以积非成是，并占着正统地位；这些字的讹变，亦有规律可循，这是前人所未曾论及的，我经过研究归纳出讹变的八种类型，把纷繁复杂的讹变现象整理得条贯分明，丰富了关于文字发展规律的理论。此论著得到了古文字界专家容庚、商承祚等老前辈的好评，当时即被誉为"近年来古文字研究的一项新成就"。其后出版的一些高校本科或研究生所用的教材，像陈炜湛和唐钰明的《古文字学纲要》、董琨和陈初生等的《商周古文字读本》等书籍，也增加了讹变的章节。

我的另一篇《古文字义近形符通用条件探讨》是前文的姐妹篇，分别获得了省语言学会第一、第二届语言学优秀成果奖，前者同时获得省高教厅1979—1995年人文社会科学优秀成果三等奖。我对甲骨文字的考释和对甲骨文字的辨正，也已为于省吾主编的《甲骨文字诂林》及日本东京大学松丸道维、高岛谦一所编《甲骨文字字释综览》等大型工具书所征引。《古文字义近形符通用条件探讨》等多篇论文为中国社科院历史研究所所编的甲骨学研究资料总集《甲骨文献集成》所收录。

《信息时报》：除了在甲骨文的考释上作出了新的研究，您还在与古文字有关的其他领域里有哪些新成果？

张桂光：我利用古文字材料研究商周史亦做出过成绩。《殷周帝天观念考索》一文，以大量材料，论证了殷人尊帝、周人尊天是在灭殷之前就在不同地域内同时并行着的两种不同信仰，而不是旧有观念所认为的那只是同一神灵的不同称谓，并指出殷人由游牧活动而引起的对生殖神的崇拜，和周人由农业活动而引起的对自然神的崇拜，是造成殷周信仰不同的根本原因，这些观点得到了史学界的肯定。

《信息时报》：胡适先生曾经说过："能认出一个字（指甲骨文），不亚于天文学界发现一颗新星。"虽然这话有些夸张，认识一个甲骨文与发现一颗新星不能完全等同，但其艰其难，不是个中人的确是很难体会到个中滋味的。想来古文字研究这条路对于您来说走得很寂寞吧？

张桂光：对古文字的研究可有历史、语言等不同方面，而语言方面的研究，也有文字、语法、词汇、音韵等角度，其中文字考释是最基础的。不但要将前人不认识的字认出来，而且要将前人认错的字指出来，这样的工作量很大也很难。为考释一个字，或证明一个字是今日这个字而不是那个字，往往要翻遍几万片甲骨和几千个铜器铭文，还要查阅大量典籍去寻找证据。经常费尽心血研究了很长时间，才能写出那么几百个字的见解文章。

最麻烦的是，因为普通字库里往往没有古文字字符，因此，一般刊物，包括学校的学报为了避免排版的麻烦，往往都不肯发表这类文章，多半只能让它们在专业论文集或很专业的刊物上发表。再说，这类文章也不会有太多读者，全国能看懂的也就只有百来号人，你说寂寞不寂寞？不过，话又说回来，本来做好任何一门学问都是很寂寞的，何况搞古文字研究的学者，原本就更应该有长期坐冷板凳的思想准备呢。

唯冀千霜寿　不争一日长

——访我校文学院教授、广东省书法家协会主席张桂光
（2011年5月《华南师范大学报》）

名师亲炙　在古朴的教育之道下沉潜问学

《华南师范大学报》：您师从名师的过程中，有哪些难忘的故事可以和我们分享？

张桂光：对我人生影响最大的是所遇到的几位老师。一是给我打下良好书法与文化基础的时称"西关二斋"的朱庸斋和李曲斋两位先生；一是带我进入古文字学术殿堂的容庚和商承祚两老。开始，我向朱庸斋学诗词和书法。后来，朱先生觉得我的个性写行书更合适，所以把我推荐给李曲斋先生。朱、李性格迥异又友好如兄弟。朱先生为人和蔼，教学谆谆善诱；李先生为人耿直，不满意的就不留情面地批评，故有"百弹斋"之称。我的书法与文学实际上就是在朱先生的正面传授与李先生的批评声中成熟起来的。我本科学政治，研究生读中文，考研时能在与中文系毕业生的竞争中杀入重围，最主要的是中学时朱、李两先生为我打下的底子。

记得1965年高考前一天，我发高烧，医生叮嘱我不要上学，好好休息。朱先生听到后马上去药店买药，到我家亲自给我打针退热，鼓励我无论如何都要参加高考，才使我赶上"文革"前的末班车。不然，我的人生经历恐怕就要出另一版本了。

尚值得一提的是朱、李两先生的大度。二十世纪七十年代中，我写了一本书法的小册子，两位先生又分别写信介绍我向广州多名书法家请教。可以说当时广州有名的书法家，我都有过交往，对于开阔我的眼界确实起了很好的作用。

一入门就能找到这样的好老师确是我一生中最幸运的事情。入门很重要，门入对了，走快点、走慢点，离目标都会越来越近。假如入错门或入不了门，老在围墙外跑，跑得再勤，速度再快，都始终接近不了目标的。

《华南师范大学报》：听说您读研究生时，老师不开课，也不考试？

张桂光：容、商二老指导研究生因材施教，说不开课是不准确的。容老主攻金文，商老主攻殷商甲骨与战国简帛。据其所长为我们开列必读书目，实际上就是开具三门课

程的规划了，每周定时答疑解难。容老还经常到宿舍看望我们，并抽查读书笔记，是很好的教学形式。诸位弟子的成就就是对这种方法的充分肯定和有力证明。容老不以广招门徒为目的，对报考者每多出难题、泼冷水以考验。在我报考研究生时，就曾写信劝我"如果惠州中学的职位还可以的话，就不必见异思迁了"。但当我考上以后，则又写信以《商周彝器铭文通释》的编撰重任相委，表达了对我的信任和期望。我退休前的工作就是为完成容老的重托，以慰老师于九泉之下。

书法性格　东方艺术强调胸襟、学养、抱负浑然一体

《华南师范大学报》：您是古文字学家又是书法家，您对书法和古文字的关系是怎么看的？

张桂光：书法的载体是汉字，书法就是写字的方法，写好字必须建立在写对字的基础上。有些人说书法是线条艺术，所以写的字是对是错都没关系。其实是为写错字、用错字辩解。书法家该怎么定位呢？他应该是既认字、有文化，又有艺术才华的艺术家，还是可以不识字、可以没有文化、只要艺术才华的艺术家？书法家从来都被认为是文化人，不识字、没有文化而可以成为书法家不是很可笑？书法以文字为载体，对汉字结构与演变的认识，除正确用字外，还涉及对汉字形态美的理解。

《华南师范大学报》：书法既强调自然之道，又强调艺术个性，您是怎么看待二者的关系的？

张桂光：所谓道法自然，就是自然而不造作，这与强调个性并不矛盾。经过学习，掌握了运笔用墨去表情达意的技巧，你的个性品格，包括胸襟、学养、抱负是浑然一体的。通过你的技巧表现出来，一气的自然流淌，这就是东方艺术跟西方艺术不同的地方。其实，现在有一种张扬个性才符合时代精神的讲法，是有悖自然的。个性可以是张扬的，也可以是含蓄的，可以是刚烈的，也可以是柔和的，各种各样的个性品格都得到表现。还有些人喜欢将字写得歪歪扭扭，认为这样才有个人面目。其实，一个人的五官位置都是差不多的，我们能够辨出人与人的不同，不在于五官位置的差异，还在于气质，靠的是由内而外的修养和锤炼，歪扭造作不符合自然法则。

书法教育　扎实深入传统，即是返本开新

《华南师范大学报》：随着网络的普及，电子版、打印版开始代替了手写，大学生对写错别字习以为常，这种现象令人深思。

张桂光：首先，无论电脑怎么普及都不能完全代替写字。打电脑的人其实是靠轮廓

认字，是不容易认准的，提笔写字往往似是而非，易生错漏。电脑很发达，利用得好，好处很多。我对我的学生要求很严，去年我指导学生完成了《商周金文摹释总集》这套书的编纂，就大得益于电脑技术。他们不浮躁、不偷懒，而是扎扎实实地做这个事情，所以能够很好地完成了任务。

《华南师范大学报》：对大学生学习书法，您有什么建议？

张桂光：首先是认真临摹字帖，不要妄谈创新。现在很多人学习书法不愿意临帖，甚至认为艺术的最高境界是表现自我，为什么还要临帖受古人约束呢？其实人可以表现自我，兽也可以表现自我，两者是有很大不同的。人为什么要接受教育？就是通过教育不断地去除兽性，增加人性，然后做不同于兽的事情。同样的道理，临帖就是不断地去掉非书法因素，增加书法因素。这样才能在书法艺术法则指导下去表现自我，这与音乐、绘画、舞蹈等都必须在特定的艺术符号下作自我表现，道理是一样的。此外，要学好书法还要掌握下面的知识：第一是前面提到的文字学的学习；第二是书法史的基础，中国书法源远流长，了解它的全部内容是继承这份遗产的必要前提；第三是哲学史的基础，书为心画，中国书法从内容到表现形式都受儒道释思想影响，对哲学史有真切的认识，才能对书法有深刻的理解；第四是文学的基础，文学是书法的主要表现内容，领悟古典诗词中的文学意蕴，是创造书法艺术境界的保证。

《华南师范大学报》："弘扬岭南书法传统，重振岭南书坛雄风"是您当选广东省书法家协会主席后一直思考的问题，能否谈谈几点看法？

张桂光：许多人对岭南书法传统不甚了解。其实，明代陈白沙，清代康有为、梁启超等在中国书法史上都有重要的地位。就当代书坛而言，二十世纪五十年代末到七十年代中，广东在全国是绝对的书法强省。当时有一批各有专攻而又密切交流的书法家组成一个很有实力的群体，容庚、商承祚之对甲骨、金文，吴子复之对汉碑汉简，麦华三之对帖学源流与六朝碑记都曾经心摹手追，耳熟能详。李曲斋的行书、阮退之的草书、黄文宽的篆刻都有相当的造诣。而且，这批人又多是饱学之士。除了容、商这样的国际著名学者外，詹安泰、朱庸斋的词，阮退之、佟绍弼的诗，卢子枢、黎葛民的画也都能称雄岭峤，饮誉中原。李曲斋、秦咢生、黄文宽、麦华三等也是挥毫雅集即席赋诗的能手。由这样一批人形成的岭南书风是实实在在的。按此把他们的传统继承下来就很不简单了。问题是现在很多人浮躁、跟风，不愿意扎扎实实坐下来研究岭南的东西，所以我很强调要继承岭南书法，重振岭南雄风，是在这样的情况下提出来的。

（注：本文是《华南师范大学报》学生记者的专访。）

岭南书坛回顾与展望

（2012 年初）

李志宏：首先请你谈一下你对岭南书法的一些看法。

张桂光：关于岭南的书法，我想有三点可提一提。一是陈白沙书派、彭睿壦书派及海云书派的领袖式群体向晚清康有为为代表的和二十世纪五十到七十年代活跃于广东书坛的分工合作式群体转变反映的历史进步；一是这些群体成员字内功与字外功兼修，基本都是思想活跃的饱学之士；三是探索与创新的自觉，陈白沙的茅龙书法，李文田对兰亭真伪的发难，康有为的碑学宏论，还有晚清碑学群体中李文田以方笔写雄强、邓承修以圆劲线条表方折态势，康有为用圆笔表阳刚、梁启超用方笔表阴柔的分工合作，等等，不但表现出自觉的创新意识，而且反映出他们创新的方式是在继承传统基础上的百尺竿头更进一步式，与当下时兴的另起炉灶式迥然不同。

这里想重点谈谈二十世纪五十到七十年代活跃于广东书坛的群体。容庚、商承祚的篆书，吴子复、莫珉府的隶书，麦华三、朱庸斋的楷书，李曲斋、李天马的行书，阮退之、佟绍弼的草书，黄文宽、张大经的篆刻，都各有专攻，而在各自专攻的领域，又都有全面深入的研究，容、商对十多万片甲骨和过万件铜器铭文的日夕摩挲；麦华三不但对帖学传承倒背如流，而且曾对六朝碑刻亦曾逐一摹写；吴子复对汉碑、汉简如数家珍，而他教学生也都是先写《礼器碑》，再写《张迁碑》，而后写《石门颂》，再后依次写《西狭颂》《校官碑》《郙阁颂》，六个碑写完了，才可旁及其他。

李志宏：他所教的六个碑，是从秀美的到雄浑的。

张桂光：这六个碑基本反映了汉隶的六种风格，从用笔到结字都有其典型性、代表性，一个学生对这六个碑能够做过认真地摸索，隶书的各种表现手法，应该就能够做到心中有数，在这个基础上，去写自己的东西，就可以得心应手了。时下流行的隶书，线条都被高度简化了，没有多少用笔的变化，都是一种很简单的手法，在普及方面讲，会有其积极意义，但从艺术上讲，就显得底蕴不足了。

李志宏：我们说到这个，就要涉及一个问题，就是我们无论是研究文字，还是书法，不仅仅是自己浓厚的兴趣，也不仅仅是坚持的态度，还必须有名师来导引门径，您是非常荣幸地受到了商承祚、李曲斋等先生的引导，我想请问一下，如果我们来研究古文字，应该怎么做才能走对路呢？

张桂光：古文字研究，那是另一门深奥的学问了，你讲的是学古文字书法吧。学古文字书法，除了技法之外，还有一个识字的问题。首先就要学《说文解字》，《说文解字》保留了九千多个小篆和数百个古文、籀文的形体以及各字结构原理的说解，是学习其他古文字的桥梁。至于技法的学习，一般都主张从小篆入手，小篆结字规矩，线条单一，容易入门；这一步走稳了，再往上临习金文、甲骨文，再写竹简、帛书等就比较顺当了。

李志宏：张老师您一直致力于古文字的研究，也有一些著作在出版，您出版的比如有《商周金文摹释总集》，《商周金文辞类纂》正在编写之中，从这些我可以看出老师您严谨、勤奋的治学精神。令我十分钦佩，张老师，请问一下，您认为研究古文字在当前的这种文化背景之下，有什么重大的意义呢？

张桂光：研究古文字意义可以从多方面阐释。一个是文字本身，出土的古文字不仅与隶、楷有别，而且与小篆及古文、籀文都有很多不同，研究首先就有一个认字问题，识字是利用这些材料做其他各项研究的基础，所以认字是有重要意义的头一项任务。再者，由于古文字保留了比较原始的字形，对于了解各字的形义关系、音义来源、发展演变，以及探索整个汉字体系发展的规律等"文字学"范畴的内容，有着重要意义。

李志宏：我们还知道，除了文字本身之外，对于研究历史，也有重要意义？

张桂光：刚才是就文字本身研究而言的，再一个是对它所记载的东西的研究。古文字文本保留的都是一些很重要的史料，上面记载的事情不但涉及面广，而且记得很具体，比如写战争的，包括战事发生的原因、时间、地点、人物，抓了多少俘虏，夺了多少兵器、车马等，这对战争史、军事史，都是很重要的研究素材；还有经济方面的，比如记交易的，有土地之间的交易、土地与工艺品的交易，多少土地可以交易多少工艺品、交换多少匹马或奴隶等，都有相应的记载文字；再如关于法律的，有法律判决书，对诉讼的起因、案件的判决、刑罚的赎或减等，也都有明确记载，这些史料对研究历史都是很有帮助的。

李志宏：张老师说的就是有两个方面。

张桂光：还有一个，就是从语言角度说，对于当时的语音、词汇、语法的研究，它都给我们提供了可靠而丰富的第一手材料。传世文献，如《尚书》《周易》等，因历代传抄失真或经后人的篡改，已经不全是原来的样子了；而有了这些出土的古文字材料，传世文献就可得到补正。

李志宏：我们在研究古文字的时候，经常会出现的一个词语，就是"讹变"。古代人也说过，"书三写，鱼成鲁，虚成虎"，就是说这个文字在传抄的过程中，抄来抄去，有的字已经变得不是原来的样子了。

张桂光：这是传抄失真，一般叫做"写讹"，就是写错字了，与文字学讲的讹变不同，我的硕士论文对讹变做过系统的研究，在学术界还算有些影响，你们可以拿来看看。

李志宏：我们能否还原被"写讹"的字呢？比如有一些字，因为以讹传讹，后来就将讹误的东西写定下来了，您认为有没有可能通过考证，在以后的书籍中还原它？

张桂光：通过考证还原是有可能的，这叫做用古文字材料校勘传世文献，比如《尚书》每有"前宁人""宁王""宁考"等词语长期未得确解，清代吴大澂发现金文"文"字每多从心，与宁字繁体（寧）形体相近而悟出《尚书》诸"宁"字当为"文"字之误，"前宁人"即"前文人"，"宁王"即"文王"，"宁考"即"文考"，这正是借助铜器铭文校勘传世文献的成功范例。

李志宏：谈到通假字，有的人认为它是古人在书写的时候写错，或者一时想不起这个字的写法，临时用其他字来代替了，那么，我们现在书法作品用"通假"，是否要有什么讲究呢？

张桂光：时下书人所讲的"通假"，有的其实是用古字，如"日暮"的"暮"，古本作"莫"，以太阳落入草丛中会意，于义已足，"暮"是在"莫"借作他用之后才出现的"后造字"，古文字的书作自然是只写作"莫"了。"觐"字商周金文未见，觐见义都借"堇"字为之，写金文用"堇"为"觐"是合于道理的，也是用古字，都不属于通假。类似的还有"熟"之用"孰"、"悬"之用"县"、"太"之用"大"，等等；真正的"通假"，是两个音同义别而且共时并存的字的相互借用，如用"畔"为"叛"、用"罢"为"疲"、用"信"为"伸"、用"蚤"为"早"等，两字音同义别共时并存，才是我们讲的"通假"。这种"通假"，音同义别是前提，古书有通用实例是依据，如果无古书通用实例，如"髪"与"發"虽然音同义别，也是不能通借的。

在九届国展评审的时候，有评委写错字了，陈初生先生给他指出了，他就说这个是"通假"，陈初生就告诉他，我教大学古汉语教了这么多年，通假是怎么回事，我告诉你，这不是单单的音相同就可通假，它是有规律的，这不是任意的，是很严谨的，现在书法界的一些人，他们根本不懂，搞错了，就说是通假，这是不对的。

李志宏：当今有一些人，会写一些文言文或者白话文之类的文章，他们在写文章的时候，是否可以用到通假字，用的通假字应该根据哪一个朝代来写呢？比如像"内"通"纳"等。

张桂光：如果是写仿古文章，沿用古人惯用的通假字是可以的，但一定要符合古人的用字习惯。

李志宏：张老师您是一个学者型的书法家，你不仅在古文字上的研究，成果卓著，在书法上也是精通各种书体。我们知道书法和古文字都是建立在汉字的基础上，一个是属于艺术，一个是属于考证，老师是如何兼顾两者的。您认为古文字的学习对您的书法有何影响呢？

张桂光：我首先是由喜爱书法，继而接触篆刻、古文字，再进而探究古文字的。1964年，我参加省展的时候才十五岁。

李志宏：听说当时张奔云先生帮您刻了一个印，印文是"时年十五"。

张桂光：当时我写的字，很多老先生都很赞赏，但没有印章，张奔云先生主动帮我刻了一对印，一个是我的姓名，即"张桂光"，另一个就是你刚提到的记年龄的那方印了，姓名章今日还在用，"时年十五"一印第二年就不合用了，但我很珍爱它，保存至今，看到此印就会想起当时前辈对晚辈的关爱，也就越不敢懈怠了。从那以后，一般省里的展览都有我的作品，至于学书的经过，我最先是写颜真卿的楷书，然后学习了钟繇、王羲之一路的小楷。

李志宏：这些都是很高古的。

张桂光：后来是写宋高宗、赵孟頫一路的行草，这些都在我学古文字之前。学习古文字，则是1978年考入中山大学成为容、商二老研究生以后的事。

李志宏：所以也是因为你对书法的喜好，进而追本溯源，研究古文字，可以这样说吗？现在很多年轻的书法朋友，在写一些像甲骨文、金文、篆书等书体的书法作品的时候，我总觉得缺少了一些东西。前段时间我在一个拍卖会，看到两幅金文作品，一幅是容庚先生的，一幅是陈初生先生的，但是那个气息就是不对，那其实就是仿品，您认为一幅优秀书法作品应该具备哪些条件呢？

张桂光：读一件书法作品，可有很多方面的感受，有很多东西可以去吸收。现在有的人提出，书法要跟国际接轨，即要使不懂中文的外国人都能够看懂、都能够喜欢，他们强调书法是线条艺术，说欣赏书法就是欣赏这些线条，不管写出来是不是字、是对是错、内容如何，都是没有关系的，对这样一种论调，不知你怎么看呢？

李志宏：我认为书法的好坏，和书法家个人修养有关。老师您也说过一句话，学问以识字为先，同样的道理，前人也说过，学问之道，首先在于做人，先立德再立文，再写字。

张桂光：一门中国艺术把外国人看不懂的中国元素都去掉，那还是中国艺术吗？每一件优秀的艺术品，都有丰富的内涵，涵养高的读者从中领悟到的东西多一些，涵养低的读者从中领悟到的东西少一点，这是很浅显的道理。比如《兰亭序》，它美不美？美！但一个不识字的人能够从中看到什么呢？他只能看到一堆杂乱的线条，甚至连点画、线条的美都领悟不到，因为中国书法的线条是与汉字的结构密切相关的，它的美是透过汉字特有的间架结构表现出来的。"永和九年"的"永"字和"暮春之初"的"之"字的第一点都很美，但若将他们的位置调换一下，就会显得很不协调，美也就表现不出来了。就是粗识汉字而没有经过书法训练的人，恐怕也难领略到《兰亭序》二十个"之"字的不同姿致神态，更不用说行气、章法的巧妙布置了。如果没有一定的文学修养，领悟不出《兰亭序》所写的内容，也无法欣赏到笔墨技巧与书写内容及作者临场心境的相互生发所产生的艺术感染力。

李志宏：这才是一幅精彩的作品感染人的地方！

张桂光：为什么《兰亭序》那么出名，为什么《祭侄稿》那么出名，有"天下第一行书"与"天下第二行书"之称，就在于它们能够通过运笔、用墨的技巧，将作者的情感结合作品的内容书写出来的，《兰亭序》的闲适自然、《祭侄稿》的悲愤激昂，都是作者的笔墨技巧与作品的内容、作者的临场心境融为一体的一种自然流露，这就是两件作品最动人的地方。

李志宏：所以说一幅好的作品，它所承载着的人文价值很高，一幅模仿的作品，就算它的技法很高超，缺少的就是这样一种东西——感情。

张桂光：你用薄纸印在字帖上面临摹出来的，和原作写出来的，挂在一起，感觉就是不一样，那些人所说的书法要和国际接轨，只要看线条就行了，不管错不错，内容是什么，要让懂中文的中国人与不懂中文的外国人都能看懂，那就等于什么呢？你在上一堂课，这一堂课需要博士听懂，硕士生听懂，本科生听懂，专科生也听懂，高中生、初中生听懂，小学生甚至幼儿园的学生都能够听懂，假如有这样一节课，就只能是幼儿园的课，如果其他的不管，就看线条，那就只可能是这样一回事。

李志宏：就如同宋玉所说的，有"阳春白雪"和"下里巴人"之分。古代人有这样一个评判书法的标准，就是看一个人，再看他的书法，比如秦桧和蔡京的字，我们都承认写得很好，但是他们的字不为后世推荐，老师您认为字和人的关系很大吗？

张桂光：字和人的关系肯定很大。古人有说过字如其人，并不是反映他的政治品格，而是书法家的性格和爱好之类的。不能够说他是投降的，字就怎么样，比如赵孟頫，有人说他是投降派、软骨头，学不得，我觉得字好都可以学，蔡京的字好，阮大铖的字也好，都可以学。所谓字如其人，就是他的心情好的时候，和他的心情不好的时候，在他的生活滋润的时候，跟他的生活不滋润的时候，写出来的字是有区别的，这个人，他的性格是很文静的，或者很潇洒的，都是可以反映的，但是政治取向是表现不了的。

李志宏：当前的书法繁荣，都很集中地表现在各种展览比赛之中，这个展览中也涌现出不少书法精英，但是很多青年就是一味地追求这个书法的技巧，包括这个形式上凑合。

张桂光：现在已经不是一味追求技巧了。

李志宏：就是会出现一些错字、不规范字的现象，张老师，您能否谈一下文化素养对于书法有什么重大意义呢？

张桂光：时下很多书人对写错字不以为然，甚至拿"书法家写错字很正常"来为圈外人写错字辩护，我觉得是需要纠正的。前年，《中国书法》杂志第四期邀我做篆书专题的学术主持，我谈到了，写错字跟唱歌走调、弹琴弹错音符一样，是不可容忍的。假如唱歌走调、弹琴弹错音符是不可原谅的话，那么书法写错字也是不可原谅的。

李志宏：有很多古代古今异字，比如有人把"影后"的"后"字写成是"後面"的"後"，包括"公里"和"裡面"的"里/裡"都是不一样的。

张桂光：这样的情况很多，涉及的是文化的问题了，所以我在"主持语"里提了这样一个问题，书法家应该怎么定位，是定位为会识字、有文化、有艺术才华的专家呢，还是可以不识字、可以没有文化的纯粹艺术家呢？

李志宏：古往今来，凡是作品能流传后世，他们都不仅仅是会写字，比如赵孟頫和苏东坡，会画画，会诗词，也会书法，都是全才，没有一个是仅仅靠自己的书法流传后世的，可以这样说吗？

张桂光：所以还是回到我们刚才讲到的岭南书法的问题上，刚才被你打断了，要我转入古文字……就是说当时的广东书法群体，篆书的、隶书的、行书的、楷书的，是各有专攻，比如吴子复，他搞隶书，他对汉隶的碑简，都摸索遍了；麦华三写楷书，他对于楷书方面，汉简的楷书、六朝碑的楷书、钟王、唐楷，他都临摹过，所以在他研究这个领域，他都深入了，在楷书方面，我们的艺术宝库里面有什么东西，他都很清楚，然后再在学习中取舍。更重要的，这一群体，他们都不光是写字的，容庚、商承祚是国际知名学者，这不用说了，朱庸斋、詹安泰他们两个人的词，在中国词坛也是响当当的，在刘梦芙的《二十世纪词坛点将录》中，他们一个是霹雳火秦明，一个是双枪将董平，排名都很靠前。阮退之和佟绍弼的诗，在全国的诗坛，也是响当当的。卢子枢、黎葛明的画，在中国画坛也有一定地位。这些都是学问家，他们不单单是写字的。比如李曲斋，对古董，他接触很多，对鉴定都很在行；再如秦咢生、麦华三、黄文宽，他们虽然没有刚才说的这些人的学问那么专门，但是他们的学问都是相当不错，挥毫雅集，他们都是现场赋诗的高手，而且都很不错。广东书坛的这个群体在当时全国书坛是很有地位的，第一届中日书法交流展中方一百张作品中，岭南书家的作品就占了十八张，其实力可见一斑。

李志宏：随着书法交流的加强，我们的岭南书风，是让很多人望尘莫及的，包括一些年轻人都是写一种面目，您认为对于岭南书法的继承，我们这一代应该做一些什么样的工作呢？

张桂光：我们在整个二十世纪九十年代，包括进入二十一世纪的开头几年，我们广东在继承传统方面，应该是做得比较好的。很多北方的书法家，一下来就说广东的书法家太重视搞经济了，赚钱去了，写的书法都投商家之所好，所以已经不行啦。事实上，广东书家并不是向钱看，广东书家正是因为生活基本过得去，因此他们不那么热衷去冲刺什么大展大赛，用玩的心态来学习书法，所以你们那里流行的，你们去流行就好，我做我的，在相当长的时间里面，我们的传统是守得比较好的。近些年说要和全国接轨，打破以往这种传统，与流行书风的轨倒是接上了，但是地方特色却丢失了，现在的全国展、省展也好，各种各样的杯赛也好，基本上都是流行那么几种风格，而且各级差距都不会很远。

李志宏：所以这种雷同，也是我们书法界的弊病，在追求共性的同时泯灭了个性，刚才我就问到了，我们这一代如何传承，把我们岭南的优秀传统发扬下去。

张桂光：在去年一月份省书协开的一次会议，各个市的主席都来了，我在会上就讲到，要抓好培训，这个培训要从基础做起，从继承传统功夫做起，至于要不要冲刺全国展呢？要！还得按游戏规则，在大赛举行之前，我们可以针对大赛的一些规则，做一些调整培训，即所谓的冲刺班。冲刺之前是一步一个脚印地严格、扎实的传统继承训练，那么你写到什么程度，再往游戏规则的方向、要求调一调，比如你写"二王"，平时就扎扎实实做"二王"的功夫，大赛前到冲刺班听听一些评委及获奖专业户的意见，调整一下角度，搞些形式感，搞些色彩配搭，等等，就可以了。有的人入全国会，要跟着流行书风干，跟着评委的审美去转，这是可以理解的，但希望他们入了全国会后能够再回过头来，认认真真写自己的东西，补补传统继承的课。

李志宏：这也可以看出张老师对岭南书法界的担忧，这也是您的期望，非常感谢老师您接受我的采访，通过这次采访，受益匪浅，我将把您的心声传达给所有的网友，再次感谢您！

书法创新不是颠覆传统

(2012 年 7 月 30 日《新快报》)

记者如约来到张桂光家里采访,不禁有点诧异,这位著名古文字学家、书法家、广东省书法家协会主席,竟是如此朴实:客厅书房合二为一,家居装饰甚为简洁,但张桂光却安之若素。

张桂光坐在红木椅上,背靠的是一副古朴典雅的篆书对联"唯冀千霜寿,不争一日长",谈恩师逸事、谈岭南书坛。没有深奥莫测的语言,有的只是简洁直白、一语中的;没有激进孤傲的门户之见,有的只是虚怀若谷。

拜师朱庸斋并获名师推荐

二十世纪六十年代初,读初一的张桂光开始迷上了书法。他经常到广州文化公园看书法展览,也就是在那里看到了岭南名宿朱庸斋、李曲斋老师雍容雅秀、风神逸宕的书法作品,深为感动。进而通过岭南书法大家麦华三找到朱庸斋学习诗词、书法。在朱庸斋的影响下,开始研习钟繇、王羲之、王献之的小楷。后来,张桂光想学行书,朱老师就马上写信将他推荐到李曲斋门下;当他想请教隶书时,朱庸斋老师也积极向吴子复老师引荐;他对篆刻产生兴趣了,李老师又介绍他找秦咢生。张桂光书法各体兼工,与两位老师为他的学艺广开门户是分不开的。

张桂光也从两位老师身上学到为人处世的榜样。张桂光说,李曲斋为人正直不阿,哪怕是地位、资历比他高的人,他也敢于批评,绰号"百弹斋"便是如此得来。受此影响,张桂光在以后的教学上一直要求严格,对待学生每多直言评点,少有客套表扬。

1978 年,张桂光考取中山大学古文字学专业,成为容庚、商承祚两位名师的研究生。那时容老已经八十五岁了,但还是很关心学生,并经常到宿舍看望学生,询问学生读什么书,看他们的笔记,点评书法,学生们都十分感动。容老每次来,大家就会在宿舍的墙上画条线,每五次就组成一个"正"字,既记录容老的关怀,也表达学生的感激。

称职的和尚要"把钟撞好"

张桂光一生信奉的宗旨是"做一日和尚撞一日钟,但一定要把钟撞好"。他谦逊地说自己没有远大的理想,只要做好自己的本分就够了。他在惠州教了八年中学,其间只是埋头教书;大学本科读的政治教育虽然不是自己理想,但他还是专心学习。直到现在,张老师依然秉承这样的宗旨,不追求宏伟的目标,认真地对待每一件事,做一个称职的"和尚"。他也将这个观点灌输给学生。张桂光表示,书法只是其个人毕生的"业余爱好",他的主业是古文字学研究。

作为著名古文字学家容庚、商承祚教授的得意弟子,张桂光数十年如一日埋首于古文字学的系统研究和教育传播,迄今著作等身,影响深远。从早期的《汉字学简论》、《古文字论集》等专著,到近年出版的共八册大型著作《商周金文摹释总集》,成为国家"211工程"项目的标志性成果,并荣获"第五届中国出版集团出版奖综合奖"与"第二十六届全国优秀古籍图书一等奖"。目前,张桂光正在承担一个国家社科基金项目《商周青铜器铭文通论》的编写,该书被视为容庚先生《商周彝器通考》(被誉为青铜器研究由旧式金石学进入现代考古学的里程碑)的姐妹篇。这两书及正在编撰并与中华书局签约的《商周金文辞类纂》《商周金文字词集释》将组成商周铜器铭文研究的大型系列著作。

观点:创新要注重传统功夫

张桂光将岭南书坛的优良传统总结为三个方面:一、注重传统的学习;二、勤于字外功夫的修炼;三、坚持在传统基础上创新。他举例说,从明代的陈白沙到清末康有为、梁启超这些岭南书法家,都很注重传统功夫和整体修养的提升,以及书法的创新探索。张桂光认为,这种创新是百尺竿头更进一步的创新,是在传统的基础上渐进发展,而不是另起炉灶式的创新。

张桂光指出,时下一种偏离传统的所谓"创新"。拿传统视为弊病的钉头、鼠尾、蜂腰、鹤膝作为特点,用改变五官位置的办法求个人面目,颠覆传统的做法,实不可取。

对话:书法的价值不能据时下价位去衡量

《新快报》:目前的艺术市场相当活跃,您对市场的态度是?

张桂光:我与前广东省书协主席陈永正的作品都没有正式进入市场,所以有很多人认为我们坐这个位置是一种浪费，没有将书法的价位拉上去，未能将书法的价值体现出来。我认为书法的价值不能据时下价位去衡量，进不进入市场，在多大程度上进入市场是个人的选择，一些单位或个人请我写字给稿费，我是照收的，但有人要我每月提供固定数量的作品，这就很难照办了。书法毕竟只是我的业余爱好。

《新快报》：现在的书法市场，有按大小论价，有按字数计算，您认为哪样更合理？

张桂光：我对市场的情况不太了解，就个人的喜好而言，我更看重作品的精粗而不是它的尺幅。不过，书协的职责是组织、引导书艺的提高，市场问题还是由作者及其经纪去考虑吧。

《新快报》：您对省书协规划的远景是？遇到的最大困难是？

张桂光：循序渐进地发展，不要浮躁。一是要抓培训，要扎扎实实地在传统继承方面下功夫，大赛前可按游戏规则做些调整，在已有基础上搞些形式感搞些色彩搭配就行了。书协除了提供培训，还要尽可能给更多不同界别、性别、年龄、水平层次的会员提供表演的舞台。人才可以引进，更需要培养。

发挥各市书协及广大会员的积极性很重要。我在2010年当选主席后的第一件事就是召开二十一个市书协的主席和秘书长参加的全省书协组织联络会，让大家交流经验，为广东书法发展出谋献策。会上我强调两点，其一省书协的根在市，只有二十一个市动起来，省书协才能活起来。其二，在省书协搭建的舞台上，各个会员都是演员，不只是观众，总是特邀几个人在台上唱戏，这不是广东书法的繁荣。

名家点评

桂光金文学养深湛，可敬；行草潇洒灵动，可爱；楷书严谨精微，如对端人正士。其功力与书卷之气并见，雅俗所共赏。

——中国书协原副主席、广东省书协原主席陈永正

张桂光言论

书法创作上的创新是需要的，但创新不是人人都能达到的，必须要有传统功夫加上个人的天赋才能完成。

学问之道，以识字为先。字认错了，以此为依据的一切考证、推论都会全部落空。

如何充分调动全省书法家和书法爱好者的力量，弘扬岭南书法传统，重振岭南书坛雄风，是我一直在思考的。

书法的艺术价值与收藏价值

(2013年6月8日《羊城晚报》)

中国书法是一门古老的汉字书写艺术,从甲骨文、金文(钟鼎文)、石鼓文演变到小篆、隶书,再到后来定型于东汉、魏、晋的草书、楷书、行书等。历史上很多流芳千古的书法家,要么是开宗立派的代表人物,要么在书法风格上有着自己的独到之处。但现在很多能写几笔字的人,都自诩为书法家。市场上的书法也被细分为学者书法、书家书法、书匠书法、名人书法,等等。到底什么样的书法作品才具有收藏价值?

对话广东书坛几位领军人物我们还发现,如今很多书法大奖赛,获奖作者的年轻化趋势越来越明显,为了冲击大奖赛,一些人甚至借用电脑排版手段,"创作"出了很多"当代王羲之"作品。

一、书家书法卖不过学者书法?

赵利平:我所理解的书法家,是擅长书法的人,并能将其推至一定的艺术高度。但现在很多能写几笔字的人,都自诩为书法家。市场上的书法也被细分为学者书法、书家书法、书匠书法、名人书法,等等。特别是学者书法,如饶宗颐的书法作品,这几年在市场上非常受关注,价格扶摇直上,甚至出现了书家书法卖不过学者书法的尴尬。对于学者书法你们是怎么看的?

张桂光:我认为,没有必要分书家书法和学者书法,因为学者这个群体比较复杂,有些学者本身就是官员,他们的字贵是因为他们是学者还是官员呢?有些学者本身就是书法家,他们的字贵是因为他们是书法家还是学者呢?都搞不清楚。

一些学者研究的专业门类,与书法甚至与传统文化没有多大关系,他本人也未在书法方面下过多少工夫,他们写的字与非学者所写的字恐怕也不会有太大差别。像饶宗颐、陈永正、陈初生,他们都是学者,但他们的书法功力、传统文化底蕴都相当深厚,他们的作品更全面地传承了书法传统,没有必要将他们从书法家中分离出去。

一些学者虽然没有在书法上下很多工夫,但他们写出来的字有一股书卷气,有文化气韵,如王贵忱的书法,看上去很雅致,格调比较高,这一类的书法也许可以称为学者书法。这跟文人画是一样的道理，笔墨功夫不一定很深，但以意境取胜。

二、书法家年轻化是利还是弊？

赵利平：我们还留意到一个现象，现在的很多书法大奖赛，获奖作者的年轻化趋势越来越明显，这对书坛的发展是利是弊？

张桂光：书法精英越来越年轻自然是好事，但切不可鼓励他们将精力都花到冲击大奖大赛、追逐名利上面，要注意功力和修养的全面提高。有些年轻人得奖的作品确实很不错，但遇到命题作文却易失水准，这就不太好了。去年广东书法家协会迎十八大的展览，所有作者都按分配的内容书写，一些人的参展作品，就表现出与获奖作品有较大的差距。

我听说一些人，将王羲之的字都输入电脑建立一个数据库，然后根据要写的诗，将各个字从数据库里调出来，在电脑上将每个字放大、缩小，调出最完美的比例，编排好，然后再打印出来，成百张、成千张地照着临写，然后挑出一张最好的投稿。这也许能够创造一张形式感很好的作品，但不注重其他方面的提高恐怕不是方向。

今天书坛的大势，更多的是强调书法的笔墨意趣、篇章布局的装饰性、工艺性，而不是它的文化意蕴，书法作品的工艺性、装饰性甚至超过书写技法本身，更不要说文化意蕴了。似乎书法作品中的字写对写错、书写的是什么内容都没关系，大有将书法艺术跟文化意蕴剥离之势。发展的结果可能会蜕变出一种新的艺术形式。但我认为，这不是中国当代书法发展的理想道路，我们还是要在继承传统上面花大力气。我还是提倡老办法，学书法还是应该从临摹字帖学起，要学习传统的用笔、结构、章法布局的规范，遵循传统的审美法则。

三、学者书法有没有收藏价值？

赵利平：现在可谓遍地"书法家"，那么，书法家应该符合什么样的标准？

张桂光：这不单单是书法界，而是整个文学艺术界都普遍存在的现象。写几篇文章，就以文学家自居；画几笔画，就以画家自居；写几首诗，就以诗人自居。要正确认识自己确实不容易。

什么人才够得上是书法家？按道理，书法家协会的会员应该都是书法家，中国书法家协会的会员，按道理就是国家级的书法家，广东省书法家协会的会员，按道理就是省级的书法家，而地市级书法家协会的会员，自然就是地市级的书法家了，关键是看入会的条件有没有把好关。书法家协会的发展、壮大是好事情，但发展太快也难免有不符合条件的人加入。

赵利平：但现在很多买家自身的书法鉴赏力不足，他们买书法作品很容易就被忽悠了，对着头衔买，藏了一大堆这个主席那个主席的书法。几位对书法收藏有什么好建议？

张桂光：收藏价值跟艺术价值不是一回事，一些名人书法作品的收藏点可能不在艺术价值上，却可能会有文献或史料方面的价值。收藏书法要是不想被骗，就必须对中国传统书法有所了解，我很强调传统，即使你不写字，也要多看，对整个书法史要有一个比较清晰的了解。

其次，收藏必须看原作，看印刷品和看原作的感觉是很不一样，只有看原作才会有直观的认识。但现在玩收藏的人很多没做这一功课，靠听故事、听头衔来买东西，肯定上当。

四、书法的未来在哪里？

赵利平：当代书法的发展现在有两股力量在推动，一股是市场的力量，另一股是中小学生的书法学习潮流。但也有人说，随着电脑和手机的普及，年轻一代书写能力的不断退化，书法总逃不过消亡的命运。几位怎么看？

张桂光：2011年，教育部下发文件要求中小学开展书法课教学，这对书法艺术的传承和普及，是一件大好事。我认为，在中小学的书法教学中，应该强调传统的继承，而不是创新。我主张小学一二年级先不要接触毛笔字，先写硬笔字，而且要写规范字，先对规范字有一个比较完整的概念后，再去临摹字帖，因为字帖里面有很多字不规范。第二，学书法一定要从传统入手，从临摹字帖学起。

现在书法课的时间有保证了，每周一节课，但又出现了另一个问题——师资没保证，都是班主任老师上书法课，他们并没经过书法的系统学习，又怎么能够教好书法艺术？所以我觉得教育部应该将书法老师跟美术老师、音乐老师、体育老师放在同等重要的位置上，要求上岗的书法老师必须获得相关的资格认证。假如有这样的要求，中小学就需要大批的书法老师，师范院校书法系的毕业生就有出路了，生源自然也有保证了，良性循环，更能推动书法艺术的普及。

（注：接受采访的还有王世国等其他人，这里只选对本人访谈的部分。）

简化字应纳入书法大家庭

(2013年7月31日《南方日报》)

本月18日，在广东省书法家协会第六次会员代表大会上，华南师范大学中文系教授、博士生导师张桂光当选省书协主席。张桂光曾师从古文字学大师容庚、商承祚，在金文方面的研究成果得到学界的广泛认同。他在书法中强调文字形体的严谨性，对广东书法艺术的传承和发展一直颇为关注。

为延续书家"自书诗文"的传统，张桂光此前不久曾在广州、南海两地举办"张桂光自书诗文展"。在当选省书协主席后，张桂光首次接受《南方日报》记者的访问，并提出了书法家应该成为文字改革的促进派，祖国语言文字纯洁性的维护者，"美化简化字"是书法家的责任的观点。

这一观点的提出，恰逢近期微博上"繁简之争"再掀波澜。年轻一代对繁体字的疏离与淡忘，加深了学者们对文化传承和流失的担忧。张桂光提出"美化简化字"的建议，将使简化字在文化传承上发挥怎样的积极作用？《南方日报》记者专访了张桂光。

谈"美化简化字"：这是书法家的社会责任

《南方日报》：您提出"美化简体字"的构想，出于怎样的背景？

张桂光：早在1993年我到台湾讲学的时候，就发现不少人对简化字存有偏见。在我解释了简化字的来源之后，他们也认为简化有一定的道理，但结构太简单，不容易"组装"得漂亮。但我认为，正因为不容易"组装"，书法家就有责任想办法"组装"得漂亮。

美化字形是书法家的社会责任。在东晋时期，尽管楷书在汉简里已经出现了，由于去掉了隶书的波磔，楷书书写简便，而笔划却显得有些粗糙。所以，每到树碑立传等庄重场合，大家还是喜欢使用隶书。而王羲之的杰出贡献，就在于他美化了楷书的笔画和字形，使之为大家所接受，确立了楷书的正统文字地位，将楷书从日用书写推广到庄重场合。"美化简化字"也是当代书法家的社会责任。这不但有利于巩固简化字的文化地位，对书法界进行新的艺术探索也能带来帮助。

《南方日报》："美化简化字"建立在怎样的学理基础上？这将为书法家带来怎样的挑战？

张桂光：其实，不少简化字就是来源于书法字体，尤其是从草书"楷化"而来的字形。在五十四个简化偏旁里，有二十八个都是从行书或草书演变而来的。如"为""乐""长"等简化字，就与其行书或草书的字形一模一样。假如有行草书的基础，书写起来就会快捷美观得多了。现在对简化字字形的"美化"还缺乏标杆，待将来书法界形成典范后，学习者的装字问题就可迎刃而解了。

谈汉字简化：汉字从古到今一直在简化

《南方日报》：近年来，针对简体字产生不少争议，认为简化字造成了文化断层，您怎样看？

张桂光：我认为这种观点不可取。其实，汉字从古到今一直在简化，简化字是一种进步。简化、声化和规范化，是汉字发展的三大趋势，今天的简化字与这三大趋势也完全相符。比如，繁体字"驚（惊）"本来是"敬"字下面一个"马"，由"马受惊"取义，而以"敬"标声。现在将其简化为"惊"，用一个竖心旁来表示"心惊"，更符合"惊"字的含义，用"京"代替"敬"作声符，标音也更准确。这些简化字，已经为全国上下十几亿人使用了将近六十年，并没有因此而产生混乱，今天不必倒退回去。

《南方日报》：您认为汉字发展是一个不断简化的过程，这个过程呈现出怎样的脉络？

张桂光：汉代以前传世的书法家不多，但我们可以从书体的变化中看到汉字的简化。从甲骨文、金文到小篆、隶书、楷书，都是汉字的简化过程。至于现代的汉字简化，其实从二十世纪三十年代就已经开始推行了。1935年8月，国民政府教育部曾颁行简化字表，推出了三百多个简化字，当时容庚先生还出过一本《简化字典》。但当时主要探讨如何简化合理的问题，而对"美化简化字"这一领域较少进行研究。不过，在改革开放前，已有不少书法家在"美化"方面作过尝试：二十世纪七十年代广东就有不少书法展览都是以简化字作品为主，而我的老师李曲斋也曾提倡简化字入印，通过篆刻研究如何美化简化字的布局。他们的探索对今天的改革理念带来有益的启示。

谈书法发展：简化字加强书法生命力

《南方日报》：目前书法界的主流怎样看待简体书法？

张桂光：简体书法在书法界没有受到应有的重视。这是因为，过去绝大多数书法作品是以繁体字写成，后人模仿起来很容易。简化字缺少名家作品可供参考，而且在平衡字体结构上需要花更多心思，因此不少书法家都更愿意写繁体字而非简体字。其实，假如功夫过硬的话，无论以前的人有没有留下字形给我们参考，我们都应该把它写好。这就等于，我不主张学魏碑的人一定要写"碑别字"，但可以运用魏碑的用笔结字原理，把字写得更规范，而这比单纯的摹仿更见功夫。

此外，不少人对过去的文字改革带有成见。改革开放后，港澳台地区普遍使用繁体字的风气，也反过来对大陆带来一定的冲击。以至于不少人认为，使用繁体字比使用简体字显得更有学问。

当前，书法展览也不会完全排斥简化字，评判上主要还是视乎书法的艺术价值。评委只是强调同一幅作品不要"繁简混杂"，但现在完全用简体字投稿参赛的作者也很少，这样的作品往往会被带偏见的评委低看。

《南方日报》：您预期，书法未来呈现怎样的发展趋势，而"美化简化字"对此会产生怎样的影响？

张桂光：随着计算机和电子信息技术的兴起，书法的实用功能尽管不会彻底消失，但变得越来越弱是大势所趋。然而，我们也不能将书法创作的实用功能完全取消，而只留下单一的美学功能。以繁体书法为主的现状，也加剧了现在书法艺术性与实用性脱节的问题。从这个方面来说，"美化简化字"有助于书法恢复实用功能。只有让人们能从实用功能的角度去欣赏书法作品，这样的书法才有生命力。

书法的价值在于文字

(2014年3月11日《新快报·收藏周刊》)

张桂光,广东南海西樵人,1948年生于广州。早年师从岭南名宿朱庸斋、李曲斋先生习诗词、书法,后考入中山大学古文字专业,从容庚、商承祚先生治甲骨、金文之学。

广东省书法家协会主席张桂光,另一个身份是"文字学家",但自担任省书协主席之后由于事务繁忙,暂时放下了国家社科基金项目《商周青铜器铭文通论》的编写,这部著作被视为容庚先生《商周彝器通考》的姊妹篇。他希望能全身心做好广东书坛的引路人,促进中国书法的发展。他对目前书坛的某些现象不能苟同,更指斥"书法作为线条艺术,不应'咬文嚼字'"的观点,他希望书法界能够重新重视文字、文化对书法艺术的作用。他表示,书法专业应该开设在中文系,以加强以后书法家的文化修养,更直言"书法教师要跟美术教师、音乐教师一样,有一个专业的资格认证"。

书体不存在高低之分

《收藏周刊》:您从来没办过个展,去年突然举办了"自书诗文作品展"和"春华秋实——张桂光书法展"两个个展,您如何看待这两个展览?

张桂光:我搞书法都有几十年了,这也算是一次阶段性的总结吧。这两个展览所展出的作品在策划思路上是有分工的,"自书诗文"的展览旨在对传统的深度挖掘和对"自书诗文"的文人传统的继承方面作些探索;而"春华秋实"这个展览旨在配合"岭南大讲坛"文化论坛的讲座,展示书法为社会生活服务的功能,为适应家居与办公场所的布置,尺幅方面多了不少小品,内容方面则较多地选择了古今格言、佛学偈语及广大群众喜闻乐见的古今诗文。

《收藏周刊》:据了解,您掌握多种书体,碑帖兼容,楷书、行书、章草、汉隶、秦隶、简帛文、金文、甲骨文,每体都有深厚造诣,您认为书体之间是否存在高低之分?

张桂光：虽然我自己最喜欢的是行书和篆书。但是书体之间是不存在高低之分的，只有风格的区别。水平高低只能在具体作品的比较中体现出来。

书法讲究的是书写水平而不是装裱水平

《收藏周刊》：您曾经说过，书法更应该是案头艺术，而不是展场艺术？

张桂光：准确的说法是，书法既是展场艺术，也是案头艺术，这是一致的。只是现在太多的人，把这两个割裂开来讨论，甚至有人强调书法只是展场艺术。我个人认为这是对书法发展很不利的事情。

《收藏周刊》：他们所指的展场艺术，具体是什么？

张桂光：就是强调展场上的感官刺激的"霎时快感"，通过拼镶、做旧、渲染等手段烘托出五彩缤纷的形式来夺人眼球。据一些有展赛评审经验的人讲，单纯的白纸黑字，一张纸写一首诗的作品是很难入选某些全国性的书法大赛或者大展的，这种作品很难进入评委的视线。但是入得展厅的色彩斑斓、装帧奇异的作品，又很难进入市场，因为他们强调的只有"霎时快感"，与日常的典雅需求并不相符。

所以，我认为，这就形成了很大的错位。这样并不利于书法的良性发展。我们应该创作一些既能够在展场给人以美的享受，也能进入人民大众生活的作品。在二十世纪八九十年代，大型展览的书法作品基本是白纸黑字，不会有过多的花哨技巧。因为大众欣赏的书法，是书法本身所表现的水平而不是装裱水平。

书法的内容是在于文字，而非仅仅是线条艺术

《收藏周刊》：目前各种书法大赛似乎非常多，这对提高书法水平能起到怎样的作用？

张桂光：据我了解，以前每年只举办一个、两个的全国性书法大展大赛，2013年突然提升到三十多个。我认为很不正常。三十个展览，一个展览投入数百万，各个展览的征稿启事，除了题目不同，其他内容要求几乎是一样的。一张作品可以"打遍天下"。

三十个展览的主要评委变化不大，评出的作品风格、内容、水平等都没有太大区别。花这么多钱，对中国书法有多大的推动？是很值得我们思考的，其副作用则是促使书风趋同，不利于百花齐放和地方特色的发展。不如多办一些省与省之间的联展或交流展，让地方特色有展示和发展的空间。

现在的中国书坛有两种流行的论调，一是强调中国书法要跟国际接轨，认为书法是

一种线条艺术，主要欣赏线条，要让懂汉字的中国人可以看懂，不懂汉字的外国人也能看懂，实际上就是"去中国化"。其次，强调书法是一门艺术，不是文字学，也不是文学，所以写的是不是文字，写得对不对，写的是什么内容都无关系，否则就会扼杀他们的"艺术才华"，这实际上是要去文化元素。

《收藏周刊》：关于这个问题，在多年前吴冠中提过"笔墨等于零"，意思也是脱离了具体的文化底蕴，脱离了具体画面的孤立的笔墨，其价值等于零。

张桂光：提出这些所谓与国际接轨说法的人，实际上是为自己文化底蕴不够开脱。

中国书法是一门综合艺术，不仅涉及线条，而且还涉及文字、文学等内容，《兰亭序》《祭侄稿》《寒食帖》等书法名作，不仅有精美的线条，而且有巧妙的结字与章法布局，还有优秀的文学内容以及作者情感与书写内容的相互生发，如果我们的欣赏者只懂得赞美它们的线条，其余却懵然不懂，不是糟蹋了这些名作？

《收藏周刊》：通常会出现怎样的错别字？

张桂光：有很多情况，例如，有些以前的人错用了、但现在已经统一改过的字，有些书法家不知道，仍然按照旧习惯来写，这种错误是必须要改的，但这类错误还算情有可原。而第二种情况，篆书经过很长时间的发展，商代的甲骨文，商、周的金文，战国的简帛和秦的小篆，字形结构有很大差异。很多书法家并不懂得这种区别，把不同时代的字混合起来用，这就很有问题。第三种情况是繁简字的转换，例如古人云的"云"字是没有"雨"字头的，有人却写成这个"雲"。征伐的"征"繁体也是"征"，特征的"征"的繁体字才写作"徵"，两个字是不一样的，将征伐的征写成"徵"就不对了。

书法教师也要有专业资格认证

《收藏周刊》：您觉得有什么措施可以改变这种局面吗？

张桂光：我们应该从小就养成这种严谨对待传统文化的习惯和意识。现在教育部都规定中小学要开书法课了，我认为要使书法课不流于形式，聘请的老师一定要是真正的书法专业教师，就是教育部门应该有个规定，书法教师要跟美术教师、音乐教师一样，需要有一个专业的资格认证。同时，大学的书法专业，应该开设在中文系，而不是美术系。因为书法与中文的联系更加密切。

《收藏周刊》：您的文化底蕴也非常深厚，在古文字学方面的研究有一定的成就，那您觉得这些对您的书法创作有促进作用吗？

张桂光：帮助很大。第一，我对文字的结构比较理解，懂得文字可以怎样调整，我在结字方面就有比较大的空间。如果不懂得字的结构原理，不知道哪些部位可以动，哪些不能动，在书写的过程中，则会缺少一些变化的空间。第二，文化知识多一点，对章法布局的机动把握方面也会有比较大的优势，比如正文写完了，剩余位置多寡不同，如果文化根底浅，不知写什么，如果有比较深厚的文化功底的话，就可以通过适当调整语句的长短来解决这样的问题。

谈书法家的文人化

(2013年7月《南方日报》)

  过去中国传统文人，大多诗书兼擅。自书诗文，交互切磋，往往成为他们日常生活的重要组成部分。尽管今天这种传统正在渐渐式微，但如今仍有部分书法家在默默坚持这一传统。广东省书法家协会主席，华南师范大学中文系教授、博士生导师张桂光就是其中一位。由广东省文学艺术界联合会、佛山市南海区人民政府主办的"张桂光自书诗文展"，2013年7月12日在广东画院举行，这也是张桂光的首次个人书法展览。

  本次展览展出的作品，涵括了篆、隶、楷、行、草多种书体和条幅、斗方、中堂、对联、扇面、手卷等多种形式，内容皆为历年创作的诗词、楹联、序跋、札记、论文等内容，诗词意境清新，格律谨严。张桂光曾师从古文字学大师容庚、商承祚，尤其强调古文字形体的严谨性。他曾为全面掌握金文，对一万六千余件铜器铭文进行了深入研究和考证。其代表作《古文字中的形体讹变》，更是得到容庚、商承祚、胡厚宣、张政烺等多位学者的赞赏。

  如何延续"自书诗文"这一文人传统？书法的创新与传承如何保持平衡？目前广东的书法创作状态处于怎样的处境？未来将有怎样的发展前景？本报记者近日专访了张桂光，就上述问题进行了深入的探讨。

谈传统创新：赞成书法家要文人化

  《南方日报》：本次展览体现了您的哪些艺术特色？

  张桂光：我对这次展览本来没有太多考虑，从前也没有做过个人的书法展览。本来我想将自己历年有代表性的作品进行展示，作为我书法研究历程的一个总结。早在2010年，中国书协党组成员、副秘书长张旭光就曾经大张旗鼓地提出"书法家要文人化"的口号，提倡书法家"自书诗文"。而中国书法家协会副主席陈永正建议我，开办一次"自书诗文"作品展览，更能全面体现个人在诗歌和书法两方面的创作理念。

  我过去的作品以抄录古代诗词为主。这次要做"自书诗文"的展览，大部分都要重新创作。我希望通过这些创作，传达这样一个理念：要真正继承传统，就必须对传统进行更深的发掘。

《南方日报》:"自书诗文"是文人书法的重要传统,您认为书法和诗歌的创作之间存在哪些相通之处?

张桂光:书法本来就蕴含很丰富的文化要素。在过去,书法家一般都是文人,他们将书法作为日常的交流工具,而把诗词作为灵魂的支柱。"自书诗文"既是他们的基本功,也是他们消遣的旨趣所在。书法和文化修为有很密切的关系,古代的书法作品既包含运笔的优雅,也包括谋篇布局的美感,还有临场情感与书写内容的相互生发。读者具有多深厚的文化修养就能领略到书法中多深厚的美,修养越高的人领略到的内涵就越多。

《南方日报》:在书法的传承和创新之间,您认为需要怎样的平衡?

张桂光:现在很多人讲"继承传统",简单地理解为模仿几个字形,而没有深入考究众多的传统风格流派。这些传统都是需要深入挖掘的。我认为书法的创新,应当是在继承传统的基础上进行。创新是"百尺竿头更进一步",而不是"另起炉灶"。现在一些人老是强调个人面目,以为歪歪扭扭就可以突出自己的风格。正如一个人的五官位置都是差不多的,革新不是通过五官位置的变化来实现,而只是通过个人气质和修养的提高来实现。我认为,我们首先应当注重传统,而不需要过于着意创新。创新是水到渠成的,只有积累到一定的程度,才有创新的底蕴和可能。此外,也不是每一个人都有条件进行书法创新的。我自己就不属于创新型的书法家。一个时代需要很多积累,才能产生创新型的人才。天才虽然少,但我们每个人都可以通过自己的发展为天才积累材料,夯实天才发力的基础。

谈书坛现状:当代书法家常写错别字

《南方日报》:您认为"自书诗文"这种传统,在今天受到了哪些冲击?我们又该如何传承?

张桂光:"自书诗文"对书法家的文化修养要求很高,现在的学科分科太细太多,要学的东西很多,不能要求他们都在书法之外还花很多时间进行诗词创作。现在的书法家把字写对就很不容易了,更不用说自己创作诗文。许多书法的学习者过于急功近利,想走捷径,在全国展中展出、获奖。在这些表面的事情上花了很多时间,而在文化素养上却得不到提高,这是很严重的问题。

有些错别字的问题很严重。比如"子曰诗云"的"云",繁体简体都是没有雨字头的,不少人都想当然地在上面加上了雨字头。还有,"征伐"的"征"和"征(徵)

收"的"征（徵）"简体的写法是一样的，但繁体字却不相同，很多人却把"征伐"写成"徵伐"，那就错了，这是很丢脸的事。我提维护祖国语言文字纯洁性、不写错别字的时候遭到很多人的反对。他们认为书法不是文字学，强调不写错别字会扼杀他们的艺术灵感和艺术才华。因此，在目前这样的风气之下，我也不主张学书法都要自己写诗词，但是增加这方面的修养还是必要的。

《南方日报》：对于目前广东书法的发展，您有怎样的看法和期待？

张桂光：从二十世纪五十年代到九十年代，广东在继承传统方面，一直都做得比较好。当时广东有一批传统修养深厚的老先生，他们在书法传承方面抓得很严。而且他们的生活大多比较优裕，因此对所谓的书法大奖、书法大赛远远不如北方那么热衷。书法比赛大多会吸引以书法作为经济收入主要来源的人，他们很多都瞄准全国奖项，评委喜欢怎样写就怎样写。但广东的这批书法家往往在创作过程中，强调一种"玩"的心态，不拘一格，也不受所谓评委的指挥棒所左右。

以前广东跟风的问题没那么严重。然而近十年来，由于提倡与全国接轨，原来广东书法保存的很多地方特色都已经消失了。当然，跟着全国展的游戏规则走我不反对，但一定要打好传统基础，扎扎实实做好传统功夫。

复兴岭南书法的传统文脉

(2015年11月3日《南方日报》)

11月7日至13日,由中国书法家协会、广东省文联主办的"以古求新·抒写心源——张桂光书法作品展"将在北京首都博物馆举行。此次书法作品展共展出广东省书法家协会主席、华南师范大学文学院教授张桂光书法作品一百余幅。

此次展览分为"以古求新"与"抒写心源"两大部分:前者主要为张桂光历年习作,包括他从1960年代到2010年代各种书体的临摹、集字与创作作品,反映他的成长历程;后者则为张桂光自书诗文,用书法形式表达他的思想观念与心境性情。展览开幕式当天还将召开学术研讨会。

张桂光是岭南书法界"学者型书法家"。他与书法结缘超过半个世纪,一生都在与文字"打交道":他学承名师,早年师从岭南名宿朱庸斋、李曲斋先生习诗词、书法,后考入中山大学古文字专业,师从容庚、商承祚先生治甲骨、金文之学;他的书法碑帖兼容,各体兼工,尤以金文、行草、小楷见长;他研习古文字,成绩卓越,涉足甲骨、金文、战国文字研究,其中对古文字形体讹变的研究,被誉为"古文字研究中的一项新成就"。

著名古文献版本学家王贵忱曾评价说,张桂光做人做学问最大的特点是"正"。张桂光其人、其字重规范,讲规矩,平静谦和,不事张扬。展览开幕前,《南方日报》记者独家专访了张桂光教授。

谈学脉　岭南书道古有创新之风

《南方日报》:在您看来,岭南书法学脉的演变有哪些重要阶段?

张桂光:岭南书法历史悠久,但与北方相比发展较晚,直到明代才出现具有全国影响力的书法家。首先是明代哲学家陈白沙。他发明了"茅龙笔",书风刚健、雄强,打破了妩媚柔弱的"台阁体"一统天下的局面。岭南书坛还出现了彭睿壦的竹本派、佛门的海云书派等有影响力的书法流派。到了晚清,岭南书法碑学群体兴起,最著名的当数李文田、邓承修、康有为、梁启超。他们的碑学理论不但影响全国,还远及日韩。

到了二十世纪五十至七十年代，广东又产生了一个庞大的"分工合作式"书法家群体，其中包括容庚、商承祚的篆书，麦华三、朱庸斋的楷书，吴子复、莫珉府的隶书，李曲斋、卢子枢的行书，阮退之、佟绍弼的草书，黄文宽、张大经的篆刻。他们在自己专长的部分进行了深入的研究，比如容庚侧重于金文，商承祚侧重于甲骨文，麦华三对历代碑帖都进行认真临摹。他们高超的造诣共同为岭南书法文脉奠定坚实的基础。

《南方日报》：您认为，岭南书法呈现出哪些鲜明的地域特征？

张桂光：关于岭南书法的特色，我认为有两点值得一提：一是岭南书法家探索与创新的自觉，如陈白沙的"茅龙书法"、李文田对《兰亭序》真伪问题的发难、康有为的碑学宏论等。在晚清碑学群体中，李文田以方笔写雄强、邓承修以圆笔表阴柔、康有为以圆笔表雄强、梁启超以方笔表阴柔的分工合作，不但表现出自觉的创新意识，而且反映出他们创新的方式是在继承传统基础上"百尺竿头更进一步"，与当下时兴的"另起炉灶"式的所谓"创新"迥然不同。

二是岭南书法家大多是思想活跃的饱学之士，"字内功"与"字外功"兼修：陈白沙是著名的哲学家，李文田、康有为、梁启超活跃于政坛，容庚、商承祚是国际知名学者，朱庸斋、詹安泰的词在全国词坛排名很靠前。广东书法群体整体文化水平很高。在本次展览"以古求新"的部分中，可以看到岭南名家书风给我带来的影响。

谈创作　学书法必须先学古人的字

《南方日报》：您近年来强调书法家要"自书诗文"，有何原因？

张桂光：我从小就爱好诗词书法。十三岁那一年，我拜访了词学家朱庸斋先生。朱先生教词主张先从摹拟入手。他每教授一种词体，就让我们拟制和作，对我们的每首词作都会逐一批点。后来经过朱先生介绍，我又向书法家李曲斋先生求教。李曲斋先生要求我不能学习他的书法，而要向古典传统取法，我从中获益良多。本次展览的主办方得知我是朱庸斋先生的门人，建议内容以自书诗文为主。书法本来就是一门综合性的艺术，与诗词、国画之间的关系非常密切。尽管今天的书法家不必将自己培养成"文人"，但应该提高传统文化素养。

《南方日报》：您后来又在容庚、商承祚门下学习研究古文字，对书法创作带来怎样的影响？

张桂光：容庚、商承祚两位先生非常重视古文字的本体研究。研究古文字首先有一个"认字"的问题。古文字保留了比较原始的字形，对于了解各字的形义关系、音义来源、发展演变，以及探索整个汉字体系发展规律等文字学范畴的问题有着重要意义。

时下有很多书人对写错字不以为然,甚至拿"书法家写错字很正常"来为圈外人写错字辩护。我觉得这种风气是需要纠正的。

《南方日报》:您如何看待目前书坛的风气与当代书风的变化?

张桂光:多年来,书法界流行着一种反传统的审美思潮。许多书法家都在一味追求"创新",然而,他们的标新立异缺少扎实的专业基础与能力。与此同时,功利气息浓厚的全国性书法大奖大赛层出不穷,导致许多书法家围绕大赛评委的"指挥棒"进行创作,致使书法面貌越来越同质化。所以我认为,书坛应该为书法的地域特色预留发展空间,让岭南书法的文脉传承下去。

现在有人强调书法是"线条艺术",欣赏书法就是欣赏这些线条,不管写出来的是不是字、是对是错、内容如何都没有关系。我认为,这实际上把书法独有的民族文化内涵丢掉了。如果书法把外国人看不懂的中国元素都去掉,它还是中国艺术吗?中国书法的线条是与汉字的结构密切相关的,它的美是透过汉字特有的间架结构表现出来的。我认为,书法背后必须具备东方文化内涵,而不能单方面迁就西方的审美标准。随着中国国力不断强大,书法必将以完整的"东方形象"与汉文化一同走向世界。

书坛领军人关键在德

(2015年12月20日《新快报·收藏周刊》)

新一届书协主席、副主席及理事名单出炉，苏士澍担任新一届中国书协主席。名单出来后，包括原籍湖北的书法家曾翔等近十人相继宣布退出中国书协。在十四名副主席名单中，并未见来自广东省书协者在列；二百多名理事中，广东则占七名。对此，广东省书法家协会主席张桂光接受《收藏周刊》专访时称："副主席，北上广都没有，因为三地主席都超龄。"

"没必要针对着某一个小错误来说事"

《收藏周刊》：苏士澍担任中国书协主席，您对此有何看法？

张桂光：他来当主席，是合适的。首先，中国书协要稳定，主席就应该从副主席里产生。从这个角度来看，我认为苏士澍、言恭达等都是合适人选，现在大家选择了苏士澍，我拥护。主席人选应考虑综合素质，首先是道德品质、政治品德都要好。根据我了解，他为人比较正，言论与中央的文艺精神相一致，可以引导我们朝着正确方向前进。另外，在中国书坛文化缺失的大环境下，也很需要有一位像苏士澍这样的文化人出来，也是比较合适的。

《收藏周刊》：他的一幅书法作品在书坛流传甚广："天行健君子以自强不息"，出处写"庄子·乾卦句"，落款"丁亥仲夏苏士澍书于北京"。有人质疑，这句话出自《周易》而非庄子。

张桂光：人人都可能有出错的时候。但只要正确对待，不坚持错误即可。

能否引领书坛"关键在于有德"

《收藏周刊》：您觉得中国书坛具体还存在什么问题？

张桂光：刚在长沙，湖南省博物馆组织的简帛书法研究会议上，当有学者提到书法家的错字问题，有书法家表示："艺术是艺术，学术是学术，它们是两个圈子，拉不到一起来的。我们搞的是艺术不是学术，错字不错字，没关系。"他居然还说到，罗振玉、董作宾、商承祚，写的甲骨、金文都只不过是传统的再现，是低级的。像他自己那种既不像金文、又不似简帛的东西才是高级的。对传统经典根本没有半点敬畏。

有一个学生花了很长时间写了一张作品，拿给某个老师看，在场也有其他人，作品里有个硬伤，需要重写，但是学生比较焦急，认为自己好不容易才写到这个水平。结果这位老师就说，有办法，在旁边加一行字"汉砖有此写法"，评委们很多对汉砖没有太深入的研究，他们不敢提出异议。结果，这张作品最后真的获奖了。

能不能引领中国书坛朝着正确的道路发展，关键在于有德。有德，书法也达到相应高度。没有人敢说第一，最多说第一流。

《收藏周刊》：继曾翔退出书协之后，也有一大批人相继表示退出，您怎么看？

张桂光：书协进出，大家都有自由，也并非今天才发生，在二十世纪九十年代、新世纪都有过知名书家退出书协的做法，但对中国书坛都没有太大的影响。

"丑书乱书可以搞，但不能成为主流"

《收藏周刊》：曾翔的书法您认为怎么样？

张桂光：（曾翔）了解不多，不敢妄评。现在很时兴的丑书、乱书，我认为可以搞，但不应成为主流。可以有人朝这个方向走，但不能以它为主流。一个社会应该是有壮汉，也有病弱，有阳刚的，有阴柔的，有病态的，有好人有坏人，这才正常。主力是精壮，而不是老幼与病弱。有张扬也要有含蓄。主流是正常人而不是怪人。

《收藏周刊》：张海退下来，从整个书坛角度您怎么看待前任主席这个事情？

张桂光：接触不多，不好评价。但是在前十年，对中国书坛影响最大的应该是驻会副主席。他很多做法是负面的，应该说中国书坛的风气都是被他搞乱了。

"副主席北上广都没有，因为超龄"

《收藏周刊》：从新一届书协主席、副主席及理事名单的组成中，怎么理解我们广东书法的力量呢？

张桂光：它是按中国书协会员比例来确定理事人数的比例的。里面有各种的限制条件，按比例，广东省有四个名额，我们推选了程扬、李远东、颜奕端、纪光明。经省文联、省书协努力，中国书协给我们增一个指标，我们推了陈钦硕。丘仕坤是部队推的。

祁小春也当选了。这里合共七名。至于副主席,北上广都没有,因为三地主席都超龄了。

《收藏周刊》:您的意思是不能通过这个名单来看我们广东的书法水平在全国的排名?

张桂光:中国书协会员的多少,并不一定准确反映一地的实际水平。

《收藏周刊》:那我们广东大概的会员数,在全国来看会不会比较靠前?

张桂光:算是中间靠前。北京也是只有五个理事。中国书协会员的多少,也不能反映这个省的水平。前几年,河南安阳与广东惠州合办了一次联展,安阳的(当时)中国书协会员七十多人,惠州的中国书协会员二十多人,差距三倍,各出六十张字。安阳的会员虽然比较多,但是展览结果谁也不敢说谁的比较差,后来的评价也只是说篆隶安阳比较强,楷行草惠州比较强,如此而已。

准备"多办市际联展,加强书法培训"

《收藏周刊》:那我们要怎么看待地域的水平?

张桂光:据说,以后的中国书协也不会像以前那样举办那么多的大奖、大赛。我认为多办省际联展、省际交流展对于地方特色的发展更有好处。而且各种行业、不同层次的群体举办交流展,对中国书坛的发展更有利。相互交流,取长补短更利于发展。

《收藏周刊》:接下来,广东书坛有哪些计划?

张桂光:调动地市书协积极性,发挥地市书协的作用,他们活起来了省书协才能活。多办些市际联展,加强市际交流。举办各种类型、各种层次的展览,让不同行业、不同性别、不同年龄层次的会员都有展示的平台,使广大会员都可以做演员而不光是做观众。加强书法培训,踏踏实实走传统继承的路,夯实传统基础,提高综合素质。

广东书法家访谈

（2016年1月13日《书法报·书画天地》）

兰干武（《书法报·书画天地》执行主编）：非常感谢能借首届墨耕园广州书画篆刻作品展的机会与大家见面、交流。首先感谢各位领导、老师对《书法报》《书法报·书画天地》的支持，以及车萱站长所做的工作。由于她之前看到《书法报·书画天地》今年第一期报纸刊登了"株州书白山艺术家访谈"，于是就有了此次座谈会。以前我们都是一对一的单人访谈，但是今年我们准备多做数期集体访谈，谈谈当地的书法状况、生存状况等问题。首先请张主席谈谈广东书法目前在全国的地位。

张桂光：我了解得不是很清楚，因为我的主业不是书法。一般都是通过大展、大赛的数字来了解，如果以这个为标准的话，广东应该是中上等的。但是不管对哪个省份，都不能单纯从大展、大赛的数字来看，我觉得两地联展更能够反映地方实力。

例如，前两年河南安阳和广东惠州举办过一个联展。安阳在河南应该算书法重镇，河南在全国也是书法大省。安阳当时中国书协会员就有七十人，惠州当时中国书协会员只有二十人，若仅从数字看，安阳应该比惠州的实力强三倍。但是当时谁也不敢说哪个强，只能说篆隶安阳好一点，楷行草惠州好一些。所以我觉得数字并不能说明一个地方的实力。1998年，我们和北京办过联展，当时欧广勇先生还在书协工作，并且是联系人。在展览之前无论是谁都会看好北京，但是情况完全不是这样，在开幕当晚的座谈会上，北京的朋友就埋怨组织者没有组织好，没有把最好的作品拿出来。当时我还说："我们主要是来学习的，希望你们一个月后来广东，拿最好的作品来参展。"虽然后来他们换了一批作品，但也不是最好的。所以我觉得不能光从数字来看水平的高低。

可能省外的人认为自九届国展之后，广东的入展作者增加了很多，或者说广东的书法水平有了很大的提高，但是我不这样认为。因为广东在二十世纪五十至七十年代，一班老先生不仅仅写书法，而且好多都是学问家。所以，当时的广东在全国绝对是书法强省。我们可以从一个数字来看，第一届中日书法交流展，日本一百幅，中国一百幅，在中国的一百幅里面广东占了十八幅，这个比例是最高的，而且是北京评的。所以岭南书法是有东西可传承的，二十世纪八九十年代在传承传统方面做得是比较好的。我们在第

一、二届国展中入展还算好，但从第三届开始就慢慢少了。所以很多人会说，广东的经济太发达了，所以广东的书家都向"钱"看，因此把字写得很低了。但我并不这样认为，因为广东书家的生活水平基本上都过得去，所以他们对大奖、大赛入展、获奖的追求不是那么执着，他们是以一种"玩"的心态来进行创作，没有受大奖、大赛的影响。到了九届国展以后，情况有所改变，九届入选作者多了很多，但是可以看到增加的一部分作者并不是因为书法好，而是跟东道主有很大的关系。而一部分在九届国展以前能够入展的作者，在该展中，有相当一部分人没入展，这只能说里面的水分还是很多的。从那以后，在广东所谓跟全国接轨的口号下，大家也赶着流行书风，所以入选得多了，但是地方特色也因此没有了。

现在中国书协工作班子换了，这个指导思想应该会有所改变。我在某报接受访谈的时候，谈到组织工作的某某副主席，他的很多做法是负面的，搞乱了中国书坛。后来有一个人专门写文章来反驳我，他是断章取义。我们省委宣传部一些领导的指示，和苏士澍主席来广东调研时在座谈会上的总结发言都谈到了两点：一是要弘扬岭南书法；另一个是加强中小学的书法教育。我们省书协也准备在这两点上面做工作，因此在今年我们可能会对我们省的前辈作一些宣传介绍，让大家传承好岭南书法。但现在很多教学都是引进了流行书风，这是"洗脑"，不能让他们把我们岭南书风洗掉了，应多一些联展，让地方特色有一个发展空间，这样才会更好。我们也想把我们过去好的东西传承下来，另外中小学教育不要偏向流行书风，一定要从传统、传承方面着手。

而且写碑，每个人都写得不一样，李文田是方笔写雄强的，梁启超是用方笔写阴柔的，康有为是用圆笔写雄强的，他们好像有分工合作的味道在里面，所以这也是一个特点，而且好多都是大学问家。像叶恭绰是词学大家，还有我的老师朱庸斋都是《当代诗坛点将录》里收录的。《当代诗坛点将录》是在二十世纪时段内，在全中国范围内选一百零八个词人按《水浒传》来排座次，朱老师位列"双枪将董平"，所以好多书法前辈都是大学问家。陈永正主席在诗坛的地位也很高，在《当代诗坛点将录》中，他是"阮小二"。最近陈主席要建立一个诗教基金，因为他是诗教学会会长，他想退掉会长，以前诗教学会的活动都是陈主席筹款的，为保证日后活动正常开展，他征得妻子和女儿的支持，捐款建立了诗教基金。

流行书风未必值得流行

(2016年12月10日《羊城晚报》)

密集的中国艺术品秋拍逐渐进入尾声,虽然多幅书法作品拍出不错的成绩,但中国书法交易市场整体仍难走出调整的局面。最近,第四届全国书法名家艺术双年展暨全国优秀中青年书法家作品邀请展在广州举办,堪称为全国书法艺术风貌的一次集中展示。借此时机,本期名家话收藏特约两位广东书坛的名家共同探讨当今书法展、流行书风对书坛的影响,岭南传统书风如何继承和发展,哪类书法作品更有收藏价值等问题。

一、大展大赛泛滥之风正在改变

主持人:过去几年,中国书坛可以说各类书法展、书法大赛层出不穷。这些书法大展、大赛对于推动书法的发展确实有积极的意义,但也有来自业界的声音认为书展、大赛还存在许多问题,你们怎么看这种现象?拿最近举办的第四届全国书法名家艺术双年展来看,其对当下广东书坛的意义何在?

张桂光:双年展是新世纪兴起的一种系列展览名称。这是个跟风赶时尚,大展、大赛狂热的年代,它一出现就在全国范围乃至海外迅速蔓延开来,有佛罗伦萨书法双年展、北京书法双年展、兰亭书法双年展、兰亭书社书法双年展、广州中青年书法双年展、深圳书法双年展、张家界书法双年展,等等,几乎遍及全国所有省份以及大中城市。从2009年开始的广东书法院的书法双年展也同全国各地各种各样的双年展一起为繁荣广东乃至中国书坛起了积极作用。

双年展主要分为两种形式:一种是邀请式,一种是竞赛式。广东书法院的双年展是邀请展,把全国名家和全国中青年书法家的作品邀请过来集中在广东展示,使广东的书法爱好者足不出省就可以欣赏和了解到当前书法精英们的创作状况,对广东书法事业的发展也起到有力的促进作用。

但是广东书法院的书法双年展已经举办了四届,历时八年,应该有所总结。一个是特色定位问题,纵向比较,广东书法双年展每一届都比上一届有哪些改进?横向比较,比其他地区的双年展有何区别？与广东书法院举办双年展当日在中山小榄也举办的全国名家书法展相比，各有什么特色？纵横两方面比较都找不出自己的特色，与其他展览一样一张作品打天下的话，这种展览就没有什么意义了。这些问题都值得思考了。

再一个是如何走出当今书法展"开幕第一天轰轰烈烈，第二天很少人看，甚至没有人看，开幕就是闭幕"这样一种怪圈。一场书法展览可能投入上百万元甚至几百万元，投入这么大，假如只有第一天的效果，是远远没有达到应有的社会效应的。如今在扭转书坛乱象的形势下，全国大展、大赛开始降温，我们的书法双年展怎么配合这大势实现传统回归的转型问题，都是值得我们重视的。

主持人：展览泛滥就不能不提到流行书风，因为这些年书法展狂热，流行书风也盛行一时，你们怎么看书坛这种现象？

张桂光：原来全国各地书法有各地的特色，百花齐放。在最近十年里在评委指挥棒下出现全国书风趋同。无论哪个书展基本上就是那么几个面孔。这就是所谓的流行书风，它有个很大特点是很容易上手。书法讲究提按使转，流行书风则不论是楷书、行书、隶书还是篆书都不加讲究。笔画不分轻重一扫而过，粗，一笔全粗，细，一笔全细，不用考虑提按。转折处，一笔分成两笔写，位置自然好安排了。这种把提按使转省掉的写法很容易学，很多人一下子学到了。于是全国展和各省展展出的作品差别不大，参赛的作品也难分高下，这给评委留下了很大的可操作空间，这种书风大行其道就不奇怪了。

现在书法界已经看到这种弊病，书法展开始降温。2014年展览有了很多新气象，比如更多地推出公益的书法大讲坛；展览和评比的时候也多了一条文化的审读。如果是一场比赛要评六百张作品，先评出七百张作品，由评委一张张审读。要看有没有错字，有没有张冠李戴像李白诗写成王维的，有没有无病呻吟，有没有语句不通顺，等等。一旦出现这些问题就被淘汰。其实我们还可以搞调展，搞不同地区之间的联展和交流展，大家可以通过公开的平台进行和平竞赛。

中国书协领导一再指出，当代中青年书法家的传统素养不足已经成了书法往更高层次发展的一个瓶颈，定期举办旨在提高年轻获奖者文化素养的培训班，这种新动向自然有利于书法整体水平的提高。

二、广东书法家群体有文化底气

主持人：从现实来看，广东历来是非常重视书法的，包括暨南大学、广州美院都有书法的开科设班培训，书法教育非常有基础。广东书法院、省书协经常举办各种书法活动,老百姓反应热烈。可是在评选文化名城、书法名城等标志性名称上广东似乎收获不多,你们怎么看这个问题?广东书坛的扛鼎力量现在来自哪些?

张桂光:我们不以什么获奖或者书法之乡论英雄。最重要还是看作品的质量。这几年我很强调要弘扬岭南的书风,同时要抓好书法教育。

岭南的书风传统非常好,明代有著名的哲人书法家陈白沙、晚清有著名思想家和书法家康有为代表的碑学流派在全国甚至国际都有重要影响。

1963年,广东成立了广东省书法篆刻研究会,这是广东省书法家协会的前身。全国最早成立书法组织的三个城市就是上海、北京和广州。二十世纪五十到七十年代,广东绝对是书法强省,活跃在广东书坛的一批书法家也相当了不起。广东书法家的成绩可以从1957年举办的第一届中日书法交流展看出。这个展览中日各有一百幅作品,广东占了十八幅,由此可看到广东书法的分量。

那时广东书法家群体的书法水平高,而且是分工合作的群体。篆书的容庚、商承祚,楷书的麦华三、朱庸斋,隶书的吴子复、莫珉府,行书的李曲斋、卢子枢,草书的佟绍弼、阮退之,篆刻的黄文宽、张大经等。他们相互联系各有专攻,对自己专攻的部分研究非常深入,而且多属学问家。容庚、商承祚是知名大学者,詹安泰、朱庸斋、佟绍弼、阮退之在诗词学界都很有地位。李曲商、黄文宽有很高的文化素养,麦华三也著有《书法汇通》《碑学提纲》等多部著作。一言蔽之,广东书法家群体很有文化底气,继承传统也有创新。

广东省书协计划在五年里推介二十五位已故的前辈书法家。第一年准备先推介五位,佟绍弼、詹安泰、卢子枢、何绍甲和麦华三。何绍甲是华南师范大学的教授,是心理学家和音乐家。他主要写魏碑,诗和篆刻也非常有水平。现在已经没有多少人了解他们。除了办展,我还想推出这五位书法家的作品集和纪念文集,全面立体地反映他们的艺术水平。

主持人:此举将为广东书坛整理一批学习的榜样,非常有意义。

张桂光:书法创新应该走这样的路。不是打烂标准而是百尺竿头更进一步。过去成为书法家,要成功,要走很漫长的路,他们是积累起来的。比如詹安泰的魏碑写行书,李曲斋的简化字入印,北方书家看了都说他们没有一笔(印)不古但是也没有一笔(印)不新。

三、笔墨当随时代

主持人:对于书法的追求有种观点是笔墨随时代,你怎么看?

张桂光：我一贯主张对传统做深入的了解。你可以专攻一家，比如柳公权、何绍基、翁同龢都学颜真卿，却可以写出各自不同的东西。然后就是博览各家。先专一家后涉猎百家，最后自然而然形成自己的风格。书法家涵养越丰富，其书法就越有深度。

笔墨当随时代，内容是很丰富的。一种是客观的，就是你是这个时代的人，就必然打上这个时代和你个人的烙印，时代风气和个人修养都必然会在作品中表现出来。另一种是主观的追求，我们怎么样跟上时代？首先跟上时代研究的水平，比如对古文字的认识，清代人比宋代人要高，现代人比清代人要高。所以明代人、清代人篆刻很多错字。现在发现是错的，还按照错的去做就没有跟上时代。搞篆刻、篆书的一定要跟上时代对古文字的研究，跟上时代的科学发展水平和文字学发展水平。

又比如我们时代的简化字，为什么不可以让简化字进入书法的世界？王羲之为什么地位那么高？因为楷书在汉代已经出现了，但是因为笔画较粗糙不够美，所以在庄重的场合比如碑刻还是用隶书。王羲之的功劳是把楷书美化了，为大家所接受，以后确立了楷书的官方文字地位。

我们今天简化字代表进步，从古到今字都在简化。现在很多人觉得简化字笔画太少书写起来不容易写好。我1993年到台湾讲学就讲到我们应该把简化字推广好。正因为简化字难写我们才有责任把它美化，这也是笔墨当随时代的一个方面。

四、丑书、怪书能够保值吗？

主持人：从艺术回到市场，当前书法市场交易量和交易额均出现下滑，应该如何理解这种现象？

张桂光：我对市场不太了解，也不热衷。里面有很多书法以外的东西，不能反映真正的艺术水平。现在冷下来，没有了这种对书法艺术本身的干扰，让流行书风和传统书风进行真正的较量，经过一段时间会出现真正意义的传统回归。市场也会更理性地思考什么是真正好的作品，什么作品才能够流传下来。丑书、怪书或一些地位高的作者的作品价格曾经很高，这些都能够保值吗？我认为市场冷一下反而是好事。

傅山提出的"宁丑毋媚"理论并不是要追求丑的，应该是只能在丑和媚两者选一时，宁要丑都不要媚。但最理想的还是处于两者中间的不丑也不媚，美得恰到好处的部分。好的作品可能是人人心中都有，人人笔下却无，人人看得懂，但非人人写得到。

（注：同时接受采访的还有多人，这里只录对我本人访谈的部分。）

当今书坛"流行病"

(2017年2月26日《广州日报》)

作为一门发展了几千年的艺术,书法在当代依旧方兴未艾。无论是各种流行书风的涌动,还是当代艺术家对书法元素的重视和运用,抑或在社会中悄然兴起的以书法修身养性的风潮……都让人感受到书法传承千年却丝毫不减的魅力。然而,却也有资深的书法界人士疾呼:当代书法在很大程度上偏离了传统!应该怎么看待传统?传统对于当代书法的发展又有多重要?就一些相关问题,本报记者在近日对广东省书法家协会主席张桂光先生进行了专访。

用"宁丑毋媚"为丑书开路站不住脚

《广州日报》:您有一个观点,当代书法在很大程度上偏离了传统?

张桂光:书法是有几千年发展历史的艺术,本身有一套完善的传统审美法则规律,应该是我们欣赏和评价书法的依据,但当今书坛,却让反传统的潮流一度占了上风,严重偏离了书法艺术的传统。

这一现状的形成,主要有三方面的原因。一是"文革"严酷的思想禁锢之后,人们都有挣脱枷锁、求自由解放的愿望,使反传统潮流有了广泛的思想基础;二是书协的官本位体制,为反传统潮流提供了组织上的便利;三是一些理论家为反传统潮流制造舆论,提供依据,推波助澜。重点谈谈第二点。书协的职责是为书法家作协调服务。不同层级的书协,对协调能力有不同的要求,省级书协需要有处级行政能力的人去协调,国家级书协需要有厅级行政能力的人去协调,这都是合理的。但一些原先只是书法的爱好者或初学者的行政干部,坐上这个位置后便不满足于协调服务的角色,要当专家、权威,要号令三军了。如按传统标准衡量,他们的水平就明显不能服人。因此,首先就得打烂传统标准,搞一些故弄玄虚的新标准,贬损画人、鼓吹画鬼,把传统继承说成是保守的、落后的、没有前途的,只有按他们的标准,才是创新的、先进的、有前途的。他们组织大量的书法名城、书法之乡的评选和各类大奖、大赛等功利性极强的活动,要参赛者接受他们的洗脑，按照他们的指挥棒转，反传统潮流的标准就是这样确立起来。

2014年后，书协的导向开始有较大的转变，各类大奖、大赛及书法名城、书法之乡的评审开始降温。留下来的大奖、大赛，评审不仅强调传统回归，而且增加文化审读的环节，对改变这种状况起了很好的导向作用。新的书协领导还通过大量的公益培训，统一广大会员的认识，提倡真、善、美，抵制假、恶、丑，创作群众喜见乐闻的作品，风气已有了很大的改变。

《广州日报》：您对丑书、怪书现象怎么看？

张桂光：很多人用傅山的"四宁四毋"，尤其是"宁丑毋媚"为丑书开路。其实"宁丑毋媚"并不是提倡丑，只是在丑和媚中两选一时，宁可要丑都不要媚而已。但丑并不是首选，丑和媚之间还有很大的空间，不丑不媚，美得恰到好处的才是理想的追求。

《广州日报》：还有一个流行的观点，说书法从根本上说，是一种线条的艺术。您认同吗？

张桂光：现在有一些人打着同国际接轨的旗号，要将书法净化为懂汉字的中国人看得懂，不懂汉字的外国人也能看得懂的所谓纯线条艺术，鼓吹书法就是看线条。这个观点有一个潜台词：线条组成的是字不是字，字写对写错，写的是什么内容都无关紧要。为现在很多人的作品的错字连篇和文化缺失辩护，这显然是站不住脚的。

中国书法不光要看线条，还要看结字、章法、书写内容与作者的临场心境的配合，等等。《兰亭序》《祭侄稿》《寒食帖》之所以那么出名，就是因为它们不仅展示了王羲之、颜真卿、苏东坡的运笔用墨、结字布局方面的艺术技巧，而且展示了他们这些技巧对作品内容和作者临场心境之表达的积极作用。不识汉字的人，无法理解这些线条组字产生的结字美，没有文学基础，理解不了这三篇文本内容的人，自然也无法从《祭侄稿》字的大小、墨的浓淡之跳跃式变化中体会到颜真卿那种悲痛与愤恨交织奔涌的感情，无法从《寒食帖》之字形由小渐大，用笔由轻渐重，字越写越大、越写越重的画面中，领略苏东坡从深沉的低吟到敞开心扉放声倾诉的感情。如果把外国人看不懂的中国元素去掉，那就不配称最具民族特色的"中国文化名片"。

书法专业设在文学院比设在美术学院合适

《广州日报》：经常听人讲，书法是艺术，不是写字这么简单，您怎样看？

张桂光：经常听到这种讲法，但很少有人就此作具体的解释，将区别讲清楚。我认为，写字是书法的基础，书法是写字的高级阶段，两者并无不可逾越的鸿沟。反复强调书法不是写字的人，往往都是一些书作不被大众看懂、或者常常写错字的人。在他们看来，好像大众看得懂的都是"写字"，大众看不懂的才是"艺术"、才是"书法"；又好像懂文字学、文学的人都是不懂艺术的；几千年的书法家们都只知浑浑噩噩地写字，直到今天，我们伟大的书法家才发现，过去的书法家都是"不识庐山真面目，只缘身在此山中"，不知道自己是在进行艺术创作。但我想，按几千年形成的法则规律去分出作品的格调高低，要比讲清书法与写字的区别更有意义。

《广州日报》：目前书坛有哪几种"流行病"？

张桂光：一是对经典的蔑视，一是文化的严重缺失。对经典没有半点敬畏，攻击对经典的学习为重复古人的初级行为，而对评委推崇的那种避开不易把握的中锋用笔、任笔成形、不讲提按、不讲使转的流行书风趋之若鹜，以致全国上下都趋同于几种流行风格；从学习到创作，只求与学习对象形式相似，不究其内涵，喜欢学《兰亭序》的涂改，喜欢学《祭侄稿》的大、小字强烈对比与浓枯墨跳跃式变化，喜欢学《寒食帖》的字由小变大并且越来越大，喜欢学古人信札的行长行短，却不去考究这些变化形成的原因。据说有些老师教学生，先从某家的书法软件上将要写的字搜出来，然后按内容顺序排列好，按行气章法要求将某字放大、某字缩小、某字放正些、某字放侧些、这字用浓墨、那字用淡墨，此处用涨墨，彼处用枯墨，都由老师安排好，然后几十张、几百张依样画葫芦地写。外行人看来，好像有些近似《祭侄稿》或《寒食帖》的模样，而在内行人看来，不过是一种没有血肉、没有灵魂的浅层的笔墨装饰，根本谈不上感情的表达，更谈不上运笔用墨技巧与书写内容的相互生发。

《广州日报》：要改变这种现状，您认为应该怎样做？

张桂光：首先自然是要加强对经典的学习，按传统的学习方法认真打好用笔、结字的基础，同时要充分认识到书法是国学的组成部分，它在国学的土壤中生成、成长，文学、文字学与书法更有一种浑然一体、密不可分的关系，认真提高国学素养，提高文字学与文学知识水平和创作能力，才能做到文在胸中、随手而出、兴之所至、妙合于天，达到一种妙手偶得、心手双畅、一次性完成的、不可重复的、醒后欲书书不得的境界。每年都有一次中日自书诗文的交流展，日本人不懂诗的不参与，参加的都严守古诗格律，而不合格律的都出自国人之手，这是很丢脸的。

现在的书法专业大多设在美术学院，而美术学院的国学是弱项，书法教学提高国学素养，比形式设计更重要，所以，我认为，书法专业设在文学院比设在美术学院更合适。

把简体字写好是当代书法家的责任

《广州日报》：人们常说"笔墨当随时代"，您怎样理解？

张桂光：笔墨当随时代，是说笔墨的运用要跟上时代的步伐，表现出时代的特色，这是一个积极的因素，亦是每个创作者应有的追求。其实，这个时代特色有两种构成，一个是客观的印记，不管你自觉不自觉，它都会烙上的时代与个人（比如功力、学养、胸襟、抱负、情感）的印记。这种印记当然有正负两面，我们要尽可能避免负面的影响，如浮躁心态、繁简字变换混乱、严重失律的诗词，等等；一个是主观追求的，比如新学术成果的吸收，明清时期古文字研究没有今日发达，篆书、篆刻作品错字不少，我们创作即应用新成果纠正他们的错误，才算跟上时代的步伐。又比如新材料的发掘与光大，甲骨、战国与秦汉简帛等，清人未见过的材料，我们用以丰富书体内容，也是跟上时代步伐的一个方面。还有简化字之入书法、新文体、新内容的书法表现，等等。如果只懂抄旧诗词，对白话文的书写欠缺表现力，也是未能跟上时代步伐的表现。

《广州日报》：但有些人觉得简体字不如繁体字好看，而且透着没文化？

张桂光：我看过一些顺口溜，什么"爱无心"，但现在也有了反击，说简体字的爱虽然"无心"，但是"有友"啊。这些虽然是玩笑，但简化字的出现的确是一种进步。纵览汉字发展史，从甲骨文、金文到小篆、隶书、楷书，就是一个简化过程。简化字的推行其实从二十世纪三十年代就已经开始。我的老师容庚先生在1936年就出过一本《简化字典》，探讨如何简化合理的问题。

我1993年在台湾台南师大讲学的时候，就提出一个观点：把简体字写好是我们当代书法家的责任。当时台湾有些老学者很激动，他们认为简体字不好看，破坏了中国文化。我就问，您说哪个简体字最不好看？他说是"厂"。我就说，厂字古已有之，不过与廠字无关。《说文》："山石之厓，人可居，象形。"也有学者认为是岸字初文。字亦用作庵，多见于人名。比如，著名的古文字学家唐兰，字立庵，有时候也写成"立厂"，还有民国时候有个学者叫易大庵，他每次签名都是用"厂"这个字，怎么他能写好，我们就不能写好呢？相对于繁体字，简化字的结构比较简单，不容易写得漂亮是事实，但正因如此，当代书法家就更应该想办法把简化字写漂亮。就以楷书当年的出现为例：其实楷书在汉简中已经出现了，但直到东晋，每到树碑立传等庄重场合，大家还是喜欢使用隶书，因为当时的人认为楷书的笔画比起隶书的波磔而言显得有些粗糙，一直到王羲之美化了楷书的笔画和字形，楷书的正统文字地位才得以确立。

现在很多书法家不喜欢写简体字，还有另外一个原因，经典的书法作品大都以繁体字写就，后人模仿起来很容易。简化字缺少名家作品可供参考，而且在平衡字体结构上需要花更多心思。其实，假如功夫过硬的话，无论以前的人有没有留下字形给我们参考，我们都可以写好。事实上，美化简体字本身就是当代书法家应该承担的责任。现在不少书法家只会简化字，不识繁体字，却又要用繁体字进行创作，结果闹出很多笑话，如果让简化字进入书法大家庭，这部分文化水平较低的书写者，就会少很多尴尬了。

（注：该文部分内容在采访时有谈到，但刊出时省略了。这里将省略部分给予增补，以完整呈现本人的观点。）

莫以丑怪为个性

——谈书法创作的传承与创新
（2017年4月12日《南方日报》）

9日下午，广东省书法家协会主席、华南师范大学文学院教授张桂光做客广州文艺市民空间，参加由广州市文联、南方报业289艺术联合主办的"大师下午茶"活动，与市民一起分享他对岭南书法的心得。作为岭南书法界"学者型书法家"，张桂光与书法结缘超过半个世纪，在现场他畅谈岭南书法的源流与特点，并且就书法的传承与创新发表独到见解，同时也追忆他与前辈名家之间的真挚情谊。

张桂光透露，广东省书法家协会未来将推出"五年计划"，为二十五位已故岭南书法名家举办作品展与座谈会、出版作品集与纪念文集，向社会全方位梳理、介绍他们在书法与相关文化领域的贡献。此外，"广东百年书法"大型活动的策划工作，不久也将提上议事日程。

岭南书法传统重视"写心"

活动现场，张桂光首先为观众介绍岭南书法的前世今生。尽管岭南地区开发较晚，书法起步较迟，再加上天气潮湿、炎热，纸质材料不易保存，岭南书法留下来的墨宝数量相对较少，但这并没有妨碍岭南人士的文采风流、岭南书坛的名家辈出。南越王墓出土的几百枚木简，就为岭南书法史写下了灿烂的开篇。

南北朝时期的侯安都，是最早见于典籍的岭南书法家。此后，唐代的张九龄、宋代的崔与之，也在中国书法史上占有一席之地。"不过，岭南地区首位真正具有全国影响力的书法家，还当数明代哲学家陈白沙。"张桂光说。陈白沙与弟子湛若水等人组成了哲人书法群体。他还首创茅龙笔。茅龙笔质地较硬，运笔使劲大，书风刚健、雄强，一扫当时流行的"台阁体"柔媚造作、千人一面的弊病。

陈白沙的书法与哲学互为表里。他崇尚自然，强调书法的本质是"写心"。"他的思想告诉我们：我们写字首先不是为给别人看的，而是要表达我们自己的思想；如果我们怀着功利的目的去写字，不能守住自己的心，那么我们的字就一定写不好。"张桂光说。

岭南书法家还较早地将传统书法、篆刻理论应用到简化字中来。张桂光为现场观众展示了书法家李曲斋所刻的一组印章。这组印章以毛泽东《清平乐·蒋桂战争》为题，共有八款，每句词都刻有一个章。

"这组印章都用简化字，所以是全新的；但章法布局，行笔运刀，又处处运用传统的篆刻元素，所以'无一不新，无一不古'。"张桂光告诉观众，这组印章大胆地使用简化字。"简化字入印本身是有难度的，因为简化字字形简单，刻在印章里容易散开。"为此，李曲斋在"风云突变"印章里，使用了传统的田字格，使文字的整体布局疏密有致。

"值得注意的是，他在篆刻使用的或汉砖、或魏碑、或汉隶、或章草等传统笔法，而不是美术字的线条。他为人们留下了'古为今用'的最好示范。"张桂光说。

将弊病当特点并非创新

回顾岭南书法深厚的历史传统，当代书法家应如何面对时代的挑战，更好地传承与发展传统，现场嘉宾、观众就此展开了热烈的讨论。

近年来，崇尚"创新"正成为书坛流行的一股风气。然而，部分书法家由于缺乏扎实的专业基础和能力，他们的标新立异也为世人所诟病。对此，张桂光开门见山地指出：所谓"创新"，不能将古人眼中的弊病视为"特点"。"比方说，现在不少人篆刻不用传统刀法而用刮削，这是古人眼中最忌讳的毛病，这样的作品其实在今天看来也是不及格的。"他说。

"书法创作应该有自己的面目，但好的面目并不是怪的面目。这正如一个人不能靠弄歪自己的嘴巴、改变自己五官的位置，来体现自己的'特点'。这是一种可笑的行为。丑的书法、怪的书法也不应视为一种'创新'。"张桂光幽默的比喻，让不少现场观众为之捧腹。

"岭南书法家的创新，都是立足在传统的基础上。"然而，张桂光本人并不反对书法与时俱进。正如李曲斋以古法篆刻创作简化字作品一样，他也主张通过书法"美化简化字"，将简化字纳入书法艺术的"大家庭"中来。

他注意到，当前书法界存在一种矛盾的现象：不少书法创作者只懂简化字，不懂繁体字；但他们仍然崇尚以繁体字写书法，结果错字连篇，反而出现了很多不该有的错误。"不懂繁体字的作者，就应该老老实实地写简化字。"张桂光建言，今后书法展览应更加宽容，开放给更多简化字的作品进入。

对此，广东省书法家协会理事、广州市书法家协会副主席林敏玲则认为，文字、语言是我们民族文化最核心的内容。与"创新"相比，发掘与传承传统文化更是当务之急。"我们当前的任务,就是将这个文化的'根据地'守住。如果我们连'根据地'都保不住,'创新'也就谈不上了。"

"五年计划"重整书法遗产

张桂光幼承名师,早年分别师从岭南名宿朱庸斋、李曲斋,学习诗词、书法。在"大师下午茶"现场,他为观众分享了这一段难忘的拜师往事:一场展会上的不期而遇,竟然促成他与多位名师一辈子的不解之缘。

1961年的一天,还是初二学生的张桂光在参观一次书法展时,一位正为年轻人进行讲解的老者迎面而来。老人热情地将自家住址告诉观众,邀请人们到家里交流书艺。张桂光也竖起耳朵记下了这个住址。后来,他才知道:这位老人原来就是岭南鼎鼎有名的书法家麦华三。

怀着学习书法的浓厚兴趣,张桂光大胆地敲开了麦华三的大门,亲自登门求教。"与麦华三的字相比,我更心仪朱庸斋、李曲斋的作品,就直接问麦老要到了他们的住址。老先生也毫无保留地把我推荐给两位先生。现在回想起来,我当时向麦老提出这样的问题,其实是很忌讳的。"他笑着说。

张桂光还记得,见李曲斋第一面时,他给对方行了个九十度鞠躬的"大礼"。"其实,当时的社会已经没有行鞠躬礼这种习俗了,或许李先生心里也很奇怪:这个小孩怎会这么'迂腐'?"然而,让张桂光更感惊讶的是,李曲斋居然也毕恭毕敬地给他回了一个礼:"老先生这样做,是为了表达对后辈的认可。"对前辈大师的崇敬感,从此在少年的内心油然而生。

"李曲斋对我的书法指导很简单,就是:这里行,这里不行。至于为什么行、为什么不行,他让学生自己去慢慢琢磨。"李曲斋的谆谆教导,让张桂光受益终身。而他与李曲斋之间,也保持了长达三十多年的师徒情谊,直到李曲斋1996年去世。由于李曲斋没有妻儿,张桂光还亲自为其送终。

为了更好地发扬岭南书风,传承前辈名家的文化遗产,张桂光告诉记者,他目前正在制定一套"五年计划":按照每年五位已故岭南书法名家的进度,为他们举办作品展与座谈会、出版作品集与纪念文集,计划将持续五年。其中,詹安泰、佟绍弼、卢子枢、何绍甲、麦华三将成为首批推出的五位书法名家。

"实际上,这五位名家都不是单纯的书法家:詹安泰的词、佟绍弼的诗都非常出色,何绍甲同时也是一位心理学家和音乐家。"张桂光表示,书法是一门综合性艺术,期望通过这次活动,全方位地向观众呈现书法家的文化修为,也对他们为岭南文化作出的贡献进行更深入的研究。

书画同源已异流

(2017年6月4日《新快报·收藏周刊》)

近日,广东省书法家协会主席张桂光接受《收藏周刊》记者专访,其中谈及书法与绘画的关系。他说:"不学书法就不能画好国画的讲法,是错误的。不少人都从学芥子园画谱中取得成功。芥子园就教画山水树石花鸟人物画法,并没教书法,人们不是一样取得成功了吗?"他表示,历代名画家强调学习书法,主要是可以提高笔墨线条的质量,还可以通过题款丰富画面,等等。张桂光同时提到,必须珍视和弘扬岭南书法传统,而这种传统的主要特征,是重文化素养、重传统继承、重个性表达。

书坛上反传统潮流曾一度占了上风

《收藏周刊》:张老师您好!从书家的角度来看,您认为,古意是不是评价书法好坏的最重要标准?

张桂光:什么是古意?不好理解,古代的劣手劣作有无古意?是否都算好东西?也不易说清楚。我想还是改为帖意或帖气吧,有无帖气,即有无临过帖、有无出处、有无家法,这是评价书法好坏最起码的标准。

《收藏周刊》:那您认为,近年来,书法界在继承传统方面表现如何?

张桂光:书法是有几千年发展历史的艺术,本身有一套完善的传统审美法则规律,应该是我们欣赏和评价书法的依据,但当今书坛,却让反传统的潮流一度占了上风,严重偏离了书法艺术的传统。

《收藏周刊》:对于书协导向您如何理解?

张桂光:2014年后,书协的导向开始有较大的转变,各类大奖、大赛及书法名城、书法之乡的评审开始降温。留下来的大奖、大赛,评审不仅强调传统回归,而且增加文化审读的环节,对改变这种状况起了很好的导向作用。新的书协领导还通过大量的公益培训,统一广大会员的认识,提倡真、善、美,抵制假、恶、丑,创作群众喜闻乐见的作品，风气已有了很大的改变。

临摹经典是学好书法的唯一途径

《收藏周刊》：您认为怎样才是研习书法的最正确方式？

张桂光：中国书法源远流长，经几千年淘汰仍留存下来的那些不同字体、不同风格流派的作品，都可以说是几千年实践探索经验的总结和智慧的结晶，堪称经典。人们一直把对经典的临摹看作是学习书法的必经步骤，是学好书法的唯一途径。

《收藏周刊》：今年4月，"全国第二届书法临帖作品展"在广州开幕，您怎么看待这次展览的作用？

张桂光：由于前些年反传统潮流的影响，蔑视经典、贬低临摹成为时尚，书坛乱象环生，令学者无所适从，在这样的大环境下，中国书协举办这样大型的一届临书展，确实是很有意义的事情。特别值得称道的是，这次展览采用的临创并举形式。因为临与创有着不同的概念范畴。临，重在学习，追求对古人用意的无限接近，用王铎的话讲，就是"如灯下取影，不失毫发"，要求"无我"；创，重在表达，要把自己的理解、自己的思想感情表达出来，这就要求必须"有我"。将临与创的作品分别开来，临就老老实实地临，创就大胆放开来创，这就可避免某些人在"创作性临摹"的幌子下为自己的临摹失真开脱，避免对初学者的临摹产生误导。这对我们正确理解传统意义上的临摹有很强的导向作用，意义也是不言而喻的。

《收藏周刊》：您在这次展览中有没有发现什么问题？

张桂光：这次展览普遍反映很好，所以观众天天爆满，应能起到很好的导向作用。当然，外形毕肖但用笔功力不足的作品、稍嫌浮躁粗糙的作品也有一些，总体无伤大雅。倒是部分观众对一些特邀专家临作的议论，更应引起大家的重视和反思。

不少人临帖还未入门就担心出不了帖，这是被一些没认真临过帖的假大师忽悠了。出帖并非原路返回，从入口出，而是像少林武僧那样，上山从正门入，学成武艺后，打通关卡，从木人巷出来才下得了山的。

要传承岭南书法传统，工作艰巨

《收藏周刊》：您认为广东书坛现在在全国而言表现如何？

张桂光：广东书坛在全国的地位，应属中上吧，至于具体排名，真没在意。最近的几个全国展，楷书展排第三，草书展排第二，并不表明我们的实力在第二、第三之间，临书展我们是东道主，排名也没有那么前。入展数、获奖数、全国会员数可以作一个参照，并不反映绝对的实力对比。前些年有七十位全国会员的安阳与只有二十位全国会员的惠州搞联展，也未显出谁强谁弱，结论是篆隶安阳好、楷行草惠州好而已。

《收藏周刊》：那您认为什么是流行书风？什么是真正的岭南书风？

张桂光：流行书风是指一段时间里在大展、大赛中掌握话语权的人所倡导的书风。不同时段有不同特色，而共有的是外形特征突出、内涵贫乏单调，喜欢避开不易把握的中锋用笔，任笔成形，不讲提按，不讲使转，因此易学上手，利于速成。直接效果是导致全国书风趋同，地方特色消失。

岭南书法风格多样，称书法传统比称书风合适一些。岭南书法传统的主要特征是重文化素养、重传统继承、重个性的表达。容庚、商承祚的古文字学，詹安泰、朱庸斋的词学，佟绍弼、阮退之的诗学……无不出类拔萃，第一届中日书法交流展，中方一百幅有十八幅出自广东，不是浪得虚名的。

二十世纪六十年代初，詹安泰用《爨宝子碑》《嵩高灵庙碑》写行书，李曲斋用简化字配合秦汉砖瓦、玺印及汉魏碑刻元素入印，北方学者都称其无一不新、无一不古，对今日如何在继承基础上创新还有重要启迪作用。

中国书协和省委宣传部领导鼓励我们弘扬岭南书法传统，但一些人从经济角度考虑，贬损岭南书法，用流行书风洗我们的脑。要使岭南书法传统真正承传下来，工作仍然艰巨。

书法与绘画，谁也不能小看谁

《收藏周刊》：说到书画同源，您怎么理解？

张桂光：我对书画同源的总体认识是"同源异流"。汉字起源于图画，早期汉字有很强的图画性，尽管几千年的发展使图绘性大大减弱了，但仍然一脉相承，在审美观念与审美情趣方面有很多共通的东西。再者，使用工具相同，对笔墨纸的掌握运用也有很多共通的地方。但是，它们毕竟已经发展为两门独立的艺术，各有不同的表现对象，不同的法则、规律与要求，两者联系密切，却无法相互替代，谁也不能小看谁。

《收藏周刊》：不练习书法，是否就不能画好国画？

张桂光：不学书法不能画好国画的讲法是错误的。不少人都从学芥子园画谱中取得成功。芥子园就教画山水树石花鸟人物画法，并没教书法，人们不是一样取得成功了吗？历代名画家强调学习书法，主要是画画的同时学习书法，可以提高笔墨线条的质量，还可以通过题款起到画面的补空与平衡、色调的调剂与映衬以及补充说明画题、交代背景与创作目的、抒发作者思想感情、阐发作者艺术主张、指导读者欣赏等作用。这当然是十分有益的事情。

小孩子就是要老老实实临帖

(2017年7月25日《新快报·ZAKER》)

《新快报》将举办第三届广东青少年书画大赛，省书协主席张桂光称要力推书法回归传统。

7月31日，《新快报》举行的"翰墨青春·传承岭南——2017广东青少年书画大赛"提交作品的通道即将关闭。自2015年起，这项大赛就悉心耕耘青少年书画这片沃土，两年来成绩斐然，今年，第三届广东省青少年书画大赛即将拉开帷幕。主办方初心未改，仍要为广东青少年探索书画艺术助力。省书协主席张桂光指出，这一届大赛在导向上要引导参赛者回归传统，"小孩子的当务之急是老老实实临摹字帖"。

甚至有些书法家也是错字连篇

书法是一项传统文化，涉及文学、美术等，并不仅是简单地写写字。事实上，就是"好好写字"也并不容易做到。从《新快报》主办的两届青少年书画大赛来看，许多参赛者连"写好字""写对字"都做不到。

广东省书法家协会主席张桂光告诉《新快报》记者："（有些比赛）写错字的现象很多，甚至有些书法家也是错字连篇，小孩子也照着写错，这是一个很大的问题。"张桂光说，有时进行评审，如果把错别字超过3个的作品剔除，最后居然没剩多少作品入选，"只能适当放宽条件"。

他说，书法界的乱象远不止这些：另起炉灶"创新"、文化水准缺失、投机取巧、盲目迷信专家……正是因为发现了这么多问题，他决定要进行纠正，这便构成了广东青少年书画大赛诞生的初衷。"办这个青少年书画大赛，目的就是要给中小学书法教育提供导向，这个导向很清楚，就是要加强基本功，要从临摹抓起，不要想太多的'创新'。"张桂光一再声明，这一导向就是回归传统，写好临摹。

融汇百家终自成一体也是创新

然而，路要慢慢走，导向的最终实现，需要结合每一届大赛的具体问题，一次次解决。张桂光向记者介绍，在2015年举办的第一届大赛中，就发现了很多问题：小孩写成人的字，这背后很可能存在"枪手"；一个老师、一个机构带出来的学生，都学老师写同样的字，却不临古碑帖，整体风格都差不多，没有少儿的童真与稚气……这些都证明功利心在作怪，氛围很浮躁。第一届大赛中，通过严格评审，流行书风和丑书怪书被踢出大赛，纠偏的导向作用在第二届逐渐显现出来，"第二届的稿件开始变得纯正很多"。

与此同时，针对第一届大赛浮出水面的问题，第二届大赛主办方也作出应对。"我们现场命题，要求（选手）当场书写，千人现场挥毫。"张桂光说，现场写作不了假，临时命题，参赛者就无法用单单学好的那几个字来应付比赛。另外，主办方强调书写风格要多样化，要求临摹古人而不是临摹现代人。

正是有了前两届大赛的铺垫，今年第三届大赛"回归传统"的导向水到渠成。

在张桂光看来，小孩子的当务之急，"很简单，就是老老实实临摹字帖"，而且字"不是乱写的，它们有出处"，应该回归到传统中去。

张桂光说，"创新"更适合少数有天分的人，对于多数人来说，重要的是继承，在继承的基础上能有自己的风格就不简单了。"书法是在学习古人的同时，有些自己的表达。"结合自己的经历，他告诫少年儿童，"先专精一体，后融汇百家，最后自成一体"。循序渐进，才会有百尺竿头更进一步，"这不也就是创新吗"？

办赛模式上力求多元多方联动

《新快报》记者了解到，2017年第三届广东青少年书画大赛公益性质不变，在导向上继续加大宣传，力求将书法重新引向传统。在举办模式上也力求更加多元，多方联动，广泛动员。

2017年广东青少年书画大赛在分赛区方面进行了新尝试。以前设置赛区多集中在广州，广州以外地区的书画爱好者难以看到比赛信息。今年，大赛首次设置了分赛区，由当地直接进行宣传，目前以东莞和佛山两个试点为主，将大赛的导向带到各地，让更多人知道大赛信息，参与基数扩大，选调规模和人数较往年都会有所增加。

《新快报》举办青少年书画大赛一贯坚持其公益性，但新快报书画院院长洪波表示,今年的大赛提倡绿色办赛,相较于以往无限制供应纸张笔墨,今年会限制纸张数量,参赛者应下笔如有神,一气呵成。同时,十二周岁以下儿童组,参赛者课业负担较小,自由时间相对充裕,仍是今年参赛的主体力量。

在大赛赛事本身之外,配合大赛的联动活动也没停下脚步,包括派专家带书法进校园,到中小学生、大学生中间去,在进行书法授课的同时,把正确的书法导向传递给青少年。书法家走进课堂挥毫,亲自写给学生看,从执笔讲起,从一笔一画讲起,力图慢慢改变,既刹住不正之风,又普及规范的书法知识。而中小学老师的引导也是其中的重点之一,让他们正确地去指导孩子。

如今发展书法艺术的责任,并不是仅由书画大赛一力承担,少年宫实力雄厚,起到了突出的辅助作用。在少年宫的带动下,不少机构也加入这一行列。此外,部分中小学校师资雄厚,也重视书法教育,学生每周一节书法课,课外有书法活动小组,学校成为推动书法艺术发展的重要力量。少年宫、中小学校、各书法学院与大赛形成良性循环,联手互动,为广东青少年书法传统风气的回归,贡献重要力量。

家长观念悄然改变不再急功近利

经过两届大赛,张桂光欣喜地发现,不少家长的书法选择变得多元起来,他们不一定让孩子学毛笔书法,硬笔书法也是一种选择,家长的观念正悄无声息地发生着转变。

张桂光说,如今他常常听到这样的说法:"我不是让他成书法家,我只是让他把字写得好一点"。学好毛笔字后,家长们常在春节高兴地带着孩子一起去挥毫,孩子们也很愿意参与这样的活动。家长们常幸福地在微信朋友圈晒晒孩子写的挥春,家庭生活焕发新活力,这是一种生活方式的转变。张桂光乐呵呵地告诉《新快报》记者:"形势向好",新的活动形式也在酝酿之中。

守望岭南书法　回归艺术本真

(2017年9月2日《南方日报》)

9月2日,由中共广东省委宣传部指导,广东省文学艺术界联合会、广东省书法家协会、广州艺术博物院共同主办的"守望岭南——张桂光书法作品展"在广州艺术博物院二号馆举行,将展出广东省书法家协会主席、华南师范大学文学院教授张桂光一百六十六件作品。展览将持续至9月10日。

展览前夕,《守望岭南——张桂光书法作品集》在岭南美术出版社出版。该书按书体进行编排,对岭南书法不同书体的特色、张桂光与前辈名家的结缘、对不同书体的传承与演绎进行了全方位的回顾。

在岭南书坛,古文字研究专业出身的张桂光,一直以深厚的文字学功底与对书风、书体的全面把握享有盛名。"纵观全国书坛,像桂光这样篆、隶、楷、行、草众体兼擅,各种书体都能达到较高水平的并不多见。"著名书法家陈永正说。中国书法家协会顾问言恭达认为,张桂光"耕古立新,其文归新",他的书法将对中国传统文化和书法艺术在全球化、大数据时代的发展带来有益的启示。

近年来,张桂光一直与广东省书法家协会同仁一道,身体力行地参与对已故前辈书家的推介,对广东书法百年历史的整理、研究与宣传的策划工作中。日前,《南方日报》记者对张桂光教授进行专访,就岭南书法的特色与其对中国当代书坛的价值,以及他个人对岭南书法传统的传承、梳理工作,进行深入了解。

坚持"传统开新"的岭南学者书风

《南方日报》:这次展览名为"守望岭南",在您看来,岭南书法传统具有哪些特点?

张桂光:岭南书法的发展脉络,与中原地区大致相同,但岭南也有自己的鲜明个性。明代哲学家陈白沙,是岭南地区首位真正具有全国影响力的书法家。他发明了"茅龙笔",以刚健的书风打破了妩媚柔弱的"台阁体"的统治。清代康有为、梁启超提倡的"碑学"影响全国,远及日韩。在1957年举办的首届"中日书法交流展"上,中国有一百幅作品参展,出自广东书法名家之手的就有十八幅,充分反映出广东的书法实力。此外,各种书体平衡发展,也是岭南书法的特色之一:包括容庚、商承祚的篆书,麦华三、朱庸斋的楷书,吴子复、莫珉府的隶书,李曲斋、卢子枢的行书,阮退之、佟绍弼的草书,黄文宽、张大经的篆刻等,可谓各有千秋。

《南方日报》:岭南书法传统上"学者书法"一直占据主流,这些书法名家如何将书法创作与学术研究结合?

张桂光:容庚、商承祚是享誉中外的古文字学者。广东也因而成为古文字学的重镇。我与马国权、陈永正、陈初生等书法家都出自容、商二老门下。我们在跟随二老进行古文字学研究的同时,拓展自己书法的研究创作空间。

岭南书法家在其他书体也有不少学术性的创见。比如,隶书在汉代以后逐渐衰落,缺乏动人之作。清代郑簠、邓石如、伊秉绶虽各具特色,影响亦大,但他们对汉碑、汉简隶体的吸收似乎变异大于传承。直到民国时期,岭南林直勉才探索出全面承传汉隶的一整套方法,开创"粤派隶书",并为吴子复所传承和发扬。陈永正说,他们"在汉隶式微数百年后,重新找到发掘与弘扬的路径和方法"。这充分说明,岭南书法不仅强调扎实的功底与对传统的继承,而且十分注重开拓与弘扬。

《南方日报》:总结过去的岭南名家,他们的创作对当代书坛有哪些启示?

张桂光:过去岭南书法名家都不是单纯的书法家。他们在其他领域都有很高的学术成就,也对传统很有创造性思考。比如,詹安泰是著名词人,他前所未有地用《爨宝子碑》《嵩高灵庙碑》的风格来写行书。又如李曲斋以毛泽东同志《清平乐·蒋桂战争》的词句为题,用简化字刻了八款印章,但里面的章法布局都来自汉砖、汉印、魏碑。

他们的作品都是全新的,但元素却都是传统的。现在有些人以为创新就必须与传统不同。但从这些岭南名家的创作可见,创新并非与传统对立,而是要在其中看到传统文化。

推动"广东书法百年大展"早日落地

《南方日报》:您的书法早年拜朱庸斋、李曲斋先生为师,后师从容庚、商承祚先生学习甲骨文、金文,这段求学经历对您认识岭南书法带来哪些影响?

张桂光:我从朱庸斋学小楷,从李曲斋学行草,从容庚、商承祚学习古文字。但由于朱、李两位老师的豁达大度,我在求学路上遇到什么问题,他们都会介绍我向相关前辈请教。因此，与他们同时代的岭南名家，我都有机会接触和了解。我也希望通过这次展览，展示我对各派宗师、各家法门的传承与理解，对后学带来启发。

《南方日报》：您认为，在传承岭南书法传统方面，当今书法教育需要进行哪些方面的努力？

张桂光：对于目前的中小学书法教育来说，继承传统首先面临师资方面的问题。如果书法老师不通书法，书法课就形同虚设。现在高校书法专业大多设在美术学院。我觉得，书法除了技术之外，还有更多的文化元素，设在文学院更为适宜。教育部门应与美术教师、音乐教师一样，对书法教师的资质提出要求，如此就能实现书法教育的良性循环。9月中旬，我省各地教育部门将选送五十名教师进行书法培训，此任务将交给华南师范大学文学院完成。

《南方日报》：您曾透露，广东省书法家协会正在制定一套"五年计划"，发掘与传承岭南书法前辈名家的文化遗产，目前这项计划进度如何？

张桂光：根据我们制定的"五年计划"，我们将按照每年五位已故岭南书法名家的进度，为他们举办作品展与座谈会、出版作品集与纪念文集，向社会全方位梳理、介绍他们在书法文化领域的贡献。我们今年计划推出詹安泰、佟绍弼、卢子枢、何绍甲、麦华三五位书法家。相关工作将在今年11月完成。

这些大师的书法成就很高，学术造诣也很全面，却因为种种原因被人们所淡忘。他们的传世作品大多散落在不同机构与个人手中，收集难度相当大。部分大师已没有多少后人在国内，我们对他们的生平也知之甚少。上述难题也凸显了这项工作的迫切性。

与此同时，借鉴今年"广东美术百年大展"的成功经验，广东省书法家协会也准备做举办"广东书法百年大展"的方案，相关的文献搜集、整理工作正在紧锣密鼓推进之中。

书法需要文化滋养

(2017 年 9 月 3 日《新快报》)

由中共广东省委宣传部指导，广东省文学艺术界联合会、广东省书法家协会、广州艺术博物院主办的"守望岭南——张桂光书法作品展"9 月 2 日至 10 日在广州艺术博物院展出。这是张桂光先生继"以古求新·抒写心源——张桂光书法作品展"在首都博物馆展出后，在广州举办的第一个回顾展。据介绍，张桂光有两大优长，一是深厚的文字学功底对书法创作的助力，二是对书风书体的全面把握。

几十年中对行草用力最勤

张桂光对古文字书法的投入始于 1978 年。这一年，他考上了中山大学古文字专业，成为容庚、商承祚二老的研究生，正式踏上了古文字研究的征程，开始了漫长的学术研究生涯。

容、商二老是享誉中外的古文字学者，张桂光从二老研究古文字，在文字结构与演变研究、文字考释、资料整理等方面都做了很多有益的工作。所著《汉字学简论》《古文字论集》及主编的《商周金文摹释总集》《商周金文辞类纂》等大型书籍在学界均有重要影响。落实容老遗愿的《商周铜器铭文通论》、教育部重大课题攻关项目《金文集成》的日近完成，都将会对学界作出新的贡献。

与容、商二老并时的吉林于省吾、四川徐中舒也都擅长书法，但精于古文字书法并且在弟子中也得到传承的，就只有容、商二老，二老弟子中马国权、陈永正、陈初生与张桂光在书坛上都有显著地位。所以张桂光随二老在取得古文字学重大成果的同时，还有条件在古文字领域上为书法的研究创作拓展出大片空间。此外，张桂光有机缘见到大量容、商二老迟见或未及见的刻款金文及战国的盟书、简帛，也为师门血脉的承传提供了广阔的空间。诚如陈永正先生所言："桂光凭着对这些材料的文字学研究和他的书法的功力与悟性，创作了不少迈越时流的作品。"

其中，张桂光的性格爱好特钟情行草。几十年中，他对行草用力最勤。创作、应酬最常用行草。

对古文字研究使他对用字乱象有较清楚的认识

张桂光一直强调自己是位业余书法家，他的专业是古文字研究。正是因为他在古文字研究中养成的识力，使他能够对当今书坛的用字乱象，有一个比较清楚的认识。张桂光通过组织文章加以引导，另外又以自己的创作实践，为读者提供参考实例。

中国古文字研究会理事董琨先生指出："桂光做到了各体兼备、各体精优，都是在水平线以上。"陈永正言："纵观全国书坛，把一种字体写得很好很精或个人面目非常强烈的名家不少，但像桂光这样篆、隶、楷、行、草众体兼擅，各种书体都能达到较高水平的并不多见。"

业界说法

张桂光是那种追求真善美，怡养好精神的书生型学者，不会敲锣打鼓，不会炒作，也不会造势，默默地读书，做自己的学问。没有这样的学者，当今学界和文艺界很难形成一个大的风气。

——林岫

桂光先生在传统基础上还有很多大胆的创新，很多书体能够结合自己的一些想法，我觉得首先就体现出了很浓郁的书卷气，这是书法很重要的一个境界。桂光先生作为一个学者，作为一个真正有修养的书法家，他能够做到，我觉得真是很了不起。

——董琨

张先生所吸收的营养是很全面的，各个历史发展阶段的文字他都接触到了，各种书体都接触到了，他不是一般的临摹，现在很多搞临摹的人浅尝辄止，写了一个拓本，就好像得了什么东西，介绍的时候什么都来了。他这个是几千个全部临摹过了，深知此中滋味。你要想成为书法家的话，诗词修养、古文修养是绕不过去的基本功。

——陈初生

张桂光的古文字书法有三个突出的特点：一是结字规范，下笔有由。在他的书作中的每一个字，都有文献出处，绝不做随意编造。第二，用笔谨严沉着，线条平实、稳健，中力弥满而又收放有度，这一点所反映的，应是张先生长期训练的笔墨功夫。第三，书风古朴纯雅，雍雍和穆，不激不厉而显一派君子风度，风格多样而兼有金石气息和书卷气。

——黄君

重寻岭南墨妙　书坛正本清源

(2018 年 7 月《南方日报》)

为展示岭南已故书法名家的传统功力和艺术成就，由中共广东省委宣传部支持、广东省文联指导，由广东省书法家协会、岭南画派纪念馆主办的"岭南墨妙——詹安泰、佟绍弼、何绍甲、卢子枢、麦华三书法精品展"在广州美术学院岭南画派纪念馆举行。展览将持续至 7 月 31 日。

省文联、省书协通过举办岭南已故名家书法精品展系列活动，用五年时间，分批为广东二十五位已故著名书法家举办书法精品展和学术研讨会、出版书法精品集和纪念文集，不断扩大岭南书法在全国的影响力。本次展览反映了哪些岭南书法研究的最新成果？对当代书坛正本清源有何启迪？本报记者日前就此专访了广东省书法家协会主席张桂光。

谈溯源　回顾上世纪中叶岭南书坛风采

《南方日报》：本次展览展出詹安泰、佟绍弼、何绍甲、卢子枢、麦华三五位书法家的作品。他们的书法在岭南书法史上有怎样的代表性？

张桂光：本次展览五位书法名家的代表性，可以从两方面理解：首先，他们分别是书画专门家与余事作书家的代表：麦华三、卢子枢为书画专门家，对各体涉猎广泛全面、研究深入细致，创作精雕细琢；詹安泰为词学大家，形象思维生动，感情丰富细腻，仅以碑入行书一途，即生出许多变化；佟绍弼为充满激情的诗人，情感与笔墨的交融，恣肆豪纵，达到物我两忘的境界；何绍甲为心理学家，虽能在先专精一体后博览百家中自出机杼，但取舍之间，处处表现出理性思维的把控。

其次，他们是偏重于继承与创新方面的代表。麦、卢、佟、何虽都自成面目，但变化都不出传统继承常规路径；詹安泰则在打破汉魏碑刻与行书的隔阂，使两者结合浑然无迹，整体面貌是新的，而所有元素都是传统的，为我们树立了传统基础上创新的范例。

《南方日报》：这次展览对岭南书法史进行了哪些梳理和探讨？

张桂光："岭南墨妙"系列展览是对岭南书法史特别是二十世纪五十至七十年代的书法家研究、梳理的基础上提出来的。当时，广东书法家是一个学养、书艺水平都相当高的群体。二十世纪六十年代，广东省书法篆刻研究会正式成立，成为继北京、上海之后的第三个省级书法群众团体，不仅开创了广东省书法史上的黄金时期，而且为广东书坛培养了一支坚强的后备力量。

今日提倡传统回归，正本清源，岭南传统书法正合其时。但由于岭南书人向来低调，缺乏宣传，成绩鲜为人知，以至不少人缺乏自信，不断引入流行书风冲击我们对传统继承的努力，所以有必要推介前辈业绩，让大家对岭南书法传统有一个正确认识，更好地加以传承。

谈创新　任何书法都不能离开"写字"

《南方日报》：作为有几千年发展历史的艺术，书法审美有哪些变与不变？

张桂光：中国书法经过几千年的发展，结字用笔、章法布局都有一套完善的传统审美法则规律。书法家可以在这些法则规律下添姿加彩，表现一些个人特色，但不可能对法则规律作大的改变。杨凝式、徐渭、傅山等人虽以狂放著称，但用笔结字不失规范。

如果书法家放弃传统书法语言和表达方式，不是用提按顿挫、翻绞使转产生的笔画，而是用横向、直向、斜向、大S形、小S形的线条，不是用顾盼向背、闪让避就形成的行气章法、节奏韵律，而是用空间切割、块面转换的画面布置方式去设计作品时，他的创作就已经异化为另一种艺术形式，而不再是传统意义上的书法了。

《南方日报》：近期"射墨书法""盲写书法"等现象层出不穷，您怎样看待这些现象对书法的影响？

张桂光：中国书法是一门文字书写艺术。它所以能成为一门艺术，是与汉字特有的结构和写字所用的特殊工具有关的。每个汉字都有一定的结构、间架，而这些结构间架又是通过沾墨的毛笔与宣纸的相互作用表现的，产生"无色而有图画的灿烂，无声而有音乐的和谐"的效果。作为中国书法，汉字、毛笔、纸墨都是不可或缺的元素。离了这些东西，你可以称作新的艺术，却不可叫中国书法。

现在层出不穷的一些书法新论新现象，都在强调"书法不是写字"，其实就是将书法与写字切割为艺术与文化的不同范畴，要将构成书法不可少的文化元素，从所谓的"书法艺术"中剥离出来，使书法成为没有文化元素的"纯艺术"。这种现象不但不可以称作

"书法",甚至可说是对书法的侮辱和亵渎,与崇尚真善美的中华传统文化格格不入。

《南方日报》:在您看来,书法应如何体现它的时代性?近代岭南书法家的实践提供了哪些启迪?

张桂光:时代性,应该能反映时代精神、具有时代的特色。大的方面讲,作品如何才能催这时代的人奋进,愉悦这时代的人的身心?小的方面讲,作品如何实现对新成果的吸收、对新材料的利用、对新事物的支持?将新出土的文字材料转化为艺术创作的新形式、美化简化字等,这样的实践是有意义的。

其实,岭南书法家得风气之先,历来都有创新。容、商及其弟子的书法,以及李曲斋、秦咢生、张奔云的篆刻,在将甲骨、金文、侯马盟书、楚及秦汉简帛等出土文字新材料,转化为艺术创作新形式方面表现突出。麦华三书《向秀丽碑》全用简体,李曲斋亦作了很多简化字入印的尝试。这都值得今天求创新者借鉴。

如今,有人搞出一些与别人不同的特征,就以为有"时代性",这显然是错误的。如不合格律的诗词、繁简字变换造成的错误等,是我们这个时代才出现的问题,那是要克服的。总之,创新要在前人基础上"百尺竿头更进一步"。如果不讲继承,动辄另起炉灶,那就只有"新",未必是好的了。

要用文化来养书法

(2018年7月29日《新快报·收藏周刊》)

"岭南墨妙——詹安泰、佟绍弼、何绍甲、卢子枢、麦华三书法精品展"正在展出。

7月24日,"岭南墨妙——詹安泰、佟绍弼、何绍甲、卢子枢、麦华三书法精品展"在广州美术学院岭南画派纪念馆举行,展期至7月31日。据广东省书协主席张桂光介绍,为了展示岭南已故书法名家的传统功力和艺术成就,在广东省委宣传部的指导下,省文联、省书协将用五年时间分批为二十五位已故著名书法家举办书法精品展和学术研讨会,扩大岭南书法在全国的影响力。广州美术学院院长、广东省美协主席李劲堃表示:"这是一个令人感动的展览,希望借机推进广东书法的研究和展览。"

麦华三总结广东书家特点:
重气节、重学问、不求闻达、富创作性

《收藏周刊》:这二十五位书法家是如何挑选的?当今书坛对他们的认知如何?

张桂光:这些都是二十世纪五十至七十年代活跃在广东书坛的书法家,现在真正了解他们的人不多了,就今天展览的这五位书法家,相信很多人不知道。这有几个原因,第一,他们不是职业书法家;第二,他们都比较低调,不喜欢宣传自己。正如我在展览前言所提到的,岭南书坛的兴起,远后于中原江左。明代以后,虽有较大的发展,但由于岭南文人多厌弃浮名,不自表襮,所以,除陈白沙、康有为等少数人外,在陈永正《岭南书法史》出版以前,基本都是鲜为人知的。此次通过第一批五位书法家的作品,使大家对岭南书法传统有一个正确的认识。

《收藏周刊》:他们的书法呈现哪些特点?

张桂光:他们的书法呈现几个特点:第一,书卷气很浓;第二,学问都做得很好,有很多著作。詹安泰是中山大学教授、词学名家而兼擅书法。佟绍弼是著名诗人、古文家、书法家。何绍甲是华南师范大学心理学教授,著名心理学家,在钢琴演奏、作曲填

词、诗词创作、书法篆刻方面都有较高造诣，向以精勤自励、博学多才见称。卢子枢，国画大家，二十世纪二十年代即以山水画名噪一时，1934年又与齐白石、高剑父、徐悲鸿、黄宾虹、张大千、林风眠等一百一十五人一起以第一批入选作品参加在德国柏林举办的"中国现代绘画展览"，其画坛地位可见一斑。麦华三，毕生致力于书法的创作、研究与教育，实践与研究结合甚紧，临习与著述甚勤。

《收藏周刊》：二十世纪五十至七十年代，广东书坛是一种怎样的气象？

张桂光：那个年代的广东书坛是非常强盛的时代，1957年举办的第一次中日书法交流展，中方的一百幅作品中，他们就占了十八幅，居各省市之冠，其实力地位可见。二十世纪六十年代，广东省书法篆刻研究会正式成立，成为继北京、上海之后的第三个省级书法群众团体，成功举办一系列展览、讲座、课程，不仅开创了广东省书法史上的黄金时期，而且为广东书坛培养了一支坚强的后备力量。麦华三先生在《岭南书法丛谭》一文中，对宋至民国的广东书家特点概括为："重气节、重学问、不求闻达、富创作性。"我觉得这几点总结得很好，我们推介的这批书家，也正与这一特点相符。

展览反映了我们前辈的艺术成就，
在岭南文化自信方面给了我们底气

《收藏周刊》："五老"的展览对当下的书坛和书家有哪些启示？

张桂光：我看媒体报道，很多书家、画家的后代争遗产，搞得一塌糊涂。二十世纪五十年代，容老将其收藏的古铜器"栾书缶"等一百五十件青铜器珍品全部捐给国家。1977年以后，容老分三批将所藏青铜器及书画字帖交付广州博物馆。后又将一万多册珍贵书籍交付中山大学图书馆。直到容庚病逝后，他的家人还遵照他的遗愿，将他手中最后一批著作手稿、名人信札、金石拓片、古籍图书等四百多种两千多件捐予广东省中山图书馆。这种人品，对子女的教育都是有目共睹的，所以我觉得他是很了不起的。现在《容庚藏帖》出版了，定价就二十九万多元，所捐分量可想而知。他是真正的不求闻达，这些前辈都十分低调。我们不把这些作品推介出来，大家都不知道有这么好的作品，学问更不用说。我觉得这是反映了我们前辈的一些成就，这个展览可以在岭南文化自信方面给我们一个底气。

《收藏周刊》：很多人认为书法就是"写字"，您强调"要用文化来养书法"，如何理解其中的含义？

张桂光：书法不应该搞成什么纯艺术，这些作品统统都不是作为纯艺术创作的，都是呼唤要把书法提炼为纯艺术以前产生的，他们都是很普通地写字，所以我主张一定要用文化来养书法，不要像现在有些人强调"书法不是写字，书法是艺术，写字是文化，我们讲艺术，不是讲文化"。当下一些书法家，青年时候很有才华，很出名，而过了六十岁，达到一定高度以后，就不知如何发展，不但无法攀升，而且开始走下坡路了。你看我们的前辈，何绍甲先生九十岁写的魏碑还是生气勃勃的，这就是文化滋养的结果。所以我觉得文化确实很重要，我们今后还可以再深度地去探讨怎么从我们前辈中去吸取更多的东西。一个是要岭南书法有自信，一个是要很好地弘扬岭南书法的传统，把我们的书法事业更推向前进。

书法守正才能出新

(2018年12月18日《南方日报》)

日前,"致敬国学:第三届全球华人国学大典"评选结果在北京揭晓,广东省书法家协会主席、华南师范大学文学院教授张桂光领衔编写完成的《商周金文辞类纂》荣获"第三届全球华人国学成果奖"。该书是《商周金文摹释总集》的姊妹篇,曾获2017年度广东省第七届哲学社会科学优秀成果奖一等奖等奖项。

身为岭南书法名家朱庸斋、李曲斋的弟子,又在容庚、商承祚门下学习研究古文字,张桂光身体力行参与到近现代广东书法史研究工作中。今年7月,广州美术学院岭南画派纪念馆举行的"岭南墨妙——詹安泰、佟绍弼、何绍甲、卢子枢、麦华三书法精品展",就是其中一次阶段性成果展示。

张桂光一直坚持"守正出新"的书法传统。围绕广东省书法家协会近期岭南书法传统的传承、梳理工作,《南方日报》记者专访张桂光,探析岭南书法研究的新进展。

创新离不开天赋与积淀

《南方日报》:经过多年研究,您认为,岭南书法最鲜明的地域特征是什么?

张桂光:岭南书人多有灵活、秀雅、清丽的特性,朱庸斋、麦华三的楷书,李曲斋、卢子枢的行书,莫仲予的章草,商承祚的篆书等,都是其中的代表。

麦华三将广东书家的特点,概括为"重气节(人品)、重学问、不求闻达、富创作性"。我认为,容庚将毕生收藏尽献公家的品格,商承祚、朱庸斋、佟绍弼、阮退之谦逊低调、不求闻达的情怀,詹安泰以碑笔写行书、李曲斋简化字入印的创新意识……都是这些特点的生动说明。这些岭南书法的优良传统值得我们继承和发扬。

《南方日报》:您就任广东省书法家协会主席以来,就接续岭南书法文脉方面推出了哪些举措?您如何看待这些举措的意义?

张桂光:这些年来,我们首先完善广东省书协已有品牌,鼓励不同地域举办联展,同时强化书法的传统回归与岭南书法传承意识,努力挖掘、推介岭南前辈书家的成就和业绩。我们注意到，许多大展、大赛的举办存在各地书风趋同的现象。因此，我们鼓励不同地域举办联展，从而调动地方书协的积极性，为地域特色书风提供展示空间，呈现各地书法真实水平。

明年1月上旬，广东省书法家协会与上海市书协、山东省书协、河南省书协、甘肃省书协联合举办的"海上丝绸之路全国五省市书法邀请展"将在广州展出，届时五省市书协将有共两百幅作品向公众亮相。

《南方日报》：您一直强调书法要"守正出新"。在优秀传统文化创造性转化、创新性发展的要求下，如何理解这四个字的意义？

张桂光：新不全都是好的，旧也不全都是坏的，只有正能量的新才是我们需要的。所以，先得守正，才谈出新。各种丑书、怪书、射墨、人体书写等怪异行为，不合书写规矩、不合书法常理。

创新需要天赋、需要积淀。天赋高的人积淀够了，创新就会水到渠成；但天赋不高、积淀未足的人，无论怎么创新，都创不出真正意义的新来。新从旧中来，识旧方能明新。在天赋和积淀还不够的条件下，还是应先专精一体，后博览百家，最后才能自成一体。

传统学养是书家必修课

《南方日报》：您一直践行"自书诗文"的传统。当代书法教育在一般书法技巧之外，是否应该配合开设其他传统文化课程，以提升青少年的文化修养？

张桂光：当代青年书家的传统学养不足，已成为制约中国书法向更高层次发展的瓶颈。

书法是一门综合的文化艺术。青年书家需要从多方面"恶补"文化知识，只有切实提高青年书家文化素养，书法家文化缺失的现状才有望得到根本改变。

《南方日报》：在越来越强调学生综合文化素养的教育环境下，您认为，书法教育需要满足哪些师资条件？

张桂光：师资奇缺是当前中小学书法教育最突出的问题。我们呼吁教育部门要给书法老师提出与美术、音乐老师一样的编制和资格要求，由此带动师范院校书法专业的建设与发展。而书法专业的课程设置应更多从素质，而不是从技术的角度考虑，更多地依托于文学院，而不是美术学院。培养出来的应该是有文化、守传统、系统学过传统书论，又有书写实践与示范能力的老师。只有老师先对书法的本质文化属性有准确把握和理解，才能让学生成为优秀传统文化的继承者。

岭南书法重学问敢创新

(2019年10月1日《新快报》)

初秋的午后,阳光暖暖的。记者在广东省书法家协会主席张桂光位于华南师范大学的家里,听他娓娓讲述岭南书坛的辉煌历史和在新时代取得的成就。在他看来,广东书坛需要传承的是"重人品、重学问、不求闻达、富创作性"的传统。

实际上,作为广东书协十年来的掌门人,他更重要的身份是"文字学家"。去年11月,他领衔编写完成的《商周金文辞类纂》荣获"第三届全球华人国学成果奖"。他秉承老一辈书家的风格,在学问的滋养中寻找书法的更深层意义。

师出名门,国学修养深厚

张桂光早年师从岭南名宿朱庸斋、李曲斋先生学习诗词、书法,后考入中山大学古文字专业,师从容庚、商承祚先生学习甲骨金文,国学修养深厚,碑帖兼容,楷、行、草、隶、篆各体兼工,尤以金文、行草、小楷见长。

著名古文献版本学家王贵忱曾评价说,张桂光做人、做学问最大的特点是"正"。张桂光其人、其字重规范,讲规矩,平静谦和,不事张扬。

张桂光在《回忆恩师李曲斋》一文中讲道:先生教学特重临摹,严格要求初学者认真临帖,点画提按、结字布局均应遵循传统法度,并强调多读古人名迹,领会各家神韵,抒发艺术灵性。先生教法重批评、讲规律、讲理解、讲悟性,常用教学语言仅"呢度得"(这里行)、"果度唔得"(那里不行)而已,极少详细解释,至于为什么这里行、那里不行,就得靠你去比对、去思考、去领悟了。

尽管当年学书条件不好,张桂光却有幸师从多位名师。"当我要了解隶书的时候,朱庸斋老师为我写介绍信,让我找吴子复请教;当我需要了解篆刻的时候,他又为我推荐秦咢生。我的老师们有宽阔的胸襟,他们对人很包容,从来不会让学生只跟自己学习。"

岭南书坛有"重人品、重学问"的传统

要说岭南书坛的辉煌历史，不得不提1957年的中日书法交流展，当时中方和日方各展出一百幅作品，而中方的一百幅作品中的十八幅出自广东，数量居各省市之冠，广东在当时的书坛地位可见一斑。

二十世纪六十年代，广东省书法篆刻研究会正式成立，成为继北京、上海之后的第三个省级书法群众团体，并成功举办一系列展览、讲座、课堂教学，不仅开创了广东省书法史上的黄金时期，而且为广东书坛培养了一支坚强的后备力量。

"二十世纪六十年代，全国书坛有三大中心，分别是北京、上海、广东。"张桂光告诉《新快报》记者，现在很多资料梳理把广东的地位忽略了，这与广东书家一直以来低调谦逊的风格有很大关系。

麦华三先生在《岭南书法丛谭》一文中，对宋至民国的广东书家特点概括为："重人品、重学问、不求闻达、富创作性。""比如饶宗颐的字是从詹安泰那里来的，但是有多少人知道詹安泰？"张桂光认为，老一辈的书法家甚至都不称自己为"书法家"，因为他们本身有其他方面的专业学问研究。詹安泰是词学名家兼擅书法，他被《五四以来词坛点将录》点为"霹雳火秦明"。

老一辈书家有个很大的特点就是"不求闻达"

岭南书坛的兴起，远后于中原江左。明代以后，岭南书坛虽有较大的发展，也曾出现过一批在全国享有盛誉的书法家，但由于岭南文人多厌弃浮名，所以，除陈白沙、康有为等少数人外，在陈永正《岭南书法史》出版以前，广东书家基本都是鲜为人知的。广东这些前辈书家的艺术水平高超，个人艺术风格鲜明，艺德艺风为世人所称道，但由于缺乏深入研究和系统整理，其学术地位没有显现出来，未能发挥应有的作用和影响力。

去年，"岭南墨妙——詹安泰、佟绍弼、何绍甲、卢子枢、麦华三书法精品展"在岭南画派纪念馆展出，其中有很多作品从未公开展示过。中国美协副主席、广东省文联主席李劲堃表示："这是一个令人感动的展览，希望借机推进广东书法的研究和展览。"

据介绍，这是广东已故名家书法精品展系列活动的第一批次，是全面深入梳理研究岭南已故著名书家艺术风格迈开的第一步，将为广东书坛留下一系列的文献材料，成为广东书法界的珍贵财富，成为振兴岭南书风的助推器和基石，也为大家学习和继承搭建

平台。

张桂光表示，尽管广东处于改革开放的前沿，经济比较发达，但在书风的继承上，却一直走的是传统的路子。而老一辈书家有个很大的特点就是"不求闻达"。实际上，老一辈书家在全国的地位很高。张桂光引述书法家连登所述："沙孟海对商老（商承祚）非常尊重，有次广东与浙江搞书法联展，商老讲话的时候，沙孟海都站起来，商老讲完他才坐下。"容庚一生节衣缩食做学问搞收藏，最后把自己所藏的二百多件青铜器捐给国家，给广州艺博院捐出1083件（套）书画，为中山大学图书馆捐出一万多册藏书，他与郭沫若的来往信札捐给了广东省博物馆……前几年，《容庚藏帖》出版，定价二十九万多元，可见容老所捐藏品的价值。

"这种不求闻达的精神，这种无私的奉献精神，这种给孩子的言传身教的典范，值得我们学习。"张桂光表示。

岭南书坛创新包容，没有形成派别

随着时代的发展，书坛日益繁荣，打着创新的旗号，各种书风层出不穷，在业界引起不小的争议。在张桂光看来，所谓创新，是要在传统的基础之上。"詹安泰用魏碑写行草，用爨宝子写行书，用'古'的元素，新的方式，这就是创新。"张桂光认为，古中有新、新中有古才是完美的结合，创新性的表达要从传统中来。

又如李曲斋，他的篆刻极具创新精神，行草入印、简化字入印等，于岭南印坛均发生过积极影响。"他们的作品放到今天来看，对我们仍然有启发意义。"张桂光认为，岭南书法得风气之先，历来都有创新。

岭南画派、广东音乐均有突出的特点，并在全国范围内产生很大的影响，而书坛并没有形成流派，究其原因，与其开放包容有很大关系。

在张桂光看来，岭南书家都处于分工合作的状态，如李文田用方笔写雄强，康有为用圆笔写雄强，梁启超用方笔写阴柔，他们能写很多字体，但都有自己的思考，很难将所有人归纳为某个书法流派。

此外，从他们所从事的学问研究看，容庚、商承祚是大学问家，朱庸斋、詹安泰是全国有名的词学大家，卢子枢、黎葛民是大画家，吴子复是油画家，他们都不是专门搞书法的，但书法造诣都非常高。"所以说，麦华三总结的四点：重人品、重学问、不求闻达、富创作性，放在他们身上都很合适，这也是我们应该继承的岭南书法传统。"张桂光如是表示。

据了解，近年来，学界逐渐回归重视岭南书法传统，乃是看到了岭南书法传统历久弥新的价值，以及岭南书法在传统基础上力求创新所树立的范例。

归来致敬传统　出发守正创新

(2020年1月28日《新快报》)

"我是业余书法家。"广东省书法家协会主席，华南师范大学文学院教授、博士研究生导师张桂光，在接受岭南文化大家贺新春报道组采访时表示，"归"是他2019年的工作状态，"安"是他2020年的心愿向往。归来与出发，是每个人的光阴故事，让我们一起去探寻这位致敬传统、守正出新的学者对岭南书坛的初心和守望吧。

历尽千帆，归来仍是初心

"概括2019年我的工作，是一个归字。"张桂光是文字学家，从书柜里一排排大部头的著作可见。他坦言，担任广东省书法家协会主席，"耽误"了他不少做学问的时光，以致按合同2012年要交的文稿，至今尚未最后完成。2019年3月开始，他逐渐淡出书坛，将工作重心转移到古文字研究。2019年5月至8月，他躲到罗浮山编撰《金文集成》系列，这是教育部的重大课题攻关项目，有四百多万字。所以，张桂光的"归"是角色的回归，协会工作毕竟要费心费力费时。

"新从旧中来，识旧方能明新。写字要在传统的基础上，百尺竿头更进一步，要守正然后创新，这样才能出彩。"书法之正，是几千年来形成的法则，有光彩夺目的文化宝库支撑。"我希望书法能回归传统的正道。"这是张桂光一直孜孜不倦追求的。张桂光建议，学习书法可先专精一体，学到它的风骨，后博览百家，最后自成一体，达到对书法的融会贯通。

"新不全都是好的，旧也不全都是坏的，只有正能量的新才是我们需要的。各种丑书、怪书、射墨、人体书写等怪异行为，不合书写规矩、不合书法常理的，必须抵制和摒弃。"他主张要把字写好、写对，是最基本的书法原则。他说，好书法是：人人心中所有，人人笔下所无。意谓人人觉得这样写最好，但并非人人都能写得到，还写不到这样的水准。

继往开来,安步前行

"安,国家安定,社会安宁,大众安康,我也可以安心做我的学问。"张桂光说自己2020年的心愿是一个"安"字。他领衔编写完成的《商周金文辞类纂》荣获"第三届全球华人国学成果奖"。该书是《商周金文摹释总集》的姊妹篇,曾获2017年度广东省第七届哲学社会科学优秀成果奖一等奖等奖项。2020年伊始,该书又获社科领域的最高奖——第八届高等学校科学研究优秀成果奖(人文社会科学)二等奖。张桂光说,今年他还要完成容庚生前交付给他的任务《商周彝器铭文通论》一书。

张桂光今年想安心做的另一件大事,是完成第二批岭南墨妙书法名家容庚、秦咢生、吴子复、李曲斋、张大经的展览与推广。

近两年,张桂光带领团队努力挖掘、推介岭南前辈书家的成就和业绩。2018年7月,在广州美术学院岭南画派纪念馆举行了"岭南墨妙——詹安泰、佟绍弼、何绍甲、卢子枢、麦华三书法精品展",2019年又出版了五老作品集及纪念文集。身为岭南书法名家朱庸斋、李曲斋的弟子,又在容庚、商承祚门下学习研究古文字,张桂光身体力行参与近现代广东书法史研究工作中,这是一项让岭南书法归来的"五年计划",旨在重整岭南书法遗产,展示其以古求新、书写心源、守望岭南的翰墨情怀。"岭南书家如麦华三所概括的重气节、重学问、不求闻达、富创作性,必须大力褒扬传承。"张桂光如此说。由张桂光来做这项工作,再适合不过了,因为他都有幸和这些前辈接触过。感性认识和感情力量,是知性学问的孵化器和加油站。

"金鼠献瑞,在金鼠之年,希望国泰民安,年丰物阜,大家安心过好日子。"张桂光也给《新快报》读者送上祝福。

临摹是学习书法的不二法门

(2021 年 8 月 31 日《新快报》)

由广东省教育厅、广东新快报社、广东省美术家协会、广东省书法家协会共同主办的"翰墨青春　传承岭南"2021 广东青少年书画大赛于 6 月面向全国征稿。两个月后，《新快报》记者对大赛的艺术顾问、广东省书法家协会主席张桂光进行了专访。他认为，临摹是学习书法的不二法门，青少年要从经典入手，把字写正确写端正，做维护祖国语言文字纯洁性的促进派。

张桂光是华南师范大学文学院教授、博士研究生导师，现在的主业是古文字研究。去年，他的课题《商周金文大词典》作为国家社科基金重大项目进行立项，他将带领学生用 4 年时间完成。

在张桂光的家和工作室，一叠叠书籍、资料充盈着整个空间。张桂光的太太说，当社会事务不多的时候，张桂光便不断从事古文字研究。若无人打扰，一般从早干到晚，只有吃饭的时候才会休息一下，"一天工作超过十二个小时"。

书法是张桂光另一个令人瞩目的成绩。作为当代书坛的有名人物，他的学习经历也不同寻常。张桂光的父亲十分喜欢写字，耳濡目染，他也走上了习字之路。青少年时期，他师从岭南名宿朱庸斋、李曲斋先生。1978 年考上中山大学古文字专业研究生，师从容庚、商承祚先生。向多位名家学习，张桂光获益匪浅。

书画大赛见证社会习书风气变迁

2015 年，"翰墨青春　传承岭南"广东青少年书画大赛开始举办，迄今为止已累计征集来自全国各省份及港澳地区青少年书画类作品九万余幅，参赛人数七万余人。作为大赛固定的评委，张桂光见证了社会习书风气的变迁。

张桂光告诉《新快报》记者，书法教育的目的是提高青少年学生的综合素养，培养青少年对传统文化艺术的兴趣，激发青少年书画爱好者的创作激情和灵感，通过比赛检验教学成果，引导学生健康发展。

"第一届大赛中,很多人写的是流行书风,甚至有一批学生直接临摹老师的字,连内容也相同。"张桂光说,学生不直接从字帖取法,天天模仿老师写的那几个字,小小年纪学着大人那种老练、张扬的样子,没有半点童真,如果离开老师教的几个字,换了别的内容,便全然不懂落笔,这不是正确的方向。

"我们通过评审引导学生临摹经典,通过现场命题挥毫方式杜绝取巧,引导学生练就真功夫,大赛水平一届比一届高。第二届后,上述情况就慢慢减少了,大家直接临摹古人的碑帖,这是一个很好的现象。"他期待,通过一届届大赛的宣传与评审导向,书风一届比一届端正,书法的水平一届比一届提高。"我们的事业将一届比一届兴旺!今年开始,我们的大赛得到广东省教育厅的支持,一定有一个大的飞跃!"

"执笔不正确就像吃饭拿不好筷子"

青少年学习书法应注意什么?对此,张桂光一一进行了解答。他认为,执笔是书法学习的关键一步,执笔不正确就像吃饭拿不好筷子。

《新快报》:怎么看待一些青少年甚至书法家不注重执笔的现象?

张桂光:执笔是写字的关键一步,执笔不正确,跟古代武士拿不好剑、今日士兵拿不好枪、拉琴把不好弦、吃饭拿不好筷子一样,使用肯定不能自如,书写无法达到最高境界。

我们应该重视前人的书法教学经验,经千百年实践总结出的五指执笔法、讲究指实掌虚,要像项庄舞剑,不要像老人抓拐杖等讲法,都很有道理。不是说执不好笔就写不好字,也不是说执笔正确就一定能将字写好,但正确的执笔方法对写好字肯定会有很大的帮助。

不规范的执笔,用于不讲究用笔提按使转的流行书风或可对付得过去,但要学提按使转变化精微的传统经典,就很难挥洒自如了。这和拿筷子吃饭差不多,只需送饭入口、大箸夹菜时,怎么拿筷子都无关系,但要夹花生、夹黄豆时,筷子功的作用便显现出来了。

《新快报》:您的习书经历很特别,许多名家都是您的老师,他们怎么教导您的?您又是如何教导学生的?

张桂光:我的(书法)经历实际上没有太多可讲。老师叫我临帖我就临帖,推荐我临什么字帖就临什么字帖。那时候我十二三岁,只是认真地按照老师说的做。我教学生也强调临帖,而且要按照王铎讲的"如灯下取影,不失毫发",严格要求。

目前，社会上不少人喜欢拿名家临帖的像与不像来说事。其实，临帖时主观上都是追求像的，没有故意不像的。学习一般循"先专精一体，然后博览百家，最后写出自己风格"的路径。专精一体阶段，肯定力求逼肖；博览阶段是广泛吸纳，取他家之所长，补自家的不足，这是对自己所学那家的改造，临他家时有自家的底子，临自家时有吸纳他家的想法，不像是自然的。初学者（包括未经"灯下取影"严格训练的所谓"名家"）不像，主要是功夫未逮，名家不像，是自家风格不自觉地顽强表现，都不是故意临写不像的。

《新快报》：您强调书法教学不要拖学科教学后腿，是什么意思？

张桂光：曾听学生家长讲，他的小孩学书法，字是写好了，但作文分却降低了，因为作文错别字多了。这就是书法教学拖学科教学后腿的典型例子。

古人留下来的字帖用的是繁体字，当中还有不少异体字和不规范的字，加上不少书法老师（包括书法家甚至书法大师）文化水平不高又不重视写字规范，就会影响学生书写的正确性。

书法教学要不拖学科教学后腿，教师必须提高规范书写的认识与水平，对学生作出正确指导。在临摹教学中，要将字帖中的不规范字的规范写法告诉学生，令其对这些字的规范写法有深刻的认识。

再进一步，是教会学生在把握字帖的用笔、构字规律的基础上，将不规范字形改得规范而保留其用笔结字基本风格的方法。如果字帖错了只能跟着错，不能按规范改造，那是功夫不过硬，实际上很难派得上用场，必须改变。

我们应该提高简化字在书法创作中的地位。一些不懂繁体字的人硬要用繁体字创作，结果闹出很多笑话。如果能用简化字创作，这部分人就可少很多尴尬了。

书法教学不仅不能拖学科教学的后腿，还要助力学科教学，要做维护祖国语言文字纯洁性的促进派，要在各门学科的作业、考卷中发挥正确使用语言文字、书写流利美观的优势，让老师、家长都喜欢、赞美书法好的学生。我们还是尽量少发"书法教育不是写字教育""字写得好不等于书法有基础""书法别太在意错别字""并不是把字写端正才叫基本功""动不动就说你写个楷书来看看，这样的人很可笑"一类声音。

《新快报》：学习书法对青少年有何裨益？

张桂光：学习书法当以写好字为首要任务。在把字写好的过程中，人们还会有别的收获。

首先，通过临摹学习经典作品，从书法的角度去体验艺术感觉与审美感受，取得艺术、审美的认知，加深对艺术、审美理论的理解。

其次，通过阅读、理解经典文本，可增加很多文化知识，提高我们的文化素养。

再次，通过临摹学习经典，还可以使我们的心志、修为得到很好的历练。诚如郭沫若先生所说："不一定要人人都成为书法家，总要把字写得合乎规格，比较端正、干净，容易认。这样养成习惯有好处，能够使人细心，容易集中意志，善于体贴别人。草草了事，粗枝大叶，独行专断，是容易误事的。练习写字可以逐渐免除这些毛病。"

此外，书写时"凝神静虑""气沉体松"，还有助于大脑神经中枢生理机能的锻炼与呼吸系统的调节，运笔用力则使手腕、关节、腰、腹、背乃至全身都得到锻炼……从调节生活、怡养性情、增进健康方面看，学习书法也很有好处。

书学随想

（一）

近些年，广东省书协的工作正有组织、按计划、按步骤地进行。惠州、深圳、佛山、东莞、汕头、中山、江门等市为单位的中青年系列展，已操练出一支素质良好、基础扎实的中青年创作队伍，并在各种专题的省展、省际联展及国家大展中展示了实力。省外对广东书坛的看法已明显改变，广东书法在全国书坛的地位已显著提高，呈现出一派欣欣向荣的喜人局面。

与书法创作的这种形势相比照，广东书法理论就显得力量薄弱。大多文章仍停留在泛泛而谈的层面上，真正称得上书法理论文章的尚不多见。一些作者不仅不为广东书法发展推波助澜，而且无视广东书坛发展的事实，操着十年不变的陈词滥调，指责广东省书协，于广东书法的发展是十分不利的。

要改变这种现状，首先必须发动和引导有条件的青年从事书法理论的学习和研究，以扩大我们的理论研究队伍；其次是要把研究者的态度和立场端正过来，要热爱广东，宣传广东，为广东书坛的发展出谋献策，而不是跟着对广东书坛既乏了解又盲目歧视的某些省外力量瞎起哄；再次是鼓励大家加强学习，将理论研究推向深入。我们不但要学习书法的基础理论、书法发展的历史、书法批评的历史，以求对传统的及当代的理论都有一个整体的认识和理解，而且要学习美学、文艺学以及与书法密切相关的绘画、音乐、文学，这样才能从整体上提高素质，才能真正将理论研究推向深入，推向更高的水平。

（2001年在庆祝中国共产党成立80周年广东省书法篆刻作品展重振岭南书法笔谈）

（二）

岭南文化是一种历史的积淀，而岭南文献就是这种积淀的实录，我们要弘扬岭南文化是不能不重视岭南文献的整理工作的。两个报告都没有提到岭南文献的整理，这不能不说是一个严重的疏漏。与兄弟省市相比，广东对整理地方文献的投入，确实与广东的经济地位不相称。自1980年陈云同志提出整理古籍的号召以来，各省都相当重视，上海、天津、江苏、浙江、山东以至湖南、湖北、安徽、河南都成立了专门的古籍出版社。而广东只在广东人民出版社下设了一个古籍编辑室，出版的《岭南丛书》无论从规模上或出版印刷质量上都无法与江西的《豫章丛书》、安徽的《徽皖丛书》相比。其实，岭南文献的整理，已有很长的历史，目前的力量也不弱，全国十八个重点古文献研究所中，广东就占了两个。但由于得不到省里的支持，目前是举步维艰的。一些项目

（如《全粤诗》等），因经费不足而无法开展；一些项目（如《陈澧全集》等）完成了也因经费不足而无法出版。这里花的钱绝对没有别的方面的项目那么大，小的项目一万几千元，大的项目也不过一百几十万元，而其成果却是可以传之万世的。希望省领导能够重视，多予支持。

（2003年在广东省政协第九届六次常委会上代表小组作汇报发言）

（三）

我想谈几点看法：

一是对主流书风的倡导与弘扬。从去年的展览看，我们对各种风格流派的创作与探索的支持是比较注意的，但对主流书风的倡导，则仍有待加强。一个和谐的社会不能只有精壮没有童叟，不能只有阳刚没有阴柔，但支撑整个社会的，主要还是精壮，是阳刚与阴柔的调和。为使书法艺术舞台更丰富多彩，典雅的、通俗的、严整的、休闲的，雄强的、秀丽的，含蓄的、奔放的，甚或破损美、残缺美、病态美、稚的美、拙的美都可以包容并存，但作为主流的，则应该是健康的、成熟的、体现人文思想和时代精神的，即保障人民群众在书法艺术中的主体地位，让作品更贴近生活、贴近群众，为群众喜见乐闻，与充满活力与生机的社会相吻合，弘扬正大光明气象，激励人奋发图强。

二是承传要取精华去糟粕。《中国书法发展纲要》号召我们"开掘传统书法经典宝藏"。从甲骨文到楷书的各种书体，从文人书法到民间书法的各个领域，历史上的各种风格流派都是我们关注的对象和取法的源泉。重要的是分清精华与糟粕然后决定去取。现在有一种怪现象，临摹传统主流书家的，每被讥为平庸、保守，对非主流书家作品及简牍、残纸等作描头画角刻意模仿，却被誉为高古、创新。我们不否认，简牍、残纸中一些率真自然、奇趣迭出的地方确实值得我们借鉴，但一般说来，这些民间书手甚或边关士卒的率意之作，大多都较粗糙，无论在文化底蕴抑或技巧的成熟精到方面，都是难以同传统书家的精品相比的，某些写件中的错别字与庸俗气象，就更不可视作精华而加以仿效了。要知道，临摹碑帖旨在吸收书法因素、去掉自己身上的非书法因素，一些写件中存在的非书法因素，初学者是难以识别的。我认同"先专精一体，后融汇百家，最后自成一体"这一为历代书家及书论家的实践证明是行之有效的学习路径，而简牍、残纸，最宜在第二阶段融汇百家时涉猎。

三是发掘书法艺术的文化内涵。《中国书法发展纲要》特别谈到书法的"汉字书写艺术"这一特质和"深厚的中国大文化内蕴"。作品的内蕴发掘得越深入，从中得到的享受就越充分。那种试图割裂书法与文字、文学及其他素质学养之间的联系，将书法净化为纯线条艺术的做法，与在一个灯光、布景、伴舞以至整个气氛营造都十分讲究的音乐会上蒙上眼睛听音乐一样不可思议。我们不仅要研究书法作品运笔用墨、结字布白、行气章法等技法层面的东西，而且要研究它所书写的内容与创作情感的相互生发以及作品反映的其他文化内涵。比如落款，传统习惯都将上款抬高以示尊重，把下款降低以表自谦，这是东方文化的一种表现。现在不少人喜欢将自己的名字吊得高高的，或者在上款的人名上压个闲章（写对联时尤多出现），这与我们东方文化显然是不相符的。此外，还有一幅作品中图章铺天盖地，把传世作品中藏家的收藏章位置也给作者的名章占用了。还有一些巨幅作品还仿效古人尺牍的涂改、穿插补遗，就更是无病呻吟了。

（2005年为广东省书协新年寄语）

（四）

感谢省委宣传部、省文联领导的信任和全体理事的支持，使我有机会在省书协主席的岗位上为大家服务。我知道，这是一份荣誉，同时也是一份责任。我要珍惜这份荣誉，更要承担好这份责任。我决心在省委宣传部、省文联的直接领导和中国书协的指导下，团结广大会员群众，努力做好下面几项工作：

一要坚定不移地贯彻党的文艺方针政策，弘扬中华传统文化，发展广东书法事业，为建设文化强省而努力。

二要充分发挥主席团的集体领导作用，积极开展形式多样的书法活动，为会员创造良好的学习研究环境，搭建对外交流平台。

三要继续落实"晚霞工程"，尊重和团结老书法家，争取他们的指导和帮助支持。努力推进"朝霞工程"，有计划有步骤地培养和推出新人，打造出不仅在广东，而且在全国都有影响的书法精英。

四要继承岭南书法传统，努力创新，共同振兴岭南书坛，为把广东建设成为书法强省而奋斗。

五要大力普及书法教育，加强书法理论建设，为书法事业的可持续发展打好牢固的基础。

我相信，有省委宣传部、省文联的正确领导，有广大书协会员的帮助和支持，广东书法事业一定会朝着健康正确的方向迈进，也一定会取得更好的成绩！

（2010年10月在就任广东省书协主席时的致辞）

（五）

这里我想强调三点：

第一，省书协的根在市。广东书法事业的发展离不开各市的支持，要振兴岭南书坛，光靠几个精英或几个市是难以成功的。只有二十一个市的书协活了，省书协才能活，二十一个市真正动起来了，广东书坛才有繁荣昌盛可言。今年举办的纪念辛亥革命一百周年展览，我们采用按各市会员比例分配名额、由各市选送作品的形式，就是要调动各市书协的积极性和主动性，希望各市书协领导做好发动、选拔、培训工作，将代表各市书协水平的作品呈献出来，共同展示岭南书坛的风貌。

第二，在省书协搭建的舞台上，广大会员都应该是演员而不光是观众，让少数人表演、让广大会员当观众，这不是真正的繁荣。今年举办的纪念共产党建党九十周年的书法大赛采用公开征稿的形式，就是希望有尽可能多的会员能参与这一活动，希望各市做好宣传发动，让更多的会员参与并入选及获奖。此外，还应多举办各类活动，为不同性别、不同年龄、不同行业和不同水平层次的会员搭建舞台，共促书坛繁荣。

第三，继承岭南书法传统，努力创新，为建设书法强省而努力。我们讲岭南书法传统不是虚泛的，而是实实在在的。二十世纪五十至七十年代中，广东绝对是书法强省，第一次中日书法交流展上，代表中方的八十八位作者创作的一百幅作品中，广东就占了十六位作者十八幅作品，当时的书法群体有两方面的特点是相当突出的，一是分工合作，各有专攻，像容庚、商承祚的篆书，吴子复、莫珉府的隶书，麦华三、朱庸斋的楷书，李曲斋、卢子枢的行书，阮退之、佟绍弼的草书，黄文宽、张大经的篆刻，等等，研究都十分深入，创作也有十分高的水平；一是文化底蕴深厚，容庚、商承祚是国际知名的大学者，詹安泰、朱庸斋的词，阮退之、佟绍弼的诗，卢子枢、黎葛民的画，都是海内知名的。就是秦咢生、李曲斋、麦华三等，也都是挥毫雅集、即席赋诗的高手，他们能够在全国书坛占一席位，不是偶然的。承继岭南上一辈的风格底蕴并将它发扬光大，岭南雄风重振，将指日可待！

（在省书协2011年新春年会上的致辞）

（六）

早在二十世纪五六十年代，我们的前辈书家就在中国书坛上展示过实力，在第一届中日书法交流展上，代表中方的八十八位书法家创作的一百幅作品中，广东即占了十六位、十八幅，充分显示了广东在全国书坛中的地位；改革开放后，又在省文联的领导下再创辉煌，1979年成功举办了千人书法培训班，轰动全国。之后，除定期举办各种专题的省展外，还举办了老书法家作品展、妇女书法展、以地级市为单位的中青年系列展，有力地促进了广东书法事业的发展和人才的培养，我们还成功举办了广东与广西、广东与浙江、广东与北京、广东与黑龙江、中南五省书法联展，广东与西部七省区书法联展以及粤台书法联展、粤港澳台书法联展、中韩书法交流展等重大展事，既增进了与兄弟省市以至境外书家的友谊，也在联展中展示了广东的实力。近年，又在以上活动的基础上，成功举办了第九届全国展，成立了广东书法院，开展了书法进万家活动，等等，展现了持续的欣欣向荣局面。

（2011年在庆祝广东省文联成立60周年美术书法摄影展览上的致辞）

（七）

皖、粤两省都有深厚的文化底蕴和优秀的书画艺术传统。安徽的包世臣、邓石如，广东的陈献章、康有为都曾是影响中国书坛的重量级人物。对近现代中国乃至日本、韩国书坛都有深刻影响的书论名著《广艺舟双楫》就是广东的康有为在安徽包世臣《艺舟双楫》基础上推而广之发展出来的；安徽黟山派印学大家黄士陵更是两度入粤，留居长达八年之久，对广东印坛的影响至今依然存在。今天，两省书画家在这样一种良好的省际艺术交流传统基础上又一次欢聚一堂，一起用饱含激情的笔触，创作出一百三十幅画作、五十四幅书作，借以书写革命先辈的壮志豪情，再现先辈奋斗情景，歌颂祖国的大好河山，不仅对增进两地书画家的友谊，推进两地书画事业的发展，而且对缅怀革命先烈，纪念具有划时代意义的辛亥革命，弘扬爱国主义精神都有重要意义。

（2011年9月在纪念辛亥革命一百周年皖粤书画名家作品联展开幕式上的讲话）

（八）

黎雄才先生是岭南画派的大师，不但在绘画方面有辉煌的成就，而且在书法方面也有很高的造诣。只是每为画名所掩，未引起足够的关注、重视、宣传而已。黎雄才先生的书法造诣，首先表现在他对书法与绘画的关系的深刻认识。他在笔记中一再强调书法法则对绘画的作用，强调对执笔、运腕与各家笔法以至书法的表现精神的吸收与运用。所以，他画作中的线条笔墨，处处表现出扎实的书法功底，流露出丰富的笔墨情趣。他那富有特色的题识，不仅以其文字内容帮助读者加深对画作的理解，而且配合画面的谋篇布白，令绘画与书法、文学相映成趣，表现出深厚的文化意蕴。

黎雄才先生对历代书论的节录，还表现出他对书法本体的精辟理解。他对前人碑帖的临摹学习，像皇象章草、钟繇小楷等，既丰富多样又托体甚高，故其创作或萧散闲雅，朗润自然，或沉稳中见灵动，还有那豪迈雄强、跌宕奇崛的古藤体书作，颇能根据不同的风格需要派上用场，表现出较高的水平。

可以讲，这样的一次展览，不光是对黎雄才先生书法作品的展示，它对美术界、书法界都有很多有益的启迪，对岭南美术、书法的发展，对建设文化强省都有较大的促进。

(2012年7月在"百年雄才"书法展开幕活动上的致辞)

（九）

与两位师兄的交往已经足足五十年了，但同台讲学还是第一次，所以特别高兴。

二十世纪六十年代，我们都曾受业于朱庸斋先生的分春馆门下。朱庸斋先生是岭南著名词人，毕生致力于词学研究，书法与绘画也有很高的造诣。关于朱先生在词学界的地位，可拿安徽社科院研究员、著名词学家刘梦芙的《二十世纪词坛点将录》作一参照，刘先生给朱老师的定位是"双枪将董平"，地位是相当高的了。而尤其值得称道的，是朱先生在家设帐授徒，培养出一批有影响的词坛健将，岭南词风不坠，先生确实是功不可没的。

分春馆的教学，实际上分两个层次，一个是打基础的，主要讲词的欣赏与创作的基础知识和基本方法；一个是研究性的，主要讲专家词。我主要学打基础，两位师兄则基础与研究兼修。基础课以词牌为单元，比如这个单元讲浣溪沙，下个单元讲菩萨蛮，再下个单元讲高阳台，等等，每个单元都将同一个词牌的代表性作品集中讲解，每讲一首词，都先吟诵一遍，然后讲解内容，分析写作特点，比较不同题材、不同作家表现手法的异同，使同学们对该词牌的创作要领、不同题材的表达方式有清晰的了解，然后每人用各自的题材、摹仿名作用该词牌填一首词当作业，下一节课交朱老师当众评点，这样的一种教学方法已被实践证明是行之有效的。所以分春馆的门人都会吟诵，都能填词，2004年出版的分春馆门人集，收入二十多家，虽还不是分春馆门人的全部，但所作都已相当可观了，而座上的两位师兄，即是其中的佼佼者。吕师兄是广州诗社副社长、《诗词报》编审，所著《无斋诗词钞》在诗词界很有影响，在刘梦芙先生所编《二十世纪中华词选》中共收入无斋词三十五首。刘先生在"作者小传"上称无斋"为词谨严，功力深湛，其真切悲凉，堪为词史"。陈师兄在诗词创作和研究上的成就，更为大家所熟知了，《二十世纪中华词选》共收入泚斋词五十首，"作者小传"称"二十世纪四十年代出生的词人中，才情学养足以抗衡前贤，成就杰特者，泚斋当雄踞首席"，泚斋"兼擅诗词，洵为万选之才"，"在今日雅音寥落之词坛，可谓南天一柱"，可见刘梦芙对泚斋的推崇。在华东师大出版社出版的《二十世纪诗坛点将录》中，永正兄位列"立地太岁阮小二"。该书所列108将至今健在的已经只剩四位了，永正之外的三位是：位列"混江龙李俊"的饶宗颐，位列"活阎王阮小七"的刘梦芙，位列"母夜叉孙二娘"的叶嘉莹。

等会永正兄会将他的创作经验同大家分享,君怃兄也会将他的创作经验、吟诵心得奉献给大家,我则客串吟诵一首诗、一首词、一篇文献丑。永正兄曾对学生说:"我可以教你成为一个会写诗的人,但不能教你成为一个诗人","诗词每一个读书人都可以学会,过去如是,现在也应如是"。下面,就请陈永正先生教我们先成为一个会写诗的人吧。

(2012年11月与汕斋、无斋两兄为华南师大文学院讲座之开场白)

(十)

我想结合提纲的第一与第五点谈谈书法的普及教育、提高国民对书法的理解与欣赏能力问题。这里想提两点建议。

第一点是要明确传统继承为主线的审美标准。中国书法前年申报世界非物质文化遗产已经获得成功,对这份世界公认的遗产,我认为继承应该是第一要义,几千年的发展已经形成了一套完善的审美法则规律,应该是我们欣赏、评价作品的主要依据。我们要宣传传统,让国民学习和了解传统,提倡继承传统基础上的百尺竿头更进一步式的创新。一件优秀作品虽然不是多数人能够写得出,却应该是多数人能够看得懂的。试看历代的传统佳作,也都是群众喜闻乐见的。

第二点是着力提高中小学书法教育的质量。现在教育部对中小学开设书法课已有明确规定,课时的保证是没有问题的了,但如果师资跟不上,书法课就会流于形式,难见成效。我想,广东的教育部门是否可以先行提出对书法教师的资格的认证。让书法教师与美术教师一样有一个专业资格的要求。这一条实现了,高等院校开设书法专业就有了实现的基础与要求。不仅可以源源不断地为中小学输送书法教师,而且对整个社会书法事业的推进将发挥积极影响。而在专业设置实现以前,也可让学校与书协合作,请书协帮助学校对现有师资加以培训,或请书协会员到学校兼职讲授书法。如果将来能实现每间学校配备一个专职教师负责全校各班级的书法课。中小学的书法教育就一定能够落到实处,取得成效。

(2012年书法教育座谈会上的发言)

(十一)

广东上海书法交流展在两地书协的历史上,应该是第一次。不过,两地书法家的交流,却有着很长的历史。仅就近现代而言,像康有为、王秋湄、潘飞声、简经纶这样一些著名的广东书家,都曾在上海工作与生活,曾对广东书坛作出过杰出贡献的李天马先生更由沈尹默、潘伯鹰先生牵线"嫁"入上海,成为上海书坛的重要人物。李先生不但在沈尹默的鼓动下推动广东继上海之后于1963年成立了书法篆刻研究会,他在广东培养的弟子如陈永正、蔡国颂、骆墨樵、陈遇荣,都先后成为广东书坛的中坚力量,在上海培养的弟子如梅墨生、吴柏森、许思豪等,也都对上海书坛发生过重要影响。在座的戴小京先生在中山大学读书期间在接受容庚、商承祚先生教导的同时,也将上海的有关信息带到广州,成为广东、上海交往的友好使者,可以讲,岭南与海上的不同地理和人文环境决定了两地书风存在某种差异,而两地书家的密切交往又促进了两地书风的交流碰撞与融合,促进了两地书法的发展。我们今日举办的这个交流展,实际上是这种历史的延续,这就是广东、上海两地的传统友谊,它必将对两地书法发展产生积极影响。

今天拿到上海来向大家请教的一百二十三件作品,有直接传承当代岭南书坛元老薪火的,有挟北方书风南下的,有坚守传统的,也有跟风流行的,亦有认真思考锐意创新的,都敬呈上海同行面前,希望得到同行的批评指正。

(2016年在广东上海书法交流展上的致辞)

(十二)

陈履生先生是全国著名的国画家和美术史论家。他画的山水与梅花,向以构图奇特、章法谨严、清超绝俗驰誉中国画坛,而五十多部著作和两百多篇论文的犀利言辞与美术史论、美术批评的卓越见解,在中国文艺界亦有着广泛而深刻的影响。这都是众所周知、不用我多说的事实了。

至于陈先生的书法,我们固然可以通过他画作的款识窥见一斑,但要作全面深入的了解,没有今天这样的集中展示,是很难办到的。今天展出的作品,不仅涵盖了楷、行、草、隶、篆等多种书体,包含了从蝇头小楷的精致小品到丈二尺幅的鸿篇巨制,还有瓷器上烧制的几十件佳作,写的又都是精选的中华传统文化中的一些富有代表性的内容,不仅展示了陈先生书法方面的功力、才情与文化素养,而且让我们看到了陈先生画作中笔墨底气的来源,看到了陈先生超卓理论赖以产生的书画创作实践基础,看到了理论与创作、书法与绘画的密切关系。

没有陈先生在美术、书法、摄影方面广博而深厚的创作实践基础,不可能产生陈先生在美术史论与美术批评方面这么多的精彩论述,没有陈先生在美术史论和美术批评方面的真知灼见,陈先生的美术、书法、摄影创作也不可能达到今天的这种高度。陈先生系列展传递出来的这些信息,对廓清当今书法界、美术界的糊涂认识有重要的现实意义。

中国书画都是内涵丰富的综合性文化艺术,自来书画家都有较高的综合文化素养,没有文化的画人被鄙称为画工,没有文化的书手被鄙称为字匠,人人都以没有文化为耻。但随着西学东渐,学科的过细分类,已经将这两门艺术分解得支离破碎,导致了理论与创作的严重脱节,导致了文化和艺术本真原理在书画家中的严重缺失,产生了一大批不懂创作的理论家、错字连篇的书法家、只会落穷款的国画家,他们不以文化缺失为耻,反而在要将书画净化为纯粹艺术的旗号下,继续沿着"去中国化"、去文化化、字匠化、画工化的方向下滑,这不能不说是书画界的悲哀。

陈先生的系列展将对提高书画界的思想认识,纠正书画界的不良风气,促进书画界的健康发展产生积极影响。

(2015年9月在陈履生书法展开幕式上的讲话)

(十三)

双年展是新世纪兴起的一种系列展览名称。那是一个跟风赶时髦、展事赛事十分狂热的年代,它一经出现,就在全国范围乃至于海外迅速蔓延开来。佛罗伦萨的国际书法艺术双年展、北京国际书法艺术双年展、兰亭书法双年展、林散之江苏书法双年展、广州中青年书法双年展、深圳书法双年展、张家界书法双年展,等等,各种名目的双年展几乎遍及全国所有省份以至大中城市。广东书法院举办的多届双年展,也在这时同其他地区、其他机构的双年展一起,为活跃中国书坛、推进中国书坛的繁荣起着积极的作用。

双年展大致有邀请与竞赛两大类型。广东书法院的双年展采用邀请展的形式,把全国名家及优秀中青年书法家的作品集中本省展示,使广东书家与书法爱好者足不出省即可看到全国名家与优秀中青年书家的作品,了解到当今全国书法名家和优秀中青年书法家的创作状况,自然是非常有益的事情。所以说,书法院举办这一系列活动,对广东书法的发展确实是起到一种促进作用的。

不过,从主导者的立场出发,在举办了四届以后,就有必要作一系统的回顾与总结。我觉得首先要总结的是特色与定位问题。第二届与第一届相比,第三届与第二届相比,第四届与第三届相比,有些什么不同?有哪些改进?与其他双年展与名家邀请展相比,或者更具体地说,与现在同时在广东中山小榄开幕的全国名家邀请展相比,有些什么不同的特色?是走全国书风趋同的流行书风一花独放的路子还是流行书风与传统书风百花齐放的路子?是立足岭南面向全国还是通过流行书风洗脑将岭南传统洗掉?都是很值得我们思考的问题。我觉得值得思考的第二点是,全国大展、大赛开始降温,全国展都有可能取消,重点已经向用习近平总书记在文艺座谈会讲话精神扭转书坛乱象的培训转移的形势下,我们的双年展如何配合这一形势,实现传统回归的转型,也是十分重要的、带导向性的问题。我觉得值得思考的第三点是,如何加强指导、加强宣传,使我们大力度的资金投入让更广大的人民群众受益,得到更大限度的效益回报,不要让公帑花得不明不白。

如何改变每届花上过百万,每届都邀请大致相同的书家,展出风格与水平都无太大变化的作品,开幕当天热热闹闹,第二天门可罗雀,开幕即闭幕的现象,应该是主导者要认真思考的问题。

(2016年在广东书法院第四届书法双年展开幕式上的讲话)

(十四)

容庚先生是享誉国际的知名学者,不仅是蜚声中外的古文字学家、考古学家,而且是成就卓著的篆刻家和文物鉴藏家。他强烈的爱国之心,不阿权势、不逐时流的品格以及对后学的呵护与扶持,一直为世人所传颂。他在多个学术领域树起的座座丰碑,为世人留下了宝贵的文化遗产。他的为人与成就,一直得到不同国别、不同阶层、不同政治立场的人们的广泛认可和称扬。

容庚先生的学术成就主要在金文与青铜器研究方面。他二十多岁写成的成名之作《金文编》,一露头角,便得到罗振玉、王国维等顶尖大家的赏识,至今仍是海内外古文字学者案头必备之书;他的代表作《商周彝器通考》被学界誉为铜器研究由旧式金石学进入近代考古学的里程碑,至今仍被奉为经典;他对鸟虫书的研究,由越王剑等文字的破解而将宋代以来因为不识其字而误认为夏商的铜器纠正为春秋战国器,对鸟虫书研究凿破混沌的开创之功,也为学界所公认。在金文研究方面作出过杰出贡献的郭沫若也说,若没有容庚的帮助,他走上研究金文的道路,恐怕是不可能的;就连自称用脚趾夹毛笔也写赢郭沫若的康生,也对容老敬佩有加,多次到容老家中请益。容老的学术成就,用"高山仰止"形容,一点也不过分。

由于容老学术成就太大,他在书法篆刻与文物鉴藏方面的成就自然容易被淹没,以至于书法界一些不读书不看报的流行书风的弄潮儿居然蔑视容老的书法,说他在今日的书展都未必能入选。翻开容老法书集,我们不难发现,容老楷、行、草、隶、篆各体皆能,他的书作那种一笔不苟、不激不厉而风规自远的品格,一直都受到包括胡适、顾颉刚等学者,沈尹默、启功等书法家,黄宾虹、黎雄才等画家的高度赞赏。顾颉刚书房悬挂的对联即出自容老手笔,黄宾虹不止一次写信或当面向容老请教篆刻与古玺的相关问题。那些弄潮儿对他们追捧的对象所尊崇的人物采取蔑视态度,只能说明他们的狂妄和无知。如果处于容老书法高峰的篆书他们看不懂的话,那么处于容老书法基础上的小楷,我想也是他们策马难追的!

至于容老的收藏,光看他捐献的藏品就足以说明问题了。先后捐给广州博物馆与华南师大的古铜器就近两百件,当中不乏后来上调故宫及国家博物馆的精品;捐给中山大学图书馆的图书过万册,也不乏珍本、善本和孤本;捐献的丛帖,仅去年出版的《容庚藏帖》所收,即有一百七十种、二百七十函、一千多册,数量之巨、品类之多、门类之齐,均居国内公私藏家之冠;捐献给广州艺博院的书画一千零八十三件,不少都被视为镇院之宝,更是了不起的收藏。

特别值得一提的是,容老的研究,不尚空谈,言必有征。他的学术研究与收藏互为表里,他以学术研究铸就的鉴赏眼光指导收藏,又以丰富收藏给研究提供第一手材料。他对所藏铜器的研究写成《颂斋吉金图录》,即成为《商周彝器通考》的重要基础;他据所藏丛帖的研究写成的《丛帖目》也被誉为帖学研究史上的空前巨著;而他的重要著述《颂斋书画小记》就是对捐献给艺博院的这批书画深入研究的成果。容老常说他的收藏目的有二,一是抢救文物,防止外流;一是收集整理以资学术研究。很期望今后有机会将这批藏品印成图录,供读者与《颂斋书画小记》印证研究。

(2016 年 12 月在容庚捐赠书画特展上的致辞)

(十五)

中国书法源远流长,经过几千年淘汰仍留存下来的那些不同字体、不同风格流派的作品,可以说是几千年实践探索的总结和智慧的结晶,堪称经典。人们一直把对经典的临摹看作是学习书法的必经步骤,是学好书法的唯一途径。由于前些年反传统潮流的影响,蔑视经典,低贬临摹成为时尚,书坛乱象环生,令学者无所适从,在这样的大环境下,中国书协举办这样的大型的临书展,确实很有意义。特别值得称道的是,这次展览采用临创并举的形式。因为临与创有着不同的概念范畴,"临"重在学习,追求对古人用意的无限接近,用王铎的话讲,就是"如灯下取影,不失毫发",要求"无我";"创"重在表达,要把自己的理解、自己的思想与情感表达出来,这就要求必须"有我"。将"临"与"创"的作品分别开来,临就老老实实地临,创就大胆放开来创,这样就可以避免某些人在创作性临摹的幌子下为自己的临摹失真开脱,避免对初学者产生误导,这对我们正确理解传统意义上的临摹有很强的导向作用,意义也是不言而喻的。

今天展出的作品,涵盖了楷、行、草、隶、篆各种不同书体以及张扬与含蓄、阳刚与阴柔、唯美与稚拙等各种不同风格流派,既是入选作者艺术风格的集中展示,也是对不同书体风格流派的经典作品的集中推介,对经典的承传以及临摹创作均有很好的示范作用。这次展览的成功举办,必将对改变中国书坛乱象、促进书法的传统回归、推动中国书法的健康发展产生积极的影响。

(2017年4月在全国临书展上的致辞)

(十六)

  陈初生先生是我国著名的古文字学家、书法家、书法教育家。陈先生在中国文字学会理事、中国书法家协会教育委员会副主任、广东省书法家协会副主席以及暨南大学语文中心、暨南大学艺术中心任上,不但为中国语言文字研究事业、中国书法教育事业、广东省书法事业做了许多有益的工作,而且对暨南大学语文中心和暨南大学艺术中心的建立、健全和发展作出了杰出的贡献。从暨南大学艺术中心的教学、办公、展示场所的设计,到曹宝麟、何思广、方楚乔、陈志平、谢光辉等人才的引进,以至中心架构的搭建、课程设置、教学内容的编排,都是陈初生先生亲力亲为建立起来的。

  所以,我认为,暨大书法美术专业以至整个暨大艺术学院,陈先生都是名副其实的奠基人。暨南大学艺术教育有今天,陈先生功不可没。

  一个外省人,深度融入岭南,成为岭南书法的中坚分子,是值得我们学习和敬佩的。

  初生先生在文字、音韵、训诂、文学、书学、琴学领域都有深厚的学术根基,在书法篆刻与诗词创作、古琴弹奏等方面也有很高造诣。他的《金文常用字典》以传承、创新、实用三大特色享誉学界。与董琨、陈抗、刘翔合作的《商周古文字读本》自1989年出版以来,已在大陆和台湾再版重印多次,一直是海峡两岸多所大学的本科和研究生教材,三十年长盛不衰,去年还应商务印书馆之邀,修订出版。

  初生先生书法五体皆能,而以金文、秦隶最精。时下习金文、秦隶者不少,但错字连篇、了无古韵的通病,即使专家、评委都未能幸免,初生先生有学术底气的支撑,故能用字精准;有机会接触大量金文拓片与秦隶原始材料,故能精确把握古人的气息神韵,迈越时流。

  这里要特别推介的是初生先生的琴铭。他收藏了六十多张古琴,每琴一铭,从定名、撰铭、书写、镌刻都由初生先生独力完成,我不敢说后无来者,但前无古人,恐怕应是事实。我们不但可以领略到初生先生不同书体的书法艺术风采与精致入微的镌刻艺术,我们还可从内容上领略初生先生的文学素养、思想情怀:《潇湘水云琴铭》表达对故乡的眷怀,《海心沙琴铭》表达对广州的热爱,《珞珈琴铭》《康乐清风琴铭》《希白琴铭》《锡永琴铭》表达对母校与老师的感恩,《曹溪禅韵琴铭》《琴台琴铭》对禅学、琴学的理解……每篇都是有血、有肉、有思想、有灵魂的创作。

这确实是一个很好的展览。它展示了初生先生的学问，展示了初生先生的艺术才华，展示了初生先生的学问、才华在书法具体创作中的发挥，为我们树立了一个很好的榜样。在年轻书家文化严重缺失的今日，尤有意义。我由衷祝愿这次展览圆满成功！

（2018年在"问学余事——陈初生书法作品展"上的讲话）

（十七）

麦华三先生曾对广东历代书家的特点作过这样的总结：重气节、重学问、不求闻达、富创作性，我觉得这几点总结得很好。

我看了报纸上，很多书家、画家的后代争遗产，搞得一塌糊涂。容庚先生一生收藏那么多东西全部捐了，古铜器捐给博物馆和华南师大，总计两百件。捐给广州美术馆也就是广州艺博院的古今书画就有一千零八十三件，捐给中山大学图书馆的图书就有一万多册，他捐的丛帖现在出版了，定价就二十九万多元，所捐分量可想而知。另外，不止是他自己捐了，他生前说捐的，他的子女也帮他捐了，这种人品，这对子女的教育也都是有目共睹的，所以在人品方面，我觉得也是很了不起的。这些前辈书家都十分低调，不求闻达，我们不把它推介出来，大家都不知道这些大家有这么好的作品。学问更不用说。

我觉得这确实反映了我们前辈的一些成就，看完这个展览以后，确实岭南文化要自信，我觉得这个展览应该可以在这方面给我们一个底气。

另外，书法不应该搞纯艺术，这些作品统统都不是作为纯艺术创作的，都是强调要把书法提炼为纯艺术以前产生的，他们都是很普通地写字，所以我主张一定要用文化来养书法，不要像现在有些人强调"书法不是写字，书法是艺术，写字是文化，我们讲艺术，不是讲文化"，我觉得这是相当错误的，所以我们应该向前辈学习，还是要用文化养书法。现在很多书法名家都有一种"六十岁现象"，六十岁以后就走下坡路，就拿写碑的来说，我们广东的曾景充先生在八九十年代的作品确实是很不错的。北方的孙伯翔在六十岁以前所写的魏碑也是很不错的，应该可以说"南曾北孙"，他们各有特色。但是过了六十岁以后，达到一定高度以后，就不知怎样前进，都开始走下坡路了。现在很多六十岁以后的作品，很多人说都不能看了，但是你看我们的那些前辈，你看看何绍甲先生，九十岁写的魏碑还是生气勃勃的，这就是文化滋养的结果。所以我觉得文化确实很重要，我们今后还可以再深度地去讨论怎么从我们前辈中去吸取更多的东西。一个要岭南书法有自信，一个要很好地弘扬岭南书法的传统，把我们的书法事业更推向前进。

（2018年在"岭南墨妙——詹安泰、佟绍弼、何绍甲、卢子枢、麦华三法精品展"学术座谈会上的发言）

（十八）

我想从书法角度谈点看法。先谈三件事：第一件是1957年第一次中日书法交流展，展出中、日书家作品各一百幅，在中方的一百幅作品中，广东占了十八幅，居各省市之冠（这可展示广东书家的实力）；第二件是1963年成立的广东书法篆刻研究会，是继北京、上海之后的第三个省级书法群众团体，从当年举办的系列活动看，这三大团体实际上已形成全国的三大书法活动中心（这可体现广东书法的组织基础）；第三件是1979年，改革开放刚开始，广东书法篆刻研究会活动也刚恢复，就举办了第一期书法学习班，招生一千七百多人，创办时间之早、学习人数之多，均居全国前列（这可反映广东书法的群众基础）。这几件事表明，在五十到七十年代，说广东是全国的书法大省、书法强省，应该是没有问题的。

二十世纪八十年代以后，全国书坛情况发生了变化，反传统潮流一度占了上风，审美标准变了，评价体系也变了，但广东书法的上下传承没有变。容庚、商承祚打造的全国古文字学重镇和古文字研究而兼擅书法的特有传统，通过他们的弟子马国权、陈永正、陈初生、加上本人而得以传承。在中国词坛有崇高地位的詹安泰、朱庸斋，在中国诗坛有崇高地位的佟绍弼、阮退之等一班硕学之士，也通过他们的弟子将学问传承下来。除了堪称诗坛巨匠的陈永正之外，吕君忾、连登、陈初生等，也都大多能诗。广东书协的历届负责人，从容庚、商承祚、秦咢生到陈永正和本人，都是自小接受纯正书法教育（也即一般讲的有童子功）的文人、学者，始终坚持重传统、重学养的方向；加上广东书人大多没有生活压力，心态平稳，没那么热衷于展事赛事，不会那么容易受展赛书风的干扰。在"跟不上形势""保守""落后"的批评声中，仍然我行我素。

时风是会不断变化的。影响时风的因素有很多，书协领导甚或某些工作人员的调整，都会对时风产生影响。近几十年，一下子流行书风，一下子丑书、怪书盛行，和这些不无关系。而广东书人却有一种文化自信和文化定力，坚持以守传统、重学养为主导的书法创作路向，在全国来说，算是比较独特的。

按照这些年的评价体系，广东书法的成绩自然没有七十年代以前的辉煌，但仍可居全国中上的位置。近年赛事的排名，大概在第四、五名左右。但我们多年坚守的理念，从教学指引、评审导向到报刊宣传都坚持守传统、重学养的做法，在中国书协领导鼓励传统回归，一再指出当代青年书家传统文化的缺失已成为书法可持续发展的瓶颈的今日，评价体系正朝着有利于我们的方向转变。对于纠正时下书法创作错字连篇、文化严重缺失的现状，广东有着明显的优势。

今天，我们还可喜地看到，中山大学古文字研究所的"80后"博导田炜、"70后"博导陈斯鹏在学术上取得卓越成就的同时，其书法篆刻亦已进入中国书协会员和西泠印社社员的行列；中山大学岭南诗社、华南师范大学召南诗社也培养出一批优秀的年轻诗人，他们中的大多数都在老师的感召下积极学习书法，将成为广东书坛优秀的后备力量。他们将与广大青年书人一起，践行着前辈的精神和道路，不断开拓进取，广东书坛的未来，将充满阳光，充满希望。

（2019年11月18日，在"中华文化四海行——走进广东"系列活动之一"高峰论坛：广东文化强省建设"上发言）

（十九）

近读网上文章，有当代草书家称，"写大草从来就不是为了让人认识的"。从来也者，旭、素自然包括在内，人们都认识旭、素，唯独不认识他，他却硬说旭、素写大草也和他一样只是为了自娱自乐，不是让人认识的，这是否有强奸古人、拉古人落水之嫌？又称"大家都认识的叫写实，不是写意"，以大家认识不认识作为写实写意的划分标准，不知是哪家逻辑？他们也会拉大旗作虎皮地引用齐白石的"妙在似与不似之间，太似为媚俗，不似为欺世"的话，以为与齐白石搭上钩就可以吓人。但大众是有眼的，齐白石画的菜是菜，虾是虾，蟹是蟹，人人可识，这就是似；而他画的更鲜活、更优秀，是现实中难以找得出的模样，所谓的不似，仅此而已，并非看不出其为何物的那种不似。旭、素大草的参照物是规范草书，他们写的都符合草法，因而为大众所认识，这就是似；但他们写得更开放、更灵动、更精神、更多变化，与规范草书相区别，这就是所谓的不似。齐白石的画与旭、素的书，都是对"似与不似之间"最明白的诠释。而一些当代草书家的字，不但没把握好传统笔墨、草法混乱，写出来的东西连文字学家都看不懂，看不出似，只露出了不似。"太似为媚俗，不似为欺世"，若达不到"似与不似之间"的妙境，我们也宁可被人说媚俗，也不要欺世啊！

（二十）

前些日子，万木草堂的管理者请分春馆门人小聚，录制吟诵古文古诗词的音像。座谈时大家一致认为，吟诵，要从娃娃学起。凡事往往会先入为主，如果从小只接受现代形式的教育，接受西方的文艺理论，以后，甚至可能一生，都会对传统文化中某些品类产生误解甚至对抗的情绪。

近读蒋寅《金陵生小言续篇》，谓前辈时贤所倡吟诵"实不堪卒听""只可自怡悦，不堪持赠君""今欲为人诵诗，必如当今之朗诵，方能声情并茂，传原作之精神，亦足耸人视听"。其实，这是个审美问题。所谓"先入为主"，从小习惯话剧、电影及老师的白话朗诵，自然以此为标准。况且怎样的声音动听？怎样的声音刺耳？不同的人会有不同的感受。我们不必强求一致，各喜其喜，各恶其恶，相安无事便好。

  朗诵是近百年西方文化传入后的产物，它是话剧中用抑扬顿挫的声调变化加强说话的感情色彩以补白话语言平淡之不足的一种诵读形式。用这种话剧腔去诵读白话诗文，更接近生活，更易为大多数现代人所接受，是不奇怪的。而古代诗歌，它本身就是为打破语言平淡而产生的表情重于叙事的一种形式，它涉及的不仅仅是文字与句法，还有利于表达不同感情的韵致和旋律。从诗经、楚辞到唐诗、宋词，都是为吟唱而按律创作，在吟唱中循律得到享受的。有欣赏学习古代诗词爱好的人，大抵都是不满足于白话诗文的表达方式，喜欢古人那种有时"浅斟低唱"有时"响遏行云"境界的。传统戏剧与现代话剧的最大区别，即在于独白叙述之外的不同腔调的诗歌吟诵。现代话剧人人能听懂，所以有更多的观众；粤剧、潮剧、京剧、豫剧只有少数人听懂，其观众自然比话剧少，但这少部分人所得到的享受，却是大多数人所不理解、所享受不了的。"新诗改罢自长吟"，人们在吟中诱发灵感，在吟中品味韵致，在吟中享受新作的成功，评论古代诗词，会"弹"不会唱，终是隔了一层。

（二十一）

  近年印坛确实有不少可喜的新气象。八届篆刻展三千多的投稿量足见它的兴旺发达，印屏设计的花式多样尽显其生动活泼。为适应展厅需要，大印面作品大量增加，造型越来越丰富多样，篆刻已不完全用来衬托书画，越来越走向独立。由于资讯的发达、交流密切，加上国展的导向，某种印风入展多了，马上风靡全国，当中好的东西、好的元素自然会为大家所认识所接受，这是好事情，但从另一角度看，亦会产生新的弊病，就是印风趋同。工整的都走王福庵、陈巨来一路，但没有他们的文化底蕴，学不到他们的书卷气，很容易流于匠气，千人一面。大写意一路，多追求将军印样式，或斤斤于某名家的路数与主张，真正无拘无束、放开手脚我刀写我意的尚不多见。

（在第八届全国篆刻展上的讲话）

书坛旧忆

（一）

党领导下的专家治会。广东省书协的前身是广东省书法篆刻研究会。成立于1963年。主任委员是省文史馆馆长、著名学者侯过，副主任委员是容庚、商承祚和广州文史馆馆长胡根天，委员是秦咢生、麦华三、吴子复、朱庸斋、李曲斋、马国权等一批书法名家，秘书长是省文史馆副馆长胡希明。由于专家的学术成就、社会地位、专业特长都是客观明晰、无可争议的，所以位置安排、职责分工都很合理。体现党的领导的秘书长胡希明虽工诗词、爱书法，但从不以书家自居，展览从不送作品参加，一心做好组织、协调、服务工作。整体是团结的、融洽的，也是效率特高的。短短几年间除了春节的应众挥毫和迎春花会、秋天的菊花展览和中秋灯会等例行书法展示外，还举办了历代书法展、历代碑帖展、广东省毛主席诗词书法展、王杰日记书法展、援越抗美书法展、妇女书法展、丰道春海书法展等大型展事，呈现一派平稳、健康、活跃、繁荣的景象。

（二）

"文革"期间，广东省文史馆及广东书法篆刻研究会有关活动的组织均告停顿。书画活动的官方组织，主要由广东省文艺创作室（办公室设在光孝寺内）负责，主其事者为涂夫、苏庚春。影响较大的活动，一次是1973年在省博物馆举办的全省书画展，展出书、画作品各七十余件；一次是以鲁迅诗文为内容的书法展（展场也在省博物馆）。此外还为北京的展览和上海书画出版社组织过一些作品参展与出版，后来不知什么原因，展览及出版均告流产。文艺创作室组织之外的民间展事仍然活跃，春前挥毫、迎春花会、菊花展览、中秋灯会等例行活动仍然进行并展出书法，主要阵地是文化公园，越秀公园、烈士陵园也加了进来。影响较大的一次是用简体字书写毛主席诗词的书法展览，一次是全省征稿的篆刻展。

（三）

《书法浅谈》一文1972年在《新教育》第四期发表后，收到不少读者来信，最长情的是山东费县一位叫王相生的中学教师，长时间书信往来，我给他刻过一对印，他给我寄过一块七星砚石。1990年他还来过广州找我，由于事出偶然，未事先联系好，我要去外地开会而错过了机会，后来也有消息传递，闻他年近九十仍健在，终惜缘悭一面。

（四）

1973年省展后，收到很多读者来信，印象最深的是顺德桂洲铁木农具社的会计杨桐为主的一个群体，大概有五六个人，记得有个姓叶的医生，还有一个叫黄轶源的，书信往还甚密，并常寄作品请教，我也一一详加评点，交流甚欢，后来忘了什么原因断了联系。二十世纪九十年代有次省书协到顺德搞活动，与接待方交换名片时，一位老者拉着我的手说，我们七十年代就交往了，一直没见过面，今日终于见面了。"张老师，你保养得挺好的，退休多少年了？"其实他们已六七十岁，都退休了，而我才四五十岁，离退休还有十多年呢，只是他们一直以为我比他们大，以为我退休比他们早，才有保养得好的感觉和退休几年之问。前些年翻阅书协转来的函件，发现有一封杨桐的来信，才知道他八十五岁时来过广州想恢复联系，可惜信太多，未能及时看到，后来按信上写的电话打了几次都无人接，估计可能离开了，不然，共同回忆往事该多好，说不定当年的书信还有保存呢。因当时信件都用毛笔，为节约文字，学着用文言，对习作评点详细具体，回味一下还真挺有意思的。

（五）

1973年省展后，时有读者来信。一位番禺的老教师不知曲斋是我老师，还寄诗一首："书道源长万古流，李曲张桂各千秋，玉兰堂畔欣初见，一笔应曾满惠州。"当时我还和了他几句："曲翁行草足风流，门墙忝列几春秋。半生练得涂鸦字，深愧东坡写惠州。"之后我们还通过几封信，但春节回广州参加应众挥毫，他发现我是年轻小子，后来就无往来了。

（六）

1978年至1979年间，在任泊生（新四军老战士，副省级老干部）的积极倡议、推动和文史馆的支持配合下，广东省书法篆刻研究会开始恢复活动（1981年中国书协成立后更名为中国书法家协会广东分会）。任老和文史馆的刘汉池先生，在组织、协调、服务方面做了大量工作，都与胡希明同志一样，只以组织者而非书法家的身份参与活动。这段时间协会主要办了几件事：一是发展会员，建立起一支以二十世纪六十年代文史夜学院书法专业培养的学员为骨干的队伍；二是认真抓书法培训，1979年举办的第一届培训班学员即达一千七百多人，轰动全国；三是创办了专业刊物《岭南书艺》，书协有了自己的理论阵地。各种展览还在举办，不过相对于以上三事，就只能算小儿科了。

（七）

西安是我们1980年游学的重点城市，在旅店招待所推荐的解放旅社住了一个多星期。每晚都有一个年轻服务员过来聊天，大家都猜她是冲着我们中最年轻的帅哥许伟健来的。直到离店前一晚，才发现她的目标竟然是永正兄那顶时髦的帽子，永正兄只好割爱，但帽子是永正兄朋友自香港带来送给陈太的，永正兄必须报告。永正兄微笑着将信纸递给我，第一页末行十三字为"一个漂亮的西安姑娘看中了我"，转页才是"的帽子"，我马上向众人转述，都在想象嫂夫人看到第一页末行的表情，整个房间都笑炸了。四年后我们到西安开古文字研究会议，住人民大厦。永正兄要我陪他到解放旅社走走，这自然是义不容辞的。可到了旅社旧址，不但人去楼空，见不着那位漂亮姑娘，就连解放旅社都拆了，我和永正兄只好扫兴而归。

（八）

从理事、常务理事到副主席都无候选人的第一届会员代表大会。大概1985年左右书协由省文史馆移交给省文联领导。1986年举行了从理事、常务理事到副主席都无候选人（主席原由商承祚担任，文联选择商先生出差香港时开会，提出由秦咢生出任主席，算是有候选人）的第一次会员代表大会。选出了秦咢生为主席，李曲斋、杨奎章、王琢、杨和明为副主席，杨和明兼任秘书长的领导班子。日常工作由驻会的欧广勇负责。

（九）

我所接触的省文联领导，唐瑜和赖海晏是最早的，也是交往较多的两位。

二十世纪九十年代初，我作为中国书协第三届理事会理事候选人，准备赴京参加书代会。出发前夕，省文联党组书记唐瑜、副书记赖海晏约见了我和王楚材。两位领导转达了省文联和老一辈书法家对我的信任和支持，也谈了省文联对书协工作的看法和意见，并鼓励我多下功夫搞好书法的研究与创作，多关心书协工作，不要辜负省文联及老一辈书家的期望。末了，还就省书协新班子的组建问题征询我的意见。这第一次见面，我就感受到了两位老领导对书协工作的关心，待人的诚恳与谦和，相互间已不存在任何隔阂了。由于赖海晏同志分管书协，所以后来的接触也就更多了。

当时省书协正处在新旧交替时期。前辈书法家容庚、商承祚、吴三立、吴子复、麦华三、秦咢生等相继谢世，李曲斋、杨奎章、杨和明、王琢等亦因年龄原因将要退出书协领导岗位，而新一代书家虽然有水平、有能力、有成绩者不少，但大多资历、水平相近，且多有文人相轻恶习，要在"一正四副"的框架下组建领导班子，难度确实很大。文联曾经用理事会考察摸查及找老、中、青书法家谈话等形式，都未能协调出一个理想的方案。我以为，向我征求新班子组建的意见，不过说说而已，因此并未认真对待。事情的发展，改变了我的看法。

一次，惠东县副县长朱耀东和惠阳县文联请我带几个书法家前去交流，赖海晏同志知道后，决定与我同行。一路上，围绕书法发展及书协班子组建问题展开了很多有益的讨论。当回程到了惠阳淡水的时候，我们终于形成了一个共识：即书协班子应有几个学者，保证它有一定的层次；又有几个活跃型书家，保证它有一定的活力，再有一个驻会书家作协调。在此基础上，还形成了一个由陈永正（中山大学）、梁鼎光（华南农业大学）、张桂光（华南师范大学）、连登（领导过羊城书协）、周树坚（领导过青年书协）、陈景舒（第一届常务理事）、王楚材（驻会）组成的七人方案。赖海晏同志充分肯定了这一方案，并且认为，应该尽快把这一整体方案提交省文联党组讨论。这天正好是星期天，第二天星期一是省文联的例会时间，当时虽然已经很晚，赖海晏同志还是主张连夜赶回广州，争取第二天的例会上将方案提出。惠阳县政府的人已经下班，政府的车亦已开回惠州，我们决定把宾馆房间退掉后打的士回广州，回到家里已经是深夜两点多了。这个方案，尽管具体人员有所调整，但整体上是被接受下来了，而且这一思路也在省书协的二、三、四届班子组建中得到延续，保证了广东省书协这十多年的健康、稳定发展，省文联领导的这种工作方法、工作态度与工作作风，对我的启发与教育确实是很深刻的。

二十世纪九十年代中，省书协与香港离岛扶轮社合作搞了一次慈善拍卖，为省妇女儿童福利会筹了一百多万元，省书协也留了几十万作经费。当时社会上集资之风正盛，主持书协工作的同志受时风影响，把钱借出去了。我和王楚材同志都认为风险很大，主张把钱收回来，双方争持不下，我只好求助于上级领导。这位主持工作的同志是赖海晏同志推荐来的，我的意见能否被接受呢？心里是没有底的。没想到电话打过去，把道理讲清后，赖海晏同志立即表示支持，认为应该马上把钱拿回来，并建议提请主席团讨论，讲清道理，大家心悦诚服，效果会更好。结果，在主席团会议上，大家畅所欲言，钱拿回来了，避免了一场风险，双方关系也没有受到什么影响。这是我从省文联身上得到的又一次教育。

在与赖海晏同志相处的日子里，他还经常提醒我，任何时候都要自觉地、坚定不移地接受党的领导，紧密依靠文联党组，真心实意地团结广大书法家，发挥他们的整体力量。广东书坛这十多年的蓬勃兴旺，确实都是与党的领导与群众积极性的发挥分不开的。在当今商品经济条件下，要使书艺得到传承发展，得到传播与弘扬，依靠党组的领导、调动广大书家积极性，仍然是克敌制胜的法宝。

（纪念广东省文联成立60周年"我与文联"征文）

（十）

1. 一天，王楚材女儿问我："我爸是否真的很厉害？"我说肯定厉害的，你怎会突然提出这个问题？她说，他自称岭南四大家。我说，这是你爸自嘲的归纳，欧某把莫某调入省书协，结果被莫搞掂，第一大家；陈某将曹某引入暨大，结果势成水火，第二大家；连某将周某引入广州书画院，结果院长被周推倒，第三大家；你爸引进刘某，被刘激到弹弹跳，第四大家。不是值得炫耀的东西。

2. 二十世纪九十年代初，石牌还比较偏僻，公交车、出租车都很少，出行多打摩托。有次楚材来访，回程我送他到华师西门打摩托。问司机去他家要多少钱，司机说八元，楚材摇摇头，我以为会砍价说五元，谁知他一挥手，说十元吧。司机叫他上车，说："十元就十元吧。"我说："有没有搞错呀，刚才你不是说八元吗？"司机说："我是说八元呀，他说十元，我就按他说的收十元了。"楚材计数糊涂如此。

3. 《岭南书艺》为广东书协理论刊物，创刊于1984年，季刊。刊号与编制均王琢先生争取而来。王琢为主编，王贵忱为副主编，主要由王楚材负责编辑及日常相关事务。有祝枝山《荔枝赋》、陆游《自书诗帖》、廖燕《山居诗》等未发表过的名碑名帖和岭南近现代名家书作和研究文章的发表，有当代书坛的现状与发展的讨论……文章作者有麦华三、黄文宽等老一辈书家，有陈永正、张桂光等当时的中年书家，还有陈团初、范小乐、廖绍其等当时的青年理论研究者，办得有声有色，在全国书坛有重要影响，以至停刊多年后仍有不少北方书家向我了解《岭南书艺》的事情。可惜的是，时任省书协专职副主席（不懂业务的行政干部）要把主编职务从王琢手上夺过来，阻碍了刊物的正常出版，以至被有关部门将刊物取消了。

4. 王楚材有两则照相的笑话很出名。一则是我亲见。1993年去台湾，楚材说他的相机最好，集体相都由他拍。拍第一张时，大家摆好姿势后，等了老半天都未弄好，问他怎么回事。他说看不到人，只看到一只大眼睛。莫各伯上前一看，原来他把镜头对着自己，眼睛贴上去，就只能看到大眼睛了。另一则是听说的。文联去黄山搞活动，他也自告奋勇包照集体相。玩了大半天，小心的同志算了一下，一卷胶卷最多拍35张，现在所拍，肯定超过了，怎么还可以继续运转？一检查，原来他竟然忘记了装胶卷，既浪费了大家的表情，更浪费了大好风景。

（十一）

1961年底，我与家兄涛光一起，手持朱庸斋先生的介绍函，叩开泰华楼大门，开始了我与李曲斋先生三十多年的师生情缘。

首次提交的作业是一张颜楷自书诗，一张行草临远宦帖。前者为汇报当时水平，后者则表达学行草的意向。先生对我的颜楷予以充分肯定，指示可以继续写下去；而对临本，则表示要选自己喜欢的、不要太草的、可供较长时间学习的范本认真临摹。我说喜欢他的行书，想学文征明。他当即警告，切勿学时人字，更不能学老师的字或者老师所学的那一家字。学老师字最易上手，却最难脱手。不刻意学都自然受其影响，刻意学便难以逃脱。展厅要百花齐放，选帖就不要同别人扎堆。随即拿了一本宋高宗《千字文》给我学习，找了一本赵孟頫小楷《闲邪公家传》给家兄涛光临摹，还送了一本李文田《节临唐碑十二种》给我们参考。先生的选帖原则于我日后的学习研究都有很大启发，第一次见面便从精神到物质都收获满满，虽然跑了几趟才见上一面，心里还是乐滋滋的！

当初，见面和告辞我都必作 90 度鞠躬，这是旧时的一种礼节。由于时代变化，当时已经很少人这样做，甚至都被视为迂腐了。回想起来，以先生为人的豁达，应该也会认为不必这样讲究的，但先生还是每次都认真地弯腰回礼，表达了对一个十二三岁小孩能行古礼的一种肯定和尊重。至于时代变了，不必这么拘泥了的想法，则是潜移默化的教育让我慢慢体会、慢慢转变的，这也是先生的一种教育方法。

先生出门偶尔也会带上我。住在附近的岑荣光家便去过几次。岑是西关少爷，岭南大学毕业后赋闲在家，到分春馆听听朱老师讲宋词，与先生的交往则介乎师友之间。记得第一次到岑家做客，岑好奇地问："这小子成才与否五年后可否看出苗头？"先生伸出三只手指道："三年，三年得就得，三年唔得，就一世都唔得！"确实，经过先生的精心指导，三年后（即1964年）我便在广东省书法篆刻研究会主办的首届省展中入选，没有辜负先生的期望。

一次是参观文史夜学院第一学期学员汇报展，因为展场惠福西路小学在我家附近，所以先生约我一起前往，他带着我一张字一张字点评。当时先生尚未参与文史夜学院的教学，学员中除了岑荣光外基本都不认识先生，但见他点评简要而到位，围观的就越来越多，中途碰上莫铁老师（篆刻家），先生即招呼"莫老师指教"，莫铁说："岂敢！麦华三都拜你为师，我怎敢指教！"学员更感惊愕了，末了，都要求先生在意见簿上留言，先生沉思片刻，即席填写浣溪沙词一阕，对展览作了中肯的评价，用毛笔写在意见簿上，更令学员赞叹不已。不久，在学员的强烈要求下，文史夜学院即聘请先生担任书法专业老师。文史夜学院的学员都是后来广州书坛的骨干，麦华三的楷书、李曲斋的行书、吴子复的隶书这一羊城书坛三大派的格局，就是在文史夜学院的教学中开始形成的。

在回家的路上，我问起莫铁所讲"麦华三都拜你为师"的缘由，先生讲，不是什么拜师，只是菊花展览会上，先生用字径盈尺的行草抄录司马迁句，用泡沫将字锯好，悬挂在展厅入门的巨幅朱红屏幛上，气势宏大而又精美绝伦，观者皆为击节，一时轰动羊城，连麦华三先生都提出撤展后取回去椎拓，故莫先生才有此一说。

一次是末代探花商衍鎏先生去世，主祭人区梦觉（时任中共广东省委书记）宣读的祭文之写作任务交由广东省文史馆完成，文史馆又将具体写作的职责交给朱庸斋老师，朱老师则约请好友李小竹及李曲斋先生一起商量，先生则将我叫上，三位先生用一晚时间将祭文写好，然后由我抄正，翌日送文史馆转区梦觉书记。祭文的详细文字记不全了，但"耄龄康乐，杖履优游。探花晚年，拍入镜头"（指电影制片厂为商衍鎏先生拍《探花的晚年》纪录片一事）几句出自先生之手，因为浅白上口，至今记得。

（十二）

李曲斋先生楷书主要植根唐碑，尤钟情于欧楷。所见欧体书作，当以1964广东省书法篆刻研究会举办的毛主席诗词广东书法篆刻作品展的请柬最为纯正，通篇法度谨严，安详沉厚，全是化度寺法乳。褚体书作当以印于台历上的毛主席"春风杨柳万千条，六亿神州尽舜尧"那首七律诗流传最广。所见景点的楷体题咏，亦以用褚书者最多，收入去年出版作品集的皮日休诗亦是褚体佳作。先生所作颜楷，主要见于各种景点名匾，亦曾见其指点叶颂晃兄弟时所作示范，要皆行笔爽健，结字严密中见灵动。

先生行书墨迹，当以王羲之《毒热帖》的临本为最早，可能是三十年代所作，是帖虽曰临王，而用笔、结字，均多赵体气息。桉斋先生于《辍耕帖》跋云"吾两人自幼仰慕松雪，惟曲斋专心致志，能尽将松雪精华蕴纳于胸中"，看来是颇中肯的。应该是老师吩咐临王，而先生则学王得赵。致少帆、苏圃两函均四十年代所作，都有明显模仿叶恭绰的痕迹，其于叶氏书法之浸淫，当非止一日，叶氏之影响，于先生中年的书势转型，虽潜藏不露，然对其晚年变法，还是有突出表现的。先生书法中年转型的标志应该是五十年代所书《辍耕帖》。此帖全从明李应桢化出，虽仅数十字，而结字之精准中见自然，行笔之厚重中见流畅，气息神情毕肖，自非一日之功所能为。既承前期恭绰体之磅礴，又启后期文征明之雅致。二十世纪六十年代书作基本是纯文征明韶秀流丽一路，这大概与先生入职文化公园顾问，各类灯会花会的假山奇石、影壁回廊、亭台楼阁的精雅景点之题咏需要有关，《行书杜牧诗扇面》《桂林山石展题泳》《题芝老世丈课孙图》等都是此期佳作，这类精金美玉、风流俶傥的书品，与精美景点及或庄或谐的题识文字相配，就更显得典雅精妙，耐人寻味了。七十年代后，虽有意识用李北海、米南宫丰其气格，以祝元明、陈道复壮其筋骨，但整体上还未脱文征明妍美流便体格，1980年所书《廉泉记》可算是此期书风的总结之作。顺便提一下，文征明字体宜小不宜大，所以文氏书作，每至大字无论结字用笔都必大量掺入黄庭坚意趣，以致大小字迥然有别。李师则从蝇头小字至寻丈楹联，都保持大致相同的骨架体势，中小字用的固然是纯文征明，大字亦不过将颜体的浑厚圆劲线条与开张外拓体势浑化其中，不会有判若两人之感，这也是李师高明的一面。先生的晚年变法，是在二十世纪八九十年代中完成的。先生已逐步从公园的工作中解脱出来，开始有意识地进行变法。一是青年时代对叶恭绰书法之横势傲岸、气势磅礴风格的仰慕与追求在潜意识中开始表露出来，一是对王铎、张瑞图、祝允明、陈道复的吸收，开始变得遒劲老到，用笔多趋外拓，尤注重擒纵取势，刚健沉着，风神逸宕，气韵天成。"裁云""制怒"等大字，"纵歌雷助拍，搦管电生花""绿树多生意，白云无尽时""倒海水而为墨""摘秋云以入豪"等楹联，《老子·论善》《杜甫古柏行》《题杨和明水墨兰石图》等长卷，都是不可多得的佳作，老笔纷披，纵而能敛，穷极变化，已臻神骨俱净之化境，秦咢生称其"气机横溢，兴逸神飞"是一点都不过分的。九十年代所写章草楹联，虽在摸索中尚未成熟定型，然豪放自然亦自成格局，灵动或可补蘧常之不足，雄放信能供秋湄后人借鉴。作品集中 29cm × 21cm 的长河诗小品，篇幅虽小，然豪气纵横，有尺幅千里之感，完全达到小字作大字观的境界。

先生篆隶书作鲜见示人，小篆"秦琅邪台刻石"题端，大抵从清人取法，然笔道流畅，浑厚雄劲，自见功力；隶书"廉泉"横匾，纯系伊汀洲法乳，沉厚安详、魄力雄强；"风景这边独好，江山如此多娇"联有其时流行之吴子复隶法影子，然活泼生动，则吴氏所未及。

先生有一习惯，是对一些不情愿、但又不好推搪的应酬，往往会叫学生书写而自己补款，如作品集第六十八页的横幅，正文即为学生所书，"录为可权同志点壁，李曲斋"则为先生所补；有时索性全由学生代劳，如作品集第一百零七页"悟物思远讬，游情无近寻"对联，则正文与"戊辰小雪后二日曲斋为春泉作"之款识都全出自学生之手。这也许就是一般所讲的"名士之风"吧。至于作品集中的另一些赝品，如第二十六、二十七、九十二、九十三、一九九、二百页之所收，乃李师学生抄录别人诗作。因为字迹相近，编者未及细察而误收，与李师无关。

先生篆刻极具创新精神，汉砖入印、行草入印、简化字入印等，于岭南印坛均发生过积极影响，《羊城晚报》即有过专文介绍。岭南印人，每能得风气之先而实现创格，甲骨文出而有简经纶的甲骨文字入印，西学传入而有邓尔雅的几何线条与阿拉伯数字入印，简化字出而有李曲斋的简化字入印，等等，可以说是岭南的一个传统。京城青年篆刻名家白爽先生称"李老清平乐组印是神来之笔，无一不古，无一不新，足以在现代印史上占一席之地""他的那套《清平乐·蒋桂战争》，刻绝了，连韩（天衡）先生都佩服""韩天衡的《中国篆刻大辞典》印人条目部分再版时将收入李老的作品和辞条"。听后特别感到欣慰。

（十三）

先生于书法篆刻之外，尚有广博而深厚的传统文化素养。首先是诗词文学方面的素养,先生虽未专意于诗词,然常与朱庸斋、黄咏雩、李韶清等人唱和,于文化公园历年花展、灯会及园林景观亦多有题咏,虽然不自珍重,随手散去,但门生弟子收集所得,亦足窥其大概。此外,先生于园林建筑、园艺栽培、盆栽、插花等亦有颇高造诣。1958年于广州文化公园举行瓶花展览,先生即被聘为艺术指导,二十世纪七八十年代,先生还以专家身份接待过各类外国代表团,与国外有关专家切磋交流,并先后参与过《中国盆景》《南方建设》《红棉》《中国园》等大型艺术画集的编审及题咏工作,并担任联邦德国慕尼黑国际博览会"中国园"的设计,深获海内外人士的好评。广州文化公园的"园中院"与"汉城",是先生耗费了大量的心力打造的经典性品牌,可惜因为各种原因,未能保留下来,也许是先生晚年留下的一种遗憾。

(十四)

近期参加书法活动多了,不少人都把我当成专业书法工作者,无谓的应酬特多,所以我多次申明,我是业余书法家,我的职业是教书匠,我的工作主要是从事古文字研究。不过回想起来,我进入古文字之门,确与对书法的热爱与学习分不开,而得拜颂斋门下,也离不开教我诗词、书法的两位老师——朱庸斋、李曲斋的引导和帮助。

我1961年开始学习书法,不久便有幸进入时称"西关二斋"的朱庸斋、李曲斋两位老师的门下。两位老师不但教我诗词、书法,还教我很多为人处世的道理,对我的生活、学习、工作也都给予了很多关怀和帮助,而引导我入拜容门,则是对我人生有关键影响的一项。

我第一次见到容老是在1964年。朱庸斋、李曲斋两位老师赴羊城晚报社参加广东省书法篆刻研究会组织的书法家应众挥毫(书写春联),听说容、商二老都会出席,我便跟着朱、李二师前往了。主事者出于对容、商二老的敬重和保护,在二老写了一两副春联之后,就带他们休息去了,所以这次见的时间不长,但容老举手投足之间表现出的蔼然风范与儒雅气度、行笔着墨时表现出的神闲气定与和穆安详,在我少时的心中,已留下了深刻的印象,成为我心中钦羡和崇拜的偶像。

我第一次得到容老的墨宝是在1972年。1971年我组织过一次惠州市的书法展,因为是"文革"开始后省内第一个略具规模的展览,不仅在惠州市反映良好,而且引起了省内书法界的普遍关注,前辈书家都认为是得风气之先。惠州有关方面建议我举办书法讲座,前辈书家也都热情给予帮助和支持。第一讲是书法源流,需要让听众对各种书体有一个直观的感受,而当时资料缺乏,就是找到书上的资料,也没有将它放大展示的设备。讨论的结果,是用不同书体的作品作示范样本,请擅长该种书体的书家书写。金文一项,大家自然都希望能请容老大笔一挥了,我当然也是这样想的,但考虑到当时坊间流传的不少达官贵人欲求容老墨宝而未能如愿的故事,我这样一个二十出头的年轻小子能这么幸运得到容老墨宝吗？所以是不敢奢望的。没想到，李曲斋老师修书一封："年时书法新进张桂光近执教惠州中学，言彼地近举办书法讲座，而张实司其事。此亦吾辈所关心亦分所应尔者。至于书道源流变化，作为直观教学，须有所说明。在金文方面，拟求从者墨迹为之倡。顷付纸一通，望藤花操觚之余，乘兴一挥，以竟其功。今托岑荣光赍纸而前，岑乃旧岭南，曾侍门墙，于讲座又经亲炙，此来欲一瞻风范耳。联文多寡、布白一随方便，上款吾意可以减末，何如？即致颂老左右，曲斋拜首。"让岑荣光先生持信前往，没过几天，一副以鲁迅诗句"横眉冷对千夫指，俯首甘为孺子牛"为内容的金文对联即已写就。手捧容老的墨宝，容老对后学的提携，对书法事业、对文化普及的支持，使我激动的心情久久不能自已。

我第一次面聆容老的教诲是在1975年。1972年以后，我不但继续协助市里举办书法展览和讲座，而且在学校开设了书法课。到了1975年，讲座与教学的讲稿已经有了一定的积累，在朱庸斋、李曲斋二位老师的鼓励下，我将这些讲稿作了集中整理，买来钢板、蜡纸，刻印装订成《学点书法》的小册子，向同行前辈请教，征求意见，打算修订后争取出版。都是拿着朱、李二师的介绍信前往请教，有的老师认真审阅后提出了有针对性的很好的意见，也有只讲表扬话不提任何意见的，或者撇开稿子不提，故作高深地讲些不着边际的大话的。我也试着拿朱庸斋老师写的介绍信"希白先生有道：惠州中学教师张桂光爱好书法，近方撰就《学点书法》一文，兹谨介绍晋谒，乞推爱指导为感。尊夫人手术后想已平复，失候望宥，余颂暑祺。晚庸斋顿首"拜访容老。容老热情地接待了我，先是表扬了封面上"敬求容老斧正，张桂光持奉"几个字的书法，接着认真审阅目录，以为简明实用，点头称许。然后随手翻几页选几段细读一下，除了文字简洁、语言流畅之外，还对楷书的运笔方法、楷书结字问题两节之言简意赅、切实可行予以较高评价。此外，对个别概念解释欠准、首尾两节政治性太强等存在的问题，亦提出了中肯的意见。以容老这样的身份，对我这个年轻小子的一本油印册子都如此严肃认真，确令我感激不已。而尤其使我感动的，是几年后我们帮容老整理图书时，发现我的这本油印小册子居然与容老的其他藏书整齐地摆在一起！

我第一次给容老写信是在1977年3月17日，而容老的回信，也是容老给我的第一封信则写于1977年3月22日。当时研究生招考信息已广泛流传，我报考古文字专业的决心亦已下定。由于我本科读的是政治教育，古汉语、古文字方面，就只有中学打下的基础和学习书法、篆刻时接触到的那点知识了。怎样备考？要读哪些书？心中一片茫然。于是试着写信向容老请教，至于容老会不会回信，心中是没有底的。没想到仅仅一周时间即已收容老回信："桂光兄：承惠临，失迎，至歉。17日来书收到，从前大学中文系皆有文字学一门，印有讲义，现在课程减少，数人合教一门，如唐兰《古文字学导论》不可复得，即其引用各书亦无法购置，奈何！俟兄暑假归来可以畅谈，此时先读马列主义毛主席思想之书可也。复颂教安。弟庚上。三月廿二日。"收到这封信，别的不说，光上下款的称谓与回信时间之速二事，即够感人了！

容老给我的第二封信，是在1978年春节过后不久。寒假回广州，我到容府想汇报一下备考情况，听取容老的教诲，以便抓紧时间作最后冲刺。刚好碰到也准备报考的刘翔在座。当容老听说我在惠州找不到《金文编》，要用吴大澂的《说文古籀补》代替，找不到《两周金文辞大系》要用秦文锦编的金文资料及《文物》《考古》上的考释文章替代时，当即劝我不要考了。容老说，刘翔将《说文解字》从头到尾抄过一遍，《金文编》也从头到尾摹过三遍了，而且刘翔的日语水平了得，你怎么考得过刘翔呢？不过我没有气馁，只向容老提出，《金文编》可否借我二十日，回惠前璧还？容老笑笑说，可以，借你二十日看你又能怎么样，不过我还是劝你不要考了，你肯定考不过刘翔的。二十天里，我先将《金文编》与《说文古籀补》作一对比，然后对《金文编》作了些选择性临摹，在假期结束前送还容老，并明确表达了报考的坚定决心。可回惠州不久，却接到了容老的信，说报考竞争激烈，如果惠州中学的职位还可以的话，就不必见异思迁了（这封信前些年不知被哪位君子不问自取去了，但大致内容还是记得的），再一次劝我弃考。我依然没有气馁，把它看作容老对我的一次考验，加倍努力准备考试，终于以优异的成绩考入了朝思暮想的颂斋之门。诚如曾宪通先生所言："容先生培养学生并不以广招门徒为目的，相反地，他对上门求学者总是一面热情地接待他，一方面出很多问题来'难为'他，甚至还给他泼泼冷水。在先生眼里，只有'难'不倒、'泼'不走的人，才有决心学好古文字。"在经受过考验以后，终于迎来了容老委以重任的第三封信。

容老给我的第三封信写于1978年9月7日。9月4日我曾致函容老，敬询录取事宜，容老打听到我已被录取，便于9月7日寄下满怀深情的一函："桂光兄：四日函收到，问办事人，说九月十二日发出通知，请少待。研究工作，弟曾作《商周彝器通考》，继是有作，则为《商周彝器铭文通释》。今老矣，无能为也矣。兄如有意，见时面谈。复颂教安。庚白九月七日。"《商周彝器通考》是容老的代表作，《商周彝器铭文通释》则是容老完成《商周彝器通考》后一直想做而来不及做的工作，其条目已见于于省吾先生为《商周彝器通考》所作的序言中，可视为《商周彝器通考》的姊妹篇。曾宪通先生曾经指出："自二十世纪四十年代之后，容先生举家南移，世事沧桑，连提上议事日程的《商周彝器通考》改编工作都半途而废，遑论《商周彝器铭文通释》的编撰。直至七十年代末高校恢复招生和学位制，此时的容老似乎看到了曙光，但自己已步入晚年，故以重任相委，可见容老对桂光期望之高。"容老将这么重的任务托付给我，心里是既荣幸、又惶恐的。自知工程巨大，非一朝一夕所能完成，所以几十年来，一直为此积累材料，为完成容老的重托而努力。现书稿已具规模，进入修改补充阶段，争取今年定稿交付出版，以慰容老于九泉之下。

（十五）

容庚先生是享誉国际的知名学者，不仅是蜚声中外的古文字学家、考古学家，而且是成就卓著的书法篆刻家和文物鉴藏家。他强烈的爱国之心不阿权势、不逐时流的品格以及对后学的呵护与扶持，一直为世人所传颂，他在多个学术领域树起的座座丰碑，为世人留下了宝贵的文化遗产。他的为人与成就，早为不同国别、不同阶层、不同政治立场的人们广泛认可和称扬。

容庚先生的学术成就主要在金文与青铜器研究方面。他二十多岁写成的成名作《金文编》，至今仍是海内外古文字学者案头必备之书；他的代表作《商周彝器通考》被学界誉为铜器研究由旧式金石学进入近代考古学的里程碑，至今仍被奉为经典；他对鸟虫书的研究，由越王矛、越王剑、越王钟的考定而将宋代以来所误认之夏商器纠正为春秋末的吴越器，那凿破混沌的开创之功，也是学界所公认的。在金文研究方面做过杰出贡献的郭沫若也说，没有容庚的帮助，他走上研究金文的道路，恐怕是不可能的。容老的学术成就，用"高山仰止"形容，一点也不过分。

由于容老学术成就太大，他在书法篆刻与文物鉴藏方面的成就自然容易被淹没，以至于书法界一些流行书风的弄潮儿居然蔑视容老书法，说是今日的书展都未必能入选。翻开容老法书集，我们不难发现，容老楷、行、草、隶、篆各体皆能，他的书作那种不激不厉而风规自远的品格，一直都受到包括胡适、顾颉刚等学者，沈尹默、启功等书家，黄宾虹、黎雄才等画家的高度赞赏。顾颉刚书房悬挂的对联即出容老手笔，容老所刻《颉刚启事》印，亦最得顾氏所爱。黄宾虹不止一次写信或当面向容老请教篆刻与古玺的有关问题。那些弄潮儿对他们追捧的对象所尊崇的人物采取蔑视态度，只能说明他们的狂妄和无知。

至于容老的收藏，光看他捐献的藏品就足以说明问题。先后捐给广州博物馆和华南师大的古铜器就近二百件，当中不乏后来上调国博的精品；捐给中山大学图书馆的图书过万册，也多珍本、善本和孤本；捐献的丛帖，仅去年出版的《容庚藏帖》所收，即有一百七十种、二百七十函、一千多册，数量之巨、品类之多、门类之齐，均居国内公私藏家之冠；捐献给广州艺博院的书画一千零八十三件，不少被视为镇院之宝，更是了不起的收藏。

特别值得一提的是，容老的研究，不尚空谈，言必有征。他的学术与收藏互为表里，以学术研究铸就的鉴赏眼光指导收藏，又以丰富收藏给研究提供第一手材料。他据所藏铜器的研究写成的《颂斋吉金图录》，以及作为故宫古物鉴定委员据故宫藏品研究写成的《宝蕴楼彝器图录》《武英殿彝器图录》即成为《商周彝器通考》的重要基础；他据所藏丛帖的研究写成的《丛帖目》也被誉为帖学研究史上的空前巨著；而他的重要著述《颂斋书画小记》就是对捐献给艺博院的这批书画深入研究的成果。容老自小耳濡目染家传的古代书画，对文物收藏有浓厚兴趣，随着阅历日深、收藏日富，容老除在藏品的欣赏中得到愉悦的享受外，还于抢救文物、防止外流和收集整理以资研究方面有了深刻的认识。容老一生收藏甚富，但不以占有为目的，所以百年之后能将全部藏品慷慨捐赠给国家，以供大众欣赏与研究之用。广东历代藏家不少，吴荣光筠清馆、孔广陶岳雪楼均其著者，然两家家道中落，图籍星散，流出海外者亦复不少，只有颂斋所藏至今完好地保存于博物馆、图书馆、美术馆内，使容老生前愿望继续得以实现。而收集整理以资研究方面，容老是十分严格的。诚如张伯英所言："希白博见约取，或涉疑似，立予删汰，不自回护，是又善之善者也。"很期望今后有机会将这批藏品印成图录，供读者与《颂斋书画小记》印证研究。

（载于2017年3月15日《书法导报》）

（十六）

容庚先生是国际知名学者，他在古文字学、考古学、书法篆刻、文物鉴藏等方面的成就，早已蜚声海内外，不用我多说了。这里只想从我为这次展览提供的作品入手，谈谈容老的高尚品质和爱国主义情怀。

我的作品抄录的是顾潮先生回忆他父亲顾颉刚与容老交往的文章里的一段文字。这段文字引述了《火把》杂志对1931年九一八事变后，容老义愤填膺，马上发起成立抗日十人团的消息报道，完整记录了抗日十人团的誓词，表达了十人团坚定的抗日意志和爱国主义精神，其后响应者甚众，在抗日救亡运动中起了很大作用。事实上，容老的高尚品质和爱国情怀在各个历史阶段都有反映。二十世纪五十年代，美国要在印度加尔各答召开以攻击新中国为主题的所谓"国际学术会议"，邀请时任香港新亚书院院长的钱穆先生出席并撰写反共论文，周恩来总理很重视这件事情，委托时任中南局第一书记陶铸同志找人劝止钱穆，陶铸同志把这一任务交给了容老。容老利用他与钱穆为燕京大学同事，其女儿又是钱穆学生的关系，亲赴香港，宴请钱穆，动之以情，晓之以理，出色地完成了任务。"文革"期间，"四人帮"想利用容老的声望，拉他批判孔子，容老立刻表明态度，说"批孔不如批我""再逼我批孔，我就跳珠江"。表现了正直知识分子的铮铮铁骨、浩然正气。

容老一生省吃俭用，但精鉴别、嗜收藏。在抢救文物、防止文物外流、配合研究对藏品做系统整理方面做了大量的工作。容老藏品之丰富与系统享誉士林，但容老的收藏，不以占有为目的，所以一有所得便公之于众，让大家可以及时共享，百年之后（实际在生前已开始行动）能将藏品慷慨捐赠给国家，以供大众欣赏研究之用。先后捐给广州博物馆和华南师大的古铜器就近两百件，当中属国家一级文物者即有二十余件；捐给广州美术馆（即今广州艺博院）的书画一千多件，不少都被视为镇馆（院）之宝；捐给中山大学图书馆的过万册图书，也多珍本、善本甚至孤本；捐献的丛帖，仅前些年出版的《容庚藏帖》所收，即有一百七十种、二百七十函、一千多册，数量之巨、品类之多、门类之齐，均居国内公私藏家之冠。

更难能可贵的是容老对子女的教育，在容老去世后，其子女继续按容老遗愿，将容老生前未及捐出的包括罗振玉、王国维等师生友朋书信及所藏明清名人尺牍捐给了省立中山图书馆，把郭沫若致容庚书信全部捐给了广东省博物馆，把一百七十多枚容庚藏印捐给了中国美术馆……

我很庆幸，在容老晚年，能与陈永正、陈抗、唐钰明、陈初生、许伟健一道考上容、商二老的研究生，成为容老的关门弟子。容老还将他计划做而来不及做的《商周彝器铭文通释》的任务托付给我，我深知责任的重大，无时无刻不记挂在心，决心倾尽全力完成容老的嘱托，不辜负容老的期望。

（十七）

秦咢生先生，广东惠州人，1900年生。先生家世并不显赫，其所以能够成为闻名全国的书法、篆刻专家，全仗对这两门艺术的执着追求和几十年如一日的勤学苦练。先生自幼好学深思，成名后仍于艺术园地上耕耘不辍，深得艺林人士的敬重。先后受聘担任广州文史夜学院及广州岭海颐老会老人大学教席，并兼任广东省文史研究馆副馆长、岭海颐老会老人大学书法系主任，中国书法家协会理事、中国书法家协会广东分会主席等职。

先生的主要成就在书法、篆刻方面，于《说文》之学及古文词赋亦有较高的造诣。其诗作以急就、多产著称，散见于各类刊物。其书作除参加国内各级展览及送往日本等地展出之外，尚有《秦咢生行书册》及《秦咢生手书宋词》出版行世。

先生书法，各体尽能，而对《石鼓文》《天发神谶碑》及《爨宝子碑》用力特深。所作石鼓文体之茂密雄强、天发神谶体之风骨奇伟、爨宝子体之刚劲古拙，均为书坛人士所称道。而最得先生自许的，则是自创行草书体。其用墨之沉着、气势之磅礴，均称上乘，而结字之峻美，用笔之糅合北碑与南帖的笔法而又自出机杼，确实独具面目，与模仿一碑一鼓者不同。

先生篆刻，师宗秦汉，对甲骨、金文、魏晋碑刻，亦能多所吸收，故其布局、用刀多所变化，常出新意，颇得印坛人士好评。

先生于书法篆刻，均主张继承传统基础上的创新，反对标奇立异的狂怪恶习，对随意生造文字的假仓颉与将书法混同绘画的立异哗时作法尤其深恶痛绝。

先生热心书法教学，循循善诱，诲人不倦，为省港书坛培养了不少优秀人才。先生不但奔走于广东各地，还先后应邀赴黑龙江、浙江及港、澳等地讲学。着实可敬。

（十八）

吴三立先生，字辛旨，广东平远人，1897年生。自幼家境清贫，以聪颖好学而获宗族资助，才得有入学机会。1934年毕业于广东高等师范，旋以优异成绩考入北京师大国文研究科，因得从马叙伦、钱玄同、沈兼士、杨树达、黄晦闻等知名学者问业，学问日进。数十年来，先后受聘担任北京师大、北平大学、中法大学、中山大学、勷勤大学、广东文理学院、华南师范学院等校教席，并曾兼任中山大学、勷勤大学中文系主任、华南师院中文系副主任、广东省语文学会副会长、中国书法家协会广东分会副主席等职。

先生不仅在文字、音韵、训诂方面，而且在诗词、书法等方面都有卓越的成就。所著《中国文字学》《甲骨铜器文字研究》《声韵学纲要》《经学通论》《词学通论》《杜诗述要》《秦淮海词笺》等，向为学术界所推重。其诗作《麋骋集》《辛旨近诗》等，深得海内外学人的好评，其书作亦为国内外许多书家所称道。

先生的书法，早年取法欧阳询，对《九成宫醴泉铭》临写甚勤，后特着力于《张猛龙碑》及《龙门二十品》等北魏书体，遂奠下了沉厚健劲的基础。在理论上且得沈尹默之启迪，然书体方面，虽涉猎二王及唐宋诸贤，而魏碑体格始终不易。所作行草书，点画灵变，结体精严，一洗轻巧浮滑之气，于沉厚安闲中见风华洒脱之致、雄强健劲之神，可以说是熔碑帖于一炉，创造出自己的一体风格。

书学方面，先生一向反对死临硬仿，强调敏学深思，随机感悟，主张作品一定要富有书卷味，要融汇学问修养，要有感情与个性，对庸俗气象与狂怪流习尤其深恶痛绝。先生的书作，即为其主张之具体体现。

先生今届八十九高龄矣，仍为从事语言文字学的著述和培养汉语史及书法人才而孜孜不倦，殊堪敬佩。

（十九）

二十世纪七十年代，书法圈子并不大，我与楚材兄早已互有知闻，但真正的交往，则在1982年楚材兄参与筹创《岭南书艺》以后，并在约稿、交稿、校稿的接触中慢慢熟悉起来的。楚材从1982年开始直至退休都在书协工作，对书协的建设发展作了很多有益的贡献。楚材在书协的工作经历，大抵可分为三个时期。

一是1982年至1991年主持《岭南书艺》编辑室工作时期。《岭南书艺》是省书协的机关刊物，是广东第一家书法杂志。杂志的刊号、编制、经费都是王琢同志争取回来的，杂志的指导思想、编辑理念由王琢同志与王贵忱同志商定，实施者则是王楚材。编辑室的工作条件十分简陋，最初是在书协办公室挤出一角，放两张台、一个书柜，后来书协办公室搬到文德路文联大楼，编辑室才有了独立的办公场所。不仅资料匮乏，而且人手奇缺，只有两个年轻人帮手，征稿、审稿、美编几乎都要楚材亲力亲为。楚材主持编辑的二十三期《岭南书艺》就是在这样的条件下编辑出版的。《岭南书艺》开辟的碑帖珍品、历代书海、书印论坛、技艺津梁、书林随笔等栏目都颇具特色，对广东特有收藏珍品的发表、对广东书家的推介，为广东书法理论研究者提供发表言论的阵地，引进省外理论研究者的文章，等等，都深受省内外书法界朋友的好评。近年与北方学者交流，还有不少朋友问起《岭南书艺》，对它大加赞赏，并为它被注销感到惋惜。这期间，由杂志社主持先后在肇庆、韶关召开过两次书法理论研讨会，对激活广东书法理论研究，提高广东书法理论水平作出了有益的贡献。

　　二是1992年至1997年担任广东省书法家协会办公室主任兼副秘书长的时期。专职副主席廖启良（省委宣传部文艺处副处长）是从宣传部借调过来的，主要负责大事的把关和协调，具体工作则主要由王楚材同志操办。在与台湾桃园书学会办联展及两会互访并建立定期交流关系、与香港人士合作为省书协筹办百万基金以及全省各市中青年骨干作品调展为主要形式的中青系列展等活动中都起了重要的组织策划作用。此外，通过市县书法联展及女书家书法展等活动，在调动基层组织和妇女书家积极性方面，也发挥了积极的影响

　　三是1997年至2004年担任广东省书法家协会专职副主席时期。1997年省书协第三次代表大会上，王楚材正式当选为专职副主席。新的协会领导班子在主席陈永正、专职副主席王楚材的带领下，更加注重团结、务实、开拓、进取，广东省书协的工作呈现出更加生机勃发的局面。首先是对外交流的扩大，再度访台并扩大与台湾书法界的交往，与韩国联展并建立了定期的交流，中南五省（区）联展、与西部六省（区）合办的七省（区）联展等，既促进了相互的切磋、学习，增进了兄弟协会间的友谊，又起到了让外界了解广东的作用。其次是抓展览、促创作。不但建立了省展、省中青展等定期定届制度，设立了省书法最高奖项"南雅奖"，而且举办了小字扇面展、楹联展、篆刻展等专题展，以青年展系列为主的"朝霞工程"系列与以金秋展系列为主的"晚霞工程"并举，既促进了创作亦增强了书协的凝聚力。再次是抓书法教育和理论建设，出版五期《书艺》不仅为广东省书法理论研究提供了阵地，而且以其优秀质量在全国书坛产生了很大的影响。南海、顺德等大型理论研讨会的召开，每次展览后必带理论研讨习惯的形成，广东省书协书法培训中心的成立，等等，都对广东书法理论研究与创作水平的提高，起到推波助澜的作用。广东省书协十余年的团结、和谐、健康发展，王楚材功不可没。

此外，广东书法院的成立虽然在王楚材退休以后，但广东书法院建立是王楚材首先倡议，书法院基建经费的申请、建筑设计等都花了不少心血，也是应该记上一功的。

（二十）

很早就敬仰秦咢生先生了。但与先生的真正接触，还是我到先生故里惠州工作以后。

1970年8月，我被分配到惠州二中教书，很快便与喜欢写字的老师、学生联系上了，讲座、挥毫，影响日渐增大。1972年惠州四中开办，我随二中副校长王户珊一起到四中，还专门为一年级开了一学期书法课，现在的省书协副主席、惠州书协名誉主席蓝广浩、香港书法家协会会长方志勇、屯门书画会长郭洪球、深圳书协创会理事蔡庆平都是这年级的学生。在二中时与文化局管书画的广州美院毕业生司徒勤参已有密切交往。为庆祝毛主席《在延安文艺座谈会上的讲话》发表三十周年，我们正筹办惠州市书法、美术展览。"文革"后各级展览都已停办，我的老师朱庸斋、李曲斋听到我们的办展信息后，很是鼓舞，认为得风气之先，建议邀请惠州籍名家秦咢生先生参加。我持朱老师介绍函到中山四路长兴里长兴横街二号拜访了秦咢生先生。

咢生先生热情接待了我，并询问了惠州生产、生活和文化发展状况，对我们能率先举办书法、美术展览表示高度赞扬，并用石鼓文字体写了"独有英雄驱虎豹，更无豪杰怕熊罴"的对联为我们助兴，使我和惠州同行都深受鼓舞。

我与咢生先生关系的密切有赖秦公子大我先生的促进。一个晚上，我的学生钟敬良带了一位秦姓客人来访，坐下不久便对我挂的书法篆刻扇面展开评论：行草写得不错，篆刻比我（来客）的差一点。我马上意识到，来客可能是位猛人。客谓："我，你可能不认识，我爸你应该听过。"我问："陈（惠州话秦陈同音，我原先误听为陈了）仕煦？"他说："不是，我姓秦，不姓陈。""哦，咢生老师公子！大我先生。久仰久仰！"以后与大我先生的往来便日渐多起来了。

寒暑假回广州，我都与朱、李二师及咢生先生相叙。我与先生谈及此事，先生即吩咐我在惠州与大我多联系，多互相帮助。大我先生年纪虽大，有时做事还比较简单。有次他回广州，刚好林西副市长到访他家，他问林市长可否帮他调回广州。林得知他所在市水运社为集体所有制单位，说所有制不同，调动比无工作难度还大。回惠后他便把工作辞掉了。但林西只讲调动比无工作难，并没讲无工作就容易，辞工后就只能加入失业者行列了。所谓屋漏更兼连夜雨，他到书店看书都被人打荷包，情绪十分低落，这段时间常来我家聊天，亦有在我家食饭。心情好时，也会为我刻些印。我的用印，主要就是张惠生和秦大我刻的。

后来我介绍大我先生与我的朋友魏佐浩画师认识，进入魏所在工艺美术社，与魏一起合作，生活开始改善。后来我考研究生回广州，魏落实政策到惠州师范学校教美术，正要介绍大我先生入惠州师范时，大我先生亦落实政策返回番禺教书了。广州太大，来往渐少，都是拜访秦公时才偶尔见面。

我在惠州这几年，教出了一批学生，也建立了一个书画朋友圈，形成了一个学习研究书法、篆刻、绘画、诗词的氛围。或雅集挥毫，或观摩品鉴，或讲习交流，或联合办展，十分活跃。想不到二十来岁的后生仔，也能带起一种风气。

朋友知我与诸前辈相熟，多托我向他们求墨宝，前辈多能应允，而以秦公最多。遇有省展之类活动，圈中朋友亦积极创作投稿，我亦选取较具希望者的作品回穗请教前辈，而秦公对故里中人，也关怀特甚，对惠州书法发展促进特大。秦公亦以"惠州书法死而复生，张桂光起了很大作用"相鼓励。

1974—1975年间，曲斋先生建议我研习《说文》，秦公亦给予了很多实质性帮助，对我日后考上古文字学研究生实有奠定基础的作用。考研时，资料实在缺乏，整个惠州市都找不到一本《金文编》，秦公便借给我《说文古籀补》代用，没有《两周金文辞大系》，秦公便借给我艺苑真赏社出的载有铭文拓本的《毛公鼎集联》《大盂鼎年联》等书法用书作参考，秦公不专搞古文字，有关书籍不多，但他已尽其所有了，对我帮助还是挺大的。

考上研究生后，在广州与秦公交往更密切。1980年春，我曾牵线组织了一次有秦公及朱庸斋、李曲斋、刘逸生诸前辈及永正砚兄、梁雪芸师姐、画人叶鉴泉、郑文岩等人参加的惠州西湖春游，对沟通惠州与省书画界的联系起了很好作用。秦公回惠渐多，此时，我的学生蓝广浩已经成长起来，秦公每次回惠，他都陪侍在侧，也有很多有关秦公的故事。

1990年，秦公以九十高龄辞世，我写了一副挽联表达对秦公的哀悼：文苑著风徽，博古鉴今，从知有教无遗，笔势诗心谁并世；丰湖亲几席，评书论道，谬以起衰相勖，荒疏谫陋我怀惭。

（二十一）

看见高庆春先生临大盂鼎和毛公鼎，我就想起了1990年在江苏太仓举办的古文字会。沃兴华第一次被邀请（这届年会上海是东道主，可多些名额）参会，提交了金文书法发展史的论文，居然用学术界早已放弃的旧说，把毛公鼎认作成王时器，放在康王时的大盂鼎之前，把由康王（西周早期）时的大盂鼎发展到宣王（西周晚期）时的毛公鼎的真实历史，颠倒为由毛公鼎（西周晚期）发展到大盂鼎（西周早期）的假历史，我即时提出批评，沃兄还想辩护，孙稚雏先生再加批判，他便无力招架，说"我是搞书法的"落台，再没有多嘴了。

（二十二）

天津孙伯翔与广东曾景充都是二十世纪八九十年代活跃于书坛的写碑高手，孙以沉厚刚强取胜，曾以遒劲灵动知名，北孙南曾在这一代人中都堪称优秀。但新世纪后，两人都开始在求变中滑坡，曾变得忸怩浮滑，孙则碑中杂草，显得不伦不类。试比较广东以碑入行书的前辈学者詹安泰，无论以爨宝子还是嵩高灵庙、隶书、章草入行书，都能融会贯通，浑化无迹，孙氏在魏碑作品中塞入几个行草字形、一副对联中碑则全字碑、草则全字草的做法就显得有些怪诞了。学文化的重要性于此可见。

（二十三）

2012年某日，文联通知我3点开会。文联书记、副书记、分管人事的巡视员和人事部主任、组联部主任、书协专职副主席分坐长桌三边，我独坐余下的一边。书记说，书协换届方案批下来了，下星期书协主席团开会讨论，这个方案是在两任宣传部部长指导下制订的，宣传部已经批下来了，主席团通过，按此执行；不通过也要按此执行。我要求拿过来看，书记说只有一份，她读我听。我没有过耳不忘的本事，细节记不清了，总体精神是，主席、副主席实行差额选举，比例是1：2，即由五届理事会推荐两个主席候选人、二十四个副主席候选人，然后由六届理事会选出一个主席、十二个副主席。问我有什么意见，我说既然是通不通过都要按此执行，我有意见又有什么用呢？书记宣布散会，我亦于4点前回到了家。可是到了5点左右，文联分管人事的巡视员通知我，今天下午书记讲的方案不提了，明天省文联领导去宣传部开会，以明天的方案为准。奇葩方案无疾而终。

（二十四）

1980年游华山。刚从千尺幢百尺峡下来，见一年轻女子歇斯底里大发作，其兄及男友都因无法控制而紧张不已。永正兄上前了解情况后，安慰道：不用紧张，我会医术。即向陈抗兄（师兄弟中唯抗兄抽烟）取烟一支，点燃后灸其足三里穴，女子很快就平静下来了。其兄及男友均叩首作揖，千谢万谢。

（二十五）

1993年我们赴台参加粤台联展，两岸书友交流甚欢。一日早餐，王楚材为一台湾老者冲了一杯咖啡,老者才沾一口便露出尴尬表情,说:"怎么这咖啡的味道怪怪的?"楚材摸摸头,把手一甩,"哦!可能放糖的时候我放错盐了!"马上接过咖啡前往放糖的地方补了一匙糖,结果引得哄堂大笑!如果不想浪费,咸咖啡还可勉强入口,可这一匙盐一匙糖、又咸又甜的咖啡怎样喝啊!

书　信

致张政烺书

（1982 年）

政烺老先生座右：

　　元宵前后曾肃一缄，因地址误写为考古所，未审有否转上，至怊。晚生受聘华南师院哲学社会科学研究所，拟着手古文字的义近形旁通用问题的探讨。一俟初具规模即行呈教。

　　谨颂

撰安不一！

晚生张桂光顿首

致费新我书

（1985 年）

敬启者：

　　惠阳地区文联定于八六年元旦在惠州举办以苏轼流寓惠州诗文为内容的书法作品展览，并在此基础上，汇选精作刻石，置之湖墉碑廊，以垂久远。兹事由晚生具体组织，素仰斫轮老手，播誉瀛寰。特此函恳，希为赐挥，以便摹勒上石，为碑廊增光。如荷俯诺，乞书就寄下，以便汇集，刻成后当墨拓一帧就教。

　　谨先道谢！即致

新我先生。

晚张桂光手上

致胡厚宣书

（1986 年）

  横看成岭侧成峰，远近高低各不同。不识庐山真面目，只缘身在此山中。与尊者别且两年矣。北望烟云，倍多惦记。近多录苏诗，砚有余墨，作此尘教。秋间古文字年会在芝罘召开，若车驾亦与会，则晚必摆脱所可摆脱者，来图良晤，以多聆教益。

晚张桂光奉手

厚宣先生前辈

致胡振宇书

（1998 年）

振宇仁兄惠鉴：

  奉读大教并胡公纪念文集，抚卷思人，音容笑貌如在目前。胡公甲骨泰斗，对后学关怀备至，鼓励有加。弟当时未闻噩耗，不克为文哀悼，今犹耿耿。先生轸念世谊，录用拙文，谨此言谢，不复一一。飘泊文字海，倘不弃同舟，幸甚！幸甚！

  耑此，并候
撰安！

弟张桂光顿首

致胡振宇书

（1999年）

　　尊翁再论甲骨文发现问题及先生之记杨守敬与罗振玉讨论甲骨文之信一帧，征引翔实，理据谨严，诚学术史之重要文献。关于甲骨文之发现，弟亦曾受萧、孟二书影响，读胡公宏文，方始了然。《中国文化》有渊源家学、见多闻广如先生者主持，自是得人，其为海内学术界景仰，盖有由也。京城酷热竟甚羊城，伏乞为时珍护，不复一一。
　　振宇先生撰席。

弟张桂光
九九年七月廿日

致何乐士书

（2001年）

乐士先生著席：
　　才聆教诲，又读宏文，治学谨严，持论超卓，实深感佩！便中得赐教言，幸甚！幸甚！拙文两篇，敬呈斧正。
　　匆此，即颂
撰祺！

晚张桂光上

致刘斯奋书

（2003 年）

斯奋兄：

  弟因口业，偶揭彼短，竟招冬烘先生围攻，附上奇文，兄阅之可浮一大白也！

弟张桂光上

致陈永正书

（2009 年）

永正砚长著席：

  《殷先公世次别议》一文，志在翻大公案，然未握充分证据，诚如炜湛先生所言："所疑有据，奈何均非足可推翻史记所载之确证"，而我兄以"所考极是""乃一大发现"相勖，因投《历史研究》并获刊发，我兄所言"先把推论公布于世，好假设一样有价值"，其亦编辑先生所见耶？

  耑此，即叩
夏安！
  嫂夫人并候。

弟张桂光顿首
己丑小满

致张旭光书

（2010 年）

旭光先生有道：

　　来教敬悉。文华展作品集至今未获拜览，想必误托洪乔矣。先生力倡书家自书诗文，实现吾手写吾心之目的。弟以为其志甚佳而行之甚难。时下书人，识字已属不易，更遑论作诗矣。名家书作，错字连篇，尤以篆书为甚。以 [日] 为日，以 [白] 为白，以 [屉] 为佳者俯拾皆是，说文[胜]字从肉生声，训犬臭也，而用为胜利字，直字本作[直]，而按楷体截真（[真]）作[亘]，里字本作[里]，而按楷体截重（[重]）作[里]，更有可笑者，行楷书作，繁简错乱，变"干戈"为"幹戈"，变"征伐"为"徵伐"，变"子曰诗云"为"子曰诗雲"，即评委亦未能幸免，若令此辈自书诗文，岂不徒增污染？奈何！奈何！

　　耑此，即候

文祺！

弟张桂光顿首

致陈永正书

（2011 年）

永正砚兄案右：

　　大著《沚斋丛稿》之序已撰讫，吾兄之学术、诗词、书法成就，界内早有定论，不待弟之揄扬也，一笑。

　　耑此，即问

道安！

弟桂光顿首

致张荣庆书

（2015 年）

荣庆先生著席：

　　上月敝展得蒙先生惠临，顿增光宠。研讨会又获降尊主持，感荷何似！桂光愚鲁，辱承奖誉，实深自愧，惟借作目标动力，勉益加勉，庶几不负雅望耳。猥务如恒，尚希时惠德音。

　　耑此，即颂

撰祺！

晚张桂光顿首

致陈巨锁书

隐堂先生大鉴：

　　叠承来教，又蒙赐《巨锁墨迹》及"元好问诗碑林"邀请函，感幸何似！先生不惟章草播誉瀛寰，且学问精赡，知识广博，桂光实深感佩！倘有忻州之行，定当抠衣执卷谒隐堂以请益。元好问诗金文条幅已依命写就呈正。尊驾何时莅临羊石，企余望之。

　　耑此，即颂

夏安！

晚张桂光顿首

致王学岭书

学岭诗家有道：

兄以诗文书作讴歌南海香华，敝乡父老自深感激。我兄文采风华之展示，于扭转书坛反传统潮流，改变书家文化缺失现状，亦裨益良多。至为弘扬不同乡邦文化奔走上下，于地域书风式微、全国书风严重趋同之今日，意义尤见显明。弟谨代南海乡亲恭致谢忱！并祝爱家爱国爱民族系列活动日益推广、圆满成功！

  耑此，即颂

撰祺！

弟张桂光上

致宁志刚书

示悉。《纸墨留香》乙册已拜领。请代向隐堂先生致谢。兹有拙书挂历两本寄呈，一请宁兄赐教，另一烦转隐堂先生。此致

志刚仁兄。即颂

撰祺！

桂光白

致张在忠书

在忠先生：

感谢对广东书协的关心！

粤港书家有着长久的交往历史，其往来之频繁，民国期间有些人甚至很难界定他属粤属港。我1985年曾经主持过华南师大的香港书法函授班，并促成多个团体联合，于1988年成立了香港书法家协会，多年来一直与陈文杰创立的香港书法家协会，余寄梅、余寄抚兄弟创立的香港书法爱好者协会，戚谷华创立的香港艺术会保持着密切的联系，并与香港书法家协会联合举办过多次粤港、粤港澳、粤港澳台书法联展，施子清创立中国书法家协会香港分会成立后，我们也有很好的交往。我们很愿意为香港中华文化推广、促进港人文化认同和人心回归出力。开展书法进学校进课堂活动，贵方选学校，广东书协派书家，应该是可行的。贵传媒集团报道介绍一批广东书协名家，邀请他们赴港交流授课，我们将尽力提供帮助。

此致

敬礼！

张桂光

诗词(附铭、联)

临帖有感 癸卯

银钩铁画羡钱沣，笔笔端庄字字雄。
意露锋藏还力透，恢宏博健步颜公。

（注：余学书由颜楷入门，于钱南园特多借鉴。此入分春馆前所作也。）

减字木兰花 越秀远眺 甲辰

夕阳初下，潋滟云霞供入画。宿鸟归飞，镇海楼高入望微。　　轻烟细细，越秀风光多绮丽。新月初华，更喜山风透野花。

（注：少作稚拙，姑存之以自警。）

高阳台 麓湖春游 乙巳

胜日寻幽，余寒未剪，同来指点春山。依岸繁花，环湖一镜新妍。东风吹绿萍池水，荡波心，掩映沦澜。正朝霞，摇漾晴漪，叶底游船。　　相将吟啸登临处，看茏葱松柏，耸秀峰峦。乐事欢情，江山不付啼鹃。忘形正自供游赏，放歌声，响彻溪湾。映旌旗，万叠珍丛，夹道琅玕。

（注：分春馆授词以摹拟名篇为学词之道，此即仿玉田《高阳台》所作。）

赏 菊 丙午

易老秋光出涧阿，花光叶翠映霜柯。
若能领略篱边趣，秀劲常留晚节多。

生查子 和沚斋韵并效其体 丁未

碧空无片云，月色凉如水。意满小楼东，人在琴声里。　　如何此夜怀，恰似秋无际。小立悄无言，一鸟惊林起。

附沚斋原玉

雨丝欲化云,璧月还垂地。情满荔枝湾,凉入芳心里。 风生水不波,风住香难已。坐久一身花,无语褰衣起。

琶江口农场六首 戊申

堤　树

万竿修竹傍堤栽,堤上车如树杪来。
何事低徊不能去,漫天霞彩野原开。

经　旬

一岸平沙一岸崖,青山望处已云埋。
我来十日经行惯,江上闲鸥渐不猜。

夜　潮

参差堤树各萧萧,岁暮寒深不自聊。
怅望霜天无白菊,悲风竟夕涌江潮。

晨渡二首

湿雾侵晨沍远汀,渔灯渐灭夜将明。
渐摇渐近听柔橹,唤渡不知何处声。

竹里晨鸦不住声,我来濯足大江倾。
何妨深涉无人渡,浓雾迷茫总未明。

竹　林

欲向修篁深处行，可怜荒径草纵横。
满林籁响风初动，入夜云黄月待生。

（注：1968年我们华南师范学院政治教育系学生在清远琶江口农场劳动一月有余。）

游白云山　己酉

白云山变绿云山，犹记巉岩不可攀。
雨骤三春鸣涧急，风和万壑野芳闲。
麓湖含景调金液，群蝶栖林缀彩斑。
最是书生饶雅兴，低迷暮色认灯还。

（注：麓湖原名金液池。）

咏　菊

黄白相兼色最娇，朔风万卉尽萧条。
璀璨一篱人共赏，今朝放艳岂孤标。

人月圆　闻飞船登月

长空万里高寒处，今夕占春多。云阶月地，欢迎嘉客，曼舞清歌。　吴刚何在？休教容易，伐去琼柯。明朝且待，重乘火箭，接返姮娥。

尖山生产队六首

育　苗

一垄秧苗薄膜蒙，中间黄萎外青葱。
老农一语须听取，催长原来要雨风。

望 雨

禾苗干槁望天阴，新打泥砖恐雨淋。
搔首天公放晴出，终朝车水汗涔涔。

白撞雨

已晒砖成任水溅，新秧已槁怨晴天。
忽然一阵过云雨，湿了地塘不湿田。

放牛戏作

夏至还须趁雨耕，驱牛切莫过田塍。
小牛不识苗与草，一味低头叱不行。

龙舟水

老农最爱鱼鳞天，端午龙舟水浸田。
更喜番风潮倒灌，横冲河鲤上陂前。

新晴怀广州友人

浓云就岭想朝晴，檐际终宵报好声。
无那禾床不成梦，思君独卧五羊城。

（注：1969年已到毕业时间，却未有分配计划，全部学生下农村劳动，我在清远县石角公社南村大队尖山生产队生活了八个多月。）

江边茅舍 辛亥

莫厌诛茅作板垣，平沙清浅意难宽。
朝来风雨湾头立，忽喜东江及我门。

桥下人家 壬子

林隙朝烟射日华，斑斑碎影落堤沙。
船经水北休回首，遥指新桥是汝家。

少女犁田

两足如霜半截泥，城中少女挖塘归。
相呼下午犁田去，早早牵牛过圳西。

清平乐 咏鹰爪花 癸丑

素装凝绿，漫把柔纤曲。入夜春寒还似镞，想得深心暗束。 谁怜矜傲东风，何曾花月愁红。一缕幽香过处，教人知道芳踪。

浣溪沙 游流花湖

湿雾轻烟锁远楼，曲桥涨绿雨初收。无人系缆小舟浮。 水面初灯排彩带，风前轻浪颤银钩。千星倒映入明眸。

和番禺友人

曲翁行草足风流，门墙忝列几春秋。
半生练得涂鸦字，深愧东坡写惠州。

附番禺友人原玉

书道源长万古流，李曲张桂各千秋。
玉兰堂畔欣初见，一笔应曾满惠州。

菩萨蛮　甲寅

云容淡淡林烟暝，盘旋苍隼归巢认。安得挽天球，时光还暂留。　东君知我意，一霎诗情至。挥笔似风生，摘星持作灯。

抛球乐

凉叶喧阶短梦回，离情总被雨声催。推窗听雨雨终歇，欹枕怀人人不来。暝想明朝事，坐觉江天眼底开。

见帆思归

百幅高帆敛夕晖，烟潭杳杳望中迷。
行云不度秋风老，除却离情只叶飞。

夜雨怀家

淅沥谁听夜又过，朝来满眼是烟波。
平堤乍涨南湾绿，可似千门别泪多。

觅　路

素馨花谢柳纷披，寻路丛荆得免疑。
莫讶溪山容我蹈，留连恐易到来兹。

偶　成

物色无端扰八荒，杜枯兰谢太仓黄。
年来已不耽佳句，向夕秋山渐欲苍。

寓惠四年一无所成

江林不耐朔风秋，黄叶纷纷卷暮愁。
岁月不胶身尚滞，此心如水独东流。

生查子

开门待故人，今夜酬芳节。今夜忽然来，今夜飘然别。　　瓶花隔帐香，持与东风说。掩乱不成眠，庭外生佳月。

浪淘沙　送友人惠州返穗　乙卯

红树暮云遥，风叶萧萧。东江一一响轻桡。水逆中流行不得，离思难消。　　人涉我何聊，舟子招招。剩将心事付回潮。作意徘徊过此日，且待明朝。

菩萨蛮　思归穗垣

千林日夕风兼雨，余英忍便辞枝去。一鸟逆风飞，天涯何处归。　　归期归定未，莫托微波寄。珠海待潮来，兰舟今夜催。

别友人

分手犹牵别意长，斜樯待拂岸林霜。
那堪遥夜听风雨，明日清江水色黄。

园中桃花已谢有作

桃树千年一夕摧，断无佳思梦天台。
西风叶满蓬莱道，唯有星槎自去来。

小饮书房

独爱残宵寂寞杯，不须流影为徘徊。
西风却误行云意，杳杳清光入我怀。

忆故友

荔枝矶上水禽栖，欲往相呼却恐飞。
忽忆故友在城里，明朝我归君莫归。

怀旧友

怅望高墙绝往来，剑潭未出意先哀。
怀君好句如江水，欲吐逢潮复折回。

思故人

为留残萼占春时，满意东风竟夕吹。
欲教故人知此恨，云帆归日乱红飞。

浪淘沙　吊屈原　丙辰

西水泛葡萄，缥缈芳皋。可怜离思满青袍。望美人兮悲日暮，忍放轻舠。　其雨夜潮豪，东指滔滔。谁何失路入惊涛。毕竟故山留未得，何况蓬蒿。

浪淘沙　荔枝湾

寂寞荔枝湾，东望漫漫。江之永矣雨风寒。夜半渔郎都舣棹，拍岸潮还。　我欲挂征帆，偃仰狂澜。平生意气岂求安？唤取陵阳兵十万，一洗云山。

浪淘沙

芳草惜埋烟，一瞬芳缘。青春波浪漾华年。待得几时携素手，同上兰舡。　　辽海觅成连，久绝牙弦。只今遗响倩谁传？怅望江头鞞鼓动，都付茫然。

散　步　丁巳

东风何处不堪情，自爱泠泠小涧声。
可惜丛篁生水际，春来妨我散襟行。

忆　花

但见丛花摇曳开，丛篁荒径水潆洄。
清秋再往应无计，且向岗头酹一杯。

村行口占

一雨润枯焦，路滑心犹喜。
流布满田畴，仁者亦乐水。

谒金门　侍庸斋师游北秀湖　戊午

风敲竹，一夜陂塘生绿。碧柳低垂烟水曲，衔泥双燕逐。　　登上越台遥瞩，无限春光扑目。天当青毡花当褥，枕霞红一簇。

怀友人　己未

惆怅情怀未易言，知君犹恋旧山川。
去秋欲别今还滞，历雨经风又一年。

水调歌头　重游惠州西湖　庚申

　　佳日恣清赏，结侣过鹅城。初阳掩映高树，深处度啼莺。三月朱华照水，十里红楼连岸，烟景画中明。如此好山色，坡老可曾经。　泗洲塔，朝云墓，六如亭。浩然歌啸，迎眸云起万峰青。洲上留丹碧血，望野东征故址，往事逐江声。屹屹木棉灿，火炬引征程。

　　（注：庚申春，余侍朱庸斋、李曲斋、秦咢生、刘逸生诸前辈，同游惠州西湖。同行者尚有永正砚长及叶鉴泉、郑文岩、梁雪芸诸君，均各有诗词纪胜。此篇即当时所作，距今三十余年矣。四老已先后谢世，叶先生旅居澳门，梁女士远适美洲，在穗者唯文岩、永正与余而已，可叹也。）

"文革"后省实同学首聚赠健钦兄　辛酉

　　十五年间事，朋交异死生。
　　乱中常忆及，别去每诗成。
　　涸辙曾同命，江湖各有声。
　　读书思得用，华实茂新晴。

广州师院书画摄影展观后作　壬戌

　　墨彩丹青满画堂，镜奁尽猎岭南芳。
　　艺林今日多生意，放眼吾军更一张。

赏菊寄怀　癸亥

　　火舞云裳韵最娇，花光叶色映霜条。
　　风前共讯相思苦，台岛珠江订久要。

浣溪沙 春尽日过西塘怀分春师

绝忆西塘第一回，绿环深院月初开，泮塘归路此衔哀。　白日西倾那忍泪，残红半落欲沉灰。遗篇荐恨待刊裁。

（注：辛丑秋，余初谒分春师，行卷中有"深院月登高望城有感"及"忆王孙游白云山两阕"。后者原作"风和日丽上青山，屹立雄峰云海间，灿烂红花绿叶环。白云山，日落西边那忍还"，朱师曰：改"日落西边"为"白日西倾"，此朱师教我之始。）

望江南 红棉

广州好，三月木棉红。照灼朱葩迎晓日，扶摇百尺起长空。本色是英雄。

望江南 集雅斋

广州好，群雅集斯堂。秦瓦汉砖传古事，唐瓷宋版有遗芳。流绪接炎黄。

黄河 甲子

河山带砺绣文明，莽莽翻腾日有声。
逝者如斯开水利，三门峡口万波平。

望江南 周原访古 甲子

周原好，胥宇建雄邦。周甲周金开百代，文风文物继三皇。丕显国之光。

（注：甲骨出土扶风，知甲骨出土地不限于殷墟。甲骨亦非殷人所独有，意义特大。观后座谈，博物馆馆长出纸笔邀题，蒙胡厚宣、张政烺诸前辈鼓励，即席成此。）

望江南 秦俑馆

骊山下，吾土播芳馨。十万陶兵陈战列，三千铜马铸文明。仿佛过秦营。

蓓蕾剧院落成志贺二首 乙丑

花团锦簇赛天真，万朵蓓蕾意态新。
雏凤声清传四座，绕梁难得几回闻。

楼宇依湖起，霓裳映玉灯。
蓓蕾初绽日，雏凤发新声。

（注：蓓蕾，依时下俗读平声。）

长岛古文字会上作 丙寅

长山一岛隔蓬莱，海市东临眼界开。
发冢异文征乙未，此中消息待新裁。

（注：长岛古墓，曾出土疑似"乙未"二字骨刻，年代及系属均有待研究断定。）

香港书法函授班广州结业礼即兴

岭海光华翰墨缘，宋台羊石两交传。
艺林今日添新彩，笔阵纵横孰后先。

（注：乙丑、丙寅间，余主持华南师大香港书法函授班教学，每月赴深圳面授一次，讲课者尚有商承祚、吴三立、何绍甲、秦咢生、李曲斋诸前辈。）

赠澳门业余进修中心

四百年来世几经，今朝开拓见文明。
芳草有情传拱北，镜湖珠海共心声。

（注：丙寅夏初，赴澳门讲学，蒙业余进修中心同仁盛情接待，赋此用答高谊。第三句失粘，诗成不复改动。）

游香港宋王台　戊辰

墨苑繁花发宋台，今朝风气喜能开。
摩崖鹅字翻新态，会得摩挲百十回。

吉林古文字年会怀于省吾前辈

周金殷甲三千岁，花发长春第十年。
绝忆来迟交并世，海城宿草已芊芊。

（注：海城，于先生故里，1979年广州年会上于先生曾书联赐赠，至今尚悬厅壁。）

望江南　访揭阳　壬申

南瀛远，邹鲁海滨情。贡院遗规刚父笔，双峰古刹梵皇灯。风采落榕城。

望江南　南澳岛

南澳好，一岛扼重洋。沙岸清深余宋井，机轮风电出渔乡。熠熠耀南疆。

望江南　谒韩文公祠

南云启，吏部有祠堂。兴学一朝彰教化，起衰八代蕴灵光。诚感鳄能降。

望江南　游碣石

歌碣石，碧浪涌鮀城。岩洞连环高士阁，海云纠缦白鸥亭。天籁听潮声。

黄山夜读　癸酉

莲花前后海，印迹未模糊。
一卷芸窗下，香传道不孤。

望江南 虎门

虎门好，反帝记销烟。古塞波涛寒敌胆，新乡企业满城阡。海舶入遥天。

西安事变六十周年 丙子

将军未战失家山，犹抱雄心抗敌顽。
兵谏一身甘许国，回天有力济时艰。

韶州采风

骚客韶州聚一堂，采风军旅墨传香。
文明建设千秋业，加瓦添砖助辉煌。

水调歌头 喜迎香港回归 丁丑

尽涤百年耻，今日庆珠还。怎忘苛刻条约，宝岛一刀剜。英帝殖民统治，倭寇铁蹄践踏，往事恨难捐。何敢议收复，国弱畏强权。　　米旗降，特区建。舞翩跹。海霞红展，两岸同望艳阳天。昂首太平山上，游弋鲤鱼门外，携手踏歌旋。烂熳紫荆放，彩笔写华篇。

论书二首 戊寅

沉雄俊逸各丰容，齐放笔花书苑中。
但骋才情名一艺，北碑南帖莫相攻。

信是规模属目前，乌丝红印彩云笺。
文从字顺笔酣畅，相得益彰始斐然。

开平古风一首 己卯

万流始一源，万枝始一根。
沛然五大洲，是我开平人。

永忆梁金山，永忆潭江水。
山水长相连，叶叶炎黄裔。

澳门回归雅集

千禧此日同庆，骚客画师一堂。
看取香江成例，欢呼濠镜重光。

石牌旧忆　庚辰

碧野疏林一角楼，读书声里鸟声幽。
闲来种菜茶山下，笑语欢呼看足球。

入疆首日行车有感　壬午

大碛飞砂草不生，驱车终日少人行。
蓦然转过西山坳，绿到兵团锦绣城。

浣溪沙　敦煌石窟

艺藏敦煌惹梦思，亲临自是餍心期。谈经佛祖见丰仪。　仙女蹁跹飞百态，琵琶反拨信奇姿。曲词经卷柳公碑。

克拉玛依河感赋　癸未

茫茫荒漠水潆洄，戈壁明珠胜境开。
肯与江南争秀色，周遭万绿耸楼台。

鸣沙山滑沙

壮游唤起少年狂，抖擞犹登百仞岗。
一霎竹橇呼啸下，乍惊还喜兴飞扬。

哈密采风

歌人骚客共华堂，演艺风流访此疆。
涧水环山盘玉带，晚凉落日走群羊。
维回恪守殊方俗，经济争标四海强。
预祝来年同跃起，岭南哈密共高翔。

望江南　广韶高速路开通

广韶路，越岭劈山开。瀹水一桥驰电过，宝林长隧掣风来。朝去午时回。

浣溪沙　赠中文系诸生　丙戌

继晷焚膏喜少年，语言文字发新诠。弘扬教化着鞭先。　桃李连林开岭峤，风骚一代丽南天。迎风逐浪更无前。

和沚斋学兄五十九岁自寿诗　丁亥

道统传承要有人，古今积学养其身。
十年豹隐深藏雾，一谷兰馨不受尘。
独抱诗心原凤慧，能留书史亦前因。
同窗两度吾真幸，愿泛金英共好春。

附沚斋原玉

世上无端出此人，忽惊石火梦中身。
五洲群愿千年寿，大宇星如万点尘。
修短在天元有意，枯荣于我究何因。
明朝恐被黄花笑，甲子书来又一春。

重过容老故居　戊子

抠衣曾拜读书楼，温语从容心上留。
晋缶庐连寒柳馆，金文古史各千秋。

（注：陈寅恪先生亦曾居此楼，今辟为纪念馆。）

赴中书协会兼与中华书局约谈金文摹释总集定稿事飞机上俯见雪有作　己丑

过岭寒潮动，江山一夜新。
小心光到眼，大地白于银。
欲执千枝笔，来书万里春。
编成心事了，持此语何人。

（注：余与诸生编撰此书，历时五年，此中艰辛难与他人道也。）

题沚斋丛稿后

问道容商记共论，少年高意欲分春。
诗书学行谁兼美，我亦低徊问水滨。

［注：此篇原附《沚斋丛稿》序后，永正兄来函称"尊作品题之处，殊不敢当，原诗璧还，慎勿发表，不胜悚惧之至"。容商谓导师容希白（庚）、商锡永（承祚）二先生。分春兼指分春馆主人朱庸斋先生。三先生均沚斋与余之业师。］

云南磨盘山古杜鹃约无斋沚斋同赋　庚寅

奇石云端倚万红，杜鹃千岁劲如松。
行行似泛蓬瀛海，身在晴霞蜃影中。

附沚斋磨盘山千年杜鹃和桂兄

杜宇千年魄化龙，盘根裂石踞云峰。
元精变怪呈殊状，负地涵天亘古红。

附无斋磨盘山和桂兄

景耀千峰绕磨盘，剧岩劈路见高天。
撩人最易迷花阵，故故牵衣指杜鹃。

望江南　登磨盘山鸡冠岭绝顶

休昂首，已在彩云间。一绿到天缘仄径，万花如海荡重山。笑语落尘寰。

附沚斋望江南和桂兄

崖千丈，雾霭锁重山。一径苍然天与立，满林红处鸟应还。仰首欲追攀。

附无斋望江南和桂兄

山远近，逞勇探鸡冠。老叶深藏奇鸟觉，古藤轻荡野猿还。随处得清欢。

商周金文摹释总集编成感赋

十载功夫卅载心，一朝跃冶得精金。
商量喜与群贤共，问字堂前考古今。

（注：总集乃余与诸生精诚合作之成果。）

书法颂

泱泱中华，萃奇纳珍。仓颉造字，化被万民。
山川日月，鸟迹虫纹。写形会意，点画摹神。
甲骨钟鼎，由质而文。简帛篆隶，推陈出新。
章草行楷，绮组缤纷。北碑南帖，刚柔并陈。
书为心画，字如其人。晋韵唐法，各缘所因。
右军俊朗，笔意纷纶。颜筋柳骨，允见其真。
书之为道，养性修身。严若布阵，逸似闲云。
离形去智，妙韵同臻。光风霁月，朗朗乾坤。
欣逢盛世，邹鲁为群。于斯国粹，流播四邻。
同仁志士，聚首问津。勉哉君子，弘以传薪。

（注：此庚寅秋，应中国传统文化促进会之邀，为迎亚运朗诵活动所作。）

题冼玉清先生琅玕馆修史图　辛卯

修篁风动似闻箫，一卷流离载咏谣。
忧世每同寒柳志，传薪先树赤城标。
胸中春好开晴日，笔底情深涨晚潮。
仰瞩高丘知有女，要留青史在西樵。

（注：广东省文史馆拟影印此图出版，属诸馆员题咏。）

题永锵兄桃夭图　癸巳

莫道刘郎不再逢，有人无语倚东风。
当年竹外成蹊处，犹见疏枝照眼红。

题永锵兄白驹图

跑沙嘶雪自由身，空谷逍遥待好春。
皎皎我心如白玉，试持一束与君论。

题永锵兄西樵山图

岩前石燕几翾翾，云路村深旧往还。
一语会心君与我，无双毕竟是家山。

（注：余少日极喜定庵诗，力效之，不能似也。）

题永锵兄水仙图

日上寒轻气渐熏，一枝玉立见精神。
世人空自倾金盏，谁识凌波不染身。

（注：水仙花俗谓金盏银盘。）

京华喜晤陈抗砚兄和沚斋韵　甲午

雾霾已全扫，大道见三人。
古字宜陈酒，清怀惬好春。
昔同随杖履，今尚记交亲。
百载殷勤约，谁能负此晨。

附沚斋原玉

九陌重阴净，初阳来故人。
眼中无别字，心底尽秾春。
书可明朝读，情由少日亲。
对床兄弟在，风雨及兹晨。

题吴子玉灵岩秋色图和沚斋学兄　甲午小暑

灵岩初月上高枝，屧响如闻歌舞词。
不逐姑苏台上鹿，含毫砚沼墨浓时。

朱庸斋莫仲予诗书画联展　丙申

书画皆高远，才名重九州。
弦歌欣化育，千古仰前修。

鸡翅岭莞香　己亥

奇树流芳大岭边，女儿生结一生缘。
好熏群籍朝窗读，何用衣裙染紫烟。

（注：永正兄评语：是学者襟抱，意新调响，与众不同。）

题坤云轩主摹富春山居图步沚斋韵

华采风流六百年，喜今文运胜开天。
披图终憾分离久，何日真看再接连。

附沚斋原玉

壬寅元日坤云轩主人枉驾敝庐，以所摹新作见示，即占一绝奉题：
溪山纵目待何年，渺渺沧波接海天。
古墨新摹怀子久，诗成真觉画图连。

端砚铭

吾身乐山，吾心乐水。取友以端，一泓鉴己。
朴厚载德，坚贞励志。天下归仁，笔舞龙起。

荧晖琴铭

荧荧有晖，式玉式金。薪火传响，斫材尽心。
疏越时闻，绛帐微吟。我思学子，松风在林。

论书联

笔势龙蛇走；
墨光风雨来。

贺香港书法家协会成立联

云烟顷刻生千态；
楮墨今翻动九龙。

（注：香港书法函授班学员，实含香港琴书阁、香港书法爱好者协会、香港元朗书画会等多会骨干，结业礼上，余促其合组香港书法家协会，经近两年努力，至戊辰而正式成立。）

九一届学生毕业晚会联

盛世栋梁材，锦绣年华，学海新知开大道；
春风桃李日，阴晴雨露，白云芳树绿千家。

粤台书法联展联

关山不隔玲珑月；
海峡同倾翰墨情。

赠日本化学代表团联

酸碱能融参造化；
椎轮始创见天工。

教师村奠基联

行看百尺楼台，新村兴建；
喜有三千桃李，沃土同耘。

广东人民广播电台健康台开播联

四字新成公德诀；
微波喜架健康台。

新华书店成立五十五周年志庆联

聚中外精华，开国民眼界；
集古今豪翰，养学子胸襟。

纪念人民政协成立五十周年联

同心于国是；
大计在民心。

澳门回归联

五十年家国大庆；
四百载濠镜重光。

（注：共和国五十大庆与澳门主权回归相继，写此以纪盛典。）

广东实验中学七十五华诞志庆联

几许春风化雨；
十年嘉树成林。

民进广东省委成立二十周年志庆联

把握先机，与时俱进；
坚持方向，共济同舟。

抗震救灾联

共献爱心，当仁不让；
力勤善举，见义勇为。

纪念中国书协成立三十周年联

卅年沾溉开风气；
一代规模接晋唐。

旅港南海商会成立百年志庆联

秉德精纯，一脉源出南海；
经营顺善，百年道合香江。

南海魁星阁联

一阁擎天，高意扶文运；
千灯照水，流辉接展旗。

（注：千灯，湖名；展旗，楼名。）

容老诞辰一百二十周年集始平公碑字为联以作纪念

国运崇兹代；
师恩仰大公。

题寺院联

说法花沾雨，明心月见云；
闻道香生慧，传灯月在天。

书室联

讲罢心犹乐；
书成室亦香。

寝室联

且任高眠过此夜；
犹能独立爱吾身。

为某君题画联

心悬秋水三千丈；
梦绕苍山五百盘。

侯马盟书集联（五对）

狂言闻往事；
小簟道秋心。

群众不堕志；
一言以兴邦。

与友永言一室；
有心平视千秋。

守身以刚以质；
为政是大是夷。

平心盟众友；
尽职为公家。

牛橛造像题记集联

妙道在人境；
长生于乐乡。

挽朱庸斋师联

水逝浪空回，永忆江门风月；
山颓天不作，长留天地词章。

挽吴三立师联

卅载执卷抠衣，宋艳班香，深惭我拙；
五经辨文析义，周金殷甲，敢负师成。

挽秦咢生先生联

文苑著风徽，博古鉴今，从知有教无遗，笔势诗心谁并世；
丰湖亲几席，评书论道，谬以起衰相勖，荒疏谫陋我怀惭。

（注：咢生先生为惠州人，屡以桂园于惠州书法有起衰之功相勉。）

挽杨和明先生联

洒脱不羁，犹对墨池幽草；
空灵雅淡，最怜艺苑芳兰。

挽李曲斋师联

围炉问字，挥汗评书，追思泰华三更月；
辑翰付刊，雠诗待梓，泣捧遗言八字联。

挽先人联

勤劳俭朴，责己谅人，交称众口；
诚信谦恭，修身立业，同体亲心。

南海展旗楼牌坊联

旗展水云开，放眼大洋通万里；
业兴生产旺，巨轮珍货集千箱。

展旗楼二楼联

纵目楼台，知春色长流郁水；
放怀天地，喜英才辈出吾乡。

河南省平舆县太任故乡公园牌坊联

二许风流，舆论民情思月旦；
千秋文物，挚湖春水接龙渊。

（注：太任，周文王母，贤良淑德，胎教先驱。二许，指东汉末平舆许劭、许靖兄弟。以创建"月旦评"选拔人才知名。月旦，即月旦评。许劭、许靖兄弟喜欢品评当代人物，常在每月初一发表对当时人物的品评，因名月旦评。）

百花古寺重光联

百福庄严皆莲花世界；
千秋寺院结善信因缘。

授课稿

国学修养与书法

一、什么是国学

国学是指我国固有的文化、学术，是西学传入以前本来就有的。它肇始于先秦，经两汉魏晋南北朝隋唐宋元明清几千年的沉淀积累形成的源远流长、博大精深的体系。主要包括先秦经典（诗、书、易、礼、春秋），诸子百家（儒、道、法、墨、名、阴阳、纵横、兵、农、杂、小说等），六艺（礼、乐、射、御、书、数）以及医、卜、星、相等民间杂术。

先秦经典及诸子学说为根基，涵盖两汉经学、魏晋文学、隋唐佛学、宋明理学、汉赋、六朝骈文、汉魏乐府、唐诗宋词元曲、明清小说及历史学等内容的源远流长、博大精深的体系。按传统分类，经、史、子、集四部全覆盖。按照今天西方的学科分类，政治、经济、军事、教育、哲学、伦理等也是全覆盖的。当然国学的分类与西学的分类是全然不同的，所谓全覆盖，只是说西学各学科提出的问题，国学都有自己的立场、观点，都可以作出自己的解释和判断。因为国学和西学的产生、发展、生存的环境不同，所以对同一问题往往有截然不同的两种解释。因为国学是建立在中华民族特有的思想行为方式与生产生活方式的基础上的，是与中华民族所处的地理人文环境相适应的，而西学则是建立在西方特有的思想行为方式与生产生活方式基础上的，与西方所处的地理人文环境相适应的，国学、西学都各有优劣，相互借鉴，取长补短是可以的，但全盘照搬是不行的。

国学与西学的分歧是多方面的，不少文章提到的研究方法上的整体、综合、联系与个体、分析、独立的分歧和追求的义、公、精神与利、私、物质的差异，我认为是颇能触及实质的。国学的四部分类的模糊与西学学科分类的细密即形成鲜明的对照。经部的《论语》《孟子》放入子部未尝不可，《春秋》《左传》放入史部也顺理成章，不通经学，不会文字、音韵、训诂之学就无法在文句上读懂古书。不懂周易象数及乃至天文地理，便无法读懂史书中各种历法天象灾异记载。不懂诗、礼、春秋，就无法理解子部中的很多理论来源。不通平仄音韵，也不能吟诗填词作赋属文。这种综合、联系是很清楚的。我可以举个例子：八十年代末九十年代初，我与师兄陈永正等人编写《中国方术大词典》，当即受到攻击，说是学者搞封建迷信，永正兄的教授职称还差点受到影响。最近永正兄的另一本大作《诗注要义》即将出版，永正兄让我写序，我有幸先睹为快，当中有一章是专门校订别的注本的失误的。我发现用上方术知识的条目颇多。这里不妨举两例大家看看。一是苏过给父亲苏轼的贺寿诗中有一句是"寿绦固已占黄发"，舒大刚《〈斜川集〉校注》，以绦为丝带，解寿绦为寿绳，显然不通。因为寿绳与寿碗、寿帕等物一样，都是长寿老人死后，其后人用来分发参与祭祀的人的，虽有分沾寿气的意思，但用于祝寿显然不妥。其实，寿绦为相术名词，又名项绦，是指法令纹下延到颔下脖弯处的形相。《麻衣相法·神异赋》："项下双绦，遇休咎而愈见康强。"注："兰台左右有两纹下至于项者，名寿绦，主老寿。"《玉管照神局》："项下双绦成一条，此是人间寿星魄。"《神异赋》还说"眉毫不如耳毫，耳毫不如项下绦"，眉毫、耳毫、寿绦均长寿之征，舒大刚望文生义当然解错了。

刘辰翁《摸鱼儿·和巽吾留别韵》："尘不烂，铢衣坏，和衣减尽谁能怨。"吴企明注："铢衣，极轻的衣服。"其实，铢衣坏，谓时间久长。铢衣，仙人之衣。仙人虽长寿，亦不免历劫而死，铢衣亦劫尽而坏，唐僧法崇《罗尼经教迹义记》载，天人之衣重六铢，寿命一千岁，一日当人间万年，合三千六百五十万年。尚有《法驾导引》"床下玉灵头戴九"句，"戴九"亦失注。《尚书·洪范》孔国安传："天与禹洛出书。神龟负文而出，列于背，有数至于九，禹遂因而第之，以成九类常道。"蔡元定《易学启蒙》："《洪范》又明言天乃赐禹洪范九畴，而九宫之数。戴九履一，左三右七，二四为肩，六八为足，正龟背之象也。""戴九"当谓神龟所负《洛书》九宫"戴九履一"之数。

二、学书法为什么要学国学

1. 书法是国学的土壤中产生的，需要国学的滋养

书法是国学的组成部分，是在国学的土壤中生成的，并在国学土壤的滋养中成长起来的。汉字书写并不是一开始就成为艺术的。虽然以象形为基础的汉字的独特构形为汉字书写的艺术化提供了较大的空间，但要将它上升到艺术层面，还得有一批熟悉中华传统文化又具天赋才华的智者按中华传统审美方式进行不断的加工改造才能获得成功的。汉字的初形及最初的书写状况如何？它距书写艺术究竟有多远的距离？现仍因缺少物质证据而无从说起。但我们可以楷书为例进行考察。楷书的书写件在汉简中已经出现，顺帝永和二年玉门官隧行次简已经进到楷书的境界了，灵帝熹平元年朱书解殃瓶，更已达

行书的地步了。但直到晋代，庄重的碑刻，如郭休碑、孙夫人碑、辟雍碑、徐义墓志、谢鲲墓志等基本还是隶书，原因何在？就是楷书的书写还比较粗糙，不够美。王羲之所以在书史上取得这样崇高的地位，就是因为他继承了钟繇、卫夫人一代一代对楷书的加工改造，最终实现了质的飞跃，确立了楷书的书写艺术化地位和法定文字地位。楷书的这一发展过程，可以视为中国书法生成与发展的缩影。

纵观中国书法的历史，有一条明确的主线：甲骨为王室档案，自然是选当时最擅书的人书写的，铜器为贵族祭祀宴享所用，纪功颂祖的铭文自然也由顶尖高手创作与书写，能够让郭店楚墓、云梦秦墓、马王堆、银雀山西汉墓等贵族大墓的墓主用作陪葬的楚简与反映秦隶不同发展阶段面貌的政府文书及儒道经书抄本，其书手当然也不是等闲之辈。接下来的汉隶碑刻、钟、王以至欧、虞、褚、薛、旭、素、颜、柳、苏、黄、米、蔡、文、董、王、黄等一代一代的硕学大儒，表明书法一直生长于传统文人之中，有深厚的传统学问的滋养，有中国传统文人独特的精神气象及人格魅力，有一种隽永蕴藉的内涵和一种独特的文人气质。西方文化不具备这种特质，所以西方的文字书写永远也上不了艺术这个台阶。

2. 技道合一的书法，正经历外在形式与精神内涵割裂的打击，书法家文化素养的缺失已经成为制约当代书法向更高层次发展的瓶颈

中国书法是一门综合性的艺术，与经史子集各部都有密切联系，文学和文字更与书法有浑然一体密不可分的关系。但是，在西学的压迫和反传统思潮打击下，正面临着横遭切割的危险。以国际接轨的名义，要将书法净化为纯线条艺术，要使懂汉字的中国人懂欣赏，不懂汉字的外国人也懂欣赏，以为看书法就是看线条，写的是不是字，字对与错，写的什么内容都无关紧要，实质就是"去中国化"、去文化化。

东西方的艺术创作理念有着很大的不同，西方人为了创作一幅主题画，要画不少局部练习，积累素材，不断地构制草图，创作过程中还可以不断修改，而我们的书法和写意画，则是文在胸中，随手而出，兴之所至，妙合于天，追求的是一种妙手偶得、心手双畅的精神世界的流露，一次性的、不可重复、醒后欲书书不得的感觉。

现在的一些创作，往往只求与学习对象形式相似，不究其内涵，喜欢学《兰亭序》的涂改，喜欢学《祭侄稿》大、小字的强烈对比与浓枯墨的跳跃式变化，学《寒食帖》的字由小变大并且越来越大，但却不去考究三帖效果产生的理由，据说有些老师教学生，先从某书家的书法软件上将所要写的字搜出来，然后按内容顺序排列好，按行气章法要求某字放大些，某字缩小些，某字放正些，某字放侧些，这字用浓墨，那字用淡墨，此处用涨墨，彼处用枯墨，都由老师安排好，然后几十张、几百张地依样画葫芦地写，外行人看来，确实好似有些近似《祭侄稿》或《寒食帖》的模样，而在内行人看来，那不过是一种没有血肉、没有灵魂、重技法轻气象、重视觉轻内涵、重功利轻淡泊的浅层笔墨装饰。不可能像欣赏《祭侄稿》时从大、小字的强烈对比与浓枯墨的跳跃变化中领略文稿悲愤激切的言辞和颜真卿那种悲痛、愤慨交织奔涌的感情，也不可能像欣赏《寒食帖》的画面中，从年、中二字悬针竖表现出的无奈到苇、纸二字悬针竖表现出的冲破阻力，尽情宣泄中领略苏东坡从深沉的低吟到敞开心扉放声倾诉的情感。

不少作者都想模仿古人信札一行长一行短的形式，去设计他的作品版面，但依然不去考究人家行长行短的理由，外行人看去，好像有些相似，内行人一看，觉得无厘头。就连对方的名字及相关行为抬头（本行内空两格或转行抬至顶格）、己方的名字及相关行为降低甚或缩小、放侧这样的规矩都不知道。2012年北兰亭出版社出版的一本《当代书法名家手札》即很能说明一些问题。张旭光先生给当代书法名家每人发一封信，表明想出版一本这样的书，希望回信时就某一问题发表意见，作出版用。书上印的就是这些名家的复信。

①有抄一首唐诗或宋词的，有抄一段前人语录的，有抄录自己几首诗的，有写一面抄古文的扇的，还有把给别人的信，甚至有一封是教导自己儿子的信，不作任何说明寄出了事的。

②故作草率，特意涂改。学《兰亭序》，那是稿。一封信涂改一两处还可以接受，但涂改近十处，有一封大名家信涂改竟达二十余处之多，还不重抄，照样寄出，就是对对方的极不尊重了。

③提、降、转行无厘头。有一封信多处称对方或赞对方行为，无一抬头，称余（自己）八处，全转行抬头；有一封信，"尤想见兄萧散不群之姿"不抬头，到称自己名字的地方莫名其妙地抬头了，"兄之才识本素高妙"不抬头，到称自己名字的地方又一次莫名其妙地转行抬头了。

不一定要自书诗文，但对所写诗文内容应该理解，自己为什么要选录这一诗文，心中亦要有数，抄就老老实实抄，不要随意改动，不然也易错。看过一件首届篆书展入展作品，写的是"莫教春秋美日去，至好风雨故人来"，这大抵是对"莫放春秋佳日过，最难风雨故人来"略加改造而来，不但声律变糟了，诗意也全无了。原作完全合律（仄仄平平平仄仄，仄平平仄仄平平）改动后变成仄仄平平仄仄仄，仄仄平仄仄平平，全出格了。原作下联典出《诗经·郑风·风雨》：

风雨凄凄，鸡鸣喈喈。既见君子，云胡不夷！
风雨潇潇，鸡鸣胶胶。既见君子，云胡不瘳！
风雨如晦，鸡鸣不已。既见君子，云胡不喜！

风雨之夜，怀念君子，一时骤至，喜极而作，最难得的是风雨交加之夜故人的到来，很有诗意。改动后既无诗意，也乏常理，怎么最好风雨故人来呢？无风无雨宁静的夜晚到来不也很好吗？高手点石成金，这位作者简直是点金成石，糟蹋了好好的一副对联。

要自书诗文也可以，但一定要学，要懂平仄、押韵，要守格律，每年的中日自书诗文交流展，日人对我们的唐诗宋词还是很尊重的，不写则已，要写，他是一定要合格律的，所以日方的诗词基本合格，不合格律的基本是我们的国人。有一位中国书协的资深理事出了本自书诗的挂历，每页一诗，翻了一下，几乎无一合律。这里不妨举一首看看：

远望晴空落冰花，漫天杏叶堪壮观。
老夫欲攀摘丁柿，霜月瓜果赛蜜甜。

四句无一入律，韵脚也无一句押韵（花入麻韵，观入寒韵，甜入盐韵），简直连顺口溜都够不上，更不用说诗了。

三、怎样学国学

这里首先要明确我们学习的目标定位，主要是提高修养，不是当国学家，学习重在知识的积累、思想的提高，没有一定要读那些书、读多少书的压力。这里也只是根据个人的体会，给大家提些参考的意见。

1. **多读儒道释三家经典，提高思想认识、品德修养。**

儒家经典，主要读《论语》《孟子》，了解儒家提倡的品德修养、伦理观念、政治主张、教育原则等，并借此提高阅读能力，学习简单易晓、含蓄有致的语言。道家经典主要读《道德经》《庄子》，打破功名利禄、权势尊位的束缚，学《逍遥游》的优游自在，无挂无碍，学《齐物论》的一切人与物的齐等，懂得对人的尊重，对生物的尊重，对物质的尊重，并借以学习庄子的丰富想象、文笔多变以及他的浪漫与幽默。释家经典，主要读《心经》《坛经》，借助注释认真读懂心经，理解佛教的真谛。《坛经》语言较浅白，故事性强，较好理解。

为人，要讲孝悌，讲忠恕，讲诚信，以仁义为核心，己所不欲勿施于人，促进社会的和谐。价值观方面，贵义贱利，笔墨中寄托思想感情、精神气质、审美追求，不为追求名利而跟风。审美思想，求中和，道法自然。

2. **名人书信集。**

读明、清以至民国的名人尺牍，从明、清、民国文人的文字交往中学习相关的文化知识和语言表述。学习传统文化知识和语言表述，《古文观止》汇集了很多很好的范文，是很好的古文读本。这里所以建议大家读明、清、民国名人尺牍，主要是他们所处年代离当下最近，人情世故、风土人情、交往方式有较多相近、相通的地方，而这些尺牍都是文人日常交往的实录，富生活气色而又言简意赅，最宜今日借鉴。当下书法创作，不少作品（尤其在作品的形式设计与正文之外的款识）都表现出抄袭模仿的意图，但因不解文意，往往语义颠倒、词不达意，多读名人尺牍，最利补此不足。

  3. 多读唐诗宋词，提高诗词修养。

  书法创作大多以诗词为主体，所以诗词修养与书法关系至为密切。"读熟唐诗三百首，不会吟诗也会偷"，自来诗词学习，都从背诵诗词入手。《诗经》《唐诗三百首》《唐宋名家词选》都汇聚了大量名作，是很好的读本。要学习诗词格律，学习诗词创作方法，王力的《诗词格律》、龙渝生的《唐宋词举要》都讲解十分明了，用心学习，理解与掌握都不是难事。不少朋友觉得最难的，倒是平仄的分辨。阴平阳平为平声，上去入为仄声，这本很简单，保留古声调的方言都很易辨，比如粤方言，山顶种竹，河里运木，即代表了阴平上去入，阳平上去入八个声调，按此调四声"夫府富福，扶妇父伏"、"分粉粪拂，坟愤份佛""诗史试色，时市士食"，用"东董冻笃""通桶痛秃"谐"山顶种竹"、"容勇用育""龙垅弄绿"谐"河里运木"等，应不会很难。但北方方言大多失去入声，普通话即只有阴阳上去而无入声，入声字都派到平上去中了。派到上、去中的好说，都属仄声，派到阴阳中的就难辨认了。剔出藏在阴阳平中的入声字，以往大都靠背，所以为难。好在近人总结了不少剔出入声字的方法，借助这些方法排除入声字，也不会困难。比如，n、ng 结尾的无入声字，zi、ci、si 三个音节无入声字，er、wei 无入声字，遇到上述情形，第一、二声为平，第三、四声为仄，均无问题；b、d、g、j、zh、z 的阳平字为入声字，zh、ch、sh、r 拼 uo 为入声字，fa、fo、ce、la（除拉）、ye（除耶、椰、野、夜）为入声字，ue 韵字中，除嗟、瘸、靴外都是入声字，b、p、m、d、t、n、l 拼 ie（除爹）都是入声字；声旁为入声的形声字多为入声字。掌握这些规律，辨平仄应也不难。

  （注：此为 2016 年 5 月 26 日在中国书协与中国人民大学联合举办的第三届青年书法创作骨干高研班上的讲课内容。）

"汉字与书法艺术"系列讲座

(2021年7月10—13日)

一、汉字的成就与地位

这个文字学课，严格来讲应该称为汉字学。因为世界上的文字有四百多种，我们谈的仅是其中的一种，即与我们关系最密切的汉字。不过应该指出，汉字虽是四百多种文字之一，但却是最值得骄傲的一种，它有三个方面的表现，在四百多种文字中都是最突出的。

第一，汉字历经几千年的发展变化，始终一脉相承，从未间断，承载着几千年延续不断的中华文明，为世界保留了这份特别宝贵的遗产，这在世界上是独一无二的。

第二，我国地域辽阔，方言歧异现象十分突出，不同方言的口语交流十分困难，不同方言区之间存在着天然隔阂。由于汉字有超方言性，操不同方言的人能够使用同一书面语言进行交流，成为维系中华民族团结统一的纽带，即使在异族入侵以至统治的情况下，也没有发生分化瓦解，汉字功不可没。

第三，文字书写能够成为一门艺术，这在世界所有文字中也是异常突出、绝无仅有的。汉字特有的结构及书写工具，是造就这门艺术的基础条件。作者通过运笔用墨和谋篇布白的艺术技巧，结合作品内容，抒发其思想感情、表现个人风格，则是这门艺术的最高境界。王羲之的《兰亭序》、颜真卿的《祭侄稿》、苏东坡的《寒食帖》就是达到这一最高境界而流芳千古的。他们为我们树立了一个书法最高境界的标杆和典范。

要延续中华文明，要维护汉民族的统一团结，要承传书法艺术传统，我们都需要自觉维护汉字的尊严，维护祖国语言文字的纯洁，维护书法传统艺术的民族性与完整性。经过几千年发展的书法，已经是一门十分成熟、十分完美的艺术。运笔用墨的技巧、书写的内容与作者的思想感情的配合，这些元素是缺一不可的。某些人以书法丧失实用功能为借口，要搞所谓的纯艺术书法，这其实是一个伪命题。说什么实用书法没有艺术性，艺术书法没有实用性，这是人为制造的对立，目的是打着艺术的旗号对书法实施去传统、去文化，实质是阉割我们的传统艺术。所以我认为，从延续中华文明、维护民族团结、传承书法艺术这几个方面说，我们都应该自觉维护汉字的尊严，维护祖国语言文字的纯洁性。

下面我们将讲述汉字学的知识及其在书法创作中的应用。所谓汉字学，是以汉字为研究对象，以探讨汉字的起源、性质、结构和发展规律，探讨汉字形、音、义之间的关系，以及汉字的书写，正字法等内容的一门学科。这里先讲讲汉字的结构和发展演变的规律问题。

二、汉字的结构

（一）六书

1. 象形

讲汉字的结构，离不开六书。六书第一个是象形。《说文解字》给它的定义是"画成其物，随体诘诎"。"画成其物"就是将字画成它所代表的物体的模样，"随体诘诎"就是让字的笔画随着物体的变化折屈，就是用描绘实物形状的办法造字。以成年人的阅历，认出早期的象形字，应该不会十分困难。

交	美	廾	首	鸟	燕	隹	鱼	黾	麋	
土	行	户	门	戉	戈	戊	戌	斤	幸	
弓	禽	工	壶	豆	爵	亩	豆	泉	角	

关键是对一些形近字的辨析。比如：

禾	来	黍	豹	虎	龟	鳖

兕	马	黾	龟	火	山	羸	龙

这些甲骨文形体相近，很多早期的研究者都没有把它们分清楚。比如"豹"和"虎"，在旧的《甲骨文编》中是混淆的，随着研究深入才区别开来。不过查阅新的工具书，还是能够认清的。但是有一些简单的形近字，它们貌似很容易写，从以往展览送审的作品看，反而容易出错。下面重点说说这些字。

人，像侧立人形。但把腿伸出来或者写成弯笔，就变成"尸"（夷）。"尸"在甲骨文、金文里面都用为夷，即当时对少数民族的一种描写。当时的汉族人坐姿是跪坐，少数民族则是蹲着。如果是把人写成向左倾斜的，这就变成"伏"字了。有的写成，则是"匕"字，像汤匙形。"匕"在甲骨文和金文里面都用为"妣"。现在的"妣"指死去的母亲，商周时代"妣"是和"祖"相对的，指祖母。有的人喜欢把头画大写成，认为可以把人写得更丰满，更有装饰性，但这样就变成"元"字了。

女，两个手交叉在前，是古代女人的坐姿。有人把"女"字写成，这是错误的。因为是两手交叉在前，是两手反缚在后。有人把"如"字写成，把两手放在身后，这就不是"如"字了，学界一般释为"讯"。也有人把单独的释为"拘"的（如《新甲骨文编》），现在还没有定论，但不是"女"字，不是"如"字，这是肯定的。

木，线条一定是直的。很多人为求变化，将上面两笔写成弯上去的，就变成"末"字了。

豕身体比较胖，尾巴下垂；犬身体比较瘦，尾巴翘起。不少人没有抓住这种特征，将两字混淆。

以上就是写象形字的时候大家需要注意的地方。虽然象形字易于辨识，但里面容易出错的地方还是不少。

2. 指事

第二个是指事。《说文解字》给它的定义是"视而可识，察而见意"。指事字以象形字为基础，看到时会有似曾相识的感觉，所以叫"视而可识"。但它指的并不是象形字的全体，而是用一个特殊的标志去提示它的某一局部或某一个特征，这个符号提示需要细心观察才能理解，也就是"察而见意"。所以，指事就是在象形的基础上加标记指明字义所指的一种造字方法。指事造字法的提示标志有以下几种类型。

（1）提示所指部位，例如：

上	下	左	肘	膝	股	臀	项	面
元	天	亦	本	末	州	身	终	刃

（2）标示事物特征，例如：

夫		母	矢	丑	豭	豶	犯	朱	未

有人用 (豭) 表示公猪，没有问题。但是有人写成 ，这是"豶"字，代表阉猪，与 是不同的，很多人写的时候没有注意到这种区别。另外"朱" 和"未" ，也容易混用。

（3）标示区别，例如：

木	燎	山	火	工	壬	王	玉	史	弁

还有一类是于省吾所说的"附画因声指事字"，后面再讲述。

（4）表示某种象征意义，例如：

芈	牟	申（电）	雷	彭

"芈"中的V象征羊的出气。"牟"的符号○在这里也表示牛出气。"申"像闪电的样子。"雷"有两个团，象征闪电过后的雷鸣。"彭"的右半部分，象征打鼓时发出的声音。

3. 会意

第三个是会意。《说文解字》给它的定义是"比类合谊，以见指㧑"，联合几个相关的字形，共同表达一个意思。会意字也包含了几种不同的形式。

一是意义组合。偏旁意义组合的会意字，如小隹为雀，小力为劣，小土为尘，大耳为耷（dā，见《玉篇》），大面为奤（pò，见《广韵》），上小下大为尖，不大为奀，甚少为尟（鲜），户册为扁（匾），取女为娶，头似火烧为烦，等等，大多出现较晚。

二是图画组合。早期的会意字更多是靠部件间的图画组合方式表意，偏旁概念还比较薄弱。因此要注意其严格规定性和偏旁的可变换性，不出错，又有变换空间。如"毓"字：

1. 毓 2. 毓 3. 毓 4. 毓 5. 毓 6. 育

毓，以子在母之臂下表生育之意，是生育的"育"的本字。从偏旁看，图1-5尽管上半所有母（1）、女（2、4）、人（3、5）之别，下半所从亦有古（1、2、3）与于（4、5）之异，但只要"子在臀下"这一关键部位的图画式组合不变，就都还是毓字。如果把图4的"子"写到"女"的另一边，就变成"好"字。如果把图5的"子"移高些与"人"并列，就成了"仔"字。图6是"育"的小篆写法，上半部分实为倒子方。有人把它写成育，那就不对了。

又如"既"字：

1. 既 2. 既 3. 既 4. 既

四字有从旡（1、2、4）与从欠（3）之别，皀旁亦有居右（1）与居左（2、3）之异，所从之旡亦有一个（1、2）与两个（4）的不同，但只要口与食器相背的图画式组合方式不变，都可以表达吃饱了的意思，都是表食既的"既"字，假如口与食器相向，那就变成"即"字了。"即"通常写作，人跪坐于食器前，指坐下来准备吃饭。"即位"就是"就位"。假如把的口扭过来写成，便成宴飨的"飨"了，就是多人一起吃饭，也可以把它用作"乡人共食"的"乡"或"卿"。"飨"字可以写作，也可以写作，就是不能写成，写成就是表示吃完了的"既"，写错的人很多。

好，左右无别，但"女"必须面向"子"。

伐，"戈"砍到人的脖子上才是"伐"。假如"戈"没有砍到脖子写成，那就是"戍"字。"伐"字也可以写成、，"戈"都要砍在脖子上。

（及），是在后面把人的头按下去。若写成，手在前面摁，那就成了"印"字了。

（扶），是两手把"木"往上拔起。（款），两手是往下放"木"在"示"前。

（出），脚趾朝外，表示离开这个地方。假如改变脚的方向，作，表示来到，即"各"字。

（丞），是两个手把掉到坑里的人拉上来，"拯"的本字。而（承）是两只手把跪着的人托起来，表示承受。

（陟），两个止朝上，表示登陟的"陟"。降，两个止朝下，表示下来的"降"。脚的位置也有严格规定：一个左脚，一个右脚，不可能同左或同右。"步"字同理。

（妻），手抓着头发。甲骨文手在外，后来金文把手写进去了。陈炜湛先生《释甲骨文"妻""荡"二字》解释说，这可能跟古时抢妻的风俗有关，所以手抓住了头发。而"敏"字作🖐、🖐，手放的位置不一样。

🖐（恖），点在"心"上。"心"字也常加点作🖐，但位置在下。

🖐（印），"爪"或"手"不能放太低，"印"是按在额头位置，不然就变成了"色"字🖐🖐。清华简《筮法》："西方也，金也，白🖐。南方也，火也，赤🖐。"🖐据文义断定是"色"字，手的位置靠下。色字为什么这样写，现在还没有一致的说法，它与🖐（妥），🖐（安）等字很可能与男女色情有关。

三是特征联想。如🖐"鸣"，从鸡从口，因为鸡善鸣，人们看到"鸡"与"口"很容易联想到鸡叫。🖐"臭"（嗅）则是先画个鼻子，再画一条狗，狗嗅觉特别灵敏。把人的耳朵画得特别大，表示他听力特别好，就是🖐"圣"。这就是特征联想。

会意的组合主要是这几类。

4. 假借

《说文解字》给假借的定义是"本无其字，依声托事"。本无其字，就是口语中有这个词，而书面上没有代表它的字；依声托事，就是借一个同音字，通过声音寄托它的意思。例如：

🖐（我），是一种兵器，这个兵器的名字就叫"我"，所以就借它来作为第一人称的"我"；

🖐（良），"廊"的本字，像长廊形，借作"良"；

🖐（来），像来麦之形，是麦的一种，借作"来往"的"来"；

🖐（其），本像簸箕，是"箕"的本字，借作"其实"的"其"；

🖐（亦），"腋"的初文，借来记录副词"也"；

🖐（东），本是"囊橐"之"橐"的象形，古时称有底口袋为"囊"，无底而以绳扎紧两端的为"橐"，借来记录方位名词"东方"的"东"；

🖐（能），熊的象形，借作"能够"的"能"；

🖐（万），蝎子的象形，借作"千万"的"万"；

🖐（无），本意是"舞"，像一人拿着两个舞具跳舞，金文借作"有无"的"无"（甲骨借亡为无）；

🖐（须），本像面上的毛发，借作"必须"的"须"；

🖐（豆），本为盛食器的象形，借作"大豆"的"豆"。

本无其字的假借，都是借用得比较久、甚至久借不还的。但还有一种临时借用，比如"归"借为"馈"，"蚤"借为"早"，借和被借的字都是存在的，前者只是临时借用来表达后者，这种临时的借用就叫"通假"。我们讲六书的假借，都是本无其字的借用，要注意区分。

5. 形声

《说文解字》对形声的定义是"以事为名，取譬相成"，即根据事类造字，再取同音字譬喻读音，一般是由一表形、一标音两个偏旁组合而成。例如：

蒿（蒿），从草，高声。

唐（唐），从口，庚声。

正（正），从止，丁声。甲骨文"正"大多上半部分是空心的，很多人把它理解为城邑，"正"即"征"，表示去往城邑。但是新旧《甲骨文编》所收也都有实心的，周原甲骨所见更从一横为常，金文里"正"的上半部分基本写作实心或一横，没有写作空心的，那么"正"的上半部分最初应该还是实心的。甲骨文中因刀刻难于填实，所以常将实心用空廓代替。■应该是声符"丁"，而不是城邑。"定"字从正声，侯马盟书有从丁声作的，亦可证。

逆（逆），从辵，屰声。"屰"是正立人形的倒写。《说文解字》："逆，迎也。"

通（通），从辵，甬声。

和（和），从龠，禾声。

凫（凫），从鸟，几声。下半部分像人俯伏状，为"伏"字初文。

星（星），两小圆圈表示星星，生（生）标声。

家（家），从宀，豭声。很多人争论，为什么"家"字里面是猪呢？实际上甲骨金文里"家"字常多一划，说明这是公猪"豭"，作声旁。而且金文有借豭（豭）为"家"的，证明"家"是从豭声。

妹（妹），从女，未声。

妆（妆），从女，爿声。

镬（镬），从鬲，蒦（获）声。

新（新），从斤，辛声。

娥（娥），从女，我声。

早期文字声旁通常比较单一，形旁就不是那么单纯了，常有部件增减变换的情况。比如甲骨文的春字：

1. 2. 3. 4. 5. 6.

"屯"为声符，以春和日暖、万物滋长表意。有单用日而不用草、木的（1），也有用木不用日的（3）。

又如：葬（葬），从歹（残骨），爿声，也可以作和；

教（教），从爻声，也可以作。

形声字中，有一类特殊现象，就是会意兼声的所谓"亦声字"。实际上是会意字取了其中一个表意的偏旁的读音作为整个字的读音。即这个偏旁除了表意之外，还可以兼有标音作用的现象。如：

☉（啓），从日，从启，启亦声。啓意为雨而骤晴。

⚘（受），在上的爪表授予，在下的又表接受，中间选用标声的"舟"当作交予的物体。古时授、受同字。

彳（诒），从辶从合，合亦声。

氵（渔），从水从鱼，鱼亦声。

♀（娶），从女从取，取亦声。

还有一个"省声"的问题，也就是形声字的声旁有所省略。如：

蒿 ※ —— 舟（高省声）　　膏 ※ —— 余（高省声）

赏 ※ —— 尚（尚省声）　　寶 ※ —— 商（商省声）

屮省、告（生省声）　　亦夜（亦省声）　　彦颜（彦省声）

为什么"姍、珊、跚、栅"这么多从册的字都读 shān？因为它们都是删省声。删是从册从刀的会意字，古人抄书写字用竹简，册就是用绳将竹简编联起来的形象。如果写错了，就要用刀把它挖掉，这就是删。删加足（王、女、木）太阔，所以省去刀旁，成为省声。恬为甜省声，莺、营、荥、萤、絷为荥省声，炊为吹省声，亦是如此。

相对于象形、指事、会意，形声造字更方便，更有优势，所以新造字大多为形声字。一些象形字、会意字也有转换为形声字的。如：

豹 ※ → ※　　囿 ※ → 圆

围 ※ ※ → 圍　　禽 ※ → ※

裘 ※ → ※ ※　　宝 ※ → ※

齿 ※ → ※　　耤 ※ → ※

沉 ※ → ※　　埋 ※ → ※

昃 ※ → ※

评审的审读中，常见一个易错的形声字。※往，从止，王声。很多人把※也当成往，这是错误的。※下半部分是王※，而※的下半部分既不是王，也不是立。※应该是"辛"，※的省体，此字释读现在有争议，《新甲骨文编》释为逸。我沿用旧说，释为桎。

6. 转注

转注，《说文解字》的定义是"建类一首，同意相受"。转注的争议比较大，按照我的理解，已造字与孳乳字同一部首，意义完全相同，就是转注。比如爸和爹，都有同一个部首"父"；爸即是爹，爹即是爸，它们意义完全相同。又如：

⎰茅，菅也。　⎰更，改也。　⎰柱，楹也。　⎰缠，绕也。
⎱菅，茅也。　⎱改，更也。　⎱楹，柱也。　⎱绕，缠也。

{咺，朝鲜谓儿泣不止曰咺。　　哝，秦晋谓儿泣不止曰哝。
咷，楚谓儿泣不止曰咷。　　喑，宋齐谓儿泣不止曰喑。}

强调建类一首，是规定可以互训的必须是造字本义，而不是引申义或假借义之间发生交叉的互训，是为解决同一事物在异时、异地而异名之矛盾产生的造字法。

7. 附画因声指事字与独体形声字

最后想补充说明的，是一种特殊的指事字，即于省吾先生提出的附画因声指事字。也就是借用同音或者音近的字，加标记而成新字的情形。比如甲骨文的百字 是借用白字 于里面横画之上加曲笔而成，尤字 是借用了又字 加点于其上而成。金文乔字 是借高字 上加一小钩而成，祥字 是借羊字 加两对短画而成。

还有一种是特殊的形声字，于省吾先生称之为独体形声字。比如麋字 ，实际上是从鹿 的省体（省去鹿角）、眉 声的省体形声字，"目"为鹿与眉所共用，整个新形体，像一个动物的整体，但也有标音的成分，所以叫独体形声字。媚字 ，道理也是一样的。《说文》秦字 ，从禾、舂省，也是省形。

以上就是于省吾先生所提的两点，都属于六书里面比较特殊的，但也可以归到六书里面去。

（三）义近形旁通用和音近声旁通用

1. 义近形旁通用

所谓义近形旁通用，是指某些形旁的意义相近，在一些字中可以互易。互易之后，不仅字义和字音不会发生改变，而且于字形结构亦能够按同样的角度做出合理解释的现象。如：

止——辵：过 —— ；从 —— ；选 ——

彳——辵：徒 —— ；通 —— ；遘 —— ；复 ——

禾——米：稻 —— ；稟 ——

羽——飞：翼 ——

鼎——皿：齍 ——

攴——戈：救 —— ；攻 —— ；敌 —— ；寇 ——

犬——鼠：狐 ——

口——心：哀 ——

斤——刀：折 ——

有时选用的偏旁不一定是意义相近，但与某个事物相关。如"玺"可以从金，也可以从土、从玉，这是从玺的不同材质出发选择的。再看"鳌"字：

1. 󰀀　2. 󰀀　3. 󰀀　4. 󰀀　5. 󰀀　6. 󰀀

甲骨文"釐"字像手持杖打麦之形，义为福，祝福。金文除保留甲骨文字形外，尚有多种变体：强调多财多福者，从贝；强调居室田产者，从里；强调多子多福者，从子。

取意角度不同，选择的义符也不同。又如：

孝󰀀——󰀀（子、食）

驭󰀀——󰀀（马、车）

和󰀀——󰀀（龠、音）

纯󰀀——󰀀（糸、束）

富󰀀——󰀀（宀、贝）

灵󰀀——󰀀（示、心）

贤󰀀——󰀀（贝、子）。

不少学者很早就注意到了义近形旁通用的问题。北大的高明先生就曾经写过《古体汉字义近形旁通用例》，找出了三十多对义近形旁通用的例子。很多意义相近的形旁都可以通用，但通用有一定条件，我们不能随便说意义相近，两个偏旁就能通用。所以我在1986年也写了一篇文章，叫《古文字义近形旁通用条件的探讨》，对高明先生列出的这些义近形旁例的通用条件进行了探讨。

第一点要注意的是，有些形旁，它在某种情形下可以通用，在另一种情形下不可以通用。比如甲骨文里，󰀀又作󰀀；󰀀也可以写作󰀀；"姓"字可以从人，也可以从女。所以"人"和"女"在很多形旁中可以通用，但并不是说所有的"人"旁和"女"旁都可以通用。假如你翻开一本字典，把从女的形旁都改成从人，或者反过来，就会发生很大的混乱。所以说我们要注意它们的转换条件。

第二点要注意什么呢？那就是过去有些人认为可以通用的，但事实上完全不能够通用。比如说"人"和"卩"。唐兰先生写的《古文字学导论》把"人"旁和"卩"旁的通用作为他的一大发现，他根据这一规律认识了很多古文字。实际上，我写硕士论文的时候专门考察过这个问题，我认为"人"旁和"卩"旁是完全不能通用的。比如过去将甲骨文中的󰀀跟󰀀一起都当作"见"字，实际并非如此。首先，󰀀跟"见（󰀀）"的文例不相通。其次，很多文例说明󰀀的意义与"望（󰀀）"很接近。所以我认为󰀀也应该是"望"字，义为征伐。望的本义是远望，所以我当时指出"望"和"见"的区别，不在于眼睛是竖着还是横着（竖着是睁大眼睛，而横着是正常状态），关键在于其中的"人"是站着还是跪着。站是远望，跪是近观，所以站的是望，跪的才是见。还有甲骨文中的󰀀（兄）——󰀀（祝）、󰀀（鬼梦）——󰀀（鬼方）、󰀀（作动词）——󰀀（作人牲）等，从人和从卩的文例不同，都不是一个字。所以，义近形旁可以通用，但这是有条件的。我们在创作的时候，不要为了求别求异而随意改变形体。比如有人想把从"人"的字写成从"卩"的，结果"从"字就变成了"㳇（选）"字，这是错误的。包括《字源》在内的很多字典也把㲋当作"从"字，这也是不自觉用了人、卩通用的规律，我认为是不通用的。后来张政烺先生在我的硕士论文鉴定中写道："批判甲骨学界久为流行的人、卩旁通用律，对一些字的形、义做重新解释，颇见精彩。"予以充分肯定。那么现在人、卩不通用大家应该都接受了。

2. 音近声旁通用

形声字对其标音声符的选择也是比较灵活的。所以我们经常能看到古文字中有音近声旁通用的现象。下面举些例子：

首——舀：道 ⿱ ——⿱

这两个字《金文编》都收作"道"，从文例分析，都是道字应无问题。但对这个 ⿱ 是否声旁则有争议。主流观点都将 ⿱ 的独体字分析成"甾"，但"甾"没办法解释这个字为什么是"道"，所以我一直主张这个声旁不是"甾"。读"甾"源自于清代金文家，后来大家不再读"甾"，而是隶定为"舀"。不过近些年又有人改变想法，认为清代人的读法是对的。我还是觉得理解为"舀"比较好。侯马盟书里"道"字除了作⿱，还作⿱和⿱。我认为这两个偏旁是音近通用的关系，也就是"首"和"舀"作声旁可以相通，所以⿱与⿱的声符一样都是"舀"。

又——求：裘 ⿱ —— ⿱

朝——苗：庙 ⿱ —— ⿱

各——丰：戟 ⿱ —— ⿱

难——肰：然 ⿱ —— ⿱

寿——肘：铸 ⿱ —— ⿱

齐——妻：齌 ⿱ —— ⿱

告——曹：造 ⿱ —— ⿱

吕——膚：虑 ⿱（中山王鼎"谋虑皆从"）—— ⿱（般殷鼎"心性若虑"）

望（望）——亡：忘 ⿱ —— ⿱

宿——蒬：⿱ —— ⿱

鹿——录：麓 ⿱ —— ⿱

方——丙：病 ⿱（包山简）—— ⿱（清华简《筮法》）

当然，音近声旁通用和上面提到的义近形旁通用一样，也都是有条件的，不能随意换用。

三、汉字的形体演变

这一讲主要结合不同时代不同字体的结构特征，表达不同时代不同材质写刻效果的用笔方法，帮助大家在书法创作中正确把握文字的时代性。

（一）文字形体的演变

商代	西周	东周	秦	汉	魏晋
甲骨文	金文	金文	小篆	汉隶	楷书
金文	甲骨文	简帛	秦隶	章草	行书
石刻文	石刻文	玺印、陶文、货币文		汉篆	草书

1. 甲骨文

甲骨文是目前我们所能见到的最早的成体系的汉字。所以我们谈汉字的形体演变，也就从甲骨文谈起。甲骨文是写或者刻在龟甲或者兽骨上的文字，因为它上面记录的大部分是占卜的记录，所以也称卜辞。它是商王盘庚到帝辛这段时间的遗物，埋在地下三千多年，1899年才被重新发现，引起了世界的重视和研究。根据目前的研究情况，甲骨文不重复的单字有四千六百多，能够用楷书把它写下来的，大概有一千七百左右，这其中有些字是可以写定下来，但是读音和意义不清楚的。能够弄清楚形、音、义的单字，大概是一千左右，所以甲骨的研究还有很大的空间。除了殷商的甲骨之外，西周也有甲骨，但是出土不多。比较集中的是1977年在陕西岐山县凤雏村出土的一批。这批

殷墟甲骨　　　　　　　　　　　周原甲骨

甲骨大概是西周文王到康王时期的东西，虽然史料价值也很重要，但是有字的甲骨不多，只有三百多片，而且字都很小，往往要高倍放大镜才能看得清。所以我们下面介绍有关甲骨文结字、用笔的特点，主要谈的是殷墟的甲骨文。

2. 金文

金文是吉金文字的简称，主要指铸或刻在铜器上面的文字。因古代称铜为金，所以把铜器上的文字称之为金文。由于古铜器中作为乐器的钟体型最大，礼器中的鼎数量最多，因此也有人用钟和鼎作为古铜器的代表，把这些铜器上面的文字称为"钟鼎文"。

金文通行的时间比较长，从殷商直到战国。先后出土的有铭铜器，就我们编纂的《商周金文摹释总集》，所收的就有一万六千多件。商代铜器字数比较少，最长的不超过五十个字，篇幅较长、史料价值较高的铭文，主要集中在西周，最长的一篇就是毛公鼎，有四百九十七个字。除了毛公鼎之外，像大盂鼎这样的长篇铭文也很有名。除了史料价值之外，它们的书法也很值得称道。目前整理出不重复的单字近四千个，已经认识的在二千五百到三千个左右。所以人们对金文的认识水平，比甲骨文高出不少。

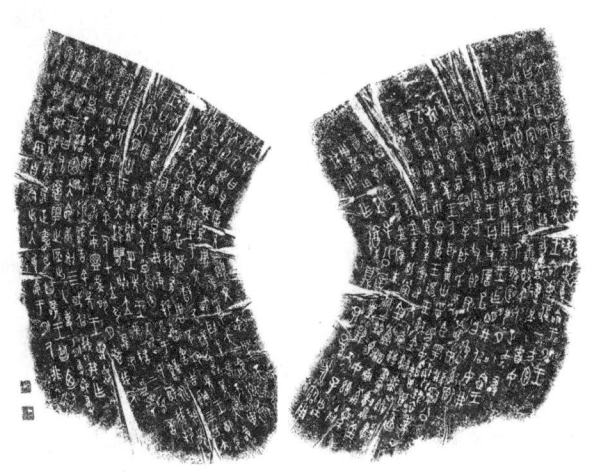

毛公鼎

3. 春秋战国文字

春秋战国是我国社会由奴隶制向封建制过渡的时期，政治、经济、文化的剧烈变化，给文字的发展以深刻的影响，使文字也进入了大发展、大变革的阶段。使用文字的阶层之扩大、应用文字范围之广泛、书写形式之多样、写刻材料之丰富等，都达到了空前的程度。这一时期的文字，不像商及西周那样单纯可分别以甲骨文、金文为代表。除了继续铸刻于铜器上的金文之外，尚有书于竹简与缣帛上的简帛文、刻于玉石上面的石刻文以及钤印在陶坯上的陶文、钱币上面的

上博楚简

货币文、印章上面的玺印文等。《说文解字》所收的籀文，大抵属春秋时的秦系文字，与秦的石鼓文颇多相似；所收的古文，则系战国时的六国系文字，与战国简帛文多见相同。

4. 小篆

小篆是秦始皇统一六国文字所制定的字体。秦代篆书称为小篆。小篆以前的都统称为大篆。所以甲骨文、金文，以及战国的简帛、古玺、货币文都可以称作是大篆。春秋时候的秦系文字，包括秦公簋、石鼓文，实际上已经相当成熟。小篆实际就是在春秋战国时候的秦系文字基础上，吸收各国文字的优点整理而成的。

小篆保留下来的字形很多，《说文解字》中的小篆就有九千多字，九千多字对于我们创作来说基本够用了。除了小篆形体之外，《说文》还保留了一些小篆之前文字的字形，那就是《说文》的古文和籀文，它们都属于传抄古文字。除此之外，还有魏三体石经（三体指古文、篆书、隶书），以及《汗简》《古文四声韵》，这些都是保留了传抄古文的书籍。由于传抄过程会不断地有变形走样，它们基本上只有文字学的价值，对认识出土古文字有帮助，在书法方面并没有太大的参考价值，创作时尽可能不要用这里面的字。

5. 秦隶

秦隶是指秦代使用的隶书，实际上是小篆的快写。因为小篆的线条圆转均衡，而且讲究左右对称，从书写的速度和功效来讲都比较费事。所以在日常的文字运用中，很多人将圆转改为方折，形体上也加以改造，适当地减少一些部件，放松笔势的

峄山刻石

限制，加快书写节奏，形成了一种书写简便快捷的字体。这种字体在秦代主要是在民间日常书写使用。西汉初期也仍然通行秦隶这种字体，使用更加广泛，官方的文件很多也都用秦隶。秦隶是古文字到今文字的过渡期文字，里面有很多古文字的痕迹，所以古文字学界也把秦隶归入自己的研究范畴。

要想学习秦隶，材料是很多的，从中也可以看见字体动态发展的过程。较早的如睡虎地秦简，有很浓重的篆书味道。再一个是汉初山东银雀山汉墓的竹简，相比于睡虎地秦简，它的波折更加突出，对篆体的解散方面就显得更加开放。再一个就是马王堆汉墓出土的帛书。当中的《老子》甲本没有避刘邦的讳，抄写的时间比较早。《老子》乙组

抄本是避刘邦讳的，时间比较晚。可以看到，《老子》乙本的形体结构就比刚才讲的睡虎地、银雀山、《老子》甲本都要来得更靠近后来的隶书。而到了马王堆帛书《五星占》，隶书的味道更浓，篆书的字形就更加弱化，字形显得比较扁平，较多地显示了后来汉隶的用笔和形体轮廓。

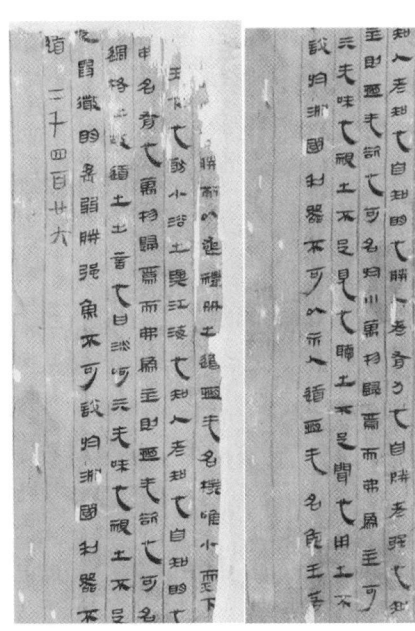

马王堆帛书《老子》甲、乙本

马王堆帛书《五星占》

6. 汉隶

从秦代一直到西汉早期使用的都是秦隶。在这个过程中，篆书的形体逐渐减弱。作为民间书写的字体，尽管草书的因素不断出现，但是它要取得官方通行文字的地位，需要逐渐削弱草率写法。所以，秦隶到汉隶过渡的标志，一个是篆书的形体归于消失，一个是波磔的走向由纵向朝横展转化，波磔的横展更有利于字形扁平，体势左右相分，结构对称，也就是汉隶风格的形成。这种风格的形成应该是西汉中晚期以后的事。我们说小篆是古文字的终结，汉隶是今文字的开始。现在我们拿汉隶的字帖出来，只要认识楷书，基本上能够认识汉隶。所以楷书跟汉隶的区别，不在于文字的构成，更多在于书法方面，所以我们把汉隶看作今文字的开始。

除了在汉简里面有大量的汉隶，流传下来的汉碑也有很多。它们都是风格多样的，你要什么风格就有什么风格。奔放一类，如活跃奔放的《石门颂》，厚重奔放的《夏承碑》。沉雄一类，如《张迁碑》。秀丽一类，如《礼器碑》《曹全碑》。这汉碑有很多不同的风格，我觉得值得大家深入了解。现在看隶书展览，基本上都是一种简化的隶书风格，找不到多少很纯正的，都是没有左波右磔、蚕头燕尾，也没有提按的，好像由火柴棍堆积成一个个头大尾小的公仔一样。所以我建议大家不要扎堆去学时人的隶书，你想一想，时人隶书哪一个超过某一个汉碑的？可以说没有。既然这样，那为什么我们不去学汉碑，要去学时人没有经过历史检验的所谓"创新"呢？我觉得大家还是应该认真地挖掘继承传统汉碑的好东西，能做到这样已经很不简单了。

礼器碑

7. 楷书

楷书就是我们今天通行的正体字，它的定名大概含有楷模、规范的意思。楷书由汉隶发展而来，大体上出现在汉末魏初，定型于东晋时期。汉简里有很多属于萌芽期的楷书。汉隶的蚕头燕尾、左波右挑有很好的美化作用，但是作为日常应用书写效率比较低。下层民众求快捷，求效率，波磔就逐渐地削弱。所以早期的楷书，实际上就是去掉波磔的隶书。但楷书在东汉已经出现，为什么直到魏晋时期大多数碑刻还用隶书呢？原因在于，这时楷书虽然简易快捷，但是笔画比较粗糙。王羲之的主要功劳就在于美化了楷书，把粗糙的笔画变成有轻重提按过程的笔画，把它写得很美，大家就接受楷书了。这样楷书的地位奠定下来，以后就不再写隶书了。所以钟繇、卫夫人、王羲之还有同时期一大批人的共同努力，使楷书得到了美化，让它为大众所接受，这一点不得不提。

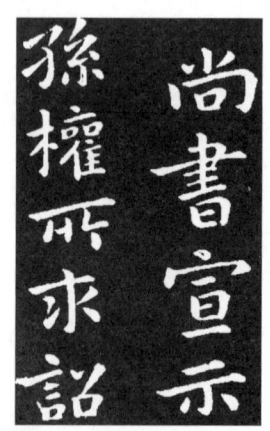

钟繇《宣示表》

（二）用笔的三大类型

风格	书体	特点
铸凿	金文、石刻（大字）	中锋圆转均衡线条，用平移手法
契刻	甲骨、石刻（小字）、金文（刻款）	线条较细，尖入尖出
手书	甲骨、竹简、玉石墨书、缯帛	多用侧锋，头粗尾细，摆动手法

1. 甲骨文的用笔

甲骨文的用笔主要可以分三大类型。

第一种是追求线条圆转均衡的，它比较接近金文。主要见于大字刻辞，一般以圆转浑厚为风格特色，点画粗壮凝重，多经反复契刻刮削而成，较少刀笔味，外观颇与金文相类。如《合集》37848、11497等片即为此类代表。因为这不是甲骨文独具的特色，所以一般讲甲骨文书法，都不以这一类为代表。

第二种是追求毛笔书写效果的。因为甲骨经常是先写后刻，有一种是专门追求忠实地把毛笔书写效果完完全全地刻出来。除了残留的朱书、墨书外，多为装饰、纪念品上的记事刻辞，是较

《合集》11497

高级的、较有意识的艺术创作，所见多为殷墟晚期作品，如《合集》36534、38762、37398、37743等片。其刻工之忠于原作，可比之于后世帖派的刻石。起落、顿挫的运笔迹象及笔触的弹跳感十分鲜明，点画的行笔一般是重落轻收（竖画间或有两端尖、中间特粗的肥笔），横画多向右上取势，竖笔多微向左，左右斜画每随惯性收笔而带弯节之势，转折处圆转中带有明显的关节痕迹。这是真正的商代毛笔书法风格，虽然留下的作品不多，但亦足以窥其大概了。

第三种是追求刀刻效果的。这类作品对笔画不多作修饰，只留刀刻效果，因为它快捷实用，所以在甲骨契刻中居于主流的地位，这类作品多至不可胜数，《殷虚书契菁华》前面的八片大骨

《合集》38762

堪称这一类型的杰作（《合集》10405、3297）。在刻痕的两边，有时可见墨写的或朱砂写的痕迹，说明它的刻工并不斤斤计较于毛笔底子用笔的起落、顿挫，而是大刀阔斧地让刻刀自由地、充分地表露其冲刺所成的真实面目，多以锋利峭拔为其风格特色，正可比之于后世的碑派作品。它一般多用横直线条，圆弧线条少见，一些肥实之笔也以空廓的形式代替而方折化、线条化了。笔画多瘦硬劲挺，长画一般两端稍尖锐，中间行笔线条大致均衡（实际上，因有两端的自然过渡，都微呈榄钉之形），显得意实力足，短画行笔或如长画（但稍轻快，榄钉状也更为明显），或由轻而重（也有反方向由重而轻的）顺势而下，显得爽脆利落而富有变化。笔画交叉的地方因刀锋冲刺的关系显出破损或较粗重的痕迹，转角多为方折，横直画分刻的程序还往往使转角的横直交接处产生露出笔画之外的锋芒，显得不拘小节，有时则契刻恰可到位，横直画仅以锋尖相接，显得轻巧玲珑，总之，在瘦劲中寓有多种变化。这类风格的作品在十多万片甲骨中占尽优势，一般谈甲骨文书法，都以这一类为代表。

《合集》10405

这里顺便说一下甲骨文的章法。甲骨文的章法是比较自由开放的，一篇之内，不仅字的大小不均等，字距、行距及每行的长短、字数的多少也不一致，有些还依龟、骨的纹理决定字行的走向，据龟、骨的不规则形态作闪让、布局，因此，整篇有疏有密，显得生动活泼，尤其疏落错综的地方，往往使人感到精神爽朗、质朴可爱，自由、活泼、有生气。

2. 金文的用笔

西周金文的风格，早期也有三类。第一类是周人本身的风格，以朴实无华、纯真自然为特色，结字行笔与周原甲骨颇相近，反映周人追求效率的实用作风，天亡簋最为典型。行笔多用均衡线条而少粗点与肥笔，圆弧笔道轻松流畅，偶有方折之笔亦爽脆利落，字形或大或小，或正或侧，一随自然，很少受比例和对称的限制。

第二类是学习继承了商末金文的雄壮派，以排列整齐、方劲沉雄为其特点，如大盂鼎、令簋、麦方鼎等。笔画有方有圆，肥瘦相间。起笔取圆势的，圆转均衡；起笔取方势的，峻峭锐利。肥笔一般是"画中肥而首尾出锋"，或肥上或肥下，或作波折，形态多样，富有对比、变化。字的外形方整齐平、四面充格，章法安排上也是行列整齐，严

天亡簋

麦方鼎

整庄重。

第三类是学习商代的婉约派。一般以娟美韶秀、婉丽灵巧为特点，叔德簋、妿方鼎、商卣、商尊等可作代表。字内的布置比较讲求美观、对称、整齐、讲求合乎比例；成篇则字有大小，互有闪让，但其参差错落又不及天亡簋一类的开放自然，主要是在形体端正的基础上，通过娟秀圆转，大致均衡而稍有提按的线条的婉曲流动表现其姿致，间或也参以雄壮派一类的肥笔以增强其表现力。

以上三种风格，一方面反映了周人讲求效率的实用作风，另一方面又反映了向往商人先进文化的心理。因此到了西周中期以后，二者相互掺杂，就逐渐形成了一种新的书法风格。这种风格一般以点画圆浑有力，笔势雍容大方为特色，如㝬钟、毛公鼎等。用笔方面，坚持周人原来的简单实用、流利快捷的均衡线条，而掺以商末雄壮派的雄劲使它更加意实力足。结字方面，则是掺以商末雄壮派的整齐与婉约派的秀丽发展而成的。追求线条雄劲，自然不像原先那样轻松流畅，但取消了商末雄壮派的肥笔和秀丽派的扭曲，书写起来比较快捷。

婴方鼎

猷钟

此外，民间的一些交易记录，书写不用这么规整谨严，结体比较宽舒，用笔较为奔放，也别具面目，著名的格伯簋、散氏盘都可作这一类的代表。

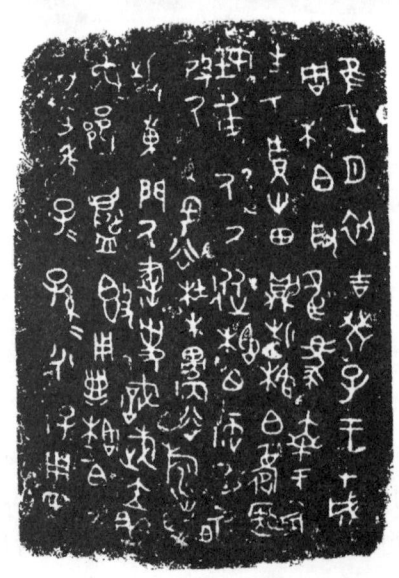
格伯簋

3. 战国文字的用笔

战国文字的用笔，主要有铸金、凿石文字，镌刻金石文字，手书简帛文字三大类。铸款金文与凿款石文都以圆转均衡线条为特色，与西周中晚期金文一脉相承；刻款金文之规矩者略同铸款，其急就者与刻款石文相近，都有线条纤细、短促硬直、接口剥离等特征；刻款金文之工细者，线条纤细而柔韧，轻快流畅，婉通自然，吴越鸟书铭文尤具特色；手书简帛包括盟书（书于玉、石片上，可视为石简）、竹简、帛书几类，用笔一般轻重顿曳之势分明，有明显的笔毫感觉，笔画富有弹性，行笔多用摆动手法，形成起处稍尖，中间偏前较粗，收笔前每带弯钩，收笔处特尖细的效果，后世的波挑笔法，在简帛书中已见萌芽。

4. 小篆的用笔

小篆由于线条化程度较高，用笔方面是比较单一的，流传下来的泰山、琅琊、峄山等刻石，据说原本都出自李斯手笔，线条的圆转均衡十分规范，至于权量诏版之属，则可能是下级官吏所为，且因镌刻关系，线条硬直，转折多为方折，字形结构也不像刻石那么规整，呈现出不同的结字、用笔特征。这两种我觉得都可以学，但是作为打基础可能还是先从规整的学起。

侯马盟书

5. 秦隶的用笔

秦隶相对篆书的一个显著变化，是作为日后汉隶重要特征的波势与挑法开始发生。但是，秦隶的波挑与汉隶有明显区别。汉隶的波挑都是蚕头燕尾，左右相分，向横向伸展的；而秦隶是以竖向伸展表现气势，很可能与书写的竹简型制比较窄有关系。如：

秦始皇二十六年诏版

（三）结字

1. 甲骨文的结字

甲骨文结字的特点，一个是图绘性强，构字方式多样。图绘性强前面讲象形时，举过不少例子了。构字方式多样，前面讲过的"毓""既"等字都是很好的说明。多样的构字方式为书写变化提供较大空间，所以是人们在书法创作中最乐于使用的。但图绘表意的关键部位的规定性，往往易为人们所忽略。这里再补充些例子：

莫⚅，本义是"暮"，以太阳落入草丛中会意，表示到了傍晚时分。最简单的写法是 ⚅，太阳落到草下面。而且，既可以落入草丛中，也可以落入树丛中⚅。从草从木都可以，这就是偏旁变换的灵活性。在太阳和草丛旁边，还可以增加一个小鸟⚅，为什么增加小鸟？取"日暮鸟投林"之意，也是为了表达一些傍晚的元素。这个也是暮字⚅，月的位置在上，日必在草（或树）丛中，这就是它的规定性。暮字所从的偏旁，有变换，有增减，但是它还有位置的规定。

逐⚅，用止（人脚）表示追动物，追的动物可以是豕、犬、⚅（可能是孔雀一类的鸟）、兔、鹿等，有很大的变化空间。后世的逐字是从辵的，止旁和辵旁经常可以通用，但是甲骨文里的逐，只有从止，没有从辵的。这就是它的规定性。追⚅字也是同样道理。逐是逐野兽，追是追逐军队，所以追和逐意思是不一样的。甲骨文里，这两个字都是从止不从辵。西周甲骨追字出现了从辵的写法，所以可能西周时期追字进行了一种偏旁的调整。可见，在甲骨文里面，它有灵活性，也有它的规定性。

这种灵活性还表现在横竖、正反无别。如：

舟		云		臣		好	

有些字在后代正反有区别，比如《说文解字》说"反人为匕""反正为乏"，但是在甲骨文时代没有这种区别。人和匕的区别、正和乏的区别当时都不是用正反来区别的。甲骨文未见"乏"字，但是中山王器上有"乏"字作⚅，把"正"的一横改成了一撇，这是用不同的形体去表达的。

还有正倒无别。如：

字体 \ 字例	帚	归	旁	壴	司	帝	各	得
倒文								
正文								

这些字《甲骨文编》都作为不识字放在附录。1988年我写《甲骨文形符系统特征的探讨》的时候，发现这可能是倒书，所以我就把《甲骨文编》附录倒过来看，好多字就能认识了。

当然有些是有规定的，比如屰（逆），它是用"大"字倒过来表意的，所以"大"字就不能倒过来写了。又如"左""右"，也是不能反过来的。

2. 金文的结字

（1）图绘性逐渐减弱。比如：象 ᓑ ——ᓑ，大象的形象已经不如甲骨文那样一目了然。鱼 ᓑ ——ᓑ，鱼尾开始与鱼身分离。有些偏旁的位置关系也发生变化。如服字，经历了 ᓑ（盂鼎）——ᓑ（班簋）——ᓑ（毛公鼎）的演变，右旁 殳 字的手形逐渐移到人的下方。为了适应方块结构，图画组合开始被割裂。如保 ᓑ ——ᓑ，闻 ᓑ ——ᓑ，执 ᓑ ——ᓑ，饮 ᓑ ——ᓑ 等。

（2）构字方式日趋统一，字形日益固定。如：

"望"字，甲骨文中有上半部从横目的，也有竖目的；下半部的人形，有人下加土的，也有加脚趾的，但金文里都固定为从"臣"，从"壬"了。

"既"字，甲骨文或从旡，或从欠，或从双旡，皀旁也左右无定，而金文中都统一为左"皀"右"旡"了。

（3）声化趋势明显增强。

这方面的表现，一是将原来的会意字改成形声字。比如前面举过的豹 ᓑ →ᓑ、围 ᓑ →ᓑ、围 ᓑ →ᓑ 等。二是造新的形声字以分担一字多职。如甲骨文"又"既可以表示"又"，也可以表示有无的"有"，又表示左右的"右"，还表示保佑的"佑"，金文里都分化出 ᓑ（又）、ᓑ（有）、ᓑ（右，兼表佑、祐）加以区别了。

3. 战国文字的结字

（1）手写随意，文字异形现象相当突出。

比如犬字，即有 ᓑ、ᓑ、ᓑ、ᓑ 等多种写法。皿字亦有 ᓑ、ᓑ、ᓑ、ᓑ 等多种形体。形符的简省变位也十分常见。如"从"字之作 ᓑ 若 ᓑ，"楚"字之作 ᓑ 若 ᓑ，"里"字之作 ᓑ 若 ᓑ，"室"字之作 ᓑ 若 ᓑ，等等。

（2）新的近似形符及其细腻的区别标志。

战国时期书写的随意与简化的激进趋势，为近似形符的产生创造了条件。它们近而不混，区别标志要细心观察才能发现。如：

㤈、㤈（焦）——㤈、㤈（鱼）：区别仅在 㒼 的上部是否有竖笔或斜笔贯穿或干扰；

㐆（马）——㐆（为）：区别仅在 㐆 左上角之是否封闭；

㐅（五）——㐅、㐅（正）：区别仅在上、下横画是平直线还是弧线；

㝵（弁）——㝵（史）：区别仅在左边之是否有撇出之笔。

（3）兼体式合文的出现与大量增加。如：

㝵㝵（公子）——㝵

㝵㝵（子孙）——㝵

㝵㝵（孝孙）——㝵

㝵㝵（大夫）——㝵

㝵㝵（工师）——㝵

㝵㝵（邯郸）——㝵

㝵㝵（至于）——㝵

㝵㝵（之所）——㝵

㝵㝵（无疆）——㝵

㝵㝵（并立）——㝵

4. 小篆的结字

小篆的结字有以下几个特点：

（1）线条化。小篆把以前"随体诘诎"的象形符号完全线条化了，变成全由圆转均衡、粗细如一的线条组成的文字符号。如：

马㐆——马，眼睛、马鬃连在了一起，已看不出动物的模样；

臣㐆——臣，看不出是竖着的眼睛；

角㐆——角，看不出牛角的样子；

卩㐆——卩，看不出跪坐的人形，所以《说文》就把它的字形分析为"象符相合之形"，以为是符节的节的本字，不知道原来是跪坐的人了。

（2）简省化。小篆与秦国原先的文字如秦公簋、石鼓文、《说文》所收籀文等相比，大大地削减了繁复的部分，结构简单得多了。如：

秦：㐆（秦公簋）——㐆（籀文）——㐆（小篆）；

雷：㐆（金文）——㐆（籀文）——雷（小篆）；

袭：㐆（金文）——㐆（籀文）——㐆（小篆）。

（3）定型化。①偏旁形体的定型。如：

"心"字，春秋战国有 ◯、◯、◯、◯、◯ 多种写法，小篆统一作 ◯；

"马"字，春秋战国有 ◯、◯、◯、◯、◯、◯ 等多种写法，小篆统一作 ◯。

②偏旁构成的定型。如：

"造"字，春秋战国有 ◯、◯、◯、◯、◯ 等写法，有从金的，有从贝的，还有从戈的，还有从舟的，从辵的，小篆统一作 ◯，只能用从辵的；

"匝"字，春秋战国有 ◯、◯、◯、◯ 等写法，小篆统一作 ◯。

③偏旁位置的定型。如：

"夜"字，楚简既可以写成上下结构 ◯，也可以写成左右结构 ◯，但是小篆只能作 ◯；

"被"字战国简有 ◯、◯、◯、◯ 等写法，小篆统一作 ◯；"贡"字，战国金文有 ◯、◯ 等写法，小篆统一作 ◯。

偏旁形体、构成、位置定型这几种办法，将六国混乱的文字现象统一起来了。因此小篆的制定，实质上是对长期以来自然发展的汉字进行有计划、有领导的整理。规范和简化、异体的删除、写法的固定、结构的规整，等等，都为后来隶变奠定了很好的基础，在汉字发展史上有着极重要的意义。

顺便提一下，写小篆，《说文解字》的字头结构布白很匀称，我觉得中华书局出的《说文解字》缩印本的小篆字头是很值得借鉴的。

5. 秦隶的结字

（1）篆草并见。

既保留了篆书成分：

◯	◯	◯	◯	◯

又有草书的成分：

◯	◯	◯	◯	◯

（2）改变篆书笔画体势，简化篆书偏旁形体。

字例 字体	应	温	蒲	徐	诸	始	俞	樸
秦隶	◯	◯	◯	◯	◯	◯	◯	◯
小篆	◯	◯	◯	◯	◯	◯	◯	◯

（3）同一形符在不同位置的写法不同。

秦隶在对篆书的改造中，为了兼顾美观、平衡因素，出现了表示同一意义的形符在不同位置有不同写法的现象。如：

水	湯	秦	𦁉	世	忠	慎	麈

6. 汉隶的结字

（1）变篆书的圆转线条为方折笔画。如：

汉隶	月	衣	止	犬	魚
小篆	𦩒	衣	止	犬	魚

（2）对繁复的文字笔画、部件加以省并或简化。如：

汉隶	雷	屈	書	承	勝
小篆	雷	屈	書	承	勝

（3）部分偏旁因为位置的不同而发生变形，分化为若干个不同的形体，使得字形结构更难从字面上作出满意的解释。

如同一个火旁，在隶书中就有"火、灬、小、⺌"多种写法：

汉隶	燴	然	尉	光	赤
小篆	燴	然	尉	光	赤

（4）偏旁的变形、省略和归并，使得篆书里面一些不同的偏旁，在隶书中混而为一。

比较典型的例子，可能每个写篆书搞篆刻的人，第一堂课老师都会跟你们说，"春、秦、奏、泰、奉"这五个字的上部，在隶书里都一样，但是在篆书里写法全都不一样：

汉隶	春	秦	奏	泰	奉
小篆	春	秦	奏	泰	奉

这与刚才说的篆书相同、隶书中分化出不同写法，刚好相反。再如"覀、要、賈、粟、覃"五字，小篆写法上部明显不同，但是隶书都写成了"西"：

汉隶	覀	要	賈	粟	覃
小篆	𠕁	要	賈	粟	覃

隶变完全抛开了古汉字的象形因素，使汉字变成抽象的记号，实行全面的符号化，是汉字发展史上的一次大进步。隶书结束了几千年的古文字阶段，形成了近两千年来的今文字格局，并且为楷书的产生奠定基础，在汉字发展演变过程里面占有极重要的地位。

四、书法创作中使用文字的正确性问题

（一）研究后出转精，书法用字要与时俱进

有些字，前人的研究在后来证明他们是错的，这就是研究工作的后出转精。所以我们应该多关心了解新的成果，纠正前人错误的认识。前人错了，我们还跟着继续错，这是不合适的。比如：

宋人误释高，清人沿误。孙诒让改释郭。高作 ，近人沿宋人之误尚多。

前人误释京。近人改释就。史叀鼎"日就夜将"就字用此，近人沿误释京者尚多。

前人误释花。近人改释莱。金文花作 、 、 等形。

前人误释俎。近人改释宜。俎，金文作 ，正像案板形。

旧释孝。近人改释孳。

旧释和，近人已改隶作勰。

旧释相，近人改释眚（省）。

旧释陵，近人改释阱。

旧释良，近人改释㐭（复）。

旧释龙，近人改释嬴（蠃）。龙字作 ，与 形似而实不同。

旧释中，近人从其说者尚多，实当释圹。

误例：

(1) 高文司马人何用，误用郭为高。

(2) 花好月圆，误用莘为花。

(3) 武陵渔，误用刖为陵。

(4) 西京二司马，误用就为京。

(5) 元和天子，误用勖为和。

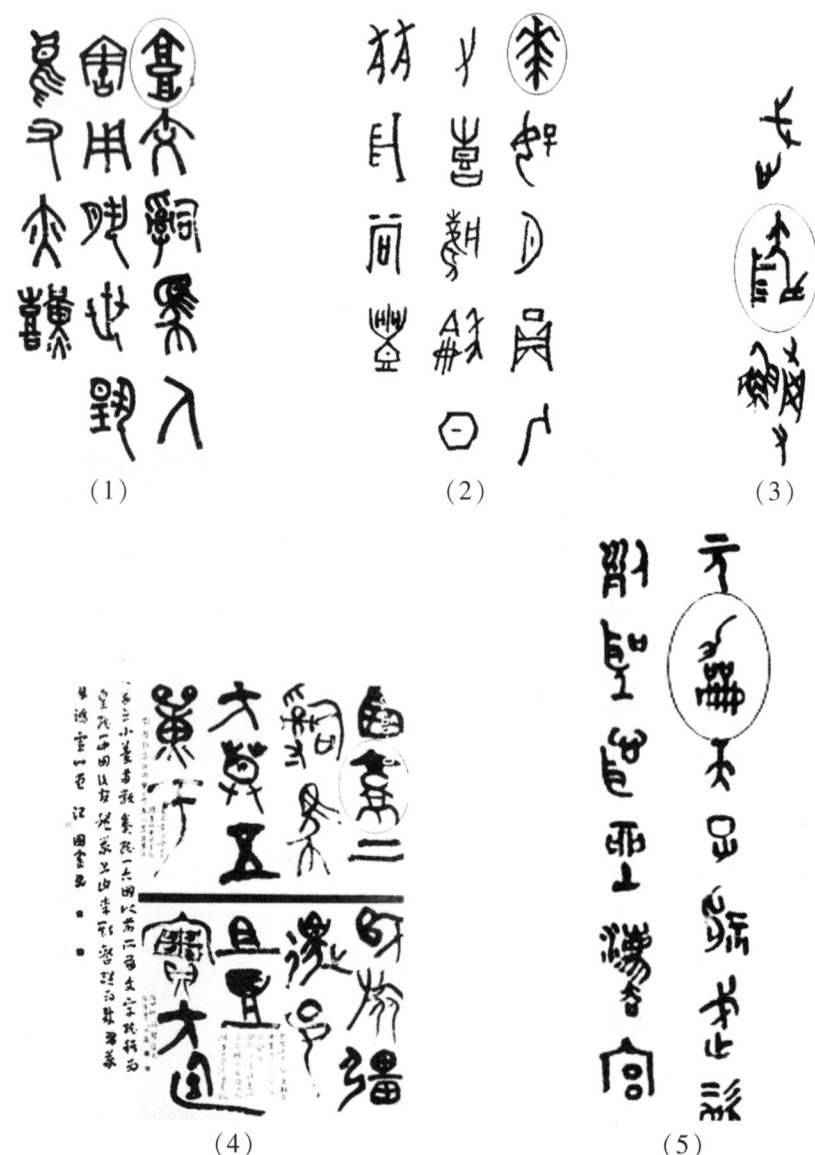

（二）形近字、形近偏旁最易混淆，尤当注意辨析

古今文字有很多形近容易混淆的字形、偏旁。有的是位置不同，有的是出头不出头

的不同，有的是直笔和曲笔的不同，所以我们一定要小心辨别。比如：

⿱（并）——⿱（替）。两个人并立，是并字。假如一高一低，就变成替字了。现在很多人创作的时候喜欢改动一下，但是这个不好乱动，像"并"字动一下就变成更替的"替"字了。

（印）——（及）(fú)。印字手在前，像用手把人的头按下去；及字手在后抓住人，表示制服。

（马）——（为）。战国文字里的"马"字的上部封口，"为"字不封口。

（林）——（林）(pài)。麻、磨、摩、魔等字所从的都是（林），与林是两个不同的字。

（五）——（正）。战国的正字有时写法很像"五"字，但五上下两横都是平的，"正"字的横画则是弯的。

（力）——（又）。"力"字的一小竖画不要写太长，写长就变成"又"字了。

（口）——（口）。口要出头，口不能出头，很多人会混淆。比如国字从口，就不能写出头。很多搞篆刻的人会混淆，齐白石都有这个问题。以前广东有个画家叫杨和明，好多人给他刻章就刻成了杨私明。

（白）——（自）。白字不出头，写成出头的就是"自"字。

（替）——（普）。"替"字下从白，"普"字下从日。

（日）——（甘）——（曰）。"日"字圆转不出头，"甘"字向上出头，"曰"字不封口。

（夹）(jiá)——（夾）(shǎn)。有人把陕西的陕写成"陜"，这是山峡的"峡"的异体，不是陕字。

楷书：

壺（hú，器名）——壼（kǔn，妇女居室。古时宫中道路，也作内宫代称）。

兒（ér，儿的繁体）——皃（mào，貌的古字。貌字千万不要写成"皃"）。

臽（xiàn，陷的古字，像人在陷坑中）——舀（yǎo，用瓢、勺取物，像手在臼中掏取）。

草书：

（而）——（雨），（高）——（齐），（怀）——（惟）；（后）——（复），（锋）——（铎），（云）——（雲）（虐）；（云）——（令），（故）——（胡），（容）——（客）；（去）——（与）——（天），（期）——（斯）——（头）。

误例：

(1) 出陕西眉县，陕误作陜。陕西的陕，繁体写法大字两边是两个"入"，不是两个"人"。从人的"陝"是狭隘的狭的本字。《说文》:"陝,隘也。从𨸏,夹声。"今作狭、峡。如果你把"陕西"写成"陝西",后人见到又改成"峽西",那我们去哪里找一个叫峡西的地方呢?这就给考证的人带来很多困难。

(2) 出陕西咸阳,更是把陕误作峡。顺便讲一讲他写的内容,我觉得既然要对出土的瓦当作考证,应该把你最好的心得、最熟悉的东西写出来,这样才有贡献。但是我们看他写的,比如说"百万为量词",百万是数词,不是量词。"石,古量名",石理解为古量名的话,是表器物的名词。但按文义,仓装的不是量器,而是谷,是百万石的谷,这个石就是量词。假如你理解成量名,它就变成一个器物了,那么"百万石仓"就是要放一百万个石在仓了。实际上不是这样,"百万石仓"是说放一百万石的谷子的仓。这篇考证,读者并没有从中收获什么,所以说我们应该少讲不熟悉的东西,多讲自己熟悉的东西贡献给大家。

(3) 乾坤日夜浮,乾误作坤。这幅篆书有些江湖气,我们先不管它。但是按照释文,他想写"乾坤日夜浮",但是乾坤的"乾"字是不能这样写的。为什么呢?"乾三连,坤六断",乾卦是三个阳爻,所以都是直的;坤卦是三个阴爻,所以三横都是断开的。汉碑里的坤字经常写成"巛",看起来很像弯曲的川字,这个弯笔代表的就是断开的阴爻。所以这个⚋只能理解成"坤"字,那就变成"坤坤日夜浮"了。作者可能是为了求变,但是这个例子告诉我们,不熟悉的东西不要乱变。

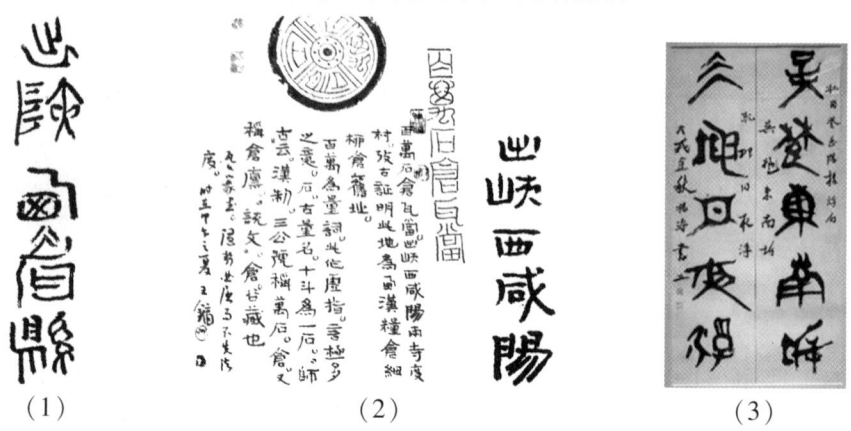

(1)　　　　　(2)　　　　　(3)

(4) 不复挺者,挺误作挻。挺字从廷声,挻字从延声。《说文》:"挻(挻),长也。""挺(挺),拔也。"形音义都不同。我想这位作者可能查了《说文》,但是看得不仔细,刚好《说文》里"挻"字排在前面,"挺"字排在后面,作者一着急,见到"挻"字长得很像,以为就是了,其实用错了。所以我们查字典一定要细心。

(5) 纵为十日饮,从(纵)误作比。作者想用从代替纵,结果错写成了"比"字。甲骨文里"从"字作𠄎,像一人在后面跟随前一人;比作𠤎,像两匕(汤匙)之形,分得很清楚。

(6) 五族共和年,共字把出头的屮写成不出头的凵,显得莫名其妙,和字把出头的凵写成不出头的○（自环为私，背私为公），和谐的和便写成自私的私了。

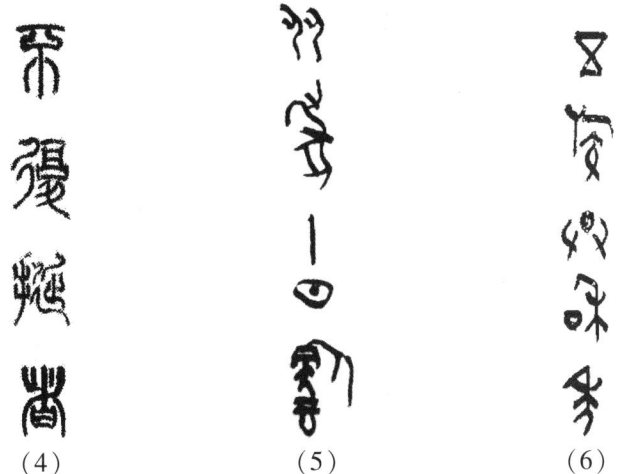

(4) (5) (6)

(7) 亦有溪流，"有"字从肉，误作舟。𠂇（有）本从手持肉会意，改成持舟就说不通了。月、肉、舟在楷书里常常都写成月字底，但是在古文字里，是分得很清楚的。

(8) 申伯信迈，伯误作伯。上面讲过，白不应该出头。《说文》："𦣹，此亦自字也。"它的读音也是疾二切，也是"自"字。所以篆书里不是说一横就是白，两横就是自，一横也可以是自，区别在于是不是出头。伯字是从白声的，就不能写成自。

(9) 传诣单于，诣误作诏。这个"诣"字的言旁写得也不够规范，但是声旁"旨"就完全搞错了。虽然旨字从口、从甘的写法都有，但是他把上面的匕写成了刀，那合起来就是"召"字了。看起来传诏好像也通，但你抄的是《史记》上的原文，你不能把人家古书上的原话也给改了。所以召和旨的区别，我们写的时候也要注意。

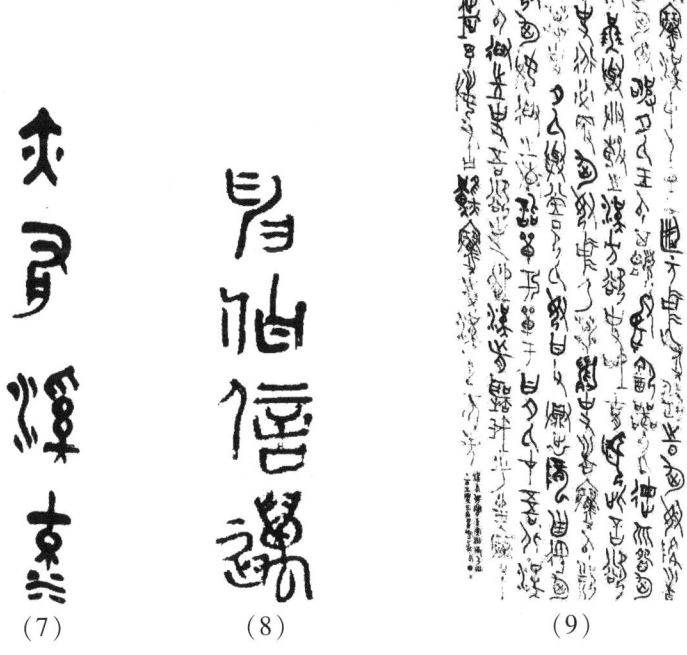

(7) (8) (9)

（三）楷同（近）篆异

王壬（rén）——𡈼壬（tǐng）。

茍苟（gǒu）——𦬒苟（jì）。

幸：𡴘幸（xìng）——𡴎䇂（niè，甲骨文作 𡴎，是一种手铐之类的刑具。幸福的幸字，千万不能写成 𡴎）。

阝：𨸏阜（fù）——邑邑（yì）。

舌：舌舌（shé）——𠯑𠯑（guā，"括""刮"等字所从。《说文》："𠯑，塞口也。从口，氒省声。""括"字如果写成𢫶，就不成字了）。

谷：谷谷（gǔ）——𠔁谷（jué，"卻"字所从。卻不能写成𨚫）。

殳：殳殳（shū）——𠬛𠬛（mò，"没"字所从）。

卖：賣卖（mài）——𧶠賣（yù，"读""赎"等字所从）。

寒：寒寒（hán）——𡫳塞（sāi，"寒"字不能写成从𡫳）。

有时甚至楷书、小篆都相同，而大篆不同的，比如：

匍（匍）——匋（匋）。

匐（匐）——𠣙（旬）。

楷书的勹旁，有些是表人的形符，如匍、包、匈等；有些是标声的，如匋、旬，甲金文均写作 𠣙，表字从匋声。旬字，小篆作旬，大篆作𠣙，字从𠄌（jiū）表声。

误例：

（1）幸有书名，𡴘（幸 xìng）误作 𡴎（䇂 niè）。

（2）茍利国家生死以，𦬒（苟 gǒu）误作𦬒（苟 jì）。

（3）时匈奴降者，"匈"字所从之人旁，误作 𠣙（匀 yún）。

(1)　　　　(2)　　　　(3)

(4) 青松遮胜境，翠柏绕仙居。"青（青）"字下从之丹误作肉；"柏"字右旁之白误作日。

(5) 共同富裕，裕所从之谷（谷 gǔ）误作㐬（㐬 jué）。

(6) 读破万卷，右旁应作卷，中间误作网。

(7) 崇祯壬午，壬（壬 rén）误作壬（壬 tǐng）。

(8) 浙江诸暨人，浙误作淛。

(4)　　　　(5)　　　(6)　　(7)　　(8)

（四）同形字不要用乱

体 tǐ——bèn：體的简化字，读 tǐ；先前是笨的异体，读 bèn。

坏 huài——pī：壞的简化字，读 huài；先前是坏的本字，读 pī。《说文》："坏，丘再成者也。一曰瓦未烧。从土、不声。"今写作"坯"。坏不可用为好坏的坏。

胜 shèng——xīng：读 shèng 时是"勝"的简化字；读 xīng 是"腥"的异体。《说文》："胜，犬膏臭也。"战胜的胜不可用胜。

适 shì——kuò：读 shì 时是"適"的简化字。适又是"遁"的异体，多用于人名，如南宫适，读 kuò。

（五）繁简关系不明致误

误例：

（1）汉并天下瓦当，并误作並。并像两个侧立人形连在一起，是合并的意思；並像两个正立人形站在地上，是并立的意思。兼并和並肩是不一样的。还有的人写篆书把

皆的上半部的 ⺮ 写成 卝（并），也是错误的。

（2）泪不乾，乾误作幹。"幹"是树干的干，读 gàn，第四声，"乾"才是干湿的干，读 gān，第一声。

（3）一夜征人，征误作徵。远行、征伐之征，只能用"征"，不能用"徵"。

（4）有奇书读胜看花，勝（勝）误作腥（xīng，腥）。胜是从力、朕声，胜则是从肉、生声，是"腥"的异体字。

（5）忙中有余闲，閒误作閗。《说文》："闲，阑也。""阑，门遮也。"可知"闲"的本义是门前的栅栏。楷行草都可用闲，篆书要用閒（閒）。

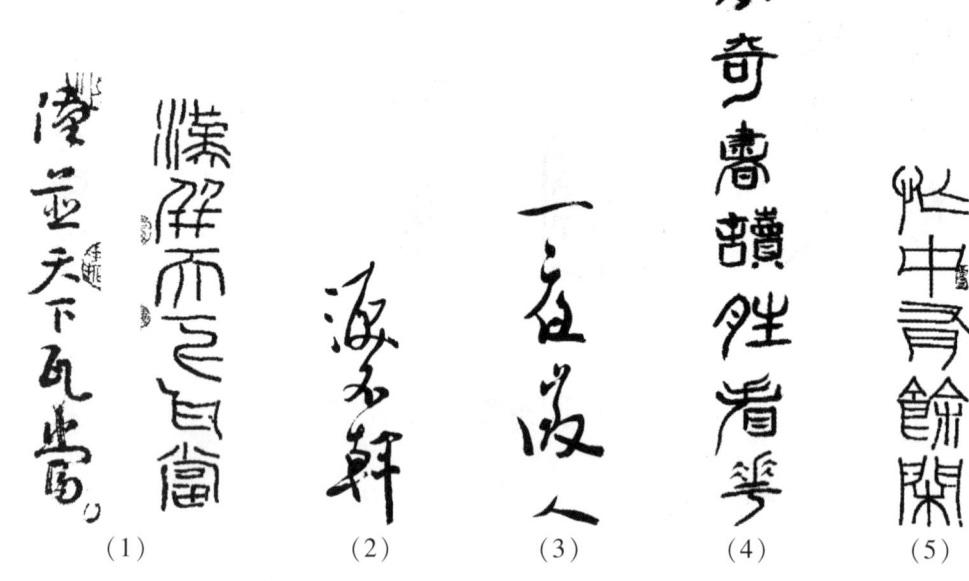

(1) (2) (3) (4) (5)

（六）造字问题

1. 已有的字不另造

如闻字，甲骨金文作 ，不另造 聞。

数字，金文作 ，不另作 數。

免字，金文作 ，不另作 冕。金文的"免"字是容老根据三体石经古文认出来的， 像人戴着一顶大帽子，是冠冕的冕的初文。

雁字，简帛作 ，从鸟，彦省声，不另作 鴈。很多人写"雁"字，比如写毛主席诗词"天高云淡，望断南飞雁"，把雁写成 鷹，这是不对的。鷹其实是"鹰"字，不是雁，在金文里多用为应国的"应"。它是个形声字，⌐是声符，用一短竖标示人胸脯的位置，就是胸膺的"膺"的本字。鹰和雁字长得很像，早期研究者也常常以⌐为雁，但这是错误的。

所以我们应该认真地关注学术界研究的新成果，假如古文字中已经认出来有这个字，就不必自己造字了。

2. 没有的字可参照同时代其他书体的结构造字

如金文无秀字、暑字，可参照包山简秀字✦、暑字✦作✦、✦。

3. 没有的字可参照时代最近的其他书体的结构造字

甲骨无"显"字，参照金文✦作✦。

甲骨无"许"字，参照金文✦作✦。

金文无"孕"字，参照甲骨✦作✦。

金文无"乳"字，参照甲骨✦作✦。

金文无"企"字，参照甲骨✦作✦。

4. 没有的字可参照《说文解字》的结构造字

假如时代最近的书体都没有这个字，那就可以参考《说文解字》的结构，用相应时代的偏旁进行拼合。比如写甲骨文，就用甲骨的偏旁去拼合；写金文，就用金文的偏旁去拼合。我觉得这个办法是可以的，不然的话就寸步难行了。但是要注意一点，我们用《说文解字》的结构去找那个时代的偏旁部首拼合，偏旁部首的时代要划清楚。很多人造一个字，有些是甲骨的偏旁，有些是金文的偏旁，有些是小篆的偏旁，有些甚至是汉隶的偏旁，这样就搞乱了。所以今天来讲课之前，我在家里做了一个偏旁表，把常用的偏旁归纳出来。

甲骨	金文	简帛	秦篆	秦隶	汉隶	楷书

比如说你想写甲骨文没有的字，就去查《说文解字》，看看这个字是由什么偏旁组成的，偏旁就在甲骨这栏里找。金文、简帛也一样。这样组合出来的字，写甲骨的依然像甲骨文的样子，写金文的依然像金文的样子，就不会引起混乱。我觉得假如大家都这样做，创作、评审就有一个标准。假如你按照《说文解字》去拼合，说明你下了功夫，也符合文字学的原理，那当然可以通过。即使这个字可能在金文里已经有了，但你不一定知道，只要你符合《说文解字》的结构，偏旁也没有混乱，我觉得宽松一点也可以通过。这个标准是否可行，大家可以讨论。

五、杂谈

（一）书法可以用简化字

我觉得简化字是一种进步。1993 年我去台湾，在台南大学（当时叫台南师范学院）讲课，当时高雄书法界的一些老先生也过来听。讲完课后有人提问，我们现在怎么对待简化字？我提出书法家应该写简化字。当时他们很激动，甚至有人拍案而起，说简化字破坏了文化。我叫他不要那么激动，我说简化字不是乱造的，它是有根据的。1956 年汉字简化，很多文字学家一起来做这个工作。简化字的来源主要有几大方面：

1. **用古字**

（1）重新启用初文。如：

從——从。甲骨文"从"字就作𠈌。繁体的从𫯐是金文才出现的。

網——网。甲骨文"网"字就作网。网字𦉪见于《说文》重文，出现时间更晚。

採——采。采集的采，甲骨文就作采。採是采的分化字，《说文》都还没有，《玉篇》始见收录。

(2) 重新启用古字，废弃今字。如：

捨——舍。捨是为了分担舍弃这一意义造的后起字。

硃——朱。硃是为了分担朱砂这一意义造的后起字。

氣——气。甲骨文作三，后变作气、气。《说文》："氣，馈客刍米也，从米气声"，是饩的本字，隶变以后才用氣代气，而用饩担当氣的本来职责。

(3) 选用古代笔画较为简单的异体字。如：

棄——弃。《说文》古文作弃。

禮——礼。《说文》古文作礼。

無——无。《说文》奇字作无。

亂——乱。魏碑作乱。《广韵·换韵》："亂，俗作乱。"

2. **草书楷化**

車——车。智永《真草千字文》作车。

為——为。皇象《急就章》作为。

學——学。王羲之《贤室帖》作学。

樂——乐。皇象《急就章》作乐。

堯——尧。鲜于枢《行次昭陵》作尧。

僉——佥。皇象《急就章》作佥。

舉——举。明代沈粲《千字文》就作举。

實——实。王羲之《游目帖》作实。

應——应。文征明《七言诗》作应。

3. **改易声旁**

認——认；礎——础；補——补；態——态；竄——窜；燈——灯；鑽——钻；讓——让；遠——远；運——运。

4. **义近形旁互换**

猫——貓；猪——豬；鳖——鼈；粘——黏；腮——顋。

5. **用象征性符号来代替繁难的声旁**

鸡——雞；难——難。是用象征性符号"又"代替繁复的偏旁。这个就没那么容易琢磨，但是形成一种习惯，也可以很快为大家所接受。

6. 合并同音字

干、乾、幹——干；谷、穀——谷；後、后——后；台、臺、檯、颱——台。

这个可能问题比较多，转换容易出错，有时可能会混淆不同的意思。

那一次去台湾，当我讲完简化字的来源后，也有人上来跟我说，文字确实需要简化，但他们提出简化字笔画少、不好写、很难装。后来我问："你觉得哪一个字最不好写？"他说："工厂的厂。"我说："工厂的厂怎么不好写呢，你有没有听说过我们广东民国时的大学者——易大庵？这个庵字，他每次签名都是写一横一撇的'厂'，跟我们今天工厂的厂是完全同形的。"他能写好，为什么我们不能呢？假如真的说简化字笔画少、不好写、很难装的话，那么书法家就有责任去美化它，看怎么样将难写的字写得好看，让大家接受，就像王羲之把那些粗糙的笔画、线条变成我们今天看到的这么美的楷书一样。我觉得书法大赛、书法展览不应该排斥简化字。假如我们都接受了简化字，那么作者就会把更多的工夫花在书法的基本技法训练上，一部分文化修养较弱的作者用简化字创作时就少了很多尴尬。在楷书审读时把某个作品拿下，往往是由于它的繁简字转化出了问题，假如用简化字去创作，就没有这种问题了。所以我觉得书法家可以多写简化字，书法比赛、书法展览应该接受简化字。当然，也不是说只能用简化字。"文革"期间，有几年的书法展览是要求用简化字来写的，我们现在就没有这样的要求。

（二）学书法最好从楷书入手

就经常看到很多人说，楷书不是基础，学写字不一定要从楷书入手。我可以从篆书入手，为什么呢？因为甲骨的时代人家根本都不认识楷书，楷书还没出生，人家就已经在写了，我为什么不可以从篆书写起呢？所以他就主张从篆书写起。也有主张从隶书写起的。我还是主张从楷书写起。

第一，写好当代汉字是每个当代中国人的首务。哪一个时代的人，就从哪一个时代通行的文字写起。现在的人要看、要用的是现在的字，你现在用的文字都没写好，就去写前面的，好像有点说不过去。

第二，从楷书入手是最容易的。因为这个时代的人写这个时代的字，比较熟悉。假如你写的不是这个时代的字，需要一个认字的过程，这个就不容易实现了。

第三，掌握了楷书的用笔，就掌握了比较复杂的毛笔的使用方法，再去写其他的书体比较容易。不写楷也能把篆、隶写好，但篆、隶应用机会少，不易掌握。而且由于篆、隶的用笔比较简单，不如楷书的变化多样，过去的讲法"篆只一法，隶只三笔"，楷则超过八法，很多由篆隶入手过渡到楷书、行书的人，写楷书、行书的时候都比较生硬、少变化、欠灵活。如果从楷书入手，则会因楷书简便易识，应用广，接触多而易于掌握，又因楷书运笔灵活多样，有利于从多种角度去掌握笔的性能与用笔的变化，进而触类旁通地掌握其他书体的特点，与最常用的行书、草书关系尤为密切。再有一个，无论写篆书也好、隶书也好，楷书、行书是跨不过的坎，为什么呢？题款要用楷书、行书。因此，从楷书入手比从篆、隶入手更合适。过去有人讲"楷如立、行如行、草如走"，行指行路，走指跑步，这个比喻是有道理的。

（三）学书法应注意执笔

我觉得现在很多人不注意执笔，教学生也不注意教执笔。我参加过好多届中国书协理事的挥毫，也看了好多书法名家的教学视频，他们执笔也不太认真。我觉得过去的人讲执笔还是有他的道理的，特别是教小孩，应该让他们认认真真执好毛笔，对以后写字帮助很大。

虽然苏东坡讲"执笔无定法，要使虚而宽"，但是无定法不是无法，只是拿笔的高低、松紧和姿势可以变化，不那么死板而已。就像拿筷子，很多人筷子拿不好照样可以吃饭夹菜，但是拿得好跟拿不好还是不一样的。假如你拿得不好，你是可以把饭扒到嘴里面，但是要你用筷子拿黄豆、拿花生，就不一定拿得稳了。所以过去的人都是很讲究的，说执笔不要学老人抓拐杖，要学项庄舞剑，这是很有道理的，要灵活。小字有小字的执法，大字有大字的执法。有些人写小字也把笔拿得很高，有必要拿得这么高吗？我写小字，就按在桌面上。写大字，就悬起来。假如写更大的字，就要两只手。我看有些人写大字的时候还是一只手，这样往后退着来写，这个就是"文革"的时候在大马路上拿着大扫把蘸石灰水写大标语的方法，不用什么技巧，只需要蛮力就够了。日本的丰道春海写大字写得很好，"精神"两个字，在展厅里挂到顶。他拿笔都是用两只手，而且还是走来走去的。你写一个大字，比如写一竖，假如你往后退，是没有力的。他是调过来往前推的，这样就有力了。所以我觉得大字也好、小字也好，除了用力之外，还要有技巧，这点很重要。

（四）"纯艺术书法"是伪命题

不要把书法推向所谓的纯艺术的境界。

第一，书法是综合的文化艺术，书法本身就是艺术，它成为艺术跟文字的应用分不开的。大家欣赏这段文字，首先要读通、理解它的内容才能更好地理解作者的情感表达。所以书法并不是怎么拿笔去写什么线条，而是用运笔用墨、谋篇布白的技巧，结合作品的内容，抒发感情、胸襟和学养，还有临场的心境，对作品内容的理解，等等，是综合的表现。一下笔就不能改，因为每下一笔，都倾注了作者的感情，是综合素养的表现。

第二，我认为不要因为书法退出实用领域，就把实用所需要的文化知识、文化素养当作包袱卸掉，那是不对的。因为我觉得书法本身就是艺术，无所谓实用书法还是艺术书法。写出来一张字，它究竟是不是艺术品，达不达得到艺术的高度，这不是由你个人主观愿望决定的，而是由你的修养决定的。一个既有书法功底、又有修养的人，他随便写一个便条都是艺术。一个书法没有功力、也没有这种素养的人，你很有心要把这张字造成艺术品，但是它的效果未必就是艺术品。所以我认为大家应该打好传统的基础。

第三，书法应该从经典学起。传统的书法本身就是一门成熟的、完美的艺术，我们可以在这里面学习。就拿学颜真卿的人来说，唐宋时期的柳公权、苏东坡都学过颜体，清代的何绍基、翁同龢、钱南园也是学颜体的，但是他们都成功地发展出自己的特色风格。所以，不看古人的东西自己创造，那是不行的。创新不是说想创新就能新，而是水到渠成的。过去讲先专精一体，后博览百家，就是把原来学过的字体作为骨架，然后去百家里面采用、改造，最后自成一体。几千年书法也是这样延续下来的。所以我们还是应该从古人那里学起。现在搞展览，每次展出的都是大家认为有创新的好作品。但这些"创新"有多少称得上是真正的创新？哪一个篆书可以胜过商周金文的一鼎一簋，哪一个隶书可以胜过汉碑，哪一个"艺术创作"好过王羲之的"实用书法"，要我说这个都很难。所以我觉得大家要学古人，不要学当代的书法，因为他们没有经过多少历史的检验。你们都是精英，可能很多人说我保守，但是我认为大部分人做到传承就可以了，创新是少数人的事。想创新的就去创新，不要把你自认为创新的东西强加于人，让大家都去学，大多数人还是应该从传统做起。

六、问答与总结

问：张老师，您能不能给我们推荐几本文字学方面目前比较好的著作，还有哪些您觉得比较可靠的工具书？

答：文字学的著作，浅一点的可以看看我的《汉字学简论》，深一点的可以看看裘锡圭先生的《文字学概要》。工具书最好用古文字界的人编的，比如《甲骨文编》《金文编》。还有各种简帛文编，郭店简有郭店简文字编，清华简有清华简文字编，上博简有上博简文字编，这些文字编都是古文字界的人编的，应该比较可靠。另外，比如抄写的内容哪个字用得对，哪个字用得不对，要用可靠的版本，百度往往不可靠。记得第二届楷书展我参加评审，当时有一个作品"殷鉴不远，在夏後之世"。那个人写的是先后的后，我一读就不对，应该是王后的后，君后的后。有些评委说没错啊，殷鉴不远，就在夏以后的时间。他马上查百度，说百度就是用先后的后，当时我刚好有事提前离开，在去机场的路上还是打电话回去说："你这个字是错的，百度是错的。你要拿中华书局出的纸本。"所以我觉得创作时用的书也要比较好的版本。

主持人总结：谢谢张老师！今天张老师又给我们作了一个内容非常丰富的讲座，通过这四天的讲座，张老师给我们介绍了汉字的起源，从甲骨文、金文，到楷书，到现代简化字，包括字体发展到不同阶段的特点、书写规律。昨天和今天，张老师又结合我们业内的作者创作实践，介绍了篆书书写容易出现的问题，有一些是沿袭前人的错误所致；有一些是偏旁相近导致误解、错误；有一些是楷书同形而篆书不同形而盲目简单拼合造成的错误；有的是繁简字转换；等等，各种各样咱们创作中出现的问题。这些都非常贴近我们的创作实践，相信大家听了以后，一定会感觉非常有收获。张老师还给我们提了建议，因为我们从事书法创作，要贴近生活，贴近时代，肯定会有一些新的内容是古文字里面没有的。那么遇到这种情况的时候，张老师建议从相近的时代去寻找，或者按照《说文》的字形，按照不同阶段的偏旁部首的特征作一些组合，力求写出那个时代的特点。这些对于我们今后的创作一定都会非常有帮助。张老师的四天讲座，站在文字学家的立场，同时兼顾书法创作的特点，深入浅出，讲座非常的学术化，又非常贴近我们书法实践。相信这些对我们进一步理解文字学和书法创作的关系、如何理解篆书、如何进行篆书创作，都很有启发和帮助。因为无论我们是否专攻篆书，哪怕我们写隶书、楷书或写行草，我们从事书法创作，都会多多少少涉猎篆书的创作。同时，我们在座各位都会有教学、指导学生的经历，这四天的讲座，张老师为我们提供了丰富的知识和信息，对我们提高自己对篆书的认识、对汉字演变的规律的认识，相信大家都会获得很多的教益。希望大家在课后能够继续消化吸收，并进一步学习张老师刚才给我们推荐的著作，真正提高我们用字、写字的文字学基础素养，使我们在今后的创作当中能够争取不犯错误。让我们再次以热烈的掌声向张桂光教授表示衷心的感谢和崇高的敬意！

（2021年全国书法创作骨干专项网络高研班讲稿）

书法与传统文化

观碑临帖，读懂碑帖文本是第一步。为帮助读者理解，碑帖发表、出版单位，往往都会请行家给碑帖作释文，这是很好的事情。但做好释文不是一件简单的事情，它不但要有识字（尤其是篆与草）的能力，还要有相关的文化知识，因文化知识欠缺导致认字错误的事情，在实际操作中并不鲜见。这里不妨举两个例子供大家参考。

一、白玉蟾（葛长庚）《足轩铭》

百度释文：寄题足轩。奉似吾友周桨长高士，紫清白玉蟾。一丘一壑志愿足，始缝披时文史足。不肯枉行礼自足，指此鉴心信知足。老氏宁馨一夔足，静观平生万事足，何必封侯万然后足。有人冷笑招不足，护元气如护手足。拟待登天欠两足，使子果然功行足。为须司命来是足，莫学射王无厌足。羞使瞿昙福慧足，极国阎王伊多足。仙人自合断鳌足，更施所养补未足。如彼江上一犁足，亦如人国兵食足。所谓平生万事足，宝庆丙戌万事足。乃见止□此神足，道无死生无不足，是以此轩名曰足。

"周奭长高士"的"奭",当是对"贾"字的误释,实不懂草法所致。

"不肯桒行礼自足",这里有两处错误。"桒行"当作"桑门",释者不知"桒"为"桑"字异体,故依原样写定,又不懂"桑门"一词,故对似门又似行的草书字形,选择了与足关系较密切的行。其实,"桑门"是"沙门"的异译,指僧侣,典籍多见。《后汉书·楚王英传》:"其还赎,以助伊蒲桑门之盛馔。"李贤注:"桑门,即沙门。"《广异记·崔明达》:"明达幼于西京太平寺出家,师事利涉法师,通《涅槃经》,为桑门之魁柄。""自足",当作"白足"。释者不懂"白足"一词,硬将"白"字往形近的"自"字靠。其实,"白足"一词,唐宋诗词中多见,指白足和尚,南朝梁慧皎《高僧传·神异下·昙始》:"释昙始,关中人。自出家以后,多有异迹……始足白于面,虽跣足泥水,未尝沾湿,天下咸称白足和尚。"后亦泛指有道高僧。宋陈师道《送法宝禅师》有"殷勤礼白足"句。

"极国阎王伊多足","极"为"柱"字误释,"多"为"两"字误释。《隋书·韩擒虎传》:"生为上柱国,死作阎罗王,斯亦足矣。"北魏置柱国大将军,北周设上柱国大将军,唐宋以上柱国为武官勋爵中的最高级,柱国次之。

二、梁鼎芬《怀忧·少年游》小楷团扇

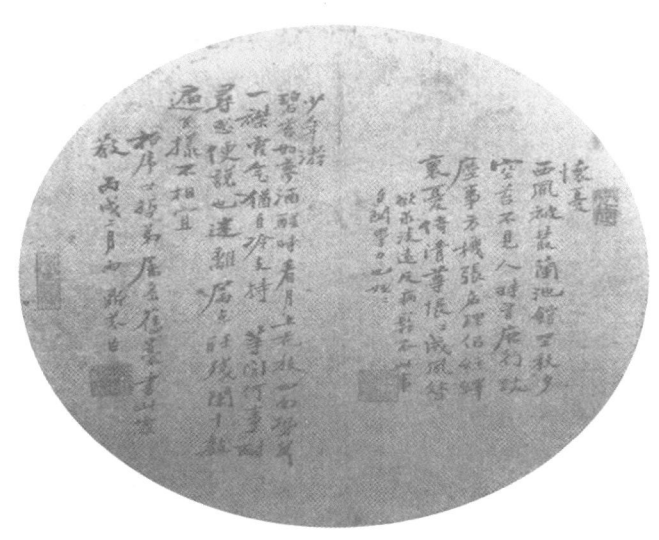

某高校教师释文:

怀忧:西风被丛兰池馆,坐秋夕空苔不见,人时有鹿行尘事,方机张名理侣丝,绖里忧清尊帐,怅成凤昔欲求淡,远反病松茶此事,问学力也愧愧。

少年游:碧苔如梦酒醒时,看月上花枝四面,蛩声一襟霞气犹,自冷支持等闲

何,事耐寻思便说也,迷离雨点耻残栏,干数百样不相宜。柏序世哲弟属录旧蒿此求教。丙戌三月雨,鼎芬作。

其实,团扇右半正文是一首五言诗,款识是诗后的感言,释文作者不明就里,将正文与款识合读,当成一首七言诗标点,以至无法通读。当中还有误"侣"(似)为"侣"、误"裹"(怀)为"里"、误"茶"为"荼"、迹字漏释等毛病,只能误导读者。团扇的左半是一首词,词牌为"少年游",释文作者不晓词调结构,将长短句组成的词,点成一首七言诗,当然也是糊里糊涂,无法通读的。

正确的释文应该是:

  怀忧。西风被丛兰,池馆坐秋夕。空苔不见人,时有鹿行迹。尘事方机张,名理似丝绎。怀忧倚清尊,怅怅成夙昔。欲求淡远,反病松茶,此事至关学力也,愧愧。

  少年游。碧苔如梦酒醒时,看月上花枝。四面蛩声,一襟霞气,犹自冷支持。等闲何事耐寻思,便说也迷离。屑点听残,阑干数遍,百样不相宜。柏序世哲弟属录旧稿,书此求教。丙戌二月,鼎芬作。

(2021年无锡中青年书法创作高研班讲稿节录)

商周青铜器铭文浅谈

一、商周青铜器铭文概说

　　商周青铜器铭文是指商周时代铸或者刻在青铜器上面的文字。早于商代的夏代也有铜器，但目前所见夏代的铜器是没有铭文的，相当于夏王朝时期的二里头文化遗址上面所出的这些铜器既没有铭文也没有花纹，全是素面的。现在可以见到的最早的有铭铜器是属于二里岗文化期的，属于早商文化期的东西。晚于周的秦汉时代也有铜器，这些铜器上面也有文字，这些文字也可以说是青铜器铭文，但是它是属于秦汉时代的，即一般讲的秦汉金文，是属于小篆系统的，这跟商周的铜器铭文不属于一个统列。所以我们讲的主要是商周时代铜器上面的铭文。商周铜器铭文有很多别称，一是叫做吉金文字，这主要是以它的载体的质地来定名的，因为古人把铜称作金，把优质的铜称作吉金，所以这个铜器上的文字就称为吉金文字，简称金文；也有以载体的器用来命名，就是说，这个铜器大多数是属于宗庙常设的祭祀与宴飨用器，过去把这种宗庙里常设的祭祀或者宴飨的用器叫做彝器，因此铜器上面的这些铭文也被称作彝器铭文，简称彝铭；另外铭文又称作款识，所以有些书把彝器铭文叫做彝器款识，所以吉金文字、彝器铭文、彝器款识都是一个东西。再有一种命名是以载体的有代表性的器物来命名的。商周的铜器种类很多，食器有鼎、鬲、甗，这些用来炊煮的，还有簋、簠、盨这些用来盛食物的；酒器有爵、斝、角、觯、尊，等等；水器包括盘、匜、鉴、盂，等等；乐器铃、铎、钟、镈；兵器戈、戟、矛、钺、剑，等等。所以铜器种类很多，当中比较有代表性的一个是礼器里面的鼎，体型比较大，数量也多；另外一个是乐器的钟，也是体型大，数量多，人们常以钟鸣鼎食形容富贵豪华。所以乐器的钟和食器的鼎在铜器里可以说是比较具有代表性的，所以也有人把它称作钟鼎文。上面谈的是青铜器铭文的定义和它的别名。

　　青铜器铭文的通行时间比较长，出土的先秦文字比较有代表性的，有甲骨文，还有简帛文。甲骨文通行的时间主要在商代，在西周早期有一些，但西周中期以后的就没有发现了。而简帛文，现在所看到的基本上都是战国的。商周铜器铭文的通行时间则从商代直接到战国，其前段与甲骨在时间上重合，其后半段和简帛文重合，而中间这一段，西周中期到春秋的这一段，则是铜器铭文独大。所以商周铜器铭文的通行时间在现在所出土的这些文字记录里面，是最长的。另外，它分布的地域也最广。甲骨文主要集中在安阳的殷墟，另外陕西周原有一些。出土的竹简也主要是楚国的东西，河南、两湖比较多。至于铜器铭文，商器主要出土于河南，西周的主要出土于陕西，齐国的出土于山东，燕国的出土于河北，晋国的出土于山西，楚国的出土于两湖，分布地域相当广。有通行时间长，分布地域广这两大特点，内容特别丰富、价值特别大是很自然的。

商周铜器铭文现在已经出土的，大概有一万六千多件，主要集中在几本书。一是《殷周金文集成》，共收了铜器铭文一万一千九百八十三件，在1995年以前所能看到的东西，这套书基本上都收集齐了。一本是《近出殷周金文集录》，主要收录的是1995年以后、1999年以前出土的，一共收了一千二百五十八件。再一本是台湾出版的《新收殷周青铜器铭文暨器影汇编》，收的是1995年到2005年的铜器，一共收了二千零五件，收的东西跟《近出殷周金文集录》有重合，所以数量不能以它两个相加为准。我们前天刚交稿的《商周金文摹释总集》，把这几套书所收集的铭文拓本全部摹写出来，并且加上释文，除了上面这三套书所收的铭文之外，还补充了一千六百多件铜器铭文。这套书是我带着学生一起做的，一共收了大概一万六千件铜器铭文，所以数量是相当大的。这些铜器铭文所出现的字，按不重复的单字来算，是四千个左右，已经认识的接近三千个，还有差不多一千个字现在还不认识。这就是商周铜器铭文的大概情况。

二、商周青铜器铭文研究简史和研究内容

商周铜器铭文的研究，最早可以追溯到西汉。根据传世文献的记载，铜器的出土最早是汉武帝即位后的第二十五年，即元狩七年，在汾水上出了宝鼎，当时被看成吉祥之兆，汉武帝把年号改为元鼎元年，可见其重视的程度，但是那个鼎上没有铭文。有铭文的当以《汉书·郊祀志》记载的"尸臣鼎"为最早。当时对铭文的释读很是困难，有一个叫张敞的人，认出了这个铜器上的文字，并判定了它的时代，指出了它的内容，算是比较好地认识了这件铜器。这是典籍所记载的研究商周铜器铭文最早的记载。除此之外，一直到北宋以前都少有有关商周铜器铭文研究的记载，虽然说其间都有铜器出土，也有带铭文的，但是由于出土多属偶然，所以大家只把它看作一种吉祥之兆，没有对它做进一步的研究。对青铜器铭文的研究形成风气的，应该是从宋代开始。考察这个青铜器铭文研究的历史主要可以分三个阶段：一个是宋代，一个是清代，一个是近现代。

第一个阶段是宋代。宋代为什么能够形成青铜器铭文研究的高潮和风气呢？主要原

因有两个，第一个是出土得比较多了，第二个是当时的皇帝对这种古代的器物有雅好。王室一崇尚，大臣就趋之若鹜了，所以购藏和研究铜器及其铭文就成为了一时风尚。所谓的士大夫家有其器，人识其文，家家都有铜器，人人都认得铜器的铭文，也就形成了一种风气。当时出版的有关青铜器铭文的著作据《籀史》所载有好几十种，能够遗存到今天的也不少，确实形成了一个热潮。宋代的研究是多方面的，首先是认字，认得它的字才能读懂它的文，也才谈得上对它的内容进行研究。宋人对文字的考释方法做了多方面的尝试，也认出了不少字。通读铭文方面，释文的方式与体例基本上建立起来，对铜器铭文都按照这样一种体例，用楷书把它写录下来，用作研究的基础。这个基本模式的建立，宋人功劳很大。

当然，用我们今天的眼光去看，宋人的研究还很有局限。首先，著录方面，宋人已经掌握了碑帖的墨拓方法，但对铜器的墨拓却还没有掌握，所以当时著录的铜器铭文，基本上都是宋代人摹写下来的，这些摹写的字，常有走样、有错误。释文很多字认得不准确。其次，解释文义欠清晰，牵强附会的也不少。再次，宋人的研究已经有了断代意识，这是很不简单的，但是由于条件的局限，对于时代的判断不很准确。比如鸟虫篆，现在我们知道它是春秋时吴越的东西，但是当时不认识，所以把它说成是夏商的东西。把吴越的东西误认为是夏商的东西，这类错误是不少的，所以我们肯定宋人这些研究成果的同时，也要认识到它的局限。它只能算是青铜器铭文研究的草创阶段。

第二个阶段是清代。元明两代没有大的发现和成绩。到了清代，这门学问出现了新的热潮。清代能形成热潮有两个原因：一是乾隆皇帝的倡导；二是当时朴学兴盛。这两个条件很重要。乾隆皇帝很重视，因此，把内府所藏的铜器全部整理出来，出了四部大书，即"西清四鉴"。这四部大书把整理好的五千多件铜器全部公布出来给大家研究，而经学家阮元更将铜器铭文与经学、文字学结合起来，把铜器铭文提到了跟五经同等重要的位置，对研究是一个很大的推动。而朴学的兴盛，为铜器铭文研究的全面振兴提供了比较好的环境。当时出版的研究青铜器铭文的著作相当多，著录一千件以上铜器铭文的书比比皆是。由于乾隆皇帝的倡导，加上出土日多，研究者越来越多，研究越来越深入，成果也越来越丰富。而能够代表清代人研究水平的，一个是吴大澂，他的《说文古籀补》是一部综合性的古文字工具书，反映了清代的认字水平。这一部工具书，为以后识读青铜器铭文奠定了重要的基础。一个是孙诒让，他写了两部书，一是《古籀拾遗》，一是《古籀余论》。这两部书对于订证前人的失误，科学地考证文字有很大的突破。所以清代的研究比宋代有了一个飞跃，可以说是青铜器铭文研究的奠基阶段。

第三个阶段是近现代。近现代比较有贡献的是罗振玉和王国维。罗振玉在资料的搜集和出版流布方面，不遗余力。他出版了很多书，比较重要的有《三代吉金文存》，它把1937年以前所能见到的铜器铭文基本上都收集到了。从二十世纪三十年代到"文革"前的几十年，《三代吉金文存》一直都是古文字研究者手头必备的一部书。巧妇难为无米之炊，没有这个资料，研究是空话，罗振玉不遗余力地把这些材料收集整理出版，这个功劳相当大。

王国维对宋代和清代出土的铜器铭文做了一个系统的整理。哪些是真的，哪些是伪的，哪些是各部书互相重合的，都整理得一目了然。宋代和清代分别有多少出土铜器，他认真统计、考察，整理得一清二楚，为后来的研究打下了很好的基础。

在研究方面比较突出的还有两个人。一个是郭沫若。他在铜器铭文研究方面的主要贡献，一是创立了标准器断代法，为青铜器断代奠定了基础。以前收集这些铜器铭文出的书在排列上很少有历史观念，一般是按照器类编排的，鼎收在一起，簋收在一起，钟收在一起，然后按字数的多少由少到多排列。查找是方便了，但是对于研究来讲，资料的时代先后不明确的话，那么这些资料的价值将会大打折扣。比如盂鼎和毛公鼎，一篇长二百九十一字，一篇长四百九十七字，都是相当重要，也是相当有特点的铭文。两者从文字的结构、书写的风格，到行文习惯与所记史事，都有很多的不同。如果对它们所属的时代搞不清楚，那么，文字结构的发展、书写风格与行文习惯的变化、史事发展先后都很难明了，是由此发展到彼，还是由彼发展到此，就搞不清楚，所以对铜器及其铭文的时代判断是非常重要的。怎么判定？这个问题一直都有人研究，但是没有人总结出一个系统的研究方法。郭沫若总结了标准器的断代法，根据他的方法，大多铭文都可按照商代、西周早期、西周中期、西周晚期、春秋战国的时期划分，判断得很清楚。有一些甚至可以判定是哪一个王的，哪一年、哪一月、哪一日的东西。这个标准器断代法的创立，应该是一个很大的贡献。另外他还将这一方法付诸实践，把三百多件铜器，西周的按时间先后排列，东周的按国别进行排列。就是西周的仿效《尚书》按时代先后排列，而东周的则仿效《国风》按国别排列，就使得这些铜器铭文有一个系统性。这些铜器铭文的史料价值就突出出来了。

另外一个是容庚。他是我的老师，也是罗振玉、王国维的学生。容庚在金文研究方面有突出贡献。他的成名作《金文编》，是金文的文字总汇，至今已经出了四版。这四版反映着研究水平的与时俱进，每一版都代表着那一阶段的新成果、新高度。他实质上是对吴大澂的《说文古籀补》的光大发扬，对于后来人的研究，认识以后出土的青铜器铭文有很大的帮助。容庚的代表作是《商周彝器通考》。这本书充分地吸收宋代、清代和近代青铜器铭文的研究成果，分起源、发现、分类、时代、铭文等十九章对青铜彝器的基本理论和基本知识展开全面阐述，是青铜器研究由旧式金石学进入到近代考古学的一个里程碑。容庚这部书的十九章，是为十九个方面的研究奠定了基础，每一章都可以扩充为一部书，每一章都是一个方面的系统整理与阐述。比如说他谈到辨伪，铜器及铜器铭文历代都有作伪，怎么判定它的真假呢？容庚在《辨伪》这一章，对作伪的历史、作伪的手段、辨伪的方法，都有详细阐述，后来很多人也在这方面做文章。书也好，论文也好，实际上都是《商周彝器通考》里的《辨伪》这一章的基础上展开的，所以容庚的这部著作，对铜器和铜器铭文的研究，是有着十分重要的贡献的。容庚贡献的第三个方面，我觉得是对"鸟虫篆"的研究。"鸟虫篆"，自宋代以来一直都有人在研究，但是始终认不出里面的字，搞不清楚它的内容，因此把它看作是夏代、商代的东西。容庚写了《鸟书考》的系列论文，对"鸟虫篆"做了系统的整理，使鸟虫篆得以破译，尤其重要的是对"越王矛""越王剑""越王钟"的考定，判定了这个不是夏商的东西，而是春秋末吴国越国的器物。此后，"鸟虫篆"这种书体才被大家所认识。

当然于省吾、唐兰、徐中舒，还有现还健在的李学勤和裘锡圭，都做了很多贡献。其中比较突出的还有张政烺。张政烺对铜器铭文里面有一种符号，过去大家都没有认识的，郭沫若都认为是一种奇字族徽，唐兰认为是一种已经遗失的中国古代文字，张政烺通过深入的研究，发现这些是数字组成的卦画，就是八卦、六十四卦这种卦画。张政烺对这个方面的研究贡献也是很突出的。

通过上面的历史回顾，我们可以看到，对商周铜器铭文的研究，宋代开了个头，可以说是草创阶段，清代对铭文的文字考释和篇章通读方面做了很多的工作，奠定了基础，可以说是奠基阶段。而今天大家由于思想方面比较科学，所以开始对铜器铭文展开了深入全面的研究，研究不再局限于对某些字的认识、对某些铭文的通读，而是从多角度对它进行研究。

从历史学角度进行研究。历史学方面很重视年代问题，过去的典籍对一些年代的记载往往有差异。比如齐桓公午的在位年数，《史记·田敬仲世家》和《竹书纪年》的记载就有不同，《史记》的记载认为齐桓公午在位年数是六年，而《竹书纪年》记载的齐桓公午在位年数是十八年，是《史记》记载的正确呢，还是《竹书纪年》记载的正确呢？一时没有统一的说法。幸得有几件出土的"陈侯午敦"，陈侯午就是齐桓公午，有一个是在齐桓公午十年所作的，有一个是在齐桓公午十四年所作的，那么可以判定，《史记》说齐桓公午在位六年是错误的，而《竹书纪年》记载的齐桓公午在位十八年显然更靠谱。青铜器铭文的价值在于，有传世文献失载而铭文所记可以补空白，过去记载错误而铜器铭文可以订正，还有过去记载正确的可以由铜器铭文而更明确的认定，过去记载有分歧的可以给出一个明确的判断，所以历史学对铜器铭文的研究向来是相当重视的。

从语言学的角度加以研究。比如否定副词"弗"和"勿"，在古书上经常出现。按传世的先秦史料，"弗"和"勿"这两个否定副词后面的动词一般不带宾语，过去的汉语史研究专家都认为先秦时代"弗"和"勿"后面的动词是不带宾语的，并且认为这个是无可争议的事实。但是铜器铭文却有不一样的例子。铜器铭文里经常有这样的句子，比如"敬夙夜勿废朕令"，这个"勿"字后面的动词"废"就带了宾语"朕命"。又如"王弗望（忘）厥旧宗小子"，这个"弗"字后面的动词"忘"也带了宾语"厥旧宗小子"。这两个例子，就可以给那些单单根据先秦传世文献记载研究所得出的结论一个否定。

再比如"赏御正卫马匹自王",这是一个介宾短语放在宾语后面对宾语加以补充说明的现象,在传世文献里也是没有的,但这种语法现象在西周铜器铭文里是存在的。根据现在的语法理论,很多人认为这是定语后置,实际上很早就有这种形式了,并不是先放在前面然后才改到后面的,所以不应该说是后置,我们认为这是原有的一种语法结构。我认为应该把它理解为宾语的补足语,是补充说明宾语,这是一种西周存在过而后世消亡了的语法现象,传世文献中没有,铜器铭文中却把它保留了下来。从语言学的角度对铜器铭文加以研究,也是大有可为的。过去的一些语法现象,铭文体现得更清楚、更丰富。

从文化学角度的研究。比如说钟,我们从钟的铭文的先后变化、不同标识可以看到它的一些发展。"喜侃前文人""用享以孝,用宴以喜""以乐其身,以宴大夫,以喜诸士",是在不同时代的钟上面的铭文。第一个是西周时代的。这个钟是用来喜侃前文人的,前文人就是祖先,这个钟就是用来祭祀祖先,让他们高兴,让他们快乐。第二句是春秋时代的,前面的"用享以孝"是说用于对祖先的祭祀、孝敬,后面的"用宴以喜"是说用于对嘉宾朋友的宴请、娱乐。西周铭文是专门对先人的,春秋铭文则是对先人与对生人兼而有之了。再往后"以乐其身,以宴大夫,以喜诸士"就对生人的享受更加突出了。钟铭的这种变化反映的是一种文化现象,所以铜器铭文本身就可以反映很多在思想方面、文化方面的东西的。

我们再举另外一些例子。铜器上有一种特殊的铭文。比如 ❖、❖、❖ 等,对于这些铜器铭文的性质,长期以来都搞不清楚,有些人把它看作文字,有些人把它看作是语段,但是都没有一个很统一的说法,这些图绘性很强的,又像字又像画,究竟是字还是画?宋代以后人们对它进行不断地研究,但是没有一个统一的说法。郭沫若经过研究,认为是国族的徽号,称作族徽。这些族徽的内容,很多还未搞清楚。比如这两个 ❖、❖,是最常出现的,它们甚至出现几百次那么多,究竟代表一个什么样的族徽也搞不清楚,就是一个大人把一个小孩举到床上。这个上面是一个人,下面好像一个青蛙一样的东西,他代表什么也搞不清楚,但是大家都相信,代表了一个国族,这些族人的一些徽号,这些族人的徽号里面可能有一些文字的东西,也可能有一些非文字的东西。比如我们现在的一个校徽,校徽上面可能有文字,也有一些不是文字的元素。所以现在对一些族徽,大多数我们还不能够真正地了解它的具体内容,不过现在一般都觉得它应该是对这一族人的职业,或他周围环境的标志。比如说 ❖ 这个符号,在一个微氏家族的地窖里面埋藏的一批铜器,包括这几代人的铜器里都有出现,一个家族的不同世代的人的器皿上面都有同样的符号,这就更进一步说明它应该是族氏的一个徽识。另外,人们还注意到,凡是有两个册在旁边的这一类符号的,很多都是史官,比如说作册令有一批铜器,这批铜器的族徽 ❖ 里也有"册";还有作册大,他的铜器也有这个符号,可能属同一家族；还有作册魃的铜器上有一个🔲，那么多做史官的家族里面，铜器上面都有这两个册，那么这些史官的家族都有这种符号，这个册本来就是表书籍的，都是一支一支的竹简，然后用绳串起来的形象。也就说明，这个族徽很可能是标识一种职业，就是这个家族的特色职业。🔲这个族徽，一个人，两边两只马，下面一只猪，很可能与养马养猪有关；🔲这个族徽，上面一个人下面一艘船，即很可能与行船有关；🔲，左边一个人右边一张弓，可能和打猎有关。虽然我们不能判定它的确切含义，但是这些族徽应和这个家族的职业，或者它周围的自然环境有关的推论，则是合乎道理的。所以对这些族徽的研究，也可以说是对商周文化研究的一些很重要的资料。尽管我们不能判定它是不是字，但是在这里面有一些符号后来发展成了字，这是可以肯定的。

我们再谈谈族徽和字的关系。从这个族徽🔲，我们可以看到，一个大人背着一个小孩，这是铜器铭文里面的属于族徽一类的符号，它和甲骨文的这个字🔲是不是可以看得出来它的联系呢？到西周金文呢？就变成了🔲；那再往后呢？就变成🔲了；那再往后呢？就变成了🔲；再往后就变成了保与煲这个样子了。这个字就是"保"，"保"字就这样来的，这个是头，这个是身，这个是手。那么这两个呢？也变了，它的关系应该是很清楚的，到了金文呢？就把它分割开来了，因为这个图画性很强，假如在字里面不规整，所以调整齐了，这个把它改过来了，到后来觉得呢？然后这样不好看，所以在这里加一个点，所以就发展成为后来的"保"字了。由这样一个路线图，我们可以看到，这些族徽虽然有一些可能不是文字，但是文字是从这里演变过来的。有很多符号被吸收，发展成为后来的文字，这个我们可以看到很多的族徽应该都有类似的反映。这个🔲，是下面一个草席，上面有两个人，中间是食器，里面可能装着的是吃的东西，后来变成了🔲。🔲是族徽，🔲是字，是不是可以看到两者的关系呢？这个上面是一个碗，里面装着吃的东西，两边两个人跪在那里，这个就是"飨"字，就是两个人一起在吃饭。这个族徽到字，它们之间有无联系？族徽有可能不是字，但是有一些会发展成为后来的字。

也有🔲、🔲这样的族徽，跟后来的🔲、🔲这些字的联系，也是清楚的，所以族徽很多都发展为后来的文字，就是说后来的文字有些是从这里来的。很多族徽可能不完全是文字，但是后来可以演变为文字，里面还有很多的东西值得我们去研究。铜器铭文除了族徽之外，还有🔲、🔲、🔲一类符号，在铜器铭文里面也很多，过去是不认识的字。郭沫若说这个奇字族徽，唐兰认为是已经遗失的中国古代文字，这个问题都没有解决。张政烺对这些符号做了一些新的解释，并已经被广大学者接受。他认为这些是数字卦，比如第一个上面是"八"字，中间是"一"字，下面是"六"字，就是"八一六"。这三个数字就代表了一个卦的三个爻，它实际上是八卦的一种记录。居下的

"六"代表第一爻，居中的这个"一"是第二爻，居上的"八"代表第三爻。这里"八"和"六"是偶数，偶数是阴；"一"是奇数，奇数是阳，用现在通行的卦画表示就是☵，就是坎卦，所以"八一六"是坎卦，第二个"八五一"（☱）是兑卦，第三个"五八六"（☶）是艮卦。这几个都是这样转化过来的，实际上这与我们现在讲的八卦是对应的。这样的一个发现很重要，这个是八卦的，又称单卦，或者经卦。

还有六个数字的重卦，就是所谓叠卦，就是六十四卦，三爻是八卦，六爻的是六十四卦，䷿可以转换为䷬，这就是节卦。张政烺这个发现非常重要，他指出了铜器铭文这一种过去认为是奇字族徽的，原来是八卦和六十四卦的一种记录形式。传世文献中，八卦和六十四卦都只有一种记录形式，《汉语大词典》讲八卦定义时，讲的实际上是卦画符号，讲八卦和六十四卦都是讲的这个符号，是把卦画当成了卦去定义。其实，八卦和六十四卦有多种记录形式，卦画记录形式不是唯一的，还有这样的数字记录形式，两者都是八卦和六十四卦的记录形式，这两种记录形式究竟谁先谁后，今日还不能够做一个很肯定的判断。因为这个在西周早期铜器里面有，在甲骨文里面也有，所以它这种八卦和六十四卦的记录形式，是相当早的。究竟是先有此还是先有彼？现在我们都不能做这样的判断。以卦画作为八卦、六十四卦定义是不对的，它只是记录形式，而不是卦的本身，把卦画当成这个卦去理解那是片面的，张政烺首先证明了这种卦画只是一种卦的记录形式。

其次，由于铜器铭文上这种符号的破译，我们也可以看到，甲骨还有商代的陶器上都有这样的符号，而且记的都是六爻的重卦，而不是这三爻的单卦，这说明这种重卦在商代已经有了。过去一般的人都认为周文王把八卦推演成六十四卦，但现在我们看到商代已经有了，这个问题怎么考虑呢？这也是我们可以研究的。就是说重卦在商代就有了，这是张政烺的发现重要性的第二点。

再次，甲骨是用来卜的。卜是用烧红的木炭条灼在龟甲或兽骨上，在背面产生裂痕，据以判定吉凶。数字卦就是用蓍筮求出的，所以这个可能有两种不同的来源，一个卜，一个筮，是两种不同的占卜方法。用于卜的甲骨上发现了卦画，说明很早就已经卜筮并用了，这些也都是我们讲的文化学研究角度。从文化学的角度对铜器铭文做研究是很重要的内容。这个铜器铭文里面比较特殊的，一个是刚才我们讲的族徽，一个就是这种数字卦。我们可以看到，铜器铭文里面有几种类型，一种是族徽，族徽是有文字的成分，但不全是文字；一种是数字卦，数字卦是用数字来记录这个卦的，这个是第二类。

第三类就是我们现在讲的"字"，真真正正的文字。而这个文字里面也是有很多可以做文化研究的。比如金文里面有这样一个字，根据这个字形可以发现一些问题，这个是什么字我们不认识，但是这个字本身反映的一种现象，这个是一只手，两个是农具，下面有一匹马，这个字形说明了古人曾经使用过马去耕种，即牛耕之前存在过马耕的现象。

我们对文化现象的研究有些可以通过字形，有些则可以通过文字的使用情况去研究。比如"天"和"帝"，现在我们一般根据文字层面理解都是指主宰万物的至上神。在传世文献中，"天"和"帝"没有什么区别，但是我们拿铜器铭文跟甲骨文做比较会发现，虽然它们都是至上神，但是有区别的，为什么呢？"天"字在甲骨文有，"天"字在甲骨文一般写作 ，金文写作 ，"天"的本义就是头顶，即一般所讲的"天灵盖"。外面那个"天"是引申义，这个"天"才是本义，甲骨文里面有"天"字，有用它的本的，如"弗疒朕天"，指头顶，有作地名，有作姓氏，就是没有用作至上神。甲骨文里面没有祭祀天的，所以"天"在甲骨文里面不作为至上神。也就是商代的人不把"天"看作是至上神，商代人只拜"帝"，他拜的至上神就是"帝"。"帝"是商代人的崇拜对象，是万物都由"帝"主宰着，由"帝"所生的，是属于生殖神。但到了西周铜器铭文，"天"就是至上神。西周早期的"天亡簋"，就记载了祭天的仪式。商人只是"祀帝"，周人是"祭天"。早周的甲骨文上面也都是把"天"作为至上神的，早周的甲骨文，虽然是周人的，但是属早周的，时间上和商是重合的，这说明商人是把"帝"看作至上神，周人是把"天"看作至上神，这种区别在灭商以前就存在的，两者有着不同来源。周是农业部落，商是游牧部落，游牧关心的是动物的繁衍，所以他们信奉生殖崇拜；而周是农业部落，农业部落是靠天吃饭，所以他们崇拜的是自然神"天"。所以周原甲骨文与西周金文里面"天"是至上神，周一直把"天"看作是至上神，把自己的王看作是天之子，称天子。这些不同的崇拜对象都反映了商周两个部落不同的文化背景。我们可以通过一些铭文的用字去了解这种背景。

再如一般讲的"夏曰岁，商曰祀，周曰年"，商人把一年叫做"祀"，周人称作"年"，这也是两个不同部落文化差异的反映。殷商是生殖崇拜，对他的祖先祭祀十分重视。在一年里面要用三种主要的祭祀方法遍祭他们的祖先，三段时间，每段用一种祭法，对他的祖先全部进行一次祭祀。用三种祭法，祭完了他所有祖先之后，刚好是一年的时间，所以就把一年称作"一祀"。周人是农业部落，重作物收成，"年"的本义就是收成， 上面一个禾，下面一个人，用人负禾表示丰收的意思。古时作物一年一熟，所以用表丰收的"年"字作纪时单位。所以商用"祀"，周用"年"，也是两个不同部落文化差异的反映。这就是通过铜器铭文做文化方面的研究了。

讲过族徽、数字卦、用字方法去对商周文化的研究之后，我们具体来谈谈文字，谈谈字形的演变。

商周金文字形的演变很突出的一个变化就在于图绘性质逐渐减弱，符号性质日益增强。甲骨文象形的成分比较重。虽然甲骨文整体来讲是追求象形的，但是由于用刀在甲骨上面刻很艰难，往往会把一些肥笔变成了线条，把一些弧曲线变成了方折，形象就会打折扣。而金文则不同，金文是先在泥上面做模，比较容易做得形象。金文由图形向符号转变是有意识的。先谈肥笔线条化了，比如这个"王"字，还有"正"字，王、正这是早期的，王、正这是晚期的，由早到晚的肥笔变线条，它不是做不到肥笔，而是有意识地往线条转变，这和甲骨文因难刻而变肥笔为空廓、线条的被动转化是不一样的。还有弧曲线条平直化，这也是金文的特点。比如说这个"𦥑"字，是用两个手去理顺头发，在甲骨文里面可能更清楚一些，这个人跪在这里，这个是膝盖，这个是脚跟，那两个手，这个是头发，都是很清楚的。但是到了金文，𦥑，跪着的人看不出来，这个还是算比较形象一点的了。像这样的"𦥑"字，你还看不看得到跪着的人和两只手呢？金文在不断地符号化。这个"兄"字原来也是跪着的人，甲骨文也是这样，但是到后来的兄已经看不清楚。铜器铭文发展的一个特点，跟甲骨文相比，铜器铭文就更加符号化了，文字越接近图画，就处于文字发展的越低级阶段，脱离了图画向文字符号前进，才是更高级的阶段。

再有是图画组合的割裂。保、保，前面是族徽铭文，后面是甲骨文的保字，是一个人背着一个小孩的形象，但到了金文，保这个手上面已经割裂开来了，看不到大人背小孩的形象了。这个"聽"字，有一个人捂着嘴巴，还有一个耳朵画得特别大，表示听到，还是一个图形。金文的聽，已经割裂开来，耳朵放在一边，变成了左右结构了，就是把它割裂开来了。这个"监"字，甲骨文一个盆子旁边，一个人跪着用那个盆的水去照看自己的样子，这就是"监"字。这个跪着的人，到了金文监，把它割裂开来了变成了两个符号了，眼睛和人分开。看这个"伐"字，甲骨文里面的"伐"，这是一个戈，这是一个人，伐就是把戈砍到人的脖子上了，金文的伐就是分开了，这是"伐"字。在甲骨文里面分开就不同了，戍这是一个"戍"字，人旁一个戈，表示人持戈以戍卫的意思。所以那个"戈"跟这个人的位置关系是很重要的，金文就已经不依赖于这种位置的关系了，慢慢地，你看看分成了不同的偏旁，形成的偏旁结构就不再是图画的组合了。

比如说生育的"育"，在甲骨文作毓，上面是母，下面是一个倒过来的小孩。这个就是"毓"，也就是后来这个生育的育。生小孩子头先出来的，所以要倒过来的。按照甲骨文是这样写的，"子"倒过来，"子"一定要在"母"字的下面，有时可以把倒子转过来，但"子"一定要在"母"的下面。金文则不一样。金文是毓，母和倒子可以是并排的，不一定非要放在下面。在甲骨文里面这是一幅图画，但是在金文里面已经把这个图画割裂开来了，不再是一幅图画，而是两个偏旁并列起来了。图画的因素逐渐减弱，文字的意识逐渐增强，偏旁的意识逐渐增强，这是金文发展的一个表现。

再一个是一些形象的描写符号化了。第一个是上面一个"✲"字,"马"字你可以看到,这个"马",上面一个眼睛代表了马头,甲骨文更形象一些,下面这个马身,这两边是两只脚,背上短笔是马鬃。早期的金文"马"字这样写的,稍迟一点这个✲鬃有一条放到眼睛那里去了,再往后一点✲三条马鬃都不在马背上了,都跑到眼睛上了。这样的一种发展情形,反映了什么问题呢?已经不再依赖图画,只考虑怎样写才使字形更加匀称了。这个"䏍(服)"字所从的㔾,在甲骨文里面是㔾,一个人跪在那里,后面一只手在压他的脑袋;在早期的金文中,如䏍(服)所从,这只手还是在上面压下去的,往后呢?就是这只手从头部移到了背部,如䏍所从,再往后呢?㔾的手在下面了。后面这个也是反映这样的过程。早期的、稍晚的、最晚的都有这样一个过程。就是说不再依赖这个图画,而是符号化了,怎么更利于方块结构,怎么更利于对称平衡,就怎么做了。事实上,这类现象不仅反映了形象描写的符号化的文字发展过程,而且为我们依据字形判断这个铭文的时代先后提供证据,成为用字形判断时代先后一种标准,所以我们对同样的字形,可以从很多方面进行研究和阐释,有多种研究角度,有很广阔的研究空间。

再谈谈商周铜器铭文文字的声化问题。汉字有很强的标音趋势,比如说甲骨文的"✲(禽)"字原来是一种打猎的工具象形,在金文里面加上一个声符"今",✲就成了从✲今声的形声字。再比如甲骨文"✲(囿)"字,园子里面有很多植物,是一个会意字。到金文,写成✲,把中间的草去掉改成"有",就可以标声了。还有甲骨文"✲"字,它的主体是一个✲(衣),这个是衣领,这两个是袖子,这个是衣襟,在衣上添一些毛,这叫裘,是象形字。但是在金文里面出现了以又标声的✲这样一个字形,这就是声化。比如牙齿的"齿",甲骨文作✲,口里面画几个牙齿。但是到了金文加了一个声符"止"写成✲。再一个是甲骨文的✲,像一个人拿着农具耕田,金文加了声符"昔"作✲。星星的"星"也是一样,原作✲,象形,后加一个声符"生",写作✲。这个过程就是一种声化的发展过程,这个也是金文的文字特点。

还有一个是形符增减与变化比较随意。就是人的思想意识对字形变化的左右更大。比如这个"✲(鳌)",字的形象跟我们现在打禾差不多,过去都是指丰收、有福气的意思。在西周金文里面发展出了后面✲、✲、✲这么多的字形,或者增加一个"贝",或者增加一个"里",或者增加一个"子"。增加一个"贝","贝"在古代用做通用货币,从贝表示有钱、多财多福;增加一个"里",就是有田产,有田产就多福;增加一个"子",表示多子多福。这些都是根据人们的思想意识,变换文字构成部件的反映了在商周铜器铭文里面，这种意识是比较强的。

再一个是商周铜器铭文比甲骨文注重规范。比如有些字在甲骨文里面的写法很多，"逐"字是以 ⊎（趾，代表脚）追逐动物会意的，追的可以是狗（￼），也可以是猪（￼），还可以是鹿（￼），可以是兔子（￼），可以是孔雀（￼）等鸟类，这些都是"逐"字。甲骨文里面的写法这么多，金文就只有一种写法，基本上统一从豕的￼这样一种写法。西周金文里面尤其强调统一规范。比如"车"字，在甲骨文里面的写法也是很多的。￼是"车"字，￼也是"车"字，但是在金文里面基本上统一了，早期还有作￼的，最后统一为￼这样一种写法，所以金文就比较注重规范。

金文还有一个特点就是它的合文，所谓合文就是把两个或者两个以上的字，写在一个字的位置上面。看起来好像是一个字，实际上它是两个或者两个以上的字的合写。甲骨文也是有合文的，但是甲骨文的合文大多数都是并体的合文，但金文里面呢，多了一些所谓的兼体的合文。什么是兼体的合文呢？

比如说"￼"，是"公子"二字的合文。"公"字金文作￼，"子"字金文作￼，"公子"二字合在一起，可以写成￼，也可以写成￼，这都可以称合文，但不是兼体合文。现在写成￼，中间的○，"公"字也用，"子"字也用，它的中间部分是"公子"两个字共用的，这样一种合文叫兼体合文。那这两点呢？我们称之为合文符号。这两点有时候表示的是同一个字的重复，比如"子"字"孙"字下面各加两点，它表示的是子子孙孙，这个就不是合文，而是重文了。我们这里呢，这两点是合文符号，这两个符号形式是一样的，但是含义是有区别的。

这"孙"字下加两点的￼或￼，表的是"子孙"，即"子"和"孙"的合文，这个"子"字为"子孙"二字所共用，自身用了一次了，它再用一次与"系"结合为"孙"，"子孙"二字下各加两点是重文，表示子子孙孙的意思；而"孙"字下加两点就是"子孙"的合文，是兼体合文。比如"￼（孝）"字是一个长头发的老头，手按在前面小孩的头上，用小孩给他支撑和扶持，表达"孝"。假如"孝"字下加两点，就变成了"孝子"合文，假如没有这两点，就是一个"孝"字。写成￼，在"孝"字的"子"旁再加"系"，就成"孝孙"合文，这样的一种合文叫做兼体合文。

这个￼就是"大夫"二字的合文，"大"作￼，"夫"作￼，"夫"字中含"大"字，"夫"字下加了两点，就表示这个是合文，表示"大"字先用一次，再让"夫"字又用一次，成为"大夫"二字的合文，这叫做兼体合文。

"五百"分开写是￼￼，合在一起写成￼，这一横就是"五"字也用它，"百"

字也用它，这种我们叫兼体合文。"至"作 ![字], "于"作于，写成 ![字], 表至于，就是兼体合文了。"无"作 ![字], "疆"作彊，![字] 就是无疆合文了。这样的一种情况，我们就称之为兼体合文。兼体合文在金文里，特别是在战国时的金文里使用比较多。金文的这些特点，在读铭文的时候要注意，不然就容易搞错，总而言之，这是金文特点的一个表现。

三、商周青铜器铭文举要

下面举几个商周青铜器铭文的例子来讲一讲。

（一）

右边这个是拓本，是在铜器里面用墨拓出来的。这个是摹本，是用薄纸印在拓本上面摹出来的，这个是释文，是用楷书将铭文内容写定下来。这是一件商周铜器，铭文的第一个字是"乙"字，第二个字大家看到的是"子"字，那为什么我这里把它写为"巳"呢？这本来是一个"子"字，"子"字就是小孩子的"子"，小孩子的头特别大，这是他的身体、他的脚，因为小孩子没有走路都把它包起来的，早期的"子"就是这样写的，这样写更形象了，两个手这么摆动，这样更形象了，这个是"子"，小孩子的"子"。为什么我们把它写为这个"巳"呢，子字甲金文中有两种写法，上面讲的是一种，另一种写作 ![字], 头，头发、小脚。这两个都是"子"字，在干支字，十二个地支里面，"子"用 ![字], 而"巳"是用 ![字], 现在我们的干支是用来记年的，商周时代干支主要用来记日的。这个"乙子"就是指"乙巳"这一天。

下面是"王曰"，这个 ![字]（尊），一个是酒瓶子，两个手捧着酒瓶子祭祀。左边这个"阜"学术界有很多种解法，有说是梯子，有说是脚窝，是上土坡的时候脚踩的小窝，总之就是与登高向上有关的，合起来即以捧尊奉上表祭祀的意思。"文武帝乙"，是庙号为乙的先王，纣王的父亲，倒数第二代商王。"乙巳王曰"就是乙巳这一天王说，说什么呢？就是要祭祀帝乙。下面这个"宜"是一种祭祀方法，即用宜这种方法祭祀帝乙，这是铭文的第一句。就是讲乙巳这一天，王说要祭祀帝乙，用宜祭。然后是"在召大厅"，就是在召这个地方的大厅上。"遘"字在甲骨文写作 ![字], 像两条鱼相遇，所以"遘"就是遇上的意思，意思是恰好遇上了对庙号为乙的祖先举行翌祭的日子，就是乙巳这一天按常例行翌祭；然后就是"丙午"，就是乙巳的第二天了，天干乙之后是丙，地支巳之后是午，乙巳的第二天是丙午，就是在"丙午"这一天举行"🐦"这样一种祭祀仪式，这是第二天的情况；丁未是第三天，天干丙之后是丁，地支午之后是未，所以第三天也就是丁未这一天举行了另外一种仪式，那这种仪式，就是"𤔲"字了，这个字我们都不认识它。金文里面有接近四千个字，但是我们现在能够认到的只有近三千个字，还有很多不认识的，这个属于我们不认识的字，所以我们把不认识的字写定下来了，把它写定下来就是这样构造的，但是它读什么，意义是什么我们还不知道。己酉就是第四天了，在己酉这一天，王在梌这个地方。这个"梌"现在字典上没有，是一个地名。王在这个地方"卬其赐贝"，这个"卬其"是这件铜器的主人，那么他赐贝，不是他给人家贝，是他被赐于贝，就是王赐贝给他，所以"赐贝"是表被动的。这个"赐"可以表赐给人，也可以表被赐。那么卬其接受了王所赐的贝，时间是在四月。"唯王四祀"，王指商纣王，即商纣王即位的第四年，"翌日"也是一个祭名，我们叫作祀季，连续几个月里面都是举行翌这种祭祀的，这段日子是大于月、小于祀（年）的时间段，所以称祀季。这句话的意思是商纣王即位的第四年四月，对祖先举行翌祭的日子，所以这一篇是属于商代的铭文。卬其是器的主人，这个卣就是装酒的一个器皿，这篇铭文是在装酒的一个器皿的上面铸的铭文。

我们判定这个铜器是商代的，有什么依据呢？凡是商代的器铭有一个特征，就是干支纪日于铭首，记月、祀，祀季于铭末。凡是看到对时间的记录是这样的铜器，你就可以判定它是商代的铜器。因为周代不是这样记的，周代是没有记祀季，这是一个判断的标准，根据这个可以判定这是商代的铭文。这是我们讲的第一篇了。

（二）何尊

第二篇铭文叫"何尊"。"尊"是铜器的名称，尊的主人叫"何"，所以叫做"何尊"。这个铭文是在尊的底部，这个是它的拓本，拓本不很清楚，所以我们来看看这边的摹本。摹本就是在拓本的基础上摹写出来的，用薄纸在上面摹写出来的，摹了以后大家可以看得比较清楚了。

这边是释文，释文里有很多括号是什么意思呢？比如这个，铭文是这样写的，就相当于"祀"字；比如按照铭文"才"在这里应该读为"在"，打一个括号就表示应该读为"在"；比如说"斌"，是武王的专用字，今天就读为"武"；"易"在这里应该读为赐，我们打一个括号表示这个字，按照我们今天的理解应该把它读为括号里面的字。这个就是释文的规矩了。这个应该读为这个，这个就属于破读了，这个是释文的一般格式体例。那么这个铭文的意思是，周王开始把他的都城迁到成周，就是"唯王初迁宅于成周"。"复禀武王礼，福自天"指还是按照武王的礼制举行的福祭，这个福祭就从天室开始。"在四月丙戌"就是在四月丙戌这一天。"王诰宗小子于京室","诰",上告下,指训诰。所以这篇铭文的内容主要是周成王在迁宅成周的时候,对宗小子,就是同宗子弟的一次训话。这件铜器是什么时间的呢?是周成王时期的。怎么判断是周成王时期的呢?因为文献记载周朝迁都成周是在成王时,据此即可判定。具体说是成王五祀,就是成王即位的第五年。前面我们讲了商人用祀、周人用年来记这个时间,但是在周初的铭文里面也有用祀的,这个就是用祀的,这个铭文主要的内容是成王训诰他的同宗子弟,告诉他们,你们的父辈辅佐文王有功,那你们应该继承他们的功业,继续辅佐成王把这个国家建好,大概是这样的意思。

（三）卫盉

盉,是一种用于调酒的器皿。器主人叫卫,所以这件盉叫卫盉。这篇铭文是很有意思的,我们这里展示的是拓本、器形、摹本和释文。

开头是典型的西周记时方法。"唯三年三月既生霸壬寅",就是王即位以后的第三年的三月;"既生霸",西周彝铭常见"初吉,既生霸,既望,既死霸"这套名词,放在月与日之间,一般称为"月相"。这个所谓的"霸",传世文献里写作"魄",指月亮的光面。每月的开头,这个月亮由月牙逐渐变大,并且越来越大,月满称望,就是十五、十六了。过后,那个月亮又慢慢地小下去了,所以周人就用这种变化去记时间。这个"初吉",是不是"月相"呢?目前尚有争议。我们接受王国维的说法,把一个月分为四段,"初吉"就是初一至初七、初八;"既生霸"就是初八、初九至十四、十五;"既望"就是十五、十六至二十二、二十三;"既死霸"就是二十二、二十三至月尾。这是一种用月亮的变化记时间的方法,略等于我们现在的星期。铭文所记时间就是在三年三月的"既生霸"这一段时间里面的壬寅这一天。年、月、月相到日,这是西周典型的记时方法。"王称旂于丰",丰是地名,王举行建旂典礼。"矩伯"是人名,"庶人"是身份,"取堇章于裘卫",堇章就是觐见用的玉璋。觐见要拿这个玉器的,矩伯要向裘卫取这个觐见用的玉璋。"才"在这里都是指作价,"才"八十朋,就是指它的价格是八十串贝。那么作为这八十串贝也不是给他贝,而是给他田,就是"才八十朋"的支付方式是给这个裘卫十块田。就是说,要换取这个玉璋,作为代价就是给裘卫十块田。这个田过去有些人认为一田就是一百亩,十田就是一千亩,代价太大,似不合理。这十田应指十块田,大小还不是很规范。然后这个"矩"或取赤虎两、麂贲两、𩎟韐一,矩伯再向裘卫取了这三样东西,这三样东西结合它的价值就相当于二十串贝了,作为与这二十串贝的等价物,矩伯给裘卫三块田,"其舍田三田"就是把三块田交给裘卫了。

以上讲的就是矩伯要向裘卫取觐见用的玉璋等几件工艺品,拿十三块田去交换的事情。于是裘卫报告给伯邑父等执政大臣。这里面也有重文的问题，重文符号都在各单字之下，但千万不要读为"伯伯""邑邑""父父"，而应该读作"伯邑父，伯邑父"。裘卫就把这些事情告诉了这些当官的。然后呢？就是这个伯邑父，荣伯、定伯、琼伯，就命令三有司司徒、司马、司空一起去跟他公证，下面就讲了公证的过程。还有就是双方一起去交接的这些人，一起举行了宴会，请他们吃饭了。最后，裘卫就用这个来做纪念他父亲的宝盘，希望能够一万年永远保用。这就是卫盉这篇铭文的大致内容。

第一件铜器是讲祭祀的，第二件铜器是讲训诰的，国王训诰臣下。第三件是指手工艺品和土田的交易以及交易过程的。

（四）史墙盘

第四件叫史墙盘。这个是盘的器影，铭文都在里面了。这边是铭文的拓本，这是摹本，这边就是释文。这是一个史官家族中一个名墙的人所做的铜器。前半段是追溯几代周王的历史功绩，后半段是追溯他这个家族几代人的历史功绩。铭文的第一行谈到了周文王，第二行谈到了周武王，第四行谈到了成王，第五行谈到了康王，接着谈到了昭王，第六行谈到了穆王，穆王后面是天子。这说明了当时的天子是穆王的儿子，就是共王了。对几代先王的事迹，每个王都用简单的几个字，概括他的历史功绩。最后到了穆王的儿子称天子，就是周共王，可以判断这是周共王时候的铜器了。下半段追溯史墙自己家族的祖先，前面是周王的祖先，后面是他自己的祖先，追溯他们的历史功绩。追溯这些历史功绩的时候，哪一代祖先和哪一个王相对应，这里都可以找得出来，因此这件铜器对于判断这一家族的其他一些铜器的年代，有一些具体的意义。

（五）儵匜

所谓"匜"，就是好像我们现在洗手时用来舀水冲洗的用具，形状是这样的。"儵"，是器的主人，这件匜是他制作的，这篇铭文分成两段，一在盖子上，一在器皿上。这篇铭文的内容是有关打官司的，它记时也是很清晰的。"唯三月既死霸甲申"（时间），"王在荼上宫"（地点），"伯扬父"（人物），因此这篇铭文是伯扬父下的判词。一个叫牧牛的和他的上司打官司，然后伯扬父负责审理这个官司，后面的内容主要就是伯扬父的判词。这篇铭文实际上是一篇法律判决书。牧牛跟他上司打官司被判定为诬告，诬告罪要鞭打一千下，还要在脸上刺字涂墨的，现在经过协商，最后鞭打了五百下，但是要罚钱300锾。最后大家都同意了，牧牛也发誓不再惹事，这个官司就完结了，于是就把这个判决书也铸在这个铜器上面。这就是一个法律的判决书。

（六）多友鼎

器物的主人叫做"多友"，这个是拓片，这个是摹本，这个是释文。从这篇铭文我们可以看到，猃狁（西北的少数民族）大肆侵扰京师，周王命令武公到京师去追击敌人，实际上是派武公去解救京师。武公又派他的部下多友率领兵车前往京师解救。铭文记载，一共在三个地方打了三场仗。

第一场，是在"郄"这个地方，这一仗谈到了折首（就是斩头）二百多，这个十位数的地方烂掉了看不清楚，个位数是五，假如这是二就是二百二十五了，不知道这个数字是什么，所以第一仗斩了二百多敌人的首级。"执讯"，这是一个人，这是脚，他两个手被反绑在后面，是"俘虏"的形象。旁边一个口，表示审问。"执讯"意思是抓到生俘，就是第一仗斩首二百多，抓获俘虏二十三人。还缴获兵车一百一十七乘。"百乘一十又七乘"，也就是一百一十七乘，一乘就是一部车，是四匹马拉的车，就是缴获了敌人一百一十七部四匹马拉的兵车。这个车有称之为"乘"的，有称之为"两"的，有称之为"丙"的。称"乘"的是指四匹马拉的车，称"两"的是指两匹马拉的车，称"丙"的是指一匹马拉的车。这里面有区别，用乘就表明这个车是四匹马拉的。"衣复筍人俘"，"筍人俘"是指猃狁犯"筍"时掳去的大批人及物，"衣复"是指大量夺回，就是说多友在第一次战役中把自己被抓的人全部夺回来了，这是第一次战役的战果。

第二次战役在"龏"这个地方展开。这里提到，在龏折首三十六人，即砍了三十六个敌人的首级，抓了两个人，缴获了敌人的军车十乘。

第三次战役是在"世"和"阳冢"两处，一共斩敌人的首级一百一十五个，抓了三个俘虏，缴获了很多兵车，但是这些兵车可能经过三次战役以后，也有很多已经不能用了。缴获的兵车既然不能用，就把它全部烧掉了。第三次战役把这些车全部销毁，另外把在京师被抓去的人全部救回来了。

这篇铭文记载的是西北少数民族侵扰京师，周王命令武公派人去解救京师，武公就派了多友前往解救，结果打了三仗，有大量的斩获，抓了很多敌人，缴获很多的兵车，并且把以前被俘虏的人全部解救回来了，所以取得了很大的胜利。

最后就谈到多友缴获了那么多东西和斩获那么多敌人，还有一个献俘的仪式。"献俘、馘、讯于公"，俘指俘获物，讯指生俘。"馘"是指敌人首级上割下的左耳。每杀一个敌人把他的左耳切下来，回去就数左耳，就知道你杀了多少敌人。这句的意思是把这些战利品献给武公，武公再献给王，然后王就嘉奖武公，武公就又嘉奖多友，多友受了赏赐，答谢武公的嘉奖，制作了这件铜器，用来宴飨以加强朋友间的联系，希望子孙后代长久珍爱使用。

（七）颂壶

这个壶，作器的人叫做颂。这是一篇策命的铭文，是格式较完整清晰的一篇。"唯三年五月既死霸甲戌"就是在王的第三年五月既死霸期间甲戌这一天；"王在周康昭宫"，是说王在周康王宫里面的昭王庙；"王各太室，即位"是说，王来到了太室，就位了。宰引佑导颂入门，然后站在中廷，"尹氏授王命书"，指史官尹交给载有王命的简册。"王呼史虢生册令颂"，就是王命令史官虢生宣读简册以赐命于颂。"王曰：颂，令汝官司成周贮廿家"，下面就是王策命赏赐的内容了。先是任命，然后是奖励赏赐，赐予他这些东西，要他用这些东西去执行公务。最后，颂拜，并且叩头，然后就是"受令册，佩以出，反纳觐璋"，就是接受令册，佩在身上走出门去，又返回来献上朝觐用的玉璋，颂恭谨地答谢称扬天子显赫美好的恩赐，就用来做纪念他父亲和母亲的祭器。后面的一段就是一些祈祷的用语了。

（八）蔡侯尊

蔡侯尊是记蔡昭侯送他的长女大孟姬出嫁吴王的。铭文一是说明这个铜器是送给她出嫁的，希望她学习文王母亲的榜样，好好地服侍吴王，二是祝福她长寿、子孙蕃昌，永久珍爱使用此尊，万年无疆。这个是嫁女的铜器。

（九）中山王𰯼方壶

最后一个是中山王𰯼方壶。这个方壶的铭文是刻在壶表面的。铭文大多是铸的，刻是春秋战国才较多出现的。这个刻得很漂亮。从摹本可以看到这个字是很漂亮的，这个是战国的东西。刚才看了很多西周铜器的铭文都是在器的里面，而这个是在器的外面。西周的铜器主要为记史，所以这些铭文都是刻在比较隐蔽的地方。但是战国时刻的铭文很多都是刻在外面，铭文谈的内容都是告诫他的后人，希望他们经常能够看到，能够读到。这是一篇很长的铭文，里面的句子都是很优美的，很多押韵的。整篇都是告诫他的后人，所以整篇词句很优美，文字也很漂亮。

以上所举几篇铭文的内容涵盖了多个方面，有铸的，有刻的，器皿也是多种类型的。我们可以对这些铭文进行多种角度的研究。历史学方面的、文字学方面的、语言学方面的，等等，还有文化学方面的都可以做研究。

（注：这是根据2009年8月1日在嵩山少林寺经堂所做讲座"商周青铜器铭文浅谈"录音整理稿修改而成。）

附录　引书简称表

全称	简称
刘鹗《铁云藏龟》	《铁》
罗振玉《殷虚书契前编》	《前》
罗振玉《殷虚书契菁华》	《菁》
罗振玉《铁云藏龟之余》	《余》
罗振玉《殷虚书契后编》	《后》
明义士《殷虚卜辞》	《明》
王国维《戬寿堂所藏殷虚文字》	《戬》
林泰辅《龟甲兽骨文字》	《林》
叶玉森《铁云藏龟拾遗》	《拾》
王襄《簠室殷契征文》	《簠》
商承祚《福氏所藏甲骨文字》	《福》
容庚、瞿润缗《殷契卜辞》	《燕》
郭沫若《卜辞通纂》	《通》
罗振玉《殷虚书契续编》	《续》
商承祚《殷契佚存》	《佚》
黄濬《邺中片羽》	《邺》
方法敛《库方二氏藏甲骨卜辞》	《库》
明义士《柏根氏旧藏甲骨卜辞》	《柏》
孙海波《甲骨文录》	《河》
郭沫若《殷契粹编》	《粹》

全称	简称
方法敛《甲骨卜辞七集》	《七》
唐兰《天壤阁甲骨文存》	《天》
李旦丘《铁云藏龟零拾》	《零》
金祖同《殷契遗珠》	《珠》
方法敛《金璋所藏甲骨卜辞》	《金》
曾毅公《殷契叕存》	《叕存》
孙海波《诚斋殷虚文字》	《诚》
于省吾《双剑誃古器物图录》	《双》
梅原末治《河南安阳遗宝》	《安》
李旦丘《殷契摭佚》	《摭》
胡厚宣《甲骨六录》	《六录》
中央大学所藏甲骨	《中大》
清晖山馆所藏甲骨文字	《清晖》
金祖同《龟卜》	《龟卜》
董作宾《殷虚文字甲编》	《甲》
董作宾《殷虚文字乙编》	《乙》
曾毅公《甲骨缀合集》	《缀》
李亚农《殷契摭拾续编》	《摭续》
胡厚宣《战后宁沪新获甲骨集》	《宁沪》
胡厚宣《战后南北所见甲骨录》	《南北》
辅仁大学所藏甲骨文字	《辅仁》
明义士旧藏甲骨文字	《明藏》
南北师友所见甲骨录	《师友》
南北坊间所见甲骨录	《坊间》
诚明文学院所藏甲骨文字	《诚明》
郭若愚《殷契拾掇》	《掇》
胡厚宣《战后京津新获甲骨集》	《京津》
胡厚宣《甲骨续存》	《存》

全称	简称
郭若愚《殷墟文字缀合》	《合》
贝塚茂树《京都大学人文科学研究院所藏甲骨文字》	《京都》
陈邦怀《甲骨文字零拾》	《陈》
郭沫若《甲骨文合集》	《合集》
李学勤、齐文心、艾兰《英国所藏甲骨集》	《英》
许进雄《怀特氏等所藏甲骨集》	《怀》
中国社科院考古所《小屯南地甲骨》	《屯南》
松丸道雄《东京大学东洋文化研究所藏甲骨文字》	《东京》
岛邦男《殷虚卜辞综类》	《综类》
姚孝遂、肖丁《殷墟甲骨刻辞类纂》	《类纂》
陈全方《陕西岐山凤雏村西周甲骨文概论》	《周甲》
郭沫若《两周金文辞大系》	《大系》
山西省文物工作委员会《侯马盟书》	《侯马》
罗福颐《古玺文字征》	《玺征》
罗福颐《古玺文编》	《玺文》
罗福颐《古玺汇编》	《玺汇》
商承祚《战国楚帛书述略》	《楚帛书》
张守中《中山王䯙器文字编》	《中山》
《故宫博物馆藏印》	《故宫》
顾廷龙《古陶文舂录》	《陶文录》
《郭店楚墓竹简》	《郭店楚简》
《上海博物馆藏战国楚竹书》	《上博简》
《睡虎地秦墓竹简》	《睡虎地简》
《马王堆汉墓帛书》	《马王堆帛书》
《银雀山汉墓竹简》	《银雀山简》

后　记

　　《荧晖阁丛稿》终于可以交付出版了。首先我要感谢永正兄，是他的提议促使我下决心编写这个《丛稿》，为《丛稿》的成书迈出了最关键的一步。此外，永正兄还为《丛稿》题签赐序，并在拿到初稿后认真审读，提出了很多好建议，为《丛稿》的完善提供了很大的帮助。

　　当然《丛稿》能够顺利出版，还要特别感谢广东省人民政府文史研究馆领导的关心与帮助，为《丛稿》在《馆员文库》立项，联系出版，提供经费支持，使《丛稿》的正式出版能成为事实。

　　《丛稿》能交付出版，我还要感谢我的学生，广州大学的璩银吉，广东省政协的余贞皎以及华南师范大学金文中心的秦晓华与他的弟子古广政、朱咏心等同学为《丛稿》的编纂所付出的辛勤劳动。《丛稿》虽说是已有文章的汇总，但我早期的文章基本是没留底稿的，几十年的时间跨度，几十种的报纸杂志，搜索起来十分不易，比如我发表的第一篇文章，记得是在《新教育》1972年第9期上发表的，但这本杂志已无法找到，里面的文章更无从寻觅；再者，我的文章涉及的范围比较复杂，搜集齐全之后，分类与编排是一件颇为费神的事情；还有，八十余万字的电脑录入，已使我一筹莫展，加上古文字及书法所涉及的大量造字和图片裁贴……如果没有诸位同学的全力帮助，《丛稿》的编纂，会是寸步难行的。

　　我的专业是古文字研究，业余最爱好书法，偶尔也写写诗词。这部《丛稿》，将我所写专业的、业余爱好的有关文字汇集起来，按论文、序跋、访谈、书学随想、书坛旧忆、书信、诗文、授课稿等分类编排，内容除古文字学与书法两大主体外，还涉及语言文字学、文学、历史学、人类学等方面，几十年学习、研究的成果都汇集在这里了，希望《丛稿》对学界这些方面的研究有所贡献。

张桂光二〇二二年九月三十日于罗浮山下